郓城县工会志

1949—2017

—YUNCHENGXIAN GONGHUIZHI—

郓城县总工会 编

方志出版社
Publishing House of Local Records

图书在版编目（CIP）数据

郓城县工会志：1949—2017 / 郓城县总工会编．—
—北京：方志出版社，2018.4
ISBN 978-7-5144-3053-0

Ⅰ．①郓… Ⅱ．①郓… Ⅲ．①工会工作—概况—郓城
县—1949-2017 Ⅳ．①D412.852.4

中国版本图书馆CIP数据核字（2018）第077932号

郓城县工会志（1949—2017）

编　　者：郓城县总工会
责任编辑：王　俊

出 版 人：冀祥德
出 版 者：方志出版社
地址　北京市朝阳区潘家园东里9号（国家方志馆4层）
邮编　100021
网址　http://www.fzph.org
发　　行：方志出版社图书经销中心
电话（010）67110500
经　　销：各地新华书店
印　　刷：山东黄氏印务有限公司

开　　本：889×1194　　1/16
印　　张：40.25
字　　数：1025千
版　　次：2018年5月第1版　2018年5月第1次印刷
印　　数：2000册

ISBN 978-7-5144-3053-0　　**定价：**398.00元

《郓城县工会志》编纂委员会

《郓城县工会志》编辑人员

序　一

《郓城县工会志》经过撰编人员的辛勤工作，业已杀青，即将付梓问世。这是我们郓城县工人运动史上的一件大事，也是郓城县工会发展史上的一件大事。我谨代表中共郓城县委、郓城县人民政府向《郓城县工会志》的成功撰编表示热烈的祝贺！向编纂委员会全体撰编人员表示崇高的敬意！

人民创造历史，劳动开创未来。习近平总书记指出，实现我们的奋斗目标，开创我们的美好未来，必须紧紧依靠人民、始终为了人民，必须依靠辛勤劳动、诚实劳动、创造性劳动，必须充分发挥我国工人阶级的重要作用，焕发他们的历史主动精神，调动劳动和创造的积极性。回顾历史，工人阶级作为先进生产力和社会进步的根本力量，始终站在时代前列，艰苦奋斗、锐意进取、改革创新，积极投身革命、建设、改革的时代洪流，为实现国家独立和人民解放、国家富强和人民幸福做出了不可磨灭的历史性贡献。展望未来，坚持和发展中国特色社会主义，实现中华民族伟大复兴的中国梦，必须全心全意依靠工人阶级、巩固工人阶级的领导阶级地位，充分发挥工人阶级的主力军作用。当前，全县各级坚持以习近平新时代中国特色社会主义思想为指引，以高质量发展为目标，紧紧围绕县委全委会确定的“1543”工作思路，深入贯彻落实党的十九大精神，聚焦聚力“新旧动能转换、招商引资、城市更新、乡村振兴、保障和改善民生”五项重点工作，打好打赢“脱贫攻坚、项目建设、环境污染防治、金融风险防控”四大攻坚战，切实强化“党的建设、全面深化改革、社会治理”三个保障，锐意进取、苦干实干，全力谱写新时代郓城改革发展新篇章。各级工会组织，要在这场伟大的改革事业中有所作为，既要继续解放思想，与时俱进，开拓创新，也要在回顾历史、总结经验、汲取教训中增长智慧，以适应日新月异的改革和建设的形势，切实担负起新时代赋予我们的历史重任。

《郓城县工会志》全面系统记述了郓城县工人阶级诞生、成长、发展的战斗历程和光辉业绩，反映了工人阶级光荣的革命传统，凝聚了工人运动的宝贵经验，对于我们认真贯彻落实习近平新时代中国特色社会主义思想，充分发挥工人阶级的主力军作用，做好新时代工会工作，实现郓城发展更大跨越，将具有十分重要的意义。相信《郓城县工会志》的价值将会日渐彰显于今天和未来。

是为序。

中共郓城县委书记：刘文林

2018年4月

序二

《郓城县工会志》的编纂，历经一年的紧张工作，终于成书，即将面世，这是郓城工运史上的一件大事，也是郓城广大干部职工的一件大事。《郓城县工会志》的出版必将会进步推进郓城工会事业蓬勃发展，为全县史志丛林再添风采。

郓城工运，从1927年郓城县饭业工会成立开始，到1950年9月郓城县总工会筹备委员会成立，直至2017年底，郓城县工会已拥有全县1503个基层组织、253941名会员。郓城工运史，既是全县广大工人队伍的成长史，也是全县上下全体工会干部的工作奋斗史。

在郓城县工会组织成长壮大过程中，全县广大工会干部加强学习，增强政治素质，提高业务本领，增长工作才干，逐渐锻炼成为一支干事创业、能打硬仗、敢拼能赢的干部队伍。各级工会干部在工作中兢兢业业，真抓实干，屡创佳绩。多年来，全县各级工会组织通过健全完善制度，改革工作方式，转变服务职能，提高服务水平，创造了无数郓城经验、郓城模式，圆满完成了上级工会和县委、县政府交给的各项工作任务。

全县各基层工会组织引领动员广大干部职工认真履行维权、建设、参与、教育职能，发挥工人阶级经济建设主力军作用，发动广大职工开展一系列技术革新、劳动竞赛运动。在中华人民共和国成立初期，按照“多、快、好、省”指示精神，增加生产，支援新中国建设。在20世纪50年代，加紧工业生产，支持抗美援朝。在三年自然灾害时期，贯彻“调整、巩固、发展、提高”方针，优质、高产、低耗，安全生产，技术创新，支援农业。在新世纪，开展“双增双节”“安康杯”“查身边隐患，保职工安全，促企业发展”等立功竞赛活动。通过劳动竞赛激发职工劳动热情，提高生产效率，促进经济发展。纵观郓城工运史，全县广大干部职工始终站在时代的前沿，脚踏实地、奋力拼搏;他们争先创优、业绩恢宏，得到各级领导的充分肯定，涌现出无数劳动模范和先进人物，他们是全县生产劳动和工会工作先进力量的代表；榜样的力量，带动了生产发展，弘扬和传播了社会正能量；他们是工人阶级的骄傲、是郓城人民的自豪！

在志书编写过程中，许多曾在县总工会工作的老领导、老同志忆史指正，县委组织部、县档案局提供详尽史料，党史委、县史志办的领导及各位专家亲临指导，全体编辑人员齐心协力、不辞辛苦，搜集整理资料，编者夜以继日、辛勤劳作深挖工运史材，形成这部结构齐全、编排合理、内容丰富、图文并茂的志书。在此一并向他们表示最诚挚的谢意！

郓城县人大常委会党组副书记、
副主任，郓城县总工会主席

2018年4月

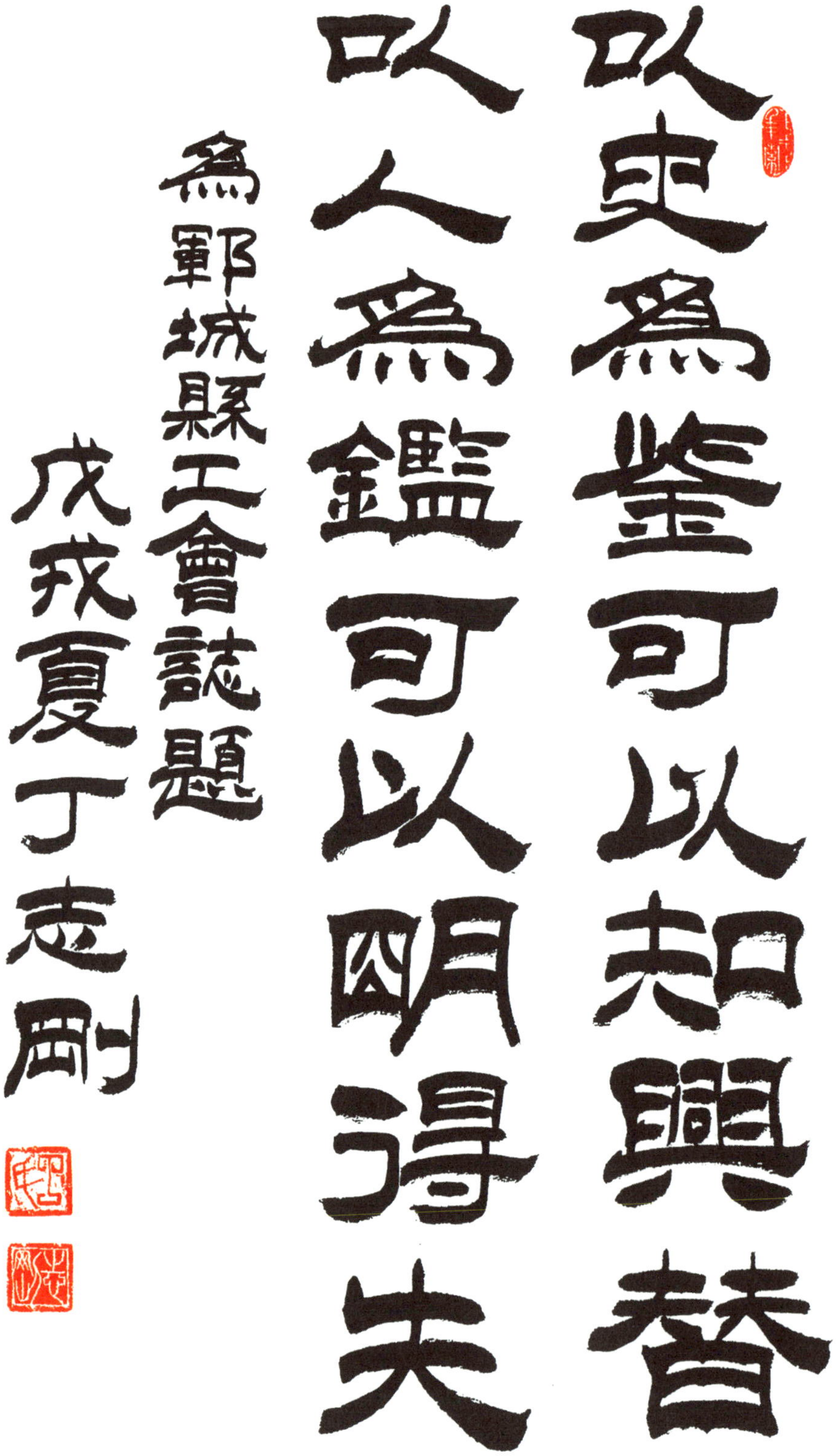

菏泽市人大常委会副主任、党组副书记，市总工会主席丁志刚题词。

中华全国总工会原主席李建国（左三）到郓城检查指导工作。

2014年2月20日，山东省总工会常务副主席刘赞杰（左三）到郓城检查指导工会工作。

2018年3月14日，山东省总工会副主席魏丽（左三）到郓城调研“构建工会外联内合系统大维权工作格局”课题。

2016年1月13日，山东省总工会副主席冯庆禄（左三）到郓城检查指导“查保促”工作。

2016年10月19日，山东省总工会经审委主任蒋石宝（右一）到郓城调研指导工会经审工作。

2018年6月20日，菏泽市委书记孙爱军（右一）到郓城企业检查指导工作。郓城县委书记刘文林（左一）参加活动。

2016年2月1日，菏泽市委副书记、市长解维俊（右二）到郓城县和馨家园（经济适用房）慰问贫困职工。

2014年2月20日，菏泽市人大常委会副主任、党组副书记市总工会主席丁志刚（左四）到郓城检查指导工会工作。

2016年1月10日，菏泽市总工会常务副主席、党组书记周继东（左一）到郓城检查指导工会工作。

2017年8月29日，菏泽市总工会常务副主席、党组书记刘守文（左二）到郓城检查“市派第一主席工作”。

2015年10月13日，菏泽市总工会副主席王运传（左三）到郓城检查电子商务工作。

2015年7月22日，菏泽市总工会副主席冉凡文到郓城宏达化工有限公司慰问一线职工。

2015年12月9日，菏泽市总工会副主席王胜利（左三）到郓城检查工友创业工作。

2018年1月24日，菏泽市总工会王善飞检查郓城华宝食品市派第一主席工作

2016年4月23日，郓城县委书记刘文林（左六）到随官屯制衣厂与一线职工亲切交谈。

2016年6月28日，郓城县委副书记、县长谷永强（右一）到丁里长镇企业视察工会工作。

2017年5月，郓城县人大常委会主任王广岱（左一）指导县总工会搞好困难职工脱贫致富帮扶工作。

2017年6月25日，郓城县政协主席王秀忠（左二）到基层工会视察指导工作。

2017年6月7日，郓城县委副书记孙迁国（左一）深入企业视察工会工作。

2016年1月13日，郓城县人大常委会副主任、县总工会主席钱建华（左三）陪同省市领导检查指导工作。

2018年2月27日，郓城县人大常委会党组副书记、副主任，县总工会主席曹建文（左三）检查指导全县职工下岗再就业工作。

2018年2月12日，郓城县人大常委会党组副书记、副主任，总工会主席曹建文（左一）慰问商业公司贫困职工。

1995年5月27日，郓城县工会第六次代表会代表合影。

1995年5月，郓城县工会第六届委员会合影。

2016年11月18日，郓城县工会第七次代表大会在县会议中心召开。

郓城县工会第七次代表大会当选主席、副主席、经审委主任合影。左起：段于才、李霞、曹建文、梁素云、姬广增。

郓城县工会第七次代表大会常委合影。左起：李镇、陈军荣、段于才、李霞、曹建文、梁素云、姬广增、张雨芹、孙文杰、杜宝建。

郓城县工会第七次代表大会委员合影。前排左起：段于才、李霞、曹建文、梁素云、姬广增、樊庆芳；中排左起：孙文杰、张雨芹、杨富元、侯本建、宋向东、郭斌、冯献忠、张建彬、渠继忠、郑洪波、仝献、徐淑告、徐学文、杜宝建；后排左起：章鹏、陈海森、张郁冰、和丽英、王兆喜、赵远、刘继波、陈军荣、王青、刘兆秋、李向东、白素文、李镇。

2012年2月20日，郓城县公路局“全国示范书屋”授牌仪式。

2014年12月26日，赵楼煤矿“全国职工书屋”授牌仪式。

2014年9月25日，第八次全国厂务公开民主管理工作调研检查汇报会在郓城召开。

2017年4月19日，郓城县首批工会干部挂职非公企业第一主席启动仪式。

1960年2月，郓城县第五届社会主义建设先进单位代表会议授奖单位合影。

1960年2月28日，山东省农业社会主义建设先进单位代表会议郓城县代表合影。

1982年7月1日，郓城县总工会召开的劳模座谈会全体同志合影。

2017年4月28日，郓城县领导与郓城县先进工作者、劳模及“郓城工匠”合影。一排左起：孙迁国、王广岱、刘文林、谷永强、王秀忠、褚景云；二排左起：王卿军、吕秀云、时志荣、孙辉、王贤慧、张爱花、杨秀玲、巨爱芝、李海霞、冀梅霞、周淑娟、任爱红、张茂军、于恒波、刁望合；三排左起：段于才、杜永孝、张维蛟、奚文献、梁衍立、郭斌、张传锋、翟元军、黄江伟、李明景、闫成钦、袁洪波、尹逊军、肖作允；四排左起：苏堪忠、王善稳、武支超、谢从钦、戚聿更、黄贵鑫、任传田、李仁新、张兴亚、吴兴全、梁海涛、曾海军、魏登芹、赵华剑；五排左起：郑瑞章、张顺亮、孙华清、李传递、孟祥记、袁焕强、石磊、马传民、孙文峰、吴海船、刘高生、仝保林、李诗民。

2008年9月26日，郓城县总工会开展国庆乒乓球运动会。

2010年12月28日，郓城县“赵楼煤矿杯”乒乓球运动会。

2011年5月14日，郓城县总工会环东平湖骑行团体游。

2011年郓城县职工运动会暨全民健身活动日启动仪式。

2012年4月26日，郓城县总工会“庆五一”运动会。

2012年8月15日，郓城县工会、烟草专卖局组织开展技能大赛。

2013年4月25日，郓城县总工会“庆五一”运动会。

2016年12月16日，郓城县2016年冬季职工广场舞大赛。

2017年3月8日，郓城县总工会庆三八联欢会。

2017年4月23日，郓城县总工会“庆五一”运动会。

2017年8月3日，郓城县工会、教育局组织开展小学教师技能大赛。

2017年6月27日，郓城县2017年“中国梦·劳动美——喜迎党的十九大”。

2017年7月21日，县工会、县人行组织开展技能大赛。

2017年12月18日，郓城县全民健身运动会广场舞展演。（魏忠友 摄）

2012年1月31日，郓城县总工会在唐塔广场开展“春风行动”。

2012年7月19日，郓城县总工会开展“面对面、心贴心、实打实服务职工在基层”活动。

2012年12月14日，郓城县总工会2012年救助学生发放仪式。

2012年8月24日，郓城县优秀贫困大学生资助金发放仪式。

2013年1月17日，郓城县总工会主席田广东慰问困难职工。

2013年3月8日，郓城县政府、工会第一次联席会议。

2013年7月19日，郓城县劳动用工备案、企业工资集体协商暨集体合同备案工作会议。

2013年7月22日，郓城县总工会在宏达化工开展“夏送清凉”活动。

2014年5月28日，郓城县工会在陈坡小学开展帮扶送教育。

2014年12月23日，郓城县总工会在郓城县一中举行助学金发放仪式。

2015年7月22日，郓城县总工会常务副主席梁素云（左三）在富海能源调研职工维权情况。

2015年6月1日，郓城县总工会“双联双创”下乡“帮扶送教育”活动仪式。

2016年3月，郓城县总工会组织召开“2016年‘查保促’活动集中行动督导会议”。

2016年4月26日，郓城县常务副主席梁素云（右一）“五一节”慰问劳动模范。

2016年8月5日，郓城县总工会在南赵楼煤矿（现兖煤菏泽能化公司）开展“夏送清凉”活动。

郓城县总工会2016年助学金发放仪式。

2016年12月6月，郓城县杨庄集镇康庄村立功德碑以感谢郓城县总工会帮扶出资修建村中公路—康庄大道。

2017年3月9日，郓城县总工会普法宣传。

2017年5月15日，郓城县总工会组织关爱女工知识讲座。

2017年5月27日，郓城县总工会“双联双创”驻村工作队向洼里村支书详细了解贫困户基本情况。

2014年6月，菏泽市总工会副主席路绍俊（左二）到郓城调研厂务公开民主管理工作

2017年5月27日，郓城县总工会在杨庄集镇洼里村举行“帮扶送教育”捐赠仪式。

2018年1月23日，郓城县总工会2017年助学金发放仪式。

2013年1月19日，家政培训基地授牌仪式。

2013年9月24日，工资集体协商指导员培训会。

2016年3月7日，郓城县“查保促”活动集中行动企业负责人培训。

1992年1月，郓城县总工会全体工作人员和市工会领导合影。

2018年4月20日，郓城县总工会全体在职工作人员合影。前排左起：李镇、付玉英、段于才、李霞、曹建文、梁素云、姬广增、孙文杰、张雨芹；二排左起：马灿、杨秋葵、张敏、陈迎雪、徐慧、张丽娟、陈军荣、王永丽、王真真、刘盈盈、张秋玲；三排左起：侯春玲、陈春丽、季增培、仝西桐、梁海霖、钱波、曹锋、张新建、王青。

2018年4月20日，郓城县工会志编纂委员会及编审人员合影。前排左起：段于才、李霞、曹建文、梁素云、姬广增；二排左起：李镇、陈春丽、马灿、付玉英、徐慧、王永丽、陈军荣；三排左起：季增培、张雨芹、钱波、孙文杰、张新建。

2018年3月9日，郓城县工会志编辑组在梁山县档案局查阅郓城县总工会老干部档案资料。

郓城县总工会办公楼（2018年）

郓城县总工会职工服务中心（2018）

奖　状
郓城县总工会
你会荣获二〇一四年度市级
工会财务工作先进单位
中华全国总工会
二〇一五年十月

授予：郓城县总工会
全国职工公共安全卫生应急避险知识普及竞赛活动
优秀组织单位
（2017年度）
全国"安康杯"竞赛组委会
二〇一七年十一月

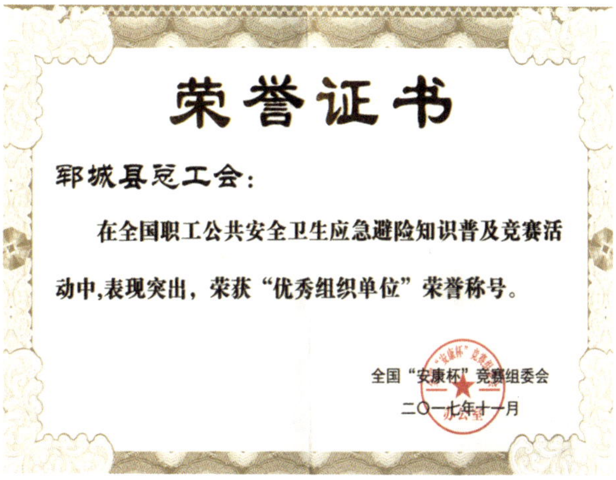
荣誉证书
郓城县总工会：
在全国职工公共安全卫生应急避险知识普及竞赛活动中,表现突出，荣获“优秀组织单位”荣誉称号。
全国“安康杯”竞赛组委会
二〇一七年十一月

山东省工会职工维权法律服务
示范单位
山东省总工会
二〇一三年十一月

2015年度山东省工会职工维权法律服务
示范单位
山东省总工会

奖　状
郓城县总工会：
你会在九六年财务竞赛中取得显著成绩，被评为全省工会财务工作先进单位
山东省总工会
一九九七年五月

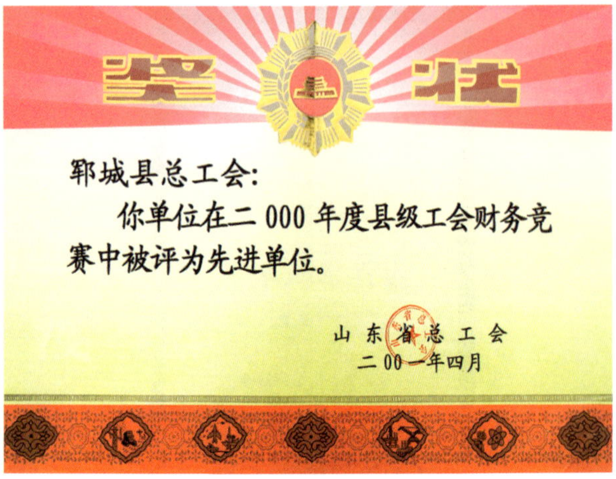
奖状
郓城县总工会：
你单位在二000年度县级工会财务竞赛中被评为先进单位。
山东省总工会
二00一年四月

荣誉证书
郓城县总工会：
你单位在二OO三年度县级工会财务竞赛中被评为先进单位
山东省总工会
二零零四年五月

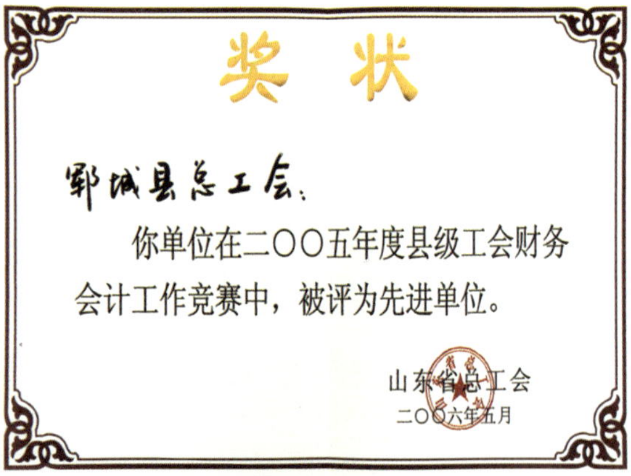
奖状
郓城县总工会：
你单位在二OO五年度县级工会财务会计工作竞赛中，被评为先进单位。
山东省总工会
二OO六年五月

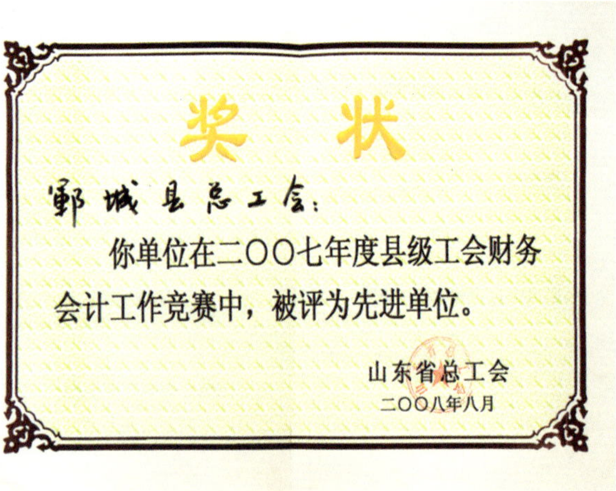
奖状
郓城县总工会：
你单位在二OO七年度县级工会财务会计工作竞赛中，被评为先进单位。
山东省总工会
二OO八年八月

奖状
郓城县总工会：
你单位在二OO八年度县级工会财务会计工作竞赛中，被评为先进单位。
山东省总工会
二OO九年六月

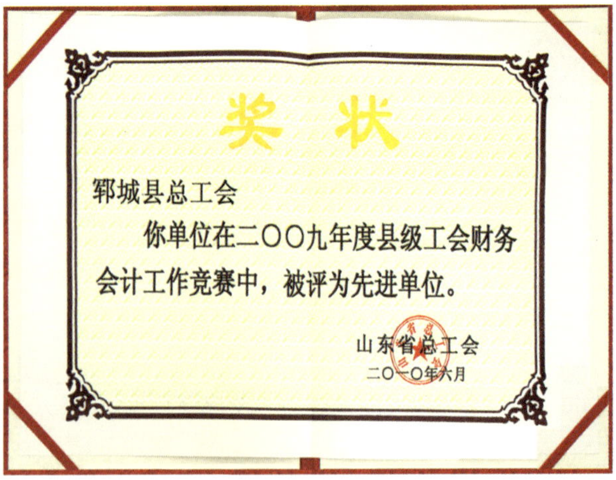
奖状
郓城县总工会
你单位在二OO九年度县级工会财务会计工作竞赛中，被评为先进单位。
山东省总工会
二O一O年六月

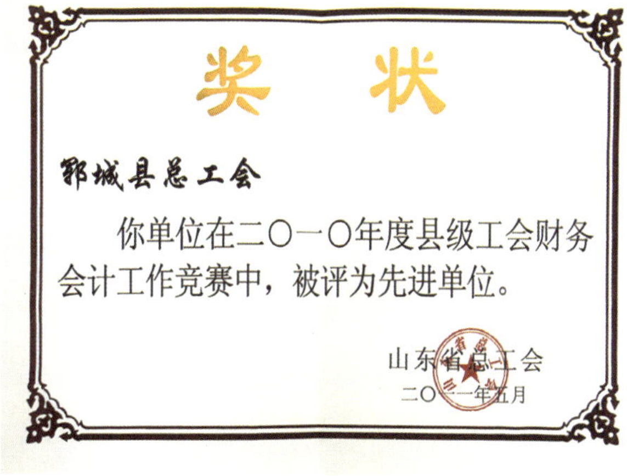
奖 状
郓城县总工会
你单位在二〇一〇年度县级工会财务会计工作竞赛中，被评为先进单位。
山东省总工会
二〇一一年五月

奖 状
郓城县总工会
你单位在二〇一三年度县级工会财务会计工作竞赛中，被评为先进单位。
山东省总工会
二〇一四年六月

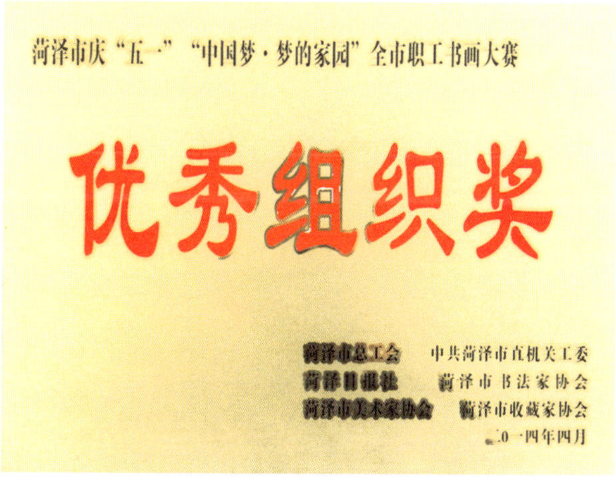
菏泽市庆"五一""中国梦·梦的家园"全市职工书画大赛
优秀组织奖
菏泽市总工会
中共菏泽市直机关工委
菏泽日报社
菏泽市书法家协会
菏泽市美术家协会
菏泽市收藏家协会
二〇一四年四月

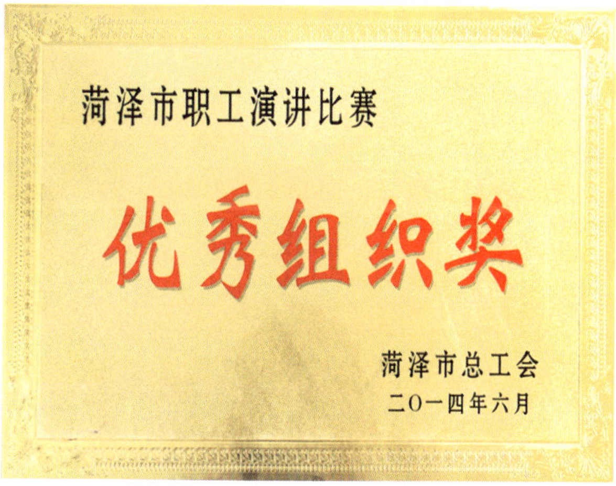
菏泽市职工演讲比赛
优秀组织奖
菏泽市总工会
二〇一四年六月

菏泽市职工职业技能大赛
优胜单位
菏泽市总工会
菏泽市经济和信息化委员会
菏泽市人力资源和社会保障局
二〇一四年十二月

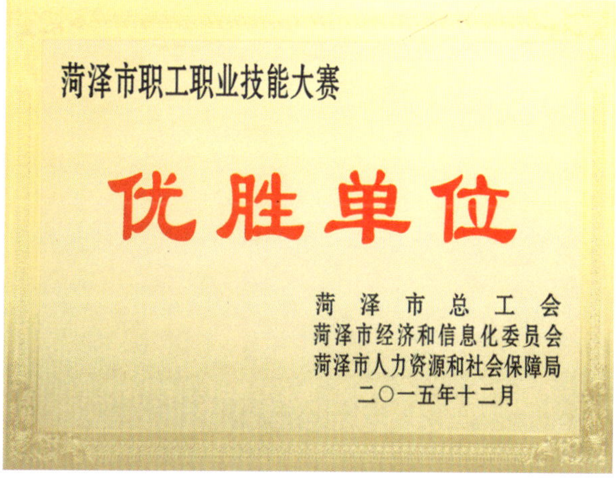
菏泽市职工职业技能大赛
优胜单位
菏泽市总工会
菏泽市经济和信息化委员会
菏泽市人力资源和社会保障局
二〇一五年十二月

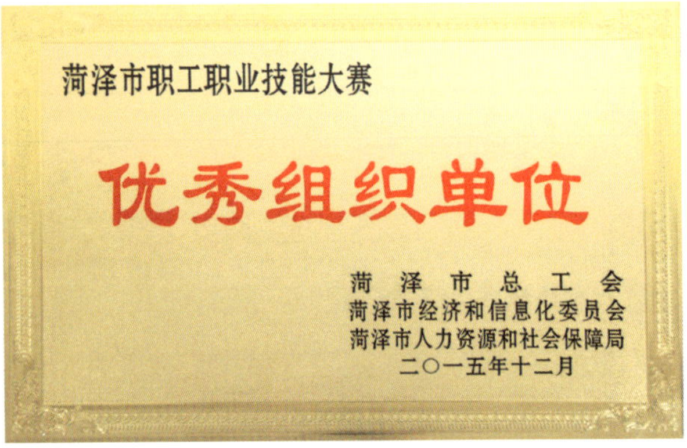
菏泽市职工职业技能大赛
优秀组织单位
菏泽市总工会
菏泽市经济和信息化委员会
菏泽市人力资源和社会保障局
二〇一五年十二月

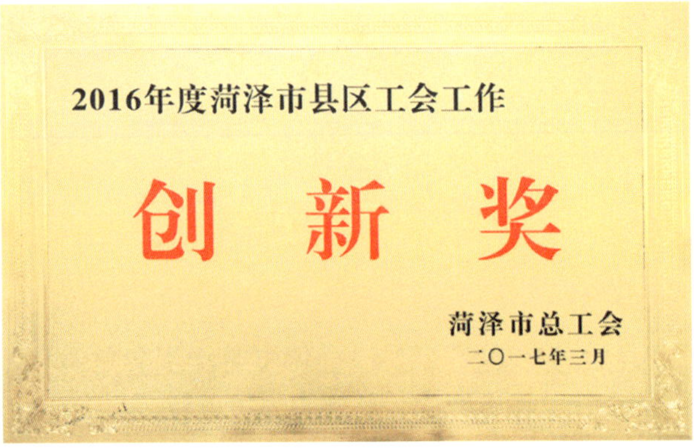
2016年度菏泽市县区工会工作
创新奖
菏泽市总工会
二〇一七年三月

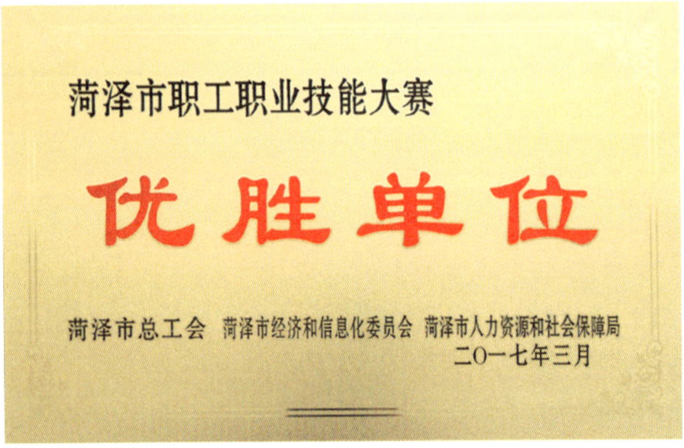
菏泽市职工职业技能大赛
优胜单位
菏泽市总工会 菏泽市经济和信息化委员会 菏泽市人力资源和社会保障局
二〇一七年三月

优秀女职工建功立业标兵岗
菏泽市总工会
二〇一七年三月

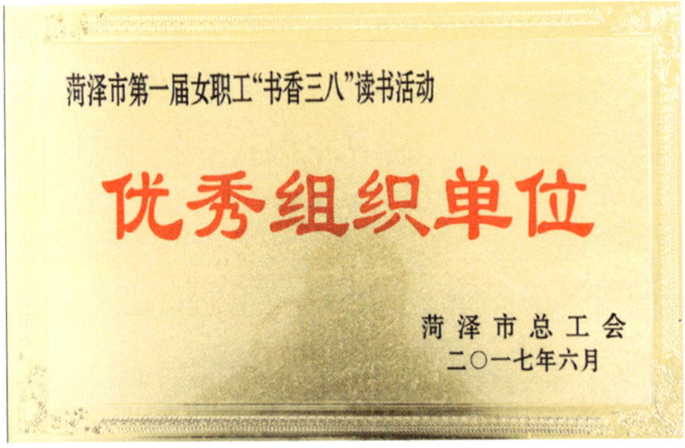
菏泽市第一届女职工“书香三八”读书活动
优秀组织单位
菏泽市总工会
二〇一七年六月

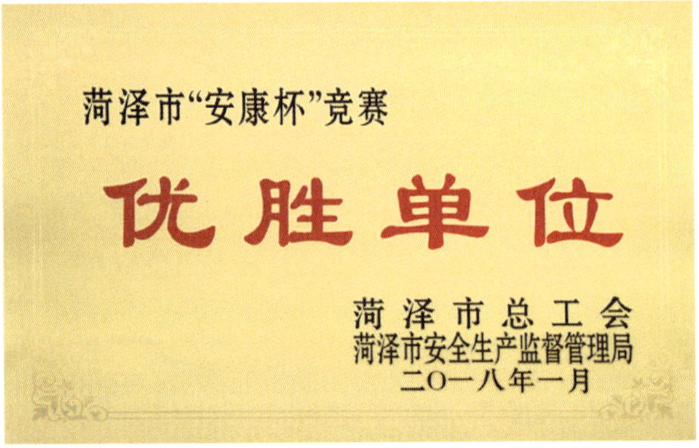
菏泽市“安康杯”竞赛
优胜单位
菏泽市总工会
菏泽市安全生产监督管理局
二〇一八年一月

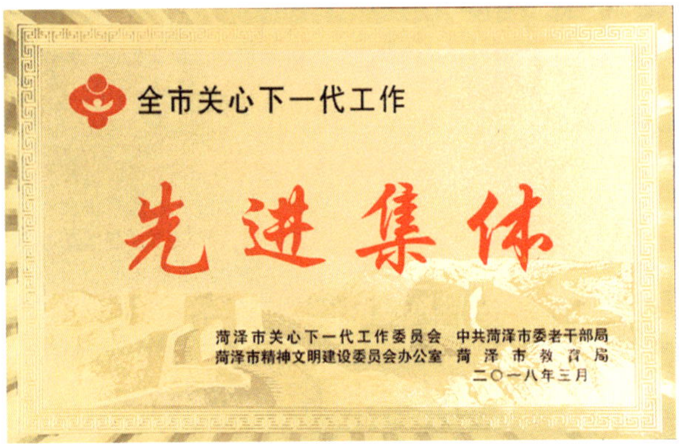
全市关心下一代工作
先进集体
菏泽市关心下一代工作委员会 中共菏泽市委老干部局
菏泽市精神文明建设委员会办公室 菏泽市教育局
二〇一八年三月

工人先锋号
菏泽市总工会

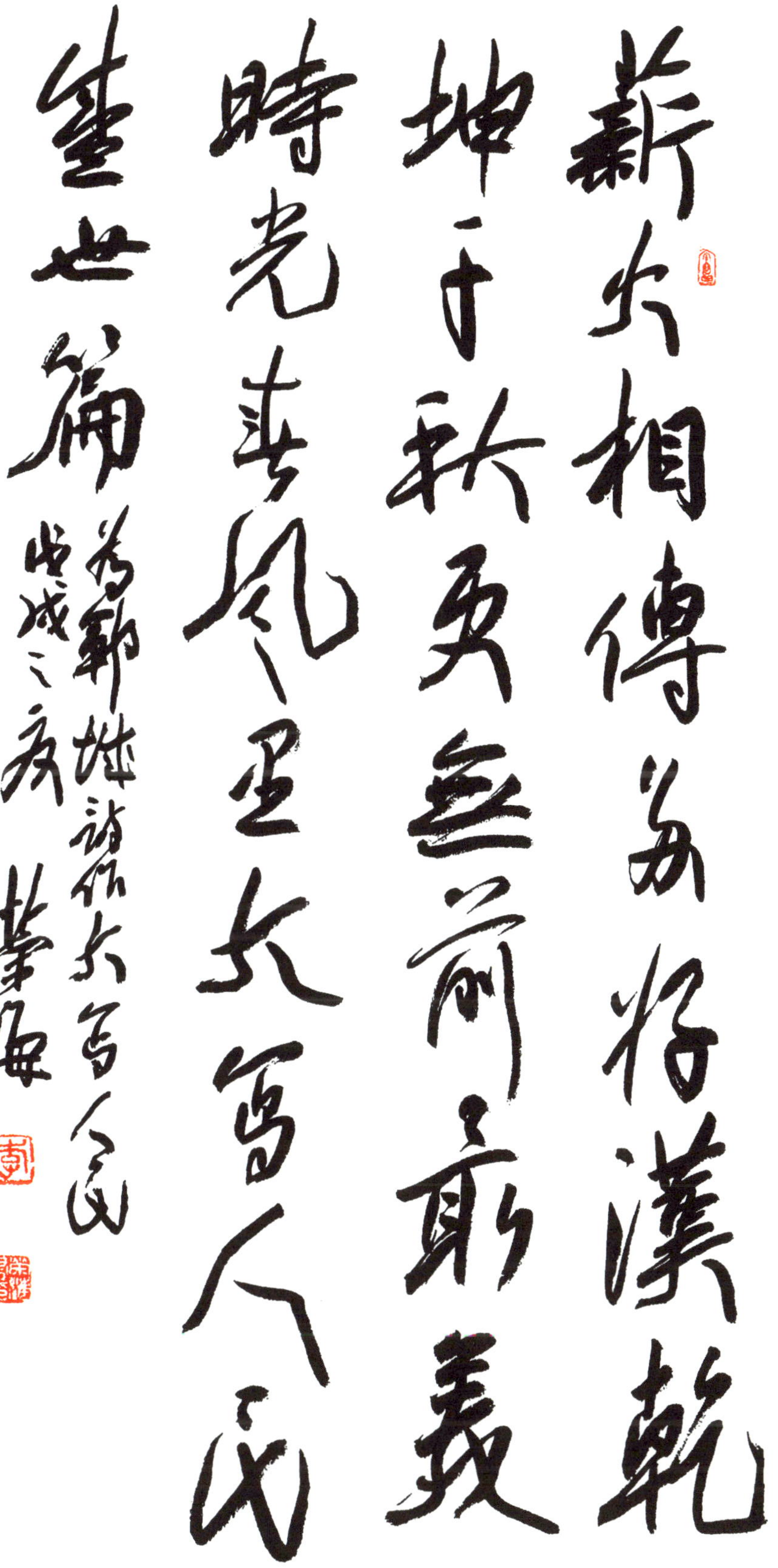

书画家、中国美协理事、中国书协理事李荣海题词。

凡 例

一、本书以马克思列宁主义、毛泽东思想、邓小平理论、“三个代表”重要思想、科学发展观和习近平新时代中国特色社会主义思想为指导，坚持辩证唯物主义和历史唯物主义的立场、观点和方法，坚持实事求是的思想路线，运用现代科学理论和方法，全面真实地记述郓城工会工作的历史与现状，做到思想性、科学性和资料性的统一。

二、记事上限自1949年起，下限止于2017年年底。为保持事物的完整性,章中有些内容适当上溯和下延。

三、本志采用述、志、记、图、表、录等体裁，以志为主。文字表述用语体文、记述体，寓观点于史实之中。本志结构分章、节、目，共8章。各章按内容作横排竖列，坚持竖不断线、横不缺项的原则，以便读者较系统、全面地了解其内容。另设概述、大事记。

四、本志采用公元纪年，采用法定计量单位。经济统计数据中，采用当年价。建国初期的货币币值单位“元”,系指时实币值。地名的使用，均采用事件发生时的称呼。

五、本志资料主要由县总工会、档案局、史志办提供，部分资料来自走访调查。个别口述与史志档案资料相悖的，以史志档案资料为准。资料来源，不注明出处。

目　录

第五章　宣传工作

第六章　职工生活福利

第七章　工会财务

第八章　人　物

概　　述

郓城县位于山东省西南部、菏泽市东北部，地处黄河下游，地理坐标为北纬 35°19′~35°52′，东经 115°40′~116°08′。北邻梁山县，东与嘉祥县接壤，南接巨野县、牡丹区，西与鄄城县毗邻，隔黄河与河南省范县、台前县相望。全境南北最长约 44.39 公里，东西最宽约 35.71 公里，总面积 1643 平方公里。郓城县历史悠久，人才辈出。据大杨集肖堌堆古文化遗址测定证明，早在新石器时代县境内已有人居住。商朝时期，为商第五次迁建都城之地，史称庇。春秋时期，鲁成公四年（前 587 年）冬，鲁国为加强防御，筑城名郓，史称西郓。西汉时境内先后设黎县、廪丘县，南北朝置清泽县，隋开皇四年（584 年），清泽县改为万安县，开皇十八年（598 年），万安县更名郓城县，“郓城”之名自此始。

郓城县大地构造属中朝陆台山东台背斜的西南边缘凹陷带，处于“鲁西断块”中的“鲁西南块陷”上，地表全为新生界覆盖，没有基岩出露。由于受地下岩层构造和地上黄河等内外营力作用的控制和影响，整个地势西南高东北低，没有山丘，全境属黄河冲积平原。西南与东北高差 9 米，地面坡降在 1/5000~1/10000，海拔在 38.50~47.50 米之间，地貌类型主要有缓平坡地带、浅平洼地带、河槽地带、河滩高地地带四种。黄河为境内唯一的自然河流，上起鄄城县左营乡张庄村，流经郓城县境 34 公里，入梁山县黑虎庙镇高唐村。全县共有骨干排水河道 10 条，分别是洙赵新河、郓巨河、鄄郓河、丰收河、宋金河、三分干河、郓城新河、老赵王河、琉璃河、华营河，县境内河道总长度 284.47 公里。郓城属温带季风性大陆气候，四季分明，春季干燥多风，夏季炎热多雨，秋季温和凉爽，冬季干冷且雨雪稀少。全县矿产资源主要有煤炭、地热和砖瓦用黏土三类。全县已建成投产 4 对矿井，即彭庄煤矿、郭屯煤矿、赵楼煤矿和郓城煤矿，年设计开采能力 890 万吨，核定生产能力 1000 万吨；已探明地质储量30.81亿吨。2017 年年底，郓城县辖 1 个省级经济技术开发区，郓州、唐塔 2 个街道，黄安、武安、杨庄集、张营、黄泥冈、丁里长、郭屯、随官屯、南赵楼、唐庙、双桥、玉皇庙、潘渡、侯咽集、程屯、李集、张鲁集、黄集 18 个镇，陈坡、水堡 2 个乡。辖有 690 个村民委员会（社区）。全县总人口 128.21 万人。

一

民国 16 年（1927 年），郓城县首次建立工会组织，和其他群众团体一起开展了短时间的反帝反封建斗争。1940 年 3 月，郓城县在抗日根据地建立工人抗日救国联合会，刘芝任主任。10 月，郓南县在抗日根据地建立工人抗日救国联合会，高析（兼）任主任；郓城县、郓南县工人抗日救国联合会均于 1941 年 5 月撤销。1950 年 9 月，成立了平原省郓城县总工会筹备委员会。1953 年 1 月，正式成立郓城县总工会。六十多年来，郓城县总工会在中国共产党的领导下，围绕党在各个时期的中心任务，认真贯彻党的路线、方针、政策，为全县培养一支富有生机的职工队伍。在社会主义建设中，各级工会组织充分发挥党联系职工群众的桥梁纽带作用。全县职工队伍不断壮大，1952年，有工会会员2136人，占全县职工的66%，1955年有工会会员2444人，1963年有工会会员4486人，1978年有工会会员5132人，1980年有工会会员11714人，2000年有工会会员22330人，2017年有工会会员253941人。

中华人民共和国初期到1966年，工会组织经历了由发展到停止活动、再缓慢发展的曲折历程。1949年，搬运工会成立，是中华人民共和国成立后郓城县最早的一个基层工会组织。1952年底，发展到基层工会17个。1955年12月，郓城县总工会又改称为郓城县工会联合会筹备委员会。1956年3月，召开了郓城县工会第一次会员代表大会，选举产生了郓城县工会联合会第一届委员会。1958年，全国总工会第三次扩大会后，在“过渡时期工会自然消亡论”的影响下，全县总工会工作受到极大的影响，部分工会干部被调离，工会工作急转直下，全县工会工作一度停止活动。1959年3月，郓城县总工会组织撤销。同年11月，遵照杨尚昆在全国总工会八届执委会上的讲话“工会不是消亡，而是加强”的精神，批判极“左”思潮，澄清思想和理论上的是非，县委做出《恢复工会组织、加强工会工作的决定》，被撤销的工会组织又恢复起来，并进行整顿提高。1963年5月，郓城县工会联合会改称郓城县总工会，召开了郓城县工会第二次会员代表大会，选举产生了郓城县总工会第二届委员会。这届委员会一直持续到“文化大革命”开始。

1966年5月，“文化大革命”开始后，全县总工会工作遭受严重破坏，处于瘫痪状态，各级工会组织被迫停止活动。1968年5月郓城县革委会成立后，县总工会与其他群众团体合并为县革委会政治部下设的群工组。1973年，县委做出《恢复工会组织的决定》，成立工会筹备工作领导小组，着手恢复各级工会组织。1973年6月，召开了郓城县总工会第三次会员代表大会，选举产生了郓城县总工会第三届委员会。工会组织虽已恢复，但由于极“左”路线尚未肃清，工会仍未走向正常的轨道。

1978年中共十一届三中全会和中国工会“九大”召开后，郓城基层工会开始逐步恢复，并走上了健康发展的道路。1979年底，通过组织整顿，发展3168名新会员，会员达到10543名，占职工总数的88%。1984年4月，全国总工会做出整顿工会基层组织，建设“职工之家”部署。5月，郓城县总工会根据全国总工会的部署，制订了建设“职工之家”规划。此后，县总工会一直把工作重点放在基层，重视整顿和发展基层工会组织。

1986年，全县共有基层工会组织228个，专兼职工会工作人员432人，工会会员17140人（局限于县直机关、事业单位和国有集团企业职工），工会积极分子3572人。1996年9月，召开全县新建企业建立工会组织动员大会。至1997年，共建立合资、外资企业工会8家，乡镇企业13家，打破县总工会完全由机关、事业、国有和集体企业组成的格局。1999年6月，召开乡镇组建工会工作动员会。年底，全县各乡镇建立起乡镇工会工作委员会。2001 年，21 个乡镇工会联合会成立，覆盖 25 人以下的小型私营企业 448 家，建立外商投资企业工会 8 个，私营企业工会 37 个，乡镇企业工会 2 个，事业单位工会组织 3 个，公、检、法工会也全部建立。2003 至 2005 年，共建立民营企业工会组织 155 家。2005 年，全县共有工会基层组织 421 个，工会专兼职人员 1304 个，工会会员 44239 人，工会积极分子 7533 人。

2009 年，以非公有制企业建会和吸收农民工入会为重点，大力推进工会组建工作。2009 年，全县完成新建工会组织 60 家，发展会员 5000 人，其中农民工入会 3812 人，超额完成了市总工会下达的组建任务。加强对工会组织规范化建设的领导，按照先城区后乡镇、先大后小、先易后难的原则，做到组建一家，巩固一家，规范一家。

2013 年，县总工会坚持以“两个普遍”为工作重点，坚持“党建带动工建、工建服务党建”的原则，在工会工作中牢牢把握“党工共建”这一机遇，进一步形成“党委重视、政府支持，工会运作，各方配合”的工作格局。全县新建工会组织 135 家，发展新会员 11898 人，同比分别增长 13.5%和 14.1%。

2014 年，制订了以社区（村级）工会组建为重点、全县正常经营企业全覆盖的建会工作方案。全年全县新建立工会组织 155 家，发展会员 6.65 万人。全县 23 个乡镇（街区）均已建立了总工会，并全部配备了专职工会副主席。

2015 年，县总工会制定了以村级工会组建及强化农民工入会和服务工作为重点、全县正常经营企业全覆盖的建会工作方案。全县新建工会组织 176 家，发展会员 9.36 万人。

2016 年，全县新增工会组织 76 家，发展会员 26464 人，另外新成立两家产业工会（教育工会和郓城县外经贸企业联合工会）。截至 2017 年底，全县共有 23 个乡镇（街区）总工会，3 个产业工会，1503 个基层工会，253941（女工 118938）名会员。

二

《工会章程》规定，工会的各级领导机关是工会的地方各级代表大会和它所产生的总工会委员会。1956 年至 2017 年间，郓城县工会召开了七次会员代表大会。

1956 年 3 月 31 日至 4 月 2 日，郓城县工会联合委员会第一次会员代表大会在郓城县大礼堂召开。选出委员 19 人，主席 1 人。选举产生了工会经费审查委员会。

1963 年 5 月 15 日至 17 日，郓城县工会第二次会员代表大会在郓城县大礼堂召开。选举产生委员 16 人，候补委员 3 人，常委 5 人。大会选举主席 1 人，副主席 1 人，同时选举经费审查委员会委员 5 人；建立了教育、供销系统工作委员会。

1973 年 6 月 13 日至 16 日，郓城县工会第三次会员代表大会在郓城县大礼堂召开。选举产生委员 39 人，选举主席 1 人，副主席 3 人。

1980 年 3 月 29 日至 31 日，郓城县工会第四次会员代表会议在县政府招待所召开。会议选举主席 1 人，副主席 1 人，委员 22 人。

1989 年 9 月 21 日至 22 日，郓城县工会第五次会员代表大会在县委党校召开。选举委员 21 人，常委 7 人，主席 1 人，副主席 2 人。

1995 年 5 月 26 日至 27 日，郓城县工会第六次会员代表大会在县政府招待所召开。选举委员 21 人，候补委员 3 人，常委 7 人，主席 1 人，副主席 2 人。

2016年11月18日，郓城县工会第七次会员代表大会在县会议中心召开。选举委员41人，常委11人，主席1人，常务副主席1人，副主席2人。

三

郓城县总工会围绕党的中心任务，总是把思想政治工作放在首位。1961年，郓城县总工会及各基层工会，在各级党委的领导下，认真贯彻执行党的国民经济“调整、巩固、充实、提高”的方针，组织广大职工学习“工业七十条”。1963年以后，全县各级工会组织主要以学习毛主席著作为中心，在广大职工中开展社会主义、共产主义教育运动，密切配合各个时期国际、国内形势，进行以粮为中心的增产节约和勤俭建国等一系列教育。1978年，学习党的十二大文件、《国营企业职工思想政治工作纲要（试行）》，充分发挥了工会的共产主义学校的作用。

80年代以后，郓城县总工会组织认真贯彻中央六中全会《关于社会主义精神文明建设指导方针的决议》，深入进行了“六个方面的教育”，积极开展了“三大活动”，先后举办表模人物组织全县职工10073人进行爱国主义教育，先进事迹报告会27场次，直接听众达34000多人次。1987年，郓城县总工会以建设“四有”职工队伍为目标。采取多种形式，积极开展了坚持四项基本原则、反对资产阶级自由化教育和共同理想、道德纪律法制等方面的思想政治教育工作。1989年，郓城县总工会在全县职工中着重开展了以“忆十年，话改革”为主题的形势教育活动。1991年，郓城县各级工会组织以学习宣传中共十三届七中全会精神，开展“三热爱”主题系列活动为重点，采取多种形式，努力做好职工思想政治教育工作。1992年，郓城县总工会围绕中国共产党建党七十一周年和中共十四大的召开，各级工会认真抓好了群众性的爱国、爱党、爱社会主义“三热爱”教育活动。1993年，郓城县总工会在全县职工中广泛开展了“社会主义市场经济大家谈”征文活动。1994年，郓城县总工会在职工中广泛开展了以“主人翁与市场经济”为主题的思想教育活动。1996年，郓城县各级工会以科学的理论武装人，以正确的舆论引导人，以高尚的情操塑造人，以优秀的作品鼓舞人，努力为改革开放、经济建设和社会稳定提供有力的思想保证和良好的舆论环境。1997年，县总工会组织全县职工学习宣传中共十五大精神的热潮。2015年，响应县委“三严三实”专题教育的号召，全面推进创建村级服务型党组织建设，郓城县总工会积极开展“双联双创”活动。2016年，开展“两学一做”教育实践活动，严格执行双重组织生活制度，主动参与联系支部学习讨论、查摆问题、民主评议。2017年，郓城县总工会认真学习贯彻中共十八届六中全会和十九大精神。重点学习了《关于新形势下党内政治生活的若干准则》和《中国共产党党内监督条例》，牢固树立“四个意识”。

四

中华人民共和国成立初期，郓城工人在党的教育下，逐步克服了自卑感和雇佣观念，认识到自身的社会地位、建设国家的职责。建立工会组织后，经过系统的工人运动史和中国革命斗争史的教育，郓城工人队伍逐渐形成为一支蓬勃发展，斗志昂扬的社会主义建设队伍。20世纪50年代，县总工会开展劳动竞赛，发动职工搞技术革新，提合理化建议，向先进学习，提高了工厂生产质量。1980年，县总工会与各系统工会加强了对社会主义劳动竞赛的领导，各系统涌现出科研小组达 80 余个。1986 年，县总工会同有关部门在全县工、基、交、财系统开展了百日劳动竞赛活动，参与单位有 82 个，参赛人数 9600 多人，这次活动创造了可观的经济效益，8—10 月份累计工业总产值比去年同期增加 46.5%，实现利税增加 27.6%，完成销售收入增加 57%。1987—1989 年，县总工会开展了“双增双节”运动，教育广大职工发扬艰苦奋斗、勤俭建国的优良传统。1988 年，发动职工提合理化建议 4851 条，采纳 2632 条，已实施的 821 条，节约、创造价值达 102.5 万元。1989 年全县有 5012 名职工提出合理化建议 5714 件，先后被采纳 3475 件，现已实施的 2894 件，创造（节约）价值达 175 万元。1990 年，县总工会开展“七赛、七比、创七杯”劳动竞赛活动，在全县范围内掀起了比、学、赶、帮、超的生产竞赛热潮，全县取得可计算的双增双节效益达 350 多万元。其中职工参加义务劳动 4123 人次，创价值 16.3 万元。全县职工提出合理化建议 5530 件，被采纳 3574 件，创造（节约）价值 175 万元。1991 年，县总工会在职工中开展了“我怎样为‘质量、品种、效益年’做贡献”的大讨论，全县有 135 个企事业单位、15300 多名职工参加了这一活动，全县职工提合理化建议 21318 条，采纳 14205 条，创经济价值 740 多万元，职工技术革新 58 项，创经济价值 60 万元。1998 年，郓城县总工会在全县商、粮、供、电力、邮电、轻工等系统开展了“十大系统技术练兵”活动，共收集合理化建议 1418 条，采纳 651 条。2013 年，全县共有 112 家企事业 1269 个班组的 45367 名职工参加了“安康杯”竞赛，覆盖了全县各系统、各乡镇。2014 年，县总工会开展“查身边隐患、保职工安全、促企业发展”活动，全县有全县 813 个企业，6.7 万名职工参加了活动。全年各级工会组织开展安全生产培训 102 场次，涉及职工 2.3 万人。共查出各级隐患 6120 项，已整改 5932 项。2015 年，开展“安康杯”安全生产竞赛活动。全县共有 145 家企事业单位，1569 个班组，53912 名职工参加。同年，开展“查、保、促”活动，全县 813 个企业 67232 名职工参加了活动，实现了建会企业全覆盖，职工参与率达到 73.7%。2015 年，各级工会组织开展安全生产培训 225 场次，涉及职工 90536 人，职工共查出各级隐患 3356 项，已整改 3298 项。2017 年，县总工会开展“安康杯”为载体的安全生产竞赛活动，县共有 185 家企事业单位、2019 个班组、60271 名职工参加。各级工会组织开展安全生产培训 563 场次，涉及职工 29514 人，职工共查出各级隐患 1318 项，已整改 1318 项。开展“查保促”活动，全县有 725 个企业 87596 名职工参加，实现了建会企业全覆盖。

五

1960 年，在连续遭受自然灾害的情况下，为改善职工生活，县总工会开展救灾运动，大抓粮菜种植、食品生产和办好职工食堂等工作。组织教育职工本着见缝插针的精神，大种蔬菜、粮食，用自己的双手改善自己的生活。1987 年，县总工会配合有关部门对借贷扶贫工作做了大量的工作。各基层工会都建立了扶贫组织，对城镇户口平均月收入低于 25 元的贫困户，工会给予适当救济，对待业青年在同等条件下，优先安排工作。1989 年 6 月，县总工会联合有关部门开展了防治职业危害工作检查，促进了劳动保护工作的落实。1992 年，各级工会从维护职工利益出发，集中精力抓好生活方面的工作，各基层工会普遍制订了搞好职工生活的规划和措施，深入开展了职工生活后勤达标活动，积极协助行政举办了一大批“五小”集体福利设施。1994年，县总工会集中力量对全县亏损企业的职工生活困难情况进行了全面调查，及时将调查情况向上级工会和县委、县政府做了反映。1996年，全县各级工会大力开展“送温暖”活动，妥善安置破产企业职工，努力为职工再就业提供服务，建立特困职工档案。从2009年开始，县政府每年拨款20万元、县总工会拨付5万元用于帮扶中心工作。中心专门设立了困难职工帮扶资金专户，实行单独立账，独立核算，专款专用。2013年，按照县委、县政府“两节”送温暖工作的总体部署，认真落实2013年春节送温暖活动安排，根据掌握的困难职工调查摸底情况，共发放救助金29.7万元。2014年，对信访接待、政策咨询、生活救助、法律援助、医疗救助等工作程序和实施帮扶工作管理系统进行了分类建档，一人一档，采取动态式管理。全年累计救助困难职工1059人，发放救助金36.5万元。2015年，县困难职工帮扶中心转型升级为职工服务中心，对原有办公场所进行了更新改造。中心拥有工作场地面积100多平方米，其中接待大厅40平方米。中心设有困难职工帮扶、职工创业孵化、职工技能培训、职工法律维权、劳动争议调解、职工鹊桥服务、职工心理咨询等职工服务项目。2016年2月19日，县总工会联合郓城县人民政府、人社局、妇联等单位举办“郓城县2016年‘春风行动’暨高校毕业生、企业用工洽谈会”。此次招聘会吸引了160余家企业参与，提供就业岗位近1万余个，前往求职者突破5000余人次，共有2000余人次达成了就业意向。

六

中华人民共和国成立后，随着妇女社会地位的不断提高，妇女参加工作、劳动的人数逐年增多。进入20世纪50年代女工工作开始纳入工会的工作日程。但由于长期封建意识的残余影响，男、女职工之间的不平等现象还较普遍存在。1986年在县总工会设立了“女工部”，各基层工会也都相继成立了女工委员会。截至1987年，全县各级工会先后配备专、兼职女工干部230人，形成了一支强有力的女工干部队伍，广泛开展了“四自”（自尊、自信自立、自强）教育，充分发挥了女工在各项工作中的作用。1991年，各级工会女职工委员会进一步建立健全，全县专兼职女工干部人数达130多人，开展了“学先模事迹，树四自精神，为‘八五’计划多贡献”立功竞赛活动。1993年，各级女工组织进一步建立健全，全县形成了一支140多人的女工干部队伍，认真宣传贯彻《妇女权益保障法》和全总《工会女职工委员会工作条例》，组织广大女职工学政治、学文化、学技术。1994年，县总工会女职工委员会开展了“齐鲁巾帼迎‘九五’，携手勇闯新三关（文化关、技术关、智慧关）”活动。1996年，县总工会女职工委员组织千名女职工参加了全区“天香杯”学理论、学法规知识竞赛。2013年，按照“工会工作开展到哪里，女职工工作就开展到哪里”的原则，做到女职工组织与工会组建工作“三同时”，健全女职工组织网络，扩大女职工组织覆盖面。2017年3月4日，郓城县总工会在郓州街道四楼会议室举办了庆“三八”妇女节联欢活动，共有200余名女职工参加。发放宣传资料400余册，宣传页1000余张。

大 事 记

1906 年（清光绪 32 年）

任怀庄人樊文耀集资办郓城工艺局，主产布匹、草帽辫等，为郓城最早的工业厂家。

1920 年（民国 9 年）

城西五里庄张太秀在县城创办泰兴工厂，制造畜拉弹花、脚踏轧花车。工人和学徒工 117 人，产品畅销，每年可获利两万块银币。

1927 年（民国 16 年）

国民党在郓城成立工会、农民协会、妇女协会、妇女放足会。

1929 年

8 月 5 日　郓城饭业会长魏洪盘联合郓城县和寿张、范县、鄄城、巨野、嘉祥六县同行，罢市抗税，获胜。

1931 年

始建太兴铁工厂，职工人数 40 余人，是郓城县工业创建最早工厂之一，它标志着郓城县工业发展的开端。

1938 年

以教育界知名人士桑平柏、许贯中、高赞非、孙厚甫为首建立的黄安救国团，是一个自发组成的群众抗日团体。他们曾向延安输送过在黄安重华学院的知识青年。8 月，由孙厚甫主办了抗日报刊《鲁西吼声》。当时，在共产党的赞助下，为动员群众，宣传抗日起了积极的作用，产生了一定的影响。

1943 年

根据延安合作社的经验，郓城城东二十五里辛庄村，闫作一等七人合资开办了“群众合作社”，以经营布匹为主，兼为抗日政府购些军用物资。1945 年被国民党伪军发现，强令解散。

1944 年

冀鲁豫边区民工工作负责人刘子厚组织的“西泰恒”商店，是民办官助的合作商业组织。既为八路军贩运军需物资，又为群众经营生活用品，1946 年因“拉锯”形势紧张停止活动。

1949 年

10 月 31 日　郓城县第一次党代会召开，县委书记为扈国华。

12 月 27 日　郓城县召开第一次劳模会议。参加这次会议的代表有 270 人，其中生产劳动模范 234 名，妇女代表 14 名。会议期间，与会劳模交流了生产互助和农村其他工作经验，通过讨论评出劳动模范。大会对各级劳动模范的表彰与鼓励，极大地激发了与会者参加农业生产劳动的积极性，会后全县普遍掀起农业生产高潮。

1950 年

6 月 29 日　中央人民政府颁布《中华人民共和国工会法》，明确工会是工人阶级自愿结合的群众组织。规定了工会有代表工人参加企业管理、同厂方订立集体合同和维护工人切身利益的广泛权利，有组织、教育工人拥护人民政府政策法令、积极搞好生产、发挥工人阶级领导作用的职责。

7 月　郓城县政府认真落实平原省政府关于开展职工业余教育的指示，建立了职工业余教育委员会，制定了全县职工业余教育的具体方案。

9 月　根据全国总工会指示，平原省郓城县工会筹备委员会成立。

11 月 18 日　郓城县召开第二次劳模会议。会前，隆重举行了欢迎劳模入场仪式，县直机关全体干部列队欢迎 256 名劳模进入会场。大会第一阶段由县长李仲达作关于生产工作的报告。第二阶段由 25 名劳模向大会作典型经验介绍，与会代表分组讨论酝酿劳模候选人。第三阶段评选劳模，颁发奖品。会议评出特等劳模 3 名，甲等劳模 16 名，乙等劳模 29 名，丙等劳模 30 名。这次会议进一步调动了全县各条战线劳动生产的积极性。

1951 年

3 月　郓城县全体职工学习“政务院总理兼外交部部长周恩来 2 月 3 日对联合国大会非法通过美国诽谤中国议案所发表的声明”和中华全国总工会 2 月 5 日常委（扩大）会议发表的《告全国人民书》。

4 月　郓城县总工会筹委会组织职工进行系统的《工会法》学习，同时进行主人翁精神和工人阶级前途教育，从而改变了“劳动可耻”与“做工不问政治”的错误观点。使全县职工逐步认识到自己是新社会的主人，工会是保护广大职工利益的组织。积极要求加入工会组织的职工逐步增多，年底全县工会会员发展到 1319 人，顺利地完成了“组织起来”的任务。

10 月　郓城县各级工会组织工人学习《人民日报》10 月 1 日“关于切实贯彻婚姻法的指示”。

12 月　郓城县工人为支援抗美援朝，捐款 280 万元，仅恒大烟厂 22 名职工就捐款 23 万元。

12 月　郓城县第三次劳模大会召开。这次会议有 288 名模范人物参加，他们听取了政治形势报告和 1951 年全县生产报告，讨论 1952 年生产方针和计划。有十几位劳动模范大会发言，表示坚决响应上级号召，回村做好抗美援朝、组织生产互助等工作。这次会议调动了全体劳模的积极性，推动了全县农业生产的发展。

1952 年

9 月　郓城县工会筹委会组织各基层工会负责人进行职工生活检查，从而进一步促进了各基层组织关心职工福利、实行劳资两利政策的落实。逐步改善劳动条件，并实行了劳动合同，解决了职工对老、病、死的顾虑。

11 月　平原省建制撤销，郓城县隶属山东省菏泽专区。

是年　郓城县侯集区侯咽集村人侯学周当选为山东省劳动模范，并出席省劳模会议。

1953 年

1 月　山东省郓城县总工会正式成立。

7 月　郓城县掀起大力支援农业生产的新高潮，开展捕蛾、根治蚜虫活动，全县约 1500 名干部职工下放劳动，支援农业生产。

11 月 29 日至 12 月 5 日　郓城县在王沙湾召开农业劳模、家属劳模及互助代表大会。这次大会有 457 人参加。会议由宣传部部长仝宣常总结了全县生产情况，县委书记段鹏作了党在过渡时期的总路线、总任务的报告和粮食的统购统销、今冬工作安排的报告。会议评选出 1 名特等劳模，2 名甲等劳模，1 名增产劳模，16 名其他劳模。

是年　郓城县植物油厂建立，是郓城最早的地方国营工厂。

1954 年

春　郓城县总工会积极组织开展劳动竞赛、增产节约运动，发动职工开展技术革新、提合理化建议，向先进学习的活动。县油厂工人积极响应，认真组织，带领本厂职工学习烟台李川江先进榨油法，提高出油率 14%，创造了第一流的工作成绩。受到菏泽地区工会办事处表扬。

1955 年

7 月下旬　为迎接 10 月 30 日世界工会联合会成立三十周年纪念日，县总工会结合国际形势及工运情况，向全县职工进行了一次国际主义教育活动。

秋　郓城县总工会建立职工俱乐部，袁培才任俱乐部主任。

12 月　“郓城县总工会”改称“郓城县工会联合会筹备委员会”。

1956 年

3 月 31 日至 4 月 2 日　郓城县工会第一次会员代表大会召开，出席这次会议的代表 49 人。会议选举产生了郓城县工会联合会第一届委员会。李魁先当选为工会委员会主席。

7 月　山东省召开全省农业积极分子代表会。郓城县出席会议的劳动模范有：侯学周（侯集区）、季德尽（双桥乡季庄）、苏伦德（双桥乡）、鲍汝现（张集鲍庄）、郑汝章（城关）、樊思绪（蒋庙乡芦庄科村）、李自重（常庄乡李河崖村）、于继武（东张楼区邵集村）。这次赴省开会由菏泽地区行署专员任轮升、郓城县县长鲁成带队。

11 月　郓城县张集乡鲍庄村鲍汝现赴京参加全国烈军属残废军人社会主义建设积极分子代表大会，当选为全国农业劳动模范。

1957 年

2 月　郓城县程屯镇农民崔传玉当选为全国劳动模范，并出席全国劳模会议。

4 月　郓城县双桥乡苏庄村农民苏伦德当选为全国农业劳动模范，并赴京参加全国农业劳模会议。

下半年　郓城县工会联合会主席李魁先被错划成“右派”。日常工作由副主席李纪堂负责。

是年　郓城镇东关农民吕福林被选为全国农业劳动模范，出席全国农业劳模会议。

是年　郓城县蒋庙乡芦庄科村农民樊思绪获全国劳动模范称号，出席全国劳模会议，并与周恩来总理等党和国家领导人合影留念。

是年　郓城县侯集区侯咽集村人侯学周当选为全国劳动模范，并两次出席全国劳模会议，受到毛泽东、周恩来、刘少奇、邓子恢等党和国家领导人的接见并合影留念。

1958 年

夏　根据上级指示，郓城县成立由县长带队，由工人、农民、教师组成的“大炼钢铁队伍”赴枣庄、莱芜等地安家落户，从事炼钢生产。

1959 年

3 月　根据上级指示，工会组织撤销。工会财产被分散丢失一空。

11 月　工会组织重新恢复。

1960 年

是年　通过一年的恢复整顿，全县总工会组织有了较大发展。年底，仅交通、基建、财贸、文教等系统新建工会组织 58 个。

1961 年

是年　郓城县总工会及各基层组织，在各级党组织的领导之下，认真贯彻党的国民经济“调整、巩固、充实、提高”八字方针，大力支援农业生产，全县职工被精减下放 1800 余人；会员由 3589 人，减为 2849 人。

1962 年

6 月　郓城县总工会召开工会财务工作会议，针对当时工会经费收、管、用方面存在的混乱现象，提出整顿意见。各单位结合本单位的具体情况，都认真进行工会财务整顿验收工作，85%的单位验收合格。通过这次整顿，加强了工会财务工作，较好地克服了工会经费在收、管、用方面存在的混乱状况。

12 月　郓城县总工会与计委联合召开炊事员代表会议，贯彻落实省委颁发的《办好职工食堂若干问题的规定（草案）》。会上对 50 名模范炊事员进行了表彰和鼓励。

是年　遵照省总工会宣传会议精神和专区关于开展社会主义教育的指示，县总工会有针对性地先后组织 10 次大型报告会，请党委领导作形势和政策报告，请老工人、老干部作阶级斗争和革命传统报告，受教育职工达 145000 人次。另针对部分职工存在的个人主义、分散主义、不安心生产的思想状况，举行 15 次国家命运与个人前途报告会，各基层工会举办 147 次座谈会，使大部分职工受到教育。

1963 年

5 月 15—17 日　郓城县工会第二次会员代表大会召开。会议的中心任务是动员全县职工认真贯彻执行以农业为基础、以工业为主导的发展国民经济总方针，努力学习马列主义、毛泽东思想，以自力更生、奋发图强的精神，深入开展比学赶帮和增产节约运动。大会选举王瑞臣为县总工会主席，李纪堂为副主席。

1964 年

2 月　郓城县总工会召开联席会议贯彻省工交会议精神。会议有文教、卫生、工交、财贸、农业、政法等部门 300 余人参加。大会的中心任务是，贯彻省工交会议提出的“学习解放军和大庆油田”的要求及县委做出学习解放军和大庆油田的决定。会议要求各条战线的干部职工通过学习，要解决好“革命化”的问题。会议还提出要开展五好职工评比、劳动竞赛活动。

6 月　郓城县总工会与县委宣传部、县文教科联合举办文化学习班。参加学习的职工 700 多人。同期又呈请县委批准，在各公社配备了业校专职教师，并随即召开了由 122 人参加的工会夜校工作会议。制订了业余教育规划，从而使郓城县夜业校工作有了很大发展，对提高全县职工的素质发挥了积极作用。

11 月　郓城县职工篮球男女代表队参加菏泽地区职工运动会。荣获男队第四名，女队第七名的好成绩。

12 月　郓城县总工会召开全县工会积极分子会议。会上对 110 名工会积极分子进行了

表彰和鼓励。

1965 年

5 月　郓城县总工会“职工业校”改称“毛泽东思想大学校”，组织职工大学毛主席著作。

9 月　郓城县总工会协助政府动员职工投入“四清”运动。

1966 年

1 月　中华全国总工会下达《关于工会各级组织高举毛泽东思想红旗，积极参加社会主义文化大革命》的通知。

5 月　“文化大革命”开始后，郓城县总工会停止工作。

1968 年

5 月　郓城县革命委员会成立后，各人民团体组织为县革委政治部下设的群工组所代替。

1973 年

6 月　郓城县总工会恢复工作。

6 月 13—16 日　郓城县工会第三次会员代表大会召开。大会选举产生郓城县总工会第三届执行委员会。王云亭当选为县总工会主席。同时选举产生出席菏泽地区代表大会的代表 66 人。

1974 年

4 月 23 日　菏泽行署做出关于表彰全区职工教育先进集体和模范个人的决定。郓城县商业局、郓城县卫生学校兼职教师崔如冰分别受到表彰。

7 月　中共中央发出《关于抓革命，促生产的通知》。郓城县各级工会组织利用各种宣传工具和宣传形式，广泛宣传中央通知精神，并积极组织和带领广大职工投入到“抓革命，促生产”中去，全县掀起“抓革命，促生产”的高潮，工业生产得到明显好转。

1975 年

9 月　全国农业学大寨会议召开。为落实党中央、毛主席关于“全党动员、大办农业，为普及大寨县而奋斗”的伟大号召，郓城县总工会要求各基层工会组织，充分发挥无产阶级专政柱石作用，迅速投入到这场运动中去。

1976 年

3 月　郓城县总工会要求各基层工会组织重视理论队伍建设，利用各种形式集中进行理论学习。据不完全统计，先后在 64 个基层工会组织中建立政治夜校 71 处，选配兼职教员 367 人。培训学员 5754 人，理论骨干队伍 1758 人，中心理论组 72 个（604 人）。

1977 年

12 月　郓城县总工会召开全县劳模表彰大会。郓城县委常委、组织部部长刘明台到会讲话。会上有 50 个先进集体，197 名先进个人收到表彰和奖励。

是年　为加强职工业余教育，郓城县委下发了关于办好职工业校和“七·二一”工人大学的文件。职工业余教育自此年恢复，至 1980 年，县总工会办职工业余文化班 7 个，技术班 20 个，电视英语讲座班 4 个，有学员 800 名。1982 年县成立职工教育委员会和职工教育办公室，创办供销职工学校和县总工会职工学校 2 处。1986 年起，开始筹备县卫生进修学校、县商业局职工学校和县粮食局职工学校。

1978 年

4 月 24—27 日　郓城县总工会召开三届九次全委（扩大）会议。

6 月 30—7 月 14 日　郓城县总工会组成 38 人的检查组，对全县 17 处公社的供销社、粮所、食品站、营业所、邮电支局等 24 个基层工会，68 个工会小组和县直 48 个基层工会的工作进行了全面认真的检查。最后评选出先进基层工会 16 个，先进班组 71 个，先进个人 205 人。

12 月 11 日　郓城县总工会召开贯彻中国工会九大精神会议。郓城县委常委陈传义到会讲话。

1979 年

5 月 23 日　郓城县委批转县总工会《关于改选和恢复基层工会组织的请示报告》。之后，在县总工会的直接领导下，全县先后恢复工会组织 134 个。

6 月　郓城县总工会承办全日制电大教学班，招收机械专业学员 36 名。

8 月 24 日　郓城县总工会重新颁发工会会员证。

1980 年

3 月 29—31 日　郓城县工会第四次会员代表大会召开。

4 月 21 日　郓城县革委、工交办、县总工会发出通知，号召全县工交系统的广大职工以小指标百分赛为主要形式，在全县掀起社会主义劳动竞赛的高潮，为完成和超额完成 1980 年的生产任务做出贡献。

7 月　郓城县总工会四届二次全委会议召开。

11 月　郓城县总工会举办了业余高中班，共招收学员 80 名。

1981 年

2 月　郓城县总工会英语辅导班开班，招收学员 80 多人。

3 月 13—19 日　郓城县总工会召开四届三次委员扩大会议。

12 月　为贯彻执行中央〔1981〕24 号文件和省委〔1981〕43 号文件，落实《国营工业企业职工代表大会暂行条例》，郓城县总工会、县经委、工业局联合在拖修厂进行职代会试点，制订了《推行职工代表大会制度的意见》，随后有 6 个单位建立了职代会制度，企业民主管理工作逐步展开。

1982 年

6 月 30 日　郓城县总工会召开全县劳模和先进人物代表会议。会上学习了全国劳模座谈会提出的《关于制订和遵守（职工守则）的倡议》和省劳模座谈会《给全省职工的一封信》，传达贯彻了全国和全区劳模先进人物代表座谈会精神。县委副书记夏树生到会做了重要讲话。会议结束时，县委、县政府的领导亲切接见了全体代表。

1983 年

5 月 16 日　郓城县总工会发出通知，号召全县职工深入开展向张海迪学习的活动。

1984 年

1 月 3 日　郓城县总工会四届六次委员（扩大）会议召开。大会总结了 1983 年的工作，就 1984 年工会工作进行了部署，同时传达了中国工会第十次全国代表大会精神，学习了新的工会章程。

4 月　郓城县总工会召开“第二个全民文

明礼貌月”活动评比大会，向评选出的20个先进工会325名先进个人颁发了奖状。

5月 中华全国总工会做出《关于整顿工会基层组织，开展建设“职工之家”活动的决定》。郓城县总工会在组织职工学好文件，统一认识的基础上认真加强对这项活动的领导，并按照全总制定的六条标准和省总的规划，根据郓城县实际情况制定具体方案和实施细则，使这项活动很快在全县全面铺开。

7月 郓城县总工会、县体委组织建立郓城县工人体育代表团，参加菏泽地区第一届工人运动会。在田径、乒乓球、篮球、武术等四个项目的比赛中，郓城县代表队荣获田径第二名，乒乓球第一名，篮球第三名，武术第一名的好成绩。

10月 经菏泽地区职工教育办公室批准，“郓城县总工会职工学校”正式列入编制。

1985年

3月18—19日 郓城县总工会召开全县工会工作会议，传达省总工会八届二次委员扩大会议精神，研究部署1985年的工会工作。县总工会主席戴思远做了题为《适应经济改革形势，为振兴郓城经济贡献力量》的报告，县委副书记刘金全到会讲话。

4月27日 郓城县第一届青年职工运动会开幕。运动会共设篮球、乒乓球、田径等项目，20多个代表队，300多名运动员参赛。

5月 郓城县总工会职工俱乐部暨职工学校大楼破土动工。

5月2日 郓城县总工会机关整党工作开始。12月20日圆满结束，经支部大会讨论通过，八名党员全部登记，达到了统一思想、整顿作风、加强纪律、纯洁组织的目的。

10月 全县各级工会组织结合理想纪律教育，深入开展“三心”“四一”活动，（三心即：祖国在我心中、人民在我心中、战士在我心中；四一即：一封慰问信、一件慰问品、一件好事、受一次教育）。据不完全统计，全县职工先后向南疆英模写慰问信1467封，赠慰问品1950件，为战士家属做好事491人次，参加义务劳动1731人次。

是月 郓城县总工会同有关部门在烈士陵园召开了向郓城籍烈士学习的动员大会。

10月 郓城县总工会出席全区体育工作先进集体、先进个人表彰大会，被地区体委授予职工体育工作先进单位。

12月 在全区工会工作总结评比中，郓城县总工会在班子建设、基层组织建设、民主管理、群众生产、文化教育、工会财务和信息等七项工作中创优异成绩，受到地区工会的表彰和奖励。

1986年

3月8日 郓城县总工会总结推荐的县人民医院优秀护士王平的事迹，在《山东工人报》发表，在全县人民中产生强烈反响，全县各行各业普遍掀起向王平学习的热潮。

3月20日 菏泽地区工会办事处做出《关于在全区职工中开展向王平学习活动的决定》。

7月17日 经县编委批准，郓城县总工会增设女工部、财务部，至此，县总工会行政机构设置达到“五部一室”。即：宣教部、组织部、生产生活部、财务部、女工部、办公室。

10月 郓城县总工会就郓城县教育系统47处乡镇中心校重点初中停拨工会经费问题向县委、县政府书面报告。

10月 郓城县总工会职工俱乐部暨职工学校大楼竣工。建筑面积为2684平方米，总投资为56万元，拥有教室、办公室、各类活动室40间。

11月18日　郓城县委、县政府在县委党校礼堂隆重召开全县百日劳动竞赛活动总结表彰大会。会上对百日劳动竞赛中涌现出来的10个先进单位、21个先进班组和122名先进个人进行表彰。

11月　郓城县总工会荣获全区职工生活先进单位奖旗。

11月　郓城县总工会荣获全区职工文艺会演先进单位奖旗。

12月7日　郓城县书画协会隆重成立。郓城县总工会副主席雷云起被推选为协会主席，协会首批发展会员30人。

12月　全县有159个应建家的单位全部建成“合格职工之家”，有39个单位建成“先进职工之家”。

1987年

1月17日　郓城县总工会召开全县劳动模范、先进工作者代表迎新座谈会。30多名与会先进人物向全县职工发出了在新的一年里坚持四项基本原则，继续发扬工人阶级大公无私、艰苦奋斗的革命精神，为四化建功立业的倡议。

3月10—11日　郓城县总工会召开全县工会工作会议。会议传达贯彻全总十届四次执委会和省总八届四次委员扩大会议精神。县总工会主席戴思远代表总工会党组向大会做工作报告，布置1987年的工作任务，并对在1986年工会工作中做出突出成绩的87个先进工会、213名先进工会工作者、优秀工会积极分子进行表彰。县委副书记单承坤到会讲话。

3月19日　郓城县总工会召开全县工会财务工作会议，总结1986年工会财务工作情况，部署1987年工会财务工作的任务，对1986年工会财务工作先进个人进行了表彰。

4月14日　郓城县职工婚姻介绍所成立。

4月25—5月7日　郓城县总工会召开“五一”职工运动会。运动会共设有男子篮球、男女乒乓球、男女羽毛球、自行车快慢骑、拔河等五个项目。参赛代表队共37个，参赛运动员、裁判员共760人次，经过13天的激烈角逐，共有22个代表队、48名运动员获得名次，受到大会奖励。

5月1日　郓城县总工会根据上级指示发出通知，要求全县各级工会组织积极配合行政，在全县职工中深入开展增产节约、增收节支运动。

5月4日　郓城县总工会与有关部门在影剧院联合举办“五四”文艺演出，获得圆满成功。

5月　郓城县总工会决定对工业、二轻等13个局（公司）工会实行定额包干工会经费的方法，加强对工会经费拨交的管理。

7月　郓城县总工会与县经委、团县委组织开展全县工交财贸系统第三季度劳动竞赛。

7月10—25日　郓城县总工会组织进行全县职工生活工作检查评比。检查评比以职工食堂、“五小”设施建设、妇女保健、离退休职工管理、借贷扶贫为主要内容。最后全县共评出职工生活先进单位12个，先进个人26名。

8月　郓城县总工会与有关部门联合对全县已婚至55岁的女工进行了一次以防癌为主的妇女病普查普治。

10月　郓城县参加全区工运基本知识竞赛活动顺利结束。这次活动共有全县10000多名职工报名参赛。县总工会翻印试卷3000份，其中个人试卷2000份，集体试卷1000份。由于各级工会对这项工作思想重视，组织、指导得力，这次竞赛普遍成绩较好，有12个集体，100名个人荣获全县一、二、三等奖，受到荣誉和物质奖励，从而使广大职工增长了工运基本理论知识，推动了群众读书自学活动的深入发展。

10 月 31 日　郓城县总工会发出〔1987〕11 号文件，决定用一年多的时间，在全县基层工会小组中开展“建小家”活动，以全面加强小组建设，巩固发展建家成果，提高基层工会的战斗力。

10 月　郓城县总工会被菏泽地区工会办事处评为“建设职工之家先进单位”，获锦旗一面。

10 月　郓城县总工会被县委、县政府命名为“拥军优属先进单位”，获锦旗一面。

11 月 10—25 日　郓城县总工会、县体委联合举办全县冬季职工运动会。这次运动会设有篮球、乒乓球、羽毛球、象棋四个项目，有 30 个单位、356 名运动员参加了比赛。经过半个月的激烈角逐，有 16 个团体和 32 名个人取得显著成绩，荣获大会奖励。

11 月 17—19 日　郓城县总工会组织进行全县“职工之家”复查，有效地防止了建家验收合格后出现的“回升”现象。

12 月 4 日　由郓城县总工会具体组织，地区工会办事处来郓城县召开省级劳动模范座谈会，参加会议的有全国商业劳模段作贵，全国教育劳模刘兴田，省劳模张玉环、仝素贞，省“富民兴鲁劳动奖章”获得者杨春生等五位同志。会上了解了他们在当前改革中的学习、生活、工作情况，勉励他们要带头学好中共十三大文件，在改革、开放的新形势下不断做出新的成绩。

12 月 21 日　郓城县总工会转发全总文件，要求全县各级工会组织工会干部和广大职工认真学习中共十三大文件。

1989 年

9 月 21 日　郓城县工会第五次会员代表大会召开。与会正式代表 170 人，特邀代表 12 人。大会总结了上届工会工作成绩与经验，研究确定了今后 3 年在全面深化改革中工会工作的主要任务，选举了县总工会第五届委员会，委员 21 人，候补委员 3 人。

1991 年

3 月 5 日　郓城县总工会五届三次委员扩大会议在县委党校礼堂召开。

5 月 3 日　郓城县劳动竞赛委员会表彰 1990—1991 年度“七比、七赛、创七杯”劳动竞赛活动出现的 42 个先进集体、先进班组和 38 名先进（优秀）个人。“七比、七赛、创七杯”劳动竞赛活动自 1990 年 5 月 4 日开始，县政府于 1990 年 5 月 4 日成立了以副县长李运斋为主任的郓城县劳动竞赛委员会。这次活动历时一年，共有 13000 多名职工参加劳动竞赛活动。

1992 年

2 月 29 日　郓城县总工会五届四次委员扩大会议召开。县委副书记董茂伦到会讲话。

4 月 3 日　修订后的《中华人民共和国工会法》颁布，郓城县总工会在全县职工中广泛开展学习宣传新《工会法》活动。县总工会主席王思义发表电视讲话。

1993 年

2 月 26 日　郓城县总工会五届五次委员扩大会议召开，县委副书记张兴民到会讲话。

8 月 17 日　郓城县总工会举办全县职工赈灾义演文艺晚会。全县职工为重灾乡镇捐款 18 万余元，衣物近万件，食品 1000 多斤。

8 月 20 日　山东省总工会主席刘洪仁到郓城县慰问受灾职工群众。

9 月　山东省十届工代会召开，王思义、

郭子环、杨彩云（女）当选为省十届工代会代表并出席会议。

10 月　中华全国总工会第十二届代表大会召开，郓城县文化馆杨彩云（女）当选为全国十二届工代会代表并出席会议。

1994 年

1 月 27 日　郓城县总工会五届六次会议召开。县委副书记张兴民到会讲话。

4 月 20 日　郓城县劳模表彰大会召开，县委副书记、县长董茂伦到会讲话。大会表彰了自 1991 年以来涌现出的 29 位郓城县劳动模范。

7 月 5 日　《中华人民共和国劳动法》颁布，郓城县总工会在全县职工中广泛开展了学习宣传劳动法律法规活动。

1995 年

5 月 1 日　郓城县李集工商所指导员杨理民被授予全国先进工作者称号，县动物防疫站站长田景秀、双桥乡赵欢口村党支部书记赵尊银被授予山东省劳动模范称号。

5 月 27 日　郓城县工会第六次代表大会在县委党校礼堂召开，出席代表 149 人，大会选举产生了郓城县总工会第六届委员会、六届常委会和六届经费审查委员会。在六届一次全委会和六届一次经费审查全委会上，分别产生了郓城县总工会第六届委员会常委、主席、副主席和六届经费审查委员会主任、副主任。车广启当选为总工会主席。

6 月 10 日　郓城县总工会制订《关于在全县实施职工“思想政治教育系统工程”的意见》，开始组织实施职工“思想政治教育系统工程”

11 月 29 日　菏泽地区基层工会组织建设现场会在郓城县召开，菏泽地区工会办公处主任吕怀钦到会并讲话，全区 9 县市工会负责人参加。

1996 年

2 月 2 日　郓城县总工会六届二次委员扩大会议召开，县委副书记杨志森与会并讲话。

5 月 1 日　郓城县评选出 1993—1995 年度全县劳动模范 33 名，县政府召开劳模表彰大会予以表彰奖励。

8 月 10 日　全县签订集体合同现场会在县邮电局召开。

1997 年

4 月 2 日　全县工会工作会议在县委党校礼堂召开，副县长何邦义主持会议并讲话，县委副书记杨志森到会讲话，会议学习贯彻省委、地委工会工作会议精神。明确今后一个时期内工会工作的主要任务，并对全县工会工作先进集体和个人进行了表彰。

5 月 1 日　郓城县为期 2 个月的“迎港归，敬业爱岗”活动拉开序幕。活动期间，共举办各项竞赛、职工演讲、文艺演出 11 场次，参加活动的职工 18000 余人。

6 月 10 日　郓城县总工会号召全县各级工会组织建立劳动法律监督组织。

7 月　郓城县总工会实施“致富入户”工程。

8 月 4 日　郓城县总工会、县财政局、县劳动局联合下发《关于改善和提高离退休劳动模范待遇的通知》的通知。

1998 年

3 月　郓城县总工会召开全县工会工作会议。郓城县政府副县长何邦义到会并讲话。

4 月 1 日　郓城县总工会六届三次会议召开。郓城县委副书记焦守进到会并讲话。

1999 年

4 月 1 日　中共郓城县委组织部下发县委常委《关于建立乡镇工会工作委员会的通知》。是年全县 38 个乡镇和 1 个工业园区全部建立起了工会工作委员会。

2000 年

3 月 11 日　郓城县总工会工作会议在政府招待所西三楼召开。县委副书记焦守进出席会议并做讲话。

9 月 7 日　郓城县委办公室下发《关于公布郓城县厂务公开协调领导小组名单的通知》的文件，全县厂务公开民主管理工作会议召开，陶体华在全县厂务公开工作会议上做讲话。

10 月 30 日　郓城县委下发了《关于加强新形势下工会工作的意见》。

2001 年

1 月份　郓城县委下发《关于加强基层工会工作的意见》的文件。

4 月 18 日　全县工会工作会议召开，县委副书记王尊亮出席会议并讲话。

2002 年

3 月 29 日　全县统战和工会工作会议召开，县委副书记王尊亮出席会议并讲话。

8 月 15 日　全县迎接《工会法》执法检查动员会召开，陈有民在会议上讲话。

2003 年

3 月 18 日　全县工会工作会议召开，县委副书记王尊亮出席会议并讲话。

2004 年

3 月 10 日　全县工会工作会议召开，县委常委张文汇出席会议并做讲话。

5 月 26 日　全县基层工会组织建设年活动暨厂务公开现场会上在县供电公司召开。

8 月 3 日　郓城县“结对帮扶进万家”活动全面启动。

8 月 12 日　郓城县人大常委会对《工会法》执行情况进行视察。

2005 年

2 月 20 日　郓城县总工会开展保持共产党员先进性教育活动。

3 月 10 日　全县工会工作会议召开，县委副书记孙慧出席会议并讲话。

8 月 16 日　郓城县总工会开展农民工劳动合同专项检查。

2006 年

4 月 28 日　郓城县总工会召开民营企业工会组建工作调度会，拉开民营企业建会工作的序幕。

2007 年

2 月 28 日　郓城县总工会下发《关于开展创建“劳动关系和谐企业”活动的实施方案》。

3 月 14 日　全县工会工作会议召开，县委常委、县委办公室主任杨涌出席会议并讲话。

4 月 10 日　郓城县总工会转发《山东省总工会关于开展〈职工代表大会建制年〉活动的实施意见》的通知，职工代表大会建制年活动启动。

9 月 10 日　郓城县总工会转发《关于在全省企业中推行签订劳动安全卫生专项协议工作的通知》的通知，全县首签劳动安全卫生专项协议。

11 月　工人先锋号创建活动开始。年底表彰了首批工人先锋号 5 家。

11 月 7 日　在菏泽市人大常委会副主任李玉华率领下，市人大副主任孟繁为、时启坤，市总工会常务副主席侯永信、王运传等一行在县长万存周，副县长张耀忠及县人大主任刘清先的陪同下就郓城县《工会法》贯彻落实情况进行全面调研。考察团先后深入县农行、县供电公司进行了实地察看，在听取了各单位和县政府工作汇报后，李玉华与华灵集团、三羊食品、银天纺织、亨达纺织等企业的负责人进行座谈，详细询问了各企业工会组建、职代会建制及职工工资待遇情况，重点了解了郓城县总工会会费的地税代收问题，对郓城县贯彻落实《工会法》情况给予充分肯定。

11 月 19 日　菏泽市总工会副主席周柱生、宣传部长王善飞到郓城县检查指导“创争”活动工作。周柱生在听取了县总工会主席田广东的工作汇报后，首先到中国建设银行郓城县支行进行调研，在建行营业室周柱生详细了解了营业室工作人员平时业务学习及素质提升情况，对建行开展“创争”活动的情况给予充分肯定。随后，检查组又到郓城县第一中学察看了工会工作开展情况，询问了职工平时学习及活动场地等情况，并对下一步工会工作提出了指导意见。

12 月 10 日　郓城县总工会召开全县各系统工会主席会议，对全县特困职工情况调查工作进行了全面安排部署。全县各系统工会主席本着认真负责的态度，以高度的政治责任感，对全县特困职工的情况进行了调查摸底，建立了特困职工档案。12 月 30 日，县总工会工作人员加班加点，本着认真负责、严格按程序办事的态度，及时将 4 万元救助金发放到了全县 140 名特困职工手中，把党和政府的温暖送到了特困职工心中。

2008 年

3 月 6 日　由郓城县妇联、郓城县总工会主办，华联超市、郓城师范协办的“迎奥运、庆三八”文艺演出在郓城师范举行，县政府、人大、政协的领导观看了演出。

3 月 11 日　郓城县工会工作会议在县政府招待所西三楼会议室召开。会议的主要议题是回顾总结 2007 年的工会工作，安排部署 2008 年工作任务，并对在 2007 年工会工作中做出突出贡献的先进单位和个人进行了表彰。县委常委、县委办公室主任杨涌、县人大常委会副主任张玉秀、副县长冯艳丽、政协副主席朱琳以及县纪委副书记刁兆允等县领导出席会议，各乡镇、开发区、县直各系统（科、局）、各基层工会主席和县总工会全体同志参加了会议。

4 月 22 日　全县新建企业组建工会工作动员会在县工会四楼会议室召开，全县各乡镇及工业园区工会主席参加会议。会议由县总工会副主席房殿爱主持召开，会议要求全县全年新建工会组织数及发展会员要分别实现增长 13%的目标，对于外资企业本年度要有一家建一家，达到 100%建会率。

4 月 23—4 月 26 日　“利民杯”全县职工乒乓球运动会在郓城县老年体育活动中心开幕，全县乡镇和县直共计 17 个代表队 121 名干部职工参加了比赛。比赛分成年组和少年组，成年组比赛设团体和男女单打。经过 4 天的激烈角逐，丁黎明、李楠分别获得乒乓球比赛男女单打冠军，卫生系统获得团体第一名。郓城县总工会主席田广东等为获奖者颁发证书和纪念品。

5 月 18 日　由县总工会、团县委、县妇联、县民政局、县广电局、县文体局联合举办的郓城县相亲交友大会在唐塔公园举行。大会由副县长冯艳丽主持，副县长袁士忠，县委常委、县委宣传部部长李艳丽，县委常委、县委办公室主任杨涌分别在大会上讲话。随后的文艺演出节目丰富多彩，有舞蹈、歌曲、戏曲选段、古筝独奏四大类的十多个节目。此次相亲大会有公务员、行政事业单位职员、通讯、金融及工矿单位等各行各业职工共530人报名。

12月20日　郓城县总工会将中央财政下拨的专项资金13万元，通过生活救助、助学救助、医疗救助、职业培训等形式全部下发到困难职工家庭，此次救助将缓解300多名职工家庭的困难。

2009年

1月4日　菏泽市工会常务副主席侯永信、组织部长赵玉敏、生产部长王立武一行在郓城县副县长李允富、宣传部长李艳丽陪同检查了郓城县企业民主管理厂务公开工作。检察组深入县供电公司、县公路局和银天纺织就郓城县国有、股份及私营企业的民主管理工作情况进行了抽查，并在供电公司三楼会议室听取县总工会2008年厂务公开民主管理工作的汇报。

2月26日　郓城县总工会主席田广东在工会办公室主持召开部分单位工会主席座谈会。会上县总工会主席田广东听取各基层工会对全县当前工会工作的看法和建议，要求各基层工会干部职工要进一步学习上级会议与文件精神，高举中国特色社会主义伟大旗帜，团结一致，排除万难，锐意进取，扎实工作，继续解放思想，坚持改革开放，推动科学发展，促进社会和谐稳定，以优异成绩迎接全国两会的胜利召开。供电公司、公路局、华灵集团、瑞丰搪瓷等单位代表发言表示，在严峻的形势面前一定要坚定信心，攻坚克难，抢抓一切有利机遇，积极发展生产，更新生产技术，提高产品质量，广辟销售渠道，为企业获得更大的经济效益，为实现郓城经济持续稳定增长做出更大的努力。

2月27日　郓城县总工会联合县工业园区工会、恒基机械、华灵纺织、水浒酒业、圣达印染等单位联合举办以“保民生促变业”为主题的“春风送岗位”活动。这次活动的重点是受金融危机影响失去工作的返乡农民工。同时鼓励职业中介机构积极参与，以举办专场招聘会等多种方式，集中发布一批适合于农村劳动者的就业岗位。

3月3日　郓城县首个“流动女工维权站”在县工业园区正式成立。该站由县总工会与县计生局、妇联、司法局、综治办、县医院等部门联合成立，旨在贯彻落实以人为本的科学发展观，适应工业园区工会管理与服务新形势的发展要求，创造良好的人口环境，创建和谐文明社会，更好地维护辖区流动女工的合法权益，提高流动女工的生殖保健水平和生产生活质量，增强流动女工的维权意识和法律意识，从而更好地促进全县的经济发展和社会稳定。

3月13日　郓城县在政府招待所西三楼会议室召开全县工会工作会议，县委常委、常务副县长张耀忠、县人大常委会副主任张玉秀、副县长冯艳丽、政协副主席朱琳、县纪委副书记刁兆允出席会议。会上，县总工会主席田广东对2008年的工作进行了总结，并布置了2009年全县工会工作任务；县总工会副主席梁素云宣读了在2008年工会工作中受表彰的单位和个人，并对受表彰的单位和个人颁发了证书和奖牌；最后县委常委、常务副县长张耀忠就全县工会组织如何在全面推进郓城经济社会发展中充分发挥应有的作用做了重要讲话。

3月27日　山东省总帮扶中心罗鹏一行3

人在菏泽市工会常务副主席侯永信、郓城县委常委、县委办公室主任杨涌陪同下，深入郓城县就全县帮扶工作开展情况进行了调研。

4月22日　郓城县乡镇（园区）工会工作调度会在县委二楼会议室召开，会议的主要任务是听取各乡镇（园区）前一段工会工作情况汇报及下一步的工作打算。会议由县总工会主席田广东主持，县委常委、县委办公室主任杨涌出席会议并作重要讲话。

5月28日　郓城县“水浒大厦杯”乒乓球比赛在郓城县宋江武校举办。此次比赛由郓城县总工会、郓城县文体局、郓城县乒乓球协会主办，山东省水浒文化发展有限公司、水浒大厦承办。来自县交通局、联通公司、郓城煤矿、徐屯社区等全县22个单位的100多名运动员参加了本次比赛，是历届比赛单位最多、人数最多的一次。郓城县委副书记王尊亮、县人大常委会主任刘清先、县政协主席徐淑珍、县总工会主席田广东等有关领导参加开幕式。

8月17日　郓城县总工会2009年“金秋助学”活动资金发放仪式在县委二楼会议室举行，对郓城县21名应届贫困大中专学生发放了2.1万元的救助金。

9月2日　郓城县总工会召开全县十大工种技术技能大赛动员会议，县总工会主席田广东出席大会并讲话。县经贸局、人事局，劳动和社会保障局、教育局、地税局、人民银行等单位的领导参加了会议。

9月9日　郓城县总工会与县教育局一起深入县一中、县二中、县实验中学等县城各学校看望慰问教职员工，向他们致以节日的问候和祝福，并送去食油、面粉、雨具、高级笔记本等慰问品，把党和政府的关怀送到教职工心中。

9月26日　郓城县总工会成功举办迎国庆全县职工乒乓球运动会。本次比赛由县总工会主办，县乒乓球协会承办，来自全县各行各业13个代表队的108名运动员参加比赛。

10月23日　山东省总工会检查组一行7人，在菏泽市总工会常务副主席侯永信、县总工会主席田广东的陪同下对郓城县困难职工帮扶中心规范化建设工作进行检查。省总工会检查组认真听取县总工会主席田广东就郓城县困难职工帮扶中心工作进展情况所作的详细汇报。

10月27日　郓城县总工会召开乡镇、系统及基层工会负责人会议，安排部署2010年度各基层工会组织征订工会报刊杂志工作。

2010年

3月9日　郓城县在政府招待所西三楼会议室召开全县工会工作会议，县委常委、组织部长袁红兵、县人大常委会副主任张玉秀、副县长冯艳丽、政协副主席侯仰君、县纪委副书记崔衍民出席会议。会上，县总工会主席田广东对2009年的工作进行总结，并布置了2010年全县工会工作任务；县总工会副主席房殿爱宣读了在2009年工会工作中受表彰的单位和个人，并对受表彰的单位和个人颁发了证书和奖牌；县委常委、组织部长袁红兵就全县工会组织如何在全面推进郓城经济社会发展中充分发挥应有的作用做了重要讲话。

4月24日　郓城县总工会举办迎五一全县职工乒乓球运动会。此次比赛由县总工会主办与县文体局主办，郓城县老年体协承办，来自全县各行各业13个代表队的81名运动员参加了比赛。

5月25日　郓城县总工会在县委二楼会议室召开乡镇（园区）工会工作调度会，会议的主要任务是听取各乡镇（园区）前一段工会工作情况汇报及下一步的工作打算。会议由县总工会主席田广东主持，县委常委、县委办公室主任杨涌出席会议并做重要讲话。

6月1日　郓城县总工会开展“帮扶送教育”活动，旨在向单身困难女职工和农民工家庭子女提供一定帮助，并吸引社会各界关爱女职工及其孩子。活动中，县总工会筛选出8名最需要捐助的单身困难女职工和农民工子女，从县总工会的经费中拿出4000元资金，为每位困难学生送去500元现金，并送上书包和衣物等。

6月25日　菏泽市总工会副主席王运传等一行3人，到郓城县调研基层工会工作，县总工会主席田广东等陪同。王运传详细听取了郓城县总工会近期工会工作汇报，并就工会经费地税代收、理论调研等工作中存在的问题、好的建议等方面进行交流。

8月18日　郓城县总工会在工会三楼会议室召开全县职工技能大赛动员会，对2010年职工技能大赛进行动员部署。这次全县职工技能大赛共涉及了不同行业10个工种，主要工种有高中教师教学、公路试验工、药品检验、凭证录入等，拉开了全县基层练兵比武活动的序幕。

9月25日　郓城县“华灵杯”职工运动会在县广播电视局拉开帷幕。开幕式由县总工会主席田广东主持，副县长冯艳丽在会上致开幕词，县委副书记王尊亮宣布运动会开幕。县人大常委会副主任李迎科、县政协副主席侯仰君出席开幕式。此次运动会设有篮球、乒乓球、羽毛球、勾级、象棋5个竞赛项目。共有17个代表队的400余名运动员参加比赛。

11月3日　由郓城县政协、县总工会、县新华书店联合举办的“郓城县职工读书月”活动，在县政协会议室宣告正式启动。活动主题是“共享阅读快乐、共建美好郓城”。

12月1日　郓城县总工会与县法院、县司法局等部门联合在唐塔公园开展“12.4”法制宣传和艾滋病防控宣传活动。活动以“加强法制宣传教育，促进社会矛盾化解”和“遏制艾滋，履行承诺”为主题，大力宣传《工会法》《劳动法》《劳动合同法》《劳动争议调解法》《女职工保护规定》《艾滋病防治条例》等法律法规。

2011年

1月17日　郓城县总工会积极筹措资金，开展了以“情系职工，温暖万家”为主题的送温暖活动，并于春节前将筹集的15万元慰问金发放到300余户困难职工和劳模手中。

3月4日　郓城县总工会、郓城县妇联召开巾帼创业带头人座谈会，长城摄影部经理李青、金霸电器经理李秀香、中大纺织有限公司经理韩娟等部分女厂长（经理）、致富女状元代表及部分下岗失业女职工参加会议。

3月10日　郓城县举行2011年“春风行动”启动仪式暨县内、外企业用工对接招聘会。此次招聘会共有来自县内、外企业100余家招聘单位，提供就业岗位近2万个，有近一万人到会求职，为郓城县下岗失业人员、农民工、大中专毕业生提供了广阔的择业平台。市劳动局副局长孟平原，县委常委、常务副县长王广岱，人大常委会副主任张玉秀，政协副主席侯仰君出席开幕仪式。

4月15日　郓城县总工会召开工资集体协商指导员培训会，各乡镇工会干部、乡镇个体私营企业工会联合会工会工作人员共有28人参加培训。

4月25日　郓城县职工运动会暨全民健身活动日正式启动。活动开幕式由县文体局局长李兴平主持，县总工会主席田广东致开幕词。运动会设有篮球、乒乓球、羽毛球、台球、象棋5个竞赛项目。共有14个代表队的380余百运动员参加比赛。

5月14日　郓城县总工会自行车团体游东平湖骑行活动鸣枪，来自全县的42名自行车运动爱好者参加这次活动。此次自行车团体环东平湖骑行活动由县总工会主办，运动员由唐塔公园出发，沿220国道到达东平湖后返回起点，全程200余公里。郓城县总工会主席田广东出席活动并致贺词。

6月20日　郓城县总工会帮扶中心开通“6580896”职工维权热线，同时设立法律援助工作站和职工维权益举报箱，进一步畅通了职工维权救助“绿色通道”。

11月7日　郓城县总工会困难职工子女助学金发放仪式在县一中第一会议室举行，县一中的50名贫困学子及县总工会和郓城县第一高级中学的领导参加资助活动。此次活动共资助郓城县贫困学子50名，发放助学金2.5万元。

2012年

1月31日　郓城县在唐塔广场举办2012年春风行动暨就业援助月活动启动仪式。菏泽市人力资源和社会保障局就业办公室主任李迁、科长何晓庆，中共郓城县委常委、常务副县长袁红兵，县人大常委会副主任朱琳，县政协副主席孙兆同，县人力资源和社会保障局局长魏宏峰，县总工会副主席梁素云以及团委、妇联残联的负责人出席开幕式。

2月20日　郓城县公路局举行“全国职工书屋”挂牌仪式，菏泽市总工会副主席周柱生、宣教部部长王善飞，市公路局工会主席牛树河，县总工会主席田广东等领导出席挂牌仪式。2010年，县公路局职工书屋被中华全国总工会授予“全国示范书屋”称号，成为郓城县首家获此殊荣的单位。

4月6日　郓城县总工会召开会议，传达学习市总工会召开的关于开展“面对面、心贴心、实打实服务职工在基层”活动会议精神，并部署相关工作。会议由县总工会副主席梁素云主持。郓城县供电公司、郓城县公路局、恒基工程机械、富仕达食品等10家企业的工会主席及县总工会全体工作人员参加会议。

4月10日　郓城县总工会组织召开机关全体干部职工学习会议，会议主要是根据市总工会2012年对各县区工会工作考核办法，安排部署各部室工作任务。

4月26日　由郓城县总工会、县文体局联合举办、郓城华德利房地产开发有限公司协办的“西湖豪园杯”庆“五一”全县职工趣味运动会在唐塔广场拉开帷幕。县委常委、宣传部长段清正、副县长刘敏出席开幕式。本次比赛有来自全县各基层的18支代表队412名运动员及教练员参加比赛。比赛设双人夹球接力跑、赶篮球接力跑、自行车慢骑、2人3足、拔河、同舟共济、车轮滚滚5个比赛项目。

5月15日　郓城县总工会“面对面、心贴心、实打实服务职工在基层”调研小组到菏泽能化赵楼矿进行专项座谈。矿工会共组织19个车间工会共22名职工代表参加。

7月25日　郓城县总工成立以副主席梁素云为组长的慰问组，积极组织开展“送清凉”夏日慰问活动，为一线工人们送去丝丝清凉。

8月24日　郓城县2012年优秀贫困大学生助学金发放仪式在郓州宾馆会议室举行。县委领导段清正、袁红兵、王秀忠、钱建华、符中太出席仪式并为受助大学生发放助学金。县总工会、妇联、团委、残联、民政局，计生局、捐助企业负责人及300余名受助大学生参加发放仪式。

12月2日　菏泽市总工会经审委王善飞、

张爱梅一行在县总工会主席田广东、副主席梁素云陪同下，到赵楼煤矿检查验收经审规范化建设工作情况。

12 月 14 日　郓城县总工会在县一中举行了困难职工子女助学金发放仪式，此次救助活动加大了对单亲农民工子女及孤儿等特殊群体的关爱力度，共资助郓城县贫困学子 50 名，发放助学金 2.5 万元。

2013 年

1 月 21 日　郓城县迎新春劳模代表座谈会在县总工会三楼会议室召开。县总工会领导和二十余名劳模代表共话新春。座谈会由县总工会副主席梁素云主持，县总工会主席田广东充分肯定了劳模过去对郓城经济建设的贡献，号召全县上下要学习劳模精神弘扬劳模传统，集中精力把郓城经济搞上去，并祝福全县劳模新年快乐身体健康。会后县总工会领导向劳模发放了慰问金。

2 月 5 日　菏泽市 2013 年春风行动启动仪式暨郓城县高校毕业生、企业用工洽谈会在郓城县唐塔广场举行。菏泽市人社局副局长王海林，市就业办主任李迁，市就业办副主任李广茂，郓城县副县长王秀忠，工会、团委、妇联的负责人以及人社系统的全体干部职工出席招聘会开幕式。

4 月 16 日　由郓城县总工会、县文明办、县妇联、团县委办等单位联合主办的郓城县首届“3 月 3 相亲交友大会”盛装开幕，600 余人报名，万余人次赶场参加此次相亲大会。

4 月 25 日　“农行杯”庆“五一”全县职工趣味运动会在唐塔广场拉开帷幕。菏泽市总工会调研员周柱生、市总工会宣教部长周剑、郓城县政府副县长刘敏以及县总工会、县文体局领导班子成员出席开幕式。本次比赛有来自全县各基层的 14 支代表队 425 名运动员及教练员参加比赛。比赛设双人夹球接力跑、3 人 4 足、拔河、同舟共济、大力士、财源滚滚等比赛项目。

5 月 15 日　菏泽市总工会领导周柱生、周剑、绍宏振一行到郓城检查指导“职工书屋”建设工作，县总工会主席田广东及副主席梁素云陪同检查。

6 月 26 日　菏泽市职工职业技能大赛矿井维修电工总决赛调度会在郓城县委第二会议室召开。市总工会常务副主席周继东、市总工会副主席王运传、市总工会生产部长王立武及部分县区工会主席、生产部长，各煤矿企业工会主席及机电工程技术人员等 20 余人参加会议。

6 月 21 日　郓城县总工会与县联通公司第一期业余摄影培训班正式开班，培训班邀请县摄影家协会专业摄影教师刘军授课，20 余名摄影爱好者参加培训。

7 月 31 日　郓城县总工会副主席梁素云带领县“送清凉”活动小组全体人员前往赵楼矿，开展“千米巷道送清凉，共保安全促生产”慰问活动。梁素云深入井下工作面，慰问正在准备生产的矿工。在井下安全长廊，梁主席代表县总工会向井下职工表达了关怀慰问之情，把 20 箱绿茶、1500 只雪糕、1000 余条毛巾一一发放到职工手中，并勉励他们要保重身体，安全工作。

9 月 12 日　菏泽市班组建设现场推进会在郓城县召开。市总工会常务副主席周继东，市经信委副主任滑成奎，市工商联副主席朱坤鹏，郓城县委常委、组织部长李允贵，兖煤菏泽能化有限公司副总经理、赵楼煤矿矿长李峰参加了会议。与会人员在参观了郓城县供电公司张营供电所和赵楼煤矿综掘一队、运转队、岳广礼创新工作室后，听取郓城县总工会、郓城县供电公司、兖煤菏泽能化有限公司赵楼煤矿关于班组建设的先进经验交流发言。

10月18日　山东省总工会2012年度工会组建和发展会员工作考核组王炳军一行到郓城检查考核组建工会和发展会员工作，市、县总工会相关负责同志陪同检查。省总工会检查组先后到郓城县东方化纤有限公司工会、郓城县绅联肠衣有限公司工会及郓城县中英文希望学校工会实地检查，并查阅档案资料。

10月24日　由菏泽市总工会、菏泽市经信委、菏泽市人力资源和社会保障局联合主办，郓城县总工会、兖煤菏泽能化有限公司赵楼煤矿承办的全市职工职业技能大赛矿井维修电工总决赛在兖煤菏泽能化赵楼煤矿开幕，来自全市所辖的6个煤矿的36名选手参加决赛。菏泽市总工会常务副主席周继东，郓城县委常委、组织部长李允贵等相关领导出席开幕式并巡视比赛现场。

10月　郓城县总工会女职工委员会组织部分困难企业的困难单亲女职工、企业一线特困女职工在郓城县人民医院进行了免费健康体检活动。此次活动共筹措资金2万元，为郓城县富士达食品等10家企业的100名困难女职工（单亲困难职工48名，一线特困女职工52名），在郓城县人民医院开展健康体检和“两癌”筛查。

2014年

1月　郓城县总工会联合县安监局集中3个月时间，在全县开展“查身边隐患、保职工安全、促企业发展”（简称“查保促”）群众性安全生产活动。活动主要采取组织发动、教育培训、隐患排查、集中整改、建立机制等方法组织实施，通过组织全县各级工会干部下基层、进企业，发动职工最大限度地查出身边的安全隐患，并督促企业对安全隐患进行及时整改，有效防范各类事故发生。

1月14日　郓城县总工会召开通讯员代表座谈会，12位通讯员代表与菏泽市总工会副主席王胜利，菏泽工人报社社长毛彭波、主编郑宗华进行了面对面交流。

1月20日　郓城县总工会党员干部带着个人捐助的钱物，来到刘孟庄村和罗庄村看望困难群众并与11位困难群众结成帮扶对象。党员干部通过社区主任和村支书全面了解村里结对帮扶困难户的整体情况，并到困难户家中逐一询问他们的身体状况和家庭生活情况，送上慰问金和慰问品，送上新年的祝福。

2月11日　郓城县2014年春风行动启动仪式暨高校毕业生就业、企业用工洽谈会在唐塔广场启动。菏泽市人社局就业办主任李迁、郓城县委常委、副县长张防出席启动仪式并讲话，县人社局、县总工会、团县委、县妇联负责人出席。此次活动有200余家用人单位提供岗位2万多个，万余名求职者参加招聘，达成就业意向5400余人。

2月20日　山东省总工会党组书记、常务副主席刘赞杰一行到郓城，就郓城县的基层工会工作情况进行调研。菏泽市人大常委会副主任、市总工会主席丁志刚，市总工会常务副主席周继东，郓城县委书记、县人大常委会主任王永华，县委副书记孙彦军陪同调研。刘赞杰一行先后来到兖煤菏泽能化赵楼煤矿、山东洪达化工有限公司、盛平社区等地，详细查看了企业的文化建设、高技能人才创新工作室、安全生产及社区的职工书屋等职工生活、生产、活动、教育阵地。通过调研，调研组对郓城县基层工会组织工作给予充分肯定。

3月6日　郓城县总工会、县妇联和县计生局联合举办庆“三八”联欢会暨健康知识讲座。县总工会常务副主席梁素云主持会议，县妇联主任赵秀兰讲话，县计生局王主任就现在人类健康知识进行讲解。

4 月 29 日　郓城县庆五一秧歌大赛在唐塔广场拉开序幕，来自全县各乡镇、基层的 20 多支参赛队 300 余名干部进行了激情活力的表演。

5 月 28 日　在六一儿童节即将来临之际，郓城县总工会常务副主席梁素云一行来到陈坡乡中英文学校，为 8 名儿童送去了每人 1000 元的救助金，及时解决他们生活上的困难，让他们感受到社会的关怀和温暖。

6 月 12 日　菏泽市总工会副主席、调研员路绍俊，组织部部长吕晓华、副部长李梅娇一行，到郓城县检查指导企业厂务公开民主管理工作。路绍俊一行在县总工会常务副主席梁素云陪同下先后实地查看宏发机械、洪达化工、兖煤菏泽能化赵楼矿的厂务公开栏，查阅了制度建设及落实情况的资料，并在听取了各单位的工作汇报后，对企业的厂务公开民主管理工作给予充分肯定。

7 月 9 日　郓城县总工会完成对 2013 年度在职劳模的考核工作。共对全县 12 名市级以上在职法人劳模单位工会经费拨缴及使用情况进行审查。提出意见和建议 30 余条，审查补交经费 109800 元。

7 月 15 日　2014 年郓城县总工会“夏季送清凉”活动正式启动，县总工会常务副主席梁素云等相关人员，分别来到洪达化工、赵楼煤矿、宏发机械，对奋战在高温一线的职工们进行慰问，并向他们送去绿豆、毛巾、水杯等防暑降温用品。

9 月 25 日　全国第八次厂务公开民主管理工作调研检查组到郓开展调研检查工作。互检组在菏泽市委常委、市委宣传部部长王永江，市总工会常务副主席周继东，市总工会调研员路绍俊，郓城县委书记王永华，县委常委、县委办公室主任宋广振等领导陪同下，对郓城县兖煤菏泽能化有限公司赵楼煤矿厂务公开民主管理工作进行调研检查。在赵楼煤矿，互检组首先参观职工文化长廊、荣展室，查阅反映制度建设和落实情况的文件、档案、工作记录、资料、实物等，并检查煤矿厂务公开栏。随后，听取公司党委书记刘峰所做的专题汇报。广东省推行厂务公开工作领导小组成员、省总工会副主席张振飚和黑龙江省厂务公开领导小组成员、省总工会副主席郭长义对赵楼煤矿厂务公开民主管理工作给予高度评价。市总工会办公室主任杨亚军、市总工会组织部部长吕晓华、县总工会常务副主席梁素云陪同检查。

10 月 14 日　全省女职工权益保护专项集体合同工作检查组来到郓城开展调研检查工作。互检组在菏泽市总工会常务副主席周继东，市总工会调研员路绍俊，郓城县委书记王永华，县人大常委会副主任、县总工会主席钱建华、县人大常委会副主任孙兴忠等领导陪同下，对郓城县兖煤菏泽能化有限公司赵楼煤矿女职工权益保护专项集体合同工作进行调研检查。市总工会组织部部长吕晓华、县总工会常务副主席梁素云陪同检查。

11 月 14 日　菏泽市矿井瓦斯检查工技能大赛总决赛在兖煤菏泽能化赵楼煤矿举行，来自全市煤矿企业的 6 个代表队和 18 名选手参加了大赛。大赛由菏泽市总工会、市经信局、市人社局联合主办，郓城县总工会、兖煤菏泽能化赵楼煤矿承办，旨在促进煤矿特种作业人员增强业务能力，推动煤矿企业加强安全生产保障能力建设。大赛的内容是按瓦斯检测中级工（四级）职业标准的要求设置的，分基础知识考试和实际操作考核，按百分制计算总成绩，基础知识占 30%，实际操作占 70%。实际操作的内容，有光学瓦斯检定器故障判断、现场模拟操作演示、瓦斯浓度实测等。

11 月　郓城县总工会开展了女职工“关

爱行动”活动。成立的工作组深入到乡镇、园区的多家基层工会，通过召开座谈会、入户走访慰问、实施健康查体等方式，与女职工面对面交流，了解女职工思想状况、存在困难和利益诉求，听取女职工意见和建议，切实为广大女职工办实事、解难事。此次女职工“关爱行动”主要针对在档单亲困难女职工，女农民工及其子女实施帮扶，以及在档患“两癌”等妇科疾病女职工的后续治疗。此次活动共走访、帮扶涉及纺织、机械、化工等行业的基层单位的女职工 80 余人。

12 月 4 日　郓城县总工会举办 2014 年度全县工会经审工作培训会。县总工会常务副主席、县经审委主任梁素云及县总经审委委员出席了会议，各乡镇工会经审主任、部分机关、企事业单位的工会经审主任共 30 余人参加了培训会。

2015 年

1 月 7 日　由山东省总工会生产保护部部长高峰率队的省“安康杯”竞赛活动巡查组，在菏泽市总工会副主席王运传、生产保障部部长王立武陪同下到郓城检查指导工作。检查期间，检查组先后听取了洪达化工、赵楼煤矿开展“安康杯”竞赛活动情况汇报，并深入厂区一线，查阅竞赛资料，与工会主席座谈。

2 月 5 日　郓城县总工会常务副主席梁素云一行在唐塔社区北侯庄村干部的陪同下，走访慰问帮扶村困难户侯继山等五户人家，将一份份温暖的真挚情意送到帮扶村困难户的手中，给他们送上节日的问候，并送去面粉、食用油和慰问金。

2 月份　郓城县总工会多方筹集资金 60 万元，积极开展送温暖帮扶活动，切实为困难群众办好事、解难事，办实事。共为 1000 余名困难职工及劳模发放了救助金。

5 月 11 日　由郓城县总工会、郓城县教育局联合举办的郓城县首届幼儿教师教育技能大赛在郓城县南城中学报告厅开幕。

6 月 1 日　郓城县总工会“帮扶送教育”捐助活动在郓城县陈坡乡中心校举行。县总工会常务副主席梁素云出席活动仪式。此次活动，县总工会积极筹集资金购买的学习用品和生活用品，为 100 名困难职工子女送上了一份真诚的温暖和关爱。

7 月 22—23 日　菏泽市总工会副主席冉凡文一行到郓城，督查调研上半年工会工作情况，了解郓城县总工会上半年全面工作及创新工作开展情况。

10 月 13 日　菏泽市电子商务优秀单位审察小组一行，在市总工会副主席王运传带领下到郓城，进行现场考察。考察组一行先后到圆之翰电子商务园、大福源购物广场、乐宜嘉商城，在详细询问各经营主体的运营情况并实地参观后，考察组一行对郓城的电子商务建设情况给予充分肯定。

10 月 27 日　郓城县总工会开展“女职工关爱行动”活动对来自富海化工、烟郓盖业、恒基机械等企业的 16 名困难女职工进行了特别帮扶，为她们每人送去 1500 元的慰问金。

12 月 31 日　郓城县 2016 年“查保促”活动集中行动动员部署会议在县委党校会议室举行。菏泽市总工会常务副主席王运传，市总工会生产部长王立武，郓城县总工会常务副主席梁素云，县安监局副局长李广福，各乡镇（街道）总工会主席、安监站站长，部分非公企业负责人及县直企业工会主席参加会议。会议由李广福副局长主持并宣读行动方案，市总工会副主席王运传和县总工会常务副主席梁素云分别作讲话。

2016 年

1 月 13 日　山东省总工会副主席冯庆禄

一行3人到郓城县山东洪达化工有限公司、菏泽富海能源发展有限公司和郓城县亿万汽车配件制造有限公司，督导“查身边隐患、保职工安全、促企业发展”群众性安全生产活动的开展情况。菏泽市总工会常务副主席周继东，副主席王运传、王胜利，市总工会生产部长王立武，县人大常委会副主任、县总工会主席钱建华，县总工会常务副主席梁素云陪同。

1月15日　郓城县总工会2016年助学金发放仪式在县一中图书馆五楼会议室举行。县人大常委会副主任、县总工会主席钱建华，县总工会常务副主席梁素云与学校领导共同出席发放仪式，并为50名品学兼优的困难职工子女和农民工子女每人发放1000元助学金。

1月26日　菏泽市总工会副主席冉凡文一行到郓城，对郓城县“查保促”进行督导检查，县总工会常务副主席梁素云陪同。督查组采取随机抽查、现场督察等方式，先后来到恒信釉料公司、烟郓盖业，三羊食品、盛泰纺织和丁里长镇总工会及潘渡镇总工会，在分别听取企业负责人及乡镇工会主席的汇报后，详细查阅了开展“查保促”活动的实施方案、隐患排查台账、整改措施、安全生产制度、职工安全培训等方面的资料，了解企业安全隐患排查及整改情况。

2月1日　菏泽市长解维俊带队走访慰问郓城县困难企业和职工，解维俊一行到郓城县物资公司进行了慰问，与公司干部职工亲切交谈，了解企业经营和职工生活状况。菏泽市总工会党组书记、常务副主席周继东，县委书记刘文林，县人大常委会副主任、总工会主席钱建华等领导陪同走访慰问。

2月19日　由郓城县人民政府、郓城县人力资源和社会保障局、郓城县总工会、郓城县妇联等单位联合举办的“郓城县2016年‘春风行动’暨高校毕业生、企业用工洽谈会”在唐塔广场举行。

3月7日　由郓城县总工会、县安监局联合举办的全县“查保促”活动集中行动企业负责人培训班第一期在县委党校五楼会议室举行。各乡镇（街道）及经济开发区总工会主席、安监站长及全县部分企业负责人和安全人员共160余人参加此次培训。培训会由县安监局副局长主持、县总工会常务副主席梁素云讲话，菏泽市安监局原纪检书记、高级讲师毕新会授课。

3月10日　菏泽市总工会副主席冉凡文一行到郓城，对郓城县“查保促”进行第二次督导检查，县总工会常务副主席梁素云陪同。督查组采取随机抽查、现场督察、调查问卷等方式，先后来到海河纺织、三星钢球、路航纺织、金都酒业、烟郓盖业和李集镇总工会及黄泥冈镇总工会，在分别听取企业负责人及乡镇工会主席的汇报后，详细查阅了开展“查保促”活动的实施方案、隐患排查台账、整改措施、安全生产制度、职工安全培训等方面的资料，了解企业安全隐患排查及整改情况。

4月23日　由县总工会、县文化体育局主办、农村商业银行承办的“农商行”杯庆“五一”职工趣味运动会在唐塔广场举行。县政府副县长魏宏峰、县总工会常务副主席梁素云、县文体局副局长仝献、县农商行行长李传良等领导出席了此次活动。此次运动会共设拔河、同舟共济、双人夹球跑、集体跳绳4个项目，19个代表队、700余名运动员参加。

5月17日　菏泽市总工会副主席冉凡文一行来郓城县开展“查保促”集中行动第三次督导活动。县总工会常务副主席梁素云等陪同检查。冉凡文一行先来到水浒酒业、泰和纺织、金山动宝药业进行实地调研，详细了解企业经营、生产情况及安全隐患排查整改情况，对郓城县“查保促”工作开展情况给予充分肯定。

5月27日　郓城县总工会“双联双创”下乡“帮扶送教育”活动在郓城县杨庄集镇张康小学举行。此次活动，县总工会积极筹集资金购买的学习用品和生活用品，为60名困难职工子女送上了一份真诚的温暖和关爱。

5月31日　郓城县“普惠工程”推进会在县邮政公司五楼会议室举行。菏泽市总工会副主席王胜利，郓城县人大常委会副主任、总工会主席曹建文，县邮政公司，中石化郓城分公司以及全县各乡镇（街道园区）各系统（科局）工会及部分企事业单位负责同志80余人参加会议。推进会由县总工会常务副主席梁素云主持。

8月3日　山东省总工会国防机械电子调研员倪道余一行4人，在菏泽市总工会常务副主席周继东，郓城县人大常委会副主任、总工会主席曹建文，县总工会常务副主席梁素云等有关人员陪同下对郓城县潘渡镇基层工会建设、烟郓盖业、赵楼煤矿“查保促”半年以来落实情况进行了考察调研。

10月19日　山东省总工会党组成员、经费审查委员会主任蒋石宝一行3人，在菏泽市总工会常务副主席周继东，郓城县人大常委会副主任、总工会主席曹建文，县总工会常务副主席梁素云等有关人员陪同下对郓城县赵楼煤矿、潘渡镇基层工会建设等工会工作进行考察调研。

11月18日　郓城县工会第七次代表大会在县会议中心召开。菏泽市总工会党组书记、常务副主席周继东和郓城县委书记刘文林分别代表市总工会和中共郓城县委作重要讲话，对大会的召开表示热烈祝贺，并就进一步做好新形势下的工会工作提出希望和要求。县领导谷永强、王广岱、吴振、董良峰、王效忠、曹建文、李广才、赵秀兰出席开幕式。大会由郓城县总工会常务副主席梁素云主持，县总工会的一些老领导、先模人物代表和来自全县各基层工会组织的代表共计200余人参加大会。县人大常委会副主任、县总工会主席曹建文在大会上作了《不忘初心继续前进团结带领全县广大职工为推动郓城“走在全市前列、全面争创一流”而努力奋斗》的工会工作报告，同时大会选举产生了新一届县总工会领导机构，曹建文当选为县总工会主席，梁素云当选为县总工会常务副主席，李霞当选为县总工会副主席兼女工委主任，段于才当选为县总工会副主席，姬广增当选为县总工会经审委主任。王兆喜、王青、白素文、仝献、冯献忠、刘兆秋、刘继波、孙文杰、孙磊、杜宝建、李向东、李进修、李镇、李霞、杨少华、杨富元、宋向东、张雨芹、张郁冰、张建彬、陈庆江、陈军荣、陈海森、和丽英、郑洪波、赵远、郝忠华、段于才、侯本建、侯全磊、徐淑告、郭斌、姬广增、曹建文、章鹏、渠继忠、梁素云、樊庆芳、樊艳丽39名同志当选为郓城县总工会第七届委员会委员。尹利广、孙磊、李进修、杨少华、郝忠华、徐淑告、姬广增7名同志当选为郓城县总工会第七届经费审查委员会委员。马永丽、王永丽、付玉英、李霞、樊艳丽5名同志当选为郓城县总工会第七届女职工委员会委员。

12月6日　郓城县总工会全体党员干部，对杨庄集镇康庄村结对帮扶的9户困难群众进行走访慰问，让贫困户切实感受到了党的关怀与温暖，进一步增强了群众对脱贫攻坚工作的认识。

12月16日　由郓城县总工会、郓城县文化体育局共同主办的郓城县2016年冬季职工广场舞大赛在唐塔广场举行，县人大常委会副主任、县总工会主席曹建文，县政府党组成员褚景云，县总工会常务副主席梁素云，县文化

体育局局长周国栋等共同出席本次大赛。本次比赛共有来自全县各乡镇（街道）、各机关单位、民主团体、工业园区及有关企事业单位49支队伍900余人参加。

2017年

1月6日　郓城县总工会2017年助学金发放仪式在郓城一中图书馆报告厅举行。县总工会常务副主席梁素云，副主席李霞、段于才与学校领导共同出席，并为50名受助学生发放了每人1000元的工会助学金。

2月8日　郓城县总工会联合县人社局等有关单位在唐塔广场举办2017年“春风行动”现场招聘会。此次招聘会参与企业百余家，提供就业岗位4600余个，达成就职意向2100余人。县总工会在开幕式后向求职群众发放了职工维权、合同知识等宣传册。

3月4日　为庆祝“三八”国际劳动妇女节107周年，使全县广大女职工过一个健康、快乐、和谐、温馨而有意义的节日。郓城县总工会在郓州街道四楼会议室举办了庆“三八”妇女节联欢活动，此次演出包括舞蹈、独唱、小品、戏曲、诗歌朗诵等形式多样的文艺节目。全县共有200余名女职工参加或参与演出，共同庆祝自己的节日。

3月9日　郓城县总工会开展“女职工维权行动月”宣传活动。此次活动，通过悬挂条幅、发放宣传资料等形式向女职工及农民工宣传了《女职工劳动保护特别规定》《工会法》《妇女权益保障法》等法律法规。活动现场对100余名女职工及农民工咨询的问题给予了解答，发放宣传资料400余册，宣传页10000余张。

4月19日　郓城县举办首批工会干部挂职非公企业第一主席启动仪式。县总工会领导班子成员、11位挂职第一主席和11家非公企业负责人共计20余人参加会议。在启动仪式上，县总工会、挂职第一主席和非公企业三方共同签订了工会干部挂职非公企业第一主席工作目标责任书。会后各位第一主席马上深入到挂职企业，完成挂职对接。

4月20日　山东省总工会职工服务中心副主任罗鹏，在市、县总工会有关领导陪同下，对郓城县职工服务中心来信来访工作进行调研，对职工服务中心的来信来访工作给予充分肯定，并提出建议与要求。

4月23日　由郓城县总工会、郓城县文化体育局共同主办的“庆五一”职工趣味运动会在宋金河公园举行。此次运动会共设拔河、集体跳绳、五人六足、旱地龙舟、四人夹球跑、脚踏实地6个项目，19个代表队、800余名运动员参加。

4月28日　在县会议中心召开郓城县“庆五一”国际劳动节暨劳动模范表彰大会，县委书记刘文林出席会议并讲话，县委副书记、县长谷永强主持会议，县人大常委会主任王广岱，县政协主席王秀忠，县委副书记、县劳动模范和“郓城工匠”评选委员会主任孙迁国、县政府党组成员褚景云出席会议。大会对全县层层评选出的49名劳动模范、先进工作者和10名“郓城工匠”进行了表彰。

5月10—12日　郓城县总工会邀请全国总工会女职工健康知识公益讲座讲师团成员杨秀婵老师在郓城县财政局、畜牧局、供电公司、第一初级中学、南城中学和东关小学举办了6期“女职工健康知识”讲座，来自基层单位共计518名女职工参加了讲座。

5月27日　郓城县总工会来到杨庄集镇洼里村小学开展以关爱困难女职工和女农民工子女义务教育为重点的“帮扶送教育”活动。共帮扶困难职工子女130人，为困难女职工子女送去书包、文具盒、削笔刀、水杯等学习用品。

6月27日　由郓城县总工会举办的2017年“中国梦、劳动美—喜迎党的十九大”职工书画展在郓城县工人俱乐部开幕。县人大常委会副主任孙兴忠、县政府党组成员褚景云、县政协副主席刘汉升、县总工会常务副主席梁素云等领导出席开幕式。此次展出，共收集到书画爱好者们近100幅精品，书法作品涉及篆书、隶书、楷书、行书、草书，绘画作品涉及人物、山水、花卉、禽鸟、走兽、鱼虫等。

7月12日　全县化工行业“查保促”专项行动动员部署暨培训会议召开。县总工会常务副主席梁素云、副主席段于才，安监局副局长王汉革及全县各乡镇工会主席、安监站负责人和化工企业负责人等80余人参会。

7月26日　郓城县总工会举办“夏送清凉”活动启动仪式，此次活动共走访交警、环卫工人、企业和工地30家，开展监督检查活动4次，走访慰问活动30次，慰问职工（农民工）20000人次，发放了脸盆、毛巾、水杯、肥皂和绿豆等价值9.3万元的防暑用品，炎炎夏日为一线职工送去了一丝清凉，得到了职工群众的一致好评。

7月27日　郓城县总工会召开第一主席挂职工作现场推进会，菏泽市总工会副主席王运传，生产保障部部长李瑞营，郓城县总工会领导班子成员出席会议，11家挂职企业的第一主席和企业负责同志共计20余人参加会议。

8月15日　郓城县总工会先后两批组织全县各行各业的一线职工和劳模共计80余人奔赴德百温泉开展疗休养活动。

8月23日　郓城县举行2017年贫困家庭大学新生助学金发放仪式。县总工会共筹集资金3万元，救助困难职工家庭学生6人。

8月24日　山东省总督导组济南市总工会副主席于虹、山东省总工会女职工部主任科员姜良之、济南市总工会女职工部部长吕燕在菏泽市总工会女工委主任吕晓华，市总工会办公室副主任、女工委副主任陈陆陆，郓城县总工会常务副主席梁素云、县总工会副主席、女工委主任李霞，县总工会女工委副主任王永丽的陪同下对郓城县供电公司、赵楼煤矿“女职工专项集体合同”“爱心妈妈小屋建设”及“法律护我行——女职工维权知识答卷”进行督导检查。

11月30日　在郓州街道四楼会议室，郓城县总工会召开在档困难职工入户调查暨职工互助保障计划工作会议，郓城县总工会常务副主席梁素云、副主席段于才出席会议，来自全县各乡镇（街区）、县直部门和企业的工会主席和入户调查员共计100余人参加会议。

2018年

1月12日　山东省总基层工作部部长姜卫红、基层工作部四级调研员刘安伟一行来郓城县调研第一主席挂职工作，并在华宝食品会议室召开工会挂职工作座谈会。菏泽市总工会副主席王胜利、组织部副部长任乃宏、县总工会领导班子成员出席座谈会，11家挂职企业的第一主席和企业负责同志共计20余人参加了本次会议。

1月23日　郓城县总工会2017年助学金发放仪式在县一中图书楼五楼会议室举行。县人大常委会副主任、县总工会主席曹建文，一中校长李春生等及80余名受助学生参加受助仪式。

1月24日　由市总工会常务副主席刘守文同志带队，由各县区常务副主席等主要领导参加的第一主席观摩团到郓城诚信医院、华宝食品、正华玻璃三个第一主席挂职企业进行了观摩评比，并进行了现场打分，总分成绩名列全市第一名。

1 月 25 日　郓城县总工会 2017 年度工作视频片《打造郓城工匠、助推企业发展》，由于该视频片选材适当、内容充分、结构合理，在菏泽市总工会 2017 年度创新工作视频片评比中荣获第一名。

2 月 5—12 日　市县领导对困难职工进行走访慰问。

3 月 8 日上午　郓城县总工会、县妇联、团县委、文体局、在郓州书画院举办为期一个月的庆“三八”巾帼女杰书画展。共展出 100 余幅作品，均出自女性之手，形式多样，包括楷书、小篆、山水画、花鸟画、人物画等，充分展示妇女同志的精神风貌和聪明才智。

3 月 14 日　山东省总工会副主席魏丽同志一行 7 人在市人大常委会副主任、市总工会主席丁志刚，市总工会党组书记、常务副主席刘守文，郓城县人大常委会副主任、总工会主席曹建文，县工会常务副主席梁素云等领导同志的陪同下，到兖煤菏泽能化有限公司赵楼煤矿调研“构建工会外联内合系统化大维权工作格局”课题。

4 月 13 日　由郓城县总工会、团县委、县妇联联合举办的“不忘初心，牢记使命‘青春共话十九大’”主题演讲比赛活动在南城中学二楼报告厅举行。此次比赛采取十分制，评委现场评分，共 51 名选手参加比赛。经过激烈角逐和评委公平公正打分，共 13 名选手进入决赛。4 月 24 日，进行了决赛，评出一等奖 1 名，二等奖 2 名，三等奖 3 名，优秀奖 10 名。

4 月 22 日　由郓城县总工会、文体局、团县委、县妇联、机关工委联合举办的 2018 年郓城县庆“五一”职工趣味运动会在县体育中心举行，共设拔河、旱地龙舟、三人四足、同舟共济、脚踏实地、袋鼠跳 6 个项目，30 余个代表队、700 余名运动员参加。

4 月 26 日　有郓城县总工会、文体局、郓州街道办事处、郓州书画院联合举办的“中国梦·劳动美”庆“五一”职工书画展开展。共展出作品 100 余幅。作品立意新颖、形式多样、格调高雅、精彩纷呈，用不同的形式、从不同的角度，展示了郓城悠久的历史文化底蕴，讴歌了改革开放以来郓城县经济社会发展取得的巨大成就，是郓城县书画界艺术创作的一次全新展示，堪称郓城书画艺术家们的一次文化盛宴。

第一章　组织机构

第一节　总工会沿革

第一目　名称变革

1940 年 10 月　中国共产党为了加强“抗日救国动员委员会”的力量，运西地委（即二地委）派工会主任丁云龙传达上级指示，要求各县建立工会组织。郓城县委决定：由动委会副主任高析兼任工会主席。接着郓城县分为郓城、郓南二县，原任工会主席高析继任郓南县总工会主席，刘知任郓城县总工会主席，各区均配有工会联络员一人。因形势紧张，没有公开活动。当时工会工作的任务和对象是配合“动委会”联系和组织雇工、佃户团结起来，开展以减租减息、增资增佃、合理负担，反贪污、反恶霸，改造村政权为内容的民主民生斗争。

1941 年 5、6 月间　为集中力量发挥农会、青会、妇会的作用，上级指示，县一级领导机构不设工会组织，随即工会组织撤销。

1949 年 9 月　郓城彻底解放。郓城、郓北、郓巨三县合并，成立郓城县人民政府。在县委的直接领导下，于 1950 年 9 月成立了平原省郓城县总工会筹备委员会。同时抽调县委组织部副部长赵琦负责筹建工会工作。根据党的七届二中全会关于党的工作重点由农村转到城市的方针，中共郓城县委派曾伍德任首届工会主席。县总工会设在现在的县政府招待所。

1952 年 11 月　平原省撤销，随之“山东省郓城县总工会”成立，主席为胡允献。

1956 年 1 月　改称“郓城县工会联合会筹备委员会”。县工会联合筹备委员会设在唐塔东北郓城县广播电视局院内。

1956 年 3 月 30 日至 4 月 2 日　郓城县工会第一次会员代表大会召开，正式成立“郓城县工会联合会”。县工会联合会设在唐塔东北郓城县广播电视局院内。

1958 年　全国总工会第三次扩大会后，在“过渡时期工会自然消亡论”的影响下，全县总工会工作受到极大的影响，部分工会干部被调离，工会工作急转直下，全县总工会工作一度停止活动。1959 年 3 月，郓城县总工会组织撤销。同年 11 月，遵照杨尚昆在全国总工会八届执委会上的讲话“工会不是消亡，而是加强”的精神，批判极“左”思潮，澄清思想和理论上的是非，县委做出《恢复工会组织、加强工会工作的决定》，被撤销的工会组织又恢复起来，并进行整顿提高。县工会联合会设在郓城县粮食局院内。

1963 年 5 月　郓城县工会联合会改称郓

城县总工会，召开了郓城县工会第二次会员代表大会，选举产生了郓城县总工会第二届委员会。县总工会设在原县铁工厂（县标准件厂）院内。

1966 年　进入“文化大革命”后，郓城县各级工会专、兼职干部全部另有任用，县革委会建立群工组，取代了工青妇等群众组织，直到 1972 年末，郓城县各级工会实质上是处于名存实亡的瘫痪状态。

1973 年 6 月　召开了郓城县工会第三次会员代表大会。会后对所属基层、系统工会组织进行了整顿，从而使工会组织逐步恢复到“文革”前的规模，有计划地对专、兼职工会干部进行了培训工作，并有步骤地选配各系统工会的专职干部。县总工会设在临城路与东门街交汇处。

第二目　组织机构沿革

一、郓城县总工会筹备委员会

（1950 年 9 月至 1952 年 12 月）

主　　席

曾伍德　1952 年 4 月离职

宋慕山　1952 年 4 月至 1952 年 8 月

胡允献　1952 年 8 月任职

工作人员

田秀山

户效运　1952 年 8 月任职

二、郓城县总工会

（1953 年 1 月至 1956 年 1 月）

主　　席

胡允献　1953 年 11 月离职

张林岳　1953 年 11 月至 1954 年 8 月

武帮芹　1954 年 9 月至 1955 年 11 月

李魁先　1955 年 11 月任职

工作人员

陈绍府（组织）

赵益忠（财务）

户效运　1954 年 8 月离职

李纪堂　1954 年 8 月离职

三、郓城县工会联合会筹备委员会

（1956 年 1 月至 1956 年 3 月）

主　席

李魁先

副主席

李纪堂

四、郓城县工会联合会第一届委员会

（1956 年 3 月至 1963 年 5 月）

主　　席

李魁先　1958 年 12 月离职

（缺职）　1958 年 12 月至 1962 年 6 月

王启玉　1962 年 6 月至 1963 年 3 月

王瑞臣　1963 年 3 月任职

副主席

李纪堂　1960 年 1 月任职

工作人员

张金亮（会计）1959 年 3 月离职

陈绍府（秘书）1959 年 3 月离职

赵益忠（文体）1959 年 3 月离职

袁培才（教育）1959 年 3 月离职

王良勋（业余教师）1959 年 3 月离职

郝百从（文教）1959 年 11 月任职

赵金河（财务）1959 年 11 月任职

李兆俊（会计）1959 年 11 月任职

王学廷（福利）1959 年 11 月任职

五、郓城县总工会第二届委员会

（1963 年 5 月至 1966 年 5 月）

主　席

王瑞臣

副主席

李纪堂　1963年12月离职

韩　鲁（女）　1964年11月至1966年4月

工作人员

郝百从（福利、教育）

李兆俊（会计）

崔传性（秘书）

侯太益（文体）

李念民（文体）

季宪堂（教育工会主席）

刘怀芝（业余教师）

杜允录（业余教师）

六、郓城县总工会第三届委员会

（1973年6月至1980年3月）

主　席

王云亭

副主席

侯太益　1980年1月离职

樊合新

孔庆芝（女）　1980年1月离职

工作人员

付兆章（秘书）1973年6月任职

李洪方（会计）1979年10月任职

樊兆三（文体）1975年5月任职

张金亮 1975年5月任职

樊西鲁 1977年4月任职

马步芳

王秀兰（图书）1975年7月任职

杨利华（图书）1979年12月任职

张思立

仪桂兰　1980年2月任职

杜允录（业余教师）

七、郓城县总工会第四届委员会

（1980年3月至1989年9月）

主　席

王云亭　1981年3月离职

戴思远　1981年3月任职

副主席

樊合新　1981年9月离职（不脱产）

孙建都　1981年4月任职

谭秀亭（女）　1983年2月至1984年11月

雷云起　1984年12月至1987年11月

刘承英（女）1987年12月任职

工作人员

付兆章　1980年3月至1983年4月

李洪方　樊兆三　张金亮

田学冉　1980年7月任职

王秀兰　杨利华　刘宪春

侯亚丽　1981年3月任职

樊西鲁　1981年7月离职

仪桂兰　1982年8月离职

郑从玉　1983年2月任职

高玉峰　1984年9月至1988年4月

朱元昌　1984年12月任职

丁占鲁　1987年5月任职

陈庆海　1987年2月任职

房殿爱　1986年9月任职

钱永荦　1986年2月任职

李秀勋　1986年12月任职

任宪存　1989年7月任职

八、郓城县总工会第五届委员会

（1989年9月至1995年5月）

党组书记

陈庆存　1992年3月任职

主　席

戴思远　1990年6月离职

王思义　1990年6月任职

副主席

刘承英（女）　1992年3月（离职）

朱元昌

王振帮　1992年6月至1994年1月

李爱国（女）　1992年3月任职

工作人员

任宪存　刘洪伟　丁占鲁

侯亚丽　刘宏伟　田学冉

陈庆海　钱永辇　杨利华

李洪方　房殿爱

樊兆三　1994 年 9 月离职

王秀兰　刘宪春

九、郓城县总工会第六届委员会

（1995 年 5 月至 2016 年 11 月）

党组书记

陈庆存　1998 年 2 月离职

主　席

车广启　1998 年 2 月离职

王金仲　1998 年 2 月至 2002 年 7 月

田广东　2002 年 7 月至 2014 年 1 月

钱建华　2014 年 1 月至 2016 年 4 月

曹建文　2016 年 4 月任职

常务副主席

梁素云（女）2014 年 1 月任职

副主席

朱元昌　1999 年 8 月离职

李爱国（女）1995 年 7 月离职

房殿爱　2009 年 5 月离职

霍瑞芹（女）　1995 年 7 月至 1997 年 1 月

马廷胜　1996 年 5 月至 1997 年 12 月

梁素云（女）　1997 年 1 月至 2014 年 1 月

李明福　1999 年 3 月至 1999 年 8 月

李　霞（女）　2016 年 9 月任职

段于才　2016 年 9 月任职

经审委主任

姬广增　2016 年 9 月任职

副科级干部

王明月　1997 年 2 月至 1999 年 5 月

钱永辇　2001 年 5 月至 2002 年 7 月

工作人员

陈庆海　1999 年 10 月离职

李洪芳　2000 年 1 月离职

侯亚丽　2013 年 4 月离职

田学冉　2015 年 10 月离职

张守丽　2000 年 1 月

丁占鲁　1997 年 9 月离职

刘洪伟　1997 年 1 月离职

任宪存　1997 年 1 月离职

刘宪春　1998 年 8 月离职

杨利华　2000 年 1 月离职

王秀兰　1997 年 5 月离职

孙　磊　1995 年 7 月

李　镇　孙文杰　陈军荣

季明勇　1992 年 9 月

杜宝建　徐　慧　王永丽

张雨芹　1994 年 12 月

付玉英　钱　波

十、郓城县总工会第七届委员会

（2016 年 11 月至今）

主　席

曹建文

常务副主席

梁素云（女）

副主席

李　霞（女）　段于才

经审委主任

姬广增

女工委主任

李　霞（兼）

2017年底县总工会机关工作人员名录

姓名	职务或职称	性别	出生年月	入党时间	调入时间	籍贯
曹建文	人大常委会副主任、党组副书记，工会主席	男	1964.05	1985.12	2016.04	郓城县陈坡乡
梁素云	常务副主席	女	1965.02	1988.08	1996.12	双桥乡梁垓村
李　霞	副主席兼女工委主任	女	1968.06	1992.10	2016.09	郭屯镇大屯村
段于才	副主席	男	1966.08	1993.08	2016.09	唐塔社区
姬广增	经审委主任	男	1963.06	1984.09	2016.09	黄集镇姬庄村
田广东	主任科员	男	1959.08	2002.07	1979.10	李集乡刘集村
张金顺	科员	男	1995.01	1998.06	2004.10	张营乡高庄村
刘盈盈	科员	女	1995.01	—	2017.09	杨庄集镇前刘村
孙文杰	办公室主任	男	1972.11	1988.12	1988.12	城关镇彭庄村
张雨芹	职工服务中心主任	男	1962.10	1984.06	1994.12	丁长镇张武屯村
李　镇	财务部部长	男	1975.03	2002.11	1993.04	黄堆集乡东营村
陈军荣	组织部部长	女	1973.12	—	1993.07	杨庄集镇夏庙村
徐　慧	生产和保障部部长	女	1973.09	2002.11	1991.12	唐庙乡陈长村
王永丽	宣教部部长	男	1975.02	—	1996.01	武安镇王楼村
付玉英	女工部部长	女	1970.08	—	1991.12	武安镇吉寺村
钱　波	职工服务中心副主任	男	1979.10	—	1999.10	程屯镇钱楼村
陈春丽	经审委副主任	女	1974.04	—	1996.04	陈坡乡陈坡村
张新建	助理馆员	男	1975.06	1994.07	1996.12	黄集乡卢庙村
曹　锋	助理馆员	男	1976.04	—	1994.07	随官屯镇汉石桥村
杨秋葵	助理馆员	女	1972.04	—	1993.04	郭屯镇邵集村
陈迎雪	助理馆员	女	1971.12	2003.11	1993.12	陈坡乡陈坡村
侯春玲	助理馆员	女	1972.12	—	1993.07	黄堆集乡侯楼村
张秋玲	工人	女	1987.08	—	2005.11	双桥乡
张丽娟	管理员	女	1985.11	—	2008.11	丁长镇张武屯村
季增培	管理员	男	1986.10	—	2006.06	南赵楼镇玉皇庙村
梁海霖	社会化工作者	男	1994.09	—	2016.07	双桥乡梁垓村

续表

姓名	职务或职称	性别	出生年月	入党时间	调入时间	籍贯
张　敏	社会化工作者	女	1990.11	2013.05	2016.04	李集乡张景龙村
王真真	社会化工作者	女	1992.11	—	2016.07	侯咽集镇王化育
王　青	社会化工作者	男	1983.1	2015.08	2016.04	泰安市宁阳县
仝西桐	社会化工作者	男	1993.04	—	2016.07	程屯镇仝庄
马　灿	社会化工作者	女	1993.02	—	2016.11	玉皇庙镇马厂村
李凤山	副研究官员	男	1961.07	—	1986.12	赵楼乡东姚庄村
季明勇	经济师	男	1964.06	1992.08	1992.09	赵楼乡玉皇庙村
杜宝建	助理馆员	男	1972.06	2003.11	1994.12	双桥乡杜庄村
孙　磊	会计师	男	1977.01	2002.11	1995.07	平度市兰底镇
代永芳	助理馆员	男	1972.03	—	1990.08	程屯镇肖厅村
张　峰	助理馆员	男	1974.03	—	1995.12	潘渡镇潘东村
夏国钦	助理馆员	男	1973.03	—	1995.12	双桥乡曾楼村
王　丽	助理馆员	女	1973.12	—	1996.04	梁山馆里乡胡台庙
张衍兵	助理馆员	男	1973.05	1995.12	1996.12	张营乡十二里铺
张宇明	助理馆员	男	1975.02	2003.11	1997.10	侯集镇张堂村
夏广友	助理馆员	男	1973.02	—	1996.12	城关镇夏庄村
黄艳春	馆员	女	1977.03	2002.11	1997.03	武安镇黄楼村
王　春	助理馆员	男	1970.02	1990.06	1992.09	寿光县马店乡
王义军	助理馆员	男	1973.02	1994.09	1995.12	随官屯镇彭店村
亓旭霞	助理馆员	女	1974.03	2001.01	1995.04	张集乡亓楼村
李建军	管理员	男	1969.03	1999.11	2005.04	侯集乡李庄
田雪芹	管理员	女	1974.08	2003.11	1996.12	巨野县营里乡姜庙
刘　南	管理员	男	1984.10	—	2002.11	郓城县
杨秀英	工人	女	1962.10	—	2001.11	郓城县
高　阳	工人	男	1982.05	—	2007.07	郓城县
胡美婷	管理员	女	1977.03.02	—	1997.05	唐庙乡
王海军	普工	男	1980.06.19	—	1997.06	随官屯镇
沈　铭	普工	女	1981.04.02	—	1997.12	河南省范县

续表

姓名	职务或职称	性别	出生年月	入党时间	调入时间	籍贯
梁尔效	普工	男	1962.02.11	—	1997.12	武安镇
李瑞臣	管理员	女	1976.08.08	—	1997.12	赵楼乡
单成勇	普工	男	1974.04.11	—	1997.12	玉皇庙镇
周　兵	普工	男	1974.08.28	—	1997.12	郓城镇
赵福良	普工	男	1970.05.10	—	1997.12	郓城镇
王亚丽	管理员	女	1976.01.27	—	1998.09	张集乡
王增产		男	1965.05.05	—	1998.12	武安镇
李　朋	管理员	男	1976.12.24	—	1999.02	李集乡
谭　华	普工	男	1977.06.17	1997.1	1999.12	侯咽集镇
陈延坡	普工	男	1977.06.07	1998.1	1999.12	潘渡镇
王书臣	普工	男	1979.03.04	—	2000.12	三屯乡
刘干力	普工	男	1960.03.10	—	2001.08	玉皇庙镇
刁瑞霞	普工	女	1970.11.17	—	2001.08	潘渡镇
田广民		男	1959.07.15	—	2001.08	李集乡
彭步松	普工	男	1974.03.26	—	2001.08	玉皇庙镇
许　栋		男	1979.05.29	—	2001.12	单县杨楼乡
李　宇	普工	男	1981.11.13	—	2001.12	鄄城县左营乡
魏国良	普工	男	1979.01.15	1999.1	2001.12	郓城镇
刘方良	普工	男	1969.05.05	1992.1	2001.12	侯集镇
刘洪全	普工	男	1975.05.20	1996.1	2001.12	随官屯镇
邵衍立	普工	男	1978.01.17	1998.1	2001.12	三屯
李多前	普工	男	1972.05.05	1993.1	2002.12	侯集乡
赵东梅	管理员	女	1979.02.23	—	2003.08	双桥乡
王喜莲	管理员	女	1974.05.20	—	2004.12	随官屯镇
仝留军	普工	男	1977.11.21	1998.1	2005.12	潘渡镇
樊志杰	普工	男	1977.06.06	—	2006.06	玉皇庙镇
梁　星	普工	男	1989.07.10	—	2006.07	双桥乡
王义党	普工	男	1972.06.10	—	2006.08	随官屯镇

续表

姓名	职务或职称	性别	出生年月	入党时间	调入时间	籍贯
田　琳	管理员	女	1985.07.02	—	2006.11	李集乡
陈　冰	普工	女	1976.01.02	—	2007.04	郓城镇
梁秀菊	管理员	女	1984.05.05	—	2007.11	双桥乡
任仰方	管理员	男	1988.10.06	—	2008.12	程屯镇

第二节　内设机构及直属单位

第一目　内设机构

1950 年 9 月　县总工会成立之初，设主席 1 人，干事 1 人，会计 1 人。

1984 年　郓城县总工会设办公室、宣教部、生产生活部、组织部、女工生活部、财务部。

1997 年 9 月　郓城县总工会将宣教部、生产部、组织部、女工生活部合并为综合部，设办公室、综合部、财务部。

2003 年　设特困职工帮扶中心，2005 年改称困难职工服务中心。

2016 年　郓城县总工会设生产部、组织部、女工部、宣教部、财务部、办公室、职工服务中心。

第二目　直属单位

工人文化宫　县总工会成立初期，人员少，无直属单位。1952 年办起职工业余学校，1955 年建立职工俱乐部，袁培才任俱乐部主任。1973 年工会恢复后再次设立职工俱乐部和职工学校，樊兆三任主任，1984 年 10 月县总工会职工学校列入编制，1986 年上级批准成立“郓城县工人文化宫”，樊兆三任主任。1995 年，田学冉任主任。1997 年 8 月 21 日，李风山任主任。1999 年，张运普任主任。2003 年，季明勇任主任。2005 年，孙文杰任主任。工人文化宫编制类型为事业类，经费形式为全额拨款类，主管部门为郓城县总工会，属县总工会下属事业单位。

第三节 基层工会组织

县总工会下设党政机关、企事业单位工会，行业规模较大的产业系统，设系统工会。

1950年9月　郓城县总工会筹备委员会成立时，仅有搬运、建筑、教育三个基层工会。后陆续建立有邮电局、酒厂、恒大烟厂、火柴厂、人民银行、县供销合作社、建筑公司、县医院、新华书店、粮食局、植物油厂、教育、铁工厂、百货公司等基层工会。1956年发展到46个。1958年9月，基层产业工会被撤销。1959年10月，基层工会组织又分批建立。截至1960年底，仅交通、基建、财贸、文教系统就新建工会组织56个。1963年全县建立基层工会76个。1973年恢复工会后，发展基层工会176个，共有会员11560人，建立商业、供销、教育等14个局（系统）工会，每个局（系统）工会设专职工会主任1至2人。

1976年　全国总工会九大召开，整顿工会组织，重新登记会员，全县基层工会组织逐步得到整建。到1986年，全县建立32个系统工会，130个基层工会，共有基层工会组织228个。1989年县政府机关、乡镇企业局、广播局、税务局、中医院、劳动技校等6个单位新建了工会组织。

1996年9月　召开全县新建企业建立工会组织动员大会。至1997年，共建立合资、外资企业工会8家，乡镇企业13家，打破县总工会完全由机关、事业、国有和集体企业组成的格局。

1999年6月　召开乡镇组建工会工作动员会。年底，全县38个乡镇建立起乡镇工会工作委员会。2001年，21个乡镇工会联合会成立，覆盖25人以下的小型私营企业448家，建立外商投资企业工会8个，私营企业工会37个，乡镇企业工会2个，事业单位工会组织3个，公、检、法工会也全部建立。

2003—2005年　共建立民营企业工会组织155家。2005年，全县共有工会基层组织421个。

2017年　新建产业工会3家。覆盖教育、卫生、外贸企业领域。至此，共建立乡镇（街区）总工会23个，机关事业工会206个，产业工会3个，各级工会组织共有1503个。

郓城县总工会及工会所属组织情况表（1987年统计）

总工会																														
									组织部		宣教部		生产生活部		女工部		财务部		办公室		俱乐部		职工学校							
工业系统工会	二轻系统工会	商业系统工会	县社系统工会	粮食系统工会	教育系统工会	物资系统工会	林业系统工会	卫生系统工会	文化系统工会	城建系统工会	农业系统工会	交通系统工会	农机系统工会	外贸系统工会	邮电系统工会	烟草系统工会	供电系统工会	农业银行工会	工商银行工会	建设银行工会	药材公司工会	石油公司工会	黄河段工会	铁路站工会	公路站工会	水利局工会	县政府招待所工会	新华书店工会	工商局工会	保险公司工会

工业系统工会												二轻系统工会						商业系统工会						
工业公司机关工会	县酒厂工会	县标准件工会	县搪瓷厂工会	县农机厂工会	县化肥厂工会	县拖拉机厂工会	县灯泡厂工会	县针织厂工会	县玻璃厂工会	县印刷厂工会	县化机厂工会	家具厂工会	美术厂工会	服装厂工会	塑料厂工会	五金厂工会	二轻公司机关工会	百货公司工会	五金公司工会	食品公司工会	饮食服务公司工会	副食品公司工会	副食品加工工厂工会	局机关工会

县供销合作社系统（一）

- 贸易公司工会
- 棉花加工六厂工会
- 棉花加工五厂工会
- 棉花加工四厂工会
- 棉花加工三厂工会
- 棉花加工二厂工会
- 棉花加工一厂工会
- 棉麻公司工会
- 土产公司工会
- 生产公司工会
- 玉皇庙供销社工会
- 水堡供销社工会
- 黄堆集供销社工会
- 张集供销社工会
- 李集供销社工会
- 侯集供销社工会
- 潘渡供销社工会
- 程屯供销社工会
- 常庄供销社工会
- 杨庄集供销社工会
- 张营供销社工会
- 黄集供销社工会
- 丁长供销社工会
- 随官屯供销社工会
- 郭屯供销社工会
- 赵楼供销社工会
- 唐庙供销社工会
- 武安供销社工会
- 黄安供销社工会
- 陈坡供销社工会
- 城关供销社工会

县供销合作社系统（二）

- 局机关工会
- 侯集粮所工会
- 八里庄粮所工会
- 玉皇庙粮所工会
- 水堡粮所工会
- 刘口粮所工会
- 张集粮所工会
- 李集粮所工会
- 黄集粮所工会
- 梳洗楼粮所工会
- 潘渡粮所工会
- 程屯粮所工会
- 常庄粮所工会
- 杨庄集粮所工会
- 丁庙粮所工会
- 张营粮所工会
- 黄堆集粮所工会
- 随官屯粮所工会
- 丁长粮所工会
- 郭屯粮所工会
- 赵楼粮所工会
- 唐庙粮所工会
- 双桥粮所工会
- 武安粮所工会
- 黄安粮所工会
- 陈坡粮所工会
- 郭庄粮所工会
- 城关粮所工会
- 县综合加工工会
- 县之术粮库工会
- 县面粉厂工会
- 县擒出油厂工会
- 县饲料厂工会

其他系统所属组织情况表

系统	所属组织
城建系统	建筑公司工会
	自来水公司工会
林业系统	何庄林场工会
	苗圃公司工会
	局机关工会
交通系统	运输公司工会
	航运公司工会
	局机关工会
农业系统	局机关工会
	侯集农场工会
农机系统	农机公司工会
	公司机关工会
粮局系统	面粉厂
	植物油厂
	直属粮库
文化系统	电影公司工会
	文化馆工会
	图书馆工会
	影剧院工会
物资系统	燃料公司工会
	木材公司工会
	金属机电工会
	建化公司工会
	局机关工会

卫生系统
清卫所工会
防疫站工会
县医院工会
城关医院工会
武安医院工会
黄安医院工会
程屯医院工会
黄堆集医院工会
陈坡医院工会
黄集医院工会
玉皇庙医院工会
张集医院工会
潘渡医院工会
侯集医院工会
李集医院工会
赵楼医院工会
郭屯医院工会
丁长医院工会
张营医院工会
杨庄集医院工会

教育系统（一）
郭庄中心校工会
陈坡中心校工会
城关中心校工会
蒋庙中心校工会
丁庙中心校工会
八里庄中心校工会
双桥中心校工会
武安中心校工会
五界首中心校工会
黄安中心校工会
徐垓中心校工会
唐庙中心校工会
三屯中心校工会
郭屯中心校工会
赵楼中心校工会
汉石桥中心校工会
随官屯中心校工会
丁长中心校工会
张营中心校工会
黄堆集中心校工会

教育系统（二）
大人中心校工会
杨庄集中心校工会
程屯中心校工会
王庄中心校工会
常庄中心校工会
肖皮口中心校工会
潘渡中心校工会
侯集中心校工会
黄集中心校工会
韦庄中心校工会
李集中心校工会
梳洗楼中心校工会
苏阁中心校工会
大坛中心校工会
玉皇庙中心校工会
张集中心校工会
刘口中心校工会
水堡中心校工会
郓城一中工会
郓城二中工会

教育系统（三）
郓城三中工会
郓城四中工会
郓城五中工会
郓城六中工会
郓城七中工会
郓城农一中工会
郓城农二中工会
郓城师范工会
郓城进修学校工会
郓城实验中学工会
陈长中学工会
郭屯中学工会
赵楼中学工会
黄堆集中学工会
程屯中学工会
黄集中学工会
李集中学工会
陈坡中学工会
侯集中学工会
局教研室工会

教育系统（四）
城关镇中学工会
丁庙中学工会
武安中学工会
三屯中学工会
丁长中学工会
随官屯中学工会
汉石桥中学工会
张营中学工会
大人中学工会
肖皮口中学工会
常庄中学工会
王井中学工会
潘渡中学工会
大坛中学工会
梳洗楼中学工会
苏阁中学工会
韦庄中学工会
张营中学工会
玉皇庙中学工会
郭庄中学工会

基层工会负责人

（一）县直机关及各系统工会负责人

一、郓城县委办公室工会

单位	主席及任职时间		副主席	经审委主任	女工部主任	委员
县委办公室工会	高新宪	2017 年 9 月		任仰勇	张玉荣	

二、郓城县人民政府办公室工会

单位	主席及任职时间		副主席	经审委主任	女工部主任	委员
县政府办公室工会	李雪峰	2017 年 6 月	董贯迎	李修更	王　黎	

三、郓城县纪律检查委员会

单位	主席及任职时间		副主席	经审委主任	女工部主任	委员
县纪律检查委员会	徐淑告	2016 年 8 月	张现兴	蒋守鑫	端木爱芝	

四、郓城县总工会机关工会

单位	主席及任职时间		副主席	经审委主任	女工部主任	委员
总工会机关工会	梁素云	2016 年 3 月	孙文杰	李镇	孙　磊	陈军荣、杜保建、张雨芹

五、郓城县人民法院工会

单位	主席及任职时间		副主席	委员
人民法院	张纯华	1998 年 10 月		

六、郓城县检察院工会

单位	主席及任职时间		副主席	委员
检察院工会	张杏花（女）	1998 年 4 月—2008 年 4 月		

七、郓城县发展改革局工会

单位	主席及任职时间		副主席	委员
发展改革局	杜清林	2002 年 8 月—2009 年 5 月		

八、郓城县科学技术局工会

单位	主席及任职时间		副主席	委员
科学技术局工会	徐龙民	2002 年 8 月—2005 年 6 月		

九、郓城县招商局工会

单位	主席及任职时间		副主席	委员
招商局工会	李兴民	2002 年 9 月		

十、郓城县房产局工会

单位	主席及任职时间		副主席	委员
房产局工会	吕福奎	2002 年 9 月		

十一、郓城县质量技术监督局

单位	主席及任职时间		副主席	委员
质量技术监督局	李若河	2001 年 11 月离职		

十二、郓城县商务局工会

单位	主席及任职时间		副主席	委员
商务局工会	李向东	2016. 09 至今	李　贞	徐丹、申博丹

十三、郓城县残联人联合会工会

单位	主席及任职时间		副主席	委员
残联人联合会工会	高　帅	2017. 05 至今	管丽媛	

十四、郓城县机构编制委员会办公室工会

单位	主席及任职时间		副主席	委员
机构编制委员会办公室工会	房俊岭	2018. 02 至今		

十五、卫生系统基层工会人员

1. 郓城县卫生局工会

单位	主席及任职时间		副主席	委员
卫生局	李钊彤	1983 年 10 月—1984 年 9 月		
	何桂英	1984 年 9 月—1987 年 9 月		
	王化陆	1987 年 9 月—1992 年 7 月		
	孟瑞兰	1992 年 7 月—1998 年 5 月		
	王好礼	1998 年 5 月—2002 年 9 月		
	孙自文	2002 年 9 月—2005 年 10 月		
	陈英军	2005 年 10 月—2016 年 10 月		
	王兆喜	2016 年至今	李玉超	倪效思、童秀甜

2. 卫生系统基层工会

单位	主席	任职时间
郓城县医院	冉令君	1953 年
	谢兴浪	1954 年
	朱凤忠	1975 年 5 月—1981 年 6 月
	郭恩正	1981 年 8 月—1985 年 4 月
	潘明珍	1985 年 6 月—2003 年 7 月
	杨玉增	2008 年 5 月—2012 年 6 月
	石宪华	2014 年 8 月至今
中医院	刘先亭	1992 年—1993 年
	颜景文	2000 年 7 月离职
	徐龙杰	2001 年 3 月至今
城关医院	张翠珍	1979 年—1982 年
玉皇庙医院	刘锡德	1979 年—1982 年
陈坡医院	陈秀荣	1979 年—1982 年
黄安医院	张进义	1979 年—1982 年
武安医院	郭承绪	1979 年—1982 年
郭屯医院	于际允	1979 年—1982 年
赵楼医院	张传乾	1979 年—1982 年
丁里长医院	任崇玺	1979 年—1982 年
张营医院	王　萍	1979 年—1982 年
杨庄集医院	李存玉	1979 年—1982 年
程屯医院	张增言	1979 年—1982 年
黄堆集医院	高山彩	1979 年—1982 年
黄集医院	宋太惠	1979 年—1982 年
李集医院	刘登全	1979 年—1982 年
侯集医院	侯继东	1979 年—1982 年
张集医院	葛重功	1979 年—1982 年
潘渡医院	马近涛	1979 年—1982 年

续表

单位	主席	任职时间
县防疫站	勒兆栋	1979 年—1982 年
清卫站	黄玉诚	1979 年—1982 年

十六、教育系统基层工会

1. 郓城县教育局工会

单位	主席及任职时间		副主席	委员
教育局	宋宝三	1950 年—1953 年	颜承思	夏建祥
	李纪堂	1954 年—1959 年	魏海蜃	赵益忠、张锦亮、李训廷、刘怀芝、马亚农、李宗香、彭璇斋、宋宝三、王衍富、高静、颜承思、宋景运、李德朗、崔泽民、李华农
	季宪堂	1963 年—1966 年		
	赵自贤	1978 年 7 月—1983 年 1 月		
	曾庆凤	1983 年 1 月—1985 年 5 月		
	边兆银	1985 年 5 月—1988 年 3 月		
	曾庆凤	1988 年 3 月—1997 年 1 月		
	侯进军	1997 年 1 月—2005 年 5 月	王衍栋	
	王衍栋	2005 年 5 月—2013 年 10 月		
	刘继波	2013 年 10 月至今		

2. 教育局下属基层工会

单位	主席及任职时间		副主席
郓城县第一中学	张怀娥	1986 年 7 月—1995 年 11 月	
	刘丕荣	1995 年 11 月—2010 年 7 月	韩鲁英
	侯福昌	2013 年 8 月至今	韩鲁英
郓城县技师进修学校	侯峨尊	1984 年 7 月—1985 年 1 月	
	王斯玉	2001 年—2001 年 3 月	
郓城县技工学校	梁尔常	2015 年 7 月	

续表

单位	主席及任职时间		副主席
郓城县二中	王化黎	1984 年 7 月—1985 年 1 月	樊西贵
郓城三中	刘灵瑞	1984 年 7 月—1985 年 1 月	
	田秀燕（女）	2000 年	
郓城县四中	王西伦	1984 年 7 月—1985 年 1 月	
郓城县五中	赵保厚	1984 年 7 月—1985 年 1 月	王保祥、仝玉堂
	刁兆印	2000 年—2004 年 7 月	
郓城县六中	王体亭	1984 年 7 月—1985 年 1 月	
	郭齐服	2000 年 1 月	
郓城县七中	孙文忠	1984 年 7 月—1985 年 1 月	
郓城县第一农技中学	魏敬云	1984 年 7 月—1985 年 1 月	
郓城县第二农技中学	侯宪朝	1984 年 7 月—1985 年 1 月	曹务斌
郓城县程屯中学	刘向运	1984 年 7 月—1985 年 1 月	
郓城县十一中学	赵建勋	1984 年 7 月—1985 年 1 月	
李集中学	王兴军	1984 年 7 月—1985 年 1 月	
陈坡中学	张凤仙	1984 年 7 月—1985 年 1 月	
侯集中学	张思义	1984 年 7 月—1985 年 1 月	
陈长中学	智庆文	1984 年 7 月—1985 年 1 月	
黄堆集初级中学	董春元	1984 年 7 月—1985 年 1 月	
郭屯中学	任兰启	1984 年 7 月—1985 年 1 月	王光夫
黄集初级中学	秦瑞学	1984 年 7 月—1985 年 1 月	
蒋庙乡中心校	房殿勤	1984 年 7 月—1985 年 1 月	
丁庙乡中心校	王传江	1984 年 7 月—1985 年 1 月	曹维周
八里庄联中	刘沾贤	1984 年 7 月—1985 年 1 月	
双桥小学		1984 年 7 月—1985 年 1 月	侯希金

续表

单位	主席及任职时间		副主席
双桥乡中心校	葛文科	1984 年 7 月—1985 年 1 月	
	颜景芳	1992 年—1993 年	
	祝嗣国	2006 年 12 月	
郭庄乡中心校	赵念山	1984 年 7 月—1985 年 1 月	
陈坡乡中心校	王昌林	1984 年 7 月—1985 年 1 月	杨秀峰
	侯占兴	2006 年 12 月	
刘口乡中心校	王全德	1984 年 7 月—1985 年 1 月	
水堡乡中心校	边祥会	1984 年 7 月—1985 年 1 月	杜廷彦
	刘遵溪	1992 年—1993 年	
	朱道任	2006 年 12 月	
玉皇庙镇中心校	马玉亭	1984 年 7 月—1985 年 1 月	
	苏本贵	2006 年 12 月	
黄安乡中心校	陈希廷	1984 年 7 月—1985 年 1 月	韩献忠
	仪登彦	2006 年 12 月	
唐庙乡中心校	宗光兴	1984 年 7 月—1985 年 1 月	
	徐龙启	2006 年 12 月	
武安镇中心校	张习益	1984 年 7 月—1985 年 1 月	房丹文
	郑茂增	2006 年 12 月	
五界乡中心校	丁文玉	1984 年 7 月—1985 年 1 月	管考易
南赵楼初级中学		1984 年 7 月—1985 年 1 月	郭兆宇
蒋庙乡鹅厂联中	赵清先	1984 年 7 月—1985 年 1 月	
三屯乡中心校	宋淑才	1984 年 7 月—1985 年 1 月	郭存喜
徐垓乡中心校	鲁义贤	1984 年 7 月—1985 年 1 月	周传兴
南赵楼乡中心校	王科吉	1984 年 7 月—1985 年 1 月	
	董清忠	2006 年 12 月	
黄堆集乡中心校	李吉尹	1984 年 7 月—1985 年 1 月	
	史长玲	2006 年 12 月	

续表

单位	主席及任职时间		副主席
随官屯乡中心校	刘甲寅	1984 年 7 月—1985 年 1 月	
	苏九增	2006 年 12 月	
丁里长中心校	王传义	1984 年 7 月—1985 年 1 月	
	季晓明	2006 年 12 月	
汉石桥乡中心校	任广仕	1984 年 7 月—1985 年 1 月	
郭屯镇中心校	唐为瑞	1984 年 7 月—1985 年 1 月	
	刘传民	2006 年 12 月	
杨庄集乡中心校	徐龙振	1984 年 7 月—1985 年 1 月	赵性间
	周庆生	2006 年 12 月	
大人乡中心校	陈庆迎	1984 年 7 月—1985 年 1 月	
	安守军	1992 年—1993 年	
张营乡中心校	张为信	1984 年 7 月—1985 年 1 月	闫成良
	吴复元	2006 年 12 月	
程屯镇中心校	李仰新	1984 年 7 月—1985 年 1 月	王际国
	师恩良	2006 年 12 月	
常庄乡中心校	王子明	1984 年 7 月—1985 年 1 月	崔绪宝
肖皮口乡中心校	曹务道	1984 年 7 月—1985 年 1 月	颜世启
潘渡乡中心校	巨建科	1984 年 7 月—1985 年 1 月	
	郭新建	2006 年 12 月	
王井乡中心校	樊汝锋	1984 年 7 月—1985 年 1 月	谭秀荣
伟庄中心校	李传山	1984 年 7 月—1985 年 1 月	
黄集乡中心校	王正贵	1984 年 7 月—1985 年 1 月	张万全
	任长青	1992 年—1993 年	
	张延祥	2006 年 12 月	
大潭乡中心校	陈学文	1984 年 7 月—1985 年 1 月	任长青
侯集镇中心校	杨广经	1984 年 7 月—1985 年 1 月	于谋杰
	倪崇鹏	2006 年 12 月	

续表

单位	主席及任职时间		副主席
张鲁集乡中心校	李修敦	1984 年 7 月—1985 年 1 月	郭学亮
	颜　睿	2006 年 12 月	
李集乡中心校	刘宪瑞	1984 年 7 月—1985 年 1 月	
	陈存文	2006 年 12 月	
梳洗楼乡联中	王慎习	1984 年 7 月—1985 年 1 月	
郓城镇中心校	刘瑞增	1984 年 7 月—1985 年 1 月	
	李贻广	2006 年 12 月	
郓城县实验中学	黄维昌	1989 年 10 月—1992 年 01 月	
	于天坤	1992 年 08 月—1996 年 08 月	
	杨华山	1997 年 08 月—2004 年 08 月	王新河

十七、粮食系统基层工会

1. 郓城县粮食局工会

单位	主席及任职时间		副主席	委员	备注
粮食局	郝正华	1953 年		祝桂丹、李于昌、赵思信、周瑞阳	
	祝桂丹	1955 年		王子强、蒋杰、赵思信、仲济增	1 个基层
	王子强	1956 年		朱本堂、朱赫、蒋杰、赵思敬	1 个基层
	侯宝山	1961—1962 年			3 个基层
	孙守庆	1963—1966 年			3 个基层
	吕明海	1973 年—1976 年		杨义仁、江玉现、江玉现、刘玉香、张金生、刘玉金、彭龙停、于启先、刁秀营、李遵仲	3 个基层
	李仍仲	1976 年—1986 年	王金峰	李善仲、张传文、于连生	3 个基层
	王道钦	1995 年—2002 年 7 月			

2. 粮食局下属基层工会

单位	主席及任职时间		副主席	委员
面粉厂	张贰钦	1958 年—1960 年		
	王思敬	1960 年—1964 年		
	王玉生	1964 年—1966 年		
	彭龙亭	1975 年—1978 年	王思周	王玉生、李德银、李迎春、郭齐佩
	马宪宝	1978 年—1982 年		
植物油厂	孙继常	1954 年—1955 年		
	李云杰	1955 年—1957 年		
	王玉生	1973 年—1976 年		
	王胜轩	1976 年—1979 年	刁秀营	岳希俊、王宗臣、张树坦、李登明、孙勇军
	侯峙芳	1979 年—1981 年		
	杜文祥	1981 年—1982 年		
	李乃仲	1992 年离职		
	王道钦	1992 年 3 月任职		
直属粮库	吴俊美	1973 年—1979 年		
	李传军	1981 年—1982 年		

十八、城建局系统基层工会

1. 郓城县城建局工会

单位	任职时间主席		副主席	委员
城建局	王慎香	1980 年—1982 年		赵先仲、郑自荣、于欣岑、王学岑
	李月英	1986 年—1993 年		
	颜世起	1993 年—1994 年		
	胡存景	2002 年 7 月离职		
	李存明	2002 年 8 月—2005 年 11 月		

2. 城建局下属基层工会

单位	主席及任职时间		副主席	委员
自来水公司	于欣岑	1980 年—1982 年		
	李秀兰	1992 年—2002 年		
	胡永生	2002 年—2006 年		
	李玉玺	2002 年—2012 年		
	郭　伟	2012 年至今		
建筑公司	张孟固	1952 年—1960 年		
	孙庆春	1961 年—1963 年		
	商玉岐	1970 年—1975 年	贾振业	李进峰、李兰金、曹洪建、张纪法、李风海
	张德义	1976 年—1980 年		
	曹宗玉	1980 年—1981 年		
	杜文祥	1981 年—1982 年		
	任师学	1984 年 12 月—2002 年 12 月		
	李慧丽	2003 年 1 月—2016 年 11 月		
	赵庆道	2016 年 12 月至今		程应全、董艳萍
城市建设综合开发公司	邢宝香	2000 年 4 月—2002 年 5 月		
	王洪涛	2000 年 6 月		
城市管理监察大队	王　涛	2002 年 6 月至今		曹景雷、陈钢银、屈德胜
环境卫生管理处	王海英	2016 年 3 月	陈好成	
园林绿化办公室	樊兆芳	1990 年 7 月—2017 年 6 月		
	王圣斌	2017 年 7 月至今	丁艳霞	

十九、农机系统基层工会

1. 郓城县农机局工会

单位	主席及任职时间		副主席	委员	备注
农机局	董秀英	1975 年	司延民	董维进、吴正元、张宗合	
	孔凡坤	1979 年—1982 年	樊本合	陈乃臣　苳秀英	3 个基层
	王玉莲	1995 年—1996 年 9 月			
	魏玉峰	2008 年 5 月至 2010 年 12 月			

2. 农机局下属基层工会

单位	主席及任职时间		委员	备注
拖拉机修配厂	司建民	1961 年—1966 年		
	董秀英	1976 年—1982 年		
农机公司	孙福来	1956 年—1959 年		
	樊自贞	1960 年—1961 年		
	谢玉山	1962 年—1975 年		
	谭如全	1976 年	陈乃纯、董秀英、司建民	
	陈乃纯	1976 年—1981 年		
	王德运	1982 年		
	董秀英	1984 年—1985 年		
农机管理公司	舒心力	1984 年—1985 年		

二十、物资系统基层工会

1. 郓城县物资局工会

单位	主席及任职时间		副主席	委员	备注
物资局	樊志杰	1963 年—1966 年	徐福运		1 个基层
	宗法贤	1975 年—1976 年	王奉民	杨利华、张殿珠、杨绪文、石汝平、郭继洪	1 个基层
	彭济银	1980 年	石汝平、樊兆春	王培广、刘传仁、朱效林、车承善	3 个基层
	刘秀云	1982 年		石汝平、樊兆春、宋汉民、车承善、王培广、朱效林	3 个基层
	晁岳山	1986 年—1990 年 6 月			
	刘性敏	1990 年 6 月—1995 年 5 月			
	李秀云	1995 年 5 月—2005 年 5 月			
	张自军	2005 年 7 月—2008 年 11 月			

2. 物资局下属基层工会

单位	主席及任职时间		副主席
综合公司	杨秀文	1976 年	
	朱效林	1979 年—1982 年	
	刘尊国	1984 年—1985 年	
燃料公司	崔代三	1960 年	
	张佃珠	1964 年	
	薛善同	1966 年	
	安洪纯	1976 年	
	王培广	1979 年—1982 年	
	祝仰和	1984 年—1985 年	张朝元
物资局车队	刘传仁	1978 年—1982 年	
物资管理公司	李　姿	1984 年—1985 年	朱教林
建化公司	梁衍本	1984 年—1985 年	

二十一、商业系统基层工会

1. 郓城县商业局工会

单位	主席及任职时间		副主席	委员	备注
商业局	宋庆振	1975 年	崔传性	孙然现　马玉兴　周专记　李翠平、魏天超	
	崔传性	1976 年—1979 年	魏天超		7 个基层
		1980 年	孙先厚	孙承田、王作平、陈庆余、王兆银	7 个基层
	赵都伦	1981 年—1982 年			7 个基层
	郭子环	1989 年 12 月—2002 年 7 月			

2. 商业局下属基层工会

单位	主席及任职时间		副主席	委员	工会组长
百货公司	侯学德	1975 年	高树民、张玉环（女）	王月娥（女）、任泗卿	王桂兰（女）、董洪延、王兰娥（女）
	王金仲	1976 年—1982 年		张汝山、芦学亮	樊如春、杨桂莲（女）陈翠华、吴福、候风魁
	秦松涛	1984 年	张玉环	许素英	

续表

单位	主席及任职时间		副主席	委员	工会组长
食品公司	边广忠	1976 年—1982 年			
	高立德	1984 年—1985 年	张爱民		
服务公司	魏天起	1976 年—1982 年		李长海、魏四才、卜庆科、吴劝芝、王学性、陈延周、杨桑亮、刘全才、袁世寅、袁明义	齐胜更、李会阁、殷佳宽、曹孔仁、刘然民、旅利华、赵秀英、张纯佳、李瑞军、孙敏
	陈道久	1984 年—1985 年	李正诗		
石油库	白玉卿	1975 年		孟庆学、伊福生、侣庆西、庄心连	李修记、张茂春、张拾泉
	段作贵	1976 年—1982 年	李正诗		
	张梅松	1984 年—1985 年	孙成云		
	郭广臣	1987 年—1992 年			
	刘贵忠	1996 年 6 月—1997 年 11 月			
	张梅松	1997 年 11 月—2001 年 8 月			
	朱德峰	2001 年 9 月—2005 年 3 月			
	赵本聚	2005 年 4 月任职			
五金公司	周长记	1975 年	王振钊	侯全震	樊兆卿、杨兆传
	孙凤兰	1976 年—1982 年			
	赵清鹏	1984 年—1985 年			
副食品公司	崔传记	1976 年—1982 年	王宪柱		
	王庆功	1984 年—1985 年	马文乾		

续表

单位	主席及任职时间		副主席	委员	工会组长
副食品加工厂	翟利堂	1975 年	刘延伸	吴兴昌、姚来付、候仰云（女）	常翠香（女）、王心现、谭遵连、许永法、仝灵心、张惠诚、陈传志、赵风成、徐淑秀、刘学振
	车业民	1976 年—1982 年			
药材公司	殷　贵	1975 年	彭存新	张文瑞、王秀文	王秀记、陈良彬、王秀芹（女）
	邹景玉	1992 年—1995 年			
	晁忠法	1995 年—1999 年 8 月			
	梁忠宪（兼）	1999 年 8 月—2000 年 3 月			
	史衍生	2000 年 3 月—2007 年 6 月			
烟草公司	孙就现	1975 年	武部山	陈道泗、王金坤、丁福庆、陈庆舍、李金巧	王维芹、李培玉、冉科芝、车业连、王金坤、丁书庆

二十二、县社系统基层工会

1. 郓城县供销社工会

单位	主席及任职时间		副主席	委员
供销社	杨　建	1952 年—1962 年	赵传光	金林村、孙继常、甄朝运
	孟兆海	1963 年—1966 年		刘守膜
	吴祥三	1974 年—1975 年	吴祥三	王福田、吴仁军、徐传亮、王爱平、曹文玄、谢玉山、王秀梅、张宗法
	王继俊	1976 年—1978 年		郑衍坤

续表

单位	主席及任职时间		副主席	委员
	罗玉节	1979 年	张家振	刘诚英、朝廷阁、侯自朴、田素魁、谢玉山
	郑振旅	1980 年 1 月—9 月	张家振	张洪增、付振堂、郭志周、张保全、
				赵进胜、刘景乾、黄凤淑
	肖作林	1980 年 10 月—1982 年		童申山
	韩凤芹	1989 年—1998 年		
	于际启	1998 年 12 月任职		

2. 县社下属基层工会

单位	主席及任职时间		副主席	委员	工会组长
黄集供销社	苗锡田	1975 年	胥清起	张安臣、张兰生、李学孔、牛良勤、李富起	
郭屯供销社	赵进胜	1975 年		沙玉杰、房殿兵	李成法、董成进、曹建华、王庆尚、屈胜知
玉皇庙供销社	杨　际	1975 年	祝允才	陈维荣、侯广成、丁玉法、曾庆合	张玉民、张乾贵、郭守道、陈维荣、陈金峰、黄入学、葛玉明、丁玉法
张集供销社	刘干浣	1975 年	孙化申	张道胜、张乃聚、苑秀民	荣庆芹、张进福、何万伦
杨庄集供销社	王爱平	1975 年	李松亮、田瑞卿	刘景芳、李延庆、张纯兵、赵洪文	张效成、张成党、孙从现、王成知
程屯供销社	耿风岭	1975 年		崔如敏、曾修高、徐书安、仝庆连	岳彩明、赵秀春、李晏靖
黄安供销社	苏衍生	1975 年	王继和	张洪增、申景奇	
陈坡供销社	袁文兰	1975 年	彭修玉、杨道波	樊瑞书、杨翠云（女）、王学坤、赵传亮、张富玉	马利寅、郭志刚、付秀葵、李兴勋、刘铭朝、刘钻进

续表

单位	主席及任职时间		副主席	委员	工会组长
丁长棉厂	韩效道	1975年	刘桂堂	侯广祥、屈东义、刘海岩、张为蕊	刘夫荣、李玉伸、郭玉宪、杨振荣、杨守君、赵超停
张营供销社	赵连进	1975年	王经社、程连登	李引月、张进学、孟庆贤、曹桂云	
丁里长供销社	李义明	1975年	李景贵、宋玉柱	李文成、李吉寅、张继臣、赵庆魁	赵之勇、张同喜、杨好善、刘丙政、陈敬西、尹善才、代登岗、黄桂明、田金生
李集供销社	仝兆玉	1975年	李文清	陈登九、仝玉民	樊玉茹（女）
赵楼供销社	赵乃石	1975年	姚来贵	张超伦	樊向争、赵叙芝
三屯供销社	武玉银	1975年	曹文云、宋继玄	彭涉平、王清文	
城关供销社	黄凤淑	1975年	杨延建	祝司敬、庞恒太、曾秀明、商超己、李庆车	
棉麻公司	刘林春	1975年	乔正恩	吴守礼、刘世明、孙守文	王继尧、夏兴龙、汤名义、吴衍法、刘于祥
土产公司	刘章乾	1975年	王秀梅（女）	刘丙良、樊兆家、赵进学	严爱菊、侯填海、郭爱莲、刘秀兰、黄啟胜、司品端
侯集供销社	王圣臣	1975年	张宗生	闫敬成、王继军、李纪堂	武秀娥、高玉堂
武安供销社	王斯讲	1975年	符振堂	户子玉、李维波、胡传益、李发啟、陈敬道、贾胜宝	郝学文、李守勉、屈保臣、陈秀灵（女）、王学卿、吴宪起、刘德起、侯希文、胡全益

二十三、林业系统基层工会

1. 郓城县林业局工会

单位	主席及任职时间		副主席	委员	备注
林业局	王勤忠	1976 年	田延令	朱道真	1 个基层
	王勤忠	1979 年	朱道真	樊书才、郭忠、周庆钦	1 个基层
	赵广玉	1981 年—1982 年	樊书才	郭忠、周庆钦、武绍英、关德录	1 个基层
		1984 年—1985 年	王景香		
	宋广运	1992 年 4 月—2006 年 2 月			

2. 林业局下属基层工会

单位	主席	任职时间
何庄林场	鲁保玉	1956 年
	李保安	1959 年
	张玉玺	1964 年
	魏方银	1971 年
	张长库	1980 年
	魏方银	1982 年
国营苗圃	樊新民	1984 年—1985 年

二十四、农业系统基层工会

1. 郓城县农业局工会

单位	主席及任职时间		副主席	委员	备注
农业局	李　信	1956 年	尹贻训	樊兆才	1 个基层
	白富田	1964 年—1966 年		付瑞峰、王继豪、张忠诚、炉明江	1 个基层
	赵传修	1974 年—1976 年	孟庆西、宋法成	白福田、朝廷顺、田景秀、李化峰	1 个基层
	刘汝助	1979 年 12 月 1 日—1981 年	孟庆西、宋法成	白福田、朝廷顺、田景秀、黄洪荣、姜英	1 个基层
	李谨墨	1982 年 12 月	孟庆西、宋法成	白福田、朝廷顺、田景秀、姜英	1 个基层

续表

单位	主席及任职时间		副主席	委员	备注
	白凤存	1987年11月—1992年3月			
	仪桂兰	1993年12月—2002年7月			

2. 农业局下属基层工会

单位	主席	任职时间
侯集农场	任重升	1956年
	李化峰	1964年—1973年
	唐继云	1974年—1982年

二十五、交通系统基层工会

1. 郓城县交通局工会

单位	主席及任职时间		副主席	委员
交通局	刘守本	1975年		卢兆连、曹凤灵、史作舟
	吴传金	1976年	边孟存	
	孙广印	1980年	刁怀钦	吴传金、徐维跃、史作舟
	刁怀钦	1981年		何有振、唐风岑
	朱秋桂	1982年		
	马宪启	1992年—2002年6月		
	刘风祥	2002年8月—2009年5月	孔祥立	王斯启、马明星、王红梅、李印文、李书民

2. 交通局下属基层工会

单位	主席	任职时间	副主席	委员	备注
运输公司	吴传金	1976年8月—1982年			
	宋玉君	1984年—1985年	姚树勤		
县乡公路管理处	孙吉振	2000年4月	李松堂	殷清艾、许涛、孙为钦、刁秀柱	

二十六、工业系统工会

1. 郓城县工业局工会

单位	主席及任职时间		副主席	委员	备注
工业局	王庆祥	1975年	张友杰、司品德、杜清启	陈尚福、赵新云、李素云、黄清河、曹玉梅、王洪谦、董明业	
	张传友	1976年			10个基层
	樊合新	1981年—1982年	孙秀阁		12个基层
	王进元	1982年—1988年	孙秀阁		
	闫建军	1988年12月—1989年12月			
	郑茂臣	1989年12月—1992年3月			
	王德才	1992年4月—1994年11月			

2. 工业局下属工会

单位	主席及任职时间		副主席	委员	工会组长
棉织厂	黄洼河	1973年—1982年			
灯泡厂	王乃雨	1958年			
	马修金	1975年	杜思水、杜清起、曾修平	潘跃金、彭新民、徐茂春、明成保、季玲、梁而进	
	徐海秀	1976年—1982年			
搪瓷厂	候仰志	1975年	孙良才、陈延言	许剑峰、徐福亮、候仰钦、曹玉梅	梁乃彦、侯学涛、李样君、孔风顺
	李春珍	1977年			王淑霞（女）、杜淑敏（女）
	任洪木	1980年			
	朱玉昌	1982年			
	董承轩	1992年—1993年			
	王思玉	2001年—2006年			

续表

单位	主席及任职时间		副主席	委员	工会组长
农机厂	王其华	1975 年	赵新立、殷兴民	刘东元、周玉风、赵光金、侯芳林、王文江、卜繁荣	丁福田、高亚峰、程世存、樊西进、吕宗松
	曾庆兼	1980 年			
	董益祥	1982 年			
	高武进	1984 年			
化肥厂	樊合新	1975 年			
	董明业	1976 年—1982 年			
印刷厂	李广文	1960 年—1966 年			
	孔庆芝	1975 年	王慎康	边道会、薛玉石、陈秀芩	王思玉、王帮学、刘桂兵、葛健党
	赵　玺	1976 年—1982 年			
	吕继玺	1982 年—1992 年			
化机厂	季宪堂	1974 年			
	王自忠	1975 年—1977 年	曹继芳、王洪谦、季宪堂	马心海、姜文昌、张守菊（女）	
	李守忠	1982 年			
拖拉机配件厂	丁自敏	1963 年			
	张影玉	1973 年			
	司昌德	1975 年	肖才昌、侯宪刚	苑邦勇、丁自敏、姜云智、褚衍秀、王显聚	赵作端、王守印、李体新、宋翠英、石道利、王提柱、曹如先、王吉柱、孙学文、侯英林王丰洪、桥洪礼、李洪年、陈元一、侯言玉
	樊祥代	1979 年			
	管圣乾	1981 年			
	郭怀芝	1982 年			

续表

单位	主席及任职时间		副主席	委员	工会组长
标准件厂	温玉珠	1975 年		杨秀玲（女）、刘兴海、杜家魁、冯兆西、董鸿亮	
	王志灵	1976 年			
玻璃厂	曹京诗	1975 年	刘贵祥	王志英、王尽生、刘贞明	
	郭广山	1977 年—1982 年			
酒厂	张宗善	1953 年—1958 年			
	张迎风	1960 年—1963 年			
	魏兆林	1963 年—1966 年			
	孙文杰	1973 年—1975 年			
	程兆巨	1975 年—1982 年			
	杨　耀	1992 年—1993 年			
	刘　爱	2001 年—2006 年 9 月			
化肥厂	樊合新	1975 年	董明业、褚贤友	智秀芹（女）、曹安修、马进程、杨其理、褚新同、胡允昌、刘华德、陈存善	祝仰印、高玉山、陈乃平、姜孔德、于建臣、刘云台、李传放、王胜龙、崔保刃、江庆福、于文现、高景武、董洪照、闫效言、赵修起、李安民、刘丙药、程知宪、闫纪锁、赵言昌、刘学芝
	李传武	1982 年			
针织厂	毕子明	1975 年	王秀荷（女）	杨良丰、刘兵成、孙学东、王兰芹	贺振堂、王兰芹、何汉品、黄玉真、樊桂兰、候宪恩、孙学东、郭薇

续表

单位	主席及任职时间		副主席	委员	工会组长
农具厂	魏仔启	1975 年	郁宝启	孙景运、周传海、孙兜泉、白顺店、赵全民	张兆中、朱宪君、刘宪修、王同思、候仰秀

二十七、二轻系统工会

1. 郓城县二轻局工会

单位	主席及任职时间		副主席	委员	备注
二轻局	王玉英	1982 年			5 个基层
	李进峰	1986 年			
	商庆民	1989 年—2002 年			

2. 二轻局下属工会

单位	主席及任职时间		副主席	委员
服装厂	刘天举	1974 年	王学良	李秀云、杨贵芹、田桂芹
	赵美兰	1978 年		
五金厂	郑庆谭	1972 年		
	郑士运	1979 年		
	徐淑兰	1981 年		
	陈世运	1982 年		
家具厂	魏第礼	1971 年—1982 年		
美术厂	徐淑兰	1979 年		
	程秋菊	1982 年		
塑料厂	宋尔才	1966 年		
	毛丕俊	1975 年	李三喜	李若贤、曹瑞芹、张贻坤
	李明银	1976 年		
	仲伟力	1979 年—1982 年		
	袁学民	1992 年—1993 年		
煤建公司	张殿珠	1975 年	薛传从	孙承田、张翠秋

二十八、银行系统工会

单位	主席及任职时间		副主席	委员	备注
人民银行	孙厚德	1952年—1956年			5个基层
	罗瑞轩	1956年—1960年			
	郑福祥	1964年			
	曹福常	1976年—1979年	吴慎亭、段作泮、朱绍昌	魏继绍、姜秀兰、朱继奎、侯景连、李同岭	
	曹福常	1980年—1981年	段作泮	朱绍昌、姜秀兰、侯景连	
	王圣民	1982年	范淑君	周长江、段作泮、朱绍昌、侯景连、李同领	
	朱绍昌	1984年—1985年			
	朱道举	1994年12月—1998年8月			
农行	吴春海	1980年—1982年		马敬连、仝汉全、付艳灵、吴明信、仁兰松、祝仰卿	
	侣庆法	1993年离职			
	颜洪民	1996年1月—1997年4月			
	王现喜	1999年1月—2000年1月			
	吕宗椿	2000年1月—2005年1月			
	孙　彦	2005年1月—2011年12月			
	王胜依	2012年2月—2016年12月			
	符长宏	2016年12月		樊兆兰	

续表

单位	主席及任职时间		副主席	委员	备注
建设银行	刘遵宪	1990 年 11 月—2006 年 2 月			
	范春晓（兼）	2006 年 2 月—2010 年 12 月			
	申光伟（兼）	2010 年 12 月任职			
商业银行	朱绍昌	1987 年—1994 年 7 月			
工商银行	胡晓舟	2000 年任职			

二十九、邮电系统工会

单位	主席及任职时间		副主席	委员	小组长	备注
邮电局	王广善	1950 年—1951 年				
	王文卿	1951 年—1956 年		姚玉科、柳廷训、杜士英		
	赵玉秀	1957 年—1959 年	姚玉科	柳廷训、库仲途、代维录、苏伯山、晁瑞先		
	姚玉科	1959 年—1965 年		柳廷训、库仲途、代维录、苏伯山、晁瑞先、王凤荣		
	王邦生	1966 年（文革停止活动）		崔保奎、于翠玲、高善荣、吴申荣、李传学、吴福俊		文革停止活动
	张德先	1975 年	王邦生	李传学、崔保科、陈孝远、库仲途、张纯英、智庆其	王凤祥、曾宪云、乔英、李清秀、王崇、张西三、陈保安、晁瑞先、智庆其	

续表

单位	主席及任职时间		副主席	委员	小组长	备注
	孟祥忠	1976 年—1981 年	苑兆亮、王邦生	崔保奎、于翠玲、刘桂荣、陈效远、张纯英、李传学、仝义臣、张洪珍	王海冰、张保银、赵汉宽、王尔存、李梦运、孙义存	局长兼职
	程世义	1981 年—1982 年	苑兆亮	刘言实、陈效远、孙义存、仝义臣、吴申荣		局长兼职
	王常轩	1992 年—1995 年 3 月				
	付帮存	1995 年 3 月—1998 年 9 月				
	刘天舒	2008 年 3 月离职				
	张传民	2008 年 3 月—2009 年 1 月				
	姚　红	2009 年 1 月—2009 年 3 月				
	王海坤	2009 年 3 月—2010 年 4 月				
	杨洪波	2010 年 4 月至今				
邮政银行	李东军	2017 年 8 月		李爱军	王海红	

三十、外贸系统工会

单位	主席及任职时间		副主席	委员	工会组长	备注
外贸局	王继顺	1975 年	吴延华、朱永勤	窦继山、薛纪勤、李广云、李继文		5 个基层
	吴延华	1976 年—1978 年	朱永勤、和中杰	薛继勤、李广云	刘传忠、王秀荣、杨延想、李继文、郁治田、吴申彪	
	王继顺	1978 年—1979 年	周长运	米荣芹、屈胜月、李继文、黄贵三、孙志勇、和中杰		
	杜广义	1981 年—1982 年	屈胜月	赵秀云、曹琳、赵之坤、林英俊、章思军		
	张秀婷	1990 年 4 月—1995 年 1 月				

三十一、供电局工会

单位	主席及任职时间		副主席	委员	备注
供电局	李继祥	1961 年—1966 年	孙德亮		5 个基层
	李金印	1976 年	孙言甫、崔师曾		
	杨赵真	1977 年—1982 年	韩廷柏、李金币	曾光、孙德亮、孙言朴、马爱莲、熊胜宝	
	李春珍	1989 年 6 月—1994 年 11 月			
	王念广	1997 年 1 月—2000 年 3 月			
	石殿武	2000 年 3 月—2002 年 3 月			
	王　宏	2002 年 3 月—2006 年 12 月			
	谢　允	2009 年 5 月—2011 年 12 月			
	杨少华	2011 年 12 月			

三十二、新华书店工会

单位	主席及任职时间		副主席	委员	备注
新华书店	刘善聚	1954 年—1960 年		汤承瑞、崔兆言	
	汤承瑞	1961 年—1965 年		宋文合、孙良才	
	张友敬	1974 年—1982 年	王学纪	吴庆德、许凤云、李传玉	
	许永岭	1984 年—1985 年			
	常福山（兼）	1995 年 10 月—2003 年 11 月			
	雷　军	2003 年 11 月任职			

三十三、政府招待所工会

单位	主席及任职时间		副主席	委员	备注
政府招待所	何厚聚	1980 年—1981 年		李乃存、郭圣恩	
	尹贻训	1981 年—1982 年		李乃存、郭圣恩	

三十四、郓城县黄河段工会

单位	主席	任职时间	副主席	委员
黄河段	李培新	1976 年	梁文林	
	邵宗民	1985 年 12 月—1997 年 5 月		
	侯宪卿	1997 年 5 月—2006 年 5 月		
	龚西城	2006 年 5 月—2008 年 4 月		
	王修果	2009 年 8 月至今		

三十五、水建公司工会

单位	主席及任职时间		副主席	委员	备注
水建公司	王沛钰	1976 年	王在展、周传凤		

三十六、中国人民保险公司郓城支公司工会

单位	主席及任职时间		副主席	委员	备注
中国人民保险公司郓城支公司工会	蒋洪涛	1992 年			

三十七、公路局工会

单位	主席及任职时间	
公路局工会	孔运松	1987 年—1990 年 1 月
	赵　明	1990 年 1 月—4 月
	张殿銮	2001 年 1 月离职
	曾广香	2001 年 1 月—2002 年 6 月
	赵　英	2002 年 6 月—2004 年 1 月
	蔺广民	2004 年 1 月—2005 年 1 月
	陈庆江	2005 年 1 月任职

三十八、郓城县经济委员会工会

单位	主席及任职时间		副主席	委员
经济委员会	杨其礼	1997 年 1 月—1999 年 8 月		
	赵　明	1990 年 1 月—4 月		
经信局	崔　炜	2006 年 4 月—2018 年 2 月		

三十九、郓城县计划生育委员会

单位	主席及任职时间		副主席	委员
计划生育委员会	于恒谦	1997 年 1 月—2 月		
	袁良西	1997 年 2 月—2005 年 4 月		
	鹿兰全	2006 年 3 月—2009 年 6 月		

四十、郓城县电影公司

单位	主席及任职时间		副主席	委员
电影公司	王立京（兼）	1995 年—1998 年 8 月		
	袁良洗	1997 年 2 月任职		

四十一、郓城县司法局工会

单位	任职时间	主席	副主席	委员
司法局	2006 年 3 月	肖作凯		

四十二、郓城县民政局

单位	主席及任职时间		副主席	委员
民政局	江玉民	1992 年 3 月—1997 年 6 月		
	岑　明	1997 年 6 月—2002 年 9 月		
	刘学启	2002 年 9 月		

四十三、郓城县劳动局工会

单位	主席及任职时间		副主席	委员
劳动局	祝玉潺	1992 年 4 月—1998 年 4 月		
	陈福聚	1998 年 4 月—2002 年 7 月		
	孟凡军	2002 年 9 月—2010 年 5 月		

四十四、郓城县水务局

单位	主席及任职时间		副主席	委员
水务局	仝桂力	1992 年 4 月—1997 年 1 月		
	刁怀敬	1998 年 4 月—2010 年 11 月		

四十五、郓城县税务局工会

单位	主席及任职时间		副主席	委员
税务局	谭桂华	1988 年 10 月—1990 年 6 月		
	李省勋	1992 年 4 月—1994 年 8 月		
地税局	王英伟	1995 年 6 月—2002 年 10 月		
	刘洪明	2001 年 4 月		
国税局	陈承运	2015 年 8 月	梁保翠	李景新、尹静

四十六、郓城县文化局工会

单位	主席及任职时间		副主席	委员
文化局	张厚贤	1989 年 12 月—1990 年 6 月		
	张勤彦	1990 年 6 月—2005 年 6 月		

四十七、郓城县环境保护办公室工会

单位	主席及任职时间		副主席	委员
环保局	马传银	1993 年 12 月—1994 年 12 月		

四十八、郓城县郓城广播电视中心工会

单位	主席及任职时间		副主席	委员
广播电视中心	丁正保	1988 年 10 月—1992 年 4 月		
	李大健	1992 年 4 月—1996 年 5 月		
	孟宪华	1998 年 4 月—2002 年 7 月		

四十九、郓城县公安局工会

单位	主席及任职时间		副主席	委员
公安局	樊秀萍	1998 年 4 月—1998 年 11 月		
	刘之道	1998 年 11 月—2002 年 9 月		
	孙德贞	2002 年 9 月—2014 年 2 月		

五十、郓城县国土资源管理局工会

单位	主席及任职时间		副主席	委员
土管局	赵自生	1989 年 12 月—2017 年 3 月		
	王慧君	2017 年 3 月至今	肖海滨	

五十一、郓城县工商行政管理局工会

单位	主席及任职时间		副主席	委员
工商行政管理局	刘文秀	1995 年—1997 年 1 月		
	曹韵和	1997 年 1 月—2001 年 5 月		

五十二、郓城县审计局工会

单位	主席及任职时间		副主席	委员
审计局	吴秀玲	1997 年 1 月—2002 年 7 月		
	王忠宪	2002 年 7 月任职		

五十三、郓城县乡镇企业局工会

单位	主席及任职时间		副主席	委员
乡镇企业局	李好岱	1999 年 8 月任职		

五十四、郓城县畜牧局工会

单位	主席及任职时间		副主席	委员
畜牧局	樊玉茹	1990 年 7 月—1999 年 2 月		
	孟宪斌	1999 年 3 月至今		

五十五、山东鲁能菏泽煤电开发有限公司

单位	主席及任职时间		副主席	经审委主任	女工部主任	委员
山东鲁能菏泽煤电开发有限公司	隋吉守	2011 年 07 月—2016 年 1 月	徐学文	田庆祝	王茜	胡文柱、李迎鑫、郭成露、张永、郭书雷、刘会战
	李安平	2016 年 1 月至今	徐学文			

五十六、山东龙郓煤业有限公司工会

单位	主席及任职时间		副主席	经审委主任	女工部主任	委员
山东龙郓煤业有限公司	连月照	2012 年 10 月—2014 年 9 月	刘继顺			
	刘灿国	2014 年 9 月—2018 年 2 月	鲁　光、王洪善			

五十七、郓城农商银行工会

单位	主席及任职时间		副主席	经审委主任	女工部主任	委员
郓城农商银行	刘高恩	1996. 04—1997. 07				
	朱联宁	1997. 07—1999. 08				
	王先敏	1999. 08—2008. 09				
	时培行	2008. 09—2009. 12				
	黄福斌	2009. 12—2014. 12				
	李传良	2014. 12—2017. 08				
	韩修良	2017. 08 至今				

五十八、郓城师范

单位	主席及任职时间		副主席	委员
郓城师范	王典五	1953 年—1955 年		
	杨春雷	1955 年—1958 年		
	李燕纯	1958 年—?		
	张怀娥	1978 年—1984 年 7 月		
	王润灵	1985 年 9 月—1989 年 9 月	韩章启、任善守	宁登彦、高新民、杜学亭
	杨茂钦	1989 年 10 月—2000 年 5 月	韩章启、任善守	
	刘广同	1997 年 1 月—2000 年 5 月		
	韩章启	2000 年 6 月—2001 年 12 月	温凤波、李凤丽	徐淑云、孔凡金、魏心愿、赵圣存、谭目彦、苑仁昌
	姚元峰	2005 年		

（二）乡镇工会及所属非公企业工会负责人

一、经济开发区工会

单位	主席及任职时间		副主席	经审委主任	女工部主任	委员
经济开发区	陈　省	2012 年 12 月—2017 年 12 月	王春雷	马献诗	董兰阁	刘文栋、黄　娟、韩艳慧、王文杰、马献诗
	张全现	2018 年 1 月	王文杰	王文杰		周广宁、马献诗、刘灿黎、王永铭、孙长波、韩艳慧、张　舒

经济开发区下属企业工会

企业名称	工会主席及任职时间		副主席
山东神舟食品集团有限公司	李　冲	2009 年—2018 年	
	李　山	2018 年 3 月至今	肖雯婷
山东华灵集团有限公司	杨云峰	2009 年	
郓城县亿万汽车配件制造有限公司	刘爱江	2012 年	

续表

企业名称	工会主席及任职时间		副主席
郓城县东方化纤有限公司	刘振华	2009 年	刘敦国
郓城县诚信纺织有限公司	黄于波	2009 年	
山东晶玻集团有限公司	司建磊	2015 年	李　磊
山东圣隆纺织集团有限公司	焦玉喜	2009 年	袁良宏
郓城县富达纺织有限公司	刘凤霞	2012 年	李惠民
山东郓城华宝食品有限公司	仝西才	2015 年	张　进
山东郓城水浒酒业有限公司	杨富元	2012 年	
山东华亿达纺织有限公司	焦玉喜	2009 年	袁良宏
山东郓城兴达玻璃有限公司	马宪青	2017 年	何进振
绅联肠衣	刘建洋	2016 年 10 月—2017 年 9 月	
山东绅联生物科技有限公司	刘海华	2017 年 9 月	郭玉花

二、郓城镇工会

2001 年 2 月丁庙乡及蒋庙乡并入郓城镇。2010 年 5 月撤销郓城镇成立郓州街道和唐塔街道。

单位	主席及任职时间		副主席	经审委主任	女工部主任	委员
郓城镇	韩金涛	2000 年 12 月	朱道俭	朱道俭	吕燕珍	
丁庙乡	孟凡振	2000 年 12 月	蒋　丽	蒋　丽	蒋　丽	丁文夯、周广青、王先云
蒋庙乡	李景集	2000 年 12 月	张艳玲	张艳玲		晁忠云、陈福全、赵胜利

郓城镇工会下属企业

企业名称	工会主席及任职时间	
郓城县亨达地毯厂	张宪惠	2000 年 10 月
郓城县鲁华地毯厂	张建运	2000 年 10 月

续表

企业名称	工会主席及任职时间	
郓城县金河玻璃厂	卜凡荣	2000 年 10 月
郓城县五道街印彩厂	侯平安	2000 年 10 月
郓城县海洋裘皮厂	刘兴三	2000 年 10 月
郓城县五道街纺织厂	侯平安	2000 年 10 月
郓城县机械厂	马连柱	2000 年 10 月
郓城县第二建筑公司	李英祥	2000 年 10 月
郓城县习惯纱厂	刘瑞成	2000 年 10 月
郓城县第二搪瓷厂	董恩景	2000 年 10 月
西关胶合板厂	闫敬信	2000 年 10 月
三里庄雪龙冷食厂	杨现存	2000 年 10 月
西关水泥构件厂	刘瑞成	2000 年 10 月
陈路口预制件厂	曾广聚	2000 年 10 月
东关关预制厂	魏新华	2000 年 10 月
振华塑料厂	韩应召	2000 年 10 月
大地塑料厂	赵效银	2000 年 10 月
齐鲁塑料厂	毛明亭	2000 年 10 月
刁怀信织布厂	刁怀信	2000 年 10 月
华丰钢窗厂	王四青	2000 年 10 月
郓城县华联超市	刁中元	2006 年 5 月
郓城县嘉华购物	赵桂生	2011 年 4 月
郓城诚信医院	郭　斌	2016 年 11 月

三、郓州街道工会

单位	主席及任职时间		副主席	经审委主任	女工部主任	委员
郓州街道工会	张宗瑞	2015 年—2017 年	高保国	李景集	李雪爱	李景集、黄于波、李雪爱、宋　艳
	李　楠	2017 年至今	高保国	李景集	李雪爱	张九大、黄于波、李雪爱、杨彦彦

四、唐塔街道工会

单位	主席及任职时间		副主席	经审委主任	女工部主任	委员
唐塔街道	宋体利	1985 年—2001 年				
	徐长现	2001 年 10 月—2012 年 8 月				
	侯全磊	2012 年 9 月—2013 年 10 月				
	郑发奎	2013 年 11 月—2016 年 10 月	侯全磊	侯全磊	许爱军	邢亚洲、展湖滨、陈征
	吴复贵	2016 年 11 月至今	侯全磊	侯全磊	许爱军	刘媛、苏　亚

五、双桥镇工会

单位	主席及任职时间		副主席	经审委主任	女工部主任	委员
双桥镇	丁永华	1996 年 5 月—2012 年 4 月				
	李养涛	2012 年 5 月—2016 年 4 月	张家国	李衍诺	刘福芹	王体勇、杨　洁
	吕继钦	2016 年 5 月至今	张家国	张为功	潘楠楠	房灵敏、朱　伟、吕云宏、王体勇、段洪涛

双桥镇下属企业工会

企业名称	工会主席及任职时间	
郓城县宏泰石材装饰有限公司	樊志伟	2015 年 5 月

六、武安镇工会

单位	主席及任职时间		副主席	经审委主任	女工部主任	委员
武安镇	谭儒印	2000 年 12 月—2005 年 6 月	张修瑞	张修瑞		程江增、宋先镇、李传党、范自营、赵风玉
	张振声	2005 年 6 月—2016 年 12 月	郭良存	郭良存、范姗姗	李　红	刘永梅
	范　铭	2017 年 1 月至今	范姗姗	范姗姗	李　红	刘永梅、王先元、侯昌荣、魏　华

武安镇下属企业工会

企业名称	工会主席及任职时间	
郓城县琦泉生物发电有限公司	曹　烽	2017 年 4 月至今
郓城县科胜木业有限公司	刘洪涛	2017 年 7 月至今
郓城县宏远肠衣有限公司	阎爱党	2009 年 5 月至今
郓城县金衡纺织有限公司	侯言郎	2009 年 5 月至今
郓城县水浒木业有限公司	马少星	2005 年 5 月至今

七、黄安镇工会

单位	主席及任职时间		副主席	经审委主任	女工部主任	委员
黄安镇	钱爱增	2000 年	吕永章	郁彦民		吴仁义、张建
	杨文杰	2013 年	任海荣	张林渠	陈艳玲	张林渠、王善辉、田支林
	刁晓伟	2016 年	任海荣	任海荣	陈艳玲	张林渠、王善辉、田支林
	曹明新	2017 年	任海荣	展湖滨	陈艳玲	张林渠、王善辉、田支林

八、唐庙乡工会

单位	主席及任职时间		副主席	经审委主任	女工部主任	委员
唐庙镇	王体亮	2000 年 12 月	于　琦	于　琦		江怀成、马方立、赵法荣
	徐福友	2014 年—2016 年	赵静静	董清华	魏俊英	王海营、房建玮、刘兵
	孟令涛	2016 年 11 月至今	孔德波	董清华	黎　蕾	房建玮、刘兵、褚伟亚

九、郭屯镇工会

单位	主席及任职时间		副主席	经审委主任	女工部主任	委员
郭屯镇	张修井	2000 年 12 月	车录欣	车录欣		梅倩泉、贾广增
	李崇毓	2014 年 12 月—2016 年 12 月	樊金响	刘纪元	王月娥	李伯池
	韩要强	2017 年至今	樊金响	山君礼	杨玉芹	刘纪元、樊兆群、杨延磊、张素芹、田斐、王月娥、周江华、邵东静、程淑华

郭屯镇下属企业工会

企业名称	工会主席及任职时间	
利源纺织有限公司	张亚东	2015 年 1 月至今
开创制衣有限公司	张荣花	2015 年 1 月至今
奥星玻璃有限公司	杨守伦	2015 年 1 月至今
旺达纺织有限公司	刘殿珍	2015 年 1 月至今

十、南赵楼镇工会

单位	主席及任职时间		副主席	经审委主任	女工部主任	委员
南赵楼镇	高素娟	2006年12月—2008年7月				
	黄守江	2008年7月—2010年6月				
	陈进才	2013年4月—2017年12月	庞海鲁	武庆阳	侯伟玲	王善稳
	高浩轩	2017年12月至今	武庆阳	杨　静	张桂莲	王善稳、朱　圆、邓文娟、侯若慧

赵楼镇下属企业工会

企业名称	工会主席及任职时间	
正华玻璃科技有限公司	张玉宗	2017年6月

十一、随官屯镇工会

单位	主席及任职时间		副主席	经审委主任	女工部主任	委员
随官屯镇	刘　青	2000年12月—2004年	王启云	王启云		王明松、郑产如、刁怀振
	王启云	2004年—2007年3月				
	李　军	2007年3月—2012年7月				
	赵　远	2012年7月—2017年3月	王启云	郭建坤	陈　静	张忠义
	徐龙坡	2017年3月	王启云	刘洪宾	于艳玲	张忠义

随官屯镇下属企业工会

1. 随官屯镇棉花加工业联合会工会及下属企业工会

企业名称	工会主席及任职时间	
棉花加工业联合会工会	李汉友	2006年8月
伯仲棉业	李汉友	2006年5月
文明棉业	孙文明	2006年5月
代建遵棉业	代建彩	2006年5月
钱道山棉业	钱道山	2006年5月
利民棉业	代建亮	2006年5月

续表

企业名称	工会主席及任职时间	
姚庄棉业	姚会灿	2006 年 5 月
谭庄棉业	王奉华	2006 年 5 月
谭庄棉花加工厂	孙相军	2006 年 5 月

2. 随官屯镇贸易业联合工会及下属企业工会

企业名称	工会主席及任职时间	
随官屯镇贸易联合会工会	李传官	2006 年 9 月

3. 随官屯镇餐饮业联合工会及下属企业工会

企业名称	工会主席及任职时间	
随官屯镇餐饮业联合工会	李传才	2006 年 9 月
蓝天大酒店	李于军	2006 年 9 月
君如意饭店	谭明照	2006 年 9 月

4. 随官屯镇窑业联合工会及下属企业工会

企业名称	工会主席及任职时间	
随官屯镇窑业联合工会	王庆立	2006 年 7 月
随官屯镇窑厂	王庆立	2006 年 7 月
随官屯镇前街窑厂	王庆增	2006 年 7 月
随官屯镇谭庄窑厂	谭目合	2006 年 7 月
随官屯镇王庄窑厂	王福稳	2006 年 7 月
随官屯镇辛庄集窑厂	李乃豪	2006 年 7 月

十二、丁里长镇工会

单位	主席及任职时间		副主席	经审委主任	女工部主任	委员
丁里长镇	于法聚	2000 年 12 月—2003 年	王思运	任汝尊		赵思从、张修春、曾兆领、董亚中
	李玉增	2005 年—2013 年	任汝尊			宋贞勇、张建彬、李德新、张恩从、孟庆涛
	梁乃卿	2013 年—2015 年	张 杨			冯金波、范经元、李聪、杨爱松
	陈海森	2015 年—2016 年	李延印			冯金波、范经元、杨爱松、葛圣杰、王元元
	徐淑华	2016 年至今	葛圣杰	李延印	李 聪	杨爱松、王元元、丁旭、苑丁、孙志

丁里长镇下属企业工会

企业名称	工会主席及任职时间	
利民纺织	王金赏	2004 年至今
烟郓金属彩印	孟繁林	2005 年至今
龙达纺织	张成志	2005 年至今
华峰玻璃	李建党	2005 年至今
华杰玻璃	王兆富	2005 年至今
中大木业	马雪连	2005 年至今
环球板材	张习省	2005 年至今
正达玻璃	张庆刚	2005 至今
丁里长镇砖瓦厂	曾艳君	2005 年—2016 年
誉诚纺织	梁尔玉	2005 年至今
华强陶瓷	王启臣	2006 年—2014 年
华峰针织	孙万峰	2006 年至今
京九瓶盖	李义粉	2006 年至今
诚和印务	张恩雪	2006 年—2013 年
丁里长棉纺厂	李文立	2006 年—2010 年
金鹏包装	孙明相	2006 年至今
宏泰瓶盖	白林国	2006 年至今
酒类包装联合工会	张庆奇	2006 年至今
餐饮业联合工会	侯本华	2006 年至今
零售业联合工会	边晓年	2006 年至今
双龙电器	李先振	2006 年—2010 年
亿泰玻璃	刘承路	2008 年至今
奥烽玻璃	王书祥	2009 年至今
富强化纤	张　伟	2009 年至今
傅世纺织	李清韬	2010 年至今
华晨盖业	白林国	2010 年至今
天勤矿山机械	寻传林	2010 年至今

续表

企业名称	工会主席及任职时间	
正大包装材料	张庆国	2012 年至今
闵业肠衣	闫理龙	2012 年至今
金鹏玻璃	傅绍荡	2012 年至今
烟郓纺织	张　乐	2013 年至今
远大玻璃	邢素兵	2013 年至今
铭达模具厂	周生磊	2013 年至今
晶艺包装	王国春	2013 年至今
金海岸商贸	窦　飞	2014 年至今
鲁恒煤炭	陆仕诚	2014 年至今
宏源家具城	彭龙岩	2014 年至今
丰田塑料	张传旺	2014 年至今
水浒家具城	任贤君	2014 年至今
博瑞建材	王海文	2015 年至今
东奥包装	王青杰	2015 年至今
万达铝粉	王卫东	2015 年至今
鑫鑫建材	李　博	2015 年至今
毅晨包装	王　建	2015 年至今
恒信釉料制品有限公司	单衍鹏	2017 年至今
华东面业有限公司	张效征	2017 年至今
兴瑞玻璃有限公司	汤占涛	2017 年至今
六合食品有限公司	周　峰	2017 年至今

十三、张营镇工会

单位	主席及任职时间		副主席	经审委主任	女工部主任	委员
张营镇	李白元	2000 年 12 月—2001 年 2 月	谢全启	谢全启		王宪仁、刘爱广、
	李崇毓	2001 年 2 月—2012 年 11 月	杨玉秋			彭涛、张振安、杨艳华
	刘灿星	2012 年 12 月—2016 年 12 月	杨玉秋	侯全增	王西阁	彭涛、张振安、杨艳华
	张沛	2017 年 1 月至今	张纯金	张纯金	王文娟	王旭东、刘肖肖、张珊珊

张营镇下属企业工会

企业名称	工会主席	任期时间
振兴锻造厂	王宪仁	2005 年 06 月—2012 年 11 月
	赵端民	2012 年 12 月至今
长城塑料有限公司	李洪举	2005 年 06 月—2009 年 03 月
	高全华	2009 年 04 月至今
万隆纺织有限公司	徐龙强	2005 年 06 月至今
鸿雁纺织有限公司	吴端军	2005 年 06 月—2013 年 11 月
	崔师国	2013 年 12 月至今
大岭纺织厂	李传光	2005 年 06 月至今
金龙纺织有限责任公司	李连生	2005 年 06 月至今
润华布业公司	张春寒	2006 年 06 月至今
东方气泵厂	许亚池	2006 年 06 月至今
恒升纺织公司	刘殿魁	2006 年 06 月—2014 年 11 月
	曾继来	2014 年 12 月至今
晨龙纺织公司	周广银	2006 年 06 月至今
丰森木业公司	赵先伦	2006 年 06 月至今
天润丝绸有限公司	姬广金	2008 年 05 月至今
瑛利达纺织有限公司	王化温	2008 年 05 月至今

续表

企业名称	工会主席	任期时间
金信纺织有限责任公司	白凤西	2009 年 04 月至今
圣鹏纺织有限责任公司	刘　浩	2009 年 04 月—2014 年 11 月
	石奇军	2014 年 12 月至今
振兴织布有限公司	周　浩	2012 年 06 月至今
环通塑业有限公司	吴德宝	2012 年 06 月至今
长城无纺布有限公司	高全华	2012 年 06 月至今
昊泰煤业有限公司	宋明波	2013 年 06 月至今
保安织布厂	张友西	2013 年 06 月至今
东盛钢构彩瓦厂	陈玉先	2013 年 06 月至今
嘉耀煤业有限公司	于存举	2013 年 06 月至今
圣元环保电力有限公司	陈天乐	2014 年 11 月至今

十四、黄泥岗镇工会

单位	主席及任职时间		副主席	经审委主任	女工部主任	委员
黄泥岗镇	周英勇	2000 年 12 月—2002 年 9 月		任爱红		陈玉平、张桂兰
	刘先武	2002 年 10 月—2006 年 12 月				
	梁宝记	2006 年 12 月—2010 年 6 月	张郁冰			
	王　慧	2010 年 6 月—2011 年 12 月	张郁冰			
	李逢官	2011 年 12 月—2016 年 12 月	张郁冰	曹先明	任爱红	任爱红、曹先明、轩延武
	李遵仓	2016 年 12 月至今	张郁冰	曹先明	张郁冰	任爱红、轩延武、韩跃轩、李娟

十五、杨庄集镇工会

单位	主席及任职时间		副主席	经审委主任	女工部主任	委员
杨庄集镇	杨绪钦	2000年12月—2001年2月	杨凤鸣	杨凤鸣		刘宗贤、吴爱玲、董自善
	孔凡海	2001年2月—2005年12月	苑仁轩			
	闫理雪	2006年1月—2008年1月	苑仁轩			
	杨从春	2008年2月—2011年1月	郑庆存			
	梁海印	2011年12月—2014年12月	郑庆存	赵先伦	戴艳萍	李彦朝
	吴复贵	2015年1月—2016年12月	郑庆存	赵先伦	戴艳萍	
	颜丙青	2017年1月至今	郑庆存	赵先伦	戴艳萍	吴　蚺

十六、程屯镇工会

单位	主席及任职时间		副主席	经审委主任	女工部主任	委员
程屯镇	明尊博	1997年6月—2000年6月				王洪波、肖本法、陈金魁、何爱华
	樊兆伟	2000年6月—2006年12月				王洪波、肖本法、陈金魁、钱文斌
	王巧云	2006年12月—2011年12月				宋明江、王泗军、陈金魁、钱文斌
	冯兴云	2011年12月—2014年11月	刘胜利			魏显合、肖作喜、苑承新、高建军、钱文斌
	韩　敏	2014年12月—2016年11月	刘胜利	肖作喜	钱文彬	苑承新、马海东、高建军、陈庆航
	伊鸿飞	2016年12月至今	高国辉（2017年6月离职）、刘胜利	肖作喜	杨燕珍	苑承新、肖作喜、陈金魁、曹桂春、方国栋

程屯镇下属企业工会

企业名称	工会主席	任期时间
万顺食品有限公司	殷传香	2017 年 7 月至今
顺运纺织有限公司	辛士文	2017 年 7 月至今
英琦玻璃有限公司	崔节建	2015 年 11 月至今
四通纺织有限公司	王体省	2015 年 11 月至今

十七、潘渡镇工会

单位	主席及任职时间		副主席	经审委主任	女工部主任	委员
潘渡镇	刘丙存	2000 年 12 月	刘传玉	刘传玉		张洪金、刁望柱、薛传立
	王均佩	2014 年 12 月—2016 年 05 月	樊艳丽	田延强	樊艳丽	仝善忠、张欣、韩香平
	王广雷	2016 年 5 月—2017 年 2 月	樊艳丽	田延强	樊艳丽	仝善忠、王丽娜、韩香平
	高兴利	2017 年 2 月至今	刘传芹	田延强	辛文潮	孙淑娅、王鸿雁、卢相文、王丽娜、王　青

潘渡镇下属企业工会

企业名称	工会主席	任职时间
郓城县鸿丰纺织	冯昌盛	2007 年 4 月
鸿泰纺织	魏海军	2008 年 3 月
华丰面粉厂	张金玉	2010 年 4 月
永强纺织	方正强	2009 年 5 月
立发纺织	王　影	2003 年 4 月
郓泰木业	谭相平	2008 年 3 月
三羊食品	王桂云	2003 年 4 月
永全食品	王慎军	2008 年 5 月
金泰食品	谭尊才	2012 年 4 月
腾达食品	谭　洋	2012 年 4 月
双兴食品	谭同天	2007 年 5 月

续表

企业名称	工会主席	任职时间
新颖木业	谭相营	2010 年 5 月
博源食品	谭同华	2012 年 4 月
鑫隆食品	谭效华	2013 年 3 月
恒聚机械	刘保立	2012 年 4 月
欣诚布业	刘建成	2012 年 4 月
晨光纺织	仝继田	2009 年 4 月
华鹏玻璃	樊庆军	2010 年 3 月
德丰工贸	邵宪申	2008 年 3 月
金绿洲食品	张新德	2007 年 8 月
瑞华纺织	王文强	2006 年 4 月
超祥纺织	李存记	2007 年 6 月
福星纺织	刁望玺	2007 年 8 月
盛泉纺织	李存立	2012 年 7 月
祥泰纺织	王　磊	2010 年 3 月
东森纺织	徐德仓	2010 年 3 月
华银纺织	谭相儒	2010 年 3 月
金昌木业	张克春	2012 年 4 月
鲁雨木业	冯勋鲁	2012 年 4 月
富豪木业	冯勋礼	2011 年 5 月
富祥木业	冯勋超	2012 年 4 月
亿丰木业	刘兰松	2012 年 4 月
瑞龙食品	王　玲	2010 年 7 月
樊坝砖厂	樊焕新	2010 年 3 月
海华食品厂	侯爱玲	2015 年 5 月
郝庄电子厂	崔师论	2016 年 4 月
三洋参宝	陈智亮	2016 年 4 月
恒大运输	李庆鹏	2016 年 4 月

续表

企业名称	工会主席	任职时间
万众鑫煤业	王汉喜	2016 年 4 月
飞腾雨具	曹素华	2015 年 5 月
新一佳超市	杨爱斌	2012 年 6 月
亿旺加油站	刁兆宇	2013 年 6 月
宇鑫纺织	刁望钦	2007 年 8 月
王井农机加油站	刁望乾	2013 年 4 月
农丰加油站	智冬黎	2014 年 5 月
万达加油站	谭聚军	2013 年 4 月
中石化 522 加油站	徐　涛	2015 年 4 月
兴达加油站	蒋德振	2013 年 3 月
圣运加油站	张玉民	2012 年 4 月
金星加油站	樊成祥	2013 年 4 月
四方液化气站	刘善华	2013 年 6 月
森林源木业	刘广银	2011 年 5 月
森诚木炭加工厂	刘广允	2012 年 4 月

十八、侯咽集镇工会

单位	主席及任职时间		副主席	经审委主任	女工部主任	委员
侯咽集镇	侯玉军	2000 年 11 月	樊庆涛	樊庆涛		
	李洪雷	2014 年 12 月—2016 年 11 月	孔令奇	王忠芳	沈爱莲	王忠芳、沈爱莲、李美良、程华贤
	徐龙念	2017 年 12 月至今	秦菁华	王立东	秦菁华	王忠芳、王立东、王艳茹、李美良、程华贤

侯咽集镇下属企业工会

企业名称	工会主席及任职时间	
郓城县宝龙亭织布厂	王衍宝	2013 年 5 月—2016 年 7 月
郓城县合生木业	岳东银	2013 年 5 月—2015 年 10 月
郓城县同源纺织有限公司	张洪营	2013 年 5 月至今
郓城县群之霖木业有限公司	沈传印	2016 年 5 月至今
郓城县天祥纺织有限公司	张银忠	2016 年 5 月至今
郓城县侯咽集镇砖瓦厂工会主席	秦瑞乾	2014 年 7 月—2017 年 6 月
山东郓城康源生物科技有限公司	王廷久	2014 年 7 月至今
郓城县欣荣纺织有限公司	张亚腾	2015 年 6 月至今
郓城县同兴建材科技有限公司	王建军	2015 年 6 月—2017 年 3 月
郓城县鲁羊肉联厂	谭承德	2016 年 5 月至今
郓城县富华木业有限公司	蒋全钦	2013 年 5 月—2015 年 10 月
郓城县宏海纺织有限公司	李大海	2016 年 5 月至今
郓城县侯咽集镇李垓村工会	王建华	2017 年 5 月至今
郓城县侯咽集镇子房墓村工会	刘康清	2017 年 5 月至今
郓城县侯咽集镇徐桥村	王建华	2017 年 5 月至今

十九、黄集镇工会

单位	主席及任职时间		副主席	经审委主任	女工部主任	委员
黄集镇	张守珠	2000 年 12 月—2001 年 2 月	魏东方	魏东方		任宪功、王保柱、鲁成学、张传新、刘启存
	丁向民	2001 年 2 月—2006 年				
	张　健	2006 年—2014 年				
	曹明新	2014 年—2018 年	侯兆民	刘　超	张　敏	谢　铨
	邢亚洲	2018 年至今	韩香平	盖潇哲	张晓梅	韩庆洋、侯平州、王新忠、王文防

二十、李集镇工会

单位	主席及任职时间		副主席	经审委主任	女工部主任	委员
苏阁乡	苑司凤	2000 年 12 月—2001 年 2 月		苑司凤		李士龙、杨未来、李万运
李集镇	张宝立	2000 年 12 月—	孙慎锐	孙慎锐		武月秀、徐龙月、李文礼
	孙万文	2010 年—2011 年	韩月圣			
	黄启龙	2011 年 12 月—2015 年 3 月	韩月圣	张宝立	白兴红	苑思凤
	丁梦星	2016 年 12 月至今	傅军飞	傅军飞	刘春梅	高文开、周　涛

二十一、玉皇庙镇工会

单位	主席及任职时间		副主席	经审委主任	女工部主任	委员
玉皇庙镇	亓正廷	1998 年 12 月—2002 年 6 月				
	田仲倾	2002 年 6 月—2003 年 6 月				
	樊兆华	2003 年 6 月—2006 年 10 月				
	贾兴林	2003 年 6 月—2008 年 7 月	樊卫民			
	黄启龙	2008 年 7 月—2011 年 12 月	樊卫民			
	郑祥库	2000 年 12 月—2001 年 2 月	刘运灵	刘运灵		郑从军、张福爱、葛学长
	禚来涛	2011 年 12 月—2017 年 4 月	樊卫民	樊卫民	卜祥春	艾晓春、亓海超、吴正国
	赵　敏	2017 年 4 月至今	樊卫民	樊卫民	牛佩佩	李耀宗、吴正国、刘云华

二十二、张鲁集镇工会

单位	主席及任职时间		副主席	经审委主任	女工部主任	委员
张鲁集镇	刘洪玺	1997 年 5 月—2000 年 5 月	刘尊库、郝清涛			
	刘遵库	2000 年 12 月—2003 年 12 月	王先东	王先东		杨玉安、曾宪林、曾智永
	郝清涛	2003 年 12 月—2006 年 6 月				
	刘干岭	2006 年 6 月—2014 年 11 月	袁继友、郝清涛			
	刘洪玺	2014 年 12 月—2017 年	袁继友	李治江	卢　蕊	
	高　琦	2017 年 3 月至今	郝清涛	翟玉萍	杨爱荣	陈　秀

张鲁集镇下属工会

企业名称	工会主席	任职时间
华星服饰有限公司	山景云	2016 年 5 月至今
红润服饰有限公司	汤占法	2016 年 5 月至今
百斯特金属制品有限公司	杨校民	2016 年 5 月至今
隆丰实业有限公司	刘广胜	2017 年 5 月至今
天棚温室遮阳材料有限公司	曾庆生	2017 年 6 月至今

二十三、水堡乡工会

单位	主席及任职时间		副主席	经审委主任	女工部主任	委员
水堡乡	段作伟	2014 年 12 月—2016 年 2 月	郭杨眉	赵仕国	房善营	赵仕国、房善营、肖艳梅、王倩
	高传锡	2016 年 2 月—2017 年 3 月	刘雪东			赵仕国、房善营、肖艳梅、王倩
	闫英杰	2017 年 3 月至今	刘雪东	赵仕国	肖艳梅	赵仕国、孙灵华、王宁、房善营

水堡乡下属工会

企业名称	工会主席	任职时间
水堡乡金汇纺织有限公司	余庆林	2015 年至今
水堡乡裕丰纺织有限公司	贾增营	2015 年 3 月至今
水堡罐业有限公司	薛晓晨	2017 年 8 月至今
郓城县久顺藤艺厂	颜廷冠	2017 年 8 月至今

二十四、陈坡乡工会

单位	主席及任职时间		副主席	经审委主任	女工部主任	委员
陈坡乡	张卫国	2014 年—2016 年	李兆友	吴守国	王丽君	
	王　琳	2016 年—2018 年	肖　方	王春雷	李慧真	李慧真、王春雷、张珊

陈坡乡下属企业工会

企业名称	工会主席及任职时间	
郓城县龙顺磨业有限公司	陈海全	2015 年—2016 年
	陈佳顺	2016 年至今
郓城县中祥纺织有限公司	魏建新	
郓城县美尔森木业有限公司	张善成	
郓城县天瑞木业有限公司	王建琪	
郓城县和谐家禽养殖专业合作社	魏永法	
郓城县大成养猪专业合作社	胡自超	
郓城县农业林果专业合作社	石占成	
郓城县鲁西南特种动物养殖专业合作社	马效勤	

（三）产业工会

一、中国教育工会郓城县工作委员会

2016 年 9 月，中国教育工会郓城县工作委员会建立。

主　任　伊亚峰　　郓城县教育局副书记、副局长

副主任　刘继波　　郓城县教育局工会主席

委　员　侯福昌　　郓城县第一中学工会主席

王新河　　郓城县实验中学工会主席
王慎建　　郓城县第二中学工会主席
曹务成　　郓城县第一初级中学工会主席
郭继东　　郓城县实验小学工会主任
王广战　　郓城县第二实验小学工会主任
初玉梅　　郓城县东关小学工会主任
商慧丽　　郓城县西关小学工会主任
彭　强　　郓城县乐园小学工会主任

中国教育工会郓城县经费审查委员会

主　任　徐龙民　　郓城县教育局工资科科长
委　员　张进洲　　郓城县教育局核算中心主任
　　　　刘继波　　郓城县教育局工会主席
　　　　张建军　　郓城县教育局
　　　　侯文杰　　郓城县教育局

中国教育工会郓城县女职工委员会

主　任　许英华　　郓城县教育局托幼办主任
委　员　郑萃然　　郓城县教育局
　　　　王立阁　　郓城县教育局
　　　　曾梅华　　郓城县教研室教研员
　　　　张英华　　郓城县教研室教研员

二、郓城县外贸企业工会联合会

2016 年 10 月，郓城县外贸企业工会联合会建立。

主　席　孙学中　　郓城县商务局党组成员、副局长
副主席　李向东　　郓城县商务局工会主席
委　员　郑洪波　　山东恒基集团股份有限公司工会主席
　　　　刘成亮　　郓城县亿万汽车配件制造有限公司工会主席
　　　　赵继涛　　郓城瑞丰搪瓷制品有限公司工会主席
　　　　李　伟　　郓城县圣达如意印染有限公司工会主席
　　　　吴新波　　郓城县亚世集团端正纺织有限公司工会主席
　　　　刘建洋　　郓城绅联肠衣有限公司工会主席
　　　　崔宪法　　菏泽富仕达食品有限公司工会主席
　　　　曹先春　　山东郓城华宝食品有限公司工会主席
　　　　王传艳　　郓城县春达家具有限公司工会主席

郓城县外经贸企业工会联合会经费审查委员会

主　任　曹壮志　　郓城县商务局外资管理科科长
委　员　徐　丹　　郓城县商务局科员

刘建洋　郓城绅联肠衣有限公司工会主席

郓城县外经贸企业工会联合会女职工委员会

主　任　李　贞　郓城县商务局工会副主席

委　员　申博丹　郓城县商务局科员

李　伟　郓城县圣达如意印染有限公司工会

三、郓城医务工会工作委员会

2017 年 11 月，郓城医务工会工作委员会成立。

主　任　王好礼　郓城县卫生和计划生育局副局长

副主任　王兆喜　郓城县卫生和计划生育局工会主席

委　员　石宪华　郓城县人民医院工会主席

徐龙杰　郓城县中医医院工会主席

张振京　郓城县卫生计生综合监督执法局工会主席

吴玉军　郓城县县妇幼保健计生服务中心工会主席

佀传向　郓城县疾控中心工会主席

韩月伟　郓城县第二人民医院工会主席

王丽丽　郭屯镇中心卫生院工会主席

张文建　李集镇中心卫生院工会主席

李　伟　杨庄集镇中心卫生院工会主席

经费审查委员会

主　任　李德涛　郓城县卫生和计划生育局办公室主任

委　员　丁黎明　郓城县卫生和计划生育局核算中心主任

鲍华民　郓城县卫计局项目办公室主任

女职工委员会

主　任　童秀甜　郓城县卫生和计划生育局工会女工主任

委　员　陈凤玲　郓城县卫生和计划生育局

陆　敏　郓城县卫生和计划生育局

第二章　工会会员代表大会

第一节　第一次会员代表大会

1956年3月31日至4月2日，郓城县工会联合委员会第一次会员代表大会在郓城县大礼堂召开，出席代表大会的代表49人，缺席4人，列席代表6人。大会的主要任务是宣传、贯彻党的总路线。大会听取了县委负责人所做的《政治报告》和县总工会五年来工会工作总结与今后工作意见的报告，讨论和审议了县总工会财务情况的报告。

大会选举产生了县工会联合会第一届委员会，选举李魁先为郓城县工会联合会主席，陈绍府、赵益忠、李纪堂、宋宝三、吴兴茂、赵传光、冉令君、宋洪斋、张敬科、马学周、宋进化、崔保玉、赵传志、成波海、朱尔聪、朱纪銮、吴轩圣、李训亭、何厚思等19人为委员。选举产生了县工会联合会经费审查委员会。

大会共收到提案54件，对所提问题县总工会联合会很好的给予了解答。

第二节　第二次会员代表大会

1963年5月15日至17日，郓城县工会第二次会员代表大会在郓城县大礼堂召开，出席代表大会的代表89人。会议的中心任务是：动员全县职工认真贯彻执行以农业为基础，以工业为主导的发展国民经济的总方针。努力学习马列主义、毛泽东思想，学习一切先进经验。以自力更生，奋发图强的战斗精神，深入开展比学赶帮和增产节约运动。努力加强对职工的社会主义教育，广泛开展文娱、体育活动，切实关心群众生活，为夺取国民经济的新胜利而奋斗。

大会选举王瑞臣为县总工会主席，李纪堂为副主席。选出常委5人，委员16人，候补委员3人；同时选举产生以姚玉科为主任委员的经费审查委员会5人；建立了教育、供销系统工作委员会。

第三节　第三次会员代表大会

一、代表大会

1973年6月13日至16日，郓城县工会第三次会员代表大会在郓城县大礼堂召开。大会正式代表390名。代表中：工业系统152名，占39%；财贸系统168名，占43%；交通邮电系统44名，占11%；农林水系统14名，占

4%；基本建设系统 8 名，占 2%；其他 4 名，占 1%。女代表 109 名，占 28.1%。党员 232 名，团员 74 名。此外，还邀请中国人民解放军、贫下中农、职工家属、文教卫生系统和汽车六队共 20 人列席了会议。

这次大会的中心任务和指导思想是：以批林批孔整风为纲，以毛主席圈阅的中央〔1973〕十七号文件为指针，开展对修正主义路线的批判，总结历史经验，划清正确路线与错误路线的界限，高举“九大”团结胜利的旗帜，贯彻民主集中制，进一步发动广大职工群众，以批林整风为纲，深入开展工业学大庆的群众运动，掀起一个既轰轰烈烈又扎扎实实的社会主义建设的新高潮，向党的“十大”献礼。听取有关报告，选举县总工会第三届委员会，选举出席菏泽地区工会代表大会的代表。

中共菏泽地委副书记任轮升到会并向大会表示热烈祝贺。郓城县委副书记韩建刚作了《团结起来，沿着毛主席的革命路线胜利前进》的重要报告。大会听取并通过了王云亭代表郓城县总工会代表大会筹备领导小组向大会所做的《团结起来，为捍卫毛主席的革命路线而奋斗》的工作报告。大会讨论通过了《团结起来，进一步发挥全县广大职工在社会主义革命和建设中的主力军作用》的决议。

大会选举王云亭为县总工会主席，侯太益、孔庆芝（女）、樊合新为副主席。选出王云亭、侯太益、孔庆芝（女）、樊合新、付兆章、马步芳、张友杰、李德山、李金印、梅静林、杨道波 11 人为常务委员会委员，选出委员 39 人，选举出席菏泽地区工会代表大会的代表 66 名。

中共菏泽地委副书记任轮升，中共郓城县委、县革委、县武装部领导陈思、张伟成、韩建刚、庄静亭、李梦臣、孟翠荣、祝仰钦、吴祥太、韩立启等出席大会。

二、大会有关讲话、报告

【中共菏泽地委副书记任轮升的讲话】

同志们：

在毛主席无产阶级革命路线指引下，在国内外一派大好形势的鼓舞下，郓城县工会第三次代表大会胜利召开了。这是郓城县广大工人群众政治生活中的一件大事。我代表中共菏泽地委对这次大会表示热烈的祝贺！

伟大领袖毛主席指出：“我国有七亿人口，工人阶级是领导阶级。”工人阶级的伟大历史使命，是彻底推翻资产阶级和一切剥削阶级，用无产阶级专政代替资产阶级专政，用社会主义战胜资本主义，最终实现共产主义。郓城县广大工人群众和全国工人阶级一样，为完成工人阶级所肩负的历史使命，在自己的先锋队中国共产党的领导下，在毛主席无产阶级革命路线的指引下，进行着无产阶级专政下继续革命的伟大斗争，充分发挥了主力军的作用，为革命做出了重大贡献。特别是在无产阶级“文化大革命”中，广大工人群众积极响应毛主席的号召，大造了叛徒、内奸、工贼刘少奇反革命修正主义路线的反，勇敢地捍卫了毛主席的革命路线。在毛主席“工人阶级必须领导一切”的伟大战斗号召鼓舞下，与人民解放军相配合，深入进行了上层建筑各个领域的斗批改。党的九届二中全会以来，广大工人群众努力学习马列主义、毛泽东思想，以党的基本路线和毛主席提出的“三要三不要”的原则为武器，深入开展了对林彪反党集团的革命大批判，保卫了无产阶级“文化大革命”的成果，巩固和加强了无产阶级专政。在两个阶级和两条路线的激烈斗争中，广大工人群众坚决贯彻执行“抓革命，促生产，促工作，促战备”的伟大方针，在社会主义建设事业中，做出了重大贡献。无产阶级“文化大革命”

和批林整风的伟大胜利，锻炼和考验了广大工人群众，大大提高了阶级斗争、路线斗争和继续革命的觉悟，一批工人先进分子光荣地参加了中国共产党，许多优秀工人参加了各级领导班子，工人阶级队伍更加纯洁，更加团结，更富有战斗力。

“历史的经验值得注意。”工人运动中的两条路线斗争一直是很尖锐的，斗争的焦点就是抓不抓阶级斗争，坚持不坚持无产阶级专政。两条工运路线的经验告诉我们，工会工作最根本的任务是要以党的基本路线为纲，狠抓阶级斗争，坚持社会主义革命和无产阶级专政。要抓好思想上政治上的路线教育，批判资产阶级，批判修正主义。经常注意思想领域里的动向，抵制资产阶级思想对工人阶级队伍的侵蚀。当前，要继续抓紧抓好批林整风这件头等大事。各级工会组织，要在党的领导下，动员和组织广大职工积极投入批林整风运动，坚决贯彻执行首先是批林，其次才是整风的方针，严格区分和处理两类不同性质的矛盾，防止纠缠历史旧账，牢牢掌握斗争大方向，把斗争矛头始终对准刘少奇一类骗子。要认真读马列的书和毛主席著作，学习毛主席和党中央关于批林整风运动的一系列重要指示，抓住刘少奇一类骗子修正主义路线的极右实质，深入批判他们妄图改变党的基本路线和政策，颠覆无产阶级专政，复辟资本主义的罪行和谬论；联系工人运动中的路线斗争实际，深刻批判刘少奇一类骗子反对工人学习马列主义、毛泽东思想的罪行；批判他们散布的“阶级斗争熄灭论”、“经济主义”、“工团主义”等谬论，以及他们破坏党对工会的领导，分裂工人运动的罪行，肃清修正主义路线的流毒，准确地划清正确路线与错误路线的界限，提高执行毛主席革命路线的自觉性，促进和加强工人阶级的革命大团结。

工会是工人阶级的群众组织，是无产阶级的坚强柱石，是“广大工人群众学习共产主义的学校”。各级工会组织要在无产阶级革命路线指引下，在党的一元化领导下，以批林整风为纲，积极开展工作。认真组织工人群众学习马克思主义、列宁主义、毛泽东思想，进行思想和政治路线教育，狠抓阶级斗争和路线斗争，批判资产阶级，批判修正主义，巩固无产阶级专政。贯彻执行“抓革命，促生产，促工作，促战备”的方针，多快好省地建设社会主义。积极地为党和国家培养和输送工人干部，协助和监督各级干部执行党的路线、方针、政策，坚持社会主义方向。关心群众生活，搞好安全生产和劳动保护，注意工人的文化技术教育，坚持用无产阶级国际主义教育广大工人群众，树立只有解放全人类，才能最后解放无产阶级自己的远大理想，为世界革命贡献自己的力量。

伟大导师列宁指出：“在实现无产阶级专政的整个过程中，工会的作用是非常重要的。”各级党委要加强对工会的指导，党委负责同志要有人分管工会工作，大力培养工会干部，在各项工作中要注意发挥工会组织的作用。各级工会组织要密切联系群众，在三大革命斗争实践中，不断加强自身的建设，切实当好党在工人中进行群众工作的有力助手。

各条战线的工人同志们，当前国内外形势一派大好，让我们在以毛主席为首的党中央领导下，加强团结，努力工作，自力更生，艰苦奋斗，鼓足干劲，力争上游，努力赶超先进水平，进一步掀起“工业学大庆”的新高潮，出色地完成和超额完成国家计划，加强工业对农业的支援，落实毛主席“深挖洞，广积粮，不称霸”的指示，更好地实现党的“九大”和九届二中全会规定的各项战斗任务。希望这次县总工会代表大会，要以批林整风为纲，高举“九大”团结、胜利的旗帜，开成一个团结的大会，胜利的大会，大鼓干劲，搞好“抓革命，促生产”的动员大会。团结起来，争取更大的胜利。

最后预祝大会圆满成功！

【郓城县委副书记韩建刚在郓城县工会第三次代表大会上的讲话】

同志们：

在毛主席无产阶级革命路线的指引下，在批林整风运动深入发展的大好形势下，在省、地委的亲切关怀和县委的直接领导下，郓城县工会第三次代表大会今天胜利开幕了。这是全县工人群众政治生活的一件大事。它充分体现了毛主席、党中央对工人阶级的无比关怀，标志着我县的工人运动进入了一个新的阶段。我代表中共郓城县委、郓城县革命委员会向大会表示热烈的祝贺！

这次代表大会，要以批林整风为纲，认真学习毛主席、党中央关于第十次路线斗争的一系列重要指示以及马、恩、列、斯和毛主席有关工人运动的论述，深入揭发批判林彪反党集团的反革命罪行和谬论，总结交流工人运动的经验，讨论确定今后的战斗任务，并选举产生郓城县总工会第三届委员会。

同志们，你们受全县革命职工的重托，来参加这次大会，商讨工会工作中的大事，这是极其光荣的任务。希望你们认真读书，深入批修，互相学习，共同提高，把这次大会开成一个团结的大会，胜利的大会。大会以后，把我县的工会工作推向一个新的阶段。

现在，我讲以下几个问题：

一、充分认识国际国内大好形势

伟大领袖毛主席在1970年5月20日庄严声明中指出：“新的世界大战的危险依然存在，各国人民必须有所准备。但是，当前世界的主要倾向是革命。”3年多来国际形势的发展，越来越证明毛主席这一英明预见。在各国人民革命洪流的冲击下，整个世界在大动荡、大分化、大改组的过程中改变着面貌，形势一派大好。当前，各国人民争取民族解放和维护民族独立的斗争，更加深入，更加高涨。反对两个超级大国的强权政治和霸权主义，已经成为各国人民的共同要求。越来越多的国家以不同的形式，在不同的范围内联合起来，进行着反对一、两个超级大国的斗争。第三世界的中小国家，在国际事务中发挥着越来越大的作用。国家要独立、民族要解放、人民要革命，已经成为不可抗拒的历史潮流。一些受苏修、美帝控制较严重的国家，也力图改变受摆布的地位。苏修、美帝日暮途穷，日子越来越不好过。苏修打着“社会主义”的招牌，干着帝国主义的勾当，他的欺骗性、危险性更大。它极力扩张，争夺霸权，打着“援助”的幌子，卖军火，派“专家”，搞颠覆，掠夺石油资源，强占军事基地，遭到了许多国家和人民的反对，世界各国到处都在驱逐苏修间谍，社会帝国主义的狰狞面目在世界人民面前暴露无遗。美帝国主义为了称霸世界，把战争强加于印度支那三国人民，在越南战场，先后出兵五十多万，花了三千多亿美元，打了十多年，结果在英雄的越南人民面前碰得头破血流，不得不签订了《关于在越南结束战争，恢复和平的协议》和议定书。美帝国主义在印支的战争讹诈政策彻底破产了。事实再次证明，在今天世界上，任何国家不管他是怎样了不起的大国，想着用武力把自己的意志强加给别国的人民肯定是要失败的。“得道多助，失道寡助。”这是一条颠扑不破的真理。与此相反，我国的外交政策在世界上得到了越来越广泛的同情和支持，我们进一步发展了社会主义国家之间的友好互助合作关系，坚持在五项原则的基础上和社会制度不同的国家和平相处，使那种妄图孤立中国的政策完全破产。联合国的合法席位胜利恢复，尼克松登门求访，同日本、西德建交，也使那种妄图包围中国的反革命计划正在瓦解。目前，同我国建立正式外交关系的已有八十九个国家和地区，同我国有贸易往来的有一百三十多个国家和地区。世界各国人民都强烈要求同中国人民友好，一年来，有一百多个国家派出了七百多个代表团来我国访问，广泛地进行了经济、文化和体育交流。我国的国际威望越来越高，我们的朋友遍天下。所有这一切，都是毛主席革命外交路线的伟大胜利。

我国国内形势也很好。经过无产阶级文化大革命，摧毁了以刘少奇、林彪为头子的两个资产阶级司令部，粉碎了他们妄图复辟资本主义的阴谋，提高了广大干部、群众的阶级斗争、路线斗争和继续革命的觉悟，社会主义革命和社会主义建设事业，正沿着毛主席的革命路线胜利前进。批林整风运动在全国更加深入扎实地开展，党的各项政策进一步落实，上层建筑各个领域的斗、批、改取得了新的成果。经过尖锐复杂的阶级斗争、两条路线斗争锻炼，我们的党更加发展壮大，全国人民更加团结，无产阶级专政更加巩固。广大干部、群众建设社会主义的积极性更加高涨，各条战线都取得了很大的胜利，农业生产连续十年丰收。去年，我国虽然遇到了比较严重的自然灾害，受灾面积和1959年基本相同，但由于广大贫下中农的觉悟高了，干劲大了，农田水利建设发展了，工业支援农业的力量增强了，总产量确比1959年增加了三分之一，夺得了较好收成。工业生产持续增长。钢铁工业已经结束了十年徘徊，正在稳步上升；煤炭工业、石油工业有了很大的发展，历来不产煤的江南九省，现在不少省已经产煤了，石油的产量在文化大革命的七年中增加了三倍；轻工业、化学工业等，也都有相当的发展；市场繁荣，物价稳定，人民生活逐步改善；对外贸易和对外援助都有很大的增长，所有这些成绩都为我国社会主义革命和社会主义建设事业的进一步发展，打下了坚实的基础。

我县也和全省、全国各地一样，形势一派大好。“九大”以后，我县广大军民在毛主席、党中央的英明领导下，沿着“九大”团结、胜利的路线，坚决贯彻落实了毛主席、党中央关于解决山东问题的《批示》、《十条》，清算了王效禹的错误和罪行，团结了广大干部和群众。认真执行了毛主席的“一·八”批示，逐步加强了革命队伍内部的团结。深入开展了清队、“一打三反”、整党建党、清查“五·一六”反革命阴谋集团等一系列政治运动，挖出和打击了一小撮阶级敌人，建立健全了各级党组织，加强了党的一元化领导。特别是党的九届二中全会以来，在毛主席“认真看书学习，弄通马克思主义”的教导指引下，全县的批林整风运动不断深入发展。广大干部、群众以捍卫毛主席、党中央的坚强决心，积极地投入了批林整风运动，狠批了林彪反党集团推行的反革命修正主义路线及其反革命罪行和谬论，通过革命大批判，激发了广大干部、群众对林彪反党集团的刻骨仇恨，加深了对伟大领袖毛主席、对毛主席革命路线的无产阶级感情，进一步提高了阶级斗争、路线斗争和继续革命的觉悟，进一步提高了读马列的书和毛主席的书的自觉性，大大提高了识别真假马克思主义的能力。进一步落实了党的“九大”团结、胜利的路线，促进了革命团结，促进了民兵工作“三落实”，加强了战备。在批林整风，路线教育的推动下，斗、批、改运动健康发展，党的政策逐步落实，不正之风有所纠正，大大调动了广大干部和群众的社会主义积极性，有力地促进了工农业生产的发展。去年，我县农业生产虽然遭到了各种自然灾害

的侵袭，但是，广大干部，群众发扬了“一不怕苦，二不怕死”的彻底革命精神，天大旱，人大干，坚持抗灾斗争，仍然夺得了较好的收成，粮食做到了自给有余，向国家交售棉花七百七十万斤。工业生产也有大幅度的增长，质量提高，品种增加，对农业生产做出了有力支援。今年头五个月，全县工业总产值比去年同期提高了38%。在发展生产的基础上，全县市场购销两旺，人民生活又有提高。交通、财贸、文教、卫生等其他战线，也都取得了新的成绩。

伟大领袖毛主席最近教导我们，当前国内外形势大好，各级领导同志要谦虚谨慎，不要因为胜利就忘乎所以。我们一定要遵照毛主席的教导，决不能因为胜利就盲目自满，松懈斗志。要坚决贯彻执行毛主席关于“深挖洞，广积粮，不称霸”的伟大指示，提高警惕，加强战备，进一步发扬艰苦奋斗，奋发图强的革命精神，更加朝气蓬勃地工作，努力发展我县的大好形势，为发展全省、全国大好形势和支援世界革命，做出应有的贡献。

二、继续抓紧抓好批林整风这个头等大事

深入开展批林整风，坚决把粉碎林彪反党集团的斗争进行到底，是摆在我们面前的头等大事。我们必须提高认识，加强领导，认真贯彻落实毛主席、党中央关于批林整风运动的指示，以实际行动，把这项工作抓紧抓好。

要充分认识批林整风的重大意义。深入开展批林整风运动，是全党全国人民政治思想战线上的一项根本任务，是巩固无产阶级专政、防止资本主义复辟、建设社会主义的一项根本措施，是关系到我们党和国家命运的头等重要大事，是我们当前一切工作的总纲。紧紧抓住这个纲，就抓住了方向，抓住了主要矛盾，就能把各项工作带动起来。因此，抓不抓批林彪整风这个头等大事，不是一个一般的问题，而是个路线问题，原则问题，是搞不搞马克思主义的大问题。是不是认识到这个重大意义，能不能自觉地把批林整风这个头等大事摆在首位，这是衡量我们路线斗争觉悟高低的重要标志。现在，林彪反党集团虽然被粉碎了，但是斗争并没有结束。我们必须看到，要彻底清算一条错误路线，需要有一个长期的斗争过程。纠正和清算王明路线，从遵义会议到“七大”，经历了整整十年的时间，我们同刘少奇修正主义路线的斗争，从文化大革命集中揭露和批判算起，已经六、七年了，至今这场斗争还在继续。粉碎林彪反党集团的斗争才进行了一年多，而林彪路线又流毒广、欺骗性大，肃清这条路线的影响，不是短时间可以办到的。两条路线斗争的历史经验告诉我们：修正主义路线头子垮台了，决不意味着他们代表的整个反动阶级消灭了，也决不等于他们的反动思想已经全部消逝。要清算一条错误路线，单从组织上进行清理时远远不够的，最重要的是从政治上、思想上、理论上彻底揭露批判，肃清其流毒和恶劣影响。这是一个长期、艰巨的任务。经过一年多的革命大批判，批林整风取得了很大成绩，但是运动发展的还很不深入，对于林彪反党集团的反革命罪行和谬论，特别是对他们推行的反革命修正主义路线的极右实质，还远没有揭深批透。那种认为批林整风搞得“差不多了”的想法，是对林彪路线的危害和影响估计不足，对批林整风的长期性、复杂性、艰巨性认识不足的表现。各级工会组织，要教育广大工人群众关心国家大事，关心世界大事，关系国家的前途，关心人类的命运，不断加深对批林整风重大意义的认识。要牢牢记住党在整个社会主义历史阶段的基本路线，牢牢记住毛主席关于社会主义社会中阶级和阶级斗争的科学分析，以极大的政治热情，勇敢地投入批林整风运动，和全县人民一道，

把这场斗争进行到底。

要紧紧抓住林彪路线的极右实质，深入开展革命大批判。以毛主席为首的无产阶级司令部同以林彪为头子的资产阶级司令部的斗争，是一场惊心动魄的阶级斗争，林彪及其死党，是国内被打倒的地主资产阶级和帝、修、反在我们党内的代理人。他们搞修正主义，不搞马克思主义；搞分裂，不搞团结；搞阴谋诡计，不搞光明正大。他们的罪恶目的就是从根本上改变党在社会主义历史阶段的基本路线和政策，改变无产阶级专政的社会主义制度。在国内，他们要联合地、富、反、坏、右，实行地主买办资产阶级的法西斯专政，复辟资本主义。在国际，他们要投降苏修社会帝国主义，我国变成苏修的殖民地。妄图使我国人民重新遭受剥削和压迫。林彪路线是一条彻头彻尾的反对无产阶级革命和无产阶级专政的修正主义路线。它集中反映了国内被打倒的地主资产阶级和国际上帝、修、反的利益及其反革命复辟的愿望。这就是林彪路线的极右实质。只有紧紧抓住林彪路线的极右实质，深入开展革命大批判，才能批得渗透，击中要害，才能准确地划清正确路线和错误路线界限，保证毛主席革命路线的贯彻执行，抓住实质，深入批修，要以毛主席提出的“要搞马克思主义，不搞修正主义；要团结，不要分裂；要光明正大，不要搞阴谋诡计”这三个基本原则和关于批林整风的一系列指示为武器，狠批他们的反革命理论纲领、政治纲领、他们的法西斯式的反革命政变纲领。对于他们在各个领域所散布的反革命谬论，以及在山东放的毒，也要深入进行批判。但在批判时，不要就事论事，而要同他们的反革命政治目的紧密联系起来。这样，才能透过现象，抓住实质，使批林整风运动不断深入发展。

要坚持批林整风的正确方针，牢牢掌握斗争大方向。毛主席指出：“首先是批林，其次才是整风”。要把批林整风运动引向深入，必须全面贯彻执行这个唯一正确的批林整风方针。“首先是批林，其次才是整风”，是由矛盾斗争的不同性质决定的。批林是解决敌我矛盾的问题，整风是解决人民内部矛盾问题，决不能把两类不同性质的矛盾混淆起来。林彪反党集团是从事反革命阴谋活动的修正主义分子，是地主资产阶级在我们党内的总代表，是无产阶级和劳动人民的死敌。我们同他们的斗争是两个阶级、两条道路斗争的集中反映。要始终把斗争的矛头对准他们。要揭发他们，控诉他们，批判他们，把仇恨集中到他们身上。只有坚持着首先是批林把林彪的修正主义路线和反革命罪行揭透了，深批了，查明了，才能分清敌我，团结广大干部和群众，共同对敌。如果把批林放在一边，而在与林彪反党集团无关的人民内部问题、历史旧账上纠缠，或者把群众中的某些错误认识不加分析地统统挂在林彪的修正主义路线上，就会混淆两类不同性质的矛盾，就容易走偏方向。因此，“首先是批林，其次才是整风”，两者的关系在任何部门、任何单位都要摆正。要始终把斗争的矛头对准林彪反党集团，把我们的一切力量集中在同一个攻击点上，把广大干部、群众的注意力引导到同林彪反党集团的斗争方面来。这是斗争的大方向。凡是符合这个斗争大方向的，就是正确的；凡是背离这个大方向的，就是错误的。在我们山东，王效禹的错误和罪行，已基本上得到清算，不要再去纠缠。在批判王效禹的过程中，个别搞错了，要落实政策，加以改正，但决不允许为王效禹翻案。不要以“我”画线战队，不要以任何借口去整群众。否则，势必转移斗争大方向，妨碍批林整风运动的深入发展。

“政策和策略是党的生命”。在批林整风中，要认真注意落实党的政策，努力团结

95%以上的干部和群众，最大限度地孤立和打击一小撮阶级敌人。对犯错误的同志，要执行“惩前毖后，治病救人”的方针，积极帮助他们认识和改正错误。只要他们真正认识了错误，并愿意改正错误，就要团结他们，信任他们。要牢记党的“九大”团结、胜利路线，增强无产阶级党性，克服资产阶级派性，加强组织纪律性。决不允许有人乘批林整风之机，在重拉队伍，散布谣言，制造混乱。要密切注视阶级斗争的动向，警惕和打击阶级敌人的破坏活动，进一步加强无产阶级专政，保证批林整风运动的健康发展。

要认真看书学习，努力提高马列主义、毛泽东思想水平。用马列主义、毛泽东思想教育广大工人群众，是工人运动的根本任务，是搞好批林整风运动的关键。当前，要把批林整风运动引向深入，真正把林彪反革命修正主义路线从政治上、思想上、理论上批深批透，关键在于认真看书学习，弄通马克思主义。马克思主义是指导我们思想的理论基础。一切机会主义路线的头子，为了改变党的马克思列宁主义路线，推行机会主义、修正主义路线，都要千方百计地反对和歪曲马克思主义。我们只有坚持认真看书学习，不断提高自己的马列主义理论水平，才能从理论和实践的结合上把林彪反党集团的反革命罪行和散布的反动谬论批深批透。同时，也只有在批林中坚持认真看书学习，才能深刻理解马列主义、毛泽东思想是怎样在同修正主义和形形色色的资产阶级思想的斗争中发展起来的。我们一定要把看书学习作为深入开展批林整风的重要环节来抓，真正把看书学习提高到路线斗争和继续革命的高度来认识，下苦功夫，挤出时间，攻读马列的书和毛主席的书，真正见之于行动。

要把马列主义、毛泽东思想真正弄懂弄通，必须坚持理论联系实际的原则。毛主席说过：“对于马克思主义的理论，要能够精通它、应用它，精通的目的全在于应用”。我们学习马克思主义理论，不是为了钻名词、背定义，为学习而学习，而是为了学会用马克思主义的立场、观点、方法指导革命实践，改造世界观。当前，要围绕方向、路线问题，结合本身的工作，认真学习党的基本路线，学习马列和毛主席有关的著作，深刻领会毛主席提出的“三个基本原则”，努力掌握马克思主义关于阶级和阶级斗争、唯物论的反映论、一分为二、奴隶们创造历史、正确区分和处理两类不同性质的矛盾等基本观点，不断增强识别真假马克思主义的能力，提高执行毛主席革命路线的自觉性，坚持无产阶级专政下的继续革命。

三、加强党对工会工作的领导，充分发挥工人阶级的主力军作用。

列宁指出：“在实现无产阶级专政的整个过程中，工会的作用是非常重要的”。各级党委要从阶级斗争和巩固无产阶级专政的高度，深刻认识做好工会工作的重要性，加强对工会工作的领导。要把工会工作列入党委的议事日程，党委常委中，应有专人分管这项工作。要按照党的“九大”路线和党的各项方针、政策，切实加强对工会的政治领导、思想领导、组织领导，要认真执行毛主席提出的关于党委领导的三十二个字原则：“大权独揽，小权分散。党委决定，各方去办。办也有决，不离原则。工作检查，党委有责”。党委要按照毛主席的革命路线，按照党的方针、政策，不断给工会工作提出新的任务；要加强调查研究，定期检查工会的工作，帮助工会总结经验，发扬成绩，纠正错误；要充分发挥工会密切联系群众的纽带作用。我们如果真正按照毛主席规定的原则办事，就一定能够使工会在三大革命运动中发挥党的助手作用。各级工会组织要进一步增强党的观念，自觉地接受党的领导，经常主动地向党委请示、汇报工作，反映群众的意见和要求，紧紧围绕党的中心任务，根据工人的特点，积极开展工作，各级工会干部，要认真贯彻执行党的路线、方针和政策，努力完成党交给的各项任务，深入实际，联系群众，调查研究，抓好典型，不断加强工会建设，使工会工作更有成效。

毛主席教导我们："我国有七亿人口，工人阶级是领导阶级"。工人阶级的伟大历史使命，是彻底推翻资产阶级和一切剥削阶级，用无产阶级专政代替资产阶级专政，用社会主义战胜资本主义，最终实现共产主义。当前，摆在全县各级工会组织面前的任务，就是要在党的领导下，以党在整个社会主义历史阶段的基本路线为纲，狠抓阶级斗争，坚持社会主义革命和无产阶级专政，用马克思主义、列宁主义、毛泽东思想教育工人群众，认真贯彻执行毛主席关于"抓革命，促生产，促工作，促战备"的伟大战略方针，动员广大工人群众积极参加阶级斗争、生产斗争和科学实验三大革命运动，为把我国建设成为一个具有现代工业、现代农业、现代科学文化、现代国防的社会主义强国而努力奋斗。

批林整风是当前全党的头等大事，也是工会当前的头等大事。因此，县委希望各级工会组织，要广泛深入地向广大工人群众进行思想和政治路线教育，切实把批林整风这个头等大事抓紧抓好。要进一步动员和组织广大工人群众，积极投入批林整风的战斗，刻苦攻读马列的书和毛主席的书，努力掌握马列主义的立场、观点和方法，从政治上、思想上、理论上、把林彪的反革命修正主义路线批深批透，准确地划清正确路线和错误路线的界限，增强识别真假马克思主义的能力。要经常向工人群众进行阶级教育、革命传统教育、爱国主义和国际主义的教育，大力开展"向雷锋同志学习"的活动。要教育工人群众遵照毛主席关于"主义争取团结一切可以团结的人民"的指示，加强在毛泽东思想原则基础上团结，做团结的模范。要加强对工人群众的革命纪律教育，认真执行"三大纪律八项注意"，做遵守纪律的模范。通过思想和政治路线教育，进一步提高广大工人的阶级斗争、路线斗争和继续革命的觉悟，更好地贯彻执行毛主席的革命路线。

要贯彻执行"抓革命，促生产，促工作，促战备"的方针，多快好省地建设社会主义。希望各级工会组织，要坚决贯彻执行"鼓足干劲，力争上游，多快好省地建设社会主义"的总路线，要把广大工人群众在批林整风中激发出来的社会主义积极性引导到"抓革命，促生产，促工作，促战备"中去。要增强国家主人翁的责任感，做执行毛主席无产阶级革命路线的模范，做"抓革命，促生产"的模范，自力更生，艰苦奋斗，鼓足干劲，力争上游，多快好省地建设社会主义。要高举"鞍钢宪法"的旗帜，深入开展"工业学大庆"的群众运动，进一步掀起增产节约运动的新高潮，搞好技术革新，努力提高产品质量，降低生产成本，提高劳动生产率，出色地完成和超额完成国家计划，加强工业和各行各业对农业的支援。要在无产阶级政治统帅下，坚持"又红又专"的方向，努力精通业务，学习技术，不断提高为人民服务的本领。

同志们，伟大领袖毛主席教导我们："国家的统一，人民的团结，国内各民族的团结，这是我们的事业必定要胜利的根本保证"。让我们在以毛主席为首的党中央领导下，在毛主席革命路线的指引下，加强工人阶级的团结，加强工农联盟，加强工人阶级和广大人民群众的团结。高举党的"九大"团结、胜利的旗帜，认真贯彻执行毛主席关于"深挖洞，广积粮，不称霸”的指示和“备战、备荒、为人民”的伟大战略方针，更好地完成党的“九大”和九届二中全会提出的各项战斗任务，为我国的社会主义事业，为世界革命做出新的贡献。团结起来，争取更大的胜利！

预祝大会圆满成功！

【郓城县总工会主席王云亭所做的工会工作报告】

同志们：

在毛主席无产阶级革命的路线指引下，在批修整风运动深入开展、社会主义生产建设蓬勃发展的大好形势下，在省、地委的亲切关怀和县委的直接领导下，郓城县总工会第三次代表大会胜利召开了。这是我县工人阶级和全县革命人民政治生活中的一件大喜事。它对于在党的领导下，进一步加强工会建设，团结和组织全县职工，沿着毛主席的革命路线，继续完成党的“九大”和九届二中全会提出的各项战斗任务，加速我县的社会主义革命和社会主义建设事业，将具有重要的意义。我们要把这次大会开成团结的大会，胜利的大会。

（一）

伟大领袖毛主席教导我们：“我国有七亿人口，工人阶级是领导阶级。要充分发挥工人阶级在“文化大革命”中和一切工作中的领导作用。工人阶级也应当在斗争中不断提高自己的政治觉悟。”我县工人在毛主席革命路线指引下，积极投入社会主义革命和社会主义建设各项斗争，充分发挥了主力军作用，做出了较大贡献，同时在斗争中也进一步提高了自己的阶级斗争、路线斗争和继续革命的觉悟。

伟大领袖毛主席科学地总结了无产阶级专政的历史经验，亲自发动和领导了无产阶级文化大革命。在这场大革命中，我县工人阶级怀着对毛主席、党中央的深厚无产阶级感情，坚决响应毛主席的伟大号召，以无产阶级大无畏精神，同广大贫下中农、红卫兵和革命群众一道，冲破资产阶级反动路线的压制，高举“对反动派造反有理”的大旗，大造了以刘少奇为头子的党内一小撮走资派的反，大破了反革命修正主义路线，捍卫了毛主席的无产阶级革命路线，党的九届二中全会以来，林彪反党集团被揭露之后，我县工人阶级又以极大的革命义愤，批判林贼一伙妄图谋害伟大领袖毛主席、篡党夺权、叛国投敌的滔天罪行。几批中央文件的传达，形成几次学习、批判的高潮，运动一步比一步深入。广大职工认真学习毛主席关于批林整风的重要指示和中央有关文件，认真读马列的书和毛主席的书，深入批判林贼一伙反党的理论纲领、政治纲领和《“571工程”纪要》反革命政变纲领。紧紧抓住林彪修正主义路线的实质，反复地进行了批判，批林整风运动深入发展。广大职工大大增强了识别真假马克思主义的能力，提高了“要搞马克思主义，不要搞修正主义；要团结，不要分裂；要正大光明，不要搞阴谋诡计”的自觉性，推动了斗、批、改的进程，保卫和发展了无产阶级“文化大革命”的胜利成果，进一步巩固了无产阶级专政。各条战线呈现出一派大好形势。

自“文化大革命”以来，我县工人阶级粉碎了刘少奇、林彪一类骗子的阻挠破坏，学习马克思主义、列宁主义、毛泽东思想的群众运动空前大发展，马列主义、毛泽东思想在工人群众中空前大普及。各单位普遍建立了学习制度，广泛举办学习班，紧密结合斗争实践，学习马克思主义的立场、观点和方法。许多老年职工克服文化低的困难，努力学习革命理论；许多女职工妥善安排家务，专心攻读，刻苦钻研；许多青年职工认真看书学习，在又红又专的道路上奋勇前行。广大工人群众尖锐复杂的阶级斗争中，依靠马列主义、毛泽东思想这个强大的精神武器，剥开了刘少奇、林彪一类骗子的种种画皮，把他们的反革命原形暴露在光天化日之下。在生产斗争和科学实验中，学习运用辩证唯物论，人变聪明手变巧，促进了生产建设事业的大发展。无数事实证明，我县工人阶级所得的一切成绩，都是在马列主义、毛泽东思想指导下取得的，都是马列主义、毛泽东思想的胜利。

在“文化大革命”中，我县工人阶级响应毛主席和党中央的伟大号召，同一小撮阶级敌人破坏生产的阴谋进行了坚决的斗争，较好地执行了“抓革命，促生产，促工作，促战备”的方针，将革命、生产两副重担一肩挑。全县工厂企业，在解放军毛泽东思想宣传队的帮助下，认真搞好斗、批、改，狠抓了经济领域两个阶级、两条道路、两条路线的斗争，深入批判了刘少奇、林彪一类骗子推行的“专家治厂”、“业务挂帅”、“物质刺激”、“唯生产力论”、“政治可以冲击其他”等修正主义办企业路线。广大职工坚决按照毛主席的革命路线办企业，认真贯彻执行“鼓足干劲，力争上游，多快好省地建设社会主义”的总路线，高举“鞍钢宪法”旗帜，深入开展“工业学大庆”的群众运动。许多老模范为革命立新功，新的先进集体和个人不断涌现，技术革新运动轰轰烈烈，工厂企业面貌焕然一新，社会主义建设事业欣欣向荣。全县工业总产值1972年比1965年增长了二点三倍。许多工业产品产量成倍增长。工业生产的新技术、新工艺、新方法大量推广应用。1972年以来，较大的工具改革十九项，自制设备二十三种，革新农具二十三种，旧件翻新六种。革新和自制了曲轴连杆、二五水泵、三合一水泵、离心机、打稻机、碾米机等产品三十八种，大大提高了工业技术水平。贯彻执行了“以农业为基础，工业为主导”的方针，化肥、农药、农机配件和新式农具的产量大幅度增长，许多工厂企业与社队挂了钩，加强了工业对农业的支援，加强了工农联盟。财贸战线的广大职工，贯彻执行了“发展经济，保障供给”的方针，进一步树立了三大观点，加强了经营管理，不断改善了服务态度，努力提高了服务质量，扩大了服务项目，增加了花色品种，方便了群众，支援了农业生产。市场繁荣，物价稳定，呈现一派兴旺景象。交通、邮电、基建、农林水战线的广大职工，在毛主席革命路线指引下，立足本职，胸怀全局，发扬了自力更生、艰苦奋斗的精神，为社会主义建设做出了积极的贡献。广大职工积极响应了毛主席关于“提高警惕，保卫祖国”的号召，在加强战备教育、贯彻民兵三落实等工作中，都取得了显著成绩。

伟大领袖毛主席教导我们：“工人阶级要在阶级斗争中和向自然界的斗争中改造整个社会，同时也就改造自己。”无产阶级“文化大革命”以来，我县工人阶级站在阶级斗争、生产斗争、和科学实验三大革命运动的第一线，经受了锻炼，提高了觉悟，涌现出大批先进分子。全县有一百多名先进工人入党，为党增加了新鲜血液。有一百六十多名工人参加了领导班子，朝气蓬勃地为党工作。大批青年工人，在党、团组织和老工人的教育帮助下茁壮成长。经过无产阶级“文化大革命”和批林整风运动，我县工人阶级队伍更加纯洁、更加团结、更加坚强，在社会主义革命和社会主义建设的新的斗争中，必将进一步发挥主力军的作用，做出更大的贡献。

（二）

“思想上政治上的路线正确与否是决定一切的”我县工人阶级在激烈复杂的斗争中深切体会到：毛主席的革命路线是我们党的生命线，也是我们工人阶级的生命线。坚决按照毛

主席的革命路线办事，工人运动就蓬勃发展，无往而不胜；离开了毛主席的革命路线，工人运动就会迷失方向，受到挫折。工人阶级要在社会主义革命和社会主义建设中更好地发挥自己的作用，就必须紧紧抓住路线这个纲，不断提高执行毛主席革命路线的自觉性。

伟大领袖毛主席总结了国际国内阶级斗争的历史经验，为我们党制定了社会主义历史阶段的基本路线："社会主义社会是一个相当长的历史阶段。在社会主义这个历史阶段中，还存在着阶级、阶级矛盾和阶级斗争，存在着社会主义同资本主义两条道路的斗争，存在着资本主义复辟的危险性。要认识这种斗争的长期性和复杂性。要提高警惕，要进行社会主义教育。要正确理解和处理阶级矛盾和阶级斗争的问题，正确区别和处理敌我矛盾和人民内部矛盾。不然的话，我们这样的社会主义国家，就会走向反面，就会变质，就会出现复辟，我们从现在起，必须年年讲，月月讲，天天讲，使我们对这个问题，有比较清醒的认识，有一条马克思列宁主义的路线。"党的基本路线是社会主义革命和社会主义建设的总纲，是照耀我们胜利前行的灯塔。

当前，批林整风是全党全国人民的头等大事，我们要牢牢掌握党的基本路线，积极投入批林整风运动。要深刻认识粉碎林彪反党集团的斗争，是关系到保卫和发展无产阶级文化大革命成果，巩固无产阶级专政和防止资本主义复辟的大事。林彪一伙垮台了，并不等于他们的修正主义思想也随着消失了。历史经验证明，要在政治上、思想上彻底清算一条机会主义路线，往往需要相当长的时间。必须充分认识这场斗争的尖锐性和复杂性，切实抓紧抓好，坚持不懈地把它进行到底。要牢牢掌握批林整风的大方向，坚持首先是批林，其次才是整风的方针，严格区分两类不同性质的矛盾，始终把批判的矛头对准林彪反党集团。林贼一伙搞修正主义，搞分裂，搞阴谋诡计，其罪恶目的就是要从根本上改变党在社会主义历史阶段的基本路线和政策，颠覆无产阶级专政，复辟资本主义。他们妄图把毛主席领导下我党我军我国人民亲手打倒的地主资产阶级再扶植起来。在国内，他们要联合地、富、反、坏、右，实行地主买办资产阶级的法西斯专政。在国际上，他们要投降苏修社会帝国主义，反华反共反革命。这就是林彪修正主义路线的极右实质。他们在某些时候、某些问题上，采取形"左"实右的手法，煽动和利用极"左"思潮，是为了掩盖其右的实质。我们一定要认真地、反复地学习毛主席关于批林整风的重要指示和中央有关文件，抓住林彪路线的实质，进行深入的批判。

在批林整风运动中，我们还要联系工会工作的实际，深刻批判刘少奇、林彪一类骗子在工人运动中散布的"阶级斗争熄灭论"、"经济主义"、"工团主义"等谬论，以及他们破坏党对工人运动的领导，分裂工人运动的罪行，肃清修正主义路线的流毒，准确地划清正确路线和错误路线的界限，促进和加强工人阶级的大团结，使我县工人运动沿着正确的方向继续胜利前进。

刘少奇、林彪一类骗子在工人运动中竭力散布"阶级斗争熄灭论"。他们否认阶级斗争的存在，否认社会主义历史阶段的主要矛盾是无产阶级同资产阶级的矛盾，否认工会是阶级斗争的工具，鼓吹反动的唯生产力论。大肆宣扬什么"我国社会主义和资本主义谁战胜谁的问题，现在已经解决了"，我国国内的主要矛盾是"先进的社会制度和落后的社会生产力之间的矛盾"，工人运动中的主要矛盾是行政与工会直接的"公私矛盾"，是"先进同落后的矛盾"。在"文化大革命"中，他们又胡说什么资产阶级“一下子打倒”了，“经过文化大革命”要“转化为建设”了，他们还宣扬“生产运动就是工人运动”、“工人做好工，就是政治”。他们鼓吹这一套的目的，就是麻痹无产阶级的革命警惕性，使工人阶级埋头生产，不关心政治，不抓阶级斗争，“只听隆隆的机器响，听不到敌人霍霍的磨刀声”，他们好肆意向无产阶级进攻，以便有朝一日把地主买办资产阶级的法西斯专政强加在中国人民的头上。伟大领袖毛主席教导我们：“无产阶级同资产阶级的斗争，社会主义道路同资本主义道路的斗争，是我们国内的主要矛盾。”社会主义历史阶段阶级斗争的存在，是不以人们意志为转移的客观规律。新中国成立后二十多年来，阶级斗争一天也没有停止过。林彪反党集团策划反革命政变，妄图谋害我们伟大领袖毛主席，篡党夺权，复辟资本主义，这是多么惊心动魄的斗争！我们一定要牢记毛主席关于“千万不要忘记阶级斗争”的教导，牢记党在社会主义历史阶段的基本路线。工会作为阶级斗争的工具，在一切工作中，必须紧紧抓住阶级斗争这个纲。列宁指出：“只有那些承认通过无产阶级专政进行社会主义的革命阶级斗争的联合会，才能成为享有全部权利的工会团体。”毛主席也一再指出工会要抓阶级斗争。工会不抓阶级斗争，就会失掉正确的政治方向，就会从根本上脱离工人群众，被工人群众所抛弃。

我们批判刘少奇、林彪一类骗子鼓吹的唯生产力论，但绝不是说，工人阶级不要搞生产，工会可以不抓生产了。搞好社会主义生产，是巩固无产阶级专政、建设社会主义、支援各国人民革命斗争的需要。“抓革命，促生产”是我们建设社会主义的唯一正确的方针。我们要狠抓革命，猛促生产，保证社会主义建设事业沿着正确的政治方向迅速发展。

刘少奇、林彪一类骗子还在工人运动中竭力鼓吹反革命的经济主义。刘少奇胡说什么：“工会是一个经济组织，主要是解决工人的切身生活问题”，大肆鼓吹“物质刺激”、“抓生活促生产”等谬论。在“文化大革命”中，一小撮阶级敌人也拼命煽动反革命经济主义的妖风，妄图破坏无产阶级“文化大革命”。林贼一伙在臭名昭著的《“571工程”纪要》反革命政变纲领中，恶毒攻击社会主义制度是“国富民穷”、“缺吃少穿”，无耻污蔑工人在社会主义制度中是受“变相剥削”，妄图挑拨党和群众的关系，煽动工人对社会主义制度不满，为他们策划的反革命政变做舆论准备。这些工人阶级的敌人当然不是真的“关心”什么“工人福利”。他们打出“关心工人福利”的幌子，不过是妄图把工人运动从政治斗争引向经济主义，诱使工人忘记巩固无产阶级专政，忘记解放全人类的伟大理想，以便他们进行反革命复辟的阴谋，把劳动人民重新打入半封建半殖民地的苦海。到那时，工人阶级还有什么“福利”可言！毛主席谆谆教导我们：“应当向工会同志和工人群众进行教育，使他们懂得，绝不可只看到眼前的片面的福利而忘记了工人阶级的远大利益。”伟大导师列宁指出：“无产阶级的基本经济利益只能经过无产阶级专政代替资产阶级专政的政治革命来满足。”政治是统帅，是灵魂。我们在一切工作中，一定要坚持无产阶级政治挂帅，正确处理政治同生产、生活之间的关系，把政治放在首位，把无产阶级专政下继续革命的伟大斗争进行到底。

我们批判刘少奇、林彪一类骗子的经济主义，绝不是说不要关心群众的生活了。毛主席教导我们：“在实现增产节约的同时，必须注意职工的安全、健康和必不可少的福利事业；如果只注意前一方面，忘记或稍加忽视后一方面，那是错误的。”工会是工人阶级的群众组织，要关系工人的生活，并在无产阶级政治统帅下，切实做好群众生活工作。在解决生活问题的过程中，要坚持在生产发展的基础上逐步改善群众生活的原则，注意对群众进行思想政治教育，使群众懂得个人利益服从集体利益，暂时利益服从长远利益，局部利益服从全局利益的道理。

刘少奇、林彪这些反党野心家还在工人运动中大肆贩卖工团主义的货色，反对党对工人运动的领导。刘少奇鼓吹“工会独立论”，叫嚷党对群众团体“只能帮助，不能领导”，胡说工会和党“是处于平等地位的”。林彪一伙鼓吹“多中心即无中心论”，分裂工人阶级队伍，把群众组织凌驾于党之上，破坏党的一元化领导。什么“独立”、“平等”、“多中心”，都是反革命的欺人之谈。工人运动的历史证明，从来就没有什么独立于政党影响之外的工会。不是接受无产阶级政党的领导，就是接受资产阶级政党的领导；不是接受无产阶级司令部的领导，就是接受资产阶级司令部的领导。列宁指出，对工人运动自发性的任何崇拜和对无产阶级政党领导作用的任何轻视，都是“加强资产阶级思想体系对工人的影响”。鼓吹工会“独立”，就是要工人“独立”到资产阶级那一边去。刘少奇、林彪一类骗子鼓吹工团主义的真正目的，是妄图控制工人运动，把工人群众组织变成他们复辟资本主义的工具。

伟大领袖毛主席教导我们：“党是无产阶级的先锋队和无产阶级组织的最高形式，它应该领导一切其他组织，如军队、政府与民众团体。”无产阶级的领导作用，就是通过自己的先锋队共产党来实现的。党的这种领导作用是任何其他组织代替不了的，党领导一切的地位是不容许颠倒的。中国工人阶级一走上政治舞台，就是在伟大领袖毛主席和伟大的中国共产党的领导下进行革命斗争的，这是中国工人运动的光荣传统，也是他从胜利走向胜利的根本保证。工会是党的助手，是党联系工人群众的引带。各级工会要自觉地接受和维护党的领导。党的一元化领导，最根本的就是马克思列宁主义、毛泽东思想的领导，毛主席革命路线的领导。各级工会组织要在毛主席革命路线指引下，在同级党委的统一领导和部署下，积极地、主动地做好工作，充分发挥工会的组织作用，把广大职工紧密地团结在党的周围，把党的政策变成群众的自觉行为，更好地完成党提出的战斗任务。

(三)

工会是工人阶级的群众组织，是无产阶级专政的坚强柱石，是“广大工人群众学习共产主义的学校”。伟大革命导师列宁教导我们：“工会作为无产阶级在阶级范围内最广泛的组织，正是在现在，特别是在无产阶级通过政治革命取得了政权之后，应该发挥特别巨大的作用。”全县各级工会要认真组织广大革命干部和职工学习马列和毛主席有关工人运动和工会工作的教导，明确认识工会性质、作用和它的任务。工会要在毛主席无产阶级革命路线作用指引下，在党委的一元化领导下，以党的基本路线为纲，依靠工人群众，积极开展工作。

（一）组织工人群众学习马克思主义、列宁主义、毛泽东思想，进行思想和政治路线方面的教育

毛主席号召我们要“认真看书学习，弄通马克思主义”。我们工人阶级要革命，就要掌握马克思主义、列宁主义、毛泽东思想这个锐利武器。工会要把组织工人学习马克思主义、列宁主义、毛泽东思想作为自己的根本任务。要帮助工人群众进一步发扬理论联系实际的革命学风，在斗争中学，在斗争中用，彻底批判林彪那一套把理论和实际分离开来的反动

的“学习方针”。要帮助职工认真读马列和毛主席的书，学习革命导师观察问题和解决问题的立场、观点和方法，把它用于三大革命斗争的实践，用于改造自己的世界观。当前，更要注意密切结合批林整风，组织职工认真看书学习，掌握理论武器，把林彪反革命修正主义路线批深批透。

工会还要结合职工的思想和三大革命斗争的实际，经常进行阶级教育、形势教育、革命传统教育和共产主义道德品质教育。要和共青团密切配合，加强对青年工人的教育。

（二）狠抓阶级斗争和路线斗争，批判资产阶级，批判修正主义，巩固无产阶级专政

毛主席在党的九届一中全会上指出：“团结起来，为了一个目标，就是巩固无产阶级专政，要落实到每个工厂、农村、机关、学校。”工会要在党的领导下，以批林整风为纲，深入持久地开展革命大批判。批判资产阶级，批判修正主义，批判各种剥削阶级的意识形态，抵制资产阶级思想对工人队伍的侵蚀；密切注视阶级斗争的新动向，警惕和打击一小撮阶级敌人的破坏活动；以阶级斗争和路线斗争为纲，做好各项工作，为进一步巩固无产阶级专政而斗争。

（三）贯彻执行“抓革命，促生产，促工作，促战备”的方针，多快好省地建设社会主义

工会应当把发动群众搞好生产作为自己的重要任务。要遵照毛主席关于“政治工作是一切经济工作的生命线”的教导，用革命统帅生产，促进生产，带动生产，切实加强政治思想工作，深入批判刘少奇、林彪一类骗子的修正主义办企业路线，认真贯彻执行党的社会主义建设总路线，贯彻执行“鞍钢宪法”，开展“工业学大庆”的群众运动，认真贯彻中央计划会议精神，建立健全“双七条”制度，加强经济核算，最大限度地促进生产力的发展，加强工业和各行各业对农业的支援。要发动群众讨论国家计划，制定和保证完成计划的措施；协助行政组织工人、干部、技术员“三结合”，进行技术革新和科学实验；善于发现总结和推广群众中的先进经验。商业、服务行业要经常对职工进行“全心全意地为人民服务”的教育，不断改进服务质量。

今年是第四个五年计划的第3年。“5年看3年”。工会要协助行政充分发挥广大职工经过“文化大革命”和批林整风激发出来的社会主义积极性，加速社会主义建设的步伐。大讲大好形势，大鼓革命干劲，大搞增产节约运动，为完成和超额完成今年国民经济计划而奋斗。

（四）积极地为党和国家培养和输送工人干部

伟大领袖毛主席教导我们：“工人中间应该教育出大批的干部，他们应该有知识，有能力，不务空名，会干事实。没有一大批这样的干部，工人阶级要求得到解放是不可能的。”工会应该把培养和输送工人干部作为自己的一项光荣任务。要按照毛主席提供的无产阶级革命事业接班人的五项条件，经常注意从职业群众中发现积极分子，在三大革命斗争实践中帮助他们提高路线觉悟和工作能力。要教育他们艰苦奋斗，谦虚谨慎，不骄不躁，永远不脱离群众，不脱离劳动。要注意挑选和培养在无产阶级“文化大革命”和批林整风运动中涌现出来的新生力量，注意培养妇女干部和青年干部。坚持“走上海机床厂从工人中培养技术人员的道路”。

（五）在党的领导下，教育职工协助和监督各级干部执行党的路线、方针和政策，坚持社会主义方向

毛主席教导我们：“必须全心全意地依靠工人阶级。”经验证明，发动和依靠工人阶级

对于领导机关和领导干部实行监督，是充分发扬民主，发挥工人群众的革命积极性的重要内容，也是使领导机关、领导干部紧密联系群众，克服官僚主义，防止修正主义和教条主义，做好革命工作的一个重要条件。各级工会组织要在党委领导下，教育广大职工，以主人翁的姿态关心国家大事，关心企业工作，积极参加企业管理，搞好“两参一改三结合”，协助和监督各级干部执行党的路线、方针和政策，坚持社会主义方向，向各种违背毛主席革命路线的思想和行为作坚决斗争。

（六）关心工人生活，搞好安全生产和劳动保护，注意工人的文化、技术教育

毛主席一贯教导我们：“应该深刻地注意群众生活的问题”我们批判修正主义，是批判他的背离无产阶级生活、脱离全局利益、脱离长远奋斗目标、为单纯解决个人眼前生活而搞福利的资本主义倾向。工会要坚持无产阶级政治挂帅，把解决实际问题和思想教育工作结合起来，做好群众生活工作。要协助行政切实做好劳动保护工作，经常进行安全生产的教育。要办好业余教育，教育职工为革命刻苦学习文化、技术、业务，走又红又专的道路。

（七）坚持用无产阶级国际主义教育工人群众

工会要结合形势教育，经常向广大职工宣传毛主席的革命外交路线，彻底批判林彪鼓吹的大国沙文主义的谬论。要经常教育职工发扬无产阶级国际主义精神，胸怀祖国，放眼世界，要更好地承担我们应尽的国际主义义务，树立“只有解放全人类，才能最后解放无产阶级自己”的远大理想，把本职工作同无产阶级远大革命目标密切联系起来，用搞社会主义革命和建设的实际行动，支援世界革命人民的斗争，为彻底埋葬帝、修、反，解放全人类贡献自己的力量。

工会要实现上述任务，必须在党的领导下，不断加强自身的思想建设和组织建设。工会干部要坚持认真看书学习，用马列主义、毛泽东思想武装自己的头脑，认真改造世界观，提高执行毛主席革命路线的自觉性。要认真贯彻执行党的群众路线，相信群众，依靠群众，经常参加劳动，同群众打成一片，真正成为工人群众的知心朋友，全心全意地为人民服务。要以批林整风为纲，进一步整顿和健全工会组织。要坚持工会的阶级性，同时坚持他的群众性。除混入工人队伍中的地、富、反、坏、右和资本家外，工人群众中包括进步的、中间的和落后的，凡是要求参加工会的，应当让他们参加。

同志们，我们这次工会代表大会，是在国内外一派大好形势下召开的。在毛主席革命路线指引下，我国人民在政治路线、经济战线和外交战线上都取得了伟大的胜利。我们这个大会，应当是一个鼓足干劲、力争上游的大会，团结起来、争取更大胜利的大会。通过这次大会，要对全县批林整风运动，对“抓革命，促生产，促工作，促战备”有一个很大的推动。让我们在以毛主席为首的党中央的领导下，在毛主席革命路线的指引下，加强工人阶级的团结，加强工农联盟，加强工人阶级和广大人民群众的团结，高举“九大”团结、胜利的旗帜，认真贯彻执行毛主席关于“深挖洞，广积粮，不称霸”的指示和备战、备荒、为人民的伟大战略方针，为我国的社会主义伟大事业，为支援世界革命做出新的贡献。

团结起来，争取更大的胜利！

三、大会决议

【团结起来，进一步发挥全县广大职工在社会主义革命和建设中的主力军作用】（1973年6月16日通过）郓城县工会第三次代表大会全体代表，怀着深厚的无产阶级感情，认真

学习了伟大领袖毛主席关于批修整风和工人运动的一系列指示，深入开展了对刘少奇一类骗子的革命大批判，收到了一次深刻的思想和政治路线教育。围绕党在社会主义历史阶段的基本路线，总结了无产阶级“文化大革命”以来，我县总工会工作的基本经验，肯定了我县工人阶级在社会主义革命和建设中的重要作用，进一步提高了觉悟，明确了方向，鼓舞了斗志，决心在县委的正确领导下，发扬工人阶级的革命传统，增强了革命团结，积极投入批修整风运动，谦虚谨慎，沿着党的“九大”路线继续前进。为进一步发挥全县广大职工在社会主义革命和建设中的主力军作用，大会特做如下决议：

（一）组织工人群众学习马克思主义、列宁主义、毛泽东思想，进行思想和政治路线方面的教育

工人运动要不要以马克思主义、列宁主义、毛泽东思想为指导，历来是毛主席的革命路线同修正主义路线斗争的一个根本问题。新中国建立以来，我国工人运动中一直存在着两条路线斗争。刘少奇一类骗子宣扬工会不用抓阶级斗争，鼓吹马列“过时”，毛泽东思想“到顶”等谬论，实际上是麻痹工人阶级的斗志，使工人成为推行修正主义路线的工具，妄图达到破坏工人学习马列主义、毛泽东思想群众运动的罪恶目的。工人运动两条路线斗争的经验告诉我们：“我们的斗争需要马克思主义。”工会工作最根本的一条，就是以党在整个社会主义个历史阶段的基本路线为纲，狠抓阶级斗争，坚持社会主义革命和无产阶级专政，组织工人群众认真学习马列和毛主席著作，经常进行思想和政治路线方面的教育，把群众性的学习运动深入持久地开展下去。各级工会要深入群众，调查研究，总结交流经验；要经常举办学习班，抓好典型，培养轮训学习骨干；要不断巩固和完善学习制度和学习方法。工会干部要自觉地坚持不懈地带头攻读马列和毛主席著作，要下苦功夫，用气力，“坚持数年，必有好处”。广大工人群众和工会干部只有努力掌握马克思主义的立场、观点和方法，才能增强识别真假马克思主义的能力，提高执行毛主席革命路线的自觉性。

（二）狠抓阶级斗争和路线斗争，批判资产阶级，批判修正主义，巩固无产阶级专政

毛主席教导我们：“千万不要忘记阶级斗争”。工会要发动群众积极投入阶级斗争和路线斗争，深入持久地开展革命大批判。

当前，要继续抓紧抓好批修整风这个头等大事。工会要在党的领导下，发动和组织广大职工深入批判刘少奇一类骗子的反革命修正主义路线，把革命大批判的矛头始终对准刘少奇一类骗子，牢牢把握这个斗争大方向。刘少奇一类骗子的路线是反革命的修正主义路线，其实质是极右的。我们一定要抓住这个实质，深入批判他们妄图从根本上改变党在社会主义历史阶段的基本路线和政策，颠覆无产阶级专政，复辟资本主义的罪行和谬论。要联系工会工作的实际，批判他们在工人运动中散布的“阶级斗争熄灭论”、“经济主义”和否定党对工会的领导等谬论，准确地划清正确路线和错误路线的界限，不断提高广大职工阶级斗争、路线斗争和无产阶级专政下继续革命的觉悟。

各级工会要经常对青年工人进行阶级教育和革命传统教育，抵制资产阶级的思想侵蚀。要严格区分两类不同性质的矛盾，全面落实党的无产阶级政策。团结一切可以团结的力量，最大限度地孤立和打击一小撮阶级敌人。要运用各种形式进行战备教育，继续加强对工人民兵队伍的思想建设，增强战备观念，提高警惕，保卫祖国，使工人民兵成为巩固无产阶级专政、防止资本主义复辟的一支强大力量。

（三）贯彻执行“抓革命，促生产，促工作，促战备”的方针，多快好省地建设社会主义

强大的社会主义经济，是巩固无产阶级专政不可缺少的物质力量。在生产建设高潮中，我们郓城工人阶级应当明确自己的光荣职责。我们一定要贯彻执行党的鼓足干劲，力争上游，多快好省地建设社会主义的总路线，深入开展工业学大庆的群众运动，搞好技术革新，努力提高劳动生产率，出色地完成和超额完成国家计划，加强工业对农业的支援。要在无产阶级政治统帅下，努力精通业务，对工作极端负责任，对技术精益求精。要奋发图强，赶超世界先进水平，为社会主义革命和社会主义事业做出更大贡献。

（四）积极地为党为国家培养和输送工人干部

从工人群众中培养干部，是关系到无产阶级革命事业是否后继有人的大问题，对于巩固无产阶级专政、防止资本主义复辟具有深远的意义。各级工会要在党的一元化领导下，在群众斗争中选拔和培养更多的工人干部。要注意培养工人女干部，让她们在斗争的大风大浪中经受锻炼，大胆地使用她们，热情培养她们，帮助她们更快地提高理论水平和实际工作能力。要教育她们艰苦奋斗，谦虚谨慎，不骄不躁，永远不脱离群众，不脱离劳动，全心全意为人民服务。

（五）协助和监督各级干部执行党的路线、方针和政策，坚持社会主义方向

发动和依靠工人群众对于领导机关和领导干部实行监督，是充分发扬民主，发挥工人群众革命积极性的重要内容，也是领导机关、领导干部紧密联系群众，正确执行党的路线、方针和政策，坚持社会主义方向有效保证。工会干部要在党的领导下，深入实际，深入群众，随时注意发现工作中的问题，及时揭露矛盾，解决矛盾，帮助领导改进工作作风，推动工作前进。

（六）关系工人生活，搞好安全生产和劳动保护，注意工人的文化技术教育

毛主席教导我们：“我们应该深刻地注意群众生活的问题”。我们关心群众生活，是为了使他们从这些事情出发，了解我们提出来的更高的任务，为了巩固无产阶级专政而斗争。工会要在可能条件下，帮助群众解决生活困难，认真做好女工工作和家属工作，要发动和教育群众注意安全生产，划清关心群众生活同“经济主义”、“福利主义”的界限。

我们一定要遵照毛主席关于“走上海机床厂从工人中培养技术人员的道路”的指示，依靠群众办好职工业余文化、技术教育，开展群众业余文娱、体育活动，丰富职工群众的业余生活，发动群众为革命勤奋学习，努力造成一直宏大的、又红又专的工人阶级知识分子队伍。

（七）坚持用无产阶级国际主义教育广大工人群众，树立“只有解放全人类，才能最后解放无产阶级自己”的远大理想，为世界革命贡献自己的力量

工会要结合形势教育，经常向广大职工宣传毛主席的革命外交路线，彻底批判刘少奇一类骗子鼓吹的大国沙文主义的谬论，教育群众发扬无产阶级国际主义精神，履行国际主义义务，积极搞好本职工作，努力完成援外任务，坚持支持各国工人阶级和广大人民的革命斗争，为解放全人类做出自己应有的贡献。

郓城县工会第三次代表大会的召开，为我县工人运动开展了新的一页。面对国内外一派大好形势，时代赋予我们工人阶级的任务，更加显得非常艰巨和光荣。大会号召全县职工，在毛主席革命路线指引下，在中共郓城县委的

直接领导下，进一步发挥工人阶级在各项工作中的主力军作用，焕发精神，努力工作，为完成党的“九大”和九届二中全会提出的各项战斗任务，为实现工人阶级的伟大历史使命而努力奋斗！

四、大会主席团（33人）

陈　思　李献芝　马一达
张伟成　韩建刚　曹登科
庄静亭　李梦臣　孟翠荣
胡　涛　祝仰钦　吴祥太
贺耀昌　孔庆芝　司品德
郁德连　何利和　孙伟昌
王云亭　杨辛酉　李德山
侯高照　侯太益　张友杰
杨道波　李金印　梅静林
王继俊　董明业　袁永福
赵美兰　刘玉香　樊合新

五、第三届委员会

主　席　王云亭
副主席　侯太益　孔庆芝（女）
樊合新
常务委员　王云亭　侯太益
孔庆芝（女）樊合新
付兆章　马步芳
张友杰　李德山
李金印　梅静林
杨道波
委　员（39人，按姓氏笔画为序）
丁福祥　于秀真（女）
孔庆芝（女）王云亭
王化冉　王邦生
王洪谦　王继俊
付兆章　司建民
司品德　田延令
刘玉香（女）李秀云（女）
李金印　李洪基
李德山　吴慎延
岑　娅（女）周长记
郑自容（女）郁德连
赵美兰（女）侯太益
袁永福　马步芳
张友杰　张金生
张新玉　张翠秋（女）
梅静林　黄清河（女）
曹记云　曹瑞勤（女）
许建峰（女）贾振业
董明业　杨道波
樊合新

六、出席地区工会第一次代表大会代表（66人）

王云亭　侯太益　贾振业
郁德连　梅静林　侯居德
曹纪云　李德山　王邦生
季德领　李乃忡　刘玉香
张金生　张新玉　司品德
马爱莲　樊合新　董明业
仲秀莲　岑　娅　侯方林
田延令　王　霞　倪化珠
王洪谦　王金柱　丁福祥
李素云　焦桂芹　魏保存
李金印　马玉兴　王继俊
金忠兴　郁保起　李玉雪
陈尚福　张福同　杜清起
田继云　曹瑞芹　明成保
赵美兰　祝仰跃　张友杰
袁永福　王德广　杨道波
周长纪　毛元德　周传言
宋淑冲　王继才　张乃聚
付振堂　陈长兰　张翠秋
李金巧　于秀真　郑自荣
李秀云　陈翠英　张思冉
张瑞玲　姚来良　刘德连

七、代表分配名额

第三次代表大会代表分配名额					
单位	数额	其中女代表	单位	数额	其中女代表
工业局	152	28	电信	8	2
商业局	137	31	农机局	5	1
粮食局	22	4	建筑公司	8	1
银行	6	1	农业局	9	1
物资局	3	1	水利建设指挥部	3	3
交通局	25	2	黄河修防段	2	0
邮政	6	1			

第四节　第四次会员代表大会

一、代表大会

1980年3月29日至31日，郓城县工会第四次代表会议在县政府招待所召开。本届大会的代表共343人，代表全县工交、农林、财贸、基建、文教、卫生等10多个系统，70多个基层。这些代表受全县11700名工会会员的委托出席了大会。代表中女代表71人，占代表总数的20.6%。大会实到代表308人，缺席35人，特邀代表5人。

大会的主要任务是：以党的十一届三中全会、四中全会、五中全会精神为指针，深入贯彻上级有关会议精神，进一步落实工会“九大”确立的新时期工会工作的基本方针和任务，紧紧跟上全党工作着重点的伟大战略转移，总结交流县总工会第三次代表大会以来，郓城县工人运动和工会工作的经验，进一步动员广大职工胸怀全局、献身四化、奋发图强，为把我国建设成为社会主义现代化强国而努力奋斗。

会议听取了郓城县总工会副主席樊合新的开幕词、总工会主席王云亭的工作报告，通过了大会决议，大会选举了郓城县总工会第四届委员会和出席山东省工会第七次代表大会代表。

大会期间，菏泽地区工会副主任丁宗山，中共郓城县委、县革委的领导同志和各部、委、办、局的负责人出席大会。中共郓城县委常委陈传义代表县委向大会的致祝词，菏泽地区工会副主任丁宗山代表地区工会向大会的致祝词，县贫协、妇联、团委、知青办的负责人到会祝贺，东关小学少先队队员向大会献词。

二、大会有关讲话、报告

【郓城县总工会副主席樊合新致开幕词】

（1980年3月29日）

代表们、同志们：

在20世纪80年代第一个春天到来之际，在全县人民贯彻落实党的十一届五中全会精神的大喜日子里，在全国各条战线向四个现代化胜利进军的凯歌声中，在县委和上级工会的直接领导和亲切关怀下，我县工会第四次代表大会现在开幕了。这是粉碎“四人帮”以来我县召开的第一次工会代表大会，是全县工人同志们政治生活的一件大事，它对我县工会工作的开展，完成工人阶级的历史使命必将起到很大的推动作用。

今天，县委、县革委的领导同志，各部、委、办、局的负责同志，在百忙中出席了会议，陈传义同志并将要代表县委、县革委向大会致辞，充分体现了领导和各部门对我们这次会议的关怀和支持。我谨代表大会表示热烈的欢迎和衷心的感谢！

同志们，2月29日党的五中全会胜利召开了。消息传来，全县人民欢欣鼓舞，工厂、农村反应热烈。五中全会所解决的一系列重大问题，乐乎党心，顺乎民意，对于调动全国人民的积极性，同心同德进行四化建设，犹如万物得春雨。我们这次大会，就是响应五中全会的号召，充分发挥工会组织的作用，紧张努力，团结战斗，干出更大成绩的动员大会、誓师大会。

出席大会的代表共343名，其中工业、交通、基建系统的代表85名，财贸系统的代表101名，文教卫生系统的代表133名，农林水系统的代表19名，特邀代表5名。代表中有各条战线的劳动模范、先进工作者、三八红旗手、青年突击手，有企业党政干部和文化革命前就从事工会工作的老同志，还有少数民族的代表。人民解放军、农民、科研、退休职工和职工家属的代表应邀列席了会议。我代表县总工会第三届委员会向出席这次会议的全体代表致以亲切的问候！

代表们、同志们，县工会第三次代表大会召开至今已经将近七年了。七年来，形势发生了翻天覆地的变化。今天代表们欢聚一堂，任务就是：认真学习、贯彻党的五中全会精神，传达全总九届二次执委扩大会议和省总工会全委扩大会议文件，讨论三届委员会的工作报告，总结工会工作的经验、教训，交流工会工作的经验，按照县委关于调整全县经济的部署和开展增产节约运动的要求，研究今后工作的任务，选举产生县总工会第四届委员会，选举产生出席省工会第七次代表大会的代表。

同志们，我们的代表都是来自全县各个部门，具有广泛的代表性，不仅带来了各单位的捷报佳音，而且带来了广大职工的建议和要求。大家战斗在四化建设的第一线，最了解实际情况，最有实践经验，最有发言权。我相信，经过认真的学习和讨论，我们一定能够认清工会工作所面临的新形势新使命，深刻了解大会的重要意义，胜利完成大会的各项任务。

预祝大会圆满成功！

【中共郓城县委常委陈传义的致辞】

（1980年3月29日）

代表们、同志们：

今天，我县工会第四次代表大会胜利召开了。大家欢聚一堂，共同商量全县工会工作的大事。这是全县广大职工群众空前团结的象征，是全县人民的大喜事，它必将对我县总工会工作的胜利开展和加快经济建设的速度，起到很大的推动作用。我代表县委、县革委向大会致以热烈的祝贺，向全体到会的代表和战斗在各条战线上的全体职工同志们致以亲切的慰问。

我县工会第三次代表大会召开至今已近七年了。七年来，我县也和全国一样，是由动荡转向安定，由大乱转向大治，由破坏转向建设的七年，是我们各项事业不断取得胜利的七年。在“四人帮”横行时期，我县广大职工怀着对“四人帮”的极大革命义愤，不怕白色恐怖，同他们进行了不屈不挠的英勇斗争。粉碎“四人帮”后，我县广大职工在肃清“四人帮”的流毒中，在四个现代化的建设中都做出了优异成绩。实践证明，我县工人阶级是一个久经考验的立场坚定的领导阶级。

党的十一大和五届人大已经向全国提出在20世纪末实现社会主义四个现代化的伟大目标。党中央、国务院要求加快实现四个现代化的步伐，并且为此而提出了一系列政策和组织措施。中央提出："这是一场改变我国经济和技术落后面貌，进一步巩固无产阶级专政的伟大革命。"这场革命既要大幅度的改变目前落后的生产力，就必然要多方面地改变生产关系，改变上层建筑，改变工农业企业的管理方式，使之适应于现代化大经济的需要。为了提高经济发展的速度，就必须大大加强企业的专业化，大大提高全体职工的技术水平，并且认真实行培训和考核，大大加强企业的经济核算，大大提高劳动生产率和资金利用率。因此，各条经济战线不仅需要技术上的重大改革，而且需要进行制度上、组织上的重大改革。进行这些改革，是全国人民的长远利益所在，否则，我们就不能摆脱目前生产技术和生产管理的落后状态。县委相信，为了社会主义的利益，为了四个现代化的利益，全县工人阶级一定会在这些大改革中起到大公无私的模范先锋作用。各级工会组织一定会用深入群众的宣传组织工作积极协助各企业顺利地实现这些改革，为革命和建设事业做出新的杰出贡献。工人阶级最重要的特点之一就是同社会化的大生产相联系，因此它的觉悟最高，纪律性最强，一定能在新时代的经济进步和社会政治进步中起到领导作用。我们希望这次大会能对当前的形势和今后的任务进行深入讨论，以便团结全体会员，为完成四化建设的伟大任务而斗争。

工会要抓好全体会员的学习，做深入细致的思想工作，使其自觉地为四化建设贡献力量。最近要组织职工认真学习叶副主席的国庆讲话、邓副主席关于《目前的形势和任务》的报告，学习党的十一届五中全会公报等重要文件。继续深入开展真理标准问题和生产目的的学习讨论，深入进行坚持四项原则的教育和辩证唯物主义的思想教育，充分认识实现四个现代化的伟大意义。要做好职工的政治思想工作，反对用简单的奖惩手段代替复杂的思想工作的错误倾向，有针对性地解决职工中存在的一些模糊认识，把思想工作做到生产中去，做到经济建设中去，做到家庭中去，帮助他们正确处理民主和集中、自由和纪律、眼前利益和长远利益等方面的关系，坚持克服资产阶级派性、无政府主义和个人主义，发扬艰苦奋斗、大公无私、严守纪律、服从调动、爱厂如家的光荣传统，自觉的执行党的路线、方针、政策，积极配合党的中心任务开展工作，为四化建设贡献自己的全部力量。

我们的企业要实行党委领导下的厂长或经理负责制，要建立强有力的生产指挥系统。工会要教育会员维护企业实行高度集中的行政领导，维护生产指挥系统的高度权威。只有这样，才能有效地克服现在普遍存在的无人负责现象，才能正常地、有秩序地组织生产。也只有这样，才能不断地扩大再生产、增加利润率，不断改善职工生活，从而确保国家利益、集体利益和个人利益的统一。工会要教育全体会员积极参加企业管理，使集中领导和民主管理结合起来。今后各个企业的车间主任、工段长、班组长都要由工人民主选举产生。企业的重大问题要经过职工代表大会或职工大会讨论。企业的领导干部要在大会上听取职工意见，接受职工的批评和监督，某些严重失职或作风恶劣的领导人员和管理人员，工会有权向上级建议处分或撤换。各企业的工会是职工代表大会和职工大会的工作机构。因此，工会再不是有些人所认为的那种可有可无的组织了。工会工作的好坏，直接影响着工人当家做主的权力行使得怎样，影响企业管理的好坏，影响着集中领导能否顺利进行。这就是说，一个企业管理得好，不仅是党政干部的成绩，也是工人群众的成绩、工会工作的成绩。

工会要深入持久地开展以增产节约为主要内容的社会主义劳动竞赛。竞赛的重点要放在提高质量、产量、增加品种、降低消耗和安全生产上，特别是要把提高质量放在第一位，千方百计节约能源、动力和原材料，各行各业都要精打细算，艰苦奋斗，勤俭办一切事业，广泛开展挖潜、革新、改造和合理化建议活动，有利于调动群众的积极性。许多单位的经验证明，开展小指标百分赛是符合社会主义“各尽所能，按劳分配”原则的好形式。这种竞赛，能把企业的各项经济技术指标真正落实到班组和个人，把奖金分配同完成任务的好坏挂起钩来，较好地体现了经济责任、经济效果、经济利益的有机结合，有利于促进企业管理和调动群众的积极性，保证完成和超额完成国家计划。各单位还要根据自己的具体情况和特点，开展一些单项竞赛和同工种、同机台、同业务之间的竞赛，注意开展上下工序、前方后方一条龙协作赛和长际赛。要搞好竞赛中的评比奖励工作。把学习优劣、风格高低、技术好坏、贡献大小作为评比的条件，要做好对先进集体和先进人物的培养教育和管理工作，充分发挥模范骨干的带头作用，使老职工、老模范做出新贡献，新职工、新模范迎头赶上来，不断扩大先进队伍。要把精神鼓励和物质鼓励结合起来，采取张榜表扬、送喜报、照光荣像、发奖状、开庆功会等群众喜闻乐见的形式予以精神鼓励，造成一个先进光荣的浓厚气氛。要坚决纠正那种竞赛一阵风，似赛非赛，平时无考核，评比靠印象，奖励搞平均等吃大锅饭的现象，掀起一个比学赶帮超的热潮。

工会要大力办好职工业余教育，提高职工的文化教育水平。当前，我们所面临的主要任务是：继续提高我们工会干部和广大职工对大办业余教育重大意义的认识，进一步提高广大干部、职工办学和学习的自觉性。一面狠抓现有职工业校的巩固，提高教学质量。一面继续扩大办学，提高入学率。要把三十五岁以下的青壮年职工作为教育的重点对象。学习内容要紧密结合生产实际，为生产服务，既要学好文化基础课，又要学好技术课。课程设置要少而精，有针对性。要采取县、局、厂三级办学，以厂办为主的方法。条件较好的单位，要重点办好初中、高中或中专、大专班。条件差的单位，要重点办好扫盲班、小学班、初中班和初等技术班。县计划今年入学率要达到应入学职工的 60% 以上，并且扫除职工的文盲，1983 年普及初中教育，1985 年普及高中教育。要认真抓好业余教育经费的管理和使用，经费要专款专用，不得挪用。要注意研究业余教育的新情况，解决新问题，及时总结交流经验。同时还要重视和加强对教育工作者、医药卫生工作者、文化艺术工作者等广大知识分子的工作，要在四化建设中努力培养更多的工人阶级新一代的知识分子。

工会要努力保障工人的福利。我们的国家还很落后，工人的福利不可能在短时间内有很大的增长，而只能在生产增长特别是劳动生产率增长的基础上逐步增长。但是，这绝不能成为企业领导不关心工人福利的借口，尤其不能成为工会组织不关心工人福利的借口。就目前的条件下，企业领导在这方面有大量的工作应该做，工会组织有更大量的工作应该做。工会组织要监督和帮助企业行政在可能的范围内，努力改善工人的劳动条件，解决好小孩入托和学生上学问题。要照顾女职工的特殊困难，做好四期保护和计划生育工作，要做好老弱病残和退休工人的工作，搞好互助储金会和救济工作。组织好业余体育队，逐步推广工间操、保健操、生产操，坚持开展长跑、拔河、篮球、排球、乒乓球等活动，使职工身体健康，精力充沛地进行四化建设。

工会要加强自身的建设。首先要抓好思想建设。当前，要重点学习好叶副主席、邓副主席的重要讲话和中央〔1979〕69 号文件，学好十一届五中全会文件，深入批判“四人帮”的极“左”路线，坚持实践是检验真理的唯一标准，提高思想觉悟和理论水平。其次要抓组织建设。凡是工会组织不健全或尚未建立工会组织的单位，都要抓紧建立健全起来。各级工会组织，都要严格按照工会章程办事，围绕党的中心积极开展工作。工会干部要坚决执行民主集中制的原则，一切重大问题，必须认真听取群众意见，经过集体讨论决定，要定期向会员报告工作，听取下级和会员的批评意见。要开好工会积极分子代表会，表彰他们的事迹，不断扩大积极分子队伍。平时要从各方面关心培养他们，依靠他们做好工作。第三，要加强工会的作风建设，坚持实事求是，群众路线的作风。工会干部一定要深入基层，深入群众，到生产第一线去，同职工群众交朋友，热心为他们服务。使工会组织真正成为密切联系群众、替工人说话、替工人办事的“工人之家”，当好党的助手。

代表们，同志们，四个现代化的宏伟目标已经展示在我们面前，我们正在做我们前人从来没有做过的伟大而光荣的事业。我们要高举毛主席的伟大旗帜，紧密团结在党中央的周围，万众一心，紧张努力，为实现工人阶级的伟大历史使命——在 20 世纪内把我国建设成为繁荣昌盛的社会主义强国而奋斗！

预祝大会圆满成功！

【郓城县总工会主席王云亭所做的工会工作报告】

代表们、同志们：

我受郓城县总工会第三届委员会的委托，向大会做工作报告。

我们这次代表大会，是在全国人民认真贯彻落实党的十一届五中全会精神，团结一致，同心同德，向四个现代化进军的大好形势下召开的。这次代表大会，是动员全县工人阶级艰苦奋斗，大干四化的誓师盛会。大会的召开，对我县总工会工作的开展，完成工人阶级新时期的历史使命，必将起到很大的推动作用。

（一）

我县工会第三次代表大会，是 1973 年 6 月召开的到现在已近七年了。在这不平常的七年里，我县工人阶级经历了伟大的斗争和严峻的考验。林彪、“四人帮”疯狂破坏工人运动和工会工作，受到了我县各级工会组织和广大职工群众坚决抵制和反对，维护了工人阶级的团结，维护了党和国家的利益，保卫了社会主义革命和社会主义建设的胜利成果。粉碎“四人帮”以后，特别是全国工会“九大”以来，我县各级工会在党组织的领导下，紧紧围绕党的工作中心，积极主动，认真负责，努力工作，迅速打开了工会工作的新局面。组织和带领广大职工认真学习了中央〔1979〕69 号文件，深入批判了林彪、“四人帮”散布的“工运黑线统治”等谬论，分清了路线是非；广泛宣传学习了党的十一届三中全会精神和叶副主席的国庆讲话，认清了形势，鼓舞了斗志，增强了大干四化的决心和信心；进行了坚持四项基本原则和民主与法制的教育，促进了安定团结，维持了生产秩序、工作秩序和社会秩序。

一、坚持以生产为中心，广泛开展社会主义劳动竞赛

几年来，特别是党的十一届三中全会后，各级工会组织坚持以生产为中心，发动和组织职工群众广泛开展了社会主义劳动竞赛。在竞赛中，把优质、高产、低消耗和挖潜、革新、改造作为主要内容。在形式上，多数企业把八项经济技术指标分解为若干小指标，落实到车间、班组和个人，扎扎实实地开展了小指标竞赛。不少单位还根据自己的实际情况，开展了各具特色的“创纪录赛”“千百万无次品赛”“百日无事故赛”“红旗班组赛”“质量信得过赛”“同工种、同业务赛”“良好服务月”等活动，出现了人人争当先进，个个多做贡献的新局面。

通过社会主义劳动竞赛，我县一批工业产品的质量达到或超过了规定标准，创造了本企业最好水平。调动了广大职工大干四化的积极性，促进了生产计划和八项经济指标的完成。从1973年以来，全县工业生产持续上升，有了很大发展。1979年全县共完成工业总产值4440万元，占年计划的105%，比1973年增长2.5倍。农机厂去年完成工业总产值116.9万元，占年计划的117%，利润达17万元，由后进单位跃进了先进行列。今年以来，我县工业在调整中都保持了一定速度。1至2月份，全县共完成工业生产总产值1568万元，比去年同期增长8%，夺取首季开门红大有希望。基建、交通、财贸、卫生、文化、教育等其他各条战线也都呈现了前所未有的大好局面，夺取了可喜的成果。劳动竞赛还有力地促进了科研和双革活动的开展。仅1979年一年，县工业系统就完成技术革新项目35项，其中有四项达到了较高水平。在劳动竞赛中，涌现了一大批先进集体和模范个人。农机厂电工全玉林同志，埋头苦干，刻苦钻研业务技术，除保证全厂正常用电外，还利用休息时间修复旧电机和旧电器，为国家节约开支两千余元。化肥厂阎九立、百货公司张玉环、东关联中王守新和县医院孟瑞兰等同志，一心扑在四化建设上，忘我的劳动，积极的工作，在不同的岗位上，取得了优异成绩，做出了积极贡献，对鼓舞职工群众同心同德搞四化建设起了很大的促进作用。

二、加强工会自身建设，充分发挥组织作用

遵照党中央关于要把工会组织整顿好、建设好，充分发挥组织作用的指示，自1973年整建工会以来，我县各级工会组织在各级党组织的领导下，排除“四人帮”的干扰破坏，在社会主义革命和社会主义建设中发挥了应有的作用。粉碎“四人帮”以后，特别是全国工会“九大”以来，各级工会组织，结合企业整顿，从思想上、组织上、作风上加强了工会组织的整顿和建设，使工会组织逐步走上了正轨。各级工会组织重新恢复了工会的组织生活，有计划地进行了工会性质、地位、作用和会员权利、义务的教育，广大工会会员的组织观念进一步提高，广大工会干部的事业心进一步增强。特别是被“四人帮”长期排斥在工会组织之外的教育、文化、卫生战线上的广大职工和工会会员，已经或正在恢复工会组织，回到了工人阶级的队伍里来，使我们工会组织的力量不断发展壮大。1973年整建工会时，我县共有基层工会72个，会员5120人，工会委员以上的工会干部431人。现在我县共有基层工会157个，会员11291人，占职工总数的96%，工会委员以上的工会干部930人，其中专职工会干部16人。根据工会工作发展的需要，县委进一步加强了对县总工会的领导。1973年整建工会时，县总工会只有5名干部，现已配备干部、职工10名，工会的各项工作都有专人分工负责。在思想整顿和组织整顿的基础上，各级工会组织都认真注意转变作风，面向基层，深入群众，紧紧围绕党的工作中心，积极主动地开展工会工作，较好地发挥了党的助手作用。

三、积极开展职工业余教育，努力提高职工的文化技术水平

在党中央关于“提高整个民族的科学文化水平，是摆在全体人民面前的一项极为巨大的任务”的号召鼓舞下，遵照党中央提出的1985年前职工文化技术培训目标，我县各级工会组织积极主动地开展了职工业余教育工作，把它摆在重要的地位，作为实现四个现代化的一项战略任务来抓。特别是1979年以来，各级工会组织，克服困难，集中领导，集中时间，摸底子，订计划，因陋就简，勤俭办学，使我县职工业余教育工作得到了恢复和发展。县总工会办起了电视大学1个班、职工业余大学2个班。办职工业余大学，发扬了艰苦创业精神，没有教室，就利用会议室、办公室，没有教员，就聘请兼职教师，没有桌凳，就临时坐联椅，缺乏教材，就凑用其他课本。现已有1名专职教师，6名兼职教师，学员96名。教师认真负责教，学员积极努力学，教学质量越来越高。县粮食局党组对职工业余教育非常重视，支持工会办起了职工业余高中班。县农机厂办起了扫盲班，搪瓷厂办起了专业技术训练班，县医院办起了业余电视英语班。各级工会组织在办学中都克服了师资、教材、教室、办学经费等方面的困难。目前全县共办起职工业余文化班7个，技术班20余个，电视大学班2个，共有学员600余人。一个群众性的学文化、钻技术，攀登科学高峰的热潮正在逐步兴起。

四、关心职工生活，积极为群众谋福利

我县各级工会组织，主动配合有关部门抓好安全生产教育，积极办好职工食堂、托儿所等集体福利事业，大力宣传晚婚和计划生育，认真研究职工生活中迫切需要解决的问题，改变了过去对职工生活不敢抓、不愿管的状况，调动了广大职工大干四化的积极性，县总工会和多数基层工会，明确了专抓生活和女工工作的干部。女工较多的单位，有的建立健全了女工工作委员会，加强了对职工生活工作的领导。目前，不少单位的职工食堂，做到了饭菜花样多，质量高，生活费用低，服务态度好。五金交电公司等单位，明确专人抓职工食堂，采取有效措施，保证职工吃饱、吃好、吃得热乎，职工群众非常满意。农机厂、搪瓷厂和县医院等单位，都已办起托儿所、幼儿园，并认真注意抓好学龄前儿童的教育，较好地解除了职工的后顾之忧，许多单位都认真开展了后勤服务部门的社会主义劳动竞赛，总结推广了先进经验，对办好职工的集体福利事业，起到了很大的推动作用。许多基层工会组织，认真办好互助储金会，开展群众性的互助互济活动，较好地解决了职工生活中的一些实际困难。一些单位的工会组织，敢于为工人说话，替工人办事，在认真落实党的各项政策，纠正冤假错案以及解决职工住房、子女上学就业和做好劳动保险工作等方面，都做了不少工作。县总工会接待的职工来信来访，一般都协助有关部门进行了妥善解决。

各级工会组织还注意抓了职工群众的业余文体活动。县总工会和有关部门配合，多次举办了体育运动会和职工文艺会演，去年“五一”、新年，县总工会配合体委、团委举办了运动会，进行了职工男女篮球、象棋、拔河等项比赛，增强了职工体质。县总工会自1976年以来，集中力量抓了职工俱乐部的工作，开展了图书借阅等活动。县药材公司、建筑公司、邮电局、农机厂等单位，在开展职工业余体育活动方面，坚持经常，工作扎实，群众比较满意。

几年来，我们的工作虽然取得了一定成绩，但还存在不少问题。有些工会组织不能替

工人说话，不能为工人办事，不敢大胆地维护职工群众的切身利益；在工作中，配合性的活动多，独立性的活动少，缺乏积极主动、独立负责的精神；在作风上，不够深入扎实，浮在上面多，到群众中解决具体问题少；在计划生育方面还有二胎以上的超生现象。这些问题，在今后工作中要认真加以解决，使工会真正成为职工群众的重要代表者。

几年来的工作实践使我们深刻体会到，要做好工会工作，就必须坚持以下几项基本原则。

1. 必须自觉接受和服从党的统一领导。接受和服从党的领导，坚持贯彻执行党的路线、分针、政策，围绕党的中心任务进行工作，这是工会工作的一项根本原则。党是工人阶级的政党，是工人阶级的先锋队，是工人阶级的最高组织形式。作为工人阶级群众组织的工会，只有在思想上、政治上和组织上完全接受党的统一领导，才能坚持正确的政治方向，团结和带领工人群众为完成工人阶级的历史使命，真正成为党联系群众的纽带和党在群众中进行工作的有力助手。林彪、“四人帮”疯狂破坏党对工会的领导，大搞以帮代会，以会带党，把工会凌驾于党之上，进行篡党夺权的反革命阴谋活动，使我们党、工会和工人阶级都遭受了严重的灾难。工人运动坚持党的领导就是胜利，离开党的领导就受挫折，这就是历史的经验。

2. 必须积极主动，独立负责地开展工作。工会组织是积极主动、独立负责地开展工作，还是消极被动、一等二靠，这是能否搞好工会工作的关键。工会工作是党的工作的组成部分，有着广泛联系群众的特点。工作不能只等党委做指示，靠党委出点子，向党委要条件。要根据实际情况，自己出题目，自己做文章，有自己的计划和打算，积极主动，独立负责地开展工作。只有这样，才能进一步提高工会在工人群众中地威望，取得党委的重视和支持，把工会的各项工作任务真正落到实处。

3. 必须密切联系群众，依靠群众，维护职工群众的切身利益。密切联系群众，紧紧依靠群众，是做好工会工作的基本条件。敢于维护职工群众的切身利益，是我们工会工作的根本出发点。工会是工人阶级的群众组织，是广大职工群众的重要代表着。党委设立这样一个群众工作部门，就是通过它倾听群众的呼声，体察群众的情绪，关心群众的利益，把广大职工群众团结在党的周围。如果工会不联系工人群众，不依靠工人群众，不替工人说话，不为工人办事，就失去了工会是职工群众代表者的意义，就不能称之为“工人之家”。

4. 必须维护和加强工人阶级的团结。维护和加强工人阶级的团结，是我们的事业取得胜利的可靠保证。工人阶级之所以是一个先进的阶级，具有强大的战斗力和彻底的革命性，能够成为社会主义革命和社会主义建设的主力军，一个重要的原因，就是靠内部的坚强团结和高度的组织纪律性。我县几年来的实践充分说明了这一点。在林彪、“四人帮”横行时期，工人队伍被分裂，工会组织被砸烂，生产遭到严重挫折。粉碎“四人帮”以后，加强了工人阶级内部的团结，生产取得了一个又一个的胜利。历史的经验告诉我们，没有一个安定团结的政治局面，没有工人阶级的坚定团结，就不能顺利地进行社会主义现代化建设。

（二）

现在我们已进入20世纪80年代。邓副主席讲，在20世纪80年代里，我们要做好三件大事，一是在国际事务中反对霸权主义，维护世界和平；二是台湾回归祖国，实现祖国统一；三是加紧经济建设，搞好四个现代化。这三件大事的核心是现代化建设，这是全党和全

国人民的中心任务，也是我们工人阶级的光荣历史使命。各级工会都要坚定不移地贯彻执行党的政治路线；坚决维护和发展安定团结的大好局面；发扬艰苦奋斗的创业精神；建设一支坚持社会主义道路，具有专业知识的又红又专的职工队伍；进一步做好群众工作，密切党和群众的联系，保证党的领导。这是我们今后工会工作的方向和指导思想。

一、深入开展以增产节约为主要内容的劳动竞赛

社会主义劳动竞赛是完成计划，促成生产的重要手段。做好以增产节约为主要内容的社会主义劳动竞赛，是工会应当做好的一项主要工作，各级工会一定要把主要精力放到这方面来，广泛发动，精心组织，努力把社会主义劳动竞赛提高到一个新水平。

要教育广大职工树立艰苦创业的精神。要充分认识我国的经济基础差、底子薄、技术落后，这就决定我们搞四个现代化要有一个艰苦奋斗的过程。广大职工在四化建设中要发扬延安的光荣传统，不怕出力流汗，不怕苦和累，为发展生产、增加财富付出艰苦的劳动，积极投入竞赛运动。要把竞赛的重点放在提高质量、增加产量、降低消耗上。要努力增加花色品种，敢创名牌，多创名牌。要处处事事精打细算，千方百计节约能源、动力和原材料，把有限的财力、物力用到最需要的地方，用最低的消耗创出较高的产量。竞赛的形式要服从于竞赛的内容，要有利于调动群众的生产积极性。许多单位的经验证明，开展小指标百分赛，实行计分计奖，能把企业的各项经济技术指标落实到班组和个人，把奖金的分配同完成任务的好坏直接挂起钩来，较好地体现了经济责任、经济效果、经济利益三者的结合，有利于促进企业的管理和调动群众的积极性，是增产节约劳动竞赛的好形式，应大力推广。同时，各行业和各企业，要根据自己的具体情况和特点，开展一些单项竞赛和同工种、同机台、同业务之间的竞赛活动。还要注意开展上下工序、前方后方一条龙协作赛和厂际赛，努力造成一个比、学、赶、帮、超，争为四化立功的热潮。

要进一步广泛开展群众性的技术革新和合理化建议运动。要立足于现有企业，进行挖潜、革新、改造，把大干、苦干和巧干结合起来，经常地、有计划地组织群众性的技术革新、技术协作、技术表演和合理化建议活动。各工厂企业在党委领导下，可建立由行政、工会、技术部门三方面组成的合理化建议委员会或领导小组，加强对这项活动的领导，具体抓好课题的提出、合理化建议的登记、审批和实施等环节。县总工会要配合有关部门，积极创造条件，尽快把技术协作组织建立起来，制订规划，广泛开展技术攻关、技术交流活动，有组织、有计划地突破一些生产关键。

要坚持精神鼓励和物质奖励相结合的原则，搞好竞赛的表扬和奖励工作。要把竞赛和奖励紧密结合起来，改变目前有些单位存在的以奖带赛和奖赛脱节的状况。要引导职工正确处理国家、企业、个人三者的利益关系，使职工从物质利益上关心企业经营的好坏，增强主人翁责任感，又不能单纯地追求奖金。防止单纯地用扣分、扣奖代替深入细致的思想政治工作的倾向。要注意在搞好物质奖的同时，对那些贡献大的先进集体和个人，分别采取送喜报、照光荣像、张光荣榜、开庆功会等形式，大张旗鼓地宣传他们的先进思想和事迹，造成先进光荣的浓厚气氛。要进一步加强对劳模、先进人物的培养、教育和管理工作，充分发挥劳动模范的骨干带头作用。各级工会组织要逐步建立劳模工作制度，定期检查了解模范人物的情况，切实从政治思想上、工作上和生活上

关心他们，帮助他们解决一些实际困难。教育他们不要脱离群众，鼓励和帮助他们创造更加优异的成绩。

要进一步加强对劳动竞赛的领导。各基层工会要在党组织的领导下，会同有关部门，建立健全劳动竞赛委员会。工会一把手要亲自抓竞赛，并要有人分工具体抓。各级工会都要注意抓好典型，县总工会和各局工会要组织人员靠上去，重点抓好一两个企业，各基层工会要重点抓好一两个车间或班组，及时总结推广先进经验。县总工会每年都要对劳动竞赛情况进行一次全面的检查评比，召开经验交流会议，推动社会主义劳动竞赛真正健康地向前发展，使其在增产节约运动中发挥更大的作用。这次大会上形成一个关于开展增产节约劳动竞赛的决议，讨论通过后，要认真贯彻执行。

二、进一步加强思想政治工作

根据新的形势和任务的要求，围绕有利于造成一个安定团结的政治局面，服从大家同心同德、团结一致搞四化这一总的目标，各级工会要针对职工群众的思想实际，采取多种形式，把思想政治工作进一步做深做细。当前部分职工群众，对形势认识不清，对四化建设缺乏信心，要认真组织职工学好叶副主席的国庆讲话，学好邓副主席关于目前形势和任务的报告，学好党的十一届五中全会精神，把广大职工的思想认识统一到党中央的指示上来。认清形势，鼓舞斗志，增强大干四化的决心和信心。要向广大职工进行辩证唯物主义的思想路线教育，坚持实践是检验真理的唯一标准，一切从实际出发。要有针对性的坚持社会主义道路，坚持无产阶级专政，坚持党的领导，坚持马列主义、毛泽东思想四项基本原则的教育，使广大职工进一步明确工人阶级的历史使命，加强主人翁责任感，树立共产主义的远大理想。要注意把思想政治工作和法制教育结合起来，教育广大职工克服无政府主义和极端个人主义，坚持党的领导，抵制歪风邪气，遵纪守法，维护安定团结的政治局面，维护社会秩序、工作秩序和生产秩序。

要特别注意加强对青年工人的教育工作，十分关心青年工人的成长。“文化大革命”以来，工厂企业增加了大量新工人，他们是工人队伍的新鲜血液，很多青年工人勤奋学习，积极上进，成为一代新人。但由于林彪、“四人帮”极“左”路线的毒害，不少人对党和社会主义制度容易产生各种模糊认识，无政府主义和极端个人主义的流毒在少数青年工人中还有相当影响，有的人甚至羡慕资产阶级自由化，一味追求资产阶级生活方式。因此，工会要和团组织一起，有计划地、系统地向青年工人进行工人阶级历史使命和优良传统的教育。充分发挥老工人的作用，搞好传帮带，耐心帮助他们克服消极落后因素，使他们树立起大公无私，刻苦学习，勤劳俭朴，积极向上，勇于为四化献身的精神，在四化建设中发挥突击队作用。

政治思想工作应深入细致，生动活泼。要注意抓好班组基础工作，建立定期的班组学习制度，搞好学习。要通过班组骨干，广泛开展走访谈心活动，把思想政治工作真正做到生产中去，做到宿舍、家庭中去，特别要耐心细致地做好后进人物的转化工作。要进一步活跃工会的各种宣传阵地，通过电影、喜剧、歌舞、展览、讲座等群众喜闻乐见的形式，进行生动活泼的思想政治工作。当前，要注意引导职工正确处理国家、集体、个人三者的利益关系，解决生产中单纯追求奖金的问题；正确处理数量与质量、生产与安全的关系，解决生产中忽视质量与安全的思想；正确处理人与人、班与班之间的关系，克服生产中只顾个人、互不创造条件的本位主义，促进生产的更大发展。

三、关心职工生活，维护职工利益

关心职工生活，维护职工群众的切身利益，是工会在新时期必须经常抓好的一件大事。当前职工生活中存在的问题很多，这主要是林彪、“四人帮”十年大破坏所造成的。但也必须看到，目前确实有一些迫切需要解决而又可能解决的问题没能解决好。工会要一方面教育职工认清我们的国家还有困难，要依靠自己的双手，努力发展生产，为逐步改善生活创造条件。另一方面要积极主动地与有关部门配合，在自己力所能及的范围内，认真地解决好这些问题。对于那种高高在上，脱离群众，对群众疾苦视而不见，听而不闻，甚至违法乱纪，侵犯群众利益的官僚主义者，工会要勇敢地代表群众向他们进行坚决的斗争。如遭打击报复，工会要及时向上级工会反映，向党委反映，予以处理。

工会要积极协助行政制订解决职工生活问题的具体规划和措施，认真解决好职工住房、吃饭、小孩入托、上学等问题，积极办好职工食堂、托儿所、幼儿园、医务室、浴室等集体福利事业。注意改善劳动环境，重视劳动保护，解决好职工职业病的问题。协助企业行政，采取有力措施，防止和杜绝重大事故的发生，切实保证职工的人身安全和身体健康。做好老弱病残和退休工人的工作，搞好互助储金会和生活救济，帮助职工群众解决生活上的具体困难。要进一步加强女工工作，凡女工较多的单位，今年上半年都要把女工工作委员会建立健全起来。帮助女工处理好婚姻、家庭问题，搞好女工的四期保护，使其积极投入四化建设。

要努力办好俱乐部、图书室和广播室，积极开展业余文化、体育活动，县总工会职工俱乐部今年要把图书借阅进一步开展起来。要认真组织好职工业余文艺宣传队，按照文艺为生产服务、为职工群众服务的方针，本着业余、自愿、小型、多样的原则，搞好创作和演出。要组织好各种业余体育队，逐步推广工间操、保健操、生产操，坚持开展好长跑、拔河、篮球、排球、乒乓球等项体育活动。县总工会每年都要举办好职工业余文艺会演和各种体育运动会。

做好职工生活是多方面的，在深入开展增产节约劳动竞赛的同时，也要把生活后勤部门的竞赛活动开展起来，坚持下去。当前，各系统尤其要注意把职工食堂竞赛工作开展起来。大力表扬后勤服务工作中的先进个人和先进集体，树立干后勤服务工作光荣的风气。

四、要切实搞好计划生育工作。

计划生育工作是一项具有战略意义的伟大事业，是我国社会主义建设时期的一项既定政策。特别是在党的工作重点转移到社会主义现代化建设上来的新形势下，计划生育工作搞得好不好，直接关系到国民经济的发展，关系到四个现代化水平和人民群众的物质生活水平的提高，关系到中华民族的繁荣昌盛。

县委提出，1980 年我县人口自然增长率要下降到千分之六。我们各级工会组织一定要协助行政做好工作，落实好职工晚婚和生育计划，确保完成任务。要采取自上而下，上下结合，自报公议，群众评议，领导批准，张榜公布的群众路线的方法，把计划具体落实到人。未婚青年要做到晚婚，已婚的要做到晚育，一对夫妇只生一个孩子，已生一个孩子的要采取节育措施，签订不再生育的合同，两个孩子以上的要做绝育手术。今后不准再出生第二胎，计划外怀孕的一律采取补救措施。

计划生育工作，任务非常艰巨。各级工会组织一定要在党委的领导下，把它列入工会工作的议事日程，思想上高度重视，工作上摆在重要位置。要结合本单位的实际，广造计划生育的舆论，深入细致地做好职工地思想工作，使广大职工人人争当计划生育的模范。

五、积极推行职工代表大会制，维护职工民主权利。

党委领导下的职工代表大会制，是社会主义企业的一项根本制度，是组织职工群众参加企业管理的一种好形式。对推行职工代表大会制，目前还有一些阻力，这主要是有些领导同志对建立职工代表大会制还有这样那样的顾虑。有的认为生产任务重，民主管理的问题排不上号；有的习惯于靠行政命令办事，怕发扬民主打乱了生产秩序，怕群众提了一大堆意见收不了场；有的把发挥民主同集中对立起来，认为现在不是民主少，而是集中不够；有的认为发扬民主，不如抓物质奖励见效。在职工中有些同志认为召开职工代表大会是个形式，担心提了意见受打击报复。工会要根据目前一些干部和职工的思想实际，大力宣传职工代表大会的重大意义，切实解决好认识问题。

各级工会要根据全总制订的《关于建立健全职工代表大会的几点意见》，在党委领导下实施。根据全总要求，今年要把企业的职工代表大会制普遍建立起来，形成制度，每年至少召开两次，必要时可临时召开。企业的生产计划、经营管理、劳动组织、财务开支、生活福利、劳动保护、计划生育、奖罚制度等重大问题，都要提交职工代表大会民主讨论，并做出必要的决议，督促和协助企业行政部门执行。职工代表大会有权评议企业的领导干部和管理人员，表扬好的，批评差的，对某些严重失职或作风恶劣的领导人员和管理人员，有权向上级机关建议处分或撤换；对工作成绩显著的优秀干部建议上级机关予以奖励。

党中央、国务院明确规定，工会是职工代表大会的工作机构，开好职工代表大会，工会担负重大责任。召开大会之前，工会要充分发扬民主，搞好职工代表的选举，与企业行政领导和有关部门共同搞好思想动员，宣传教育，征求群众意见，对企业的重大问题进行调查研究，确定大会议程，准备大会材料和文件，以及其他各项工作；开会期间，组织职工代表认真讨论大会各项议程，整理职工代表和职工群众意见，审理大会提案；大会以后要组织职工代表传达大会精神，动员职工并督促协助有关部门贯彻执行大会决议，定期检查大会决议执行和提案处理情况。实践说明，认真搞好职工代表大会及日常工作，就能活跃工会的全盘工作，取得群众信任，使工会有职有权有责，真正成为职工群众的重要代表者。

民主选举企业基层领导人，是职工群众当家做主的一项重要权利，是干部制度一项重大改革，是职工代表大会的新发展。民主选举工作政策性比较强，既不要急于求成，更要防止放任自流。根据一些单位的经验，民主选举一定要注意抓好以下几个环节：一是调查摸底，宣传教育，做好充分准备；二是反复酝酿讨论，推荐候选人；三是深入动员，实行差额和无记名投票选举；四是召开干部任职大会，群众提希望，干部表决心。各级工会都要搞好试点，摸索经验逐步推开。民主选举工作要求在两三年内普遍推行。县总工会计划在今年8、9月份召开一次职工代表大会工作经验交流会议，希望大家做好工作，总结经验，把企业的民主管理工作大大向前推进一步。

六、办好职工业余教育，提高职工科学文化技术水平。

大力发展职工业余教育，是四化建设的需要，是我们工会组织义不容辞的责任，各级工会都要进一步重视和加强这方面的工作。目前，我县职工的文化、技术水平还很低，据1979年县总工会对已建工会单位的7146名职工的文化技术状况的统计，初中以下文化程度的占74%，大专文化程度的占2%；三级以下的工人占32%，七级、八级工还不到0.2%。文化技术水平如此之低，要实现中央提出的1985年前职工文化技术培训目标。任务确实非常艰巨，不下苦功夫，不花大力气是不行的。

各级工会组织要把职工业余教育工作放在突出位置上来抓，狠抓各项具体措施的落实。要从实际出发，充分利用现有条件，克服困难，逐步把各类业校、专业技术班创办起来。凡已办起业校的单位，要进一步巩固，注意提高教学质量，并逐步扩大办学规模，提高入学率。要把35岁以下的职工作为业余教育的重点对象，首先组织起来。学习内容要紧密结合生产实际，既要学好文化课，又要学好技术课，课程要少而精，要有针对性。县局企事业单位，采取县、局、厂三级办学，以厂办为主。条件好的单位可办初中、高中和中等技术班，条件差的单位要办好扫盲、小学和初级技术班。县总工会职工业校1980年要扩大到四个班，学员180人，并举办科技讲座或技术短训班。根据我县职工文化技术的实际情况，1980年全县要办起职工扫盲班10个，小学班21个，初中班30个，高中班7个，各种技术班或技术短训班87个，入学率达到应入学职工总数的70%。1980年要扫除职工文盲，1983年普及初中教育，1985年普及高中教育。要认真抓好业余教育经费的管理和使用，为保证职工业余教育经费的开支，各基层工会业余教育经费要专款专用，不得任意挪用。要注意研究职工业余教育方面的新情况、解决新问题，及时交流经验。

工会还要重视和加强对工程技术人员、教育工作者、医药卫生工作者、文化艺术工作者等广大知识分子的工作。同时还要在四化建设中，努力培养更多的工人阶级新一代的知识分子。

七、切实加强工会组织自身建设

工会自身的建设，首先要搞好思想建设，以适应新形势、新任务的需要。要在学好党中央一系列指示精神的同时，遵循实践是检验真理的唯一标准这一根本原理，认真总结工会工作的经验教训，解决好思想路线问题。在这个基础上，认真抓好工会的组织建设。凡未恢复建立工会组织的单位，要抓紧筹备，今年上半年都要恢复建立起来，已经建立的工会组织，都要严格按照工会章程的规定，认真进行改选整顿。要做好发展新会员的工作，凡符合条件的职工，都要及时吸收他们入会。工会组织建设的关键在于把领导班子建设好，各级工会领导班子的政治状况和业务能力如何，对于我们工会工作的关系重大。领导班子的配备一定要注意质量，要特别注意选配好一、二把手，要把那些工人信得过的，能替工人说话、办事的同志充实到领导班子中来，要重视选拔培养接班人，搞好传帮带，使中青年干部尽快成长起来。今年上半年，县总工会要结合局工会，集中人员，集中时间深入基层，重点抓工会组织的恢复建立和各基层工会领导班子的选配工作，要搞好调查摸底，协助基层党组织选配好工会一、二把手，切实改变目前某些工会领导班子一少二弱三不稳的状况。工会专职干部的配备要按照中央《关于各级地方工会干部编制问题》的文件精神执行。凡二百人以上的单位要配一名专职工会干部，不足二百人的单位，也要明确固定兼职工会领导干部，适当减轻他们的行政业务工作。工会专职主席，一般要由相当于企业党委副书记或副厂长的干部来担任。

工会干部必须严格执行民主集中制。工会领导成员必须经过民主选举产生，实行集中领导和分工负责制相结合的原则，一切重大问题必须认真听取群众意见，经过集体讨论决定。

要定期向会员报告工作，听取下级组织和会员群众的批评意见。

要十分注意依靠工会积极分子进行工作。工会工作的面很宽，头绪也很多，单靠几个工会干部是不行的，要充分发挥工会积极分子的作用，要注意发现和培养积极分子，逐步壮大积极分子队伍，要举办各种形式的训练班，努力提高他们的政治业务水平，要从各方面关心他们帮助他们解决好实际困难，要吸收工会积极分子参加，建立健全各种工作委员会，要大力表彰成绩显著的工会积极分子。为迎接明年全国工会积极分子代表大会的召开，县总工会拟于今年下半年，召开工会积极分子代表大会。

要进一步加强工会的作风建设，认真坚持党的实事求是、群众路线的作风。工会干部要深入基层，深入群众，到生产第一线去，同职工群众交朋友，并热心为他们服务。要大兴调查研究之风，有计划、有目的地组织干部下去蹲点，研究新情况，解决新问题，掌握第一手资料，以典型带动面上的工作。

要认真做好工会财务工作，贯彻好财务工作，为工会建设服务，为群众服务，为生产服务的方针。要尽快建立健全财务委员和经费审查委员会，严格执行财经制度，坚持勤俭办一切事业，节约开支，杜绝浪费，切实收好、管好、用好工会经费。

代表们、同志们！四个现代化的宏伟目标已经摆在我们面前，我们正在从事我们前人从未做过的光荣伟大的事业，广大职工和工会工作者一定要解放思想，鼓足干劲，为完成工人阶级新时期的伟大历史使命而努力奋斗！

三、大会决议

【关于工作报告的决议】（1980 年 3 月 31 日通过）郓城县工会第四次代表大会一致通过王云亭同志代表县总工会第三届委员会所做的《解放思想，鼓足干劲，为完成工人阶级新时期的伟大使命而奋斗》的工作报告。大会号召全县职工，立即行动起来，坚定不移地贯彻执行党的路线、方针、政策；维护和发展安定团结的大好局面；发扬艰苦奋斗的创业精神；建设一支坚持社会主义道路，具有专业知识的又红又专的职工队伍；更加深入地做好群众工作，密切党和群众的联系，保证党的领导，为完成大会提出地各项战斗任务，加速实现社会主义四个现代化做出积极贡献！

【关于深入开展以增产节约为中心内容的社会主义劳动竞赛的决议】（1980 年 3 月 31 日通过）在全县人民认真贯彻党的十一届五中全会精神，团结一致，艰苦奋斗，向四化胜利进军的大好形势下，我县总工会第四次代表大会胜利召开了。大会向全县职工和各级工会发出号召，立即行动起来，认真贯彻执行党的政治路线和新时期工会工作的方针、任务，围绕经济建设，广泛深入持久地开展以增产节约为中心内容的社会主义劳动竞赛，加速实现四个现代化。为此，特作如下决议：

一、增产节约是提高劳动生产率、增加积累、改进管理、革新技术的根本途径。各级工会组织要紧紧围绕县工会第四次代表大会提出的各项任务和要求，把增产节约活动的计划落实到车间、班组和个人，层层制定落实措施，努力把广大职工群众组织到增产节约运动中去，进一步把以增产节约为中心内容的社会主义劳动竞赛推向新高潮。

二、劳动竞赛是调动广大职工积极性、增加生产、完成计划的重要手段。各级工会组织要广泛发动群众，深入开展以优质、高产、低消耗为主要内容的社会主义劳动竞赛。竞赛形式要服务于竞赛内容，有利于调动群众的积极性，要大力推广小指标百分赛，实行计分计奖，还要根据本单位的实际情况，开展好对口赛、对手赛、优良服务赛、百日无事故赛、全优工号赛、千百万无次品赛等多种形式的竞赛活动。

为了把增产节约劳动竞赛更加广泛、深入、持久地开展起来，要坚持精神鼓励和物质奖励相结合的原则，认真做好竞赛中的表扬奖励工作。把国家、集体、个人三者利益结合起来，以增加生产，增加收入为前提，按职工的劳动成果计分计奖，克服平均主义和滥发奖金的现象，把劳动竞赛提高到一个新水平。

三、进一步开展群众性的技术革新、技术协作和合理化建议活动。各级工会组织在劳动竞赛中要广泛发动群众，针对本企业的需要和增产节约运动中的关键问题，经常地、有计划地组织群众性的技术革新、技术协作、技术表演和合理化建议活动，并注意推广先进经验，使之在更大的范围内发挥作用。

四、切实加强班组建设，搞好企业管理，搞好计划生育，关心职工利益，调动广大职工的积极性。各级工会组织，要切实加强班组建设，进一步搞好企业管理。要尽快建立健全各种规章制度，落实岗位负责制。要加强安全教育，搞好安全生产，做好劳动保护，切实搞好计划生育，育龄职工积极采取绝育或节育措施，真正做到不出现第二胎，以保证职工的身体健康，精力充沛，热情工作。努力办好食堂、托儿所等集体福利事业，尽快地解决职工迫切需要解决而又不能解决的切身利益问题，使广大职工精力充沛、全力以赴地投入到劳动竞赛中去。

五、充分发挥劳动模范和各种先进人物的骨干带头作用。各级工会组织要切实做好劳动模范、先进生产者和先进工作者的工作，从政治上、工作上和生活上关心他们，注意减少他们的额外负担，减少兼职，减少会议，爱护和支持他们的首创精神，为他们创造条件，使他们不断做出新贡献，在各项工作中更好地发挥骨干带头作用。

同志们，让我们积极行动起来，响应党的五中全会号召，团结一致，万众一心，紧张努力，在各条战线上创造出优异的成绩，来迎接党的十二大的胜利召开。

四、大会主席团（12人，按姓氏笔画为序）

王云亭　王秀元　车仲实

仝玉林　付兆章　肖作林

陈海亭　张玉环　孟瑞兰

孟祥忠　崔传性　樊合新

秘书长　肖作林

五、第四届委员会

主　席　王云亭

副主席　樊合新

常　委　王云亭　樊合新

付兆章　崔传性

王秀元　肖作林

委　员　（22人，按姓氏笔画为序）

王云亭　王秀元　车仲实

付兆章　刘景乾　石汝平

任洪木　朱凤忠　李乃仲

肖作林　陈汝章　张玉环

郑自荣　孟祥忠　郁德连

商风云　董明业　梅静林

崔传性　曾庆谦　樊合新

樊西鲁

六、会议代表

第一代表团（43人，工业系统）

孙广录（工业局）

付兆章（县总工会）

陈海亭（工业局）

樊合新（工业局）

姜文昌（化机局）

王自忠（化机局）

刘瑞香（女，化机局）
张继兰（标准件）
王志凌（女，标准件）
张景春（标准件）
郭建霞（女，玻璃厂）
王泰生（玻璃厂）
李德珠（化肥厂）
严九立（化肥厂）
董明业（化肥厂）
张秀冉（女，化肥厂）
屈胜典（农机厂）
岑　娅（女，农机厂）
曾庆谦（农机厂）
仝玉林（农机厂）
赵显洗（印刷厂）
高玉环（女，印刷厂）
车秀兰（女，托配厂）
田目学（托配厂）
樊祥岱（托配厂）
侯宪刚（托配厂）
赵　玲（女，灯泡厂）
彭纯法（灯泡厂）
马秀金（灯泡厂）
郭广山（灯泡厂）
李洪雷（造纸厂）
王思鲁（磷肥厂）
郭彩霞（女，棉织厂）
任长秋（棉织厂）
杨良丰（棉织厂）
王同友（棉织厂）
任洪木（搪瓷厂）
王继转（搪瓷厂）
吴艳玲（女，搪瓷厂）
张艳丽（女，搪瓷厂）
孙爱连（女，糖酒厂）
丁夫祥（糖酒厂）
杨振青（糖酒厂）

第二代表团（42 人，轻工、交通、邮电、供电、基建、物资）

徐淑兰（女，工艺美术）
曹景兰（女，塑料厂）
李连法（塑料厂）
徐凤才（五金厂）
明遵言（五金厂）
陈士运（五金厂）
李　瑾（服装厂）
赵美兰（女，服装厂）
刘天举（农具厂）
张为贵（农具厂）
魏好礼（农具厂）
商凤云（女，轻工局）
苑兆亮（邮电局）
马爱莲（女，供电局）
苑兆磊（供电局）
于翠玲（女，邮电局）
孟祥忠（邮电局）
袁祥杰（张营支局）
刘言石（邮电局）
刁怀钦（交通局）
徐维要（航运队）
黄广席（航运队）
史作舟（公路站）
王作体（公路站）
郁德连（运输公司）
石建立（运输公司）
张友下（运输公司）
吴超昂（运输公司）
刁望云（女，运输公司）
赵智义（运输公司）
吴传金（运输公司）
张德义（建筑公司）
王慎香（基建局）

曹宋玉（建筑公司）
任师学（建筑公司）
韩清民（建筑公司）
石汝平（物资局）
赵桂连（女，木材公司）
丁效灵（燃料公司）
杨绪文（综合公司）
李传海（物资局车队）
李德怀（建筑公司）

第三代表团（50人，商业、粮食、银行、外贸）

崔传记（副食品公司）
李玉捷（女，五金公司）
魏天启（服务公司）
郑自荣（女，服务公司）
魏四才（服务公司）
杨万祥（服务公司）
车业民（加工厂）
马文乾（加工厂）
李金巧（女，副食品公司）
王文秀（女，药材公司）
张文端（药材公司）
樊西鲁（县总工会）
张玉环（女，百货公司）
金增娥（女，百货公司）
王金仲（百货公司）
姚念惠（食品公司）
于玉珠（食品公司）
孙心山（食品公司）
李玉荣（女，食品公司）
李文正（食品公司）
李善美（食品公司）
边广忠（食品公司）
孟庆兰（石油站）
崔传性（商业局）
李进芹（程屯营业所）
童汉城（武安信用社）
张玉法（张营信用社）
朱绍昌（银行）
曹福常（银行）
段作潘（银行）
朱继銮（银行）
侯景莲（女，银行）
江秀兰（女，银行）
吴慎亭（丁长营业所）
李同岭（银行）
屈盛岳（外贸局）
赵家远（外贸局）
戚甫德（黄集粮所）
王广存（程屯粮所）
房夫侦（张营粮所）
张应存（丁长粮所）
张修侦（侯集粮所）
王汉典（武安粮所）
李兰振（陈坡粮所）
李乃仲（粮食局）
侯峙芳（女，油厂）
谭　冰（城关粮所）
吴俊美（女，直属库）
李　岚（女，面粉厂）
张金生（张集粮站）

第四代表团（51人，郓城县供销合作社系统）

韩风琴（女，县供销社）
王秀梅（女，土产公司）
刘景乾（土产公司）
张守莲（女，土产公司）
陈敬彬（棉麻公司）
严爱菊（女，蚕丝公司）
李瑞荣（女，城关棉厂）
张保全（城关棉厂）
王恒法（潘渡棉厂）

李清田（丁长棉厂）
肖作林（棉麻公司）
张洪菊（女，城关供销社）
陈传涛（城关供销社）
郭志洲（陈坡供销社）
刘凤香（女，陈坡供销社）
朱敦厚（双桥供销社）
刘钻朝（郭庄供销社）
郭国修（武安供销社）
张凤云（女，武安供销社）
申景奇（黄安供销社）
张洪增（黄安供销社）
张金山（唐庙供销社）
刘广召（赵楼供销社）
赵淑芝（女，赵楼供销社）
苏玉环（郭屯供销社）
李吉银（随官屯供销）
张维臣（丁长供销社）
刘秀真（女，丁长供销社）
王化群（黄堆集供销）
陈佩华（女，张营供销社）
程连登（张营供销社）
张　鹏（女，丁庙供销社）
李庆和（杨庄集供销社）
张保钦（常庄供销社）
常如江（程屯供销社）
李德全（程屯供销社）
曾宪存（潘渡供销社）
杨尊柱（潘渡供销社）
杨际迎（侯集供销社）
杨桂香（女，侯集供销社）
侯甲光（黄集供销社）
仝兆玉（黄集供销社）
胥清启（李集供销社）
张乃聚（张集供销社）
苑秀民（女，张集供销社）
曾宪渝（刘口供销社）
杨道坡（水堡供销社）
刘建景（玉皇庙供销社）
樊保全（八里庄供销社）
徐学德（梳洗楼供销社）
王云亭（县总工会）

第五代表团（19 人，农业、林业、畜牧、水利）

孟庆锡（农业局）
田广实（农业局）
曹继云（县良种场）
李化飞（县良种场）
姜　英（畜牧局）
冯颜泉（县兽医站）
郭　忠（女，林业局）
刘凤亭（女，何庄林场）
于秀真（女，农机公司）
王学英（修配车间）
董秀英（女，修配车间）
樊本和（农机局）
孔繁坤（农机局）
仲崇金（黄河段）
李培新（黄河段）
张连平（黄河段）
徐淑江（苏阁管理处）
闫兴贤（水利局）
梅静林（水利局）

第六代表团（101 人，文教系统）

车仲实（郓一中）
高成本（郓一中）
潘永玺（郓二中）
王心惠（郓三中）
任保泰（郓四中）
王西伦（郓四中）
曾庆凤（女，郓五中）
王学亮（郓六中）

秦镜清（郓七中）
曹继田（郓八中）
任兰启（郓九中）
张宽振（郓十中）
张修民（郓十一中）
赵建勋（郓十二中）
李广坦（郓一中）
李　鑑（赵楼中学）
刘秀文（郓十四中）
秦瑞学（郓十五中）
魏敬立（郓十六中）
王化黎（郓十七中）
王乃儒（文化馆）
彭爱华（女，电影管理站）
杨其览（电影管理站）
肖作金（电影管理站）
王宪彬（教研室）
张怀娥（女，师范）
陈如章（师范）
陈汝章（县总工会）
王秀元（教育局）
李士堂（郓十三中）
屈保钦（剧团）
管冉道（剧团）
刘扬芝（城关东方红联中）
王守心（东关联中）
李维敬（城关代庄联中）
赵曰义（城关董店联中）
郑目文（城关教育组）
李香兰（女，城关东张庄小学）
梁衍仁（双桥大梁小学）
张文汉（双桥房集联中）
梁子荣（郭庄社郭庄联中）
程士桢（郭庄社永丰联中）
吴凤莲（女，陈坡社仝庄联中）
王效金（陈坡社五界联中）
石明勋（陈坡社安庄联中）
吴秀莲（女，黄安社吕公堂联中）
陈凤合（黄安社西屯联中）
任广民（黄安社黄安联中）
冯思全（黄安教育组）
张圣广（武安教育组）
张习益（武安教育组）
梁于琴（武安社前宋联中）
刘瑞敏（武安社飞集联中）
商承贤（唐庙社鹅厂联中）
王西轻（唐庙社教育组）
张秀云（女，唐庙社邓垓联中）
段福圣（赵楼社王大联中）
刁兆恒（赵楼联中）
闫士圣（赵楼社教育组）
樊祥芹（赵楼社赵合联中）
翟先玉（郭屯社教育组）
侯仰春（郭庄社东张楼联中）
王再义（随官屯社王官屯联中）
李士杰（随官屯社汉石桥联中）
鹿兰馆（随官屯社随官屯联中）
王秀娥（女，丁里长社苑楼联中）
张体法（丁里长社教育组）
周传尧（男，丁里长社丁长联中）
梁衍才（丁里长社丁长）
仝宣良（黄堆集社三楼联中）
曹体钦（黄堆集公社教育组）
陈庆营（张营公社教育组）
张桂云（女，张营社刘官屯联中）
樊兆和（张营社北张联中）
汗保第（张营社大人联中）
徐孟群（女，郭屯社郭屯联中）
张为信（丁庙社八里庄联中）
张广仲（杨庄集社程庄联中）
王光鑾（杨庄集社教育组）
崔新法（常庄社教育组）

任洪协（程屯社曹垓联中）
仝淑贞（女，程屯社仝老家小学）
周效臣（程屯社教育组）
仝留台（潘渡社王井联中）
毕泗芬（女，潘渡社潘渡联中）
王勤修（侯集社侯集联中）
樊效诗（侯集社教育组）
张广田（黄集社教育组）
李永太（黄集社黄集联中）
樊效林（潘渡社王屯联中）
高玉春（李集社教育组）
田来凤（李集社李集联中）
马玉亭（梳洗楼社教育组）
杨广经（张集社林屯联中）
曾兆金（张集社大潭联中）
赵真柱（水堡社教育组）
夏登欣（玉皇庙社教育组）
葛广性（玉皇庙社农中）
郑树臣（八里庄社胡坑联中）
刘钻贤（八里庄社八里庄联中）
吴崇伦（刘口社教育组）

第七代表团（32人，卫生局、书店、招待所）

宋亚兵（县医院）
王信勋（县医院）
刘秀明（女，县医院）
张佳亭（县医院）
许菊新（女，县医院）
李玉民（县医院）
朱凤忠（县医院）
蔺全新（县医院）
孟瑞兰（女，县医院）
吕林水（县清卫所）
梅清河（县防疫站）
张友敬（新华书店）
何厚聚（县委招待所）
马近清（侯集分院）
杜淑贞（女，侯集分院）
刘钻仁（李集分院）
刘玉林（黄集卫生院）
孟凡芹（女，潘渡卫生院）
宋庆德（程屯卫生院）
王月芹（玉皇庙医院）
李存玉（杨庄集医院）
聂学武（张集医院）
王西雨（丁长医院）
吴玉柱（黄堆集医院）
王　萍（女，张营医院）
唐文和（赵楼医院）
宋益存（郭屯医院）
宋秀兰（女，武安分院）
马月驹（武安分院）
赵爱霞（女，陈坡医院）
何建平（女，城关医院）
张进义（黄安医院）

特邀代表（5人）

何利和（何垓大队）
王玉奎（科委）
刘怀芝（刁庄大队）
宁翠芹（女，农机厂）
县武装部1人。

第五节 第五次会员代表大会

一、代表大会

1989年9月21日至22日，郓城县工会第五次代表大会在县委党校召开。大会正式代表170人，特邀代表12人。大会总结了上届工会工作的成绩与经验，研究确定了今后三年在全面深化改革中工会工作的主要任务。选举了县总工会第五届委员会，委员21人，候补委员3人。

大会期间，菏泽地区工会办事处副主任侯宝民，郓城县委书记魏昌启，县委副书记、县长张国敏，县人大常委会主任吴方才，县政协主席周庆文，县纪委书记张友彬，县委常委、县武装部部长袁守岭，县委常委、县妇联主任童彩云，县委常委、组织部长董茂伦，县武装部政委赵延金，县科协主席宋体敏等出席大会。中共郓城县委书记魏昌启做了重要讲话，团县委副书记杨际森代表群众团体向大会致贺词，县人武部政委赵延金向大会致贺词，实验小学少先队队员向大会献词。

二、大会有关讲话、报告

【郓城县总工会副主席孙建都致开幕词】

各位代表、同志们：

正当全县人民认真贯彻党的十三届四中全会精神，以实际行动迎接国庆四十周年之际，在县委和上级工会的直接领导和亲切关怀下，我县工会第五次代表大会胜利开幕了！这次大会的胜利召开，是全县工人阶级政治生活中的一件大事，它对我县工会工作的深入开展，对于进一步发动全县工人阶级积极投身改革和建设必将起到很大的促进作用。

这次代表大会，是继我县工会第四次代表大会之后，时隔十年之久的一次重要的盛会。今天地区工会办事处和县委、县纪委、县人大、县政府、县政协、县武装部的领导同志及各有关部委、办、局的负责同志，在百忙中亲临大会，县委书记魏昌启同志还将代表县委、县政府作重要讲话，充分体现了领导和各部门对我们这次大会的关心和支持。我代表大会主席团和全体与会代表，向出席大会的各位领导表示热烈的欢迎和衷心的感谢！

自县工会第四次代表大会以来，我县工人阶级在党的十一届三中全会精神指引下，继承和发扬工人阶级的光荣传统，坚持四项基本原则和改革开放总方针，解放思想，大胆改革，艰苦创业，用自己的聪明才智和辛勤劳动，为推进我县两个文明建设，振兴郓城经济，做出了重要贡献，涌现出了一大批具有时代特色的先进模范人物和先进集体，赢得了党和人民群众的高度评价。各级工会组织，坚持以经济建设为中心，积极开展各项工作，在动员职工投身改革建设、代表维护职工利益、搞好参政议政、团结教育职工、推进工会自身改革等方面，都做了大量工作取得了巨大成绩，发挥了党联系职工群众的“桥梁”和“纽带”作用。

出席这次代表大会的代表共170名，特邀代表12名。在这当中，有从事工会工作多年的专职工会干部；有热爱工会工作的工会积极分子；有关心支持工会工作的党政领导；有来自生产、工作第一线的职工；有各条战线上的劳动模范和先进工作者；还有女职工代表和少数民族代表。大家欢聚一堂，共商全县总工会工作的大事。是全县广大职工群众大团结的象征。我们要把这次代表大会，开成一个改革的大会、民主的大会、团结的大会。

我们这次代表大会的主要任务，是以党的

十三届四中全会精神为指针，认真贯彻中国工会十一大和省工会九大精神，坚决实事求是，一切从实际出发，认真回顾总结上届工会代表大会以来的工会工作的成绩和经验，研究确定今后工作的主要任务；按照干部“四化”要求，选举新的工会委员会和经费审查委员会；动员各级工会和广大职工积极投身于治理整顿和全面深化改革，为促进郓城经济振兴而努力奋斗。

同志们，我们的代表来自全县各条战线，具有广泛的代表性，不仅带来了各单位的捷报佳音，而且带来了广大职工的建议和要求。大家战斗在生产、工作第一线，最了解实际情况，最有实践经验，也最有发言权。我们相信，经过认真的学习和讨论，大家一定能够认清工会工作所面临的新形势新使命，深刻了解大会的重要意义。胜利完成大会的各项任务。

最后，预祝大会圆满成功！

【中共郓城县委书记魏昌启在郓城县总工会第五次代表大会上的讲话】

同志们：

正当全县人民深入贯彻党的十三届四中全会精神，满怀豪情迎接国庆四十周年的时候，我县工会第五次代表大会隆重开幕了。这是全县职工政治生活中的一件大事。这次大会的召开，对于深入学习贯彻党的十三届四中全会精神和中国工会十一大、省工会九大精神，动员全县职工积极投身治理整顿和全面深化改革，巩固和发展我县安定团结的政治局面，对于进一步加强全县工会工作，推动工会自身改革，都具有十分重要的意义。我代表县委和县政府，向大会表示热烈的祝贺！

党的十一届三中全会以来，我县各级党组织在党的路线、方针、政策指引下，带领全县人民和广大职工，始终坚持四项基本原则和改革开放，各条战线和各项工作都取得了显著的成绩，全县整个政治经济形势发生了深刻的变化。十年来，全县农村经济持续稳定发展，粮棉连年增产，1986 年成为全省第二个粮食调出大县；林、牧、渔各业及乡镇企业均有较大突破；工业生产在治理整顿中不断前进，经济效益明显提高，后劲逐步增强；流通渠道不断扩大，城乡市场活跃繁荣，社会商品零售总额大幅度增长；城镇建设和科技、教育、文化、卫生、体育等事业也都有了新的发展，人民群众物质文化生活明显改善。在这场伟大的历史变革中，全县广大职工以高度的主人翁责任感和饱满的劳动热情，团结一致，严守纪律，艰苦奋斗，锐意改革，为巩固发展我县的大好形势，做出了巨大贡献，不愧为国家的领导阶级，不愧为社会主义现代化建设的主力军。十年来，全县各级工会组织在拨乱反正中恢复发展，在改革开放中开拓前进，在团结职工、服务职工、教育职工中发挥了重要作用，有效地调动了广大职工的积极性和创造性，促进了各项改革和两个文明建设的深入发展。在此，我代表县委、县政府谨向在各条战线、各个岗位上辛勤劳动、忘我工作的全县职工和工会工作者，致以亲切的问候和崇高的敬意！

工人阶级是我们国家的领导阶段，是我们的阶级基础。全心全意依靠工人阶级是我们党一贯的指导思想。历史和现实都证明，工人阶级不仅是生产建设的主力军，改革开放的主力军，也是坚持四项基本原则，维护安定团结的主力军。但是近几年，由于赵紫阳同志错误指导思想的影响，对工人阶级是国家的领导阶级讲得少了，依靠工人阶级的观念和民主意识也有些淡薄，挫伤了职工群众的积极性。前不久江泽民等中央领导同志重申要全心全意依靠工人阶级，为我们今后的工作指明了方向。我们一定要按照中央和省委领导同志的有关指示精神，采取得力措施，把全心全意依靠工人阶级

的思想落到实处。从当前看，一是全县各级党政领导和企业党政干部要牢固树立这一思想，不断增强民主意识，尊重职工的主人翁地位和民主权利，认真贯彻《中华人民共和国企业法》，全面落实职代会的五项职权，使职工真正成为国家和企业的主人。二是要从组织上采取措施，例如从工人中间选拔优秀人才到管理机关、领导机构中来；注意发展一线工人入党；适当提高工人在人民代表中的比例等等，更好地体现工人的主人翁地位。三是在经济分配上，充分考虑工人的利益，要在深化企业改革中，不断总结经验，逐步完善企业内部合理的分配政策和规定，实行分配公开化、民主化，切实解决经营者与职工收入差距过大的问题。为了全心全意依靠工人阶级，还要加强调查研究，制定依靠工人阶级的具体政策、规定，并在实践中不断完善。

当前，我国进入了全面深化改革的重要时期。党的十三届四中全会向全党和全国人民提出了更新更高的要求。工人阶级作为国家的领导阶段，作为改革和建设的主力军，肩负着光荣的历史使命。县委、县政府希望大家，发扬光荣传统，振奋革命精神，展示时代风貌，勇敢地担负起历史赋予的重伤。为此，特向全县广大职工提出几点希望和要求：

（一）深入学习贯彻四中全会精神，统一思想认识。要通过对四中全会文件的反复学习，深刻领会其精神实质，进一步认清这次动乱和反革命暴乱发生的必然性、思想政治根源以及反动实质；认清中央采取果断措施的必要性和正确性；认清党的十 ·届三中全会以来的路线、方针、政策和党的十三大确定的“一个中心，两个基本点”的基本路线是正确的；认清当前抓好四件大事的重要性、艰巨性和紧迫性；认清工人阶级在贯彻落实四中全会精神、抓好四件大事中的任务和职责，真正把思想统一到党的四中全会精神上来，巩固和发展我县安定团结的政治局面。

（二）积极投身治理整顿和全面深化改革。广大职工要和本部门、本单位的领导一道，坚决落实各项治理整顿措施。凡是有利于治理整顿的事，就要积极去做；不利于治理整顿的事，就坚决不做。经过全县上下的共同努力，促进经济建设的健康发展。广大职工要深刻认识改革是富民强国的唯一之路，勇敢地站在改革的前列，努力巩固、发展改革成果，并在搞活企业、优化企业机制上不断有新的突破。要以主人翁姿态和高度的责任感，充分发挥聪明才智，改善管理，提高技术，增加生产，厉行节约，有效地提高经济效益，为全面深化改革多做贡献。

（三）踊跃参与企业管理，推进民主政治建设。在社会主义企业中，职工群众不仅是生产者、劳动者，而且在总体上是生产资料的占有者、支配者；不仅是国家的主人，而且是企业的主人。职工群众参与管理，活跃企业民主生活，既是社会主义现代化生产的需要，也是企业经济体制改革的必然要求。广大职工要进一步增强主人翁意识，提高参政议政能力，关心企业兴衰，积极向政府和企业领导人提出合理化建议，勇于向危害国家利益和企业利益的现象作斗争，在基层民主政治建设中发挥重要作用。

（四）不断提高自身素质，增强战斗力。要改变我县经济技术落后的面貌，在现代化建设中赢得速度和效益的同步增长，关键是要努力提高职工队伍的素质。广大职工一定要把振兴中华的理想同本职工作结合起来，把提高思想道德素质和科学文化素质结合起来，自觉培育职业道德，增强职业责任，加强职业纪律，学习文化知识、科学技术、管理经验，提高劳动技能。经过坚持不懈的努力，把我县的职工队伍建设成为思想过硬、纪律严明、技术高超、能打硬仗、应变能力强的劳动大军。

同志们，工会是党领导下的工人阶级的群众组织，是国家政治体制中重要的社会政治团体。在新的历史时期，工会组织应当是党和政府联系职工的桥梁，应当是团结职工为四化奋斗的纽带，应当是职工学习管理的学校，应当是对职工进行思想文化教育的课堂。当前工会工作的重要任务，一是要大力加强职工思想政治工作。要把思想政治工作的根本目标放在培养“四有”新人上，经常向职工进行系统的马列主义、毛泽东思想基本理论教育，帮助职工掌握认识世界、改造世界的理论武器。使他们在改造客观世界的同时，自觉地改造自己的主观世界，逐步树立正确的人生观、世界观，做有理想、有道德、有文化、有纪律的社会主义新人。二是要围绕党的中心任务开展活动。工会组织要一切从全局出发，在社会主义两个文明建设中找准自己的位置，发挥应有的作用。最近要围绕贯彻党的十三届四中全会精神，在全县职工中，开展以坚持四项基本原则为中心内容的“四热爱”教育、工人阶级历史使命和主人翁思想教育、艰苦奋斗教育，开展学雷锋、学共和国卫士和社会主义劳动竞赛活动。对于如何落实好四中全会提出的四件大事，落实好县委七届三次全委扩大会议提出的任务，各级工会要认真组织力量，加大措施，切实抓出成效来。三是要努力建设企业利益共同体。我们企业的社会主义性质，决定了国家的总体利益和企业的具体利益、经营者的利益和职工的利益都应得到合理的体现和统一。建立企业利益共同体，就是既保证经营者独立行使决策权，又保证职工充分行使民主权利，使经营者的管理权威与生产者的主人翁地位一致起来。所有企业的领导人，都必须毫无例外地尊重职工的民主权利，接受职工群众的批评和监督。所有职工，都必须毫无例外地服从行政管理的权威，把个人利益与企业兴衰紧密联系在一起。实践证明，工会代表职工与厂长签订双保合同就是建立企业利益共同体的一个有效途径，要继续大力推行。通过企业利益共同体的建设，形成一个同心同德、群策群力办企业的新局面。

工会工作是党的一项重要工作，关心重视工会工作，是我党的优良传统。从一定意义上说，尊重工会的地位，重视发挥工会的作用，也是对工人阶级领导地位和主人翁地位的尊重，是能否真正全心全意依靠工人阶级的问题。为适应新时期形势发展的要求，各级党组织必须把工会工作列入重要议事日程，认真研究工会工作的新情况、新问题、新特点，进一步加强和改善对工会工作的领导。党对工会的领导是政治领导，即政治原则、政治方向的领导。要切实改变长期以来把工会作为党委工作部门的状况，充分尊重工会组织的民主性和工会工作的独立性，不包揽不干涉工会的日常事务，支持和帮助工会独立自主地、创造性地开展工作。要通过工会内部的共产党员卓有成效地开展工作，把党的路线、方针、政策变为工会组织的决议和广大职工群众的意志与行动。

同志们，形势在发展，改革在深入。希望全县工人阶级、各级工会组织，不要辜负时代的重托、党的厚望，团结一致，同心协力，为建设郓城、振兴郓城，做出新的更大的贡献。

最后，预祝大会圆满成功！

【郓城县团县委副书记杨际森在郓城县工会第五次代表大会上的祝词】

各位代表，同志们：

在全县人民深入贯彻党的十三届四中全会精神，以优异成绩向建国四十周年献礼的时候，郓城县工会第五次代表大会隆重开幕了。这是全县广大职工政治生活中的一件大喜事。

这次大会的召开，对于动员全县职工深入学习贯彻党的十三届四中全会精神，对于团结和带领全县职工在治理经济环境、整顿经济秩序、全面深化改革中发挥主力军作用，对于推进工会自身改革，把工会建设成为中国共产党领导的，独立自主、充分民主、职工信赖的工人阶级群众组织，具有十分重要的意义。我代表共青团郓城县委、郓城县妇联、郓城县科协向大会致以热烈的祝贺！向做出显著成绩的各位代表，向辛勤战斗在各条战线的广大职工和工会干部表示崇高的敬意和亲切的问候！

我国工人阶级觉悟最高，纪律性最强，是国家的领导阶级。同全国一样，我县职工在各个历史时期，都为祖国和人民建立了不朽的功勋。特别是党的十一届三中全会以来，全县总工会工作在改革开放中开拓前进。各级工会组织和工会干部，不断解放思想，坚持实事求是，勇于研究新情况，善于解决新问题，为寻求新时期工会运动的新路子。开拓工会工作的新局面，进行了不懈的探索，取得了可喜的成绩。全县广大职工坚定不移地贯彻执行党在社会主义初级阶段的基本路线，旗帜鲜明地反对暴乱、拥护改革、支持改革并积极地投身改革，脚踏实地地在本职岗位上劳动创造，为我县两个文明建设做出了突出贡献。历史和现实都证明，工人阶级不愧是改革开放的主导力量，不愧是现代化建设的主力军。我们相信，这次大会后，全县工会工作者和广大职工，一定会乘这次大会的东风，以更加坚定的信念，更加昂扬的斗志，更加饱满的热情，更加顽强的精神，投身到全面深化改革和社会主义现代化建设中去，为我县各项事业的进一步发展做出新的贡献，建立新的业绩。

工会、共青团、妇联、科协都是在党领导下的群众团体，都是党和政府联系群众的桥梁和纽带。在过去的岁月里，我们各群众团体在党的领导下，围绕党的中心工作，按照各自分工，相互支持，亲密合作，彼此之间建立了经常的联系和深厚的友谊。目前，改革开放的新形势，给我们各群众团体提出了许多新情况新问题：如何在党的领导下，依靠法律和各自的章程规定独立自主地开展工作，需要我们去研究；如何在维护人民总体利益的同时，更好地表达和维护各自所代表的群众利益，需要我们去探索；如何根据新形势的要求，积极稳妥地搞好各自的改革，增强自身的活力特别是增强基层活力，需要我们去实践；如何发挥各自的优势，开展好思想政治工作，需要我们去努力。针对这种情况，更需要我们各群众团体之间相互支持和协作。让我们进一步加强联系，增进友谊，携手并肩，团结和带领各自代表的群众，为建设社会主义物质文明和精神文明做出新贡献，为郓城的振兴而努力奋斗！

最后，预祝大会圆满成功！

【郓城县人民武装部政委赵延金在郓城县工会第五次代表大会上的祝词】

各位代表、同志们：

正当全党、全军和全国各族人民按照党中央的统一部署，认真深入贯彻落实党的十三届四中全会精神之际，我们郓城县工会第五次代表大会隆重开幕了！这次大会的召开，是进一步动员全县的工人阶级投身改革和建设的一次盛会。是我县职工政治生活中的一件大事。在这里，我代表县武装部机关全体干部、职工和全县广大民兵预备役人员，向大会致以热烈的祝贺！向光荣出席大会的全体代表，向战斗在全县各条战线上的劳动模范、工会工作者和全体职工同志们。表示亲切的问候和崇高的敬意！

县工会第四次代表大会召开以来，郓城县的职工同志们在党的十一届三中全会精神的指引下，发扬中国工人阶级政治觉悟最高、纪律性最强的光荣传统和优良品质，坚持四项基本原则，坚持改革开放的总方针。认真贯彻执行党的路线、方针、政策，解放思想勇于进取、顾全大局、艰苦创业。用自己的聪明才智和辛勤劳动，为推进经济体制改革和政治体制改革，加强社会主义物质文明和精神文明建设，为郓城县的振兴和国家的繁荣、人民的幸福，立下了不可磨灭的功绩。涌现了一批具有时代特色，堪为楷模的劳动模范、先进生产者和优秀企业家。他们的先进思想和模范事迹，代表着时代发展的方向，赢得了党和人民的高度赞誉，各级工会组织，坚持以经济建设为中心，积极开展工作。在动员职工献身四化、关心维护职工利益，积极参政、议政，以及加强自身改革等方面，都做了大量的卓有成效的工作，充分发挥了党联系群众的“纽带”和“桥梁”作用，开创了工会工作的新局面。工人阶级作为中国革命和建设的领导阶段，在党的领导下，在民族解放与社会主义革命和建设的过程中，发扬前赴后继、不怕流血牺牲的大无畏革命精神和艰苦创业、战天斗地的英雄气概，取得了革命和建设的伟大胜利。中国革命的历史告诉我们，军队打胜仗人民是靠山。过去，我们的工人阶级和人民群众一起，踊跃参军参战，积极支援前线，谱写了一曲曲奉献的篇章。今天，我们郓城县的民兵预备役工作人员同样受到全县工人阶级的热情关怀和无私支援，各级工会和广大职工主动为转业、退伍军人和烈军属解除后顾之忧，积极送子参军，为加强军队建设和我县的民兵预备役工作建设做出了积极贡献。在此，我代表武装部机关和全县民兵预备役工作人员向你们，并通过你们向全县各级工会和职工同志们，表示衷心的感谢！我们相信，今后全县各级工会组织，一定会继续发扬拥军优属的优良传统。进一步搞好国防教育。加强民兵、预备役建设。更好地协助企业按照国家法律和政策规定，解决好转业、退伍军人的安置，职工中军队干部家属的生活困难等问题，为加强国防现代化建设做出新的努力。我们一定要虚心学习工人阶级的好思想、好作风、好经验。用于指导民兵、预备役工作建设。

各位代表、同志们，暴乱已经平息，历史已翻到新的一页，新的任务正摆在我们面前。党的十三届四中全会强调，要继续坚决执行党的十一届三中全会以来的路线、方针和政策，继续坚持执行十三大确定的“一个中心，两个基本点”的基本路线。并提出了当前要特别注意抓好的四件大事。面对伟大的历史变革，工人阶级的责任更重，任务更艰巨。我们坚信，通过认真贯彻落实党的十三届四中全会和中国工会十一大的精神，我们郓城各级工会组织一定能够在党的领导下，肩负起光荣的历史使命，动员广大职工，同全县人民一道，同心同德、团结奋斗，夺取富民兴郓和社会主义现代化建设的更大胜利。

祝大会圆满成功！

【郓城县总工会主席戴思远在郓城县工会第五次代表大会上的工作报告】

各位代表，同志们：

我代表郓城县总工会第四届委员会向大会做工作报告，请予审议。

一、我县工人运动和工会工作在改革中胜利前进

我县工会第四次代表大会是 1980 年 3 月召开的，至今已近十年了。这十年，我们国家发生了历史性的伟大变革，各项改革和建设取得了举世瞩目的成就。在县委的正确领导下，全县人民贯彻党的基本路线，坚持四项基本原则和改革开放总方针，各条战线都发生了巨大变化。工业由小到大，不断发展；农业生产突飞猛进，粮棉连年增产；商业购销两旺，市场

繁荣，人民生活有了较大改善；教育、科学、文化、卫生等各项事业都有新的发展。整个政治经济形势是新中国成立以来最好的时期之一，全县人民的精神面貌也发生了深刻的变化。

在推进改革，发展我县政治经济大好形势中，全县广大职工沿着党中央指引的方向，继承和发扬工人阶级的光荣传统，发挥了主力军作用。广大职工以四化建设为己任，坚持四项基本原则，坚持改革开放，胸怀全局，带头维护安定团结，以高度的主人翁责任感积极投身各项改革和经济建设，充分发挥自己的积极性、智慧和创造力，为我县物质文明和精神文明建设做出了重大贡献。工交战线的职工，努力增加生产，大搞节约挖潜，不断提高经济效益；财贸战线的职工，文明经商，利民便民，为促进城乡物资交流、繁荣经济做出了贡献；文教卫生战线的职工，在两个文明建设中，为活跃群众文化生活、培养四化建设人才、提高人民健康水平，贡献了自己的智慧和力量。改革建设的实践锻炼了职工队伍，全县各条战线涌现出一大批劳动纪律严、服务态度好、产品质量优、经济效益高的先进集体和先进个人，其中省级以上劳动模范和先进工作者就有 57 名。他们是全县职工的优秀代表，也是全县人民的学习榜样。大量事实可以说明，我县广大职工不愧是推动全县改革和建设的主导力量，不愧是社会主义现代化建设的主力军。在这里，我代表县总工会向在两个文明建设中做出优异成绩的先进模范人物和奋战在各条战线上的广大职工，表示亲切的慰问和崇高的敬意！

十年来，我县各级工会组织，在县委、上级工会和各级党组织的领导以及行政的支持下，遵循党的十一届三中全会以来的路线、方针、政策和党中央关于工会工作的一系列重要指示，认真贯彻新时期工会工作方针，紧紧围绕经济改革和四化建设，认真加强职工思想政治工作，积极推进企事业单位民主管理，广泛开展整顿建家和群众生产等各项活动，组织带领全县广大职工为促进我县两个文明建设做出了积极贡献。在此，我代表县总工会第四届委员会向全县各级工会工作者、工会积极分子致以亲切的慰问！向支持工会工作的党政领导和社会各界表示衷心的感谢！

十年来，全县工会工作的主要成绩和进展是：

——以经济建设为中心，深入开展了社会主义劳动竞赛。随着全党工作着重点的转移，工会组织以经济建设为中心的指导思想逐步明确，群众生产竞赛活动不断向着深化扎实的方向发展。各级工会围绕增强企业活力，提高经济效益，不断拓宽竞赛领域，创新竞赛形式，丰富竞赛内容，近几年还把以“双增双节”为主要内容的劳动竞赛与实行承包经营责任制，与企业抓管理、上等级相结合，大大增加了竞赛的广度和深度。各系统各单位根据行业特点，普遍开展了各具特色的竞赛活动。工业系统的“上下工序一条龙协作赛”；财贸系统的“文明经商、优质服务”竞赛；建委系统的创“全优工程”竞赛等活动，对调动职工的生产积极性，提高经济效益和服务质量，完成经济计划等方面都收到了明显的效果。特别是 1986 年第三季度开展的“百日劳动竞赛”活动，在县委、县政府的统一领导下，各有关部门密切协作，发动广泛，措施得力，使全县的工业生产在往年的“低谷”时期仍然保持了适当的增长速度，8 至 10 月份累计工业总产值比上年同期增加 46.5%，完成销售收入增加 57%，实现利税增加了 27.6%。在开展好各种竞赛活动的同时，各级工会特别是基层工会还围绕企业关键和薄弱环节，发动组织职工开展了合理化建议、技术革新活动。1980 年以来，全县职工共提出合理化建议3.6万多条，被采纳1.4万条，完成技术攻关560项，创造了可观的经济效益。群众生产活动的蓬勃开展，使工会组织在实现党的中心任务中找准了位置，发挥了应有的作用。

——建立健全职工代表大会制度，积极推进企业民主管理。十年来，县总工会在积极反映职工群众的意见和要求，搞好参政议政的同时，大力抓了职工代表大会制度的建立健全工作。特别是1984年以来，随着经济体制改革的逐步深化和《职工代表大会条例》、《企业法》及《山东省实施〈企业法〉加强职工民主管理办法》的贯彻落实，各基层工作不断加强了职代会制度建设，逐步落实各项职权，民主管理活动初步形成网络化、规范化、制度化、经常化。截至目前，全县215个应建单位全部建立了职工代表大会制度，并有80%的单位建立了企业、车间、班组三级民主管理体系。90%以上的单位职代会能够按规定行使各项职权，特别是注意抓住审议企业重大决策这个重点，在企业改革、生产经营等关系职工切身利益的重大问题上较好地发挥了作用。65%的单位建立了民主评议行政领导干部制度，并逐步做到了评议结果同干部的使用、奖惩挂钩，有效地行使地职代会的监督权。近年来，许多企业工会还积极组织职工参与承包经营的全过程，探索和实行了厂长（经理）接待日、与行政召开联席会议等民主管理的新形式，有的还代表职工与企业行政签订了双保合同，促进了企业内部改革的进一步深化，切实维护了职工群众的合法权益。

——积极开展职工思想政治教育和业务技术教育，加强了职工队伍建设。各级工会着眼于“四有”职工队伍建设，发挥工会组织做群众思想政治工作的优良传统，积极配合各级党组织和有关部门对职工进行了党的基本路线、爱国主义、科学社会主义、理想纪律、民主法制、职业道德、形势政策、四项基本原则等方面的系统教育和政治轮训。尤其是今年上半年开展的“忆十年，话改革”形势教育，职工受教育面达到职工总数的95%以上，使广大职工认清了形势，增强了改革意识。各级工会还坚持系统教育和群众自我教育相结合，广泛开展了理想定向达标、学先进树新风、读书演讲、知识竞赛等一系列活动，不断巩固发展了职工思想政治教育的成果。与此同时，各级工会在全县职工中深入开展了振兴中华读书活动，极大地激发了广大职工特别是青年职工的学习热情，形成了群众性读书求知的热潮，截至1988年底，全县坚持读书自学的职工已达5700多人，开辟了群众自我教育的新途径。各级工会不断加强职工俱乐部建设，全县职工文化体育活动也日趋活跃。活动设施不断增加，骨干队伍逐步扩大，文体活动阵地初步形成网格。十年来，仅县总工会职工俱乐部就组织开展了54次大型文体比赛活动，参加活动的职工达3.7万人次，较好地发挥了“学校和乐园”的作用。1985年5月，县总工会克服重重困难，开始兴建职工俱乐部大楼，1986年10月竣工，建筑面积2764平方米，拥有各类教室、活动室40间，为职工文化体育活动创造了一个良好的条件。为了不断提高职工的文化业务技术素质，1980年以来，各级工会职工业校注意抓好职工文化补习和学历教育，县职工学校先后举办职工文化补习班12期，培训职工1238人，承办了两届全日制电视大学班，毕业学员52名。近年来，各项工会职工业校又逐步转向以岗位培训和职业技术教育为主，并结合开展了“技术学习、技术练兵、技术比武”活动，使一大批技术骨干和自学成才者脱颖而出，对企业技术水平和产品质量的提高，起到了明显的促进作用。

——热心为职工说话办事，为维护职工的具体利益做了大量工作。各级工会组织逐步明确了生产生活的辩证关系，加强了对职工生活工作的领导。通过开展职工生活后勤达标竞赛，职工食堂越办越好，服务质量有了明显提高，各种职工集体福利设施逐步增加，不断解决了职工住房难、吃饭难、洗澡难、文娱生活难等问题。县总工会每年都组织对全县职工生活工作进行全面检查评比，及时推广先进单位的典型经验，促进了职工生活工作的深入开展。截至去年底，全县建立离退休职工管理组织118个，有105个单位建立了离退休职工接待室、活动室，各单位还定期进行走访慰问，做好了离退休职工的管理服务工作；有158个基层单位的9235名职工组成互助储金会149个，储金总额达到52万多元，解决了职工的临时困难；十年来各基层工会对生活有困难的职工给予补助26.4万余元，并有287户职工在工会的扶助下相继脱贫。各级工会组织认真贯彻全总关于工会劳动保护的三个条例，积极开展了各种形式的安全监督检查活动，充分发挥了对安全生产的群众监督作用，使全县企业工伤事故、职业病患率大幅度下降。各级工会女工组织也逐步建立健全，形成了一支强有力的女工干部队伍。在广泛开展自尊、自信、自立、自强的“四自”教育，提高女工思想文化素质的同时，绝大多数单位认真贯彻落实国务院《女职工劳动保护规定》，制订了女职工劳动保护措施，定期组织女职工进行查体，有的还积极创造条件建起了职工托儿所，较好地维护了女职工的特殊利益。

——大力开展整顿建家活动，工会自身建设与改革有了突出进展。县总工会第四次代表大会以来，工会组织在整顿中得到进一步恢复和加强，不断有了新的发展。从1984年开始，又根据全总提出的“抓基础、打基础、促改革”的指导方针，在全县范围内有计划、有步骤地开展了“整顿工会基层组织、建设职工之家”活动。各级工会把“建家”活动作为强化自身、投入中心工作的关键环节，列入了重要议事日程。在建家过程中，各级工会充分发动教育职工群众，不断提高了群众建家的自觉性。根据各自的实际情况普遍制定了具体方案和实施细则。各级工会还切实加强领导，采取典型引路、分类指导、严格检查验收等方法，全面推动了建家工作。各基层党政领导，也对建家活动非常重视，从各方面提供方便，给予支持，形成了“同唱一台戏、共建一个家”的生动局面，保证了“建家”活动的顺利开展。到1986年底，全县应建家单位全部被验收为“合格职工之家”。在此基础上，各级工会认真抓复查，防“回生”，不断巩固建家成果，同时还深入开展了创建先进、模范“职工之家”和工会小组“建小家”活动。整顿建家活动促进了工会组织的发展和建设，健全了基层工会领导班子，提高了工会干部素质，壮大了积极分子队伍，密切了工会与职工群众的联系，提高了工会的整体工作水平。到去年底，全县已建立基层工会组织228个，较1979年底增加69个；拥有会员19068人，较1979年底增加7244人；工会干部和积极分子3832人，较1979年底增加2043人；专职工会干部168人，较1979年底增加143人。为促进工会组织的群众化、民主化，近几年来、各级工会还对工会自身改革进行了积极探索。工会领导机关的活动方式和工作作风进一步转变。通过培训工会干部的政治业务素质逐步提高。工会理论政策研究工作有了初步进展。去年6至9月份，按照省总统一部署，还在全县范围内开展了“怎样把工会建成职工群众自己的组织”的大讨论，全县226个基层工会全部开展了这项活动，92%以上的职工、85%以上的企业党政负责人积极参加了讨论。这次大讨论，对提高广大会员的组织观念，明确工会改革的目标和任务，提高工会的地位和社会知名度，推进工会改革，起到了积极的作用，产生了深远的影响。

十年来，全县工会财务工会认真贯彻“为职工群众服务，为工会建设服务，为两个文明建设服务”的方针，千方百计收好、管好、用好工会经费，提高了工会经费收缴率，杜绝了经费开支中的某些浪费现象，从而保证了全县总工会工作的顺利开展。十年来，工会信息工作逐步得到加强，信息员队伍不断扩大；先后建立了全县职工劳模档案和职工自学成才人物档案；历时六年的《郓城县工会志》编纂工作也在去年底全部完成。各级工会还在党政机关组建工会、职工群众来信来访等方面做了大量工作，取得了较大的成绩。

十年来，我县工会工作的这些成绩和进步，是在县委、上级工会和各级党组织的领导下取得的，是全县工会工作者和工会积极分子认真贯彻执行党的路线、方针、政策，努力工作的结果，是与广大职工、行政领导和有关部门的积极支持分不开的。但是，与四化建设和改革形势发展的要求，与党和职工群众的期望相比，我们的工作还有很大差距。主要是：存有行政化和机关化倾向；对下级工会帮助指导不够具体；工作中总结、运用典型经验不够；履行维护职能比较薄弱；各级工会干部的配备和领导班子建设还不能完全适应形势任务的要求。这些虽然都是前进中的问题，如不认真解决，势必影响全县总工会工作的开展。

回顾十年来工会工作的实践，我们的体会是十分深刻的，主要地讲，有以下几点：一是工会组织必须在党的统一领导下进行活动，才能保证工会坚定正确的政治方向，同时，又必须按照群众组织的特点，独立负责地开展工作，才能得到职工群众的信赖和支持；二是各级工会和工会干部必须从改革全局出发，坚持生产力标准，发扬工会特色，团结带领广大职工积极推进改革和建设，才能在实现党的中心任务中找准位置，发挥应有的作用；三是工会在现阶段必须突出“维护”职能，勇于代表和维护职工的具体利益，才能赢得广大职工的信任，增强工会的吸引力、凝聚力；四是工会工作和工会改革的重点必须放到加强基层工会的建设、增强基层工会的活力上，才能使工会扎根于广大职工群众之中，工会工作才能有强大的生命力，才能在改革和建设中发挥重要作用。我们一定要根据党中央对工会工作的指示和中国工会十一大、省工会九大精神，认真吸取以往工作中的经验教训，努力把全县工会工作不断地推向前进。

二、今后三年在全面深化改革中全县工会工作的主要任务

当前，我国已经进入了全面深化改革的重要时期。党的十三届三中全会正确地分析了我国面临的政治、经济形势，制定了全面深化改革的指导方针和政策措施，并把治理经济环境、整顿经济秩序列为改革和建设的重点，为全国人民和广大职工指明了改革和建设的方向。前不久召开的党的十三届四中全会，进一步保证了党的十一届三中全会以来的路线、方针、政策的连续性，全会的精神完全符合全国人民和工人阶级的根本利益，全会提出的要特别抓好的四件大事，也是工人阶级和各级工会组织义不容辞的光荣任务。

面对新的形势和艰巨任务，全县各级工会组织一定要认真贯彻落实党的十三届四中全会精神和中国工会十一大、省工会九大提出的今后工会工作的方针和基本任务，努力做好各项工作，在团结带领广大职工积极投身全面深化改革和两个文明建设方面负起重要责任。根据

上级工会和县委的有关指示精神，结合我们的实际，今后三年全县工会工作总的指导思想和任务要求是：以经济建设为中心，立足改革全局，努力提高职工思想政治素质和文化技术素质，更好地代表和维护职工群众的具体利益，切实加强工会自身改革和建设，增强基层工会活力，在全面深化改革和两个文明建设中充分发挥工会组织的社会职能和广大职工的主力军作用，为推进我县各项改革和建设做出新贡献。

（一）加强职工思想政治工作，全面提高职工队伍素质

改革开放和社会主义商品经济的迅速发展，迫切需要建设一支有理想、有道德、有文化、有纪律的素质优良的劳动大军。特别是在当前形势下，大力加强职工思想政治工作，是团结和组织广大职工发挥主力军作用，进一步稳定局势和推进治理整顿、全面深化改革的重要保证，是各级工会组织的一项紧迫任务。

工会在职工思想政治教育方面，要以党的基本路线为指针，坚持四项基本原则，坚持改革开放。在当前和今后一段时间内，要以坚持四项基本原则为内容，以动乱、反革命暴乱为反面教材，在组织职工学好党的十三届四中全会文件的基础上，同行政和党组织一起搞好三个方面的教育：一是要搞好热爱党、热爱社会主义、热爱祖国、热爱解放军的“四热爱”教育，教育广大职工认识到四项基本原则是我们的立国之本，自觉抵制资产阶级自由化思想的影响；二是要开展工人阶级历史使命和主人翁思想的教育，教育广大职工提高阶级意识和阶级觉悟，认清所肩负的历史使命，以主人翁姿态同党和政府坚定不移地站在一起；三是要开展艰苦奋斗、勤俭创业的教育，使广大职工不断增强克服困难、战胜困难的信心和勇气，以良好的精神状态投身改革和建设。还要因势利导，广泛深入地开展学习雷锋、学习共和国卫士的“双举”活动，引导广大职工以雷锋和共和国卫士为榜样，忠于党，忠于祖国，爱憎分明，立场坚定，自觉做到坚持四项基本原则、搞好改革建设的主力军。

工会做好思想政治工作，要把能否调动广大职工积极性，是否有利于生产发展和效益提高作为根本标准，把尊重人、关心人、爱护人作为基本指导原则，坚持理论联系实际，根据职工中的不同对象和特点，分层次地提出要求，做到有的放矢。要以班组为基础，把日常思想政治工作渗透到生产、经营、分配等经济活动中去。要开展谈心、家访、对话等活动，做好感情和思想交流工作。要加强职工俱乐部阵地建设，经常组织进行丰富多彩的职工文体比赛。要继续把职工读书自学、兴趣爱好小组活动逐步引向深入，广泛开展起各种形式的群众自我教育和自我管理活动，在思想政治工作的新格局中努力体现自己的特点。还要逐步建立起职工思想动向的信息网络，努力建设一支活跃在生产、工作第一线，生活在群众之中的职工思想政治工作骨干队伍，使职工思想政治工作搞得更加卓有成效。

为了全面提高职工队伍的素质，各级工会要切实搞好职工的业务技术教育。要以在职职工的岗位培训和职业技术教育为主，继续办好各类职工业余学校，并协助行政举办不同专业和工种的短期培训班，引导职工刻苦钻研业务技术，提高岗位技术水平和业务能力。要把“技术学习、技术练兵、技术比武”活动作为一项经常性的工作抓紧抓好，不断把全县职工业务技术素质提高到一个新水平。

（二）发挥职工群众积极性，提高企业经济效益

全面深化改革，最重要的是加快和深化企业改革，提高经济效益，而企业经济效益的提

高，归根到底又取决于广大职工积极性的发挥。因此，各级工会要把发挥职工群众积极性，提高经济效益作为一项十分重要的任务。

要大力推进企业利益共同体的建设。各级工会要深刻认识整个企业是一个利益共同体的观点，发动职工同企业经营者一起建立起相互依靠、利益共享、风险共担的合理机制，从而充分发挥包括企业经营者在内的全体职工的积极性、主动性和创造精神，同心协力把企业办好。实践证明，实行双保合同制度，是建立企业利益共同体，深化企业改革的有效途径。各基层工会要在组织职工参与企业承包、租赁、群体经营和风险抵押的同时，大力推行由企业工会代表职工与厂长签订双保合同的做法，把实现生产经营目标与提高职工收入和福利待遇，发送劳动保护和生产条件具体化、契约化，充分调动生产者与经营者两个积极性，保证企业生产任务的完成。

提高企业经济效益，必须把深化改革激发起的职工积极性及时引导到群众生产活动中去。要继续开展以“双增双节”为中心内容的多种形式的社会主义劳动竞赛。要在总结过去开展劳动竞赛经验的基础上，围绕企业经营承包制的目标，开展达标、超标、创水平、上台阶的竞赛活动，促进承包目标的实现和承包责任制的完善。当前，要针对工业生产上存在的资金、能源、交通、原材料紧张的实际困难，发动职工千方百计挖潜增收。同时劳动竞赛也要在改革中前进，实现自身的转轨变型。在活动内容上，把劳动竞赛和经营管理结合起来，组织和引导职工参加多层次的决策和管理，通过多种渠道，推进经营管理的现代化和决策的民主化；在竞赛程序上，要突出学赶先进这一中心环节，大力组织学习推广先进者的技术、管理和经验，普及先进水平；在组织领导上，要加强对竞赛工作的宏观指导和协调；在活动形式上，要讲求实效，增强针对性、吸引力，避免形式主义。劳动竞赛中还要努力突出创先、创优、创新、创汇、创最佳效益的时代特点，树立尊重劳动模范、学赶先进的良好社会风尚。要进一步开展好群众性的合理性建议、技术革新、技术协作活动，督促和协助行政认真落实职工群众的合理化建议、技术革新方案和各项奖励兑现政策，激励更多的职工为加强企业管理，促进技术进步，提高经济效益献计献策。有条件的企事业单位要抓紧建立职工技协组织，完善制度，积极开展有偿技术服务，为推动技术进步做出贡献。

（三）推进民主政治建设，代表和维护职工的具体利益

全面深化改革，需要有一个安定团结的社会政治环境。职工队伍的稳定，对于全社会的安定团结起着关键性的作用。工会作为职工群众利益的重要代表者，要突出维护职能，主动参与协调社会矛盾，积极推进社会主义民主政治建设，依法维护职工的合法权益，为维护团结、稳定大局做出重要贡献。

要参与协调社会矛盾，保护职工群众参加改革的热情。全面深化改革涉及多层次、多方面利益关系的调整，必将出现社会利益的多元化和社会矛盾的复杂化。各级工会要搞好多层次的参政议政，通过与政府（行政）举行联席会议，积极反映职工群众的意见、愿望和要求，还要经常就当前改革中职工群众普遍关心的“热点”问题开展调查研究，积极主动地协助党政解决一些职工反映强烈而又可能解决的问题，进一步调动一保护职工群众参加改革的积极性，促进改革和建设的稳步健康发展。

要加强和完善基层民主生活和民主制度，把以职代会为基本形式的职工民主管理工作推向一个新阶段。要根据《企业法》和《山东省实施〈企业法〉加强职工民主管理办法》

的规定，加强职代会（教代会）的规范化建设，进一步修订职代会实施细则，完善各项民主管理制度，强化车间、班组民主管理，使职工民主管理工作真正实现组织体系网络化、开展活动制度化、行使职权程序化。要抓好职代会职权的落实，特别要注意运用职代会的审议权和对企业内部分配、职工生活福利、重要规章制度及重大事项的共决权和决定权，协助和监督企业行政落实好中央和国家的有关规定，坚持正确的经营方向。要继续组织职工搞好民主监督。企事业单位职代会要坚持民主评议干部的制度，要改进评议方法，充实评议内容，真正把民主评议的结果与干部使用、奖惩结合，保证评议的质量和效果。在充分发挥职代会作用的同时，各级工会要不断探索和实行民主信箱、厂长（经理）接待日、职工代表值班、质询问答辩等民主管理新形式，推进职工民主管理工作的不断深化。各级工会还要代表和组织职工积极支持和参加反腐败的斗争，大胆揭露、举报那些渎职违法、以权谋私、贪污受贿、打击报复等腐败现象，在廉政建设中发挥工会组织的作用。

为职工办好事、实事，是维护职工利益不可缺少的一个重要方面，也是职工的愿望和要求。特别在当前，决不允许假借改革克扣职工的劳动保护、劳动保险及其正当的集体福利待遇。要切实加强群众劳动保护监督工作，认真贯彻全总关于劳动保护的“三个条例”，建立健全职工劳动保护委员会，监督行政领导落实各项安全保护措施，保障职工的安全与健康。要特别注意代表和维护承包、租赁和股份制企业中职工群众的利益，普遍建立劳动争议调解委员会，积极参加劳动争议仲裁机构，使企业的各种劳动争议能够依法得到合理解决。要关心职工生活，继续搞好职工生活后勤达标竞赛，主动协助行政兴办“五小”集体福利设施和妥善安置优化组合后的富余人员。要协助行政做好离退休职工的管理服务工作，开展互助互济活动和扶贫工作，改善低收入职工的生活条件，为职工排忧解难。要加强工会的女工工作，进一步建立健全基层女工委员会，全面关心女职工的思想、工作和生活。各级工会女工组织要广泛开展女职工工作目标管理竞赛，监督《女职工劳动保护规定》的贯彻执行，保护女职工的特殊利益，同一切歧视、虐待女工的现象作斗争。

（四）积极稳妥地进行工会自身的改革，努力实现工会组织的群众化、民主化

工会改革是政治体制改革的组成部分和深化改革的客观要求。全总《工会改革的基本设想》指出，工会改革的目标是：把我国工会建设成为中国共产党领导的，独立自主、充分民主、职工信赖的工人阶级群众组织，在国家和社会生活中发挥重要作用的社会政治团体。各级工会要按照这个要求和省工会九大的部署，进一步解放思想，增强紧迫感，切实把工会改革不断推向前进，实现工会的群众化、民主化。

进一步划清各级工会的职责，是搞好工会改革的重要前提和内容。根据省工会九大的要求，县总工会的职责是：吸引和动员广大职工积极参加改革和建设，努力完成各项经济建设任务；代表职工与同级政府和政府有关部门举行联席会议，参与讨论、制定涉及职工具体利益的重大决策和规定，维护职工的合法权益；管理培训本级和基层工会干部，搞好工会理论政策研究和实际工作的调查，指导所属局（公司）工会、基层工会的工作和活动；做好工会财务工作，创办、搞活工会事业；充分发挥俱乐部、职工学校等阵地的作用，根据需要开展群众性的宣传教育、文化体育活动。局、公司工会的主要职责是：直接领导基层工会，

指导本系统所属工会开展工作；对本系统特殊性的问题进行调查研究，组织开展劳动竞赛，参与局、公司生产经营计划、发展规划的讨论和涉及职工利益的改革方案及规章制度的制定；代表和维护本系统职工的利益，加强职工劳动保护检查监督工作，讨论决定所属基层工会和职工共同关心的问题；管理、培训本系统专、兼职工会干部；适当组织具有行业特点的活动，搞好工会理论政策研究和工会信息工作；完成县总工会部署的其他工作任务。基层工会的主要职责是：按照《企业法》的规定负责职代会的日常工作，组织落实职代会的五项职权，组织职工开展民主管理和民主监督，依法维护职工的主人翁地位和民主权利；代表和维护职工的具体利益，关心职工的工作与生活，帮助职工群众排忧解难；组织和发动职工群众投身改革和建设，促进企业利益共同体的完善和发展，努力完成生产和工作任务；参与协调企业内部各种利益关系，做好职工队伍内部团结的工作；加强职工思想政治和文化技术业务教育，组织开展文体等各种有益活动；搞好组织建设和制度建设，培训工会积极分子；做好工会财务工作，举办为职工服务的经济事业。要通过明确各级工会的职责，进一步落实好新时期工会社会职能的各项要求，充分发挥工会的社会政治作用。

增强基层工会的活力，是工会自身改革的关键。各级工会要精心研究和努力探索增强基层工会活力的途径和方法。从外部关系上，要逐步理顺基层工会与党政的关系，分清各自的不同性质和社会职能，解决党群不分、政群不分的问题，确保工会依法按照自己的章程独立自主地开展工作。就其内部条件来说，最根本的是要健全工会的民主生活和民主制度，一是要从制度上改变基层工会领导成员的委派制，实行直接选举工会主席制度，充分发扬民主，让职工群众选出自己信赖的，能真正代表和维护职工利益的工会主席，并要按规定落实好当选者的政治、经济待遇问题；二是基层工会凡涉及会员群众利益的大事，要有会员大会或代表大会讨论决定，工会的工作计划、重大活动、经费收支要向全体会员公开，接受群众监督；三是基层工会工作要依靠大量积极分子、一定数量的工会专兼职干部组成的“专兼群”相结合的队伍来做，依靠会员群众开展工会工作；四是基层工会要建立会员评议工会工作和工会干部的制度，增强工会工作的公开性和透明度。

要改革工会干部的人事管理。工会干部人事制度改革的方向，是由党委主管、工会协管的体制，逐步改为由工会按照自己的章程和条例自行管理干部的体制。当前要落实好工会干部协管制度，建立健全协管干部档案和考察评议制度，切实发挥协管作用。为今后由协管变主管积极创造条件。还要注意管、训结合，认真抓好工会干部的培训工作，逐级、按时、高质量地完成工会干部培训任务，全面提高工会干部的政治、业务素质。要重视搞好工会财务工作，抓好工会经费的收、交、管、用。要加大措施，加快步伐，积极兴办工会经济事业，进一步增强工会经济实力。要继续开展党政机关、乡镇企业组建工会的工作，已建立的机关工会，要组织开展好适合机关工作特点的各项活动，以扩大工会的影响，影响工会的凝聚力。还要进一步加强县、局（公司）工会的自身建设，在思想、作风、制度、民主建设等方面有一个新的提高和转变。要建立健全机关岗位责任制，明确职责，实行目标化管理，使各项工作逐步实现制度化、规范化、程序化。要大力转变领导作风和活动方式，牢固树立为基层、为职工、为改革服务的思想，深入基层加强调查研究，与职工群众交知心朋友。要善于发现和培养工作中的先进典型，以点带面，促进全县总工会工作的深入开展。

各位代表、同志们，党的十三届四中全会给我们指出了前进的方向，中国工会十一大和省工会九大为我们提出了新时期工会工作的任务和要求。让我们紧密地团结起来，带领全县职工，振奋精神，艰苦奋斗，开拓前进，努力开创全县工会工作的新局面，为全面深化改革、振兴郓城经济做出新贡献。

【郓城县总工会副主席孙建都作工会财务工作报告】

各位代表、同志们：

我代表郓城县总工会第四届委员会向大会报告工会财务工作，请予审议。

自县工会第四次代表大会以来，全县工会财务工作，在上级工会的正确领导下，根据统一领导、分级管理、比例分成的原则，努力收好、管好、用好经费，取得了较好的成绩，为全县工会各项工作的开展，提供了可靠的物质保证。

一、1980 年至 1988 年工会经费的收支情况

自 1980 年至 1988 年县总工会除按 40%上解省总 325580 元外，县总工会管理的经费九年总收入为 1336217 元，其中：企事业行政拨缴经费收入 681176 元；省总补助收入 36350 元；省总拨入基建费收入 310000 元；县政府补助收入 70000 元；房租收入 200000 元；其他收入 31511 元；上届经费结余 7180 元。

九年总支出为 1335388 元，其中：工会行政费 323365 元，占总支出的 24.2%；事业活动费 212312 元，占总支出的 15.9%；补助基层工会 3322 元，占总支出的 0.25%；基本建设费 796389 元，占总支出的 59.6%；1980 年至 1988 年收支相抵，结余 829 元。

二、1980 年以来做的几项主要工作

（一）狠抓收费收缴工作，实现了经费收入稳定增长

1980 年以来，我县工会财务工作，始终把收好工会经费作为一项重要任务来抓，使经费收入逐年稳定增长。县总工会管理的经费收入 1980 年为 81187 元，1988 年达到 162893 元，增长了一倍，平均每年递增 8.59%。增长的原因，除了企业发展带来工资总额自然增长的因素外，主要是各级工会领导重视，把财务工作列入了议事日程，通过建立健全财务制度，充实财务人员，开展财务检查，实行“增收回拨”等有力措施，调动了工会财务人员的积极性。在基层工会“建家”的活动中，都注意抓了基层财务整顿，使基层工会的经费收缴工作进一步落到实处。同时针对企事业单位实行承包经营责任制以后，给拨缴工会经费带来的许多新问题，县总工会根据全总、省总的文件精神，会同政府有关部门及时下发文件，重申了有关规定。县总工会还主动与县财政、银行、统计等部门联系，通过宣传拨缴经费的政策，对未足额、及时拨缴经费的单位，实行书面通知催交或通过银行扣拨的办法，堵塞经费收缴的漏洞，追回欠拨漏缴的经费。所有这些，都为确保经费收入的稳定增长，起了重要作用。

（二）坚持用好工会经费，为工会事业的发展提供了物质保证

近十年来，在经费使用上，县总工会认真贯彻执行了“为职工群众服务，为工会建设服务，为社会主义物质文明和精神文明服务”的财务方针，把大部分经费用在直接为职工群众服务的项目和活动，为提高职工队伍素质，调动职工积极性，充分发挥工会的各项作用，促进职工队伍两个文明建设做出了积极贡献。为提高职工群众的文化水平，县总工会先后举办职工文化补习班 12 期，支出经费 7260 元；

购置图书5200余册，支出经费7904元。县总工会每年举办职工群众喜闻乐见的文体活动，十年来举办大型文体比赛就达54次，共支出经费18660元。县总工会还克服困难，多方筹集资金，新建起了建筑面积为2764平方米的职工俱乐部暨职工学校大楼，为在吸引、团结、教育职工群众，培养“四有”职工队伍，促进社会主义精神文明建设等方面发挥更大的作用，打下了物质基础。

（三）加强财务组织建设，财会人员的素质有了明显提高

1980年以来，全县各级按照上级的要求，进一步健全了财务制度，充实了财会人员，全县总工会财务人员由1980年的157人增加到现在的231人。针对财会人员新手多，业务不太熟悉的情况，在建立健全财务制度的同时，认真抓了业务培训，县总工会采取及时转发上级工会有关财务工作的标准、制度和以会代训等办法，先后培训财会人员849人次，使其业务水平有了明显提高，为做好工会财务工作，打下了较好的基础。

近十年来，全县工会财务工作虽然取得了很大成绩，但也存在着一些问题，主要是：工会经费的收缴还不平衡，少数单位还不能及时、足额拨缴工会经费；个别财会人员业务素质较差，存有开支不当的现象。以上问题，有待今后采取措施，切实加以解决。

三、对今后三年财务工作的建议

根据中国工会十一大，省工会九大精神和县工会第五次代表大会提出的要求，我县今后三年工会财会工作的任务是：坚持改革，面向基层，努力收好、管好、用好工会经费，更好地为职工群众服务，为发展工会事业服务。

（一）适应新形势，把抓好经费收缴作为财务工作的重点

行政拨缴经费是工会经费的重要来源，抓好工会经费的收缴是整个工会组织的一项重要工作。各级工会既要关心经费的使用，更要重视经费的收缴。目前我县总工会经费收缴的潜力还很大。随着经济体制改革的深入发展，企业实行租赁、承包经营责任制，职工人数和工资形式不断发生新的变化；实行乡镇财政包干后，教育、卫生系统工会经费收缴工作也出现了新问题。为了做好经费的收缴工作，要求各级工会组织切实做到以下几点：一是加强政策宣传，争取行政部门按照规定及时、足额地拨缴经费；二是搞好调查研究，及时掌握本系统、本单位职工人数和工资总额的变化情况，为收好经费掌握第一手材料；三是把经费收缴纳入工会工作的目标管理，作为对工会干部工作考核和年终评选先进的重要内容；四是加强财务检查，及时催拨补缴，总结推广收好工会经费的经验，促进工会经费收缴工作。

（二）实行民主理财，加强群众监督

实行工会财务民主，加强群众监督，是工会民主建设的一个重要组成部分，也是做好工会财务工作的重要保证。各级工会要坚持财务公开，定期公布账目，向会员群众或会员代表大会报告财务工作，充分听取职工群众意见，接受群众监督，对合理的意见和建议要认真采纳，积极改进。县总工会经费审查委员会是代表会员群众监督工会财务工作，实行财务民主管理的机构，要保证其有职有权，真正发挥监督作用。

（三）认真贯彻“双增双节”精神，严格执行财务制度

各级工会要坚决贯彻中央最近提出的关于勤俭节约、艰苦奋斗的有关指示和上级工会规定的财务制度。不能由于工会经费垂直管理而自立章法，任意扩大开支范围，特别要注意纠正胡花乱用、分钱分物等违犯财务制度的做法，抵制各种不合理的摊派。要反对和防止铺

张浪费，尽量做到少花钱多办事，把有限的经费为职工群众办更多的事情，提高经费开支的实际效益。

（四）加强财务工作的领导，提高财务工作的管理水平

工会财务工作是工会工作的一个重要方面，各级工会要充分认识加强工会财务建设的重要性，把财务工作列入议事日程，由各级工会委员会实行集体领导，财务工作中的重大问题和重大开支事项都应集体讨论决定，并有一名副主席分管，严格经费审批手续，坚持“一支笔”审批的制度。各级工会领导干部都要模范地执行财务制度和财经纪律，尊重和支持财务干部履行职责。要健全财务制度，充实财务人员，保持财务人员的相对稳定。同时还要重视财务人员的业务培训，县总工会今后要有计划地采取不同形式对基层工会财务人员进行帮助和指导，提高他们的政治、业务素质和财务管理水平。

各位代表、同志们，工会财务工作同工会建设、工会工作的发展关系极大，也是一项专业性、政策性、群众性很强的工作，让我们在上级工会的领导下，振奋精神，进一步做好财务工作，为我县工会事业的发展做出新的贡献。

【郓城县总工会经审委副主任钱永辇所做的工会经费审查委员会工作报告】

各位代表、同志们：

我代表郓城县总工会第四届经费审查委员会作工会经费审查工作报告，请予审议。

工会经费是保证贯彻、实施工运方针，开展工会工作，发展工运事业的重要物质基础。工会经费审查工作，是对工会财务工作实施民主监督的重要方面。县工会第四次代表大会以来的十年间，本届经费审查委员会对县总工会的经费收支情况逐年进行了审查。这次代表大会前，又听取审议了县总工会四届委员会十年来的财务工作报告。现对县总工会的财务工作和今后经费审查工作提出几点意见和建议。

一、对县总工会财务工作的审查意见

我们认为，十年来县总工会的财务工作，贯彻了工会的财务工作方针、任务，执行了国家财经政策和财务纪律，取得了较好的成绩。主要地讲，一是经费收入有了较大幅度的增长，1988 年度经费收入比 1980 年度增长了一倍，平均每年递增 8.59%。

二是在经费使用上，坚持了为职工群众、为工运事业服务的方向，十年来县总工会用于工会群众文化教育事业的支出占总支出的 15.9%。

三是围绕收、管、用好经费采取了一些得力措施，收缴方面，通过核实工资总额，实行“增收回拨”，开展财务检查，提高了经费收缴率；支出方面，在工会机关和事业单位贯彻“双增双节”精神，制定了切实可行的措施，进一步加强了经费管理，紧缩开支，杜绝浪费，取得了明显效果。但是，县总工会在财务工作上也存在一些值得注意的问题，“双增双节”措施还不够落实，财务管理制度需要进一步健全，对基层工会的财务工作指导还不够具体有力。为了贯彻执行本次代表大会提出的今后一个时期的工会工作任务，适应工会改革要求，我们除赞同财务工作报告中提出的工会财务工作任务外，特提出如下意见：

1. 要切实抓好工会经费收入工作。目前我县总工会经费收缴的潜力还很大。各级工会要十分重视经费收缴工作，注意研究经济体制改革给经费收缴工作带来的新情况、新问题，不断完善经费收缴的措施和办法，努力把应收未收的经费收到手，确保经费收入的稳定增长。

2. 要进一步管好、用好经费。要注意从

科学管理和合理使用经费上挖潜力，坚决贯彻执行中央关于“双增双节”、勤俭办一切事业的精神，把有限的经费用于职工最需要的地方，防止和杜绝铺张浪费现象，使经费更好地用于为职工群众服务、为基层工会建设服务。

3. 要加强对工会事业的管理。要逐步把工会事业由单纯服务型变为经营服务型，把无偿服务同有偿服务结合起来。要打破长期沿袭下来的供给制观念和管理办法，在搞好为职工群众服务的前提下，积极兴办一些力所能及的经济事业，努力提高经济效益，增强工会事业的自我发展能力。

二、对工会经费审查工作的建议

县工会第四次代表大会以来，县总工会经费审查委员会，在对本届工会经费收支情况的检查监督方面做了一些工作，取得了比较好的效果，但由于思想认识不足，工作不够主动，还不能充分发挥其民主监督作用。为了适应形势发展的需要，加强对工会财务工作的监督检查，特提出如下建议：

1. 进一步提高对经审工作的认识，加强经审会组织建设。工会经费是独立进行管理的。要搞好自我监督，只有建立起比较完善的自我监督、自我控制机制，才能有效地防止铺张浪费现象的发生。要维护财经法纪，保持工会干部清正廉洁，发展同广大职工群众的密切联系，经费审查委员会有大量经常性工作要做，不是可有可无的“虚设机构”。根据全总要求，凡是形成一级工会财务管理的单位，都应建立经审组织。县总工会确定从机关内部推选一名经审人员，在经审会领导下做好日常工作。基层工会经审工作可以依靠兼职委员和积极分子进行，凡没有建立经审会组织的基层工会，要通过民主选举，迅速建立起来。经审会人员的产生，一定要充分发扬民主，选举那些勇于坚持原则、办事公道、具有一定财务管理知识和审查能力，为会员群众所信任的人员担任。

2. 明确职责，认真开展经审工作。全总经审会《组织通则》规定，经审会的基本职责和作用是，对同级工会各项经费收支和所属事业单位各项经济活动、财产管理状况进行审查监督，维护财经法纪的贯彻执行，监督工会经费合进有效地使用。为了使经审会能够了解工会工作的全局，并能独立负责地进行工作，履行职责，经审会委员应列席同级工会委员会全体会议，县总工会经审会负责人列席有关的常委会议。在经审工作中必须坚持审查监督的民主性、公开性、群众性的原则。要健全经审会内部民主生活制度，充分发挥兼职委员和广大经审积极分子的作用，依靠群众做好经审工作。要发挥经费审查工作的积极作用，不仅要对违犯财经制度、纪律的人和事进行斗争，而且要成为支持、促进工会改革的积极力量。一切从事经审工作的同志要以改革的精神，注意研究新情况、新问题，积极探索在新形势下开展工会经审工作的新路子，逐步实现经审工作的经常性、制度化、规范化。

同志们，经审工作是一项十分严肃而又光荣的任务，我们一定要以高度的责任心，尽职尽责，不辜负广大会员群众的信任和重托，为促进工会改革的深入和工运事业的发展，做出应有的贡献。

三、大会决议

【关于郓城县总工会第四届委员会工作报告的决议】（1989 年 9 月 22 日通过）郓城县工会第五次代表大会，经过认真审议，决定批准戴思远同志代表郓城县总工会第四届委员会所做的《团结带领全县职工在全面深化改革和两个文明建设中充分发挥主力军作用》的工作报告。

大会认为，工作报告对我县十年来工会工

作的回顾和总结是实事求是的。提出的今后三年的工作任务是符合党中央和全总、省总要求的。是切合我县总工会实际的。这些任务的实现，对于进一步发挥工会在全面深化欧革中的作用，搞好工会自身改和建设。将产生重大的推动作用。

大会要求全县各级工会，认真贯彻落实党的十三届四中全会、中国工会十一大和省工会九大会议精神，在全面深化改革中，大力促进生产力发展，搞好民主参与和社会监督，切实维护职工合法权益，积极稳妥地推进工会改革。全面完成工作报告提出的各项任务，努力把我县级工会建设成为中国共产党领导的，独立自主、充分民主、职工信赖的工人阶级群众组织。

大会号召全县广大职工和各级工会干部紧密团结起来，以主人翁的姿态。自觉维护改革的大局，维护社会的安定。积极参加反腐败斗争。振奋精神，同心同德，艰苦奋斗，开拓创新，在改革开放和社会主义现代化建设中，充分发挥工人阶级的主力军作用。努力开创全县工会工作的新局面，把郓城经济建设不断推向前进。

【关于郓城县总工会财务工作报告的决议】（1989年9月22日通过）郓城县工会第五次代表大会批准孙建都同志代表郓城县总工会第四届委员会所做的财务工作报告。大会对县工会四次代表大会以来全县总工会财务工作所进行的成功改革和取得的成绩给予肯定。大会要求全县各级工会组织切实加强对财务工作的领导，积极稳妥地搞好工会财务改革，认真贯彻“双增双节”精神，严格财务制度和财经纪律，抓好工会经费的收缴和管理，努力办好工会事业，更好地为职工群众，为发展我县的工运事业服务。

【关于郓城县总工会经费审查委员会工作报告的决议】（1989年9月22日通过）郓城县工会第五次代表大会批准钱永辇同志所做的四届经费审查委员会工作报告。大会认为，县工会四次代表大会以来，县第四届经费审查委员会在对工会经费收支情况的检查监督方面做了大量工作，取得了良好效果。大会要求，各级工会要把加强工会的经费审查工作作为工会民主建设的重要方面，加强经审委员会的组织建设，完善自我监督，自我控制的机制，保证工会经费审查委员会职权的落实，坚持审查监督民主性、公开性、群众性的原则，逐步实现工会经审工作的经常化、制度化、规范化，为保证各级工会为政清廉，促进工会组织的群众化、民主化建设，做出更大的成绩。

四、大会主席团（17人，按姓氏笔画为序）

王　平（女）　王化陆　王常轩
边兆银　戴思远　孙建都
刘承英（女）　朱元昌　闫建军
李乃仲　李月英（女）　李洪方
侣庆法　邹宝明　张玉环（女）
晁岳山　韩凤琴（女）

秘书长　朱元昌

五、代表资格审查委员会

主任委员　刘承英（女）

委　员　（4人，按姓氏笔画为序）

王　平（女）　孔运松　陈庆海
邹景玉

六、郓城县总工会第五届委员会

主　席　戴思远

副主席　刘承英（女）　朱元昌

常　委　（7人，按姓氏笔画为序）

边兆银　田学冉　戴思远
刘承英（女）　朱元昌　李洪方
闫建军

委　员　（21人，按姓氏笔画为序）

马献启　王　平（女）王玉莲（女）
王常轩　白凤存（女）边兆银
田学冉　戴思远　刘承英（女）
朱元昌　闫建军　李乃仲
李月英（女）李洪方　李建英（女）
李德珠　佀庆法　张秀芳（女）
张厚贤　晁岳山　秦松涛
曹慧丽（女）韩凤琴（女）

候补委员　仝桂力　田延令
张友轩

七、郓城县总工会第五届经费审查委员会

主　任　王化陆
副主任　钱永辇
委　员　（5人，按姓氏笔画为序）

王化陆　朱绍昌　李云峰
郭广臣　钱永辇

八、代表、特邀代表名单

第一代表团（14人）

团　长　阎建军
副团长　张全文
代　表　高武进　赵作策
刘尊船　董承轩
刘桂香（女）郭怀芝
曹安修　李德珠
明尊献　李玉美（女）
孙兆刚　曹惠丽（女）

第二代表团（26人）

团　长　韩凤琴（女）
副团长　李钦仁
代　表　韩郊道　郭齐尧
赵汉柱　刘体荣
侯高先　王汉平
谭效全　杨发成
许忠素（女）董恩玉
左瑞显　彭太民
张效谨　王艳琴（女）
王明清　季德令
窦淑君（女）周桂全（女）
刘兆同　张立方
李瑞荣（女）周相标
王德全　杨利华（女）

第三代表团（10人）

团　长　李乃仲
副团长　马献堂
代　表　侯连勤　王建华
赵秀华（女）吴正元
许化荣　商庆林
张秀连（女）马绍惺

第四代表团（40人）

团　长　边兆银
副团长　孟凡雪
代　表　刘瑞增　郑目文
王润灵　彭慕蔼
张怀娥（女）苏桂连（女）
周长柱　马广奇
王玉秋（女）李爱荣（女）
万桂翠（女）王秀娥（女）
刘翠兰（女）汤相德
于建伦　王秀雪
刁望松　彭步亭
张延君　李瑞林
吕兰祥　符中仓
杜廷彦　李世堂
张习益　王子明
周淑景（女）张同考
任长青　马玉亭
张广田　王均炳
彭纯栋　樊明章
金景啓　丁文玉
苏玉梅（女）刘玉芝（女）

第五代表团（10人）
团　长　王化陆
副团长　潘明珍
代　表　王　平（女）马心从
于恒斌　曹金荣（女）
刘仙亭　崔桂兰（女）
于际允　李槐英（女）

第六代表团（10人）
团　长　邹宝明
副团长　秦松涛
代　表　金增娥（女）张玉环（女）
赵清鹏　倪月玲（女）
赵树昌　李庆华
田学冉　曹清存

第七代表团（11人）
团　长　晁岳山
副团长　曾景显
代　表　韩忠仁　车承等
王延立　王爱霞（女）
张建江（女）李　军
王淑荣（女）刁兆林
张友轩

第八代表团（15人）
团　长　王常轩
副团长　马献啟
代　表　刘方才　杜宝香（女）
张厚贤　胡富贵
孔运松　郭广臣
崔师增　陈有贡
姜桂兰（女）戴思远
张秀芳（女）和中杰
陈光荣

第九代表团（16人）
团　长　佀庆法
副团长　邹景玉
代　表　戴秀琴（女）孙德君
钱永辇　朱绍昌
刘承英（女）杨际鑫
王守来　许永岭
李建英（女）李秀含（女）
李景诗　丁正保
杨菁华（女）李洪方

第十代表团（18人）
团　长　李月英（女）
副团长　邵宗民
代　表　李秀兰（女）程志方
孙建都　田延令
白凤存（女）李谨玺
邢玉玺　仝桂力
李安晏　张书显
王玉莲（女）张仰资
李云峰　陈庆海
朱元昌　樊兆三

特邀代表（12人）
王云亭　原县总工会主席
付兆章　原县总工会秘书
梁兆银　林业局工会主任
孙守波　卫生局纪检书记
杨福环　物资管理公司经理
王广朕　商业局局长
周长存　农业银行行长
李周领　工商银行行长
郭齐顺　县供销联社主任
吕明海　粮食局局长
王振聚　工业局局长
林成勋　教育局局长

第六节　第六次会员代表大会

一、代表大会

1995年5月26日至27日，郓城县工会第六次代表大会在县政府招待所召开。会议实有代表149人，到会代表135人，缺席14人，特邀代表11人。会议听取了郓城县总工会党组书记陈庆存的开幕词，郓城县总工会主席王思义所做的工作报告，郓城县总工会经审委副主任钱永攀所做的经费审查工作报告，郓城县总工会副主席朱元昌所做的财政工作报告，通过了大会决议。大会选举了郓城县总工会第六届委员会和经费审查委员会。

大会期间，菏泽地区工会办事处主任吕怀钦，郓城县委书记张兴民，县委副书记、县长董茂伦，县委副书记杨志森，县人大常委会主任吴方才，县政协主席周庆文，县纪委书记张友彬，县武装部政委赵延金，县妇联、团县委、县科协的负责同志出席大会。菏泽地区工会办事处主任吕怀钦向大会致辞，中共郓城县委副书记杨志森做了重要讲话，团县委书记贺民代表群众团体向大会致贺词，县人武部政委赵延金向大会致贺词，实验小学少先队队员向大会献词。

二、大会有关讲话、报告

【郓城县总工会党组书记陈庆存致开幕词】

各位代表、同志们：

在全县人民认真贯彻落实党的十四大、中共郓城县第九次代表大会精神，抓住机遇、深化改革、满怀信心地沿着有中国特色的社会主义道路阔步前进的时候，郓城县工会第六次代表大会隆重开幕了，这是全县广大职工和各级工会政治生活中的一件大事，这次会议的召开，对于动员全县职工深入学习实践邓小平同志建设有中国特色的社会主义的理论，推进我县改革开放、推进工会自身建设和改革、具有十分重要的意义。

这次代表大会，是继我县工会1989年第五次代表大会之后的又一次重要盛会。会议前夕、县委领导、地区工会领导多次过问大会筹备情况，并给予具体指导，今天，地区工会办事处和县委、县政府、县人大、县政协、县纪委、县人武部的领导同志及有关部、委、办、局、各群众团体的负责同志，在百忙中亲临大会，县委副书记杨志森同志还将代表县委、县政府作重要讲话。这充分体现了各级领导和各部门对我们这次代表大会的关系和支持。请允许我代表大会主席团和全体与会代表，向出席大会开幕式的各位领导表示热烈欢迎和衷心感谢！

自郓城县工会第五次代表大会以来，全县广大职工群众认真学习贯彻党的十四大精神和邓小平同志建设有中国特色的社会主义理论，全面贯彻落实全国工会十二大，省工会十大会议精神，在各自的工作岗位上发挥了极大的创造热情和积极性，以高度的主人翁精神和历史责任感，艰苦奋斗，竭诚奉献，为我县改革开放、经济建设和社会稳定做出了重大贡献。全县各级工会组织以经济建设为中心，积极稳妥地开展各项工作，在动员职工投身建设，代表维护职工利益，搞好参政议政，团结教育职工，推进工会自身建设等方面，做了大量的工作，取得了显著成绩，充分发挥了党联系职工群众的桥梁和纽带作用。

出席这次大会的代表共149名，特邀代表10名。在这些代表当中，有从事工会工作的积极分子，有关心支持工会工作的党政领导；

有各条战线上的职工劳模和先进工作者，也有来自工作生产第一线的普通职工，还有女职工代表和少数民族代表。今天大家欢聚一堂，共商全县工会工作大事，是全县广大职工群众大团结的象征。我们要把这次大会开成一个团结的大会，民主的大会，深化改革的大会。

这次大会的主要任务是：以党的十四大精神为指针，深入贯彻落实全国工会十二大和省工会十大精神，全面认真地回顾总结上届工会代表大会以来工会工作的成绩和经验，共同研究确定今后五年工作的主要任务，选举新的一届工会委员和经费审查委员会，团结和动员全县职工抓住机遇，深化改革、为全面振兴郓城而努力奋斗。

各位代表，你们来自全县各条战线，代表着全县三万多名职工，不仅带来了捷报佳音，还带来了广大职工的期望、建设和要求，希望大家畅所欲言，共同开好大会，胜利完成大会的各项任务。

祝大会圆满成功！

【郓城县总工会副主席李爱国作的代表资格审查报告】

各位代表：

郓城县工会第六次代表大会代表资格审查委员会听取了大会秘书处关于代表选举情况的汇报，对出席县工会第六次代表大会的代表进行了资格审查。现将审查结果报告如下：

根据地区工会办事处关于各县、市召开工代会的安排意见，县总工会召开了第五届委员会全体委员会议，对召开县工会第六次代表大会的具体方案进行了认真的研究。在此基础上，县总工会党组拟定了《关于召开郓城县工会第六次代表大会的请示报告》经县委同意后，于1995年5月8日以郓发〔1995〕28号文件批转全县，全县各选举单位严格按照文件的有关规定，根据县总工会的具体部署和要求，做了大量细致的工作，于1995年5月12日全面完成了出席郓城县工会第六次代表大会代表的选举工作。

县总工会第五届委员会会议确定了出席郓城县工会第六次代表大会的正式代表总数149名。

郓城县工会第六次代表大会选举工作，从代表人数的酝酿提名，到预备名单的审查平衡确定，以及代表的选举产生都是在各级党组织的领导下，在有关方面的支持和配合下进行的，做到了广泛发扬民主，认真听取工会组织和会员群众的意见。选举过程中，始终坚持了民主程序和民主集中制的原则，尊重选举人的意志和民主权利。各选举单位分别召开了会员大会或会员代表会议，采取了无记名投票方式选举产生。

这次选出的代表具有广泛的代表性，体现了全县工人阶级大团圆的要求。代表中，工会工作者50名，占33.6%；工会积极分子34名，占22.8%；先进模范任务25名，占16.8%；一线工人40名，占26.8%；50岁以下的中青年代表131名，占87.9%；具有大专以上文化程度的57人，占38.3%；高中（中专）的78人，占52.3%；女代表37人，占24.6%；共产党员125人，占83.9%；非常群众26人，占17.4%；少数民族代表4人，占2.7%；代表分布在我县工业、交通运输、基本建设、财贸、农林水、文教卫生等各个方面、各个行业。

这次选出的代表，大都是全县各行各业、各个方面职工中，坚持改革开放，在社会主义物质文明和精神文明建设及各项工作中做出了突出成绩，能密切联系职工群众，为广大职工信任、拥护、敢于和善于维护职工利益和合法权益，有参政议政能力，在群众中有较高威信的工会会员。

这次选出的149名代表，经代表资格审查委员会审查，全部符合工会章程和郓发〔1995〕28号文件规定的代表条件、民主程序和选举办法，代表资格有效。

【郓城县委副书记杨志森在郓城县工会第六次代表大会上的致辞】

各位代表、同志们

郓城县工会第六次代表大会，是在我县改革开放和现代化建设进入蓬勃发展新阶段的形势下召开的。这是我县工人运动发展史上的一次重要会议，是广大职工政治生活中的一件大事。开好这次大会，对于深入贯彻党的十四大和十四届四中全会精神，全面贯彻落实我县第九次党代会精神，充分发挥工人阶级主力军作用，推动社会主义事业的更快发展，开创我县工人运动和工会工作的新局面，具有重要的意义。我代表县委、县政府向大会表示热烈祝贺！向参加大会的全体代表，向全县各条战线上的劳动模范、先进工作者，向全县广大职工群众和工会工作者，表示亲切的慰问和崇高的敬意！

郓城县工会自1989年召开五大以来，全县各级工会在县委和上级工会的领导下，团结带领广大职工，以邓小平同志建设有中国特色社会主义的理论为指导，坚定不移地贯彻执行党的“一个中心、两个基本点”的基本路线，为推动我县两个文明建设，维护社会稳定，做出了积极贡献。实践证明，广大职工群众不愧是先进生产力的代表，不愧是社会主义现代化建设的主力军，不愧是维护安定团结的中坚力量。几年来，全县各级工会组织充分发挥了应有的职能作用，对此，县委对县总工会和各级工会的工作是满意的。

党的十四大明确确定了90年代我国改革开放和建设的主要任务，向全国人民展示了奔向21世纪的光辉前景。刚刚结束的中共郓城县第九次代表大会制定了我县今后五年改革开放和经济建设的奋斗目标，力争到21世纪末，把郓城建设成为经济繁荣、环境优美、文明富裕、功能齐全的县级市，使郓城以蓬勃向上的崭新面貌跨入21世纪。全县广大职工群众的历史使命是与我县改革开放和现代化建设的历史进程紧密联系在一起的，在新的历史发展阶段，推进改革开放，加快经济建设步伐，保持和发扬伟大的创业精神，既是工人阶级的前途所在，也是历史赋予工人阶级发挥主力军作用的伟大使命。

全县广大职工要肩负起伟大使命，发挥主力军作用，就要努力为加快我县经济发展多做贡献。工人阶级作为推动社会历史发展的先进阶级，要以高度的历史使命感和主人翁责任感，以解放和发展生产力为己任，积极投身全县经济建设的伟大实践。要继续发扬艰苦创业精神英勇劳动，勤勉敬业，奋力拼搏，竭诚奉献。要立足本职，学赶先进，争创一流，广泛开展劳动竞赛，合理化建议，技术革新，技术协作和发明创造活动。千方百计地提高质量，增进效益，发展生产，为我县经济建设再立新功。

全县广大职工要肩负起伟大使命，发挥主力军作用，就要更加自觉地站在改革开放的前列。改革是一场深刻的革命，是解放和发展生产力的必由之路。工人阶级要积极参加改革，热情支持改革，努力为改革贡献自己的才智和力量。在改革过程中不可避免地涉及各种利益的调整。全县广大职工群众要以主人翁精神，继续发扬识大体、顾大局的优良传统，自觉做到眼前利益服从长远利益，局部利益服从整体利益，以实际行动推进改革的深入发展。

全县广大职工要肩负起伟大使命，发挥主力军作用就要在社会主义精神文明建设中充分发挥带头作用。我们党领导的有中国特色的社会主义，是社会主义市场经济、社会主义民主政治、社会主义精神文明的有机统一。在牢牢把握经济建设这个中心的同时，加强社会主义民主法制和精神文明建设，促进社会全面进步，是建设有中国特色社会主义的必然要求和重要保证。工人阶级不仅是物质文明建设的主力军，而且是推进社会主义精神文明建设和伟大力量。全县广大职工要增强民族自尊心和自豪感，发挥爱国主义、集体主义精神，坚定社会主义信念。要大力倡导团结友爱、助人为乐、见义勇为的社会风尚，维护社会公德，遵守职业道德，自觉抵御拜金主义、享乐主义和极端个人主义思想的侵蚀，用自己的先进思想和良好的精神风貌影响和带动全县人民。要树立法制观念，维护安定团结，坚决同各种违法犯罪行为做斗争，同消极腐败现象做斗争，同社会丑恶现象做斗争。

全县广大职工要肩负起伟大使命，发挥主力军作用，就要在实践中努力提高自身素质。工人阶级所以是最先进阶级，不仅因为它是先进生产力和生产关系的代表，而且它能用先进思想和现代科学文化知识武装自己，在改造客观世界的同时改造主观世界。新的形势和要求对全县职工提出了更高的要求。全县职工只有不断提高思想政治素质和科学文化素质，才能适应时代要求，担当起自己的历史重任。要认真学习马列主义、毛泽东思想，特别要努力学习好邓小平同志建设有中国特色社会主义理论。通过学习，掌握基本观点，领会精神实质，解放思想，实事求是，提高贯彻执行党的基本路线的自觉性和坚定性，做到任何情况下都坚持党的基本路线不动摇。要积极参加学文化、学科学、学技术活动，努力掌握社会主义现代化建设需要的知识，加快工人阶级知识化的进程。县委殷切期望全县广大职工继承发扬优良传统，加强学习和实践，努力把自己锻炼成为合格的社会主义建设者。

工会是党领导的工人阶级群众组织，是党联系职工群众的桥梁和纽带，是国家政权的重要社会支柱。工会是一个有坚实群众基础，有一定号召力，有较高威信的群众组织。改革开放十多年来，全县各级工会组织坚持党的基本路线，团结和动员广大职工为维护我县社会稳定，加快我县经济建设，做了大量的工作，发挥了重要作用。广大工会干部兢兢业业，辛勤工作，做出了很大成绩。在新的历史时期，工会面临着新的形势、新的任务和要求。同时，随着社会主义市场经济体制的逐步建立，出现了一系列新情况、新问题需要工会组织很好地研究解决。随着企业改革的不断深入，工会在劳动关系和利益关系中的协调作用将越来越大；企业转换机制和建立现代企业制度要求工会积极探索新的民主管理形式；外商投资企业、乡镇企业和私营企业的快速发展，要求工会进一步拓宽工作领域；多种分配方式的存在，需要工会更好地维护职工合法权益，保护、发挥好职工群众的积极性；经济发展对科技人才的需求越来越迫切，工会必须在提高职工素质，推动科技进步上发挥更大的作用；市场竞争的加剧使一些企业遇到困难，帮助企业扭亏增盈，协助政府解决职工生活困难，积极做好维护稳定工作，将是工会一项长期任务。这些新问题，为工会工作提供了良好的发展机遇，更加说明了新形势下工会工作不是可有可无，而是任务更加艰巨了，社会责任更大了，地位、作用更加重要了。因此，全县各级党政干部和广大工会工作者，一定要从社会历史发展规律的高度，充分认识新形势下工会工作的重要地位和作用，进一步重视和支持工会工作，扎扎实实地做好工会工作。全县各级工会组织要紧紧围绕县委、县政府的工作部署，增强机遇意识，搞好重点突破，创造性地开展工会工作。

各级党组织要进一步加强和改善对工会工作的领导，积极支持工会依照法律和自己的章程独立自主地、创造性地开展工作。要把工会工作摆到重要议事日程，定期听取工会工作汇报，研究和协调解决有关重大问题。政府及其有关部门，要支持工会履行法律所赋予的权力，在制定涉及职工切身利益的重大决策和措施时，要认真听取工会意见。各级党组织要特别重视和加强各级工会的领导班子建设，按照干部队伍“四化”方针和德才兼备的原则，选配好工会领导班子。

同志们，新的形势和任务，为全县广大职工群众提出了新的更高的要求，让我们团结起来，振奋精神，真抓实干，努力拼搏，为全面振兴郓城建功立业！

祝大会圆满成功！

【郓城团县委书记贺民在郓城县工会第六次代表大会上的祝词】

各位代表、同志们：

郓城县工会第六次代表大会今天隆重开幕了，这是全县广大职工政治生活中的一件大喜事。这次代表大会的召开，对于动员全县广大职工在进行社会主义现代化建设和建立社会主义市场经济体制的过程中发挥主力军作用，对于推进工会自身建设都具有十分重要的意义。我代表共青团郓城县委、郓城县妇联、郓城县科协向大会致以热烈的祝贺！向各位代表、向在各条战线辛勤工作的广大职工和工会干部，表示崇高的敬意并致以亲切的问候！

我国工人阶级觉悟最高、纪律性最强，是国家的领导阶级。同全国一样，我县职工在各个历史时期都为祖国和人民建立了不朽的功勋。党的十一届三中全会以来，全县广大职工认真贯彻落实党的基本路线，积极投身于改革和建设伟大实践，艰苦创业，奋力拼搏，为振兴郓城经济做出了突出贡献。各级工会组织和工会干部，不断解放思想，紧紧围绕经济建设这个中心，全面履行工会的社会职能，不断开创了新的历史条件下我县工会工作的新局面。我们相信，这次大会的召开，必将激励全县各级工会组织和广大职工，以更加坚定的信念，更加昂扬的斗志，为夺取我县改革开放和社会主义现代化建设的新胜利做出更大的贡献。

工会、共青团、妇联、科协，都是党领导下的群众团体，是党和政府联系群众的桥梁和纽带。在过去的岁月里，我们各群众团体在党的领导下，围绕党的中心工作、按照各自的分工，相互支持，密切合作，彼此之间建立了经常的联系和深厚的友谊。当前，在建立社会主义市场经济体制的新的历史条件下，我们各群众团体之间更需要相互支持和协作，搞好各自的改革，增强自身的活力，在县委的统一领导下，携手并肩，共同努力，团结带领各自代表的群众，为推动我县两个文明建设和郓城经济的腾飞而努力奋斗！

最后，预祝大会圆满成功！

【郓城县人民武装部政委赵延金在郓城县工会第六次代表大会上的祝词】

各位代表、同志们：

正当全党全军全国各族人民深入贯彻党的十四大和十四届四中全会精神，建设有中国特色社会主义的事业蒸蒸日上的大好形势下，我们郓城县工会第六次代表大会隆重开幕了！这次大会的召开，是进一步动员全县工人阶级投身各项改革和现代化建设，努力实现郓城经济腾飞的一次盛会，也是我县职工政治生活中的一件大事。在这里，我代表县武装部机关和全县广大民兵预备役工作人员，向大会致以热烈的祝贺！向光荣出席大会的全体代表，向战斗在全县各条战线上的劳动模范、工会工作者和

全体职工同志们，表示亲切的问候和崇高的敬意！

县工会第五次代表大会召开以来，郓城县的职工同志们在县委和上级工会的正确领导下，继承和发扬中国工人阶级政治觉悟最高、纪律性最强的光荣传统和优良品质，自觉肩负起改革开放、加快发展的历史重任，坚持党的基本路线，坚定不移地走有中国特色的社会主义道路，解放思想，勇于进取，顾全大局、艰苦创业，用自己的聪明才智和辛勤劳动，为加强社会主义物质文明和精神文明建设，推动郓城县的改革开放和经济发展做出了重大贡献，立下了不可磨灭的功绩、涌现出了一大批具有时代精神的模范人物和先进集体，赢得了党和人民的高度赞誉。各级工会组织，坚持以经济建设为中心，积极开展工作，在动员职工投身改革、提高职工队伍素质、关心维护职工利益、积极参政议政，以及加强工会自身建设等方面。做了大量卓有成效的工作，充分发挥了党联系职工群众的“桥梁”和“纽带”作用，开创了工会工作的新局面。我们为工人阶级取得的成就感到骄傲，并从中受到了极大的鼓舞。

我县人民历来就有拥军优属的光荣传统。革命战争年代，工人阶级与人民群众——起踊跃参军参战。积极支援前线，谱写了一曲曲奉献的篇章。今天。我们郓城县的民兵预备役工作人员同样受到全县工人阶级的热情关怀和无私支援。各级工会和广大职工主动为转业、退伍军人和烈军属排忧解难，积极送子参军。为加强军队建设和我县民兵预备役工作建设做出了积极贡献。在此，我代表武装部机关和全县民兵预备役工作人员向你们，并通过你们向全县各级工会组织表示衷心的感谢和崇高的敬意！希望在今后的工作中，我们一如既往地加强联系和协作，互相支持，共同前进。我们相信，今后全县各级工会组织，一定会继续发扬拥军优属的优良传统，进一步搞好国防教育，加强民兵预备役建设，更好地协助企业按照国家法律和政策规定，解决好转业、退伍军人的安置、职工中军队干部家属的生活困难等问题，为加强国防现代化建设做出新的努力。我们一定要虚心学习工人阶级的好思想、好作风、好经验，用于指导民兵、预备役工作，使我县的民兵预备役建设再上一个新台阶。

各位代表，同志们，历史已翻到新的一页，新的任务正摆在我们面前。面对伟大的历史变革，工人阶级的责任更重，任务更艰巨。我们坚信，郓城县各级工会组织，一定能够在党的领导下，肩负起光荣的历史使命，团结带领广大职工，同全县人民一道，同心同德，团结奋斗，夺取改革开放和现代化建设的更大胜利！

祝大会圆满成功！祝各位代表和全体同志身体健康，工作顺利，万事如意！

【郓城县总工会主席王思义所做的工作报告】

各位代表、同志们：

我受郓城县总工会第五届委员会的委托，向大会做工作报告，请审议。

一、五年工会工作的回顾和总结

我县工会第五次代表大会是 1989 年 9 月召开的，至今已五年多了。这五年，我们国家在建设有中国特色社会主义的道路上继续前进，各项改革和建设取得了举世瞩目的成就。在县委的正确领导下，全县人民认真贯彻党的基本路线和各项方针、政策，抓住机遇，深化改革，加快发展，各条战线都发生了巨大变化。工业生产持续增长，规模逐步扩大，效益不断提高；农业生产克服了各种自然灾害的侵袭，粮棉连年丰收；第三产业全面发展，城乡市场进一步繁荣，人民生活水平有了较大提高；教育、科技、文化、卫生等各项社会事业都有新的发展，社会秩序稳定，人民群众的精神面貌也发生了深刻的变化。

在推进改革，发展我县政治经济大好形势中，全县广大职工沿着党的基本路线指引的方向，继承和发扬工人阶级的光荣传统，发挥了主力军作用。五年来，广大职工坚定走有中国特色的社会主义道路，以高度的主人翁责任感积极投身现代化建设，为实现我县经济腾飞做出了重大贡献；始终站在改革开放的前列，解放思想开拓进取，是推进改革开放的强大动力；自觉维护党的领导，坚持四项基本原则，成为稳定大局的中坚力量；坚持和发扬工人阶级艰苦创业、乐于奉献、顾全大局、严守纪律、追求科学、勇于创新等先进思想和优良传统，在精神文明建设中发挥了带头作用。改革建设的实践锻炼了职工队伍，全县各条战线涌现出一大批劳动纪律严、服务态度好、产品质量优、经济效益高的先进集体和先进个人，五年中获得地区级以上劳动模范和先进工作者称号的职工就有825名。他们是全县职工的优秀代表，也是全县人民的学习榜样。大量事实可以说明，我县广大职工不愧为改革开放和现代化建设的主力军，是维护社会稳定、推动经济发展和社会进步的强大社会力量。在这里，我代表县总工会向在两个文明建设中做出优异成绩的先进模范人物和奋战在各条战线上的广大职工，表示亲切的慰问和崇高的敬意！

五年来，我县各级工会组织，在县委和上级工会正确领导下，在社会各方面的大力支持下，认真贯彻党中央关于工会工作的一系列重要指示和新《工会法》，紧紧围绕经济建设这个中心，全面履行工会社会职能，全心全意依靠工人阶级，充分调动职工积极性，为胜利实现我县“八五”期间的各项经济和社会发展目标，创造性地开展工作，取得显著成绩，为促进我县改革开放和两个文明建设做出了积极贡献，圆满完成了县工会第五次代表大会确定的各项任务。

五年来，我县工会工作的主要成绩和进展是：

——深入开展群众性的生产技术活动，为发展我县经济做出了积极贡献。各级工会坚持以经济建设为中心，紧密结合我县经济工作实际和企业生产经营中的重点、难点，深入开展了多种形式的社会主义劳动竞赛活动，在全县形成了“县里抓重点、行业抓特点、企业抓难点”的竞赛格局。近几年还把以“双增双节”为主要内容的劳动竞赛与实行承包经营责任制、与转换企业经营机制相结合，大大增加了竞赛的广度和深度，有力地促进了企业管理水平和经济效益的提高。特别是1990年开展的“七赛七比创七杯”竞赛、1991年的“质量品种效益年”竞赛、1993年的“破难关、增效益”劳动竞赛，发动广泛、措施得力，取得了可观的经济效益和社会效益。同时，各级工会特别是基层工会，围绕企业关键和薄弱环节，发动组织职工开展合理化建议和技术革新、技术攻关活动。五年来全县职工共提出合理化建议1.3万多条，实施6300条，可计算的创造（节约）价值达527万元；完成技术攻关260项，创造经济价值140多万元。各级工会还及时宣传生产、工作中涌现出来的先进模范人物，在全县职工中广泛开展了学赶先进活动。在县总工会的参与了下，县政府于1989年12月和1994年5月两次召开了县职工劳模表彰大会，56名职工被授予“县职工劳动模范”光荣称号，弘扬了社会正气，极大地鼓舞了全县职工为改革建设立功的劳动热情。

——强化民主参与和民主管理，在推进企业改革中发挥了重要作用。县总工会坚持搞好民主参与，通过参加县里有关职工切身利益的

专门机构和会议，参与改革方案、措施和有关政策的研究制定，较好地代表和反映了职工群众的意见要求。各级工会深入开展职工民主管理达标活动，不断加强了职代会制度建设，企事业民主管理活动逐步形成网络化、规范化、制度化、经常化。截至目前，全县186个应建单位全部建立了职工代表大会制度，并有80%以上的单位建立了企业、车间、班组三级民主管理体系。各基层工会狠抓了《企业法》赋予职代会五项职权的全面落实，特别是在决定企业重大决策、生产经营方案、工资奖金方案、福利基金使用、住房分配等关系职工切身利益的重大问题上较好地发挥了作用。五年间全县各基层单位共召开职代会1250次，提交职代会审议的方案6800多件，审定同意的方案5930件，切实维护了职工群众的合法权益。绝大多数单位建立了民主评议行政领导干部制度，并逐步做到了评议结果同干部的使用、奖惩挂钩，有效地行使了职代会的监督权。近年来，各企业工会还把参与和推动企业改革、促进企业经营机制的转换，作为民主管理的重要内容。特别在企业改革方案的制定过程中，注意发动职工全员参与，认真听取和主动反映职工的意见要求，保证了改革决策的正确性；在实施中积极引导职工顾大局、识大体、讲奉献，以实际行动支持改革、投身改革。

——加强职工思想政治教育和业务技术培训，职工队伍素质有较大提高。各级工会着眼于“四有”职工队伍建设，发挥工会组织做群众思想政治工作的优良传统，针对新旧经济体制转换给职工带来的许多思想认识问题，对职工进行了工人阶级历史使命、职工主人翁意识、职业道德、民主法制、爱国主义、党的基本路线、建设有中国特色社会主义、市场经济理论等方面的系统教育和政治轮训。尤其是去年以来开展的“主人翁与市场经济”主题教育活动，职工受教育面达到职工总数的95%以上，使广大职工提高了对建立社会主义市场经济体制的认识，进一步坚定了走有中国特色的社会主义道路的决心和信心。各级工会还坚持系统教育和群众自我教育相结合，广泛开展了学英模树新风、读书演讲、知识竞赛、读书自学、文体比赛等一系列职工群众喜闻乐见的活动，不断巩固发展了职工思想政治教育的成果。五年中各级工会举办职工演讲比赛830次，2400多名职工登台演讲，先后有14名职工参加省、地职工演讲比赛并获奖；举办各类知识竞赛110场次，参赛职工达11800多人。目前全县坚持读书自学的职工已达7500多人。五年中有1400名职工通过自学获得大、中专文凭。各级工会不断加强工人文化宫、俱乐部建设，全县职工业余文化体育活动日趋活跃，五年来仅县总工会工人文化宫就组织开展了16次全县性的职工文体活动，参加活动的职工达1.7万人次，较好地发挥了“学校和乐园”的作用。为帮助职工在本职岗位实践中提高业务技术素质，各级工会广泛开展了技术学习、技术练兵、技术比武“三技”活动。先后有2075名职工通过技术比武获得各级“操作技术能手”称号，全县形成了群众性的职工练技术、钻业务的热潮和互帮互学的良好风气，对企业技术水平和产品质量的提高，也起到了明显的促进作用。

——热心为职工说话办事，为维护职工的具体利益做了大量工作。各级工会从稳定职工队伍的大局出发，努力为职工群众排忧解难，办了大量的好事、实事。通过组织开展职工生活后勤达标竞赛，使各种职工集体福利设施逐步增加，不断解决了职工住房难、吃饭难、洗澡难、文娱生活难等问题。县总工会每年都组织对全县职工生活工作进行全面检查评比，及时推广先进单位的典型经验，促进了职工生活工作的深入开展。截至目前，全县已建职工食堂307个，托幼园所14处，小浴室75个，并有117个单位建立了退（离）休职工活动室。一些单位还为职工办理了财产保险和人身意外伤害保险等，受到职工群众的欢迎。针对近几年来我县企业发展不景气的实际，县总工会把关心停产、半停产企业职工生活作为一项突出任务来抓，每年都对全县亏损企业的职工生活困难情况进行全面调查，及时将调查情况向上级工会和县委、县政府做了反映，并联合有关部门在县直机关、企事业单位中开展了“为特困企业职工募集资金送温暖”活动，体现了党和工会组织的温暖。各级工会组织认真贯彻全总关于劳动保护的三个条例，经常开展群众性的安全监督检查活动，充分发挥了对企业安全卫生的群众监督作用，使全县企业工伤事故、职业病患率大幅度下降。各基层工会作为劳动争议调解委员会的工作机构，努力做好劳动争议调解工作，从而使企业的各种劳动争议依法得到了合理解决。1991年以来，各级工会还大力抓好了企业分配公开的工作，有85%的企事业单位实行了内部分配公开制度，对职工起到了释疑、顺气、鼓劲的良好作用。五年来，各级工会女工组织进一步建立健全。

形成了一支强有力的女工干部队伍。在广泛开展自尊、自信、自立、自强的“四自”教育、提高女职工思想文化素质的同时，绝大多数单位认真贯彻落实《妇女权益保障法》和国务院《女职工劳动保护规定》，普遍制订了女职工劳动保护措施，定期组织女职工进行健康查体，较好地维护了女职工的特殊利益。

——注重抓好基础工作，工会自身建设明显加强。全县各级工会组织在积极开展工作的同时，注重从基础工作入手抓好工会自身建设。目前基层工会组织已发展到193个，工会会员增长到19668人，比1989年增加了954人，工会干部和积极分子队伍进一步扩大。各级工会组织通过深入开展“建家升级”活动，使基层工会各项工作制度进一步建立健全，普遍实行了工会工作目标管理和岗位责任制，活动设施不断增加，90%的基层工会建成了“职工之家”，有效地增强了基层工会活力。县总工会采取举办培训班和以会代训等形式，以学习社会主义市场经济理论为重点，对全县总工会干部进行了政治、业务等多方面的培训，提高了他们的自身素质和工作能力。1994年以来，县总工会重视抓了外商投资企业和乡镇企业工会组建工作，目前全县符合组建工会条件的10家外商投资企业都已完成了各项筹建工作。乡镇企业组建工会工作也有了可喜的进展，一批试点单位工会筹建工作也已基本完成。外商投资、乡镇企业工会组织的建立有利于维护职工的合法权益，促进这些企业的健康发展。

五年来，工会财务工作得到了进一步重视和加强。在企业工资发放困难、工会经费收缴难度增加的情况下，各级工会克服困难，通过做过细的工作，收好、管好、用好工会经费，基本保证了工会工作的正常开展。各级工会先后狠抓了对新《工会法》和《劳动法》的学习宣传，造成了较大的舆论声势，为贯彻落实打下了坚实的基础。各级工会还在工会信息和理论研究工作、兴办工会经济实体、职工劳模管理、职工群众来信来访等方面做了大量工作，取得了较好的成绩。

回顾过去的五年，各级工会自觉接受党的领导，积极争取政府（行政）的支持，全心全意依靠工人阶级，独立自主地开展工作，在实践中总结和积累了不少经验和体会。主要地讲，有以下几点：一是工会组织必须在党的统一领导下进行活动，才能保证工会工作坚定正确的政治方向，同时又必须按照群众组织的特点，独立负责地开展工作，才能得到职工群众的信赖和支持；二是各级工会和工会干部必须从党的工作全局出发，解放思想，实事求是，突出工作重点，发扬工会特色，团结带领广大职工积极推进改革和建设，才能在实现党的中心任务中找准位置，发挥应有的作用；三是工会在现阶段必须突出维护职能，勇于代表、维护职工的合法权益和具体利益，才能赢得广大职工的信任，增强工会组织的吸引力、凝聚力；四是工会工作的重点必须放到加强基层工会的建设、增强基层工会的活力上，真正扎根于基层，置身于群众中间，既要善于把党的主张变为职工群众的自觉行动，又要按照职工群众的意愿和要求，采取他们喜闻乐见的活动形式和方法，工会工作才能有强大的生命力，否则，按照机关化、行政化的模式开展工作，就会脱离群众，丧失优势，难以发挥应有的作用。

同志们，过去五年所取得的成就来之不易，它是各级党组织加强领导，社会各界关心支持，各级工会组织开拓进取、共同奋斗的结果。在此，我代表县总工会向全县各级工会干部、工会积极分子表示亲切的慰问！向长期以来热情关心、支持工会工作的各级党、政领导同志，向共青团、妇联等兄弟团体及社会各界表示衷心的感谢！

在充分肯定成绩的同时，也应清醒地看到我们工作中存在的问题和不足：思想解放的程度还不够，旧的思想观念和老的工作套路的影响不同程度地存在；对社会主义市场经济条件下的工会工作，特别是对经济关系和劳动关系的变化深入研究不够，应变能力不强，在工作指导上不够及时有力；履行维护职能还比较薄弱；工会干部的政治、业务素质还不适应客观形势的要求等，这些都有待于我们在今后的工作中予以高度重视，认真加以解决。

二、今后五年工会工作的主要任务和要求

当前，我国的改革开放和经济建设进入了持续发展的新阶段，90年代后五年是社会主义现代化建设的关键时期。根据县委、县政府制定的经济和社会发展奋斗目标，今后五年将是抓住机遇加快发展，使全县经济整体实力再上一个新台阶，人民生活基本达到小康水平的五年；是加快改革，推动由传统的计划经济体制向社会主义市场经济体制转变的五年。全县职工要充分认清自己所肩负的社会责任，以高度的主人翁精神真抓实干，在促进我县两个文明建设中发挥主力军作用，再创新的业绩，做出新的贡献。

加快改革开放，发展社会主义市场经济，要求工会组织必须承担更艰巨的任务，发挥更重要的作用。这是党的重托，职工群众的期望，也是社会主义市场经济的内在要求。在深化经济体制改革的过程中，许多改革政策和措施都涉及职工利益，在保障广大职工的劳动权利、经济利益、政治地位、民主权利等方面，遇到了一系列新情况、新问题。党需要工会组织更好地关心职工疾苦，重视职工利益，反映职工要求，更加密切与职工群众的联系，充分发挥党联系职工群众的桥梁纽带作用。职工群众需要工会敢于和善于为自己说话办事，更好地代表维护自己的合法权益，充分发挥民主渠道和社会调节作用。同时社会主义市场经济体制的逐步建立，对工会工作也提出了新的更高的要求：市场竞争使企业面临优胜劣汰的考验，不断增强企业和职工的适应能力，动员、依靠职工搞好企业，积极做好维护稳定的工作，是工会的一项长期任务；企业改革的不断深入，使工会在劳动关系和利益关系中的协调作用更加突出；建立现代企业制度，要求工会积极探索新的民主管理实现形式；外商投资企业、乡镇企业和私营企业的快速发展，要求工

会进一步拓宽工作领域；多种经济成分的共同发展和多种分配方式的存在，需要工会更好地维护职工合法权益，保护、发挥好职工群众的积极性。因此，新形势下工会的地位作用更重要了，工会工作只能加强不能削弱。

面对新的形势和任务，全县各级工会要认真贯彻落实中国工会十二大、省工会十大提出的今后工会工作的方针和基本任务，努力做好各项工作，在团结带领广大职工积极投身改革开放和两个文明建设方面负起重要责任。根据上级工会和县委的有关指示精神，结合我们的实际，今后五年全县工会工作总的指导思想和任务要求是：以邓小平同志建设有中国特色社会主义理论和党的基本路线为指导，紧紧围绕党的工作中心，以贯彻落实《劳动法》为突破口，全面认真地履行工会各项社会职能，推动自身改革和建设，更好地代表和维护职工的合法权益，进一步调动职工积极性，团结带领全县职工为发展社会主义市场经济，实现我县的经济和社会发展目标而努力奋斗。

（一）调动和发挥职工群众积极性，为推动我县经济发展献计出力

充分调动职工在搞好生产经营中的积极性和创造性，努力推动经济发展，是我们工会工作的出发点和落脚点。各级工会要坚持以经济建设为中心，继续抓好各种行之有效的群众生产技术活动，不断加大为经济建设服务的力度。

要大力开展以“双增双节”为主要内容的社会主义劳动竞赛活动。要在总结过去开展劳动竞赛经验的基础上，适应市场经济的要求和变化，不断创新竞赛形式，丰富竞赛内容，提高竞赛效果。在活动内容上，要把劳动竞赛和企业经营管理结合起来，组织和引导职工参加多层次的决策和管理，通过多种渠道推进经营管理的现代化和决策的民主化；在竞赛程序上，要突出学赶先进这一中心环节，大力组织学习推广先进者的技术、管理和经验，普及先进水平；在组织领导上，要加强对竞赛工作的宏观指导和协调；在活动形式上，要讲求实效，增强针对性、吸引力，避免形式主义。劳动竞赛中还要努力突出创先、创优、创新、创汇、创最佳效益的时代特点，树立尊重劳动模范和先进工作者的良好社会风尚，更大规模地开展学赶先进活动。要进一步开展好群众性的合理化建议、技术革新、技术协作活动，督促和协助行政认真落实职工群众的合理化建议、技术革新方案和各项奖励兑现政策，激励更多的职工为加强企业管理、提高经济效益献计献策。有条件的企事业单位要建立健全职工技协组织，积极开展有偿技术服务，推动企业技术进步。目前，我县仍有部分企业尚未摆脱困境，有的企业扭亏难度还很大。各级工会要把帮助企业扭亏增盈作为一项重要任务，继续发挥自身优势，通过深入开展各种群众生产技术活动，依靠职工群众的力量，促进企业扭亏，尽快走出困境。

（二）以贯彻落实《劳动法》为突破口，更好地维护职工合法权益

发展社会主义市场经济和深化改革，需要有一个安定团结的社会政治环境。职工队伍的稳定，对于全社会的安定团结起着关键性的作用。工会作为职工群众利益的重要代表者，要突出维护职能，抓住贯彻落实《劳动法》的良好契机，主动参与协调社会矛盾，依法维护好职工的合法权益和具体利益，为维护团结、稳定大局做出重大贡献。

各级工会要积极搞好多层次的参政议政，重视加强决策参与，做好“源头”维护的工作。特别是在研究制定涉及职工切身利益的有关经济发展、劳动就业、劳动工资、劳动安全卫生、社会保障等政策法规的过程中，工会应

当本着“从大局出发，职工整体受益，不超过职工实际承受能力，保障职工基本生活”的原则，及时反映职工的意愿、要求，积极提出建议和主张，维护职工的合法权益。要继续学习、宣传、贯彻好《劳动法》，推动建立稳定协调的劳动关系。目前，各级工会要把建立平等协商、签订集体合同制度切实作为工作重点，在搞好试点、总结经验的基础上，尽快在全县所有企业中推行这一制度。各级工会要依法对用人单位执行《劳动法》的情况进行监督，切实担负起法律赋予的执法监督职责，全力支持职工检举和控告各种违法行为。比如：要指导和帮助职工签订劳动合同，坚持用劳动合同规范和调整劳动关系；对无故拖欠、克扣职工工资的，工会要出面交涉，直至提请诉讼；对严重加班加点、明显影响职工身心健康和安全的行为，工会要督促企业立即纠正；要做好劳动安全卫生保护工作，督促用人单位建立健全安全卫生制度，严格执行国家劳动安全卫生规程和标准，组织开展好群众性劳动保护监督检查活动，保证企业安全生产、文明生产。要进一步做好企业劳动争议调解工作，工会代表要依法承担起调解委员会主任的职责，坚持“预防为主、调解为主、基层为主”的原则，使企业的劳动争议能够及时、合理地依法得到解决。要全面关心职工生活，主动协助行政有计划地每年为职工办几件实实在在的好事，不断改善职工的福利设施和生活条件，解决他们的后顾之忧。当前和今后一段时间要特别注意协助党政解决好停工、待工职工的生活问题，继续实施“送温暖工程”，以体现党和工会组织的关怀，促进社会稳定。要加强工会的女职工工作，进一步建立健全基层女工委员会，全面关心女职工的思想、工作和生活。各级工会女工组织要广泛开展女职工工作目标管理竞赛，监督《妇女权益保障法》、国务院《女职工劳动保护规定》的贯彻执行，保护好女职工的特殊利益。

（三）贯彻落实全心全意依靠工人阶级的指导方针，保证职工的主人翁地位

全心全意依靠工人阶级是我们在任何情况下都必须坚持的根本指导方针。全心全意依靠工人阶级的实质就是坚持职工当家做主。职工民主管理既是工会组织职工行使当家做主权利的具体体现，又是办好企业的内在要求。做好新形势下的职工民主管理工作是各级工会的一项重要职责。

全心全意依靠工人阶级不是一句空洞的政治口号，而是要具体体现在职工的政治权利、民主权利和劳动权利、经济权利的落实上，体现在主人翁作用的发挥上。在公有制企业，要进一步健全“充分发挥党组织的政治核心作用、坚持和完善厂长负责制、全心全意依靠工人阶级”的领导体制，做到党、政、工“三加强”。要进一步加强和完善以职代会为基本形式的民主管理，突出抓好《企业法》赋予职代会五项职权的落实。特别是企业的重大决策、重要改革方案、企业关系变更等，都要经职代会审议通过后方能实施。要落实好职代会对企业行政领导的监督权，切实做好对企业领导干部的民主评议工作。要坚持党政工联席会议和工会主席列席厂长办公会制度，参与研究企业生产经营及其他方面的重要问题。随着企业改革的深入，国有和集体企业实行股份制的，职代会仍然是职工行使民主权力的基本形式。要重视理顺职代会与股东会、董事会、监事会的关系，确保工会和职工代表在这些机构中应有的席位，工会主席可参加董事会，工会副主席应参加监事会。外商投资企业可通过建立工会代表职工与企业行政的共商谈判制度等形式，维护职工的国家主人翁地位和合法权益。

（四）做好职工思想政治工作，全面加强职工队伍建设

大力加强职工思想政治教育工作，是团结和组织广大职工发挥主力军作用的重要保证。工会要协同党政，为提高职工队伍整体素质，培育“四有”职工队伍做出应有的努力。

各级工会特别是基层工会，要围绕提高职工素质，深入开展“三爱”（爱国、爱厂、爱岗）、“六学”（学理论、学文化、学技术、学科学、学管理、学法律）活动。要组织广大职工认真学习邓小平同志建设有中国特色社会主义理论，学习社会主义市场经济知识，提高职工对建立社会主义市场经济体制的认识和对改革的适应能力。要加强爱国主义、集体主义、社会主义思想教育，引导职工正确处理国家利益与个人利益、整体利益与局部利益、长远利益与眼前利益的关系，以顾大局、讲奉献的主人翁姿态，积极支持改革、投身改革。要抓好职业道德教育，帮助职工树立职业理想，讲求职业道德，增强职业责任，提高职业技能。要继续抓好职工读书自学活动，大力组织开展“技术学习、技术练兵、技术比武”活动，提高职工的业务素质和技术水平。各级工会要建设好工会宣传教育阵地，采取宣讲辅导、演讲比赛、知识竞赛、书画展览、大讨论等行之有效的形式和方法，不断巩固和提高教育效果。要充分发挥工人文化宫、俱乐部的阵地作用，坚持以基层为主，积极开展健康文明、丰富多彩、寓教于乐、小型多样的职工文体活动，不断满足职工的精神文化需求，促进职工队伍的精神文明建设。

（五）继续推进工会自身建设和改革

随着社会主义市场经济体制的逐步建立和完善，工会自身建设也面临许多新的情况和问题，需要我们很好地加以研究和解决。为了适应形势，做好工作，各级工会必须重视抓好自身的改革和建设。

要适应形势要求，积极抓好组织发展工作。要认真贯彻落实中共中央办公厅、国务院办公厅《通知》精神，做好在外商投资企业中组建工会和巩固提高的工作。乡镇企业组建工会工作要加快步伐，已具备建会条件的乡镇企业，应尽快建立工会组织。党政机关建工会工作也要抓紧进行，提高工会组建率。要进一步做好稳定工会组织和工会干部的工作，工会合法权益、工会组织的建立受法律保护，依法建立的工会组织，不得随意撤并；依照法定民主程序选举产生的工会主席，不得随意撤换；已撤并、撤换的必须坚决纠正。基层工会要继续开展建设“职工之家”活动，通过向“建小家”延伸，进一步加强车间、科室工会小组建设。要大力抓好基层工会领导班子和工会干部队伍建设，落实好工会干部协管制度，并注意做到管、训结合，认真搞好工会干部的培训工作，全面提高工会干部的政治业务素质和工作能力。要努力搞好工会财务工作，通过做过细的工作，抓好工会经费的收、交、管、用。各级工会领导要重视经费审查工做，尊重和支持经审会行使审查监督职权。要加大措施，加快步伐，积极兴办工会经济事业，进一步增强工会经济实力。各级工会领导还要切实转变领导作风和活动方式，深入基层搞好分类指导，更好地为基层工会服务，为职工群众服务。要善于发现和培养工作中的先进典型，以点带面，促进全县工会工作的深入开展。

各位代表、同志们，我县改革开放和经济建设的斗目标已经确定，今后五年全县总工会工作的主要任务要求也已明确，关键是要真抓实干，狠抓落实。各级工会要在县委和上级工会的正确领导下，抓住机遇，迎接挑战，解放思想，开拓进取，团结带领全县职工为夺取我县改革开放和两个文明建设的新胜利做出更大

贡献。

【郓城县总工会经审委副主任钱永䓁所作的郓城县总工会第五届经费审查委员会工作报告】

各位代表、同志们

我代表郓城县总工会第五届经费审查委员会作工会经费审查工作报告，请予审议。

工会经费是保证贯彻、实施工运方针，开展工会工作，发展工运事业的重要物质基础。工会经费审查工作，是对工会财务工作实施民主监督的重要方面。县工会第五次代表大会以来的五年间，本届经费审查委员会对县总工会的经费收支情况逐年进行了审查；这次代表大会前，又听取审议了县总工会五届委员会五年来的财务工作报告，现对县总工会的财务工作和今后经费审查工作提出几点意见和建议。

一、对县工会财务工作的审查意见

我们认为，五年来县工会的财务工作，贯彻了工会的财务工作方针、任务，执行了国家财经政策和财政纪律，取得了较好的成绩。主要地讲，一是经费收入有了较大幅度的增长，1994年度经费收入比1990年度增长了61.1%，平均每年递增12.2%。二是在经费使用上坚持了为职工群众、为工运事业服务的方向，五年来县总工会用于工会群众文化教育事业的支出占总支出的16.7%。三是围绕收、管、用好经费采取了一些得力措施。收缴方面，通过大力宣传《工会法》有关规定，开展经费拨缴检查和竞赛，提高了经费收缴率；支出方面，在工会机关和事业单位贯彻“双增双节”精神，制定了切实可行的措施，进一步加强了经费管理，紧缩开支，杜绝浪费，取得了明显的效果。但是，县总工会在财务工作上也存在一些值得注意的问题，工会经费收缴工作发展不平衡，财务管理制度需要进一步健全，对基层工会的财务工作指导还不够具体有力。为了贯彻执行本次代表大会提出的今后一个时期的工会工作任务，适应工会改革要求，我们除赞同财务工作报告中提出的工会财务工作任务外，特提出如下意见：

1. 要切实抓好工会经费收缴工作。目前，我县总工会经费收缴的潜力还很大，各级工会要十分重视经费收缴工作，注意研究深化改革给经费收缴工作带来的新情况、新问题，不断完善经费收缴的措施和办法，努力把应收未收的经费收到手，确保经费收入的稳定增长。

2. 要进一步管好、用好工会经费。要注意从科学管理和合理使用经费上挖潜力、把有限的经费用于职工最需要的地方，防止和杜绝铺张浪费现象，使经费更好地用于为职工群众服务、为基层工会建设服务。

3. 要加强对工会事业的管理。要逐步把工会事业由单纯服务型变为经营服务型，在搞好为职工群众服务的前提下，积极兴办一些力所能及的经济事业，努力提高经济效益，增强工会事业的自我发展能力。

二、对工会经费审查工作的建议

县工会第五次代表大会以来，县总工会经费审查委员会，在对本届工会经费收支情况的检查监督方面做了一些工作，取得了一定的效果，但于思想认识不足，工作不够主动，还不能充分发挥其民主监督作用。为了适应形势发展的需要，加强对工会财务工作的监督审查，特提出如下建议：

1. 进一步提高对经审工作的认识，加强经审会组织建设。工会经费是独立进行管理的，要搞好自我监督，只有建立起比较完善的自我监督、自我控制机制，才能有效地防止铺张浪费现象的发生。要维护财经法纪，保持工会干部清正廉洁，发展同广大职工群众的密切联系，经费审查委员会有大量经常性工作要做，不是可有可无的“虚设机构”。根据全总要求，凡是形成一级工会财务管理的单位，都应建立经审组织。县总工会确定从机关内部推选一名经审人员在经审会领导下做好日常工作。基层工会经审工作可以依靠兼职委员和积极分子进行，凡没有建立经审会组织的基层工会，要通过民主选举，迅速建立起来。经审会人员的产生，一定要充分发扬民主，选举那些勇于坚持原则、办事公道、具有一定财务管狸知识和审查能力、为会员群众所信任的人员担任。

2. 明确职责，认真开展经审工作。全总经审会《组织通则》规定，经审会的基本职责和作用是，对同级工会各项经费收支和所属事业单位各项经济活动、财产管理状况进行审查监督，维护财经法纪的贯彻执行，监督工会经费合理有效地使用。为了使经审会能够了解工会工作的全局，并能独立负责地进行工作，履行职责，经审会委员应列席同级工会委员会全体会议，县总工会经审会负责人列席有关的常委会议。要健全经审会内部民主生活制度，充分发挥兼职委员和广大经审积极分子的作用，依靠群众作好经审工作。希望一切从事经审工作的同志要以改革务实的精神，注意研究新情况、新问题，积极探索在新形势下开展工会经审工作的新路子，逐步实现经审工作的经常化、制度化、规范化。

同志们，经审工作是一项十分严肃而又光荣的任务，我们一定要以高度的责任心，尽职尽责，不辜负广大会员群众的信任和重托，为完成县工会第六次代表大会提出的各项任务，促进我县工运事业的蓬勃发展，做出更大贡献。

【郓城县总工会副主席朱元昌所做的郓城县总工会第五届委员会财务工作报告】

各位代表、同志们：

我受郓城县总工会第五届委员会的委托，向大会报告工会财务工作，请予审议。

一、县总工会本级工会经费五年收支基本情况

1990 年至 1994 年，县总工会管理的经费五年总收入为 1740679.63 元。其中：企事业行政拨缴经费收入 1317475.92 元；省总补助收入 83925 元；省总拨入基建费收入 50000 元；县政府补助收入 11000 元，其他收入 278278.71 元。

上届结余经费 95373.52 元。

1990 年至 1994 年县总工会本级经费总支出 182704674 元。其中：工会行政费 651117.85 元，占总支出的 35.6%；事业活动费 435866.62 元，占总支出的 23.9%；上解省总经费 402347.72 元，占总支出的 22%；补助基层工会 4600 元，占总支出的 0.3%；基本建设费 242000 元，占总支出的 13.2%；其他支出 91114.55 元，占总支出的 5%。

收支相抵，县总工会本级经费到 1994 年，共结余 9006.41 元。

二、我县五年来的工会财务工作。

自县工会第五次代表大会以来，全县工会财务工作，在上级工会的正确领导下，认真贯彻新时期工会财务工作方针，努力收好、管好、用好工会经费，取得了较好的成绩，为全县总工会各项工作的开展，提供了可靠的物质保证。

（一）狠抓经费收缴工作、实现了经费收入稳定增长

五年来，我县工会财务工作，始终把收好工会经费作为一项重要工作来抓。各级工会领导高度重视财务工作，把财务工作列入了重要议事日程，县总工会将是否及时、足额拨交工会经费作为基层工会评选先进的先决条件，实行了一票否决制；与财政、统计、审计、银行等部门建立了横向联系制度，多次进行计拨工

会经费审查；组织开展了工会财务工作竞赛，每年都表彰一批工会财务工作先进单位和先进个人。同时针对改革过程中给拨交工会经费带来的许多困难和问题，县总工会通过宣传拨缴经费的政策，对未足额、及时拨缴经费的单位实行银行扣拨或登门摧交，堵塞经费收缴的漏洞，追回欠拔漏交的经费。所有这些，都为确保经费收入的稳定增长，起了重要作用。在工会经费收缴难度越来越大的情况下，县总工会管理的拨交经费收入，由1990年的237119.31元上升到1994年的382001.37元，增长了61.1%，平均每年增长12.2%，基本保持了与工资总额同步增长。

（二）坚持用好工会经费，为工会事业的发展提供了物质保证

五年来，在经费使用上，县总工会认真贯彻执行了“为职工群众服务，为工会建设服务，为社会主义物质文明和精神文明服务”的财务方针，把大部分经费用在直接为职工群众服务的项目和活动，为提高职工队伍素质，调动职工积极性，充分发挥工会的各项职能和作用，促进职工队伍两个文明建设做出了积极贡献。五年来，仅县总工会举办的大型文体比赛就达16次，共支出经费达28550元。

（三）加强财务组织建设，工会财会人员的素质有了明显提高

1990年以来，全县各级工会按照上级的要求，进一步健全了财会制度，充实了工会财会人员。县总工会采取及时转发上级工会有关财务工作的标准、制度和以会代训等办法，积极开展了工会财务人员培训工作，使其业务水平有了明显提高，为做好工会财务工作，打下了较好的基础。

五年来，全县工会财务工作虽然取得了很大成绩，但也存在着一些问题，主要是：工会经费的收缴还很不平衡，不少单位不能及时、足额拨缴工会经费，当前经费收缴困难问题十分突出，个别单位工会财会人员业务素质有待提高，也还存有开支不当的现象。以上问题，有待今后采取措施，切实加以解决。

三、对今后五年工会财务工作的建议

根据中国工会十二大、省工会十大精神和县工会本次代表大会提出的要求，我县今后五年工会财务工作的任务是：进一步解放思想，深化改革，面向基层，加强指导，努力收好、管好、用好工会经费，更好地为职工群众服务、为发展工会事业服务。

（一）适应新形势，进一步强化工会经费收缴工作

行政拨缴经费是工会经费的重要来源，抓好工会经费的收缴是整个工会组织的一项重要工作。过去由于各级工会的重视和努力，工会经费有了一定增长，但行业之间、单位之间发展很不平衡，工会经费收缴的潜力还很大。依法计拨工会经费是企事业单位行政应尽的法律义务。各级工会组织要大力加强政策宣传，切实抓好新《工会法》中有关工会经费条款的贯彻落实，争取行政部门按照规定及时、足额地拨缴经费。要继续把经费收缴纳入工会工作的目标管狸，作为工会干部考核和年终评选先进的重要内容，还要加强工会财务检查，及时摧拨补缴，总结推广收好工会经费的经验，促进工会经费收缴工作

（二）严格执行财务制度，加强群众监督

各级工会要坚决贯彻执行国家财经纪律和上级工会规定的财务制度，不能随意扩大工会经费开支范围。要反对和防止铺张浪费，尽量做到少花钱多办事，把有限的经费为职工群众办更多的事情，提高经费开支的实际效益。要实行民主理财，加强群众监督。各级工会要坚持财务公开，定期公布账目，向会员群众或会员代表大会报告财务工作，充分听取职工群众

意见。

县总工会经费审查委员会是代表会员群众监督工会财务工作、实行财务民主管理的机构，要保证其有职有权。真正发挥监督作用。

（三）加强对工会财务工作的领导，提高财务工作的管理水平

工会财务工作是工会工作的一个重要方面，各级工会要充分认识加强工会财务建设的重要性，由各级工会委员会实行集体领导，财务工作中的重大问题和重大开支事项都应集体讨论决定，并严格经费审批手续，坚持“一支笔”审批制度。各级工会领导干部都要模范地执行财务制度和财经纪律，尊重和支持财务干部履行职责。要健全工会财务制度，充实财务人员，保持财务人员的相对稳定，同时还要重视财务人员的业务培训，县总工会今后要有计划地采取不同形式。对基层工会财务人员进行帮助和指导，提高他们的政治、业务素质和财务管理水平。

各位代表、同志们，工会财务工作同工会建设、工会工作的发展关系极大，也是一项专业性、政策性、群众性很强的工作。让我们在上级工会的领导下，振奋精神，努力工作，为我县总工会事业的发展做出新的贡献。

三、大会决议

【关于郓城县总工会第五届委员会工作报告的决议】（1995 年 5 月 27 日通过）郓城县工会第六次代表大会，经过认真审议，决定批准王思义同志代表郓城县总工会第五届委员会所做的《团结带领全县职工充分发挥主力军作用，为开创我县两个文明建设的新局面而奋斗》的工作报告。大会认为，工作报告对我县五年来工会工作的回顾和总结是实事求是的，提出的今后五年的工作任务是符合党中央和全总、省总要求的，是切合我县工作实际的。这些任务的实现，对于进一步发挥工会在全面深化改革中的作用，搞好工会自身建设将产生重大的推动作用。

大会要求全县各级工会，认真贯彻落实党的十四届四中全会、中国工会十二大和省工会十大会议精神，努力做好各项工作，团结带领广大职工群众积极投身于改革开放和两个文明建设中去，促进我县两个文明建设的发展。要搞好民主参与和社会监督，切实维护职工群众的合法权益，积极稳妥地推进工会建设和改革，全面完成工作报告提出的各项任务，努力把我县各级工会建设成为中国共产党领导的，独立自主、充分民主，职工信赖的工人阶级群众组织。

大会号召全县广大职工和各级工会干部，紧密团结起来，以主人翁的姿态，自觉维护改革大局，维护社会安定，积极参加反腐倡廉活动，振奋精神，齐心协力，艰苦奋斗，开拓创新，在改革开放和社会主义现代化建设中，发挥工人阶级的主力军作用，努力开创全县总工会工作的新局面，为振兴郓城经济、创建郓城文明做出更大贡献。

【关于郓城县总工会财务工作报告的决议】（1995 年 5 月 27 日通过）郓城县工会第六次代表大会批准朱元昌同志代表郓城县总工会第五届委员会所做的财务工作报告。大会对县工会第五次代表大会以来全县总工会财务工作所进行的有效改革和取得的显著成绩给予肯定。大会要求全县各级工会组织切实加强对财务工作的领导，认真贯彻《工会法》的有关规定，继续发扬“双增双节”精神，严格财务制度和财经纪律，抓好工会经费收缴和管理，努力办好工会事业，更好地为职工群众办事，为发展我县的工运事业服务。

【关于郓城县总工会经费审查委员会工作报告的决议】（1995 年 5 月 27 日通过）郓城县工会第六次代表大会批准钱永犨同志所作的

五届经费审查委员会工作报告。大会认为，县工会第五次代表大会以来，县总工会第五届经费审查委员会在对工会经费收支情况的检查监督方面做了大量工作，取得了良好效果。大会要求，各级工会要把加强工会的经审工作作为工会民主建设的重要方面，加强经审委员会的组织建设，完善自我监督、自我控制的机制，保证工会经审委员会职权的落实，坚持审查监督民主性、公开性、群众性的原则，逐步实现工会经审工作的经常化、制度化、规范化，为保证各级工会为政清廉，促进工会组织的群众化、民主化建设，做出更大的成绩。

四、大会主席团（19人，按姓氏笔画为序）

马献启　王　平（女）王思义
王道钦　车广启　付邦存
田学冉　仝桂力　朱元昌
朱道举　李洪方　李爱国（女）
杨伟东　陈庆存　房殿爱
孟瑞兰（女）郭子环　韩凤琴（女）
曾庆凤（女）

秘书长　房殿爱
副秘书长　陈庆海　任宪存

五、主席团常务主席

车广启　王思义　陈庆存
朱元昌　李爱国（女）房殿爱

六、代表资格审查委员会

主任委员　李爱国（女）
委　员（4人，按姓氏笔画为序）
邵忠民　陈庆海
张秀亭（女）商庆民

七、郓城县总工会第六届委员会

主　席　车广启
副主席　朱元昌　李爱国（女）
房殿爱
常　委（7人，按姓氏笔画为序）
车广启　田学冉　朱元昌
李爱国（女）李洪方　陈庆存
房殿爱
委　员（按姓氏笔画为序）
马献启　王　平（女）车广启
田学冉　付邦存　朱元昌
朱道举　任宪存　李爱国（女）
李洪方　杨　跃　杨利华（女）
陈庆存　陈庆海　张殿銮
张勤彦　房殿爱　郭子环
曾庆凤（女）韩凤琴（女）颜世启
候补委员　高先珍　刘秀云（女）
杨茂钦

八、郓城县总工会第六届经费审查委员会

主　任　王道钦
副主任　钱永辇
委　员（按姓氏笔画为序）
王道钦　刘秀文　刘尊宪
李秀含（女）钱永辇

九、会议代表、特邀代表

第一代表团（14人）
团　长　杨伟东
副团长　杨　跃
代　表　高武进　胡永娥（女）
季敬云（女）高玉环（女）
金术云（女）李守友
晁月臣　王保才
冯金良　李继祥
王思义　朱　琳（女）

第二代表团（22人）
团　长　韩凤琴（女）
副团长　王宪忠
代　表　董思仲　何贵立
陈庆甫　焦成西
韩效道　苏本玉

张树春　刘兴銮
黄险峰　郑玉琢（女）
张自丽　张守丽（女）
王甲银　马廷立
彭济贞（女）宋体文
陈省运　陆延仲
刘桂臣（女）杨利华（女）

第三代表团（16人）
团　长　仝桂力
副团长　邵宗民
代　表　商庆民　李良臣
孙建平（女）肖自珍
仪桂兰（女）胡书爱
孙春兰（女）宋广运
王玉莲（女）樊玉茹（女）
张书显　高先珍
陈庆存　李玉霞（女）

第四代表团（14人）
团　长　马献启
副团长　付邦存
代　表　赵　勇　张登瑞
张殿銮　张勤彦
钱玉萍（女）杨彩云（女）
杨茂钦　李大建
许永岭　刘文秀
李秀含（女）商保銮

第五次代表团（31人）
团　长　曾庆凤（女）
副团长　侯进军
代　表　张怀娥（女）屈传民
于天坤　邴清启
王斯玉　丁文玉
苑全忠　李加仲
张习益　王殿新
樊庆金　安守军
曹景宪　刘广喜
李继勋　侯仰南
侯高兰（女）刘尊溪
赵建军　王均炳
段连涛　刘灵瑞
袁永清　鲁效禹
周传尧　韩承学
潘永来　张广仁
李爱国（女）

第六代表团（13人）
团　长　孟瑞兰（女）
副团长　颜世启
代　表　潘明珍　王平（女）
王慕从　王秀玲（女）
孟宪生　顾品新
朱元昌　陈桂兰（女）
任师学　刘芹兴
马传银

第七代表团（13人）
团　长　朱道举
副团长　刘性敏
代　表　黎德秀　刘尊宪
魏心仰　岑　娅（女）
轩爱华（女）钱永辇
贾志林　刘桂荣
刘秀云（女）孙承云（女）
王金亭

第八代表团（13人）
团　长　郭子环
副团长　赵自生
代　表　季朝雨　杨兆亚
王宗平　李传修
张玉环（女）冯彦民（女）
陈庆海　魏天雪
陈光荣　张秀亭（女）
宫现军

第九代表团（13人）

团　长　　王道钦

副团长　　田学冉

代　表　　徐龙坤　　张景涛

孙如忠　　周艳丽（女）

赵秀华（女）李洪方

任宪存　　房殿爱

祝玉潺　　张泽涛

车广启

特邀代表（11人）

戴思远　　原县总工会主席

王振邦　　原县总工会副主席

王常轩　　原邮电局工会主席

王德才　　原工会公司工会主任

王化陆　　原卫生局工会主席

侣庆法　　原农业银行工会主席

李乃仲　　原粮食局工会主任

朱绍昌　　原工商银行工会主席

边兆银　　原县教育局工会主席

郭广臣　　原石油公司工会主席

王先庆　　原自来水公司副经理兼工会主席

第七节　第七次会员代表大会

一、代表大会

2016年11月18日，郓城县工会第七次代表大会在县会议中心召开。实有代表190人，实到代表173人，缺席17人。会议听取了菏泽市总工会党组书记、常务副主席周继东的讲话，郓城县委书记刘文林的贺词，县妇联主席赵秀兰的贺词，县人大常委会党组副书记、副主任、县总工会主席曹建文所做的工作报告，通过了大会决议，大会选举了郓城县总工会第七届委员会委员。

大会期间，菏泽市总工会党组书记、常务副主席周继东，郓城县委书记刘文林，县委副书记、县长谷永强，县人大常委会主任王广岱，县委副书记吴振，县委常委、县委办公室主任董良峰，县委常委、县委组织部部长、统战部部长王效忠，县政协副主席李广才，县妇联主席赵秀兰出席大会。同时，县总工会的一些老领导、县群团部门代表、先模人物代表也应邀出席了大会。

二、大会有关讲话、报告

【郓城县总工会副主席李霞所做的代表资格审查报告】

郓城县工会第七次代表大会代表资格审查委员会，听取了大会筹备小组关于大会代表选举情况的汇报，对出席郓城县工会第七次代表大会的代表进行了资格审查。现将审查结果报告如下：

根据《中国工会章程》规定和县总工会工作实际情况，郓城县总工会定于2016年11月18日召开郓城县工会第七次代表大会，报请郓城县委、菏泽市总工会同意后，即向全县各乡镇（街道）、县直各部门、企事业单位部署了郓城县工会第七次代表大会代表的选举工作。全县各选举单位，根据县总工会的要求，按照大会方案的规定，认真组织了代表选举工作。至2016年11月11日，出席郓城县工会第七次代表大会的代表选举工作已全面完成。经选举，实际产生了郓城县工会第七次代表大会的代表190名。

郓城县工会第七次代表大会代表的选举工作，从代表人选的酝酿提名，到预备名单的审查确定，以及代表的选举产生都是按照大会方案规定的代表条件和产生办法，在各选举单位的同级党组织的领导下进行的。代表候选人是在听取工会组织和会员群众意见的基础上，征求党组织同意后确定的。各选举单位分别召开了工会会员会议或会员代表会议，采用无记名投票方式，差额选举产生了出席县工会第七次代表大会的代表。

这次选出的代表具有广泛的代表性和先进性。代表中，工会工作者 109 名，占 58%；一线工人 32 名，占 17%；市级以上先模代表 36 名，占 19%；知识分子、管理人员 41 名，占 22%。代表中，女同志 47 名，占 25%；中共党员代表 148 名，占 79%。少数民族代表 2 名，占 1%。代表中，具有大专以上学历的 162 名，占 86%；具有专业技术职称的 92 名，占 49%。代表分布在全县党政机关、企事业单位的各个行业、各个领域。其中，股份制企业、外商投资企业、私营企业代表均占有一定比例。

这次选出的代表，是全县各领域、各行业中的佼佼者，他们始终坚持党的基本路线，认真贯彻党的各项路线方针政策，在改革开放和经济建设中做出了突出贡献；他们关心热爱工会工作，能密切联系职工群众，被广大职工信任，敢于和善于维护职工合法权益，识大体，顾大局，有参政议政能力，在职工群众中有很高威信。代表资格审查委员会认为，这次选出的 190 名代表，符合《中国工会章程》，代表资格全部有效。

【菏泽市总工会党组书记、常务副主席周继东的致辞】

各位代表、同志们：

郓城县工会第七次代表大会今天隆重开幕了。这是全县各级工会组织和广大职工群众政治生活中的一件大事。在此，我代表菏泽市总工会，向大会的召开表示热烈祝贺！向出席会议的全体代表，向全县各级劳动模范、先进工作者，向广大职工群众和工会干部，致以崇高的敬意和亲切的问候！向长期以来关心、重视和支持工会工作的郓城县委、县人大、县政府、县政协及社会各界表示衷心的感谢！

郓城县物华天宝、人杰地灵，具有深厚的文化底蕴。近年来，郓城县委、县政府认真贯彻中央和市委、市政府的决策部署，紧紧围绕主题主线，统筹做好稳增长、促改革、转方式、调结构、惠民生等各项工作，锐意进取，砥砺前行，全县呈现出发展质量稳步提升、民生状况持续改善、社会大局总体稳定的良好局面。同时，郓城县高度重视加强党的建设，大力加强干部队伍和基层组织建设，全县广大职工群众凝心聚力，共同奏响了科学赶超、后来居上的最强音。

7 月，菏泽市委召开了十二届十三次全体会议，为我们下一步的改革发展稳定工作，指明了方向，明确了任务，确定了目标。经过“十二五”时期的快速发展，我市已站在加速膨胀与转型升级交互叠加、协同并进的新的历史起点上，既面临难得的战略机遇，也面临诸多风险挑战，更加需要全县上下的团结、进取和拼搏。我们衷心希望，这次工会组织代表大会能够选举产生出一个更加坚强有力的领导班子，团结引领全县各级工会组织和广大职工群众，紧紧围绕全县改革发展稳定的大局，励精图治，干事创业，准确把握战略机遇期内涵的深刻变化，积极应对前进中的风险和挑战，奋力开创经济社会发展新局面。

郓城县委、县政府历来重视工人阶级和工会工作，坚持把工会工作纳入重要议事日程，定期听取工会工作汇报，研究解决涉及工会工作的重大问题，为工会工作把脉定向，推动郓城县总工会工作迈上新台阶。县人大、县政协在执法检查、提案督办等活动中吸收工会参与，为开展工会工作创造了良好的法律监督环境，提高了《工会法》等法律法规的贯彻执

行力。这些都为郓城县工运事业蓬勃发展创造了良好环境，提供了有力保障。长期以来，全县广大职工充分发扬主人翁精神，大力弘扬工人阶级伟大品格，立足岗位建功立业，在推动郓城县全面转型升级、加速跨越崛起中发挥了主力军作用，谱写了工人运动的新篇章。全县各级工会坚定不移地走中国特色社会主义工会发展道路，围绕县委县政府中心工作，服务科学发展大局，为推动郓城县经济社会发展做出了重要贡献，展现了工会组织的新作为；主动依法科学维权，努力维护职工队伍稳定，竭诚为职工群众办实事做好事，彰显了工会组织的独特优势；坚持群众路线，切实加强自身建设，创新服务途径和手段，焕发了工会组织的生机活力。全县总工会各项工作全面推进，工会事业蓬勃发展，圆满完成了各项目标任务，多项工作走在了全市工会前列。

今后五年，是全面建成小康社会的决胜阶段，也是我市经济社会发展加快科学赶超、实现后来居上的关键时期。借此机会，我向全县各级工会组织和广大职工提三点希望。

一、围绕“十三五”目标任务，在市委的坚强领导下，团结动员广大职工为实施“四个工程”建功立业

一要认真学习贯彻中央、省、市委党的群团工作会议精神。切实增强政治性、先进性、群众性，破除“四化”倾向。要坚决贯彻党的意志和主张，真正把党的方针政策落实到职工群众中去，把职工群众最广泛最紧密地团结在党的周围，承担好引导群众听党话、跟党走的政治任务。这是工会组织必须履行的庄严使命，不能出现丝毫的杂音和噪音，更不能出现“跑调”和偏离。紧紧围绕“十三五”目标规划，进一步凝聚共识、凝聚人心，引导职工群众树立并践行创新、协调、绿色、开放、共享的发展新理念，促进大众创业、万众创新，团结动员全县广大职工在深化改革、促进发展中争当主力军、唱响劳动美。

二要培育和践行社会主义核心价值观，为我市争创“省级文明城市”献智献力。继续开展培育和践行社会主义核心价值观实践活动，在广播电视、报纸、网站等媒体开设专栏，大力弘扬“崇文尚德、务实图强”菏泽精神，着力繁荣企业文化和职工文化，大力弘扬劳动精神、劳模精神和工人阶级伟大品格，培育宣传一批弘扬职业道德、践行价值取向、诠释志愿精神的先进典型，引导职工认真践行职业道德规范、职场行为准则。加强载体设计，推动群众性精神文明创建活动广泛深入开展，把社会主义核心价值观转化为生动活泼的职工群众性实践。加强网上宣传工作，着力打造一批具有社会影响力的微博、微信公众号等工会新媒体品牌。

三要服务党政大局，发挥好主力军作用。坚持将服务发展作为第一要务，自觉把本职工作放在全县发展全局中来思考谋划，找准工作着力点和结合点，主动在改革发展稳定第一线建功立业。在继续抓好全县重点工程立功竞赛、创建“工人先锋号”、“查保促”群众性安全生产活动、职工节能减排活动等的同时，要开展具有县域经济特色的劳动竞赛。以创新为导向，不断深化劳动竞赛活动。要组织广大职工主动学习、认识、了解大数据、互联网+、创客等新兴产业，从竞赛的主题设计、项目设置、比赛模式等方面，为劳动竞赛注入创新元素，使劳动竞赛成为推进企业自主创新、提高企业核心竞争力、形成新的经济增长点的重要载体。探索建立“班组结对共建”活动长效机制，制定切实可行评价和表彰激励措施。在推动职工创新成果转化上发力，成为我市工会主动服务经济转型升级的新亮点。要把提高劳动者素质摆在更加突出的位置，继续抓好

“百万职工大培训”活动，发挥工会“大学校”的作用，发挥动员组织优势，提升教育培训层次，加强创业创新教育，在职工群众中掀起学习新技能、钻研新技能的新高潮。要继续推动劳模（高技能人才）创新工作室建设，总结创建经验，立足新起点，不断提升职工队伍整体素质，为推动郓城县经济社会快速发展提供人才支撑和智力保障，为深入实施产业提升、基础突破、扶贫攻坚、和谐创建“四项工程”建功立业。

二、擦亮服务品牌，夯实服务阵地，竭诚为广大职工办实事做好事解难事

要抓阵地拓展，强化服务网络。支持基层工会按照“建会、建制、建家”原则，建立救助、维权、服务三位一体的综合性服务中心，将职工之家建设与职工服务站点建设紧密结合，对成绩突出且县区总工会能提供相应配套资金的站点进行资助。完善市、县区、乡镇（街道）三级工会服务网络，开展企业服务站点试点，突出规范建设，丰富服务内涵，加强三级联动。要抓保障机制，强化普惠服务。按照全总、市总送温暖工作的新要求，完善工作制度和数据库，明晰工作标准和对象，做实做大“春送岗位、夏送清凉、金秋助学、冬送温暖”四季服务活动，打造成在社会上叫得响的工会工作品牌。稳步推进工会会员服务卡发放工作，继续推进服务职工向普惠型、多元化转变。要以职工需求为导向，以职工满意为标尺，准确把握职工群众所需所急所盼，真正按照职工群众的意愿要求来设计项目、推动工作。

三、加强基层工会建设，加快推进工会转型，不断提升做好新形势下职工群众工作的能力和水平

要全力夯实工会组建基础工作。探索围绕职工建会、办会的有效路径，加大小微企业和行业联合会建会力度。加大“上代下”工作力度，指导和支持企业工会把工作重点放在为职工服务、促进企业发展上，在服务中实现维护。继续推进会员实名制，做好会员证发放工作。确保企业建会率和职工入会率动态保持在95%以上。要贯彻落实习近平总书记“三个着力”的重要指示精神，坚持不懈抓基层、打基础，积极推进非公企业、新社会组织、新经济组织建会工作，大力加强乡镇（街道）、开发区（工业园区）工会建设，要把更多的资源向基层倾斜，把更多的精力投入基层一线，努力解决基层基础薄弱问题，不断激发基层工会活力，充分发挥基层工会作用。要切实加强工会干部队伍建设，自觉践行“三严三实”要求，带着责任抓落实，满怀深情为职工，努力把工会工作做得更加深入、更加主动、更加务实、更加有效。要着力做好农民工入会和服务工作。在加大“农民工入会集中行动”的同时，充分发挥工会培训阵地作用，加大工会经费投入，为困难农民工提供专项就业培训服务，帮助农民工提高劳动技能和综合素质。加大农民工维权力度，指导农民工签订好劳动合同，把农民工的工资待遇纳入集体协商范围，围绕工时工价、劳动定额等开展集体协商，推动企业落实最低工资标准。积极配合农民工工资支付专项检查，及时查处侵害农民工权益的违法行为。

各位代表、同志们，郓城县工会第七次代表大会的召开，开启了郓城县工运事业的新征程。我们相信，在郓城县委的坚强领导下，在县人大、县政府、县政协和社会各界的大力支持下，在县总工会新一届领导班子的带领下，郓城县各级工会一定能够以本次代表大会为新的起点，振奋精神、坚定信心，同心同德、扎实工作，团结动员全县广大职工为实现菏泽“科学赶超、后来居上”的目标做出新的更大

贡献！

最后，预祝大会圆满成功！

谢谢大家。

【郓城县委书记刘文林的讲话】

各位代表、同志们：

今天，郓城县工会第七次代表大会隆重开幕了，这是全县广大职工政治生活中的一件大事，也是全县各级工会组织的一次盛会。在此，我代表县委县政府，向大会的召开表示热烈的祝贺！向各位代表、广大职工、劳动模范和工会工作者表示亲切的问候！向莅临大会指导的市总工会领导同志，向长期以来关心、支持我县经济社会发展的市总工会表示衷心的感谢！

近年来，在县委的正确领导下，全县各级紧紧围绕“走在全市前列、全面争创一流”的工作目标，改革创新、锐意进取，积极作为、真抓实干，有力推动了经济社会又好又快发展。今年前三季度，全县实现生产总值249.2亿元，公共财政预算收入16.7亿元，规模以上固定资产投资94.5亿元，规模以上工业企业主营业务收入617.9亿元、利税61.7亿元，全社会用电量19.7亿千瓦时、其中工业用电量13.4亿千瓦时，金融机构各项存、贷款余额分别达到366.6亿元、176.7亿元。全县呈现出经济健康发展、民生持续改善、社会和谐稳定、党的建设全面加强的良好局面，郓城发生了许多可喜变化，已站在了新的历史起点上。

这些成绩的取得，是全县人民同心同德、攻坚克难的结果，也是全县各级工会组织团结带领广大职工群众奋发进取、积极奉献的结果。近年来，全县各级工会组织带领广大职工群众，深入贯彻落实党的十八大、十八届三中四中五中六中全会和习总书记系列重要讲话精神，团结奋进，务实创新，在服务大局上展示了新作为，在维权工作上实现了新突破，在扶贫济困上取得了新成效，在自身建设上得到了新加强，连续两年科学发展综合考核及创新工作考核均居全市工会系统首位。实践证明，全县各级工会组织不愧为党联系职工群众的桥梁和纽带，不愧为维护人民群众根本利益和保持社会稳定的中坚力量，全县工人阶级不愧为发展先进生产力和推动社会全面进步的生力军。在此，我代表县委县政府，向为全县改革发展稳定做出突出贡献的各条战线的广大职工、劳动模范、各级工会干部致以崇高的敬意！

各位代表、同志们，今后五年是我县大改革、大建设、大提升、大发展的五年，我们必须围绕“走在全市前列、全面争创一流，尽快跨入全省县域发展第一方阵”的奋斗目标，牢固树立“创新、协调、绿色、开放、共享”的发展理念，打好打赢“招商引资、城镇建设、电商发展、精准脱贫”四个攻坚战，实现“返乡创业、全域旅游、现代农业、民生保障”四个新突破，增强“党的建设、深化改革、科技创新、创新治理”四项新动能，全力实现郓城发展新跨越。新的形势、新的任务对全县工会工作提出了新的更高要求，也为广大职工和工会组织展现新作为提供了更加广阔的舞台。全县各级工会组织一定要认清自身肩负的历史重任，团结带领全县广大职工积极进取、扎实工作、开拓创新，努力为建设“富裕郓城、文明郓城、平安郓城、生态郓城、幸福郓城”再创佳绩、再立新功。

一、要进一步增强工会组织的政治性、先进性和群众性。全县各级工会组织要认真学习贯彻落实中央和省、市委关于党的群团工作文件精神和习总书记关于工会工作的重要讲话精神，始终把工会工作置于党的领导之下，在思想上、政治上、行动上始终与党中央保持高度一致。要切实承担起引导群众听党话、跟党走的政治任务，把群众最广泛最紧密地团结在党的周围。要把保持和增强先进性作为重要着力点，进一步增强围绕中心、服务大局的自觉性，增强围绕主题、服务发展的主动性，找准工作结合点和切入点，把广大人民群众的智慧和力量凝聚到推动郓城加快发展上来。工会工作要以群众为中心，让群众当主角，把工作重心转移到基层一线去，转移到困难矛盾多的地方去，转移到企业和职工最需要的地方去，帮助他们化解矛盾、解决问题，努力成为群众信得过、靠得住、离不开的知心人和贴心人。全县各级工会组织要强化责任担当，充分认识新形势下履行基本职责的复杂性、艰巨性，认真研究新情况、解决新问题，在更宽更广领域发挥好工人阶级的作用。

二、要为推动经济社会跨越发展做出新贡献。发挥好工人阶级在经济社会发展中的主力军作用，是历史赋予我县工人阶级的时代重任，也是推动工会工作发展的现实要求。各级工会组织要把广大职工的注意力凝聚到发展上来，认清形势，坚定信心，努力克服经济下行带来的不利影响，与企业同舟共济、共克时艰、共谋发展。要不断提高职工思想政治素质、科学文化素质和技术业务素质，在职工中培养更多知识型、创新型人才。要大力弘扬劳模精神，使劳模的优秀品格成为职工奋发向上、建功立业的强大精神动力。要完善激发劳动热情和敬业精神的各种机制，在招商引资、城镇建设、电商发展、精准脱贫等工作中敢于攻坚克难，善于改革创新，勇于争创一流，充分展现主人翁风采，使广大职工成为促进全县经济更好更快发展的主力军。各级工会要提高维护社会和谐稳定的能力，把保持职工队伍稳定当成各级工会的重要任务，从思想上、认识上高度重视稳定工作，摆上重要的议事日程，研究探索新形势下做好稳定工作的思路和方法，不断提高维护社会稳定和谐的能力。基层工会要做维护社会稳定的坚强堡垒，发挥贴近职工、密切联系群众的优势，及时、全面掌握职工生产生活状况和思想动态，认真分析和排查影响职工队伍稳定的因素，对影响职工队伍稳定的问题早发现、早介入、早报告，并积极协助有关部门妥善解决。广大职工要成为维护社会稳定的中坚，发扬识大体、顾大局的优良传统，正确认识和对待发展过程中利益关系和利益格局的调整，采取理性、合理、合法的形式反映意见、表达诉求，自觉维护企事业单位和社会稳定，实现企业发展和职工利益互利双赢，在全面推进法治郓城、平安郓城建设中做出新的更大贡献。

三、要切实维护职工合法权益。坚持紧紧围绕实现好、维护好、发展好职工利益这个根本要求，努力构建各项工作新机制，使工会工作步入规范化、制度化、法制化轨道。全县各级工会组织要充分发挥好工会组织的特点和优势，坚持以职工为本，完善职工利益协调、矛盾调处和权益保障机制，健全企事业单位民主管理制度，全面维护职工经济、政治、文化和社会权益。要注重构建新型和谐劳动关系，加强对劳动关系矛盾的监测与预警，督促企业履行社会责任，充分发挥工会组织在处理劳动争议中“第一道防线”作用。要在协助党委、政府改善民生工作中发挥更大作用，及时掌握和反映职工的利益诉求和实际困难，当好第一知情人、第一帮助人、第一报告人和第一督促解决人。要更好地维护职工特别是困难职工的利益，协助党委和政府做好下岗职工的基本生活保障和再就业工作，深入开展送温暖活动。要积极为职工生产生活提供就业培训、职业介绍、法律咨询等服务，切实维护好职工在劳动就业、收入分配、社会保障等方面的合法权益，努力使改革发展成果更多更公平地惠及广

大职工群众。

四、要不断加强自身建设。全县各级工会组织要牢固树立为职工服务的思想，围绕职工关注的焦点热点问题，大胆探索，勇于实践，实现工会工作从传统的福利型、活动型向服务型、维权型转变，把工作重心放在基层，扎根于群众，提高新形势下服务职工的水平。要完善和规范工会帮扶体系，建立长效机制，从困难职工最关心、最现实的问题入手，帮助他们解决实际问题。要扩大工会工作覆盖面，继续在各类所有制企业中广泛建立工会组织，最大限度地把包括农民工在内的广大职工组织到工会中来，实现工会组织和工会工作全覆盖，扩大党的群众基础。要努力加强自身建设，在组织职工、引导职工、服务职工中体现新作为、展现新风貌；不断改进工作作风，增强工会组织的吸引力和凝聚力，使各级工会真正成为职工可以信赖和依靠的“职工之家”。

五、要加强和改进党对工会工作的领导。工会是党和政府联系职工群众的桥梁和纽带，工会工作是党的群众工作的重要组成部分。各级党组织要从提高党的执政能力、夯实党的执政基础和巩固党的执政地位的战略高度，认清做好新时期工会工作的重大意义，始终把工会工作摆在重要位置。要进一步拓宽工会组织参政议政渠道，加强与工会的沟通和联系，认真研究涉及职工切身利益的重大问题和实际困难。要高度重视工会领导班子和干部队伍建设，定期听取工会工作汇报，支持工会按照法律和章程独立自主、创造性地开展工作，努力把工会组织建设得更加充满活力，更加坚强有力，更好地服务于经济社会发展。

各位代表、同志们，做好新时期的工会工作，责任重大，使命光荣。希望全县各级工会组织和广大职工，团结拼搏、开拓进取，凝心聚力、扎实工作，奋力开创工会工作新局面，为推动郓城“走在全市前列、全面争创一流”做出新的更大贡献！

最后，祝大会圆满成功！

【郓城县妇联主席赵秀兰的致辞】

各位代表、同志们：

郓城县工会第七次代表大会今天隆重开幕了，这是全县职工政治生活中的一件大事。开好这次盛会，对于深入贯彻党的十八届六中全会和中央群团工作会议精神，全面实现县委提出的各项奋斗目标，不断开创我县总工会工作新局面，具有十分重要的意义。在此，我代表群团部门向大会的召开表示热烈的祝贺！向全体代表并通过你们，向辛勤工作在全县各条战线上的广大职工和工会工作者致以崇高的敬意和亲切的问候！

县工会第六次代表大会以来，全县各级工会组织和广大工会干部，坚持以科学发展观为统领，走中国特色社会主义工会发展道路，以经济建设为中心，团结带领广大职工群众，奋力拼搏，努力工作，充分发挥了工人阶级主力军作用。继承和发扬工人阶级的光荣传统和优良作风，艰苦奋斗，无私奉献，以高度的主人翁精神和强烈的历史责任感，为我县经济社会跨越式发展做出了不可磨灭的贡献。多年来，全县各级工会组织始终坚持围绕中心，服务大局，认真履行维护职工合法权益的基本职责，特别是在推动企业改革、协调劳动关系、开展送温暖活动等方面做了大量工作，取得了明显成效。

当前，我县发展面临着千载难逢的历史机遇，全县广大职工一定要认清形势，振奋精神，发扬光荣传统，肩负神圣使命，把智慧和力量进一步凝聚到“创新、协调、绿色、开放、共享”的发展理念上来，在更宽更广的领域发挥好工人阶级的主力军作用。我们各群团部门，在县委的坚强领导下，要充分发挥各自优势和作用，紧紧把群众团结在党的周围，使党的执政基础更加牢固。过去的岁月，我们相互支持，团结合作，共同促进，友谊深厚，谱写了共同奋斗的光辉篇章。展望未来，我们任重而道远。让我们在县委和上级部门的坚强领导下，携起手来，认真践行科学发展观，尽职履责，最大限度地把各自代表和联系的群众组织好、团结好、带领好，为实现县委提出的各项方针和工作任务，进一步强化合作，发展友谊，团结并进，共同创造郓城县美好的明天。

各位代表，同志们！历史赋予工人阶级光荣而艰巨的使命，时代呼唤工人运动谱写更加宏伟壮丽的新篇章。让我们在党的十八届五中、六中全会精神指引下，万众一心，奋发图强，与时俱进，开拓创新，为推进全县发展新跨越、全面建设小康社会而努力奋斗！

最后，祝县工会事业欣欣向荣、蒸蒸日上！预祝大会圆满成功！

【郓城县人大常委会副主任、党组副书记、县总工会主席曹建文所做的工作报告】

各位代表、同志们：

现在，我代表郓城县总工会第六届委员会向大会报告工作，请予审议。

一、郓城县工会第六次代表大会以来的主要工作

郓城县工会第六次代表大会以来，在省市总工会和县委县政府的正确领导下，在社会各界的大力支持下，全县各级工会组织深入贯彻“组织起来、切实维权”的工作方针，坚定不移地走中国特色的社会主义工会发展道路，围绕中心，服务大局，主动作为，努力做好组织职工建功立业、弘扬劳模精神、维护职工合法权益、构建和谐劳动关系、服务职工群众等工作，团结动员广大职工积极投身全县经济社会建设主战场，认真履行工作职责，圆满完成了县六次工代会确定的各项目标任务，谱写了郓城工运事业发展的新篇章。

（一）围绕建功立业，服务大局有新贡献。全县各级工会组织紧紧围绕县委、县政府工作大局，充分发挥工会组织职工、联系职工的优势，以创建“工人先锋号”、“劳模（高技能人才）创新工作室”、“创新型班组”、“我为节能减排做贡献”、“安康杯”竞赛和“查保促”活动等为载体，紧盯重大工程、重点项目和生产经营目标，积极组织广大职工开展技术革新、发明创造、合理化建议、节能降耗、安全生产等群众性劳动竞赛活动和经济技术创新活动，引导激励广大职工立足岗位、建功立业，充分发挥其推动全县经济社会发展的主力军作用。自2010年以来，全县各级工会组织职工提出合理化建议3156件，收集技术创新成果150项，32项被评为市级优秀职工合理化建议和技术创新成果，创经济效益2116万元。开展岗位练兵、技术比武100多次，参加职工5万人次。27个单位获省市级“五一”劳动奖状，38个基层集体获省市级“工人先锋号”，有1人获全国劳模，2人获全国五一劳动奖章，16人获省级劳模和富民兴鲁劳动奖章，86人获市级劳模称号或享受市劳模待遇和市五一劳动奖章。

（二）围绕强基固本，组织建设有新进展。全县各级工会组织站在巩固党的执政基础、扩大党的群众基础的高度，把加强工会组织基层网络建设作为基础工作常抓不懈。坚持“党建带动工建、工建服务党建”的工作思路，相继实施了“工会组建年行动”、“建会突击月”和“广普查、深组建、全覆盖”集中建会行动，大力发展区域性、行业性工会组织，引导职工自主入会，不断创新工会组建和发展会员方式，把组建工会工作延伸到农村，拓展到民营企业、外商投资企业和街道社区，

最大限度地把职工、农民工组织到工会中来。同时各级工会组织以创建“六有”工会为主要目标，不断推进基层工会规范化建设，扩大工会覆盖面，增强工会凝聚力。截至目前，全县已组建各级工会组织1499家，发展会员25.4万人，创建模范“职工之家”和“职工小家”26个，2014年底全县22个乡镇（街道）和一个开发区成立了总工会，2015年4个乡镇总工会被市总评为标准化示范乡镇（街道）总工会，2016年实行了公开招聘工会社会化工作者，有效缓解了工会干部不足的问题。

（三）围绕权益保障，6依法维权有新作为。全县各级工会组织认真履行维权基本职责，始终坚持把维护职工合法权益、努力构建和谐劳动关系作为一切工作的出发点和落脚点。一是深化和谐劳动关系建设。认真贯彻落实中共中央、国务院《关于构建和谐劳动关系的意见》和“山东省劳动关系三方视频会议”精神，召开全县构建和谐劳动关系工作会议，推动企业严格落实劳动合同制度，完善集体协商机制、劳动关系矛盾调处机制。二是深化集体协商工作。以大力开展“工资集体协商提质增效活动”为抓手，全面推进集体协商上质量、见成效。三是深化基层民主管理工作。积极做好全县厂务公开民主管理工作，切实维护好广大职工的表达权、知情权、参与权和监督权。广泛开展《山东省企业职工代表大会条例》《山东省厂务公开条例》宣传月活动，努力创建“推行协商民主、强化社会责任”工作品牌，积极组织召开经验交流会和座谈会，大力培养选树非公企业示范典型。四是加强职工法律援助工作。为进一步构建全县法律援助工作网络，在全县22个乡镇（街道）、一个开发区、10个规模以上企业建立了法律援助工作站，为有效维护职工的合法权益提供了保障。健全完善县、乡、企三级法律服务体系，畅通“6580896”职工维权热线。截至目前，全县1499家企事业单位中，206家事业单位、90家公有制企业全部建立了厂务公开和职代会制度，992家非公有制企业中，956家建立了厂务公开制度和职代会制度，建制率达96.3%。全县已签订工资集体协商专项合同1058份，建会企业工资集体协商建制率达到86%，覆盖企业1151家，女职工权益保护专项集体合同覆盖企业1098家、女职工10.7万人。

（四）围绕服务职工，帮扶救助有新举措。各级工会组织把竭诚服务职工、发展职工利益作为工会一切工作的出发点和落脚点，不断加大就业指导、困难帮扶、医疗救助等工作力度，集合困难帮扶、创业指导、技能培训、招工信息、法律维权、鹊桥服务六大服务平台，初步形成了春送岗位、夏送清凉、金秋助学、冬送温暖、帮扶送教育、普惠工程、关爱农民工、法律救援、七夕相亲等服务品牌。建立健全帮扶网络，加强和完善县职工服务中心、帮扶站点建设。近五年来，郓城县总工会共发放工会会员普惠卡近一万张，建立困难职工档案2785户，发放生活救助金100余万元，医疗救助金20余万元，向178名困难职工子女发放助学金30余万元，开展各类职业培训200余场次，为183名困难职工提供了法律援助，为各级困难劳模发放生活补贴40万元，免费健康查体270余人次。

（五）围绕素质工程，工会建设有新成效。各级工会认真组织开展了党的群众路线教育、“三严三实”、“两学一做”等教育实践活动，工会组织的政治、思想、作风和党风廉政建设得到进一步加强；强化工会干部教育培训，积极培育“敬业、奉献、高效、创新”的工会精神，工会干部素质明显提高；不断加大工人阶级和工会工作的宣传教育力度，充分发挥工会大学校作用，用社会主义核心价值体系教育和引领职工；深入开展“创建学习型组织、争做知识型职工活动”和“职工职业道德双十佳”评比活动，不断提升职工群众思想道德和科学文化素质；大力推进职工文化和企业文化建设，努力打造职工文化团队品牌，加大职工技术技能培训力度，培育职工创一流、赶先进、争先进的理念；注重职工文化活动阵地建设，推进职工书屋和职工教育培训示范基地建设，建成各类职工书屋 53 家；广泛组织开展职工喜闻乐见、丰富多彩的文化体育活动，组织了一系列读书征文比赛、职工书法、美术、摄影作品评选活动，举办各类文体活动 100 余场次；实施劳模动态管理，大力弘扬工人阶级伟大品格和劳模精神，引领广大职工争做解放思想、锐意改革创新的时代先锋和推动科学发展、促进社会和谐进步的行动楷模；积极推进地税代收工会经费工作的落实，工会经费收缴稳步增长；加强了工会经费的审计监督，经审会的作用得到进一步发挥。

六大以来，郓城县总工会先后被省总工会授予全省工会工作先进单位、经审工作先进单位、保障工作先进集体、帮扶救助机制建设先进单位、工会法制教育工作先进单位、工会“五四”普法工作先进单位、山东省工会职工法律维权示范单位等称号，多次被评为全市工会工作先进单位和荣获全市工会科学发展考核一等奖。工会工作之所以能取得这样的成绩，是县委、县政府和市总工会正确领导的结果，是各级各部门和社会各界大力支持的结果，是各级工会组织和广大职工团结奋斗、拼搏进取的结果。在此，我代表县总工会，向全县广大职工和各级工会干部、工会积极分子表示亲切的慰问！向县委、县人大、县政府、县政协的领导和共青团、妇联、科协等兄弟团体及社会各界表示衷心的感谢！

在肯定成绩的同时，我们也要清醒地认识到，我们的工作与党的要求和职工群众的期待还有不少差距，还存在许多问题和不足。主要表现在：对新形势下工会工作面临的新情况、新问题，研究不够；维护职工合法权益的力度还需进一步加强；非公企业建会难问题依然存在；非公企业的工会工作有待进一步规范；一些职工参与劳动竞赛积极性不高；乡镇工会专职干部配备不齐，兼职面过大；工会经费收缴不够到位，为职工办实事缺乏必要的经费保证。以上这些问题和不足，我们将在今后的工作中采取有效措施，认真加以解决。

二、今后五年工会工作的指导思想和主要任务

今后五年是我国全面建设小康社会、落实“十三五”规划的重要时期，是我县实现“走在全市前列，全面争创一流，尽快跨入全省县域发展第一方阵”奋斗目标的关键时期。在这新的历史发展时期，工会工作既面临着大有作为的新形势新机遇，又面临着许多新情况新问题，全县职工和工会组织承载着时代赋予的光荣使命。我们要以只争朝夕、时不我待的精神，以迎难而上、负重奋进的勇气，以坚定不移、坚持不懈的信心和决心，站在新的历史起点上，按照县委提出的新的整体工作思路和工作要求，规划工会事业发展新目标，明确工会自身改革新任务，奋力开创我县工会工作新局面。

今后五年我县工会工作的总体要求和指导思想是：高举中国特色社会主义伟大旗帜，以邓小平理论、“三个代表”重要思想和习近平总书记治国理政思想为指导，深入贯彻落实科学发展观，以中国梦凝聚广大职工的精神和力量，认真贯彻十八届五中、六中全会和中央群

团工作会议精神，切实保持和增强工会组织的政治性、先进性、群众性，防止和克服工会组织机关化、行政化、贵族化、娱乐化，以建立健全学习型、服务型、创新型、和谐型工会组织为重点，以发展和谐劳动关系为主线，以健全完善利益协调、诉求表达、矛盾调处和权益保障机制为途径，以解决职工群众最关心、最直接、最现实的利益问题为落脚点，努力实现工会各项工作的创新和发展，团结动员全县广大职工为推动郓城“走在全市前列、全面争创一流”而努力奋斗。

实现上述目标任务，是时代的要求，是党委的重托，是广大职工群众的期盼。全县各级工会组织和广大工会干部，要主动担当起历史赋予的光荣使命，认真研究新形势下工会工作的新特点和新规律，不断改进工作方式，完善工作措施，努力开创我县工运事业和工会工作新局面。

为此，要重点做好以下几个方面的工作：

（一）着力坚持正确的政治方向，用习近平总书记系列重要讲话精神武装头脑。我们要以高度的思想自觉和行动自觉，把学习贯彻习近平总书记系列重要讲话精神作为重大政治任务，在学深悟透精神实质、把握精髓要义上下功夫。深刻领会党中央治国理政的新理念新思想新战略，增强政治意识、大局意识、核心意识、看齐意识，自觉接受党的领导，自觉服务中心工作，自觉为职工群众服务，充分发挥党联系职工群众的桥梁纽带作用、国家政权的重要社会支柱作用和职工群众利益的维护者作用。

深入学习贯彻党的十八届五中和六中全会精神，深刻理解“十三五”时期经济社会发展的指导思想、目标任务、重大举措，牢固树立并践行创新、协调、绿色、开放、共享五大发展理念。向广大职工群众阐释好经济发展新常态下“怎么看”“怎么干”，把中央精神切实贯彻落实到工会工作中。

深入学习贯彻党的群团工作会议精神，引导工会干部和广大职工深刻理解中央、省委加强和改进工会工作的决策部署，准确把握政治性先进性群众性要求，以高度的政治觉悟、强烈的责任担当，恪尽职守、努力工作，不断提升全县工会工作的质量和水平。

（二）着力夯实工会工作基础，不断增强基层工会组织的凝聚力和吸引力。各级工会组织要按照依法、科学、规范的建会思路，突出重点抓创建，夯实基础抓规范，示范带动抓发展，进一步抓好基层工会组织建设工作。要坚持数量、质量并重，持续推进各类企事业单位特别是非公有制经济组织、社会组织普遍建立工会，认真探索在新领域、新阶层职工中建立工会组织及其发挥作用的新形式、新渠道，切实调动职工入会积极性，努力实现有效覆盖。在组建工会的同时，同步建立经费审查委员会、女职工委员会、劳动争议调解委员会和各专业委员会，及时办理工会法人资格登记，健全基层工会组织体系。完善工会会员会籍管理办法，逐步实现会员实名制管理，加大会员证发放力度。坚决防止和纠正企业改革改制过程中撤并工会组织的现象。加强基层工会规范化建设，力争五年内全县90%以上基层工会达到“六有”目标。深入开展“农民工入会集中行动”，最大限度地把农民工组织到工会中来，年增长15%以上。进一步加大产业工会的组建力度，扩大工会组织覆盖面，着力推进乡镇（街道）规范化建设，选树一批“全市示范乡镇（街道）工会”，发挥带动引领作用。

（三）着力提升职工队伍素质，在全面建成小康社会中充分发挥主力军作用。广泛开展立功竞赛活动。围绕我县重大项目、重点工程、重要领域，广泛开展“践行新理念、建功十三五”劳动竞赛活动，最广泛地组织广大职工积极投身工业发展主战场、科技创新最前沿、重点项目第一线。深入开展技术革新、技能比武、节能减排、发明创造、合理化建议等群众性经济技术创新活动，广泛开展职工岗位技术和职业技能培训，创新职工教育形式，把网络教育培训工作落到实处。以提高班组管理水平和班组成员素质为重点，以创建“工人先锋号”为载体，深化“六型”班组建设，继续推进创新型班组和劳模（高技能人才）创新工作室创新平台建设，打造职工创新、成才和奉献的有效平台。坚持把劳模推荐评选与宣传劳模事迹、发挥劳模作用紧密结合，重点抓好劳模待遇落实，组织好劳模疗休养。

（四）着力维护职工合法权益，在构建和谐劳动关系中体现作为。坚持依法维权、依法维稳，不断扩大厂务公开制度、职代会制度覆盖面，深化平等协商、集体合同制度，着力推进行业性集体协商和非公企业民主管理，实现集体协商建制率动态保持在80%以上。完善和落实劳动关系舆情收集、预警、处置机制，把矛盾化解在基层和萌芽状态，切实维护社会和职工队伍的稳定。坚持依法治会、依法履职，推进工会工作法治化建设，带动职工尊法学法守法用法，落实好工会劳动法律监督和职工法律援助制度，加强工会维权队伍建设。大力开展“推行协商民主、强化社会责任”工作品牌创建活动，实现五年内参与创建企业达到80%。深入开展“安康杯”竞赛活动，加强班组安全建设和职工职业病防治工作。大力推进农民工入会数量、服务质量双提升工作，切实维护农民工的劳动经济权益、安全健康权益和精神文化权益。

（五）着力推进工会自身建设，打造学习型服务型创新型工会组织。各级工会组织要以提高服务科学发展、服务职工群众的能力和水平为重点，探索创新，全面加强工会自身建设。要适应新形势下工作对象、领域、内容、方式和环境的新变化，参与加强和创新社会管理，努力建设学习型、服务型、创新型工会组织。要深入学习中国特色社会主义理论，深刻领会党中央关于工人阶级和工会工作的重要指示精神，认真学习宣传实践中国特色社会主义工会发展道路，以党工共建创先争优活动为动力，全面促进工会组织和工会干部的思想建设、作风建设和能力建设。一是在密切联系职工群众上下功夫。建立完善工会领导机关与基层工会联系制度、基层工会与会员群众联系制度和基层工会对上级工会、会员群众对基层工会的评价监督制度，促进工会干部增强服务意识，主动深入基层、深入职工，了解职工所思所盼所忧，面对面、心连心、实打实地做好职工群众工作。二是在提高工会干部的能力上下功夫。加强工会干部队伍的规范化管理和业务培训，加快推进工会干部知识化、专业化进程，以适应新形势对工会干部的新要求。三是在转变工作作风上下功夫。强化调查研究，创新思维方式，加强对新情况、新问题的分析思考，科学制定改革创新、攻坚克难的工作举措，推动工会领导机关工作重心下移，着力帮助基层解决突出困难和问题。四是在工会干部协管工作上下功夫。协助党委配好配强各级工会领导班子，努力打造能力过硬、素质优良的干部队伍，塑造党政满意、职工信赖、社会认可的良好形象。另外要加强工会经费收缴和财务管理，重视审计监督、资产监管等工作，确保工会资产产权清晰、保值增值，促进工会事业健康发展。加强工会女职工工作，维护好女职工特殊权益。

各位代表、同志们，面对新形势新任务，在新的起点上做好工会工作，以一流的工作业

绩开创我县工会工作新局面，是新时期赋予我们的历史重任。伟大的事业呼唤着我们，庄严的使命激励着我们。让我们在县委和上级工会的坚强领导下，团结带领全县广大职工，开拓创新，奋力拼搏，再立新功，再创佳绩，为郓城县工会事业书写新的篇章，为实现我县经济社会科学赶超跨越发展而努力奋斗！

【郓城县总工会常务副主席梁素云所做的财务工作报告】

各位代表、同志们：

我受郓城县总工会第六届委员会委托，向大会报告工会经费收支情况和财务工作，请予以审议。

一、郓城县总工会本级工会经费收支基本情况

五年来，郓城县总工会本级经费收入合计2081.03万元。其中：拨缴经费收入671.86万元；上级补助收入418.32万元；政府补助收入796.44万元；事业收入87.52万元；其他收入106.89万元。

五年来，上解市总工会经费671.86万元，支付地税和人行代收手续费228.34万元。

郓城县总工会本级经费支出合计1994.73万元。其中：职工活动支出69.61万元，维权支出249.73万元，业务支出71.42万元，行政支出458.54万元，资本性支出73万元，补助下级支出54.6万元，事业支出955.1万元，其他支出62.73万元。收支相抵经费结余86.3万元，滚存经费结余172.99万元。

郓城县总工会本级经费收支预算均经过郓城县总工会经费审查委员会审查通过，并报市总批准执行。市总经审办、郓城县总工会经费审查委员会等对县总本级预算执行情况、部分专项资金使用情况定期或不定期进行了审计、审查。郓城县总工会对提出的问题高度重视，按相关要求进行了认真整改，切实提高了财务管理水平。

二、工会财务管理工作情况

郓城县工会第六次代表大会以来，全县各级工会和广大财务干部认真贯彻落实党的十八大、十八届三中、四中、五中全会和全总十六大精神，坚持依法聚财、科学理财、民主管财、有效用财的工作思路，全面提升了工会财务工作服务大局、服务基层、服务职工的水平，开创了工会财务工作新局面。连续多年，郓城县总工会被省总工会授予“工会财务工作先进单位”荣誉称号和全省工会系统财务管理规范单位。2014年被中华全国总工会评为工会财务工作先进单位。

（一）地税代收，确保工会经费稳步增长

全县各级工会和财务部门按照上级要求，结合实际、解放思想，积极稳妥地实施了工会经费收缴体制改革，实行了委托税务部门代征工会经费的办法。郓城县总工会与政府有关部门在“入轨、足额、全覆盖”上狠下功夫；通过实行工会经费税务代收等措施，拨交工会经费收入迈上新台阶。工会经济实力显著增强，为我县工运事业的发展奠定了坚实的物质基础。为充分调动各级工会收好经费的积极性，郓城县总工会深化和完善了财务工作目标责任考核制度，切实把财务改革的成效与经费回拨补助、财务考核、经常费补助和奖励结合起来。同时，通过与经审委等联合开展计拨审计等多种形式，推动了基层工会欠解经费补缴入库工作，维护了工会经费收缴工作的严肃性和连续性。

（二）保障重点，彰显工会经费“三服务”的宗旨

郓城县总工会坚持工会经费“服务大局、服务基层、服务职工”的宗旨，在保证完成上交经费任务的前提下，压缩郓城县总工会机关行政经费开支比例。工会经费向职工群众倾

斜，向基层组织建设、职工维权、劳动竞赛、送温暖等重点工作倾斜，从而较好地发挥了工会经费“保障重点、强化基础、服务职工、推动发展”的作用。随着郓城县总工会对下补助力度的增大，工会各项重点工作得到了经费保障，进一步扩大了工会组织的影响力，增强了工会组织的凝聚力。

（三）苦练内功，推动财务资产管理水平再上新台阶

一是建章立制，规范管理。郓城县总工会从健全制度、规范操作、增强民主管理的角度加强了制度建设，提高了经费使用的公开性和透明度。先后制定和完善了税务代征、预算内外经费管理、财务报销、银行账户管理等制度、办法和规定；突出了重大资金决策集体研究，从严控制审批权限，严格预算审批和执行，大宗物品政府采购，重大项目招投标比选等。同时，郓城县总工会不断提高对资产管理工作重要性的认识，不断细化、完善各项基础工作。工会资产产权界定、清产核资、产权登记、固定资产管理等工作日趋规范。对工会固定资产的范围、分类和计价、增减变动、日常管理做出了明确规定和要求。几年来，全县各级工会也结合自身实际，加强和规范了财务资产管理。全县总工会财务资产管理体系、制度日臻完善，全县各级工会依法理财意识明显加强，科学理财步伐明显加快。

二是严格预算编制、细化预算科目和强化预算执行管理，确保资金合理使用。首先完善配套财务管理体系，郓城县总工会各部门围绕中心工作，结合各自职能特点，在合理立项、认真论证、严格标准的基础上，按照“量入为出、收支平衡、略有节余”的原则编制了本部门预算。郓城县总工会各部门预算经审核汇总形成本级预算，报主席办公会审议通过后执行。其次，注重及时调控经费使用方向和数量，不断提高财务决策水平。部门经费和项目经费纳入郓城县总工会目标考核，年底执行结果按一定分值与部门其他工作捆绑考核，年中完成本级预算调整追加、追减。第三，定期开展经费使用情况分析，逐步建立工会经费使用绩效评价体系，力争效益最大化。

三是严格内控机制，强化监督。郓城县总工会严格按照市总经审办、郓城县总工会经审委等在审计、审查中提出的问题，进行了认真整改。本着规范审批程序，严格审批制度的要求，进一步加强了资金安全性防范。

（四）注重培训，全面提高工会财务人员整体素质

为适应工会经费收缴和财务管理体制改革的形势，郓城县总工会组织全县各级工会财务人员先后多次参加财务培训。同时，郓城县总工会通过举办培训班、开展知识竞赛、召开专题研讨会、组织继续教育等形式，加强了对下指导和服务的力度，使基层工会财务人员的业务素质、沟通协调能力以及对工会全局工作的把握和对基层财务工作的指导都有了明显进步。

第六次代表大会以来，全县各级工会组织和广大工会财务工作者坚持“服务大局、服务基层、服务职工”的工作方针，财务工作得到稳步提升。创新发展经费收缴体制，工会经费明显增长；制定完善管理制度，不断加快依法理财步伐；积极争取党委、政府支持，支持力度逐年增大。工会财务工作取得上述成绩的基本经验是：牢固树立服务大局、服务基层、服务职工的理念，将工会财务工作主动融入中心工作；坚持解放思想、与时俱进、注重调研，敢于和善于破除思维定式，不断推动工会财务理论、体制和机制的创新；坚持科学理财、民主管财，按照量入为出、收支平衡的原

则编制并严格执行预算，自觉接受审计以及职工会员群众的监督，确保工会经费的正确使用；坚持提升素质，提高水平，重视工会财务干部队伍建设，努力提高财会人员的专业水平和工作能力，为开创财务工作新局面提供人力支持。

全县工会财务工作取得的成绩是各级党委和政府高度重视、关心、支持及各部门密切配合的结果，也是全县各级工会加强领导，广大财务工作者开拓创新、辛勤工作的结果。在此，我代表郓城县总工会第六届委员会，向关心、支持工会财务工作的各级党委、政府以及社会各界表示衷心的感谢！向为我县总工会财务工作做出积极贡献的各级工会和工会财务工作者致以崇高的敬意！

在肯定成绩的同时，我们也清醒地看到工会财务工作还存在一些差距和不足，主要包括：经费来源结构有待改善，财务管理工作相对薄弱，财务人员素质还需进一步提高。我们必须高度重视这些问题，并在今后的工作中积极稳妥地加以解决。

三、今后五年工会财务工作的建议

今后五年，全县工会财务工作的主要任务是：根据郓城县工会第七次代表大会对今后工作的部署，依法抓好工会经费收缴工作，不断完善财务制度，继续深化财务工作体制改革，加强对下指导和服务力度，规范工会资产管理，严肃财经纪律，抓好财务干部队伍建设；建立和完善符合实际的财务管理体系，使工会财务工作在工会全局工作中发挥更加积极的作用。

（一）强本固基，稳步推进工会经费收缴工作

工会经费是各级工会组织履行职能、开展工作的物质基础，是工会财务工作的基础和关键。抓好工会经费收缴工作是增强工会综合实力、更好地服务职工群众的需要。各级工会和广大财务人员要以税务部门代征工会经费政策为抓手，适应形势，创新和完善工会经费收缴机制，在“入轨、足额、全覆盖”上狠下功夫，确保工会经费持续适度增长。

（二）重心下移，服务基层职工群众

职工群众和基层工会是工会财务工作的基础，是工会经费使用的重点。在未来五年中，我县总工会财务工作应坚持“服务大局、服务基层、服务职工”的工作方向不动摇，围绕中心，着力调整、优化支出结构，把经费支出的重点向推动发展、促进和谐、服务职工、维护权益等方面倾斜。将工会维权能力、困难职工帮扶、基层工会标准化建设、劳模待遇的落实、群众性的技术创新等作为经费支出的重点，着力解决好职工群众最关心、最直接、最现实的问题。

（三）适应形势，努力提高财务工作整体水平

一要认真宣传学习贯彻全总《工会会计制度》《工会预算管理办法》；二要坚持“量入为出、收支平衡”的原则，围绕中心、服务大局，合理安排资金，确保资金有效使用。细化预算编制科目，增加预算透明度，强化预算约束，完善追加（减）审批制度；三要依据《会计法》、《工会会计制度》等法规制度要求，加强工会财务监督管理。完善内控机制，坚持科学理财，强化财务民主管理和民主监督。规范审批程序，确保对政府或上级工会拨付的专项资金严格管理、有效监督、专款专用；四要积极探索建立经费开支绩效评价体系，为工会工作分析和决策提供科学依据；五要强化工会资产管理，增强工会资产产权意识。切实提高工会资产管理水平，实施动态监管，健全资产运营机制，发挥工会资产效能，促进资产保值增值；六要高度重视工会财务队

伍建设，通过开展多层次、多形式、多渠道的培训、研讨、竞赛等活动，不断提高工会财务人员的政治理论修养、管理服务能力、专业技术水平。

各位代表、同志们，回首过去，我们感到成绩斐然，放眼未来，我们信心满怀。在全面建设小康社会的征程中，工会肩负着更加重要的历史责任，工会财务工作责任重大、任务光荣。让我们团结奋斗，开拓创新，扎实工作，为开创工会财务工作新局面做出新的、更大的贡献！

【郓城总工会经审委主任姬广增所做的经费审查委员会工作报告】

各位代表、同志们：

我受郓城县总工会第六届经费审查委员会的委托，向大会作经费审查工作报告，请予以审议。

一、关于对县总工会五年来经费收支情况的审查意见

第六届经费审查委员会对本级财务工作报告进行了认真的审议。认为，五年来县工会财务工作积极适应工会组织改革与发展的需要，不断加强财务管理工作，针对各类新情况、新问题，采取了多方面的有效措施。在工会经费的收缴、管理和使用等方面贯彻“增收节支、量入为出、统筹兼顾、保证重点”的工作原则，使工会经费做到了收支平衡，尚有结余。

经审定，县总工会经费收支情况如下：五年总收入为2081.03万元，五年总支出为1994.73万元。截至2015年底，经费结余为86.3万元，滚存经费结余为172.99万元。经审议，五年来县总工会财务工作严格执行各项财政法规，遵守财经纪律，不断加强内部财务制度建设，规范财务工作管理，并能积极组织经费收入，将各项支出严格控制在预算范围内。在收好、管好、用好工会经费方面做了大量工作，有效地减少了漏拨和欠拨经费的现象，使拨交经费数额逐年稳步增长，保证了各项工作的开展。同时注意合理调配经费，节约不必要的开支，储备了一定的经费，为工会更好地开展工作奠定了基础。进一步加强核算，强化账目管理，做到了账证、账表、账账相符，经费收支账务清楚、真实，财务核算工作符合规定。

为了更好实现今后五年工会工作目标，在已经有了必要经费结余储备的基础上，我们认为：县总工会今后要适当扩大职工活动费和工会业务费的支出比例，关注热点，活跃基层，培育典型，加大重点工作的投入，提高工会经费的使用效益，为全县总工会工作提供可靠的保证。坚持勤俭节约的精神，发扬艰苦奋斗的工作作风，保证必要的经费结余储备，以防风险。

二、本届工会经费审查委员会工作的回顾

五年来，县总工会经审委和广大经审干部认真贯彻十八大精神，认真履行职责，全面推进经审监督工作。强化组织建设，完善制度体系，积极开展业务培训；依法独立实施审查、审计，加大经审监督力度，加强工会廉政建设，促进工会经济活动规范运作，在全县总工会整体工作中发挥了积极作用，取得了显著成绩，多次荣获菏泽市“工会经审工作先进集体”称号。

（一）加强制度建设，完善经审工作机制

工会经费审查委员会是代表会员群众对工会财务收支、使用和财产管理情况进行审查监督的组织。加强经审组织建设，配备高素质的经审干部，是搞好经审工作的基础。五年来，本届经费审查委员会加强了对基层工会经审组织建设和队伍建设，要求基层工会经审委做到“三同时”，即在工会委员会换届选举时要同

时考察、同时选举、同时报批工会经费审查委员会，在经审委员退休、调离时做到及时增补委员，把政治素质高、作风正派、有专业知识的干部选配到经审工作岗位上。干部素质的提高，为提升工会经费审查监督工作的整体水平提供了组织保证。

注重制度建设，是促进经审工作规范化管理的保证。几年来，县总工会经审委注重经审工作制度建设，结合实际，制定了经审工作相关办法，并及时转发省市总下发的一系列关于审计监督的文件。同时，经审委在工作中认真执行各项制度，做到“五个坚持”。即：坚持对本级财务预决算“必审”制度；坚持经审委定期向工会全委会报告工作制度；坚持经审委学习制度；坚持开展经审工作考评制度；坚持将工会财务达标纳入经审工作评先条件之一制度，促进了经审工作的制度化、规范化建设。

（二）强化业务培训，提高经审干部的自身素质

随着改革开放的不断深化和市场经济形势的快速发展，县总工会强化了经审干部的培训工作。举办多期培训班，对基层工会经审人员、财务人员、基层工会主管财务的工会主席近300多人进行了专业知识和职业道德的培训。使经审干部明确了新时期工会经审工作的精神，掌握了工作要领。培训班收到较好的效果，受到基层工会领导、经审、财务人员的好评。

（三）以预算执行审计为重点，做好经审工作

五年来，县总工会经审委员会不断加大审计工作力度。在工作中贯彻“全面审计，突出重点”的工作方针，以预算执行审计为重点，充分发挥经审会的审计监督职能。每年年初，根据年度工作计划，在本级工会财务制定年度经费收支预算后，认真对预算编制的规范性、合理性进行审计，同时对财务编制的上一年度财务决算的合法性、真实性进行审计。在审计中，经审委员采用核对帐、表，抽查财务凭证等审计手段，对工会经费预算控制指标执行情况，执行过程和结果，财务核算情况进行监督和评价。及时提出意见和建议，为促进财务管理的规范化，提高工会经费使用效益，实现本级工会年度工作目标发挥了积极作用。

（四）深入调查研究，提高经审工作整体水平

切实加强基层工会经审工作情况的调查研究，全面分析和把握经审工作发展趋势及存在的困难和问题，为制定政策、开展工作奠定了坚实的基础。县总工会经审委每年对23个基层工会经审委的工作进行了调研。通过听取汇报、查看资料、召开座谈会等方式，了解基层工会经审工作的现状、存在困难及问题，听取了基层工会对县总工会经审会的意见和建议，并在调研的基础上形成了《关于基层工会经审工作基本情况的调研报告》，为更好地开展经审工作起到了指导作用。

工会经审工作取得的成绩，是各级工会和有关部门重视支持的结果，是各级经审组织和广大经审干部开拓进取、勤奋工作的结果。在此，我代表县总工会六届经费审查委员会，向重视和支持工会经审工作的各级工会领导及有关部门表示衷心的感谢！向为工会经审工作做出贡献的全县工会经审工作者表示崇高的敬意！

总结五年来的经审工作，我们的体会是：各级工会领导的重视和支持是做好经费审查工作的关键，经审干部的工作水平和素质是做好经审工作的基础，基层行政经费的支持是做好工会工作的保证。几年来，县总工会经审会的工作取得了较大的成绩，但是我们也看到目前

工作中存在的差距与不足，如深入基层指导工作还不普遍，经审干部的业务水平还有待提高，各基层经审委工作开展的不平衡，有的甚至有其名无其实，有的单位对工会经审认识不到位工作不重视等等。今后应在进一步贯彻落实《工会法》的基础上加大对经审工作重要性和必要性的宣传力度，通过建立健全以审计为基础的经费审查监督机制，维护国家财经法纪，促进工会系统党风廉政建设，通过努力为工会经审工作的开展创造思想上重视，组织上落实，工作上支持、经费上保证的良好工作氛围，更好地发挥经审工作在工会整体工作中的积极作用。

三、对今后五年加强经审工作的建议

今后五年，工会经审工作要坚持以习近平总书记系列重要讲话精神和中央群团工作会议精神为指导，认真贯彻县总工会的工作部署，紧紧围绕工会工作大局，依法履行经审监督职责，加强工会经费审查监督规范化建设，提升审查监督能力和审查监督质量，提高工会经审工作整体水平。

（一）加强领导，为工会经审工作的开展创造良好的环境

工会经审工作是工会工作的重要组成部分，是推进工会民主建设，强化对权力制约和监督的重要渠道。必须依照法律规定实施工会内部管理监督机制，必须主动适应市场经济发展的要求，努力创新工作机制和方式方法，必须科学规范工会经费的收、管、用，确保工会经费合理、正确使用。各级工会主要领导要为工会经审工作把关定向，把工会经审工作纳入工会工作的重要议事日程，定期听取经审工作和审查审计情况汇报，积极采纳经审会提出的意见和建议，自觉接受监督。充分发挥经审监督的职能，在组织建设、制度建设、人员配备、经费保障和工作条件等方面，为经审工作的开展创造良好的环境。

（二）加大审计力度，发挥经审委的审查监督职能

加大审查审计工作力度，提高审查审计工作质量，实施从“源头”、“过程”到“结果”的全过程监督。加强对县总工会本级工会经费预决算和执行情况的审查审计力度，保证经费的收缴和使用，积极开展对基层工会经审工作检查和交流。努力促进工会经费收缴和上解任务的增长，促进工会经费合规使用，财产管理水平的提高。以审促收，以审促管，以审促用，以审促评，把服务与监督有机结合起来。

（三）加强服务指导，提高工会经审工作针对性和实施性

加强对工会经审干部的培训工作，树立爱岗敬业、勤政廉洁、忠于职守的工作精神。提高经审干部的政策水平和业务能力、调查研究能力和协调能力，努力在工会建立一支政治坚定、业务精通、作风过硬、有开拓创新精神的经审干部队伍。抓好典型，表彰先进，对有突出成绩的经审干部，给以大力支持和鼓励。开展工会经审目标考核和基层工会经审工作“台账化”管理。推动审计监督职责的落实，建立、完善各项规章制度，使经审工作有章可循，增强经审工作的活力，为全县总工会的建设做出更大贡献。

工会工作处在改革和发展的重要时期，工会经审工作任重而道远。我们坚信，新一届经费审查委员会在县总工会的领导下，在广大工会经审干部的共同努力下，立足全局、围绕目标、开拓进取，在未来的五年里，一定能开创工会经审工作的新局面！

三、大会决议

【关于郓城县总工会第六届委员会工作报告的决议】（2016 年 11 月 18 日通过）郓城县工会第七次代表大会，听取并审议了郓城县总

工会第六届委员会的工作报告。

大会认为，报告对近几年来全县工人运动和工会工作做了全面、客观的总结；确定了今后五年我县总工会工作的指导思想、主要任务和奋斗目标，充分体现了县委、县政府和市总工会对我县总工会工作的总体要求，符合我县总工会工作实际。报告是指导我县今后五年工人运动和工会工作的重要文献。大会同意这个报告，决定予以通过。

大会要求，全县各级工会组织要以习总书记系列重要讲话精神为指导，深入贯彻十八届五中、六中全会和中央群团工作会议精神，坚持“创新、协调、绿色、开放、共享”的发展理念，围绕全县社会经济发展主线，在进一步完善劳动竞赛和群众性经济技术活动上下功夫，在进一步创新维权机制、维权手段和创建劳动关系和谐企业活动上下功夫，在进一步深化工会帮扶工作上下功夫，在进一步加强工会自身建设和队伍建设机制上下功夫，团结动员全县广大职工以主人翁精神，为郓城县社会经济发展做出新的更大的贡献。

【关于郓城县总工会第六届委员会财务工作报告的决议】 郓城县工会第七次代表大会认真审议了郓城县总工会第六届委员会的财务工作报告。

大会认为，全县工会财务工作以党的十八大精神为指引，坚持服务大局、服务基层、服务职工，奋力拼搏、扎实工作，加大依法收缴经费力度，加强财务管理和经费合理使用，推进财务会计规范建设，严格资产监管，深化企事业改革，较好地完成了县总工会提出的各项工作任务，为全县工会履行职能、发挥作用提供了坚实的物质保障。

大会要求，全县各级工会组织要认真学习宣传贯彻党的十八届五中、六中全会和中央群团工作会议精神，进一步加强对工会财务工作的领导，通过建立和完善财务工作机制，不断增强依法聚财、科学理财、民主管财、有效用财的能力和水平。要进一步解放思想、更新观念、开拓创新、锐意进取，努力推动工会财务工作再上新台阶，以夯实经济基础、提供物质保障、惠及职工群众的实际行动推动工运事业进一步发展。

【关于郓城县总工会第六届经费审查委员会工作报告的决议】 郓城县工会第七次代表大会认真审议了郓城县总工会第六届经费审查委员会的工作报告。

大会认为，郓城县总工会经费审查委员会按照第六次代表大会提出的目标任务和市总经费审查委员会的要求，尽职履责、规范程序、严格审查，积极从推进经费审查基础建设入手，完善审查监督制度，不断拓展审查监督范围，加大审查力度。《报告》明确提出了今后五年经费审查工作的指导思想和任务目标，符合我县总工会实际，大会决定批准这个报告。

大会要求，全县各级工会要按照郓城县工会第七次代表大会确定的总体要求和工作目标，加强工会经费审查组织建设和能力建设，进一步完善经费审查监督制约机制，不断提升经费审查质量和水平，推进经费审查工作的创新与发展，在工会全局工作中发挥更大的作用！

四、大会主席团（17人，按姓氏笔画排序）

尹利广	仝　献	刘亚宁
李　霞	杨少华	宋向东
陈庆江	赵　远	段于才
徐学文	徐淑告	姬广增
曹建文	梁素云	董城郊
禚来涛	樊庆芳	

五、代表资格审查委员会

主　任	李　霞	
副主任	姬广增	章　鹏
委　员	陈军荣	王永丽

王　青　　刘继波

六、第七届委员会

主　席　　曹建文

常务副主席　　梁素云

副主席　　李　霞　　段于才

常务委员　（11人）

曹建文　　梁素云　　李　霞

段于才　　姬广增　　孙文杰

张雨芹　　孙　磊　　李　镇

杜宝建　　陈军荣

委　员　（41人，以姓氏笔画为序）

王兆喜　　王　青　　白素文

仝　献　　冯献忠　　刘兆秋

刘继波　　孙文杰　　孙　磊

杜宝建　　李向东　　李进修

李　镇　　李　霞　　杨少华

杨富元　　宋向东　　张雨芹

张郁冰　　张建彬　　陈庆江

陈军荣　　陈海森　　和丽英

郑洪波　　赵　远　　郝忠华

段于才　　侯本建　　侯全磊

徐淑告　　郭　斌　　姬广增

曹建文　　章　鹏　　渠继忠

梁素云　　樊庆芳　　樊艳丽

戴　杭　　戴艳平

七、郓城县总工会第七届经费审查委员会

主　任　　姬广增

副主任　　郝忠华

委　员　（7人，以姓氏笔画为序）

尹利广　　孙　磊　　李进修

杨少华　　郝忠华　　徐淑告

姬广增

八、郓城县总工会第七届女职工委员会

主　任　　李　霞

副主任　　王永丽

委　员　（5人，以姓氏笔画为序）

马永丽　　王永丽　　付玉英

李　霞　　樊艳丽

八、代表名单

第一代表团（36人）

团　长　　禚来涛

副团长　　赵　远

代　表　　高传锡　　陈进才

曹明新　　李洪雷

陈海森　　李崇毓

王　琳　　刘雪东

王启云　　刘胜利

李兆友　　张家国

李延印　　郭良存

韩月圣　　樊金响

袁继友　　高保国

樊艳丽　　张郁冰

任海荣　　郑庆存

许爱军　　侯全磊

樊卫民　　戴　杭

赵静静　　戴艳平

陈　征　　刑亚洲

冯兴云　　杨彦彦

艾晓春　　王体勇

第二代表团（52人）

团　长　　徐淑告

副团长　　樊庆芳

代　表　　仝　献　　渠继忠

郝忠华　　章　鹏

李进修　　陈保国

宋雪丽　　魏玉峰

侯福昌　　刘继波

唐瑞婷　　和丽英

张　伟　　王兆喜

彭咏梅　　刘文婷

李向东　　郑红梅

梁保翠　　王慧君

郭国庆　马永丽
孟永红　于鲁寒
管红印　温凤波
王艳丽　曾艳娥
宫爱霞　刘更亮
张振京　李冬芹
王德省　徐宝贞
曹务成　赵　伟
徐龙杰　孙　旭
王新河　郭　昂
孙　勇　肖作宁
童秀甜　马向东
赵先伦　侯淑菡
张纯金　孔凡强
贾厚岭　刘传芹

第三代表团（55 人）

团　长　尹利广
副团长　陈庆江
代　表
宋向东　杨少华
徐学文　郭　斌
奚文献　束　涛
刘灿国　雷　军
张建彬　郑洪波
符长宏　王文涛
李寿辉　冯献忠
华　平　高传华
孟繁林　许凤霞
王西阁　杨洪波
杨富元　刘兆秋
徐道敀　王化来
梁东升　王现奎
仝金秋　赵庆道
李培忠　王德言
何　欢　王良稳
梁作山　轩延武
赵则新　沈仕伟
边昌义　王桂云
赵凤景　崔丽丽
陈文静　白素文
李海军　刘培河
李　勇　李玉超
侯仰锋　倪效思
刘纪元　范　铭
谭继斌　韩跃轩
高海启

第四代表团（50 人）

团　长　董城郊
副团长　刘亚宁
代　表
田广东　朱元国
车广启　王金仲
王思义　李　霞
段于才　姬广增
许学同　徐长斌
陈振修　张晓航
张　慧　任　娟
曹文玲　黄修良
葛增学　吴新波
侯本建　梁衍立
张兴亚　赵福年
李　建　曾宪钦
王振杰　王秀宪
章平安　李冠玺
程荣延　王敬科
邢学全　仝庆民
李传宝　渠忠华
孙文杰　张雨芹
杜宝建　郑如华
刘文哲　李　镇
徐　慧　付玉英
王永丽　陈军荣
王　青　孙　磊
佀传向　吴道国

第三章　组织建设工作

工会组织建设是推动工人运动和工会工作的重要组织保证，主要包括：基层工会组织、工会会员、积极分子、干部队伍、组织制度和工作作风等诸多方面。郓城工会组织建设走过曲折的历程。中共十一届三中全会后，党进一步加强了对工会的领导，全县工会组织建设走上健康发展的轨道。

第一节　基层工会组织

工会基层组织是工会工作的基础，工会的一切工作都要通过基层工会组织去贯彻落实。

因此，加强基层工会组织建设，是做好工会工作的必由之路。中华人民共和国成立后，郓城县总工会立即着手这项工作，特别是在克服了“左”倾关门主义思想之后，基层工会组织迅速建立和健全。1950 年 9 月，郓城县总工会建立时只有搬运、建筑、教育三个基层工会。后陆续建立有邮电局、酒厂、恒大烟厂、火柴厂、人民银行、县供销合作社、建筑公司、县医院、新华书店、粮食局、植物油厂、教育、铁工厂、百货公司等基层工会。1951 年已建立 22 个基层组织，共有职工 1930 人，会员 1319 人，会员占职工的 67%。1952 年底共有职工 3574 人，会员 2136 人，占职工人数的 66%；25 人以上的基层工会 33 个，25 人以下的工会基层组织 14 个，共 47 个基层组织；小组长以上的干部 332 人。1956 年 3 月发展到 46 个，会员 2444 人。工会联合会领导的有较大独立性的工会有 3 个：一是教育工会。教育工会于 1950 年 10 月开始筹备，1951 年经会员代表大会选举宋宝三为主席，颜承恩为副主席，正式成立了教育工会。1953 年第二次会员代表大会选举李纪堂为主席，魏海蜃为副主席。1956 年第三次会员代表大会选举李纪堂为主席。同年 3 月并于县总工会联合会之内，取消教育工会的独立性。二是商业工会。商业工会成立于 1956 年 1 月，经会员代表大会选举兼职主席侯效斌。后改选王福秀为主席。三是供销合作社工会。供销合作社工会成立于 1956 年 3 月，主席赵自密，后合并于商业工会。工会组织的范围比较广泛，包括工业、交通、财贸、文教、卫生、水利等部门，县直工厂、公司、经理部、银行、粮局、酒厂、农场、林场和中小学以及公社所属的供销社，都有工会组织。各工会组织在各该部门的党支部的领导下，配合行政进行群众工作。

1958 年，全国总工会第三次扩大会后，在“过渡时期工会自然消亡论”的影响下，全县工会工作受到极大的影响，部分工会干部被调离，全县工会工作一度停止活动。1958 年 9 月，基层产业工会被撤销。1959 年 10 月，基层工会组织又分批建立（工业交通 20 个，财贸 5 个，文教、卫生 29 个），并根据省总工会执委扩大会议精神先后进行了改选，各基层工会主席一般都由支部副书记或支委担任。

1962年由于企事业单位的精简下放，职工由4967人减为3700人，会员由3589人减为2849人。对工会基层进行了调整和变更，由1961年的64个基层调整为48个基层工会(工业13个，邮电1个，财贸4个，文教28个，卫生2个)。基层工会委员278人，共有小组295个。1963年全县建立基层工会76个，基层工会组织的建立和加强，为恢复发展国民经济、巩固新生的人民政权，发挥了重要作用，工会在社会上的威望日渐提高。

1966年5月，“文化大革命”期开始后，全县总工会工作遭受严重破坏，处于瘫痪状态，各级工会组织被迫停止活动。1968年5月，郓城县革委会成立后，县总工会与其他群众团体合并为县革委会政治部下设的群工组。1973年，县委做出《恢复工会组织的决定》，成立工会筹备工作领导小组，着手恢复各级工会组织。1973年6月，召开了郓城县第三次工会会员代表大会，选举产生了郓城县总工会第三届委员会。工会组织虽已恢复，但由于极“左”路线尚未肃清，工会仍未走上正常的轨道。

1978年中共十一届三中全会和中国工会“九大”召开后，郓城基层工会开始逐步恢复，并走上了健康发展的道路。1979年底，通过组织整顿，发展了3168名新会员，达到10543名，占职工总数的88%。1984年4月，全国总工会做出整顿工会基层组织，建设“职工之家”部署。5月，郓城县总工会根据全国总工会的部署，制订了建设“职工之家”规划。此后，县总工会一直把工作重点放在基层，重视整顿和发展基层工会组织。

1986年，全县共有基层工会组织228个，专兼职工会工作人员432人，工会会员17140人(局限于县直机关、事业单位和国有集团企业职工)，工会积极分子3572人。1996年9月，召开全县新建企业建立工会组织动员大会。至1997年，共建立合资、外资企业工会8家，乡镇企业13家，打破县总工会完全由机关、事业、国有和集体企业组成的格局。1999年6月，召开乡镇组建工会工作动员会；年底，全县各乡镇建立起乡镇工会工作委员会。2001年，21个乡镇工会联合会成立，覆盖25人以下的小型私营企业448家，建立外商投资企业工会8个，私营企业工会37个，乡镇企业工会2个，事业单位工会组织3个，公、检、法工会也全部建立。2003至2005年，共建立民营企业工会组织155家。2005年，全县共有工会基层组织421个，工会专兼职人员1304个，工会会员44239人，工会积极分子7533人。

2009年，以非公有制企业建会和吸收农民工入会为重点，大力推进工会组建工作。2009年，全县完成新建工会组织60家，发展会员5000人，其中农民工入会3812人，超额完成市总工会下达的组建任务。加强对工会组织规范化建设的领导，按照先城区后乡镇、先大后小、先易后难的原则，做到组建一家，巩固一家，规范一家。

2013年，县总工会坚持“以两个普遍”为工作重点，坚持“党建带动工建、工建服务党建”的原则，在工会工作中牢牢把握“党工共建”这一机遇，进一步形成“党委重视、政府支持，工会运作，各方配合”的工作格局。全县新建工会组织135家，发展新会员11898人，同比分别增长13.5%和14.1%。同时，在非公企业法人数据库整理、厂务公开民主管理、党工共建创先争优等方面也取得了明显成效。11月份，县总工会代表全市迎接全省工会组织建设检查验收，受到省总检查组好评。

2014年，县总工会制订了以社区（村级）工会组建为重点、全县正常经营企业全覆盖的建会工作方案。成立3个工作小组分包22个乡镇（办事处）。全年全县新建立工会组织155家，发展会员6.65万人。12月，县委办公室下发《关于印发〈关于建立乡镇、街道总工会的实施意见〉的通知》，从建立乡镇总工会的重要性和紧迫性，指导思想，基本职责，组织机构，干部配备，经费、财产和办公场所；对乡镇总工会规范化补助七个方面进行原则性规范。县总工会同时下发《建立乡镇总工会工作实施方案》，全县22个乡镇、街道和1个工业园区均已建立总工会，并全部配备了专职工会副主席。

2015年，县总工会根据市总工会下达的建会目标，专门下发文件（郓会发〔2015〕10号）进行分解布置，并结合郓城县实际制定了2015年以村级工会组建及强化农民工入会和服务工作为重点、全县正常经营企业全覆盖的建会工作方案。建会工作于10月底全面完成，全县新建工会组织167家，发展会员7.59万人。根据市总工会《关于做好“农民工入会集中行动”工作的通知》及《关于进一步做好农民工入会和服务工作的通知》文件精神，并结合郓城县实际制定了2015年《关于全县开展“农民工入会集中行动”的实施方案》（郓会发〔2015〕18号），确定2015年的建会工作以村级工会组建及强化农民工入会和服务工作为重点。按照方案要求，重点抓了工业园区、建筑公司、物流（快递）、农业专业合作社、家庭服务业等单位的工会组建和农民工入会工作，通过多种途径，力促“农民工入会集中行动”的开展。

2016年，郓城县总工会切实加大对乡镇（街道）、企业工会工作的支持力度，在工会经费提取方面适当向基层一线倾斜，为在乡镇和企业基层开展相关活动提供了保障。县总工会多次深入基层企业调研，进一步规范基层工会组织建设。年底将组织建设、厂务公开和民主管理纳入到科学发展考核体系，为有效提升基层工会工作提供保障。2016年8月3日，潘渡镇总工会顺利完成了省总重点工作半年督导检查。8月份，潘渡镇总工会完成了第九次全国企业民主管理工作调研检查的自查，10月19日，潘渡镇总工会完成省总领导的检查指导工作。2016年全县新增工会组织76家，发展会员26464人，另外新成立2家产业工会（教育工会和郓城县外经贸企业联合工会）。2017年11月，成立医务工会联合委员会。

1951—1985年郓城县总工会组织状况统计表

单位（人）

年　度	基层工会干部（积极分子数）	工会会员数	其中：女职工会员人数
1951	—	1319	56
1952	—	2174	71
1953	—	1102	31
1954	—	2148	91
1955	296	2444	105

续表

年　度	基层工会干部（积极分子数）	工会会员数	其中：女职工会员人数
1958	—	4456	216
1959	955	4905	—
1960	501	2128	332
1961	—	2849	—
1962	793	2749	—
1963	1058	4486	414
1964	880	4760	477
1965	1026	4691	—
1978	1015	5132	—
1980	1799	11714	2132
1981	1556	11620	2335
1983	2061	12877	3350
1984	1775	14155	—
1985	2083	15309	3710

1986—2017 年郓城县总工会组织状况统计表

年度	基层组织（个）	会员（个）	积极分子（人）	专职人员（人）
1986	228	17140	3572	154
1987	228	18131	3710	160
1988	228	19068	3822	168
1989	228	19613	3741	156
1990	231	19107	3921	146
1991	226	18986	3520	151
1992	226	19414	3944	162
1993	216	19500	4012	158
1994	208	19671	3987	149
1995	193	19668	3720	141

续表

年度	基层组织（个）	会员（个）	积极分子（人）	专职人员（人）
1996	247	22417	4312	171
1997	246	22320	4077	168
1998	249	21760	4119	174
1999	247	21935	4201	169
2000	247	22330	4319	184
2001	247	24337	4110	177
2002	257	26230	5114	191
2003	266	31760	5542	193
2004	300	36724	6138	207
2005	421	44239	7533	234
2006	601	55824	—	302
2007	663	64217	—	255
2008	743	70060	—	220
2009	803	75420	—	140
2010	868	81818	—	169
2011	938	—	—	—
2012	868	81818	—	169
2013	1168	112110	—	—
2014	1323	178610	—	—
2015	1499	254607	—	275
2016	1499	253814	—	110
2017	1503	253941	—	107

第二节　工会积极分子

建国初期，郓城县各级工会在支前、支农活动和镇反、“三反”“五反”运动以及在抗美援朝中，及时宣传、贯彻党的路线、方针、政策，把党的中心工作作为工人运动的中心，在具体实践中证明，工会积极分子是一支不可忽视的力量。

1956年，县总工会联合会通过学习全国总工会《关于加强积极分子工作的决定》，进一步明确了加强工会积极分子工作的意义。为此，各级工会除重视“发现、培养工会积极分子”的工作外，基层工会不定期的召开积极分子大会，县总工会联合会每年对积极分子都给予表彰奖励。1958年以后的国民经济恢复发展时期，工会积极分子的作用更为明显。据1963年统计，全县76个基层工会，拥有各类积极分子1058名，占全县会员总数的23%，比1962年增长6.4%。

随着社会主义建设的发展，由工人、干部、技术人员和家属形成的积极分子队伍中，新成员越来越多，他们觉悟高、热爱工会工作，但政策水平低，业务能力差。县总工会对工会积极分子做出不定期训练的决定，各基层注意抓了积极分子队伍的建设，积极分子队伍不断扩大。全县总工会积极分子工作，也不断出现新的形势并取得明显效果。

“文化大革命”期间，随着各级工会的销声匿迹，工会积极分子工作也随之停止。

1973年工会组织恢复以后，县总工会工人俱乐部，举办了不定期的工会工作业务训练班。全县1000多名积极分子中90%以上都受到训练，在训练中贯彻了干啥学啥，一事一训，边讲课、边座谈、边对照、边交流经验的做法，取得显著成绩。

党的十一届三中全会以后，县各级工会均把工会积极分子工作，纳入重要议事日程，多数工会逐步制定了训练规划。

在各级工会的领导培养下，郓城县涌现出一支热爱工会工作、密切联系群众、办事公道、在群众中享有威信的工会积极分子队伍。他们在完成工会各项任务中，都发挥了重要作用。县总工会副主席雷云起，1984年就任此职后，一心扑在工会工作上，在较短的时间内能够熟悉工会工作，使全县的工会工作出现新的起色，多次受到菏泽地区工会办事处和省总工会的表扬和表彰，1987年被省总工会聘为理论政策特约研究员，并授予“模范职工之友”称号。县人民医院护士王平，十几年如一日，待病人如亲人，满腔热情，全心全意为人民服务，想病人所想，急病人所急，帮病人所需，把方便和温暖送到病人之中，刻苦学习，奋发进取，谦虚谨慎，积极向上，1985年被省总工会授予“优秀工会积极分子”称号。山东工人报王平介绍了她的先进事迹，菏泽地区工会办事处做出《关于在全区广大职工中广泛开展向王平同志学习的决定》，使全县人民受到一次深刻的思想教育。县实验中学校长刘兴田从事教育工作三十多年，兢兢业业，勤勤恳恳，努力培养四化人才，取得显著成绩，被群众誉为一心扑在教育事业上的“老黄牛”。1984年2月光荣出席了省总工会第八次代表会议，1985年被省总工会授予“优秀工会积极分子”称号。县农业银行工会主席侣庆法自担任工会主席以来，团结带领工会一班人和广大职工群众，积极开展整顿建家活动，提高了工会组织的战斗力，在各项工作中都起到了带头作用，1987年受到省总工会的表彰。农行工会被省总工会授予“模范职工之家”称号。1983年，商业局会计股长金增娥被中华全国总工会授予优秀工会积极分子。县林业局工会主任梁兆银，身兼数职，从不因此而影响工会工作，基本做到了事事有落实，有回音，在全县工会工作者中享有较高的声誉，1987年被省总工会授予“优秀工会积极分子”称号。

第三节　职工代表大会

职工代表大会是企业民主管理的基本形式，是职工行使民主管理权力的机构。建立健全职代会制度，加强企业民主管理，是工会工作的重点，也是开发企业活力源泉的根本途径。

1956年初，郓城县总工会联合会曾在县铁工厂推行职工代表大会制的试点工作，取得经验之后，连续两年在基层部分单位推行职工代表大会制度，贯彻执行了民主管理和厂长选举制度，有力地推动和促进了企业生产的发展。但由于1959年9月自上而下地开展了批判所谓“赖若愚路线”，使新兴的职工代表大会制度中断。其后的近二十年中，由于极“左”路线的影响，特别是“文革”十年动乱的干扰破坏，职代会制度始终未得到恢复，职工民主管理的权利不能行使，在企业的主人翁地位不断削弱，侵犯职工合法权益的现象屡有发生。

党的十一届三中全会以后，批判了工运路线中的极“左”思潮，工会工作偏离党的路线的诸多谬论得到澄清，职代会这一体现工人管理企业的先进措施，又重新得到恢复，并纳入各级工会的重要议事日程。县总工会从1981年12月就开始进行这项工作。首先系统地学习各地过去职代会的先进经验，总结了郓城县当年职代会的做法，并在对各基层单位的现状进行调查研究的基础上，选择县拖修厂为推行职代会制度的试点。通过试点，总结出了推行职代会制度的经验，然后以点带面，使职代会制度在全县工业、商业等系统全面推开，并取得了可喜的成绩。

1984年以后，随着经济体制改革的逐步深化，特别是随着中共中央、国务院《国营工业企业三个条例》的贯彻落实和厂长负责制的全面展开，全县各级工会组织把推行和完善职工代表大会制度作为工会工作的重点，使郓城县企业职工代表大会制度得到逐步完善和提高。许多单位的职代会，按照《条例》的要求，建立了各专门委员会（组），制定了职代会实施细则和各项制度，在经济体制改革中发挥了积极作用。截至1987年底，全县203个应建单位全部建立了职工代表大会制度，其中90%的单位能够发挥作用，发挥作用好的占40%左右，多数基层工会认真理顺了工会和职代会的关系，进一步解决了机构、人员、工作性质等方面的重复现象，担负起了职代会日常工作机构的任务。各级工会还利用多种形式培训职工代表，不断提高了职工代表的参政议政能力。由于各单位职代会注意和加强了自身的完善提高，逐步做到了开会定期化、内容规范化、民主程序化、活动经常化。

全面落实职代会各项职权，是发挥职代会作用、搞好企业民主管理的关键。在实行企业领导制度改革、加强企业民主管理的过程中，郓城县各级工会狠抓了职代会各项职权的落实，取得了较好的效果：一是抓住了审议企业重大决策这个重点。审议重大决策，是职代会的一项重要职权。在改革中，郓城县多数单位的职代会，注意力都由过去较多地用于解决职工生活福利方面的问题，逐步转向企业改革和生产决策的重大决策上来，使职代会在企业改革、生产经营等重大问题上较好地发挥了作用。县百货公司职代会1985年先后审议修订了企业经营管理、分配改革方案，制订和完善了劳动、财务、计划、物价等12项管理制度，从而推动了企业改革，调动了广大职工的积极性，使企业经济效益不断增长，当年实现利润90.2万元，创历史最高水平和全区最好水平。饮食服务公司职代会在审议1987年承包方案时，建议承包期适当延长，由三年延长到五年，使承包人情绪稳定，职工满意。二是在监督企业行政领导方面，重点抓了民主评议领导干部工作。1982年以后，县委多次批转县总工会关于民主评议企业领导干部的报告，县总工会与县委组织部、企政办、县人事局等部门密切配合，不断总结试点经验，使这项工作在全县企（事）业单位全面展开，并逐步形成制度。在民主评议的过程中，广大职工代表正确行使自己的权利，广泛搜集群众意见，实事求是地对企业正（副）职领导干部逐个评议，并由各单位党组织召开民主生活会，由被评议的领导干部根据评议意见，制定出整改措施，从而使广大干部职工都经受一次生动具体的思想教育，进一步密切了干群关系，调动了领导干部和职工群众两个积极性。1984年，全县有41个单位进行了民主评议干部工作，黄河段党组重视，段工会工作细致认真，广大职工本着优点讲够、缺点找准的原则，对四位段行政领导提出优点96条、缺点10条，对集体领导提出建议6条，段党组正确对待群众意见，及时制定整改措施，密切了干群关系，促进了工作的开展。1985年以来，职工代表民主评议干部工作在多数单位已形成制度，而且在评议的形成和内容上有所发展，由评议局、公司级领导干部发展到评议中层领导干部。有的单位还通过民主评议和民意测验，把一些德才兼备的业务骨干提拔到领导岗位上来，使工作很快出现了新局面。1986年商业系统被评议的71名领导干部，受奖励的19名，被免职的1名。林业系统工作点比较分散，局工会把四场一圃的115名职工代表集中在何庄林场对29名领导干部进行了评议，评出好的17名，占59%，一般的9名，占31%，差的3名，占10%。截至1987年底，全县开展民主评议干部工作的单位已达119个。三是各单位职代会在认真落实审议权、监督权的同时，各单位职代会在落实维护职工合法权益的职权上做了不少努力。不少单位的职代会积极参与企业工资改革、奖金分配、福利基金使用、劳动制度改革以及住房分配等关系职工切实利益的重大问题的讨论和研究，切实维护了职工群众的合法权益，并且积极为职工群众说话办事。为职工做了大量实事、好事，特别是职工生活工作和女工工作得到了进一步加强。多数单位的职工住房分配，都是由职代会讨论确定，使分房问题解决的公平合理，既快又好。许多单位针对原来医疗费实报实销开支过大的现象，由职代会讨论制定了医药费管理使用方法，既节约了开支，又解决了职工治病的困难，受到职工称赞。

1989年，全县206个应建单位全部建立了职代会制度，各单位还根据新的形势和要求，结合各自的实际。进一步修订和完善了职代会实施细则。并有60%的单位形成了企业、车间、班组三级民主管理体系。加强了职代会的规范化建设。各级工会还利用各种形式培训职工代表16229人次，使职工代表的参政议政能力不断提高。各基层工会以审议企业重大决策为重点，狠抓了《企业法》赋予职代会五项职权的全面落实，有关企业的重大决策。生产经营方针。改革方案等一般都能提交职代会进行审议，有关经济责任制、工资奖金分配方案和福利基金使用、住房分配、考工晋级、职称评定等涉及职工切身利益的问题，也能提交职代会讨论通过和决定。全年各基层单位召开职代会412次，提交职代会审议的方案共1339件，审议同意方案1039件，审议否决方案227件。全县职工代表1989年提出提案2369件，实现提案1315件。特别是各级工会积极组织广大职工参与企业承包经营的全过程，较好地发挥了职代会的积极作用。为做好监督行政领导方面的工作，全年共有144个单位职代会对638名领导干部进行了民主评议，并把民主评议结果同干部的使用、奖惩挂钩。有67名干部经过民主评议受到奖励。10人被免职。很多系统和单位积极探索和实行了厂长（经理）接待日、协商对话、厂长（经理）信箱等民主管理的新形式，收到了良好效果。为推动企业民主管理工作的不断深入，上半年各级工会认真开展了贯彻《企业法》，加强职工民主管理工作大检查。各系统按照县总工会的要求，积极落实措施，加强领导，以基层工会自查为重点，全面开展了检查工作。在自查中，各基层工会广泛发动群众，摆问题，找差距，边查边改，促进了职代会制度的完善和各项职权的落实。为配合检查，县总工会5月底召开了各局（公司）、企业工会主席参加的民主管理工作座谈会。6月初，县总工会又对8个系统的20多个单位进行了全面检查。通过民主管理大检查，进一步总结了近年来开展企业民主管理工作的基本经验，找出了不足，帮助基层制定了整改措施。使企业民主管理工作不断深入扎实。

1990年，各级工会在积极主动、多层次地搞好参政议政的同时，狠抓了基层单位民主管理制度的完善提高。全县208个应建单位全部建立了职代会制度。各单位根据新的形势发展的要求，普遍修订了职代会实施细则，有60%以上的单位车间（科室）建立了民主管理小组，班组设立了民主管理员，形成了规范化、制度化的三级民主管理体系。各级工会全年培训职工代表2094人次，不断提高了他们的参政议政能力。各级工会狠抓《企业法》赋予职代会五项职权的全面落实，有关企业的重大决策、生产经营方案等一般都能提交职代会进行审议；有关经营责任制、工资奖金分配方案和福利基金使用、住房分配、考工晋级、职称评定等涉及到职工切身利益的问题，也能提交职代会讨论通过和决定。年内各基层单位召开职代会502次，提交职代会审议的方案共1778件，审议同意方案1250件，否决方案339件。全县职工代表全年提出提案630件，促进了各项工作的开展。1990年，各级工会还积极组织、代表职工参与了企业第二轮承包工作。县总工会与政府有关部门联合制定了关于在企业第二轮承包中加强职工民主管理工作的意见，各级工会负责人都参加了同级企业承包领导班子，各企业职代会对广大职工极为关注的企业承包方案组织进行了认真审议。并结合承包换届，组织职工代表对489名企业领导干部进行了民主评议，从而较好地保证了职工群众在承包经营中的主人翁地位。

1991年，全县各级工会普遍组织开展了职工民主管理达标活动，有效地促进了基层单位民主管理制度的完善提高和职代会五项职权的落实。全县已建职代会164个，并有80%的单位形成企业、车间、班组三级民主管理体系。各企事业单位全年召开职代会532次，提交职代会审议的方案1888件，审议同意方案1260件，否决方案359件。为进一步提高职工代表参政议政能力，更好地发挥落实《企业法》赋予职代会的五项职权，各级工会组织积极开展了职工代表培训工作。县总工会举办了全县民主管理师资培训班，培训师资70

名，各系统、各单位工会先后举办职工代表培训班 35 期，共培训职工代表 2100 人，经统一考试全部及格。为做好监督企事业行政方面的工作，全年有 158 个单位开展了民主评议领导干部活动，被评议的领导干部 638 人，并做到了评议结果同干部的使用、奖惩挂钩。各企业单位结合第二轮承包，积极推行“双保合同”制度，较好地保证了职工群众在企业承包经营中的主人翁地位。

1993 年，各基层工会狠抓了《企业法》赋予职代会五项职权的全面落实。有关企业的重大决策、生产经营方案等，一般都能提交职代会进行审议，有关工资奖金方案、福利基金使用、住房分配、职工晋级、职称评定等涉及到职工切身利益的问题，也能提交职代会讨论、通过和决定。全年各基层单位召开职代会 415 次，提交职代会审议的方案共 1897 件，审定同意的方案 1542 件，审议否决方案 355 件。全县职工代表 1993 年提出提案 1986 件，实现提案 943 件。各单位工会注意发动职工全员参与、全过程参与企业的各项内部改革，反映了职工的意见和要求，维护了职工群众的合法权益，也保证了企业改革决策的正确性，较好地发挥了职代会的积极作用。各级工会还利用各种形式培训职工代表 1329 人次，不断提高了职工代表的参政议政能力。为做好监督行政领导方面的工作，全年共有 128 个单位职代会对 453 名领导干部进行了民主评议，有 135 名干部经过民主评议受到奖励。不少单位还建立了党政工联席会议、厂长（经理）接待日、职工代表轮流值班等民主管理制度，从而有效地保护了职工参与民主管理、民主监督的合法权利，较好地保证了职工的主人翁地位，调动了职工群众参与改革的积极性。

1994 年，各级工会狠抓基层单位民主管理制度的完善和提高，进一步促进了职代会的制度化、规范化建设。全县 161 个应建单位已全部建立了职工代表大会制度，并有 70% 以上的单位形成了企业、车间、班组三级民主管理体系。1994 年，有 24 个单位职代会按期进行了换届，民主选举产生了新的职代会。各基层工会狠抓了《企业法》赋予职代会五项职权的全面落实。有关企业的重大决策、生产经营方案等，一般都能提交职代会进行审议。有关工资奖金方案、福利基金使用、住房分配等涉及到职工切身利益的问题，也能提交职代会讨论、通过和决定。全年各基层单位共召开职代会 390 次，提交职代会审议的方案共 1700 多件，审定同意的方案 1540 件，从而维护了职工群众的合法权益，较好地发挥了职代会的积极作用。1994 年各级工会利用各种形式培训职工代表 1300 多人次，不断提高了职工代表的参政议政能力。不少单位还建立了党政工联席会议、厂长（经理）接待日等民主管理制度，取得了较好的效果。通过强化工会民主参与和职工民主管理，推动了全心全意依靠工人阶级根本方针的落实，较好地保证了职工的主人翁地位。

1996 年，全县各级工会积极主动参与国有企业改革和现代企业制度的调查研究工作，搞好参政议政。各级工会进一步抓好职工代表大会制度建设，定期召开职工代表大会。全县 161 个应建单位全部建立职工代表大会制度。全年有 38 个单位职工代表大会按期换届。全年召开职工代表大会 431 次，提交职代会审议的方案 2756 件，审定同意方案 2213 件，否决方案 543 件。有 70% 的企业在职代会内部设立了职工民主监督委员会，对企业是否依法经营、遵守劳动法律法规、业务招待费正确使用、领导干部廉洁自律等情况实施群众监督。

1996年，全县各级工会利用各种形式培训职工代表2100人次，提高职工代表参政议政的能力。1996年，全县各级工会普遍把推行平等协商、签订集体合同作为工会工作重中之重，摆到突出位置来抓。县总工会年初召开动员会，8月份在县邮电局召开经验交流会。各级相继建立健全平等协商委员会。县总工会先后统一制作下发集体合同样本、操作程序步骤及操作中应注意的问题，并着重强调集体合同草案必须经职代会审议通过。截至1996年底，全县有32家企业正式签订集体合同。

1997年全县各级工会认真建立和完善民主监督机制，对企业是否依法经营管理、执行劳动法律法规、实行合理分配、业务招待费正确使用、领导干部廉洁自律等实施了有效监督。5月份，对全县企业领导干部进行了民主评议，被评议单位42个，参评职工5337人，占被评议单位职工总数的74.9%，被评议企业领导干部总数165人。这次大规模的职代会民主评议企业领导干部工作，极大地促进了企业民主管理和民主监督，推动了企业的发展。推行平等协商和签订集体合同制度有了新的发展。全县已有32家企业签订民主集体合同，取得了明显效果。

1998年，县总工会把职代会建设工作作为民主管理企业的头等大事来抓，所有建立工会的企事业单位全部建立了职代会制度，做到定期换届、按时召开，并按照《工会法》的有关规定，将职代会五项职权落实到位。全年，各企事业单位共召开职代会164次，审议劳动用工、工资分配、保险福利等议案1164件，提出企业生产及职工生活等方面的建议867件，有364件得到了落实。全县90%以上的单位执行了民主评议领导干部制度，使全县企事业单位民主管理和民主监督活动不断深入开展。

2005年，全县建立职工代表大会制度的企事业单位332家，职代会职工代表3231人，其中女代表915人，80%以上的单位建立了企业、车间、班组三级民主管理体系。

2009年，县总工会下发了郓城县《厂务公开民主管理工作的意见》，不断扩大非公有制企业厂务公开民主管理工作的覆盖面。全年重点加强了非公企业厂务公开民主管理工作，在3月份召开的乡镇（园区）工会主席会议上，要求每个乡镇（园区）建1到2个规范化工会。4月22日又召开了企业民主管理工作调度会，会上，各乡镇工会主席分别汇报了工作进展情况，县委常委、县委办公室主任杨涌同志在听完汇报后讲话。6月25日，在县供电公司召开了企业民主管理工作经验现场交流会。5月11日，从紧张的人员中抽出4名同志对21个乡镇和工业园区进行了逐个检查，6月份对各乡镇进度情况进行了通报，8月份对各乡镇工作情况进行了全面检查验收，全县共有16个企业达到了标准。企业民主管理工作的深入开展，同时也推进了集体合同、工资集体协商协议、劳动卫生专项协议和女职工专项协议的签订工作，进一步完善了维权机制和维权方式，增强了维权的实效性。各规范化工会全部签订集体合同、工资集体协商协议、劳动卫生专项协议和女职工专项协议。

2013年，郓城县总工会按照全国总工会《关于加强班组建设的指导意见》的有关要求，积极指导，全面规范班组建设工作。为规范班组建设工作，郓城县总工会把县总工会工作人员分组分片深入企业指导开展班组建设，有力地推进了班组建设规范化，指导160家规模以上企业建立和完善班组管理制度。9月12日，全市班组建设现场推进会在郓城县成功召开，来自全市八县两区及部分企业代表80余人参观了郓城县供电公司张营供电所和赵楼煤矿综掘一队、运转队、岳广礼创新工作室。市总工会常务副主席周继东在大会上对郓城县班组建设工作表示了肯定，认为郓城县总工会把企业班组建设作为服务发展大局、参与创新社会管理的重要工作摆上突出位置，主动争取党政领导和支持，把班组建设作为工会“一把手”工程，牢牢抓住创建“工人先锋号”这一有效载体，推动了班组建设工作和创建工人先锋号活动。

2013年全县各级工会组织把厂务公开民主管理工作列入重要议事日程，形成了党委统一领导、党政工齐抓共管、工会具体负责、职工民主参与的领导机制和工作格局。制定并发布了《2013年全县厂务公开民主管理工作意见》（郓厂开〔2013〕1号），对全县厂务公开民主管理工作进行规范指导。5月份召开了厂务公开民主管理工作现场会，交流了厂务公开民主管理工作经验。6月份，县总工会被市厂务公开领导小组授予全市厂务公开推进先进单位。县总工会以“制度上完善、职权上落实、程序上规范”为重点，进一步建立健全职代会制度，提高了厂务公开民主管理工作整体的质量和水平。

2014年，县委办公室县政府办公室重新下文调整充实了厂务公开民主管理领导小组，建立了联席会议制度。先后制订下发了《全县厂务公开民主管理工作意见》《郓城县厂务公开民主管理创建工作百分考核办法》《关于开展厂务公开民主管理培训提升年活动的实施方案》，对全县厂务公开民主管理工作进行规范指导。各乡镇街道、各相关部门、各企事业单位均成立了由行政一把手任组长的厂务公开民主管理工作领导小组，建立了适合本单位实际的厂务公开民主管理制度。《山东省厂务公开条例》颁布后，面向全县举办了专题培训班，培训基层工作骨干和职工代表150余人，进一步建立健全了职代会制度，确保职工知情权。全县职工人数超过100名以上的非公企业全部实行了职工代表大会制度，职工人数100人以下的实行了职工大会制度。厂务公开民主管理建制率达到97%。2014年，92%的企事业单位召开了职代会或职工大会，严格落实民主评议领导干部制度，全年共评议领导干部1890人次。建立健全了职代会监督检查、合理化建议征集等制度，确保了职代会的审议建议权、审议通过权、审议决定权、评议监督权、民主选举权得到有效落实。全县有379家公司制企业的工会主席进入了董事会，占全部公司制建会企业的90%，240名职工代表进入了监事会。9月25日郓城县代表全省迎接第八次全国厂务公开民主管理工作调研检查，获得全国厂务公开民主管理工作调研检查组一致好评。

2015年，《山东省厂务公开条例》颁布一周年之际，郓城县总工会积极组织开展厂务公开宣传月活动。先后在县电视台、郓城手机报等媒体上宣传《条例》内容，在全县主要街道悬挂宣传横幅，并专门聘请了专家，面向全县举办了专题培训班，培训基层工作骨干和职工代表150余人。各乡镇街道、各相关部门、各企事业单位均成立了由行政一把手任组长的厂务公开民主管理工作领导小组，建立了适合本单位实际的厂务公开民主管理制度。2015年5月，市总工会下发《关于开展厂务公开民主管理法治推进年活动的实施意见》，就着力打造“推行协商民主、强化社会责任”工作品牌作出部署。郓城县总工会根据意见要求，不断提高全县厂务公开民主管理工作科学化水平。11月份，县总工会成立考核组，对各乡镇（街道、园区）创建品牌申报内容进行审核，并最终评选出赵楼煤矿、供电公司、富海能源3个具有一定影响力和知名度的厂务公开民主管理品牌先进单位并推荐参加省市的评选，其中赵楼煤矿获得省推行协商民主强化社会责任先进单位。

2016年，县总工会进一步建立健全了职代会制度，确保职工知情权。国有集体及其控股企业职代会、厂务公开民主管理建制率达到100%，全县已建工会企业1230家，建立了职代会（职工大会）制度的1226个，职代会建制率达到99%。已建工会所在单位实行了厂务公开民主制度的1192个，建制率达到97%。

第四节　整顿建家

整顿建家工作是1984年5月全国总工会向全国工会组织发出的号召。对全国总工会《关于整顿工会组织，开展建设“职工之家”活动的决定》，县总工会立即组织进行了认真的贯彻学习，在组织职工学习文件、统一认识的基础上，切实加强了对这项活动的领导，并按照全国总工会制订的六条标准和省总工会的规划，根据郓城县实际情况制订出了方案和实施细则，使这项活动很快在全县铺开。

郓城县截至1984年5月共有基层工会组织227个，其中25人以上的153个，有职工17308人，会员16508人，工会小组1180个。到1986年底，153个应建单位全部建成合格职工之家。25人以下的单位有10个验收合格。同时有计划、有步骤地开展了创造“先进职工之家”“模范职工之家”活动，已评比验收“先进职工之家”40个，占合格职工之家总数的26%，有5个单位被地区命名为模范职工之家，县农业银行工会被命名为省级“模范职工之家”。

由于建家是一项综合性基础工程，整建规划又需3年的时间完成。随着形势的发展，对建家的认识不可能一次解决，而是循序渐进，不断认识，逐步深化。县总工会为不断解决建家的思想认识问题，先后召开了4次基层工会主席参加的专门会议，不断研究、探讨、解决建家中的认识问题。为保证建家的顺利开展，切实加强建家领导，县总工会一名主席亲自抓，组织部具体抓，并根据建家六条标准，先后制订了合格职工之家验收实施细则、先进职工之家验收评比实施细则。各基层工会也都把“建家”作为强化自身、投入中心的关键环节，提到议事日程。各基层党政也切实加强对建家的领导，从人力物力上为建家提供方便，给予支持，基本形成了党政工“同唱一台戏，共建一个家”的良好局面。全县基层行政为建家投资30多万元。县燃料公司一次投资5000多元，县植物油厂投资8000多元，县医院、搪瓷厂先后投资几万元。为使建家活动逐步深入，县总工会采取典型引路、分类指导的方法，推动全县建家工作。教育系统针对摊子大、基层多、工会基础弱的具体情况，按照高中、初中、中心校的不同特点，先后在一中、实验中学、城关中心校召开了三个不同类型的建家验收现场会，使教育系统的建家工作迅速发展，58个应建单位，1986年底全部建成合格职工之家。

1987年，在全部建家合格的基础上，县总工会抓复查、防“回生”。对153个验收合格的单位组织回头看，缺啥补啥，及时整改，限期达标，巩固了建家成果。

根据上级工会指示精神，县总工会从1987年10月开始用一年左右的时间，又在全县基层工会小组中广泛开展了“建小家”活动，全面加强工会小组建设，逐步把工会小组建成职工的第二家庭。文件发出后，各基层工会非常重视，特别是农业银行工会、燃料公司工会、商业局工会、林业局工会等单位向党政汇报，求得支持，抓点带面，在全系统中全面铺开，走在了全县的前列。县总工会及时推广了他们的经验，促进了全县总工会小组“建家”活动的深入发展。通过三年整顿建家工作，全县基层工会组织建设得到了进一步加强，提高了基层工会组织的战斗力。改变了过去工会组织“一张桌子两张纸、凑凑合合过日子，党政不重视，职工不信任”的状况。通过整建活动，进一步充实调整了工会领导班子，健全了工会组织。所有基层工会都配备了相当于同级党政副职的专、兼工会主席。其中专职工会主席由过去的30名，配备到92名，平均年龄由建家前的48.6岁，降低到44.7岁，高中以上文化程度的占78%，26个局级工会全部配备了专职主席（主任），有19个单位享受副局级待遇。各基层工会普遍建立了工作学习制度，建立了“四薄三册”，做到了工作有计划，活动有记录。3年中新建工会组织63个，新建重建工会小组1180个，发展新会员4397名，入会率达95.4%，积极分子队伍达到3814人，比建家前增加了2214人。同时，认真组织了工会干部、积极分子的培训，开展了职工之友、优秀工会积极分子的评比表彰。3年中，县总工会和各局（公司）工会共培训工会干部750人次，培训工会积极分子4400人次，评选表彰职工之友150名，先进工会小组171个，优秀工会积极分子609人。建家过程中，全县总工会组织还积极为职工群众办了大量好事、实事，排忧解难，代表和维护职工利益，使广大职工感受到工会组织的温暖，受到职工称赞。

1988年，各级工会继续深入开展整顿建家活动，年底合格职工之家已占应建家单位的98%。已建家合格的单位在搞好复查、巩固成果的基础上，积极创水平、上台阶。截至年底，已建成先进、模范职工之家50个。多数单位还开展了工会小组“建家”活动，年底各系统已验收“小家”585个，占工会小组总数的35%。整建活功促进了工会组织的发展，全年新建基层工会组织6个，工会小组70个，接纳会员1000多名，工会积极分子比1987年增加了850多人，新配备工会干部37名。县政府机关工会于11月份建立，首批发展会员260多名。同时，为提高工会干部素质，各级工会全年举办工会业务训练班15期，受训干部532人次。组织全县总工会干部系统学习了《工会法》课程，128名工会主席参加了省总工会的统一考试，单科成绩全部优良。为进一步搞好工会改革和建设。6至9月份，根据省、地工会部署，全县各级工会还广泛开展了“怎样把工会建成职工群众自己的组织”大讨论，全县226个基层工会全部开展了这一活动，92%的职工和80%以上的单位党政领导积极参加了讨论。为使大讨论达到预期效果，各级工会组织专题演讲会52场，工运知识竞赛13次。组织工会工作专题对话会172次，发动干部职工撰写各类讨论文章1503篇，召开各种专题讨论会、座谈会、理论研讨会992次。县总工会还发出调查问卷260张，广泛征求工会干部和职工对工会改革的意见和建议，全县职工共提出问题784条，批评347条，建议1354条。在大讨论中，各级工会还边讨论边整改，为职工解决各种实际问题 1938 项。这次大讨论，对提高工会的地位和社会知名度，推动工会改革，起到了积极作用，产生了深远影响。

1991 年，全县各级工会围绕增强基层工会活力，搞好工会自身建设，始终把基层工会建家升级活动作为一项重要工作认真来抓。活动中，县总工会采取典型引路，分类指导的方法。9 月份在面粉厂召开了全县建家升级活动现场经验交流会，推广了面粉厂、公路站、县农行开展建家活动和建“小家”的先进经验，有力地推动了全县建家升级活动的深入开展。年底通过单位自查、县总工会验收，已有 198 个单位达到了合格职工之家的标准要求，占基层总数的 83%，并有公路站、面粉厂等 52 个单位的职工之家被评为“1991 年度县级先进职工之家”，达到了上级工会的比例要求。

1992 年，省总工会发布《关于表彰模范职工之家的决定》，县农行工会等 6 个基层工会被省总工会授予“全省模范职工之家”称号，11 个基层工会被授予“菏泽地区模范职工之家”称号。至 1993 年，全县共建成职工之家 216 个。其中，县级先进职工之家 40 个，地区级先进职工之家 15 个，省级模范职工之家 6 个。2001 年，县邮政局丁里长支局被中华全国总工会授予“全国模范职工之家”称号，县供电局被省总工会授予“省模范职工之家”称号。

2014 年，在全县基层工会开展了“标准化班组建设年”活动。活动以“抓实五项建设、实现五个提升”，即：抓实标准化建设，提升班组基础管理水平；抓实作风形象建设，提升班组执行落实水平；抓实和谐文化建设，提升班组团结凝聚水平；抓实特色经验建设，提升班组品牌塑造水平；抓实先进典型建设，提升班组标杆引领水平为目标，利用 3 年时间在全县企业中创建 100 个“标准化班组”，在其中评选 10 个“标准化优秀班组”和 10 名“标准化优秀班组长”。

2016 年，通过创建职工之家和职工小家活动，进一步健全完善了维护服务职工的工作体系，加强了基层“会站家”一体化建设。2016 年，县检察院工会、供电公司工会、农商行工会、水浒酒业工会被评为“菏泽市模范职工之家”，双桥税务所、赵楼煤矿运转工区、烟郓公司注塑车间、三羊食品穿串车间被评为“菏泽市模范职工小家”。

第五节　先进集体及先进个人评选

1956 年　县总工会联合会通过学习全总《关于加强积极分子工作的决定》，进一步明确了加强工会积极分子工作的意义，深刻地体会到必须依靠组织积极分子，发挥他们的作用，才能把工会工作做好。为此，县总工会联合会每年对积极分子都给予表彰奖励。

1978 年 3 月 10 日　郓城县总工会表彰 1977 年度在工会工作中做出突出成绩的商业局工会委员会等 3 个先进局工会、搪瓷厂工会等 9 个先进基层工会、拖修厂加工车间车工二组工会小组等 38 个先进工会小组和 197 名先进会员。

1979 年 3 月 9 日　郓城县总工会表彰 1978 年度在工会工作中做出突出成绩的工业局工会委员会等 3 个先进局工会、印刷厂工会等 20 个先进基层工会、化肥厂生产车间工会小组等83个先进工会小组和387名先进会员。

1986年2月　郓城县总工会表彰1985年度在工会工作中做出突出成绩的先进单位和个人。

1987年2月　郓城县总工会党组决定对评选出的87个先进集体、213名先进个人予以表彰。

1988年3月19日　县总工会印发《关于表彰1987年度工会工作先进集体和先进个人的决定》，对评选出来的8个先进局（公司）工会，21个先进基层工会，52个先进工会小组，35名先进工会工作者，158名优秀工会积极分子和11名特邀优秀积极分子进行表彰。

1989年2月18日　县总工会印发《关于表彰1988年度工会工作先进集体和先进个人的决定》，对评选出来的7个先进局（公司）工会，21个先进基层工会，60个先进工会小组，38名先进工会工作者，178名优秀工会积极分子和11名特邀优秀积极分子进行表彰。

1990年3月9日　县总工会印发《关于表彰1989年度工会先进集体和先进个人的决定》，对评选出来的10个先进局（公司）工会、26个先进基层工会、84个先进工会小组、37名先进工会工作者、179名优秀工会积极分子、11名特邀优秀积极分子和7个先进女职工委员会、7名优秀女职工工作者一并进行表彰。

1991年9月5日　县总工会印发《关于表彰职工读书活动先进单位和先进个人的决定》，对评选出来的政府机关工会等8个职工读书活动先进单位和葛兆君等50名职工读书活动先进个人进行表彰。

1991年3月5日　县总工会印发《关于表彰1990年度工会先进集体和先进个人的决定》，对评选出来的10个先进局（公司）工会，20个先进基层工会，79个先进工会小组，42名先进工会工作者，178名优秀工会积极分子和10名特邀优秀积极分子进行表彰。

1991年7月4日　郓城县劳动竞赛委员会、县总工会对1990年度“七比、七赛、创七备”劳动竞赛的获奖单位和先进个人进行表彰。

1992年2月25日　县总工会印发《关于表彰1991年度先进集体、先进个人的决定》，对评选出来的农业银行等12个先进局（公司）工会，搪瓷厂等21个先进基层工会，供电局等6个先进女职工委员会，化肥厂机修车间等87个工会小组，侣庆法等40名先进工会工作者，胡永娥等7名先进女工工作者，孙秀阁等188名优秀工会积极分子，周长存等12名特邀优秀积极分子进行表彰。

1993年2月26日　县总工会印发《关于表彰1992年度先进集体、先进个人的决定》，对评选出来的商业局等12个先进局（公司）工会，搪瓷厂等26个先进基层工会、棉纺织厂等7个先进女职工委员会，郭子环等40名先进工会工作者，胡永娥等8名先进女工工作者，李章启等197名优秀工会积极分子，刘平等12名特邀优秀积极分子进行表彰。

1994年1月27日　县总工会印发《关于表彰1993年度工会工作先进集体和先进个人的决定》，对评选出来的10个先进局（公司）工会、5个工会工作成绩显著单位、27个先进基层工会、43名先进工会工作者、195名优秀工会积极分子、15名荣誉工会积极分子和7个先进女职工委员会、9名优秀女工工作者进行表彰。

1995年3月　县总工会印发《关于表彰1994年度工会工作先进集体和先进个人的决定》，对评选出来的16个工会工作先进单位、

26个先进基层工会、43名先进工会工作者、193名优秀工会积极分子、16名荣誉工会积极分子和7个先进女职工委员会、11名优秀女工工作者进行表彰。

1995年12月12日　县总工会印发《关于表彰〈劳动法〉知识竞赛先进单位和先进个人的决定》，对评选出来的7个先进单位、58个先进个人进行表彰。

1996年2月2日　县总工会印发《关于表彰1995年度工会工作先进集体和先进个人的决定》，对评选出来的14个工会工作先进单位、35个先进基层工会、48名先进工会工作者、184名优秀工会积极分子、14名荣誉工会积极分子和8个先进女职工委员会、10名优秀女工工作者进行表彰。

1997年3月　县总工会印发《关于表彰1996年度工会工作先进集体和先进个人的决定》，对评选出来的15个工会工作先进单位、34个先进基层工会、40名先进工会工作者、189名优秀工会积极分子、16名荣誉工会积极分子和6个先进女职工委员会、11名优秀女工工作者进行表彰。

1998年4月1日　县总工会印发《关于表彰1997年度工会工作先进集体和先进个人的决定》，对评选出来的16个工会工作先进单位、31个先进基层工会、42名先进工会工作者、181名优秀工会积极分子和6个先进女职工委员会、9名优秀女工工作者进行表彰。

1999年3月　县总工会印发《关于表彰1998年度工会工作先进集体和先进个人的决定》，对评选出来的18个工会工作先进单位、35个先进基层工会、42名先进工会工作者、178名优秀工会积极分子和7个先进女职工委员会、9名优秀女工工作者进行表彰。

2000年3月10日　县总工会印发《关于表彰1999年度工会工作先进集体和先进个人的决定》，对评选出来的20个工会工作先进单位、27个先进基层工会、41名先进工会工作者、213名优秀工会积极分子和7个先进女职工委员会、9名优秀女工工作者进行表彰。

2002年　县总工会对评选出的23个工会工作先进单位，29个先进基层工会，69名先进工会工作者，240名优秀工会积极分子一并予以通报表彰。

2003年3月18日　县总工会对评选出的21个工会工作先进单位，32个先进基层工会，50名先进工会工作者，268名优秀工会积极分子一并予以通报表彰。

2004年3月10日　县总工会对评选出的20个工会工作先进单位，30个先进基层工会，89名先进工会工作者，234名优秀工会积极分子一并予以通报表彰。

2005年3月10日　县总工会对评选出的19个工会工作先进单位，28个先进基层工会，60名先进工会工作者，171名优秀工会积极分子和36名技术能手一并予以通报表彰。

2006年2月28日　县总工会对评选出的22个工会工作先进单位，44个先进基层工会，111名工会工作者，242名优秀工会积极分子一并予以通报表彰。

2007年3月20日　县总工会对评选出的25个工会工作先进单位，38个先进基层工会，87名先进工会工作者，226名优秀工会积极分子一并予以通报表彰。

2008年3月　县总工会对评选出的28个工会工作先进单位，26个先进基层工会，82名工会工作者，191名优秀工会积极分子一并予以通报表彰。

2009年3月13日　县总工会对评选出的32个工会工作先进单位，26个先进基层工会，

87 名工会工作者，198 名优秀工会积极分子一并予以通报表彰。

2010 年 3 月 9 日　县总工会对评选出的 26 个工会工作先进单位，23 个先进基层工会，77 名工会工作者，183 名优秀工会积极分子一并予以通报表彰。

2011 年 3 月 10 日　县总工会对评选出的 27 个工会工作先进单位，25 个先进基层工会，67 名工会工作者，164 名优秀工会积极分子一并予以通报表彰。

2012 年 3 月 12 日　县总工会对评选出的 25 个工会工作先进单位，22 个先进基层工会，72 名工会工作者，156 名优秀工会积极分子一并予以通报表彰。

2013 年 3 月 1 日　县总工会对评选出的 22 个工会工作先进单位，23 个先进基层工会，60 名先进工会工作者，171 名优秀工会积极分子一并予以通报表彰。

2015 年 2 月 9 日　县总工会对评选出的 24 个工会工作先进单位，22 个先进基层工会，59 名先进工会工作者，165 名优秀工会积极分子一并予以通报表彰。

2016 年 3 月 7 日　县总工会对评选出的 15 个工会工作先进单位，16 个先进基层工会，55 名先进工会工作者，169 名优秀工会积极分子一并予以通报表彰。

2017 年 2 月 9 日　县总工会对评选出的 20 个工会工作先进单位，18 个先进基层工会，65 名先进工会工作者，161 名优秀工会积极分子一并予以通报表彰。

2018 年 3 月 6 日　县总工会对评选出的 11 个工会工作先进单位，17 个先进基层工会，49 名先进工会工作者，90 名优秀工会积极分子一并予以通报表彰。

第一目　先进集体

一、全国总工会表彰先进集体

获奖单位	获奖称号	表彰时间
郓城县邮政局丁里长支局	全国模范“职工小家”	2001
郓城县供电公司工会委员会	全国模范职工之家	2003
郓城县公路局职工书屋	全国示范书屋	2011
郓城县总工会	全国工会财务工作先进县	2014
郓城县供电公司调控运行班	全国模范“职工小家”	2015
郓城县总工会	全国职工公共安全卫生应急避险知识普及竞赛活动优秀组织单位	2017

二、山东省总工会表彰先进集体

获奖单位	获奖称号	表彰时间
中国农业银行郓城县支行工会	山东省模范职工之家	1986
郓城县总工会	山东省财务工作先进单位	1992
郓城县总工会	山东省工会工作先进单位	1993
郓城县总工会	山东省财务工作先进单位	1994
郓城县总工会	山东省工会工作先进单位	1996
郓城县总工会经费审查委员会	山东省工会经审工作先进单位	1996
郓城县总工会	山东省工会工作先进单位	1997
郓城县总工会	山东省工会法律保障工作先进集体	1998
郓城县供电局	山东省模范职工之家	2001
郓城县总工会	山东省民主管理工作先进单位	2002
郓城水浒酒厂有限责任公司粮酒一班	山东省富民兴鲁劳动奖状	2004
郓城县总工会	山东省厂务公开民主管理工作先进单位	2006
郓城县新华书店	山东省劳动关系和谐企业	2007
郓城县新华书店	山东省富民兴鲁劳动奖状	2007
郓城县地方税务局	山东省富民兴鲁劳动奖状	2009
中共郓城县委	山东省厂务公开民主管理工作先进单位	2009
中共郓城县委	山东省厂务公开民主管理工作先进单位	2010
郓城县供电公司	山东省厂务公开民主管理先进单位	2013
郓城县地税局直属征收分局	山东省模范职工小家	2013
郓城县总工会	山东省工会财务工作先进单位	2014
郓城县总工会	山东省工会工作先进单位	2014
郓城县总工会	山东省工会财务工作先进单位	2015
郓城县总工会	山东省职工法律维权示范单位	2015
郓城县赵楼煤矿	山东省“推行协商民主强化社会责任”先进单位	2015
郓城县洪达化工化产车间	山东省模范职工小家	2016
郓城县赵楼煤矿	山东省模范职工小家	2017

续表

获奖单位	获奖称号	表彰时间
郓城县赵楼煤矿	山东省“推行协商民主强化社会责任”先进单位	2017
山东优路通汽配有限公司	山东省“推行协商民主强化社会责任”先进单位	2017

三、菏泽市（地区）表彰先进集体

获奖单位	获奖称号	表彰时间
郓城第一中学工会	菏泽地区模范职工之家	1986
郓城燃料公司工会	菏泽地区模范职工之家	1986
郓城百货公司工会	菏泽地区模范职工之家	1986
郓城棉加工五厂工会	菏泽地区模范职工之家	1986
中国农业银行郓城县支行工会	菏泽地区模范职工之家	1986
郓城县总工会	菏泽地区女职工工作先进单位	1989
郓城县百货公司女职工委员会	菏泽地区女职工工作先进集体	1989
郓城县供电局工会女职工委员会	菏泽地区先进女职工委员会	1992
郓城县食品公司工会女职工委员会	菏泽地区先进女职工委员会	1992
郓城县总工会女职工委员会	菏泽地区先进女职工委员会	1992
郓城县总工会	菏泽地区工会工作先进单位	1996
郓城县一中工会委员会	菏泽地区基层工会先进单位	1996
山东水浒酒厂工会委员会	菏泽地区基层工会先进单位	1996
郓城县公路管理局工会	菏泽地区基层工会先进单位	1996
郓城县搪瓷厂工会	菏泽地区基层工会先进单位	1996
郓城县蔬菜办公室	菏泽地区先进班组	1997
郓城县邮电局潘渡邮电支局	菏泽地区先进班组	1997
郓城县交通局运管所客运二站	菏泽地区先进班组	1997
郓城县建筑公司第三施工队工会小组	菏泽地区先进班组	1997
郓城县塑料厂生产车间操作二班	菏泽地区先进班组	1997
郓城县公路局征稽办	菏泽地区先进班组	1997

续表

获奖单位	获奖称号	表彰时间
中国农业银行郓城县支行营业部	菏泽地区先进班组	1997
山东水浒酒厂勾兑班	菏泽地区先进班组	1997
郓城县工商局女工班	菏泽地区先进班组	1997
郓城县苏阁裘革制品厂缝纫车间工会小组	菏泽地区先进班组	1997
郓城康期达电子医疗器械车间	菏泽地区先进车间	1997
郓城县总工会	菏泽地区工会工作先进单位	1997
郓城县公路局	菏泽地区十佳职业道德先进集体	1997
郓城县邮电局	菏泽地区职业道德先进集体	1997
郓城县邮电局工会	菏泽地区模范职工之家	1997
郓城县公路管理局工会	菏泽地区模范职工之家	1997
郓城县油棉五厂工会	菏泽地区模范职工之家	1997
郓城县人民医院工会	菏泽地区模范职工之家	1997
郓城县郓城镇教育工会	菏泽地区模范职工之家	1997
郓城县供电局工会女职工委员会	菏泽地区先进女职工集体	1997
郓城师范工会女职工委员会	菏泽地区先进女职工集体	1997
郓城县新华书店工会	菏泽地区工会工作先进单位	1998
郓城县供电局工会	菏泽地区工会工作先进单位	1998
郓城县人民医院工会	菏泽地区工会工作先进单位	1998
郓城县公路局工会	菏泽地区工会工作先进单位	1998
郓城县技术监督局工会	菏泽地区工会工作先进单位	1998
中国教育工会郓城县委员会	菏泽地区工会工作先进单位	1998
山东水浒酒厂工会	菏泽地区工会工作先进单位	1998
郓城县交通局机关工会	菏泽地区模范职工之家	1998
郓城县直属粮库工会	菏泽地区模范职工之家	1998
郓城县供电局工会	菏泽地区模范职工之家	1998
郓城县新华书店工会	菏泽地区模范职工之家	1998
郓城县工商局工会	菏泽地区模范职工之家	1998

续表

获奖单位	获奖称号	表彰时间
郓城县供电局工会	菏泽地区先进基层工会	1999
郓城县新华书店工会	菏泽地区先进基层工会	1999
郓城县供电局工会	菏泽地区先进基层工会	2000
郓城县人民医院工会	菏泽地区先进基层工会	2000
郓城县电信局工会	菏泽地区先进基层工会	2000
郓城县公路局工会女职工委员会	菏泽地区女职工集体	2000
郓城县总工会	菏泽地区先进单位	2000
郓城县工商银行工会女职工委员会	菏泽地区女职工集体	2000
中国农业银行郓城县支行	菏泽市“五一”劳动奖状	2001
郓城县总工会	菏泽市工会工作先进单位	2001
郓城县计划生育委员会工会	菏泽市工会工作先进基层单位	2001
郓城县电信公司工会	菏泽市工会工作先进基层单位	2001
中国农业银行郓城县支行工会	菏泽市工会工作先进基层单位	2001
郓城县供电局	菏泽市基层工会工作规范化 A 级单位	2001
郓城县电信公司	菏泽市基层工会工作规范化 A 级单位	2001
郓城县黄河河务局	菏泽市基层工会工作规范化 A 级单位	2001
郓城县公路局	菏泽市基层工会工作规范化 A 级单位	2001
郓城县人民医院	菏泽市基层工会工作规范化 A 级单位	2001
中国农业银行郓城县支行	菏泽市基层工会工作规范化 A 级单位	2001
中国工商银行郓城县支行	菏泽市基层工会工作规范化 A 级单位	2001
郓城县新华书店	菏泽市基层工会工作规范化 A 级单位	2001
郓城县中医院	菏泽市基层工会工作规范化 A 级单位	2001
山东水浒酒厂	菏泽市基层工会工作规范化 A 级单位	2001
郓城师范学校	菏泽市基层工会工作规范化 A 级单位	2001
郓城县武安卫生院	菏泽市基层工会工作规范化 A 级单位	2001
郓城县交通局	菏泽市基层工会工作规范化达标单位	2001
郓城县邮政局	菏泽市基层工会工作规范化达标单位	2001

续表

获奖单位	获奖称号	表彰时间
郓城县计生委	菏泽市基层工会工作规范化达标单位	2001
郓城一中	菏泽市基层工会工作规范化达标单位	2001
郓城县城关镇教委	菏泽市基层工会工作规范化达标单位	2001
郓城县武安镇粮所	菏泽市基层工会工作规范化达标单位	2001
郓城县杨庄集卫生院	菏泽市基层工会工作规范化达标单位	2001
郓城县黄集粮所	菏泽市基层工会工作规范化达标单位	2001
郓城县人民医院	菏泽市“安康杯”竞赛优胜单位	2002
郓城县水浒酒厂女职工委员会	菏泽市先进女职工集体	2002
郓城县供电局女职工委员会	菏泽市先进女职工集体	2002
郓城县中医院中风科护理部女职工班组	菏泽市先进女职工集体	2002
郓城县总工会	菏泽市工会工作先进单位	2002
中国农业银行郓城县支行工会	菏泽市先进基层工会	2002
郓城县新华书店工会	菏泽市先进基层工会	2002
郓城县水浒酒业有限责任公司工会	菏泽市先进基层工会	2002
郓城县供电局工会	菏泽市先进基层工会	2002
山东通信公司郓城分公司工会	菏泽市先进基层工会	2002
郓城县实验中学工会	菏泽市先进基层工会	2002
郓城县水浒酒厂女职工委员会	菏泽市先进女职工集体	2002
郓城县供电局女职工委员会	菏泽市先进女职工集体	2002
郓城县中医院中风科护理部女职工班组	菏泽市先进女职工集体	2002
郓城县总工会	菏泽市工会工作先进单位	2002
中国农业银行郓城县支行工会	菏泽市先进基层工会	2002
郓城县新华书店工会	菏泽市先进基层工会	2002
郓城县水浒酒业有限责任公司工会	菏泽市先进基层工会	2002
郓城县供电局工会	菏泽市先进基层工会	2002
山东通信公司郓城分公司工会	菏泽市先进基层工会	2002
郓城县公安局站前派出所	菏泽市先进集体	2003

续表

获奖单位	获奖称号	表彰时间
市通信公司郓城分公司	菏泽市职业道德建设十佳单位	2004
郓城供电公司客户服务中心营业厅	菏泽市职业道德建设先锋岗	2004
郓城县中医院	菏泽市职业道德建设先进单位	2004
郓城县河务局伟庄河务段	菏泽市职业道德建设先进单位	2004
郓城县总工会	菏泽市工会工作先进单位	2004
郓城县教育工会工作委员会	菏泽市先进基层工会	2004
郓城县卫生局工会工作委员会	菏泽市先进基层工会	2004
郓城县华灵集团工会委员会	菏泽市先进基层工会	2004
郓城县地方税务局工会委员会	菏泽市先进基层工会	2004
郓城县公路管理局	菏泽市“安康杯”竞赛优胜企业	2005
郓城黄河河务局	菏泽市“安康杯”竞赛优秀组织单位	2005
郓城县供电公司丁长供电所	菏泽市“安康杯”竞赛优胜班组	2005
郓城县总工会	菏泽市先进县区总工会	2005
郓城县总工会	菏泽市工会组建工作优秀单位	2005
郓城县新华书店工会委员会	菏泽市先进基层工会	2005
郓城县郓城镇工会	菏泽市先进基层工会	2005
郓城县公路局工会委员会	菏泽市先进基层工会	2005
郓城县供电公司工会委员会	菏泽市先进基层工会	2005
郓城县人民医院工会女职工委员会	菏泽市先进女职工集体	2005
农业银行郓城县支行工会女职工委员会	菏泽市先进女职工集体	2005
郓城县供电公司工会女职工委员会	菏泽市先进女职工集体	2005
郓城县地方税务局	菏泽市职业道德建设十佳标兵单位	2005
郓城县国税局	菏泽市职业道德建设先进单位	2005
郓城县中医院中风科	菏泽市职业道德建设十佳先锋岗	2005
郓城县总工会	菏泽市职工职业技能大赛先进单位	2005
郓城县财政局	菏泽市会计工作先进集体	2005
郓城县植保站	菏泽市职工技术创新示范岗	2005

续表

获奖单位	获奖称号	表彰时间
郓城县供电公司	菏泽市职工合理化建议先进单位	2005
郓城县新华书店	菏泽市学习型组织十佳标兵单位	2005
郓城县人民医院	菏泽市学习型组织先进单位	2005
郓城县供电公司检修公司	菏泽市学习型组织十佳班组	2005
郓城县鲁城水泥有限公司	菏泽市“安康杯”竞赛优胜企业	2006
郓城县邮政局储蓄一所	菏泽市“安康杯”竞赛优胜班组	2006
郓城县总工会	菏泽市“安康杯”竞赛优秀组织单位	2006
郓城县总工会	菏泽市先进县区工会	2006
郓城县供电公司工会委员会	菏泽市先进基层工会	2006
郓城县公路管理局工会工作委员会	菏泽市先进基层工会	2006
郓城县郓城镇工会工作委员会	菏泽市先进基层工会	2006
郓城县地税局工会委员会	菏泽市先进基层工会	2006
郓城县地税局纳税服务中心	菏泽市先进女职工集体	2006
郓城县供电公司工会女职工委员会	菏泽市先进女职工集体	2006
郓城县网通公司工会女职工委员会	菏泽市先进女职工集体	2006
网通公司郓城县分公司	菏泽市劳动关系和谐企业	2006
郓城县供电公司	菏泽市劳动关系和谐企业	2006
农业银行郓城县支行	菏泽市劳动关系和谐企业	2006
建设银行郓城县支行	菏泽市劳动关系和谐企业	2006
郓城县新华书店	菏泽市劳动关系和谐企业	2006
建设银行郓城县支行	菏泽市五一劳动奖状	2006
郓城县地方税务局直属分局	菏泽市五一劳动奖状	2006
郓城县公路局	菏泽市职业道德建设十佳标兵单位	2006
郓城县黄河河务局	菏泽市职业道德建设先进单位	2006
郓城县第一中学高三英语组	菏泽市职业道德建设十佳先锋岗	2006
郓城县郓城镇人民政府	菏泽学习型十佳标兵单位	2006
郓城县黄安镇人民政府	菏泽市学习型组织先进单位	2006

续表

获奖单位	获奖称号	表彰时间
郓城县人民医院医务科	菏泽市学习型组织十佳班组	2006
郓城县总工会	菏泽市职工职业技能大赛优胜单位	2006
网通公司郓城县分公司	菏泽市职工合理化建议先进单位	2006
郓城县总工会	菏泽市先进县区总工会	2007
郓城县郓城镇工会工作委员会	菏泽市先进基层工会	2007
郓城县丁里长镇工会工作委员会	菏泽市先进基层工会	2007
郓城县供电公司工会委员会	菏泽市先进基层工会	2007
郓城县新华书店工会委员会	菏泽市先进基层工会	2007
郓城县地税局稽查局工会女职工委员会	菏泽市女职工先进集体	2007
郓城县国税局办税服务厅	菏泽市女职工先进集体	2007
郓城县供电公司工会女职工委员会	菏泽市女职工先进集体	2007
郓城县总工会	菏泽市“结对帮扶进万家”活动先进单位	2007
郓城县供电公司	菏泽市《劳动合同法》知识竞赛活动优秀组织奖	2007
农业银行郓城县支行	菏泽市《劳动合同法》知识竞赛活动优秀组织奖	2007
郓城县第一中学	菏泽市学习型组织十佳标兵单位、市五一劳动奖状	2007
郓城县华杰玻璃有限公司	菏泽市学习型组织先进单位	2007
郓城县银天纺织有限公司	菏泽市学习型组织先进单位	2007
中国建设银行郓城县支行营业厅	菏泽市学习型组织十佳标兵单位、市五一劳动奖状	2007
郓城县劳动和社会保障局	菏泽市职业道德建设十佳标兵单位、市五一劳动奖状	2007
中国工商银行股份有限公司郓城支行	菏泽市职业道德建设先进单位	2007
郓城县人民医院	菏泽市职业道德建设先进单位	2007
郓城县地方税务局稽查分局	菏泽市职业道德建设十佳先锋岗、市五一劳动奖状	2007

续表

获奖单位	获奖称号	表彰时间
郓城县地方税务局	菏泽市职工合理化建议先进单位	2007
郓城县新华书店农村发行科	菏泽市工人先锋号先进集体	2007
郓城县供电公司客户服务调度中心	菏泽市工人先锋号先进集体	2007
中国工商银行郓城支行营业室	菏泽市工人先锋号先进集体	2007
郓城县供电公司	菏泽市“安康杯”竞赛优胜企业	2007
中国农业银行郓城县支行城区办事处	菏泽市“安康杯”竞赛优胜班组	2007
郓城县公路管理局	菏泽市“安康杯”竞赛优秀组织单位	2007
郓城县明星纺织有限公司	菏泽市劳动关系和谐企业	2007
郓城县公路管理局	菏泽市劳动关系和谐企业	2007
郓城金河热电有限责任公司	菏泽市劳动关系和谐企业	2007
郓城县银天纺织有限公司	菏泽市劳动关系和谐企业	2007
郓城县瑞丰搪瓷制品有限公司	菏泽市劳动关系和谐企业	2007
郓城县圣达如意印染有限公司	菏泽市劳动关系和谐企业	2007
郓城县总工会	菏泽市先进县区总工会	2008
郓城县供电公司工会委员会	菏泽市先进基层工会	2008
郓城县财政局工会委员会	菏泽市先进基层工会	2008
郓城县丁里长镇工会工作委员会	菏泽市先进基层工会	2008
郓城县郓城镇工会工作委员会	菏泽市先进基层工会	2008
郓城县银天纺织有限公司工会委员会	菏泽市先进基层工会	2008
郓城县供电公司工会女职工委员会	菏泽市先进工会女职工集体	2008
郓城县国家税务局办税服务厅	菏泽市先进工会女职工集体	2008
郓城县地方税务局工会女职工委员会	菏泽市先进工会女职工集体	2008
郓城县国家税务局工会女职工委员会	菏泽市先进工会女职工集体	2008
郓城县邮政局	菏泽市劳动关系和谐企业	2008
郓城县农村信用合作联社	菏泽市劳动关系和谐企业	2008
郓城县农村信用合作联社	菏泽市五一劳动奖状	2008
郓城县地方税务局潘渡征收分局	菏泽市工人先锋号	2008

续表

获奖单位	获奖称号	表彰时间
郓城县国家税务局办税服务厅	菏泽市工人先锋号	2008
郓城县农村信用合作联社营业部	菏泽市工人先锋号	2008
山东省郓城煤矿	菏泽市“安康杯”竞赛优胜企业	2008
山东鲁能菏泽煤电开发有限公司	菏泽市“安康杯”竞赛优秀组织单位	2008
郓城县中医院中风科	菏泽市“安康杯”竞赛优胜班组	2008
中国建设银行郓城支行	菏泽市职业道德建设十佳标兵单位、市五一劳动奖状	2008
郓城县地方税务局郓城镇分局	菏泽市职业道德建设先进单位	2008
郓城县人口与计划生育局	菏泽市职业道德建设先进单位	2008
郓城县人民医院第十二工会小组	菏泽市职业道德建设十佳先锋岗、市五一劳动奖状	2008
郓城县供电局	菏泽市学习型十佳标兵单位、市五一劳动奖状	2008
郓城县国家税务局	菏泽市学习型组织先进单位	2008
中国网通（集团）有限公司郓城分公司	菏泽市学习型组织先进单位	2008
郓城第一中学 05 级高三·二部	菏泽市学习型十佳班组、市五一劳动奖状	2008
郓城县公路局	菏泽市“创争”活动优秀组织	2008
郓城县地方病防治办公室	菏泽市“创争”活动优秀组织	2008
郓城县教育局工会委员会	菏泽市先进基层工会	2009
郓城县供电公司工会委员会	菏泽市先进基层工会	2009
郓城县地税局工会委员会	菏泽市先进基层工会	2009
郓城县公路管理局工会委员会	菏泽市先进基层工会	2009
郓城县联通公司工会委员会	菏泽市先进基层工会	2009
郓城县总工会	菏泽市职工职业技能大赛优胜单位	2009
山东省郓城煤矿	菏泽市“安康杯”竞赛优胜企业	2009
郓城县供电公司	菏泽市“安康杯”竞赛优秀组织单位	2009
郓城县妇幼保健院妇产科	菏泽市“安康杯”竞赛优胜班组	2009

续表

获奖单位	获奖称号	表彰时间
郓城县河务局供水处	菏泽市职工技术创新示范岗	2009
兖煤菏泽能化有限公司赵楼煤矿	菏泽市职工道德建设十佳标兵单位、市五一劳动奖状	2009
郓城供电公司	菏泽市职业道德建设先进单位	2009
郓城县鸿泰纺织有限公司	菏泽市职业道德建设先进单位	2009
郓城县公路局养护公司	菏泽市职工道德建设十佳先锋岗、市五一劳动奖状	2009
郓城县新华书店	菏泽市学习型组织十佳标兵单位、市五一劳动奖状	2009
郓城县农村信用合作联社	菏泽市学习型组织先进单位	2009
山东省郓城煤矿	菏泽市学习型组织先进单位	2009
郓城县地方税务局纳税服务中心	菏泽市学习型组织十佳班组、市五一劳动奖状	2009
郓城县人民医院	菏泽市五一劳动奖状	2009
郓城县新华书店农村发行科	菏泽市节能减排工人先锋号	2010
中国工商银行郓城县支行办公室	菏泽市节能减排工人先锋号	2010
中国农业银行郓城县支行潘渡分理处	菏泽市节能减排工人先锋号	2010
兖煤菏泽能化有限公司赵楼煤矿	菏泽市劳动关系和谐企业	2010
郓城县鸿泰纺织有限公司	菏泽市劳动关系和谐企业	2010
郓城县中英文希望学校	菏泽市劳动关系和谐企业	2010
郓城县中英文希望学校	菏泽市五一劳动奖状	2010
郓城县供电公司工会委员会	菏泽市先进基层工会	2010
郓城县联通公司工会委员会	菏泽市先进基层工会	2010
郓城县公路局工会委员会	菏泽市先进基层工会	2010
兖煤菏泽能化赵楼煤矿工会委员会	菏泽市先进基层工会	2010
郓城县农村银行工会委员会	菏泽市先进基层工会	2010
郓城县新华书店农村发行科	菏泽市节能减排工人先锋号	2010
中国工商银行郓城县支行办公室	菏泽市节能减排工人先锋号	2010

续表

获奖单位	获奖称号	表彰时间
中国农业银行郓城县支行潘渡分理处	菏泽市节能减排工人先锋号	2010
兖煤菏泽能化有限公司赵楼煤矿	菏泽市“安康杯”竞赛优胜企业	2010
郓城县丁里长镇工会	菏泽市“安康杯”竞赛优秀组织单位	2010
中国联通郓城县分公司黄安营业部	菏泽市“安康杯”竞赛优胜班组	2010
郓城县供电公司设计室	菏泽市职工技术创新示范岗	2010
中国农业银行股份有限公司郓城县支行	菏泽市职工合理化建议先进单位	2010
中国农业银行股份有限公司郓城县支行	菏泽市学习型组织先进单位	2010
山东省郓城县新华书店	菏泽市学习型组织先进单位	2010
兖煤菏泽能化有限公司赵楼煤矿工会	菏泽市学习型组织先进单位	2010
郓城县供电公司调度所操作一队	菏泽市学习型组织十佳班组	2010
郓城县教育局	菏泽市职业道德建设十佳标兵单位、市五一劳动奖状	2010
郓城县妇幼保健院	菏泽市职业道德建设先进单位	2010
中国联合网络通信有限公司郓城县分公司	菏泽市职业道德建设先进单位	2010
中国移动通信集团山东有限公司郓城分公司胜利街营业厅	菏泽市职业道德建设十佳先锋岗	2010
郓城县地税局纳税服务中心	菏泽市女职工建功立业标兵岗	2011
中国移动通信郓城分公司胜利街营业厅	菏泽市女职工建功立业标兵岗	2011
中国联合网络通信有限公司郓城县分公司集团客户部	菏泽市女职工建功立业标兵岗	2011
中国网通郓城县分公司集团客户部	菏泽市十佳女职工建功立业标兵岗	2011
郓城县地方税务局	菏泽市学习型组织十佳标兵单位、市五一劳动奖状	2011
郓城县中英文希望学校	菏泽市学习型组织先进单位	2011
郓城黄河河务局	菏泽市学习型组织先进单位	2011
中国联通郓城县分公司中心营业厅	菏泽市学习型组织十佳班组、市五一劳动奖状	2011
郓城县地方税务局稽查局	菏泽市五一劳动奖状	2011

续表

获奖单位	获奖称号	表彰时间
山东省郓城第一中学艺术部高三年级	菏泽市工人先锋号	2011
郓城县供电公司生产技术部信息管理中心	菏泽市工人先锋号	2011
郓城县地方税务局直属征收分局	菏泽市工人先锋号	2011
郓城县总工会	菏泽市职工职业技能大赛优胜单位	2011
兖煤菏泽能化有限公司赵楼煤矿综掘一队	菏泽市职工技术创新示范岗	2011
郓城县供电公司	菏泽市职工合理化建议先进单位	2011
兖煤菏泽能化有限公司赵楼煤矿	菏泽市“安康杯”竞赛优胜企业	2011
中国农业银行股份有限公司郓城县支行	菏泽市“安康杯”竞赛优秀组织单位	2011
郓城县供电公司线路维修班	菏泽市“安康杯”竞赛优胜班组	2011
郓城县地税局郓城中心税务所税源管理组	菏泽市节能减排工人先锋号	2011
中国建设银行郓城支行营业室	菏泽市节能减排工人先锋号	2011
郓城县公路管理局灰土水稳施工队	菏泽市节能减排工人先锋号	2011
兖煤菏泽赵楼煤矿选煤厂原煤车间运行一班	菏泽市女职工建功立业标兵岗	2011
郓城县地税局纳税服务中心	菏泽市女职工建功立业标兵岗	2011
郓城县国家税务局办税服务厅	菏泽市女职工建功立业标兵岗	2011
郓城县地税局纳税服务中心	菏泽市十佳女职工建功立业标兵岗	2011
郓城县计划生育服务站	菏泽市五一劳动奖状	2011
郓城县黄安中心卫生院	菏泽市五一劳动奖状	2011
郓城县供电公司调度班	菏泽市工人先锋号	2011
兖煤菏泽能化有限公司赵楼煤矿综掘一队	菏泽市工人先锋号	2011
郓城县人民医院外三科	菏泽市工人先锋号	2011
中国移动通信郓城分公司临城路营业厅	菏泽市工人先锋号	2011
中国建设银行郓城支行唐塔分理处	菏泽市工人先锋号	2011
郓城县总工会	菏泽市工会工作优秀县区	2011
兖煤菏泽能化有限公司赵楼煤矿	菏泽市工会工作先进基层单位	2011
中国联通郓城县分公司工会委员会	菏泽市工会工作先进基层单位	2011
郓城县供电公司工会委员会	菏泽市工会工作先进基层单位	2011

续表

获奖单位	获奖称号	表彰时间
郓城县公路管理局工会委员会	菏泽市工会工作先进基层单位	2011
郓城县总工会	菏泽市创建劳动关系和谐企业工作先进单位	2012
菏泽富士达食品有限公司工会委员会	菏泽市创建劳动关系和谐企业工作先进单位	2012
郓城县恒基工程机械有限公司工会	菏泽市创建劳动关系和谐企业工作先进单位	2012
郓城县恒基工程机械有限公司工会	菏泽市五一劳动奖状	2012
郓城县供电公司	菏泽市职工体育工作标兵单位、市五一劳动奖状	2012
郓城县人口和计划生育局	菏泽市职工体育工作先进单位	2012
中国农业银行郓城县支行	菏泽市职工体育工作先进单位	2012
郓城县公路管理局	菏泽市职工体育工作先进单位	2012
郓城县总工会	菏泽市职工职业技能大赛优秀组织单位	2012
郓城县供电公司客户服务中心市场班	菏泽市节能减排工人先锋号	2012
中国农业银行股份有限公司菏泽水浒支行	菏泽市节能减排工人先锋号	2012
中国联合网络通信有限公司郓城县分公司	菏泽市“安康杯”竞赛优胜企业	2012
郓城县总工会	菏泽市“安康杯”竞赛优秀组织单位	2012
兖煤菏泽能化赵楼煤矿综采一队检修班	菏泽市“安康杯”竞赛优胜班组	2012
郓城县财政局	菏泽市职业道德建设十佳标兵、市五一劳动奖状	2012
兖煤菏泽能化有限公司赵楼煤矿	菏泽市职业道德建设先进单位	2012
郓城县宏发机械有限公司	菏泽市职业道德建设先进单位	2012
郓城县郭屯镇中心卫生院	菏泽市职业道德建设先进单位	2012
郓城县丁里长镇人民政府	菏泽市职业道德建设先进单位	2012
山东瑞丰搪瓷制品有限公司搪烧车间二班	菏泽市职业道德建设先进班组	2012
郓城县实验中学高二语文组	菏泽市职业道德建设先进班组	2012
中国移动郓城分公司胜利街营业厅	菏泽市职业道德建设先进班组	2012

续表

获奖单位	获奖称号	表彰时间
中国农业银行郓城县支行玉皇庙分理处	菏泽市职业道德建设先进班组	2012
郓城县人民医院急诊科	菏泽市职业道德建设先进班组	2012
郓城县人口和计划生育局	菏泽市学习型组织先进单位	2012
山东省郓城第一中学	菏泽市学习型组织先进单位	2012
菏泽富士达食品有限公司	菏泽市学习型组织先进单位	2012
山东圣隆纺织集团华亿达纺织有限公司	菏泽市学习型组织先进单位	2012
山东新华书店集团郓城分公司	菏泽市学习型组织先进单位	2012
赵楼煤矿选煤厂原煤车间运行一班	菏泽市学习型组织先进班组	2012
郓城县黄堆集乡卫生院 B 超室	菏泽市学习型组织先进班组	2012
郓城县公路管理局工程处	菏泽市学习型组织先进班组	2012
山东恒基集团有限公司质检班	菏泽市学习型组织先进班组	2012
郓城县供电公司金河路灯管理所	菏泽市学习型组织先进班组	2012
兖煤菏泽能化赵楼煤矿运转队主井大筒班	菏泽市职工技术创新示范岗	2012
郓城县供电公司	菏泽市职工合理化建议先进单位	2012
郓城县建设银行工会	菏泽市模范“职工之家”	2012
郓城县赵楼煤矿工会	菏泽市模范“职工之家”	2012
郓城县工业园区工会工作委员会	菏泽市模范“职工之家”	2012
郓城县农业银行工会	菏泽市模范“职工之家”	2012
郓城县总工会	菏泽市工会工作优秀县区	2012
郓城县供电公司工会委员会	菏泽市工会工作先进基层单位	2012
中国联通郓城县分公司工会委员会	菏泽市工会工作先进基层单位	2012
中国农业银行郓城县支行工会委员会	菏泽市工会工作先进基层单位	2012
郓城县人民检察院工会工作委员会	菏泽市工会工作先进基层单位	2012
郓城县人民医院	菏泽市基层工会经审工作规范化建设先进单位	2013
中国农业银行郓城县支行	菏泽市基层工会经审工作规范化建设先进单位	2013

续表

获奖单位	获奖称号	表彰时间
郓城县供电公司	菏泽市基层工会经审工作规范化建设先进单位	2013
兖煤菏泽能化有限公司赵楼煤矿	菏泽市基层工会经审工作规范化建设先进单位	2013
山东省郓城县国家税务局	菏泽市五一劳动奖状	2013
山东神舟食品集团有限公司	菏泽市五一劳动奖状	2013
郓城县人口和计划生育局	菏泽市五一劳动奖状	2013
郓城县地方税务局稽查局	菏泽市工人先锋号	2013
山东洪达化工有限公司炼焦车间运行工段	菏泽市工人先锋号	2013
郓城县烟郓金属彩印注塑车间甲班	菏泽市工人先锋号	2013
中国工商银行郓城支行临城路储蓄所	菏泽市工人先锋号	2013
郓城县潘渡镇卫生院内科	菏泽市工人先锋号	2013
赵楼煤矿副井提升司机班	菏泽市女职工建功立业标兵岗	2013
山东省郓城第一中学高一八班	菏泽市女职工建功立业标兵岗	2013
郓城县地税局郓城中心税务所税源管理组	菏泽市女职工建功立业标兵岗	2013
山东省郓城第一中学高一八班	菏泽市十佳女职工建功立业标兵岗	2013
兖煤菏泽能化有限公司赵楼煤矿	菏泽市职工职业技术大赛优秀组织单位	2013
郓城县总工会	菏泽市职工职业技术大赛优秀组织单位	2013
郓城县总工会	菏泽市职工职业技术大赛优胜单位	2013
中国建设银行股份有限公司郓城支行	菏泽市模范“职工之家”	2013
兖煤菏泽能化有限公司赵楼煤矿	菏泽市模范“职工之家”	2013
郓城县工业园区管委会工会	菏泽市模范“职工之家”	2013
中国农业银行郓城县支行	菏泽市模范“职工之家”	2013
郓城县实验中学高二年级二部	菏泽市模范“职工小家”	2013
郓城县地税局直属征收分局	菏泽市模范“职工小家”	2013
郓城县妇幼保健院	菏泽市模范“职工小家”	2013
中国联合网络通信有限公司郓城县分公司	菏泽市“安康杯”竞赛优胜企业	2013

续表

获奖单位	获奖称号	表彰时间
郓城县总工会	菏泽市“安康杯”竞赛优秀组织单位	2013
兖煤菏泽能化赵楼煤矿综采一队检修班	菏泽市“安康杯”竞赛优胜班组	2013
郓城县财政局	菏泽市职业道德建设十佳标兵单位、市五一劳动奖状	2013
兖煤菏泽能化有限公司赵楼煤矿	菏泽市职业道德建设先进单位	2013
郓城县宏发机械有限公司	菏泽市职业道德建设先进单位	2013
郓城县郭屯镇中心卫生院	菏泽市职业道德建设先进单位	2013
郓城县丁里长镇人民政府	菏泽市职业道德建设先进单位	2013
山东瑞丰搪瓷制品有限公司搪烧车间二班	菏泽市职业道德建设先进班组	2013
郓城县实验中学高二语文组	菏泽市职业道德建设先进班组	2013
中国移动郓城分公司胜利街营业厅	菏泽市职业道德建设先进班组	2013
中国农业银行郓城县支行玉皇庙分理处	菏泽市职业道德建设先进班组	2013
郓城县人民医院急诊科	菏泽市职业道德建设先进班组	2013
郓城县人口和计划生育局	菏泽市学习型组织先进单位	2013
山东省郓城第一中学	菏泽市学习型组织先进单位	2013
菏泽富士达食品有限公司	菏泽市学习型组织先进单位	2013
山东圣隆纺织集团华亿达纺织有限公司	菏泽市学习型组织先进单位	2013
山东新华书店集团郓城分公司	菏泽市学习型组织先进单位	2013
赵楼煤矿选煤厂原煤车间运行一班	菏泽市学习型组织先进班组	2013
郓城县黄堆集乡卫生院 B 超室	菏泽市学习型组织先进班组	2013
郓城县公路管理局工程处	菏泽市学习型组织先进班组	2013
山东恒基集团有限公司质检班	菏泽市学习型组织先进班组	2013
郓城县供电公司金河路灯管理所	菏泽市学习型组织先进班组	2013
中国农业银行郓城县支行玉皇庙分理处	菏泽市职业道德建设先进班组	2013
郓城县人民医院急诊科	菏泽市职业道德建设先进班组	2013
郓城县总工会	菏泽市职工职业技能大赛优秀组织单位	2013
郓城县总工会	菏泽市职工职业技能大赛优胜单位	2013

续表

获奖单位	获奖称号	表彰时间
兖煤菏泽能化有限公司赵楼煤矿运转队皮带机修班	菏泽市职业道德建设优秀班组、市工人先锋号	2013
郓城县第一中学	菏泽市职业道德建设先进单位	2013
中国农业银行股份有限公司郓城县支行	菏泽市职业道德建设先进单位	2013
郓城县国家税务局	菏泽市职业道德建设先进单位	2013
郓城县地方税务局	菏泽市职业道德建设先进单位	2013
郓城县供电公司郓城职业技能鉴定基地	菏泽市职业道德建设先进班组	2013
山东新华书店集团郓城分公司	菏泽市学习型组织标兵单位、市五一劳动奖状	2013
龙矿集团郓城煤矿夏付人班组	菏泽市学习型优秀班组、市工人先锋号	2013
郓城县公路管理局	菏泽市学习型组织先进单位	2013
兖煤菏泽能化有限公司赵楼煤矿	菏泽市学习型组织先进单位	2013
国网山东郓城县供电公司	菏泽市学习型组织先进单位	2013
中国农业银行郓城县支行玉皇庙分理处	菏泽市学习型组织先进班组	2013
龙矿集团郓城煤矿项目管理处	菏泽市“安康杯”竞赛优胜企业	2013
中国联合网络通信有限公司郓城县分公司	菏泽市“安康杯”竞赛优胜企业	2013
郓城县农村信用合作联社	菏泽市“安康杯”竞赛优胜企业	2013
郓城县总工会	菏泽市“安康杯”竞赛优秀组织单位	2013
农行郓城县支行潘渡分理处	菏泽市技能减排工人先锋号	2013
鲁能菏泽煤电彭庄煤矿环保节能班	菏泽市技能减排工人先锋号	2013
郓城县人民医院电工班	菏泽市技能减排工人先锋号	2013
兖煤菏泽能化有限公司赵楼煤矿尹逊光班	菏泽市安全生产十佳班组、市工人先锋号	2013
郓城县公路局工程处路面面层施工分部	菏泽市安全生产优秀班组	2013
郓城县供电公司张营供电所	菏泽市安全生产优秀班组	2013
山东省郓城县技工学校	菏泽市工友创业实训基地	2013
郓城县一鸣商贸公司	菏泽市工友创业园	2013

续表

获奖单位	获奖称号	表彰时间
郓城县一鸣商贸公司	菏泽市五一劳动奖状	2013
郓城县总工会	菏泽市工会工作先进县区	2013
郓城县公路局工会委员会	菏泽市工会工作先进基层工会	2013
国网山东郓城县供电公司工会委员会	菏泽市工会工作先进基层工会	2013
兖煤菏泽能化赵楼煤矿工会委员会	菏泽市工会工作先进基层工会	2013
郓城县国家税务局纳税服务科	菏泽市女职工建功立业标兵岗	2013
中国建设银行郓城县支行营业厅	菏泽市女职工建功立业标兵岗	2013
山东省郓城县地方税务局纳税服务中心	菏泽市女职工建功立业标兵岗	2013
山东省郓城县地方税务局纳税服务中心	菏泽市十佳女职工建功立业标兵岗	2013
兖煤菏泽能化赵楼煤矿工会委员会	菏泽市基层工会经审工作规范化建设优秀单位、市五一劳动奖状	2013
中国农业银行郓城县支行工会委员会	菏泽市基层工会经审工作规范化建设先进单位	2013
郓城农信社工会委员会	菏泽市基层工会经审工作规范化建设先进单位	2013
郓城供电公司工会委员会	菏泽市基层工会经审工作规范化建设先进单位	2013
山东洪达化工有限公司	菏泽市学习型组织标兵单位、市五一劳动奖状	2014
国网山东郓城县供电公司党群工作部	菏泽市学习型组织优秀班组、市工人先锋号	2014
兖煤菏泽能化有限公司赵楼煤矿	菏泽市学习型组织先进单位	2014
郓城县宏发工程机械有限公司	菏泽市学习型组织先进单位	2014
山东能源龙矿集团郓城煤矿项目管理处	菏泽市学习型组织先进单位	2014
中国农业银行郓城县支行营业部	菏泽市学习型组织先进班组	2014
兖煤菏泽能化有限公司赵楼煤矿	菏泽市职工职业技能大赛优秀组织单位	2014
郓城县总工会	菏泽市职工职业技能大赛优秀组织单位	2014
郓城县总工会	菏泽市职工职业技能大赛优胜单位	2014

续表

获奖单位	获奖称号	表彰时间
山东宏达化工有限公司合成氨车间 PSA 工段丁班	菏泽市安全生产金牌班组、市工人先锋号	2014
兖煤菏泽能化赵楼煤矿综采一队生产二班	菏泽市安全生产优秀班组	2014
郓城县供电公司营销部计量班	菏泽市安全生产优秀班组	2014
郓城县总工会	菏泽市工会信息报道工作先进单位	2014
郓城县地税局纳税服务中心办税服务厅	菏泽市个人先锋号	2014
山东水浒旅游发展有限公司好汉城	菏泽市个人先锋号	2014
郓城县汽车站售票处	菏泽市个人先锋号	2014
中国邮政储蓄银行郓城县李集支行	菏泽市个人先锋号	2014
郓城县郓州街道盛平社区居民委员会	菏泽市职业道德建设十佳标兵单位、市五一劳动奖状	2014
郓城第一中学 2011 级 1 部	菏泽市职业道德建设优秀班组、市工人先锋号	2014
郓城县公路管理局	菏泽市职业道德建设先进单位	2014
郓城县陈坡乡希望小学	菏泽市职业道德建设先进单位	2014
鲁能菏泽煤电彭庄煤矿掘一工区生产一班	菏泽市职业道德建设先进班组	2014
郓城县供电公司工会委员会	菏泽市基层工会经审工作规范化建设优秀单位、市五一劳动奖状	2014
兖煤菏泽赵楼煤矿工会委员会	菏泽市基层工会经审工作规范化建设先进单位	2014
郓城县公路局工会委员会	菏泽市基层工会经审工作规范化建设先进单位	2014
郓城县总工会	菏泽市工会工作先进县区	2014
国网山东郓城县供电公司工会工作委员会	菏泽市工会工作先进基层工会	2014
郓城县教育局工会工作委员会	菏泽市工会工作先进基层工会	2014
兖煤菏泽能化赵楼煤矿工会委员会	菏泽市工会工作先进基层工会	2014
郓城县财政局会计核算中心	菏泽市女职工建功立业标兵岗	2014
郓城县人民医院重症医学科	菏泽市女职工建功立业标兵岗	2014

续表

获奖单位	获奖称号	表彰时间
中国联通郓城县分公司中心营业厅	菏泽市女职工建功立业标兵岗	2014
郓城县人民医院重症医学科	菏泽市十佳女职工建功立业标兵岗	2014
山东恒基集团有限公司	菏泽市五一劳动奖状	2014
龙矿集团郓城煤矿项目管理处	菏泽市五一劳动奖状	2014
郓城县黄堆集乡初级中学	菏泽市五一劳动奖状	2014
郓城县侯咽集镇中心卫生院	菏泽市五一劳动奖状	2014
郓城县国土资源局	菏泽市五一劳动奖状	2014
国网山东郓城县供电公司程屯供电所	菏泽市工人先锋号	2014
中国联通郓城县分公司临城路中心营业厅	菏泽市工人先锋号	2014
兖煤菏泽能化赵楼煤矿综采二队检修班	菏泽市工人先锋号	2014
郓城圣达大酒店有限公司房务组	菏泽市工人先锋号	2014
郓城县地方税务局玉皇庙中心所	菏泽市工人先锋号	2014
郓城县公路管理局陈庆江劳模创新工作室	菏泽市劳模创新工作室	2014
兖煤菏泽能化赵楼煤矿秦越劳模创新工作室	菏泽市劳模创新工作室	2014
国网郓城县供电公司	菏泽市职工宣教文体工作先进单位	2015
郓城县总工会	菏泽市第五届职工运动会优秀组织奖	2015
郓城县总工会	菏泽市第五届职工运动会体育道德风尚奖	2015
郓城县总工会	菏泽市职工职业技能大赛优秀组织单位	2015
郓城县总工会	菏泽市职工职业技能大赛优胜单位	2015
中国农业银行郓城县支行	菏泽市安康杯竞赛优胜单位	2015
中国联合网络通信有限公司郓城县分公司	菏泽市安康杯竞赛优胜单位	2015
山东洪达化工有限公司	菏泽市安康杯竞赛优胜单位	2015
郓城县唐塔街道办事处总工会	菏泽市标准化示范乡镇（街道）总工会	2015
郓城县潘渡镇总工会	菏泽市标准化示范乡镇（街道）总工会	2015

续表

获奖单位	获奖称号	表彰时间
郓城县丁里长镇总工会	菏泽市标准化示范乡镇（街道）总工会	2015
郓城县黄泥冈镇总工会	菏泽市标准化示范乡镇（街道）总工会	2015
国网山东郓城县供电公司信通检修班	菏泽市创新型班组、市工人先锋号	2015
郓城黄河河务局第五工程处	菏泽市创新型班组、市工人先锋号	2015
山东洪达化工有限公司生产运行部	菏泽市创新型班组、市工人先锋号	2015
兖煤菏泽能化赵楼煤矿经营管理科	菏泽市安全生产金牌班组、市工人先锋号	2015
国网郓城供电公司营销部市场班	菏泽市安全生产优秀班组	2015
郓城县公路管理局公路路面施工班	菏泽市安全生产优秀班组	2015
郓城县供电公司工会委员会	菏泽市工会工作先进基层工会	2015
郓城县卫生和计划生育局工会委员会	菏泽市工会工作先进基层工会	2015
中国农业银行郓城县支行工会委员会	菏泽市工会工作先进基层工会	2015
山东洪达化工有限公司工会委员会	菏泽市工会工作先进基层工会	2015
兖煤菏泽能化赵楼煤矿工会委员会	菏泽市工会工作先进基层工会	2015
山东省郓城县地方税务局直属征收局	菏泽市女职工建功立业标兵岗	2015
山东省郓城县国家税务局纳税服务科	菏泽市女职工建功立业标兵岗	2015
兖煤菏泽能化赵楼煤矿地面服务队洗衣房	菏泽市女职工建功立业标兵岗	2015
兖煤菏泽能化有限公司赵楼煤矿地面服务队洗衣房	菏泽市十佳女职工建功立业标兵岗	2015
郓城县总工会	菏泽市工会财务工作先进单位	2015
郓城县三羊食品进出口有限公司	菏泽市五一劳动奖状获得单位	2015
郓城县烟郓金属彩印有限公司	菏泽市五一劳动奖状获得单位	2015
郓城县郭屯镇中心卫生院	菏泽市五一劳动奖状获得单位	2015
郓城县双桥中学	菏泽市五一劳动奖状获得单位	2015
郓城黄河河务局	菏泽市五一劳动奖状获得单位	2015
郓城农村商业银行股份有限公司营业部	菏泽市工人先锋号	2015

续表

获奖单位	获奖称号	表彰时间
菏泽富海能源干熄焦车间甲班	菏泽市工人先锋号	2015
山东洪达化工有限公司原料成品班	菏泽市工人先锋号	2015
兖煤菏泽能化赵楼煤矿运转队主井大筒班	菏泽市工人先锋号	2015
郓城县公路管路局养护中心	菏泽市工人先锋号	2015
郓城县人民医院心血管内科	菏泽市工人先锋号	2015
山东省郓城第一中学数学竞赛辅导小组	菏泽市工人先锋号	2015
山东省郓城县国家税务局城区税务分局	菏泽市工人先锋号	2015
山东省郓城县地税局侯咽集中心税务所	菏泽市工人先锋号	2015
郓城县总工会	菏泽市创新奖	2015
郓城县总工会	菏泽市“五一”运动会优秀组织奖	2015
绅联生物甄爱华高技能人才创新工作室	菏泽市高技能人才创新工作室	2016
兖煤菏泽能化有限公司赵楼煤矿	菏泽市学习型组织标兵单位、市五一劳动奖状	2016
郓城县地方税务局税源管理科	菏泽市学习型组织优秀班组、市工人先锋号	2016
郓城县教育局教学研究室	菏泽市学习型组织优秀班组、市工人先锋号	2016
山东郓城农村商业银行股份有限公司	菏泽市学习型组织先进单位	2016
国网山东电力有限公司郓城县供电公司	菏泽市学习型组织先进单位	2016
郓城县国家税务局督察局	菏泽市学习型组织先进单位	2016
郓城县黄河河务局	菏泽市学习型组织先进单位	2016
郓城县侯咽集镇中心校	菏泽市学习型组织先进单位	2016
郓城县程屯镇中心卫生院内科护理	菏泽市学习型组织先进班组	2016
郓城县黄河河务局杨庄集管理段	菏泽市学习型组织先进班组	2016
中国联合网络通信有限公司郓城县分公司	菏泽市职工职业道德建设标兵、市五一劳动奖状	2016
郓城县侯咽集镇中心卫生院财务科	菏泽市职工职业道德建设优秀班组、市工人先锋号	2016

续表

获奖单位	获奖称号	表彰时间
菏泽郓城职业技能鉴定基地	菏泽市职工职业道德建设优秀班组、市工人先锋号	2016
郓城县地方税务局玉皇庙中心所	菏泽市职工职业道德建设先进单位	2016
郓城县第一初级中学	菏泽市职工职业道德建设先进单位	2016
郓城县李集乡卫生院	菏泽市职工职业道德建设先进单位	2016
郓城县公路管理局	菏泽市职工职业道德建设先进单位	2016
中国农业银行股份有限公司郓城县支行	菏泽市职工职业道德建设先进单位	2016
兖煤菏泽有限公司赵楼煤矿人力资源科	菏泽市职工职业道德建设先进班组	2016
郓城县教育局规划财务科	菏泽市职工职业道德建设先进班组	2016
郓城县人民检察院工会委员会	菏泽市模范“职工之家”	2016
国网山东郓城县供电公司工会委员会	菏泽市模范“职工之家”	2016
郓城农村商业银行工会委员会	菏泽市模范“职工之家”	2016
山东郓城水浒酒业有限公司工会委员会	菏泽市模范“职工之家”	2016
郓城县地方税务局双桥中心税务所分会	菏泽市模范职工小家	2016
兖煤菏泽能化赵楼煤矿运转工区车间	菏泽市模范职工小家	2016
郓城县烟郓金属彩印注塑车间工会小组	菏泽市模范职工小家	2016
郓城县三羊食品进出口有限公司穿串车间	菏泽市模范职工小家	2016
山东省郓城县地方税务局工会委员会	菏泽市工会工作先进基层工会	2016
郓城县供电公司工会委员会	菏泽市工会工作先进基层工会	2016
兖煤菏泽能化赵楼煤矿工会委员会	菏泽市工会工作先进基层工会	2016
郓城县潘渡镇总工会	菏泽市工会工作先进基层工会	2016
郓城县总工会	菏泽市职工职业技能大赛优胜组织单位	2016
郓城县郭屯镇中心卫生院	菏泽市安康杯竞赛优胜单位	2016
国网山东省电力公司郓城县供电公司	菏泽市安康杯竞赛优胜单位	2016
山东郓城农村商业银行股份有限公司	菏泽市安康杯竞赛优胜单位	2016
山东洪达化工有限公司炼焦车间运行乙班	菏泽市安全生产金牌班组菏泽市工人先锋号	2016

续表

获奖单位	获奖称号	表彰时间
兖煤菏泽能化赵楼煤矿主井装卸载维修班	菏泽市安全生产优秀班组	2016
山东省郓城煤矿主井提升绞车司机班	菏泽市安全生产优秀班组	2016
郓城县职工服务中心	菏泽市女职工建功立业标兵岗	2016
郓城县公安局户政管理科	菏泽市女职工建功立业标兵岗	2016
中国联郓城县分公司临城路营业厅	菏泽市女职工建功立业标兵岗	2016
中国农业银行股份有限公司菏泽水浒支行	菏泽市女职工建功立业标兵岗	2016
郓城县人民法院民事第三审判庭	菏泽市女职工建功立业标兵岗	2016
郓城县职工服务中心	菏泽市优秀女职工建功立业标兵岗	2016
郓城县地方税务局	菏泽市工会经费地税代收工作先进单位	2016
郓城县总工会	菏泽市工会财务工作先进单位	2016
郓城县公路管理局	菏泽市职工职业道德建设标兵单位、市五一劳动奖状获得者	2017
兖煤菏泽能化有限公司赵楼煤矿	菏泽市职工职业道德建设标兵单位、市五一劳动奖状获得者	2016
郓城县职工服务中心	菏泽市职工职业道德建设优秀班组、市工人先锋号	2017
郓城农商行人力资源部	菏泽市职工职业道德建设优秀班组、市工人先锋号	2017
山东新华书店集团有限公司郓城县分公司	菏泽市职工职业道德建设先进单位	2017
郓城县丁里长镇人民政府	菏泽市职工职业道德建设先进单位	2017
山东省郓城县三羊食品进出口有限公司	菏泽市职工职业道德建设先进单位	2017
郓城县黄泥冈镇初级中学	菏泽市职工职业道德建设先进班组	2017
菏泽煤电公司郭屯煤矿综掘五区生产六班	菏泽市职工职业道德建设先进班组	2017
郓城县总工会	菏泽市学习型组织标兵单位、市五一劳动奖状	2017
国网山东省电力公司郓城县供电公司	菏泽市学习型组织标兵单位、市五一劳动奖状	2017
郓城县一中 2014 级创新部	菏泽市学习型组织优秀班组、市工人先锋号	2017

续表

获奖单位	获奖称号	表彰时间
中国联通郓城县分公司城区渠道中心	菏泽市工人先锋号	2017
郓城县地方税务局	菏泽市学习型组织先进单位	2017
郓城县国家税务局	菏泽市学习型组织先进单位	2017
郓城县人民医院心内科	菏泽市学习型组织先进班组	2017
郓城县郭屯镇中心卫生院	菏泽市学习型组织先进班组	2017
郓城县供电公司变电检修班	菏泽市工人先锋号	2017
郓城县人民医院电工班	菏泽市安全生产优秀班组	2017
山东省郓城煤矿综掘队陈园园班	菏泽市安全生产优秀班组	2017
郓城县总工会	菏泽市安康杯竞赛优胜单位	2017
山东省郓城县国家税务局	菏泽市安康杯竞赛优胜单位	2017
郓城诚信医院	菏泽市安康杯竞赛优胜单位	2017
郓城县公路管理局沥青搅拌站	菏泽市创新型班组、市工人先锋号	2017
临沂矿业集团菏泽煤电有限公司	菏泽市职工技术创新竞赛示范单位、市五一劳动奖状	2017
国网山东省电力公司郓城县供电公司	菏泽市职工技术创新竞赛示范单位、市五一劳动奖状	2017
山东省郓城第一中学科教处	菏泽市创新型班组、市工人先锋号	2017
兖煤菏泽能化赵楼电厂电气检修班	菏泽市创新型班组、市工人先锋号	2017
郓城县人民医院神经外科	菏泽市创新型班组、市工人先锋号	2017
临矿菏泽煤电王振伟劳模创新工作室	菏泽市劳模创新工作室	2017
山东省郓城县地方税务局工会委员会	菏泽市工会工作先进基层工会	2017
中国教育工会郓城县委员会	菏泽市工会工作先进基层工会	2017
中国教育工会山东省郓城第一中学委员会	菏泽市工会工作先进基层工会	2017
郓城县卫生和计划生育局工会委员会	菏泽市工会工作先进基层工会	2017
兖煤菏泽能化赵楼煤矿工会委员会	菏泽市工会工作先进基层工会	2017
郓城县供电公司工会委员会	菏泽市工会工作先进基层工会	2017
郓城农商工会委员会	菏泽市工会工作先进基层工会	2017
郓城县公路管理局工会委员会	菏泽市工会工作先进基层工会	2017

续表

获奖单位	获奖称号	表彰时间
郓城诚信医院工会委员会	菏泽市工会工作先进基层工会	2017
郓城县郓州街道办事处总工会	菏泽市工会工作先进基层工会	2017
郓城县唐塔街道办事处总工会	菏泽市工会工作先进基层工会	2017
郓城县李集镇总工会	菏泽市工会工作先进基层工会	2017
郓城县程屯镇总工会	菏泽市工会工作先进基层工会	2017
郓城县黄泥冈镇总工会	菏泽市工会工作先进基层工会	2017
郓城县随官屯镇总工会	菏泽市工会工作先进基层工会	2017
山东省郓城第一中学工会委员会	菏泽市模范职工之家	2017
兖煤菏泽能化赵楼煤矿工会委员会	菏泽市模范职工之家	2017
临矿菏泽煤电有限公司工会委员会	菏泽市模范职工之家	2017
郓城华宝食品有限公司工会委员会	菏泽市模范职工之家	2017
山东郓城正华玻璃工会委员会	菏泽市模范职工之家	2017
诚信医院精神康复部	菏泽市模范职工小家	2017
国税局城区分局	菏泽市模范职工小家	2017
供电公司郓州供电所	菏泽市模范职工小家	2017
赵楼煤矿生产准备工区	菏泽市模范职工小家	2017
临矿彭庄煤矿准备工区	菏泽市模范职工小家	2017
山东省郓城煤矿机电工区车间工会	菏泽市模范职工小家	2017
山东省郓城煤矿工会委员会	菏泽市模范职工之家	2017
山东优路通汽配有限公司	菏泽市五一劳动奖状	2017
赵楼煤矿后勤服务中心矿灯房班	菏泽市女职工建功立业标兵岗	2017
中国农业银行郓城县支行北城分理处	菏泽市女职工建功立业标兵岗	2017
郓城县人民医院重症医学科	菏泽市女职工建功立业标兵岗	2017
新华书店郓城分公司财务科	菏泽市女职工建功立业标兵岗	2017
郓城农村商业银行北城支行	菏泽市女职工建功立业标兵岗	2017
赵楼煤矿后勤服务中心矿灯房班	菏泽市优秀女职工建功立业标兵岗	2017
中国农业银行郓城县支行北城分理处	菏泽市优秀女职工建功立业标兵岗	2017

四、1985 年—2017 年县总工会表彰先进集体

年度	称号	单位
1985	先进工会委员会（18 个）	郓城县商业局工会委员会 中国邮电工会郓城邮电局委员会 百货公司工会委员会 郓城一中工会委员会 棉花加工五厂工会委员会 自来水公司工会委员会 中国教育工会郓城县委员会 中国工商银行郓城支行工会委员会 饮食服务公司工会委员会 城关镇中心校工会委员会 县人民医院工会委员会 航运公司工会委员会 中国农业银行郓城支行工会委员会 黄河水利工会郓城修防段委员会 搪瓷厂工会委员会 棉花加工三厂委员会 燃料公司工会委员会 县国营苗圃工会委员会
1985	先进工会小组（18 个）	化机厂机工车间工会小组 武安镇初级中学工会小组 金属机电公司金属股工会小组 水利局政工股工会小组 郓城黄河修防段吸泥船工会小组 电影院工会小组 县工商银行出纳股工会小组 张集供销社会统股工会小组 张营营业所、信用社工会小组 农机管理公司财务股工会小组 服装厂第二车间工会小组 陈坡邮电支局工会小组 副食品公司批、仓、业务工会小组 丁长医院第一工会小组 建筑公司第二工会小组

续表

年度	称号	单位		
		外贸公司畜产组工会小组		
		供电公司财务股工会小组		
		直属库副食品工会小组		
1986	合格职工之家单位	邮电局工会	棉加工二厂工会	直属库工会
		百货公司工会	棉加工三厂工会	蒋庙中心校工会
		副食品公司工会	棉加工四厂工会	植物油厂工会
		食品厂工会	棉加工五厂工会	武安中心校工会
		外贸公司工会	棉加工六厂工会	郓城六中工会
		县医院工会	生产公司工会	郭屯中心校工会
		燃料公司工会	棉麻公司工会	赵楼粮所工会
		工商银行工会	土产公司工会	丁长粮所工会
		自来水公司工会	拖配厂工会	张营中心校工会
		苗圃工会	化机厂工会	城关粮所工会
		黄河段工会	木材公司工会	程屯中心校工会
		饮食服务公司工会	石油公司工会	程屯中学工会
		农业银行工会	农机公司工会	黄集中校工会
		供电局工会	航运公司工会	黄集中学工会
		五金公司工会	搪瓷厂工会	黄集粮所工会
		电影公司工会	金属机电公司工会	玉皇庙中心校工会
		防疫站工会	棉针织厂工会	农二中工会
		赵楼医院工会	城关中心校工会	师范学校工会
		丁长医院工会	郓城一中工会	郓城四中工会
		武安医院工会	实验中学工会	郓城五中工会
		棉加工一厂工会	面粉厂工会	郓城七中工会
		标准件厂工会	常庄中心校工会	黄安供销社工会
		黄堆集粮所工会	李集中心校工会	张集供销社工会
		张营粮所工会	李集中学工会	玉皇庙供销社工会
		农一中工会	陈坡中心校工会	程屯供销社工会
		双桥粮所工会	陈坡中学工会	常庄供销社工会
		杨庄集医院工会	杨庄集供销社工会	黄集供销社工会
		黄堆集医院工会	张集中心校工会	张集粮所工会
		李集医院工会	潘渡供销社工会	随官屯中心校工会
		黄集医院工会	侯集供销社工会	汉石桥中心校工会

续表

年度	称号	单位		
		张集医院工会	郭屯粮所工会	唐庙中心校工会
		玉皇庙医院工会	陈坡粮所工会	陈长中学工会
		城关医院工会	程屯粮所工会	徐垓中心校工会
		侯集医院工会	郭庄粮所工会	郓城三中工会
		丁庙中心校工会	八里庄粮所工会	五界中心校工会
		黄安中心校工会	丁庙粮所工会	三屯中心校工会
		丁长中心校工会	饲料厂工会	赵楼中学工会
		赵楼中心校工会	侯集粮所工会	双桥中心校工会
		黄堆集中心校工会	潘渡粮所工会	八里庄中心校工会
		黄堆集中学工会	刘口粮所工会	水堡中心校工会
		杨庄集中心校工会	玉皇庙粮所工会	刘口中心校工会
		郓城二中工会	黄安粮所工会	苏阁中心校工会
		潘渡中心校工会	赵楼供销社工会	大潭中心校工会
		梳洗楼中心校工会	水堡供销社工会	苏阁中学工会
		伟庄中心校工会	建化公司工会	大潭中学工会
		郭庄中心校工会	食品公司工会	玉皇庙中学工会
		肖皮口中心校工会	铁路中心站工会	城关中学工会
		王井中心校工会	唐庙供销社工会	郭庄中学工会
		侯集中心校工会	黄堆集供销社工会	进修学校工会
		侯集中学工会	李集供销社工会	教研室工会
		大人中心校工会	蒋庙中学工会	图书馆工会
		建筑公司工会	丁庙中学工会	影剧院工会
		灯泡厂工会	武安中学工会	林业局工会
		城关供销社工会	三屯中学工会	贸易公司工会
		丁长粮所工会	随官屯中学工会	公路站工会
		丁长供销社工会	汉石桥中学工会	陈坡供销社工会
		随官屯粮所工会	张营中学工会	武安供销社工会
		唐庙粮所工会	大人中学工会	侯集农场工会
		武安粮所工会	常庄中学工会	何庄林场工会
		杨庄集粮所工会	王井中学工会	丁长中心校工会
		常庄粮所工会	丁长中学工会	郭屯供销社工会
		水堡粮所工会	肖皮口中学工会	梳洗楼中学工会
		文化馆工会	伟庄中学工会	张营供销社工会
		随官屯供销社工会	潘渡中学工会	

续表

年度	称号	单位
1986	先进工会委员会（87 个）	郓城县商业局工会工作委员会 郓城县粮食局工会工作委员会 中国教育工会郓城县委员会 郓城县物资管理公司工会工作委员会 中国农业银行郓城支行工会委员会 黄河水利工会郓城修防段委员会 搪瓷厂工会委员会 标准件厂工会委员会 电影公司工会委员会 县人民医院工会委员会 卫生防疫站工会委员会 五金交电公司工会委员会 百货公司工会委员会 燃料公司工会委员会 金属机电公司工会委员会 国营小屯苗圃工会委员会 郓城一中工会委员会 郓城四中工会委员会 郓城十八中工会委员会 郓城镇教育工会委员会 郭屯镇初级中学工会委员会 常庄乡教育工会委员会 航运公司工会委员会 植物油厂工会委员会 张集供销社工会委员会 黄集粮所工会委员会 生产公司工会委员会 面粉厂工会委员会 棉花加工五厂工会委员会 自来水公司工会委员会
1986	先进工会小组	灯泡厂二车间三班工会小组 化机厂铆焊车间第二工会小组 化肥厂供气二班工会小组 化肥厂合成车间一班工会小组

续表

年度	称号	单位
		家具厂安装车间工会小组 建设银行会计股工会小组 郓城电影院工会小组 文化馆文物创作组工会小组 卫生防疫站第一工会小组 第三人民医院外科工会小组 第二人民医院社会卫生组工会小组 县人民医院内科工会小组 农机公司排灌机械组工会小组 运输公司装卸队三班工会小组 药材公司会统股工会小组 百货公司百货楼工会小组 饮食服务公司郓城旅社工会小组 石油支公司保卫股工会小组 食品公司兔肉车间工会小组 黄河修防段杨集分段工程二班工会小组 黄河修防段电话站工会小组 外贸公司工艺公司工会小组 供电局工会委员会工会小组 供电局安装队工会小组 东银铁路郓城中心站苏阁车站工会小组 农业银行张营营业所、信用社工会小组 金属机电公司金属股工会小组 林业局工会安屯工会小组 国营何庄林场后勤工会小组 郓城二中理化生物教研组工会小组 郓城师范自然教研组工会小组 陈坡中学语政教研组工会小组 郓城三中后勤工会小组 郭庄乡梁庄小学工会小组 郓城第一农技中学数理教研组工会小组 郭屯镇郭屯小学工会小组 程屯镇程屯学区工会小组 棉花加工一厂保管股工会小组 潘渡供销社综合门市部工会小组

续表

年度	称号	单位
		侯集供销社百货门市部工会小组 土产公司畜产股工会小组 棉花加工三厂打包组工会小组 黄安供销社百货门市部工会小组 工商银行信贷股工会小组 邮电局报务班工会小组 农业银行丁里长营业所、信用社工会小组 邮电局玉皇庙支局工会小组 饲料厂加工车间工会小组 赵楼粮所保管工会小组 直属粮库副食工会小组 张集粮所保管工会小组 水利局政工股工会小组 建筑公司第一工会小组 自来水公司安装队工会小组 新华书店财务组工会小组 烟草公司会统科工会小组 农业局种子站工会小组
1987	先进局（公司）工会（8个）	中国农业银行郓城县支行工会委员会 黄河水利工会郓城修防段委员会 中国教育工会郓城县委员会 郓城县商业局工会工作委员会 郓城县粮食局工会工作委员会 郓城县供销联合社工会工作委员会 中国工商银行郓城县支行工会委员会 郓城县林业局工会工作委员会
1987	先进基层工会（21个）	郓城县搪瓷厂工会委员会 郓城县棉花加工五厂工会委员会 郓城县生产资料公司工会委员会 郓城县张集供销社工会委员会 中国教育工会郓城第一中学委员会 中国教育工会郓城第四中学委员会 中国教育工会郓城县实验中学委员会

续表

年度	称号	单位
		中国教育工会郓城县郭屯初级中学委员会 中国教育工会郓城县城关镇委员会 中国教育工会郓城县常庄乡委员会 郓城县百货公司工会委员会 郓城县饮食服务公司工会委员会 郓城县人民医院工会委员会 郓城县第三人民医院工会委员会 郓城县浸出油厂工会委员会 郓城县黄集粮管所工会委员会 郓城县面粉厂工会委员会 郓城县自来水公司工会委员会 郓城县电影发行放映公司工会委员会 郓城县林业局机关工会委员会 郓城县燃料公司工会委员会
1987	先进工会小组（52个）	郓城县化肥厂合成车间维修班工会小组 郓城县酒厂财务工会小组 郓城县棉织厂布机车间乙班工会小组 郓城县化机厂铆焊班工会小组 郓城县塑料厂机修班工会小组 郓城县黄安供销社百货门市部工会小组 郓城县土产公司畜产股工会小组 郓城县棉六厂生产股工会小组 郓城县棉一厂棉检股工会小组 郓城县棉三厂动力工会小组 郓城县侯集供销社侯集百货门市部工会小组 郓城师范校办工厂工会小组 郓城二中外语、体育工会小组 郓城第二职业高中后勤工会小组 程屯中学数学工会小组 黄堆集中学教学工会小组 武安镇李垓小学工会小组 玉皇庙镇玉皇庙中心小学工会小组 黄集乡洪庙小学工会小组

续表

年度	称号	单位
		郓城县食品公司兔肉分割车间工会小组 郓城县百货公司第一百货楼行政工会小组 郓城县饮食服务公司郓城旅社工会小组 郓城县五金交电公司仓储工会小组 郓城县防疫站地办公室工会小组 郓城县第二人民医院行管工会小组 杨庄集卫生院内科治疗工会小组 丁里长卫生院医院工会小组 郓城县饲料厂加工车间工会小组 赵楼粮所保管工会小组 黄集粮所保管工会小组 直属粮库会计工会小组 建筑公司第二施工队第三工会小组 文化馆行政工会小组 国营何庄林场行管工会小组 郓城县水利局财务股工会小组 郓城县航运公司 407 船队工会小组 郓城县邮电局黄集支局工会小组 郓城县邮电局投递班工会小组 郓城县供电局财务股工会小组 郓城县供电局生技股工会小组 郓城县外贸公司工艺公司工会小组 郓城县工商银行人事科工会小组 郓城县农业银行张营营业所、信用社工会小组 郓城县农业银行丁里长营业所、信用社工会小组 郓城县木材公司业务股工会小组 郓城县金属机电公司金属股工会小组 郓城县农机公司第二门市部工会小组 郓城县药材公司城关批发站工会小组 郓城黄河段杨集分段工程二班工会小组 东银铁路郓城中心站杨集车站站务工会小组 郓城公路站潘渡管理所工会小组 郓城石油支公司营业室工会小组

续表

年度	称号	单位
1988	先进局（公司）工会（7个）	黄河水利工会郓城修防段委员会 中国农业银行郓城县支行工会委员会 中国教育工会郓城县委员会 郓城县商业局工会工作委员会 郓城县粮食局工会工作委员会 郓城县供销联合社工会工作委员会 中国工商银行郓城县支行工会委员会
1988	先进基层工会（21个）	郓城县百货公司工会委员会 郓城县燃料公司工会委员会 郓城县林业局机关工会委员会 郓城县电影公司工会委员会 郓城县自来水公司工会委员会 郓城县搪瓷厂工会委员会 郓城县棉花加工三厂工会委员会 郓城县棉花加工五厂工会委员会 郓城县黄安供销社工会委员会 郓城县人民医院工会委员会 郓城县第三人民医院工会委员会 郓城县浸出油厂工会委员会 郓城县面粉厂工会委员会 郓城县黄集粮所工会委员会 中国教育工会郓城县第一中学委员会 中国教育工会郓城县第四中学委员会 中国教育工会郓城县程屯镇中心校委员会 中国教育工会郓城县武安中心校委员会 中国教育工会郓城县城关镇中心校委员会 中国教育工会郓城县郭屯初级中学委员会 中国教育工会郓城县黄堆集中学委员会
1988	先进工会小组（60个）	郓城县饮食服务公司郓城旅社工会小组 郓城县食品公司兔肉分割车间工会小组 郓城县百货公司第一百货大楼行政工会小组 郓城县五金公司仓储保管股工会小组 郓城县建化公司建材科工会小组

续表

年度	称号	单位
		郓城县木材公司加工车间工会小组 郓城县金属机电公司金属科工会小组 郓城县黄河段杨集分段工程一班工会小组 国营苗圃第三工会小组 郓城县工商局直属二所工会小组 郓城县工商局人秘股工会小组 郓城县公路站黄安公路管理所工会小组 郓城县农机公司农排工会小组 郓城县工商银行信贷科工会小组 郓城县供电局财务股工会小组 郓城县供电局办公室工会小组 郓城县农业局种子站工会小组 郓城县农业局畜牧兽医站工会小组 郓城县交通局管理科工会小组 郓城县文化馆行政股工会小组 郓城县建筑公司第一工会小组 郓城县农业银行丁长营业所、信用社工会小组 郓城县农业银行张营营业所、信用社工会小组 郓城县服装厂第二工会小组 郓城县灯泡厂四车间工会小组 郓城县化工机械厂铆焊工会小组 郓城县棉织厂丙班工会小组 郓城县拖配厂加工车间车工一班工会小组 郓城县酒厂动力车间工会小组 郓城县张营供销社会计股工会小组 郓城县张营供销社业务股工会小组 郓城县生产公司业务股工会小组 郓城县棉花加工六厂保管股工会小组 郓城县土产公司畜产股工会小组 郓城县棉花加工一厂棉检股工会小组 郓城县侯集供销社农副产品收购工会小组 郓城县石油支公司仓储股工会小组 郓城县外贸公司工艺公司工会小组 郓城县邮电局丁长支局工会小组

续表

年度	称号	单位
		郓城县邮电局机务班工会小组 候集中学教导处工会小组 潘渡乡中学语文教研组工会小组 随官屯乡中学第二工会小组 黄安联中工会小组 张营中心小学工会小组 玉皇庙镇中心小学工会小组 蒋庙乡初级中学语文外语工会小组 实验中学艺体组工会小组 新华书店南楼门市部工会小组 东银铁路郓城县中心站工会小组 郓城县药材公司储运科工会小组 水堡粮所粮油保管工会小组 直属库行管工会小组 饲料厂加工车间工会小组 城关粮所粮油保管工会小组 黄安卫生院西医内科医疗工会小组 郓城县人民医院小儿科工会小组 张集卫生院后勤工会小组 黄集卫生院第一工会小组 郓城县水利局财务股工会小组
1989	先进局（公司）工会（10个）	中国农业银行郓城县支行工会委员会 郓城县商业局工会委员会 黄河水利工会郓城修防段委员会 郓城县供销合作社联合社工会委员会 郓城县城乡建设委员会工会委员会 中国教育工会郓城县委员会 中国邮电工会郓城县邮电局委员会 中国工商银行郓城县支行工会委员会 郓城县粮食局工会工作委员会 郓城县物资局工会工作委员会
1989	先进基层工会（20个）	郓城县搪瓷厂工会委员会 郓城县百货公司工会委员会

续表

年度	称号	单位
		郓城县油棉三厂工会委员会 郓城县油棉五厂工会委员会 郓城县黄安供销社工会委员会 郓城县直属粮库工会委员会 郓城县浸出油厂工会委员会 郓城县面粉厂工会委员会 郓城县自来水公司工会委员会 郓城县金属机电公司工会委员会 郓城县电影发行放映公司工会委员会 中国教育工会郓城师范委员会 中国教育工会郓城第一中学委员会 中国教育工会郓城县郓城镇中心校委员会 中国教育工会郓城第四中学委员会 中国教育工会郓城县蒋庙中学委员会 中国教育工会郓城郭屯中学委员会 中国教育工会郓城县水堡乡中心校委员会 郓城县人民医院工会委员会 郓城县第三人民医院工会委员会
1989	先进工会小组（84 个）	郓城县灯泡厂四车间四班工会小组 山东水浒酒厂动力车间工会小组 郓城县拖配厂加工车间车工一班工会小组 郓城县标准件厂二车间工会小组 郓城县化肥厂生产车间一班工会小组 郓城县美术厂纺纱车间工会小组 郓城县塑料厂财务股工会小组 郓城县供电局办公室工会小组 郓城县供电局财务股工会小组 郓城县运输公司后勤工会小组 郓城县航运公司 407 拖队工会小组 郓城县公路站政工股工会小组 郓城县邮电局丁里长支局工会小组 郓城县邮电局机务班工会小组 郓城县税务局直属税务所工会小组

续表

年度	称号	单位
		郓城县税务局城关税务所工会小组 郓城县五金交电公司交电楼工会小组 郓城县食品公司车队工会小组 郓城县饮食服务公司郓城旅社工会小组 郓城县百货公司第二百货楼工会小组 郓城县副食品公司批发部工会小组 郓城县医药公司城关批发站工会小组 郓城县烟草公司会统科工会小组 郓城石油支公司政工股工会小组 郭屯供销社郭屯东综合门市工会小组 郓城县生产资料公司会计股工会小组 郓城县油棉六厂生产股工会小组 张营供销社化肥库工会小组 侯集供销社业务股工会小组 郓城县土产杂品公司杂品股工会小组 郓城县油棉一厂打包车间工会小组 城关粮所粮油保管工会小组 水堡粮所粮油保管工会小组 黄集粮所保管工会小组 郓城县外贸局工艺公司工会小组 郓城县外贸局粮油公司工会小组 郓城县建筑公司行管工会小组 郓城县自来水公司供水工会小组 郓城县木材公司加工车间工会小组 郓城县燃料公司郭屯煤站工会小组 郓城县物资服务公司五金交电工会小组 郓城县影剧院招待所工会小组 郓城县文化馆美术摄影工会小组 杨庄集中心校杨庄集中心小学工会小组 张鲁集中心校张楼学区工会小组 丁里长中学数学组工会小组 郭屯镇中心校郭屯学区工会小组 常庄乡中心校红门学区工会小组 丁庙中学数理化工会小组

续表

年度	称号	单位
		张营乡中学语文组工会小组 黄安乡中心校黄安小学工会小组 郭庄乡中心校郭庄小学工会小组 李集中学语文组工会小组 郓城县教师进修学校自然科学教研组工会小组 郓城第二中学炊事班工会小组 郓城县实验中学初三数学组工会小组 郓城县广播电视局机关工会小组 郓城县新华书店一门市工会小组 郓城县人民医院内科工会小组 程屯卫生院护理工会小组 黄堆集卫生院医疗内科工会小组 郓城县卫生防疫站卫生股工会小组 郓城县妇幼保健所工会小组 郓城县工商银行会计科工会小组 郓城县农业银行丁里长营业所、信用社工会小组 郓城县农业银行张营营业所、信用社工会小组 郓城县建设银行第四储蓄所工会小组 郓城县农业局畜牧兽医工作站工会小组 郓城县农业局种子站工会小组 郓城县国营苗圃第一工会主席 郓城县国营何庄林场清河崖工区工会小组 郓城县水利局财务股工会小组 郓城县水利局工程股工会小组 郓城黄河段苏阁分段工程一班工会小组 郓城黄河段杨集分段工程一班工会小组 郓城县农机公司农排工会小组 郓城县政府机关经济研究中心工会小组 郓城县政府机关计划委员会工会小组 郓城县政府机关安全办公室工会小组 郓城县政府机关棉花办公室工会小组 郓城县工商局直属二所工会小组 郓城县工商局机关第一工会小组 郓城县政府招待所前排总台工会小组

续表

年度	称号	单位
1990	职工读书活动先进单位名单（8个）	县政府机关工会 商业局工会 供电局工会 税务局工会 新华书店工会 油棉三厂工会 中医院工会自来水厂工会
1990	先进局（公司）工会（10个）	中国农业银行郓城县支行工会委员会 郓城县商业局工会委员会 中国工商银行郓城县支行工会委员会 中国邮电工会郓城县邮电局委员会 中国教育工会郓城县委员会 郓城县物资局工会委员会 郓城县供销合作社、联社工会工作委员会 郓城县黄河河务局工会委员会 郓城县外貌局工会委员会 郓城县城乡建设委员会工会工作委员会
1990	先进基层工会（20个）	搪瓷厂工会 油棉五厂工会 随官屯中心校工会 玉皇庙镇中心校工会 郓城镇中学工会 郓城四中工会 县医院工会 浸出油厂工会 饲料厂工会 电影公司工会 棉麻公司工会 黄安供销社工会 陈坡乡中心校工会 三屯乡中心校工会 郓城二中工会 百货公司工会 中医院工会 面粉厂工会 自来水公司工会 燃料公司工会
1990	先进工会小组（79个）	化机厂工修车间 棉纺织厂织布车间甲班 化肥厂生产车间二班 武安供销社会统股 油棉六厂第一小组 潘渡供销社行政股 水浒酒厂财务股 印刷厂装订车间 生产公司保管股 黄堆集供销社机柴油组 张营供销社张营点 油棉三厂第二小组

续表

年度	称号	单位	
		教师进修学校教导处	三屯乡中学第三小组
		大潭乡中心校	蒋庙乡中学一年级教学组
		大人乡中学政史组	水堡中心校
		赵楼中学理化教研组	张鲁集中心小学
		教研室小学组	程屯镇中心校程屯学区
		刘口中心校	刘口乡中学数理小组
		郓城七中政语教研组	食品公司牛肉车间
		饮食服务公司明星楼饭庄	副食品公司批发部
		五金交电公司仓储股	百货公司百货大楼
		县医院内科	第三医院外科
		潘渡卫生院后勤组	防疫站计免股
		黄堆集卫生院西医内科	黄集粮所保管股
		城关粮所粮油保管股	水堡粮所粮油保管股
		粮局综合厂饼干车间	直属库粮店
		建筑公司二队	自来水公司安装队
		文化馆文学创作组	图书馆托儿所
		农业局种子公司	农业局经营站
		林业局清河崖工区	林业局苗圃
		燃料公司郭屯煤站	木材公司计划内科
		物资服务公司交电组	金属机电公司有色组
		运输公司驻车站装卸班	运输公司运管科
		邮电局营业班	邮电局报务班
		供电局财务股	供电局办公室
		外贸粮油食品公司	外贸局肠衣厂
		工商银行会计科	农行张营营业所、信用社
		农行黄堆集营业所、信用社	建设银行人秘科
		农机公司农排股	医药公司城关批发站
		新华书店中心门市部	县政府招待所一楼服务组
		黄河河务局苏阁工程二班	黄河河务局闸管所
		公路站路政股	石油公司加油站
		工商一所利民商场组	工商局直属二所
		税务局直属税务所	税务局城关税务所
		水利局工程股	水利局财务股
		服装厂二车间四组	

续表

年度	称号	单位
1990	先进女职工委员会（7个）	百货公司工会女职工委员会 农业银行工会女职工委员会 工商银行工会女职工委员会 建筑公司工会女职工委员会 金属机电公司工会女职工委员会 搪瓷厂工会女职工委员会 棉麻公司工会女职工委员会
1990	“七比、七赛、创七备”劳动竞赛	丰收杯 郓城县特铸厂　郓城县钢板网厂　郓城县油棉三厂 管理进步杯 苏阁皮革厂　常庄供销社　郓城县化机厂 技术进步杯 郓城县灯泡厂　郓城县油棉加工五厂　郓城县油棉加工六厂 优质创新杯 郓城县食品公司　郓城县建筑公司　郓城县饲料厂 节俭杯 郓城县漫出油厂　郓城县物资服务公司　郓城县油棉加工四厂 优质服务杯 郓城县邮电局　郓城县百货公司　郓城县张营供销社 奋发杯 郓城县农业银行　郓城县工商银行　郓城县城乡建设委员会
1990	“七比、七赛、创七备”劳动竞赛先进班组（21个）	郓城县油棉二厂会计股 郓城县张营供销社财会股 郓城县县联社生产资料公司保管股 郓城县侵出油厂车间二班 郓城县饲料厂加工车间 郓城县搪瓷厂制坯车间二班 郓城县棉纺织厂布机车间运转甲班 郓城县建筑公司第六施工队 郓城县食品公司出口牛肉分割车间 郓城县百货公司第二百货楼 郓城县邮电局营业班 郓城县邮电局司机班

续表

年度	称号	单位
		郓城县农业行玉皇庙营业所、信用社 郓城县农业行潘渡营业所、信用社 郓城县交通局交通运输管理所 郓城县外贸局粮油食品经理部粮油小组 郓城县工商银行出纳科 郓城县燃料公司李集煤炭供应站 郓城县影剧院票务股 郓城县特铸厂程传忠组 郓城县钢板网厂钢板网车间
1991	先进局（公司）工会名单（12个）	农业银行工会委员会　工商银行工会委员会 商业局工会工作委员会　县联社工会工作委员会 城建委工会工作委员会　供电局工会委员会 邮电局工会委员会　公路局工会委员会 黄河河务局工会委员会
1991	先进基层工会名单（21个）	搪瓷厂工会　黄集粮所工会 直属粮库工会　面粉厂工会 饲料厂工会　郓城一中工会 实验中学工会　城关中心校工会 玉皇庙中心校工会　随官屯中心校工会 三屯中心校工会　常庄中心校工会 郓城师范工会　电影公司工会 燃料公司工会　建筑公司工会 食品公司工会　油棉三厂工会 油棉五厂工会　棉麻公司工会 黄安供销社工会
1991	先进女职工委员会名单（6个）	供电局女工委员会 县人民医院女工委员会 金属机电公司女工委员会 百货公司女工委员会 棉纺织厂女工委员会 土产公司女工委员会

续表

年度	称号	单位	
1991	先进工会小组名单（87个）	化肥厂机修车间	灯泡厂E型攻关组
		棉纺织厂清梳车间	搪瓷厂喷花班
		水浒酒厂财务科	潘渡粮所食品生产组
		城关粮所保管组	水堡粮所议价经营租
		浸出油厂生产科	粮油食品综合厂后勤组
		供电局办公室	供电局财务股
		医药公司储运科	县医院内科
		中医院药房、妇科	武安医院外科
		黄集卫生院护理组	防疫站食品卫生股
		蒋庙乡中学初三组	潘渡中心校小学语文组
		郭屯中学政语组	第二职业中学数、英教研组
		郓城二中炊事班	郓城三中后勤组
		郓城六中数学组	郓城七中政语组
		第一职业中学数理化组	南赵楼中心校
		郓城五中政语组	郓城四中语文教研组
		烟草公司业务科	邮电局载波班
		邮电局封发班	林业局苗圃
		何庄林场清河崖	文化馆行政股
		图书馆借书处	物资服务公司交电组
		金属材料公司财务科	燃料公司杨庄集煤站
		木材公司仓储科	建设银行人秘处
		城建委绿化办公室	建筑公司第二组
		自来水公司安装组	畜牧局业务股
		税务局直属税务所	税务局城关税务所
		食品公司猪肉加工车间	百货公司第二百货楼
		五金公司第一零售商店	副食品公司会计科
		饮食服务公司明星楼	食品厂新产品车间
		蔬菜公司第一批发部	交通局运管所
		运输公司装卸队	水利局苏阁引黄灌区
		水利局政工股	农业局种子管理站
		农业局农技中心	公路站政工股
		服装厂剪裁组	塑料厂生产办公室
		石油公司第一加油站	黄河局苏阁闸管所

续表

年度	称号	单位	
		黄河局苏阁河务一班 黄堆集营业所、信用社 外贸局工艺公司 企业局供销公司仓储科 工商局直属二所 油棉二厂保管股 油棉六厂生产股 唐庙供销社唐庙组 广播电视局电视台 新华书店中心门市部	保险公司第一小组 张营营业所、信用社 外贸局饲料场 工商局东关商场 程屯供销社商场 生产公司会计股 油棉一厂棉检组 张营供销社大百货门市部 农机公司人秘股
1992	先进局（公司）工会（12个）	商业局工会工作委员会 粮食局工会工作委员会 供电局工会委员会 医药公司工会委员会 邮电局工会委员会 郓城县教育工会委员会	农业银行工会委员会 公路局工会委员会 黄河局工会委员会 工商银行工会委员会 物资局工会工作委员会 县供销联社工会工作委员会
1992	先进基层工会（26个）	搪瓷厂工会 塑料厂工会 郓城师范工会 张营乡教委工会 水堡乡教委工会 图书馆工会 自来水公司工会 百货公司工会 浸出油厂工会 饲料厂工会 油棉二厂工会 油棉六厂工会 生产资料公司工会	水浒酒厂工会 郓城一中工会 实验中学工会 陈坡乡教委工会 玉皇庙镇教委工会 建筑公司工会 食品公司工会 面粉厂工会 粮食供应公司工会 黄集粮所工会 油棉五厂工会 棉麻公司工会 燃料公司工会
1992	先进女工委员会（7个）	棉纺织厂女工委员会 县医院女工委员会 饲料厂女工委员会 油棉一厂女工委员会	东关小学女工委员会 百货公司女工委员会 金属材料公司女工委员会

续表

年度	称号	单位
1993	工会工作先进单位（10个）	供电局工会委员会 黄河局工会委员会 公路局工会委员会 邮电局工会委员会 郓城县教育工会委员会 农业银行工会委员会 工商银行工会委员会 商业局工会工作委员会 粮食局工会工作委员会 县供销联社工会工作委员会
1993	工会工作成绩显著单位（5个）	工业局工会工作委员会 卫生局工会工作委员会 物资局工会工作委员会 建设银行工会委员会 郓城师范工会委员会
1993	先进基层工会（24个）	搪瓷厂工会委员会 水浒酒厂工会委员会 郓城一中工会委员会 实验中学工会委员会 黄堆集乡教育工会委员会 肖皮口乡教育工会委员会 玉皇庙镇教育工会委员会 刘口乡教育工会委员会 郓城镇教育工会委员会 县人民医院工会委员会 中医院工会委员会 建筑公司工会委员会 五金交电公司工会委员会 百货公司工会委员会 面粉厂工会委员会 植物油厂工会委员会 黄集粮所工会委员会 棉麻公司工会委员会 油棉五厂工会委员会 油棉六厂工会委员会 侯咽集供销社工会委员会 家具综合公司工会委员会 塑料厂工会委员会 图书馆工会委员会
1993	先进女职工委员会（7个）	标准件厂女工委员会 实验中学女工委员会 县人民医院女工委员会 饮食服务公司女工委员会 机电设备公司女工委员会 油棉一厂女工委员会 粮油食品供应公司女工委员会
1994	工会工作先进单位（16个）	郓城县工业公司工会工作委员会 中国教育工会郓城县委员会 郓城县卫生局工会工作委员会 郓城县建环委工会工作委员会 中国金融工会郓城县人民银行工作委员会 郓城县粮食局工会工作委员会 郓城县供销联合社工会工作委员会 郓城县供电局工会委员会

续表

年度	称号	单位
		郓城县黄河工会委员会 郓城县公路管理局工会委员会 郓城县邮电局工会委员会 郓城县师范学校工会委员会 郓城县农业银行工会委员会 郓城县工商银行工会委员会 郓城县建设银行工会委员会 郓城县国家税务局工会委员会
1994	先进基层工会（26个）	郓城县搪瓷厂工会委员会　山东水浒酒厂工会委员会 郓城县塑料厂工会委员会　郓城县棉麻公司工会委员会 郓城县油棉五厂工会委员会　郓城县油棉六厂工会委员会 郓城县侯集供销社工会委员会　郓城县人民医院工会委员会 郓城县卫生防疫站工会委员会　郓城县粮油食品供应公司工会委员会 郓城县面粉厂工会委员会　郓城县植物油厂工会委员会 郓城县黄集粮所工会委员会　郓城县自来水公司工会委员会 郓城县燃料公司工会委员会　郓城县家具综合公司工会委员会 郓城县五金交电公司工会委员会　郓城县图书馆工会委员会 郓城一中工会委员会　郓城七中工会委员会 郓城县实验中学工会委员会　郓城第一职业中学工会委员会 郓城县侯集镇教育工会　郓城县郓城镇教育工会 郓城县郭屯镇教育工会　郓城县玉皇庙镇教育工会
1994	先进女职工委员会（7个）	郓城县第二百货大楼女工委员会 郓城县粮油食品供应公司女工委员会 郓城县燃料公司女工委员会 郓城县棉纺织厂女工委员会 郓城县油棉一厂女工委员会 郓城县人民医院女工委员会 郓城镇教委女工委员会
1995	《劳动法》知识竞赛先进集体	郓城县商业局工会　郓城县供销联合社工会 郓城县粮食局工会　郓城县物资局工会 郓城县友谊医院工会　郓城县建设银行工会 郓城具医药公司工会

续表

年度	称号	单位
1995	工会工作先进单位（14个）	郓城县供电局工会委员会 郓城县邮电局工会委员会 郓城县公路管理局工会委员会 郓城县教育工会委员会 郓城县金融工会委员会 郓城县供销联合社工会工作委员会 郓城县卫生局工会工作委员会 郓城县粮食局工会工作委员会 郓城师范工会委员会 郓城县建环委工会工作委员会 郓城友谊医院工会委员会 郓城县国家税务局工会委员会 郓城县新华书店工会委员会 郓城县政府招待所工会委员会
1995	基层工会先进单位（35个）	搪瓷厂工会 水浒酒厂工会 化肥厂工会 塑料厂工会 燃料公司工会 家具综合公司工会 自来水公司工会 工商银行工会 建设银行工会 农业银行工会 交通局机关工会 图书馆工会 饮食服务公司工会 黄集粮管所工会 粮油食品供应公司工会 丁庙粮管所工会 随官屯粮管所工会 县人民医院工会 县中医院工会 杨庄集中心卫生院工会 棉麻公司工会 油棉二厂工会 油棉五厂工会 农资公司工会 张营供销社工会 县社贸易中心工会 郓城一中教育工会 郓城二中教育工会 黄堆集乡教育工会 丁长乡教育工会 城关镇教育工会 李集乡教育工会 常庄乡教育工会 玉皇庙镇教育工会 三屯乡教育工会
1995	先进女职工工会（8个）	郓城县棉纺织厂女工委员会 中国银行郓城支行女工委员会 郓城县供电局女工委员会 郓城县粮油食品供应公司女工委员仝 郓城县人民医院女工委员会 郓城县油棉一厂女工委员会 郓城县侯集镇教委女工委员会 第二百货楼女工委员会

续表

年度	称号	单位	
1996	全县总工会工作先进单位(15个)	郓城县邮电局 郓城县供电局 郓城县师范学校 郓城县教育工会 郓城县粮食局 郓城县招待所 郓城县卫生局 郓城县友谊医院	郓城县黄河局 郓城县公路局 郓城县供销联合社 郓城县新华书店 郓城县金融工会 郓城县交通局 郓城县城乡建设委员会
1996	先进基层工会(34个)	郓城县水浒酒厂工会 郓城县塑料厂工会 郓城县棉麻公司工会 郓城县油棉五厂工会 郓城县供销社贸易中心工会 郓城县农业银行工会 郓城县中国银行工会 郓城县武安镇教委工会 郓城县杨庄集镇教委工会 郓城县伟庄乡教委工会 郓城县东关小学工会 郓城县粮油食品供应公司工会 郓城县黄集粮所工会 郓城县影剧院工会 郓城县种子公司工会 郓城县人民医院工会 郓城县防疫站工会	郓城县搪瓷厂工会 郓城县油棉二厂工会 郓城县张营供销社工会 郓城县生产资料公司工会 郓城县农村信用社联社工会 郓城县工商银行工会 郓城县郭屯镇教委工会 郓城县陈坡乡教委工会 郓城县潘渡乡教委工会 郓城县玉皇庙镇教委工会 郓城县丁庙乡教委工会 郓城县面粉厂工会 郓城县张营粮所工会 郓城县家具综合公司工会 郓城县商业大厦有限公司工会 郓城县中医院工会
1996	先进女职工委员会（6个）	郓城县油棉一场女工委员会 郓城县实验小学女工委员会 郓城县粮油食品供应公司女工委员会	郓城县农业银行女工委员会 郓城县棉纺织厂女工委员会 郓城县人民医院女工委员会
1997	全县总工会工作先进单位(16个)	郓城县供电局工会 郓城县黄河局工会 郓城县公路局工会 郓城县邮电局工会 郓城县教育工会	郓城县金融工会 郓城县粮食局工会 郓城县供销联社工会 郓城县政府在招待所工会 郓城县工商局工会

续表

年度	称号	单位
1997	先进基层工会（31个）	郓城师范学校工会 郓城县计生委工会 郓城县新华书店工会 郓城县技术监督局工会 郓城县卫生局工会 郓城县审计局工会 山东水浒酒厂工会 县棉纺织厂工会 县塑料厂工会 县种子管理站工会 县文化馆工会 县防疫站工会 县人民医院工会 县中医院工会 县财险公司工会 县中国银行工会 县工商银行工会 县建设银行工会 丁庙粮所工会 黄集粮所工会 张营粮所工会 侯集镇教委工会 黄堆集粮所工会 程屯镇教委工会 侯集供销社工会 县第一职业中学工会 县棉麻公司工会 随官屯乡教委工会 县油棉五厂工会 王井乡教委工会 县农资公司工会 双桥乡教委工会 县盐业公司工会 县第二中学工会 县废金属回收公司工会 徐垓乡教委工会 赵楼乡教委工会
1997	先进女职工委员会（6个）	搪瓷厂女工委员会 县人民医院女工委员会 农业银行女工委员会 粮油食品供应公司女工委员会 棉麻纺织厂女工委员会 实验中学女工委员会
1997	职业道德知识竞赛先进单位	郓城县供销联合社工会 郓城县卫生局工会 郓城县商业局工会 郓城县农业局工会 郓城县棉纺织厂工会
1998	工会工作先进单位	郓城县新华书店工会委员会 郓城县公路局工会委员会 郓城县电信局工会委员会 郓城县邮政局工会委员会 中国教育工会郓城县委员会 郓城县供电局工会委员会 郓城县卫生局工会工作委员会 郓城县友谊医院工会委员会 郓城县粮食局工会工作委员会 郓城县计划生育委员会工会委员会 郓城县技术监督局工会委员会 郓城师范学校工会委员会 郓城县黄河河务局工会委员会 郓城县交通局工会工作委员会 郓城县工商局工会委员会 郓城县土管局工会委员会

续表

年度	称号	单位
		郓城县城乡建设委员会　　　　　　　　工会工作委员会 郓城县审计局工会委员会
1998	先进基层工会	郓城县影剧院工会 青岛第六棉纺织厂郓城一分厂工会 郓城县燃料公司工会 山东水浒酒厂工会 郓城县直属粮库工会 郓城县黄集粮所工会 郓城县潘渡粮所工会 郓城县武安粮所工会 郓城县张营粮所工会 郓城县塑料厂工会 中国农业发展银行郓城县支行工会 中国银行郓城县支行工会 中国建设银行郓城县支行工会 中国工商银行郓城县支行工会 郓城县油棉五厂工会 郓城县日用杂品公司工会 郓城县黄堆集供销合作社工会 郓城县张营供销合作社工会 郓城县油棉六厂工会 郓城县植物保护工作站工会 郓城县第一中学工会 郓城县第二中学工会 郓城县实验中学工会 郓城县徐垓乡教委工会 郓城县玉皇庙镇教委工会 郓城县王井乡教委工会 郓城县丁里长乡教委工会 郓城县黄集乡教委工会 郓城县肖皮口乡教委工会 郓城县中医院工会 郓城县人民医院工会 郓城县卫生防疫站工会

续表

年度	称号	单位
		郓城县环境卫生管理处工会 郓城县自来水公司工会
1998	先进女职工委员会	郓城县直属粮库女职工委员会 中国农业银行郓城县支行女职工委员会 郓城县盐业公司女职工委员会 郓城县郓城镇教委女职工委员会 郓城县人民医院女职工委员会 青岛第六棉纺织厂郓城一分厂女职工委员会 郓城县供电局女职工委员会
1998	先进职工之家	郓城县新华书店工会 郓城县黄集粮所工会 郓城县潘渡粮所工会 郓城县直属粮库工会 郓城县供电局工会 郓城县工商局工会 郓城县交通局机关工会
1999	工会工作先进单位（20个）	中国教育工会郓城县委员会 郓城县邮政局工会委员会 郓城县交通局工会工作委员会 郓城县公路局工会委员会 郓城县电信局工会委员会 郓城县卫生局工会工作委员会 郓城县土管局工会委员会 郓城县审计局工会委员会 郓城县工商局工会委员会 郓城县城建委工会工作委员会 郓城县技术监督局工会委员会 郓城县粮食局工会工作委员会 郓城县黄河局工会委员会 郓城县计生局工会委员会 郓城县师范学校工会委员会 郓城县地税局工会委员会 中国银行郓城支行工会委员会 中国农业银行郓城支行工会委员会 中国工商银行郓城支行工会委员会 郓城县农村信用联社工会委员会

续表

年度	称号	单位	
1999	先进基层工会（27个）	县图书馆工会 县自来水公司工会 县种子站工会 黄集粮所工会 直属粮库工会 县人民医院工会 郭屯中心卫生院工会 程屯中心卫生院工会 武安中心卫生院工会 张集乡教委工会 郓城一中工会 黄堆集乡教委工会 县实验中学工会 南赵楼乡教委工会	县环卫处工会 县燃料公司工会 丁庙粮所工会 潘渡粮所工会 张营粮所工会 县中医院工会 杨庄集中心卫生院工会 玉皇庙中心卫生院工会 郓城镇教委工会 常庄乡教委工会 郓城二中工会 武安镇教委工会 李集乡教委工会
1999	先进女职工委员会（7个）	县盐业公司女工委员会 县直属粮库女工委员会 人民医院女工委员会 县计生委女工委员会	郓城镇东关小学女工委员会 山东水浒酒厂女工委员会县 县供电局女工委员会
2000	工会工作先进单位（20个）	中国教育工会郓城县委员会 郓城县黄河局工会委员会 郓城县交通局工会工作委员会 郓城县公路局工会委员会 郓城县邮政局工会委员会 郓城县新华书店工会委员会 郓城县城建委工会工作委员会 郓城县工商局工会委员会 郓城县粮食局工会工作委员会 郓城县供销联社工会工作委员会 郓城县卫生局工会工作委员会 郓城县计生委工会委员会 郓城县技术监督局工会委员会 郓城县地税局工会委员会 郓城县审计局工会委员会	

续表

年度	称号	单位
		中国农业银行郓城支行工会委员会 中国工商银行郓城支行工会委员会 中国建设银行郓城支行工会委员会 中国银行郓城支行委员会 郓城县农村信用联社工会委员会
2000	先进基层工会（32个）	交通局机关工会委员会 黄集粮食管理所工会委员会 直属粮库工会委员会 潘渡粮食管理所工会委员会 武安粮食管理所工会委员会 郓城县影剧院工会委员会、 郓城县油棉加工六厂工会委员会 郓城县油棉加工五厂工会委员会 郓城县武安镇供销社工会委员会 郓城县贸易公司工会委员会 郓城县塑料制品总厂工会委员会 郓城县标准件厂工会委员会 郓城县水浒化工有限责任公司工会委员会 郓城县燃料公司工会委员会 郓城县城市建设综合开发公司工会委员会 郓城县自来水公司工会委员会 郓城县卫生防疫站工会委员会 郓城县中医院工会委员会 郓城县妇幼保健院工会委员会 郓城县人民医院工会委员会 郓城县第一中学工会委员会 郓城县第二中学工会委员会 郓城县实验中学工会委员会 郓城县实验小学工会委员会 郓城县侯集镇教委工会委员会 郓城县随官屯镇教委工会委员会 郓城县郓城镇教委工会委员会 郓城县郭屯镇教委工会委员会

续表

年度	称号	单位
		郓城县李集乡教委工会委员会 郓城县程屯镇教委工会委员会 郓城县南赵楼乡教委工会委员会 郓城县植保站工会委员会
2000	先进女工委员会（8个）	郓城县植物油厂女工委员会 郓城县盐业公司女工委员会 郓城县水浒酒业有限责任公司女工委员会 郓城县人民医院女工委员会 郓城县第一中学女工委员会 郓城县郓城镇教委女工委员会 郓城县工商局女工委员会 郓城县邮政局女工委员会
2001	工会工作先进单位（23个）	郓城县供电局工会委员会 郓城县黄河河务局工会委员会 郓城县交通局工会工作委员会 郓城县公路局工会委员会 郓城县邮政局工会委员会 郓城县电信局工会委员会 中国教育工会郓城县委员会 郓城县新华书店工会委员会 郓城县卫生局工会工作委员会 郓城县土管局工会委员会 郓城县城建委工会工作委员会 中国农业银行郓城县支行工会委员会 中国工商银行郓城县支行工会委员会 中国银行郓城县支行工会委员会 郓城县民政局工会委员会 郓城县林业局工会委员会 郓城师范工会委员会 郓城县计生委工会委员会 郓城县审计局工会委员会 郓城县粮食局工会工作委员会 郓城县农村信用联社工会委员会

续表

年度	称号	单位
		郓城县供销联合社工会工作委员会 郓城县地税局工会委员会
2001	先进基层工会（29个）	郓城县水浒酒业有限责任公司工会 郓城县植物保护站工会 郓城县油棉六厂工会 郓城县银羽公司工会 郓城县侯集供销社工会 郓城县盐业公司工会 郓城县影剧院工会 郓城县城市建设综合开发公司工会 郓城县交通局机关工会 郓城县黄集粮所工会 郓城县武安粮所工会 郓城县潘渡粮所工会 郓城县直属粮库工会 郓城县人民医院工会 郓城县中医院工会 郓城县第三人民医院工会 郓城县妇幼保健院工会 郓城县卫生防疫站工会 郓城县杨庄集镇中心卫生院工会 郓城县实验中学工会 郓城县郓城镇教育工会 郓城县玉皇庙镇教育工会 郓城县程屯镇教育工会 郓城县郭屯镇教育工会 郓城县随官屯镇教育工会 郓城县侯咽集镇教育工会 郓城县第一中学工会 郓城县杨庄集镇教育工会 郓城第四中学工会
2002	工会工作先进单位（21个）	中国教育工会郓城县委员会 郓城县审计局工会委员会

续表

年度	称号	单位
		郓城县黄河局工会委员会 中国银行郓城支行工会委员会 郓城县公路管理局工会委员会 中国工商银行郓城支行工会委员会 郓城县地方税务局工会委员会 山东菏泽烟草有限公司郓城分公司工会委员会 郓城县农村信用合作联社工会委员会 山东省郓城师范工会委员会 郓城县邮政局工会委员会 郓城县国土资源局工会委员会 郓城县民政局工会委员会 郓城县计生局工会委员会 郓城县供销合作社联合社工会工作委员会 郓城县粮食局工会工作委员会 郓城县劳动局工会委员会 郓城县卫生局工会工作委员会 中国建设银行郓城县支行工会委员会 郓城县国家税务局工会委员会 郓城县建设局工会工作委员会
2002	先进基层工会（32 个）	郓城县建筑公司工会委员会 郓城县亨达地毯有限公司工会委员会 郓城县武安镇粮食管理所工会委员会 郓城县黄集粮食管理所工会委员会 郓城县潘渡粮食管理所工会委员会 郓城县黄堆集粮食管理所工会委员会 郓城县影剧院工会委员会 郓城县供销社盐业公司工会委员会 郓城县棉麻公司纺纱厂工会委员会 郓城县东升纺织厂工会委员会 郓城县银羽公司工会委员会 郓城县油棉五厂工会委员会 郓城县人民医院工会委员会 郓城县杨庄集镇中心卫生院工会委员会

续表

年度	称号	单位
		郓城县黄堆集乡卫生院工会委员会 郓城县中医院工会委员会 郓城县第三人民医院工会委员会 郓城县第二人民医院工会委员会 郓城县张营镇卫生院工会委员会 郓城县妇幼保健院工会委员会 郓城县卫生防疫站工会委员会 郓城县第四中学工会委员会 中国教育李集乡工会工会委员会 中国教育丁里长镇工会工会委员会 中国教育工会郓城县张鲁集乡工会委员会 中国教育工会郓城县黄安镇工会委员会 中国教育工会郭屯镇工会委员会 中国教育工会张营镇工会委员会 中国教育工会郓城县玉皇庙镇工会委员会 中国教育工会郓城县随官屯镇工会委员会 中国教育工会郓城县武安镇工会委员会 中国教育工会南赵楼乡工会委员会
2003	工会工作先进单位（20个）	郓城县文化体育局工会工作委员会 郓城县民政局工会委员会 郓城县计划生育局工会委员会 郓城县国土资源局工会委员会 郓城县公路局工会委员会 中国农业银行郓城县支行工会委员会 郓城县审计局工会委员会 郓城县农村信用合作社联合社工会委员会 郓城县环境保护局工会委员会 中国教育工会郓城师范学校工会委员会 郓城县供销合作社联合社工会工作委员会 郓城县政府办公室工会委员会 郓城县黄河局工会委员会 郓城县建设局工会工作委员会 郓城县新华书店工会委员会

续表

年度	称号	单位
		中国教育工会武安镇工会委员会
		中国教育工会第三中学工会委员会
2004	工会工作先进单位（19个）	郓城县劳动和社会保障局工会委员会
		郓城县供销联合社工会工作委员会
		中国网通郓城县分公司工会委员会
		郓城县供电公司工会委员会
		郓城县黄河河务局工会委员会
		郓城县公路局工会委员会
		郓城县国土资源局工会委员会
		郓城县新华书店工会委员会
		郓城县国家税务局工会委员会
		山东烟草菏泽有限公司郓城分公司工会委员会
		郓城县地方税务局工会委员会
		郓城县邮政局工会委员会
		郓城县计生局工会委员会
		郓城县农村信用合作联合社工会委员会
		郓城县民政局工会委员会
		郓城县政府办公室工会委员会
		郓城县审计局工会委员会
		中国教育工会郓城师范工会委员会
		中国农业银行郓城县支行工会委员会
2004	先进基层工会（28个）	郓城县城市建设综合开发公司工会委员会
		郓城县水浒酒业有限责任公司工会委员会
		郓城县环境卫生管理处工会委员会
		郓城县黄集医院工会委员会
		郓城县人民医院工会委员会
		郓城县李集乡卫生院工会委员会
		郓城县玉皇庙镇医院工会委员会
		郓城县唐庙乡卫生院工会委员会
		郓城县武安中心卫生院工会委员会
		郓城县疾病预防控制中心工会委员会
		郓城县杨庄集镇中心卫生院工会委员会
		郓城县黄堆集乡卫生院工会委员会

续表

年度	称号	单位
		黄集乡工会工作委员会 丁里长镇工会工作委员会 随官屯镇工会工作委员会 武安镇工会工作委员会 侯咽集镇工会工作委员会
2005	先进基层工会（44个）	郓城县鲁诚水泥有限公司工会委员会 郓城县金泰纺织有限公司工会委员会 郓城县李集乡世龙真空制砖厂工会委员会 郓城县金源纺织有限公司工会委员会 郓城县秋实面粉厂工会委员会 郓城县黄集乡宏达钢球厂工会委员会 郓城县银丰纺织有限公司工会委员会 郓城县张营镇金龙纺织公司工会委员会 郓城县三羊食品进出口有限公司工会委员会 郓城县华灵集团有限公司工会委员会 郓城县宏远肠衣有限公司工会委员会 郓城县鑫达纺织有限公司工会委员会 郓城县侯咽集镇麒麟纺织公司工会委员会 郓城县烟郓金属彩印有限公司工会委员会 郓城县胶郓织布厂工会委员会 郓城县郓州百货大楼有限公司工会委员会 郓城县永安医院工会委员会 郓城县杨庄集镇畅达汽贸有限公司工会委员会 郓城县唐庙乡京九木业工会委员会 郓城县植物保护站工会委员会 郓城县恒世纺织有限公司工会委员会 郓城县供销合作总社黄安分社工会委员会 郓城县环境卫生管理处工会委员会 郓城县水浒酒业有限责任公司工会委员会 郓城县水堡乡教育工会委员会 郓城县泰康食品有限公司工会委员会 郓城县大恒棉纺织有限公司工会委员会 郓城县随官屯镇中心校工会委员会

续表

年度	称号	单位	
		郓城县第三中学教育工会委员会 郓城县杨庄集镇中心校工会委员会 郓城镇中心校工会委员会 郓城县程屯镇初级中学工会委员会 郓城县张营镇教育工会委员会 郓城县实验中学工会委员会 郓城县职业教育中心工会委员会 郓城县一中工会委员会 郓城县第二中学工会委员会 郓城县杨庄集镇中心卫生院工会委员会 郓城县李集乡卫生院工会委员会 郓城县中医院工会委员会 郓城县郭屯镇中心卫生院工会委员会 郓城县黄堆集乡卫生院工会委员会 郓城县人民医院工会委员会 郓城县卫生局卫生监督所疾控中心工会委员会 郓城县文化馆工会委员会	
2006	职工职业技能大赛优胜单位	郓城县劳动和社会保障局 郓城县公路管理局	郓城县供电公司
2006	职工技术创新示范岗	郓城县妇幼保健院妇产科 郓城县植保站	郓城县供电公司生产技术部
2006	职工合理化建议先进单位	郓城县供电公司 郓城县河务局	郓城县盐业公司
2006	工会工作先进单位（25个）	郓城县财政局工会委员会 郓城县地税局工会委员会 郓城县计划生育局工会委员会 郓城县师范学校工会委员会 郓城县审计局工会委员会 郓城县卫生局工会委员会 郓城县邮政局工会委员会	郓城县国税局工会委员会 郓城县黄河河务局工会委员会 郓城县民政局工会委员会 郓城县国土资源局工会委员会 郓城县农村信用合作联社工会委员会 郓城县劳动和社会保障局工会委员会 郓城县工商银行工会委员会

续表

年度	称号	单位
		郓城县教育局工会委员会 郓城县工业园区工会工作委员会 郓城县黄堆集乡工会工作委员会 郓城县张营镇工会工作委员会 郓城县随官屯镇工会工作委员会 郓城县丁里长镇工会工作委员会 郓城县黄安镇工会工作委员会 郓城县李集乡工会工作委员会 郓城县潘渡镇工会工作委员会 郓城县南赵楼乡工会工作委员会 郓城县武安镇工会工作委员会
2006	先进基层工会（38 个）	郓城县大黄河纺织有限公司工会委员会 郓城县唐庙乡京九木业工会委员会 郓城县龙泉油脂有限公司工会委员会 郓城县华杰玻璃有限公司工会委员会 郓城县冶金机械制造有限公司工会委员会 郓城县水堡乡教育工会委员会 郓城县瑞丰搪瓷有限公司工会委员会 郓城县郓州百货大楼有限公司工会委员会 郓城县九洲实业有限公司工会委员会 郓城县远大工程机械厂工会委员会 郓城县李集乡海河纺织有限公司工会委员会 郓城县大恒棉纺织有限公司工会委员会 郓城县宏泰玻璃制品有限公司工会委员会 郓城县黄集乡工会工作委员会 郓城县陈坡乡中心校工会委员会 郓城鸿泰纺织有限公司工会委员会 郓城县鲁阳轻钢建材有限公司工会委员会 郓城县麒麟纺织有限公司工会委员会 郓城县中科木业工会委员会 郓城县鲁诚水泥有限公司工会委员会 郓城县银天纺织有限公司工会委员会 郓城县园林管理处工会委员会 郓城县植保站工会委员会 郓城县玉皇庙镇中心卫生院工会委员会 郓城县卫生局卫生监督所疾病预防控制中心工会委员会 郓城县黄堆集乡卫生院工会委员会 郓城县李集乡卫生院工会委员会

续表

年度	称号	单位
2007		郓城县程屯镇中心卫生院工会委员会 郓城县郭屯镇中心卫生院工会委员会 郓城县杨庄集镇中心卫生院工会委员会 郓城县张营镇工会工作委员会 郓城县水浒等级面粉厂工会委员会 郓城县侯咽集镇中心校教育工会 郓城二中工会委员会 郓城县张集乡教育工会 郓城第三中学工会委员会 郓城县实验中学工会委员会 郓城县永安纺织有限公司
2007	职工技术创新示范岗	郓城县公路局配料供应站 郓城县第一中学高中部化学组 郓城县人民医院内三科
2007	职工合理化建议先进单位	郓城县地方税务局 郓城县供电公司 郓城县工商银行
2007	“工人先锋号”先进集体	郓城县新华书店农村发行科 郓城县供电公司客户服务调度中心 郓城县建行营业厅 郓城县医疗保险门诊部 郓城县地税局征收大厅
2007	“安康杯”竞赛优胜企业	郓城县供电公司　郓城县公路局 郓城县河务局　郓城县网通公司
2007	“安康杯”竞赛优胜班组	中国农业银行郓城县支行城区办事处 郓城县供电公司东城供电站 郓城县网通公司营业厅 郓城县人民医院急诊室
2007	“安康杯”竞赛优秀组织单位	郓城县公路管理局 郓城县供电公司 郓城县农业银行

续表

年度	称号	单位
2007	工会工作先进单位（共 28 个）	郓城县人口和计划生育局工会委员会 郓城县民政局工会委员会 郓城县国土资源局工会委员会 郓城县国税局工会委员会 中国网通（集团）有限公司郓城县分公司工会委员会 中国工商银行股份有限公司郓城支行工会委员会 郓城县新华书店工会委员会 郓城县环境保护局工会委员会 郓城县供电公司工会委员会 郓城县邮政局工会委员会 郓城县财政局工会委员会 中国农业银行郓城县支行工会委员会 郓城县黄河河务局工会委员会 郓城县审计局工会委员会 中国建设银行股份有限公司郓城支行工会委员会 郓城县农村信用合作联社工会委员会 郓城县劳动和社会保障局工会委员会 郓城县地税局工会委员会 郓城县卫生局工会委员会 郓城县教育局工会委员会 郓城县工业园区工会工作委员会 郓城县潘渡镇工会工作委员会 事城县丁里长镇工会工作委员会 郓城县黄安镇工会工作委员会 郓城县黄堆集乡工会工作委员会 郓城县张营镇工会工作委员会 郓城县随官屯镇工会工作委员会 郓城县李集乡工会工作委员会
2007	先进基层工会（共 26 个）	郓城县城市建设综合开发公司工会委员会 郓城县种子公司工会委员会 郓城县棉麻纺织有限公司工会委员会 郓城县人民医院工会委员会 郓城县郓城镇中心学校

续表

年度	称号	单位
		郓城县随官屯镇中心学校 郓城县侯咽集镇中心学校 中国教育工会郓一中委员会 郓城县职教中心工会委员会 郓城县郓州百货大楼有限公司工会委员会 郓城县图书馆工会委员会 郓城县郭屯中心卫生院工会委员会 郓城县地方病防治办工会委员会 郓城县妇幼保健院工会委员会 郓城县卫生监督局工会委员会 山东瑞丰搪瓷制品有限公司工会委员会 郓城县金河热电公司工会委员会 山东圣隆纺织集团有限公司工会委员会 郓城圣泰纺织有限公司工会委员会 郓城县华杰玻璃有限公司工会委员会 郓城县明星纺织有限公司工会委员会 郓城县银天纺织有限公司工会委员会 郓城县鲁诚水泥有限公司工会委员会 郓城县华天纺织有限公司工会委员会 郓城县华灵集团有限公司工会委员会 郓城县长信纺织有限公司工会委员会
2008	工会工作先进单位（32个）	郓城县司法局工会委员会 郓城县农村信用合作联社工会委员会 郓城县财政局工会委员会 郓城县劳动和社会保障局工会委员会 郓城县邮政局工会委员会 郓城县供电公司工会委员会 郓城县国税局工会委员会 郓城县卫生局工会委员会 郓城县新华书店工会委员会 郓城县审计局工会委员会 中国联合网络通信有限公司郓城县分公司工会委员会 郓城县国土资源局工会委员会

续表

年度	称号	单位
		中国建设银行股份有限公司郓城支行工会委员会 中国工商银行股份有限公司郓城支行工会委员会 中国农业银行郓城县支行工会委员会 郓城县公路管理局工会委员会 郓城县黄河河务局工会委员会 郓城县环境保护局工会委员 郓城县人口和计划生育局工会委员会 郓城县民政局工会委员会 郓城县地方税务局工会委员会 郓城县教育局工会委员会 山东鲁能菏泽煤电开发有限公司工会委员会 郓城县工业园区工会工作委员会 郓城县郓城镇工会工作委员会 郓城县潘渡镇工会工作委员会 郓城县丁里长镇工会工作委员会 郓城县黄安镇工会工作委员会 郓城县黄堆集乡工会工作委员会 郓城县张营镇工会工作委员会 郓城县随官屯镇工会工作委员会 郓城县李集乡工会工作委员会
2008	先进基层工会（共26个）	郓城县中医院工会委员会 郓城县医疗保险门诊部工会委员会 郓城县郭屯镇中心卫生院工会委员会 城县李集乡中心卫生院工会委员会 郓城县卫生监督局工会委员会 郓城县第一中学工会委员会 郓城县实验中学工会委员会 郓城县高级中学工会委员会 郓城县职业教育中心工会委员会 郓城县郓城镇中心校工会委员会 郓城县随官屯镇中心校工会委员会 郓城县开元商城有限公司工会委员会 郓城县郓州百货大楼有限公司工会委员会

续表

年度	称号	单位
		郓城县种子公司工会委员会 郓城县金河热电有限公司工会委员会 郓城县图书馆工会委员会 郓城县自来水公司工会委员会 郓城县华杰玻璃有限公司工会委员会 郓城县圣达如意印染有限公司工会委员会 郓城县银天纺织有限公司工会委员会 郓城县立发纺织有限公司工会委员会 郓城县欣源纺织有限公司工会委员会 郓城县富达纺织有限公司工会委员会 郓城县华中星电子有限公司工会委员会 郓城县瑞丰搪瓷有限公司工会委员会 郓城县龙泉油脂有限公司工会委员会
2008	“安康杯”竞赛优胜企业	郓城县供电公司　郓城县公路局 郓城县新华书店　中国农业银行郓城县支行 郓城县银天纺织有限公司
2008	“安康杯”竞赛优胜班组	中国农业银行郓城县支行东门街分理处 郓城县供电公司客户服务中心 郓城县邮政局营业厅 郓城县人民医院内科
2008	“安康杯”竞赛优秀组织单位	郓城县公路管理局 郓城县供电公司 郓城县农业银行
2008	劳动关系和谐企业（50家）	郓城县农村信用联社　山东郓城恒基工程机械有限公司 郓城县华联超市　郓城县东方纺织有限公司 郓城县供电公司　郓城县昌源纺织有限公司 山东奇想青晨化工科技有限公司　郓城县华锦纺织有限公司 山东省郓城县正华玻璃有限公司　郓城县天瑞布业有限公司 郓城县华东无纺布有限公司　山东郓城健祥纺织有限公司 郓城县华兴纺织有限公司　郓城县隆润纺织有限公司 郓城县冶金机械制造有限公司　郓城县东升棉纺织品有限公司 郓城县九洲实业有限公司　郓城县森鹏木业有限公司 山东郓城县锦辉纺织有限公司　郓城县宏远肠衣有限公司

续表

年度	称号	单位
		郓城县泰丰纺织有限公司 郓城县立发纺织有限公司 山东金山动宝药业有限公司 郓城县圣祥纺织有限公司 郓城县金鹏包装有限公司 郓城县中兴纺织有限公司 郓城县鲁发化工有限公司 郓城县天源木业有限公司 郓城县圣隆纺织有限公司 郓城县华峰针织服装有限公司 郓城县诚信纺织有限公司 郓城县永丰纺织有限公司 郓城县麒麟纺织有限公司 郓城县银河纺织有限公司 郓城县锦华纺织有限公司 菏泽健丰食品有限公司 郓城县西杨纺织有限公司 郓城县宏达钢球有限公司 菏泽市诚和印务有限公司 郓城县春达木业有限公司 郓城县伟业达磨业有限公司 郓城县黄泥岗久久纺织厂 郓城县恒世纺织有限公司 郓城县金龙纺织有限责任公司 郓城县鑫达纺织有限公司 郓城县万隆纺织有限公司 郓城县海河纺织有限公司 郓城县长城塑料有限公司 郓城县天亨纺织有限公司
2008	职业道德建设十佳标兵单位	郓城县地方税务局郓城镇分局 中国建设银行郓城县支行 郓城县劳动和社会保障局 郓城县邮政局 中国农业银行郓城县支行 郓城县计生局 郓城县供电公司 郓城县河务局 郓城县网通公司 郓城县国土资源局
2008	工人先锋号	郓城县地税局潘渡地税分局 郓城县农村信用合作联社营业部 郓城县国家税务局办税服务厅 中国农业银行郓城县支行东门街分理处 郓城县新华书店农村发行科
2008	学习型组织先进单位	郓城县国税局 郓城县供电公司 中国网通郓城县分公司
2008	学习型组织先进班组	中国农业银行郓城县支行东门街分理处 郓城县第一中学05级高三、二部
2009	工会工作单位（26个）	郓城县教育局工会委员会 郓城县地方税务局工会委员会 郓城县供电公司工会委员会

续表

年度	称号	单位
		郓城县公路管理局工会委员会 郓城县农村信用合作联社工会委员会 郓城县国家税务局工会委员会 中国建设银行股份有限公司郓城支行工会委员会 郓城县新华书店工会委员会 中国农业银行股份有限公司郓城县支行工会委员会 中国联合网络通信有限公司郓城县分公司工会委员会 郓城县财政局工会委员会 郓城县国土资源局工会委员会 郓城县黄河河务局工会委员会 郓城县人口和计划生育局工会委员会 郓城县卫生局工会委员会 郓城县劳动和社会保障局工会委员会 兖矿菏泽能化有限公司赵楼煤矿工会委员会 郓城县郓城镇工会工作委员会 郓城县丁里长镇工会工作委员会 郓城县潘渡镇工会工作委员会 郓城县黄安镇工会工作委员会 郓城县黄堆集乡工会工作委员会 郓城县南赵楼乡工会工作委员会 郓城县陈坡乡工会工作委员会 郓城县李集乡工会工作委员会 郓城县随官屯镇工会工作委员会
2009	先进基层工会（23个）	郓城县黄集镇中心学校工会委员会 郓城县丁长镇中心学校工会委员会 郓城县唐庙乡中心学校工会委员会 郓城县程屯镇中心学校工会委员会 郓城县文化馆工会委员会 郓城县郓州百货大楼有限公司工会委员会 郓城县黄安镇永安医院工会委员会 郓城县卫生监督局工会委员会 郓城县第二人民医院工会委员会 郓城县中医院工会委员会

续表

年度	称号	单位
		郓城县郭屯镇中心卫生院工会委员会 郓城县杨庄集镇中心卫生院工会委员会 郓城县银天纺织有限公司工会委员会 郓城县圣达如意印染有限公司工会委员会 郓城县坚固新型墙材厂工会委员会 郓城县中英文希望学校工会委员会 郓城县瑞丰搪瓷有限公司工会委员会 郓城县鸿泰纺织有限公司工会委员会 郓城县东宏纺织有限公司工会委员会 郓城县烟郓金属彩印有限公司工会委员会 郓城县宏发机械有限公司工会委员会 郓城县兴旺纺织有限公司工会委员会 郓城县华宇木业有限公司工会委员会
2009	职业道德建设先进单位	兖煤菏泽能化有限公司赵楼煤矿 郓城县鸿泰纺织有限公司 中国建设银行郓城县支行 郓城县供电公司 郓城县劳动和社会保障局 郓城县河务局郓城县邮政局 郓城县公路局中国农业银行郓城县支行 郓城县国土资源局
2009	学习型组织先进单位	郓城县新华书店 郓城县信用联社 郓城煤矿
2009	学习型组织先进班组	郓城县地税局征收分局 郓城县国税局城区分局
2010	工会工作单位（27个）	郓城县卫生局工会工作委员会 郓城县教育局工会工作委员会 中国联合网络通信有限公司郓城县分公司工会委员会 郓城县人力资源和社会保障局工会工作委员会 郓城县财政局工会委员会 郓城县地方税务局工会委员会 中国建设银行股份有限公司郓城县支行工会委员会

续表

年度	称号	单位
		中国农业银行股份有限公司郓城县支行工会委员会 郓城县人口和计划生育局工会委员会 郓城县供电公司工会委员会 郓城县新华书店工会委员会 郓城县黄河河务局工会委员会 郓城县公路管理局工会委员会 郓城县国土资源局工会委员会 兖煤菏泽能化有限公司赵楼煤矿工会委员会 郓城县郓城镇工会工作委员会 郓城县郭屯镇工会工作委员会 郓城县潘渡镇工会工作委员会 郓城县杨庄集镇工会工作委员会 郓城县南赵楼乡工会工作委员会 郓城县黄安镇工会工作委员会 郓城县黄堆集乡工会工作委员会 郓城县张营镇工会工作委员会 郓城县随官屯镇工会工作委员会 郓城县丁里长镇工会工作委员会 郓城县水堡乡工会工作委员会 郓城县陈坡乡工会工作委员会
2010	先进基层工会（25 个）	郓城县程屯镇中心学校工会委员会 郓城县玉皇庙镇中心学校工会委员会 郓城县唐庙乡中心学校工会委员会 郓城县黄安镇中心学校工会委员会 郓城县丁长镇中心学校工会委员会 郓城县文化馆工会委员会 郓城县第二人民医院工会委员会 郓城县中医院工会委员会 郓城县妇幼保健院工会委员会 郓城县郭屯镇中心卫生院工会委员会 郓城县随官屯镇卫生院工会委员会 郓州百货批发商场有限公司工会委员会 郓城县建筑公司工会委员会

续表

年度	称号	单位
		郓城县城市建设综合开发公司工会委员会
		郓城县张营镇长城塑料有限公司工会委员会
		郓城县水堡纺织有限公司工会委员会
		郓城县金都酒业有限公司工会委员会
		郓城县黄安镇顺兴木业工会委员会
		郓城县随官屯镇坚固新型墙材厂工会委员会
		郓城县中英文希望学校工会委员会
		郓城县宏发机械有限公司工会委员会
		郓城县鸿丰纺织有限公司工会委员会
		郓城县烟郓金属彩印有限公司工会委员会
		郓城县银天纺织有限公司工会委员会
		郭城县圣达如意印染有限公司工会委员会
2011	工会工作单位（25个）	郓城县教育局工会委员会
		郓城县地方税务局工会委员会
		郓城县供电公司工会委员会
		郓城县公路管理局工会委员会
		中国建设银行股份有限公司郓城支行工会委员会
		郓城县新华书店工会委员会
		中国农业银行股份有限公司郓城县支行工会委员会
		中国联合网络通信有限公司郓城县分公司工会委员会
		郓城县财政局工会委员会
		郓城县国土资源局工会委员会
		郓城县黄河河务局工会委员会
		郓城县人口和计划生育局工会委员会
		郓城县卫生局工会委员会
		郓城县人力资源和社会保障局工会委员会
		兖矿菏泽能化有限公司赵楼煤矿工会委员会
		郓城县郓城镇工会工作委员会
		郓城县丁里长镇工会工作委员会
		郓城县潘渡镇工会工作委员会
		郓城县黄安镇工会工作委员会
		郓城县黄堆集乡工会工作委员会
		郓城县南赵楼乡工会工作委员会

续表

年度	称号	单位
		郓城县陈坡乡工会工作委员会 郓城县杨庄集镇工会工作委员会 郓城县张营镇工会工作委员会 郓城县随官屯镇工会工作委员会
2011	先进基层工会（22个）	郓城县玉皇庙镇中心学校工会委员会 郓城县丁里长镇中心学校工会委员会 郓城县中英文希望学校工会委员会 郓城县郭屯镇利源纺织有限公司工会委员会 郓城县影剧院工会委员会 郓城县黄安镇永安医院工会委员会 郓城县环境卫生管理处工会委员会 郓城县妇幼保健院工会委员会 郓城县水堡乡卫生院工会委员会 郓城县郭屯镇中心卫生院工会委员会 郓城县杨庄集镇中心卫生院工会委员会 郓城县程屯镇中心卫生院工会委员会 郓城县烟郓金属彩印有限公司工会委员会 郓城县诚信纺织有限公司工会委员会 郓城县第二建筑工程有限公司工会委员会 郓城县副食品公司工会委员会 郓城县三羊食品进出口有限公司工会委员会 郓城县宏发机械有限公司工会委员会 郓城县金江纺织有限公司工会委员会 郓城县长城塑料有限公司工会委员会 郓城县环能新型墙材厂工会委员会 郓城县黄堆集镇金都酒业工会委员会
2012	工会工作单位（22个）	郓城县第一中学工会委员会 郓城县地方税务局工会委员会 郓城县供电公司工会委员会 郓城县公路管理局工会委员会 中国建设银行股份有限公司郓城支行工会委员会 郓城县新华书店工会委员会 中国农业银行股份有限公司郓城县支行工会委员会

续表

年度	称号	单位
		中国联合网络通信有限公司郓城县分公司工会委员会 郓城县财政局工会委员会 郓城县国土资源局工会委员会 郓城县黄河河务局工会委员会 郓城县人口和计划生育局工会委员会 郓城县卫生局工会委员会 郓城县人力资源和社会保障局工会委员会 兖矿菏泽能化有限公司赵楼煤矿工会委员会 郓城县丁里长镇工会工作委员会 郓城县潘渡镇工会工作委员会 郓城县黄堆集乡工会工作委员会 郓城县南赵楼乡工会工作委员会 郓城县陈坡乡工会工作委员会 郓城县张营镇工会工作委员会 郓城县郭屯镇中心校工会委员会
2012	先进基层工会（22个）	郓城县实验中学工会委员会 郓城县高级中学工会委员会 郓城县郭屯初级中学工会委员会 郓城县侯集初级中学工会委员会 郓城县中英文希望学校工会委员会 郓城县郓州百货大楼有限公司工会委员会 郓城县文化馆工会委员会 郓城县恒通木业工会委员会 郓城县城市建设综合开发公司工会委员会 城县妇幼保健院工会委员会 郓城县黄堆集镇中心卫生院工会委员会 事城县郭屯镇中心卫生院工会委员会 郓城县程屯镇中心卫生院工会委员会 郓城县烟郓金属彩印有限公司工会委员会 郓城县三羊食品进出口有限公司工会委员会 郓城县宏发机械有限公司工会委员会 郓城县黄堆集镇金都酒业工会委员会 郓城县亿万汽车配件有限公司工会委员会

续表

年度	称号	单位
		郓城县圣鹏纺织有限公司工会委员会 城县神州食品集团有限公司工会委员会 郓城县郓恒基集团有限公司工会委员会 郓城县山东瑞丰搪瓷制品有限公司工会委员会 山东洪达化工有限公司工会委员会
2012	学习型组织标兵单位	郓城县人口和计划生育局 山东恒基集团有限公司 山东圣隆纺织集团华亿达纺织有限公司 山东新华书店集团郓城分公司 郓城县农村信用社 郓城县地税局 郓城县张营镇 郓城县建设银行 郓城县公路局
2012	学习型标兵班组	赵楼煤矿选煤一厂原煤车间运行一班 郓城县黄堆集卫生院 B 超室 郓城县公路局工程处 郓城供电公司金河路灯管理所 郓城县计生局计生服务站 郓城县农业银行东门街分理所 郓城县交通局杨庄集交管所 郓城县实验中学语文教研组 郓城县中医院内一科 郓城县公路局大人道管所
2013	工会工作先进单位（17 个）	郓城县地方税务局工会委员会 郓城县卫生局工会委员会 郓城县第一中学工会委员会 中国建设银行股份有限公司郓城支行工会委员会 郓城县人口和计划生育局工会委员会 郓城县新华书店工会委员会 郓城县财政局工会委员会 郓城县国土资源局工会委员会

续表

年度	称号	单位
		郓城县黄河河务局工会委员会 郓城县农村信用合作联社工会委员会 郓城县盐业局工会委员会 郓城县丁里长镇工会工作委员会 郓城县潘渡镇工会工作委员会 郓城县南赵楼乡工会工作委员会 郓城县陈坡乡工会工作委员会 郓城县张鲁集乡工会工作委员会 郓城县黄堆集乡工会工作委员会
2013	先进基层工会（29个）	郓城县圣达集团公司工会委员会 郓城县华灵集团公司工会委员会 菏泽富仕达食品有限公司工会委员会 郓城县水浒酒业有限公司工会委员会 郓城县宏发机械有限公司工会委员会（南赵楼乡） 郓城绅联肠衣有限公司工会委员会 山东宏达化工有限公司工会委员会 郓城县山东恒基集团有限公司工会委员会（工业园区） 郓城县山东瑞丰搪瓷制品有限公司工会委员会（工业园区） 郓城县郓百集团公司工会委员会 郓城县实验中学工会委员会 郓城县第一初级中学工会委员会 郓城县东关小学工会委员会 郓城县唐庙乡中心校工会委员会 郓城县图书馆工会委员会 郓城县自来水公司工会委员会 郓城县黄堆集乡中心卫生院工会委员会 郓城县黄安镇中心卫生院工会委员会 郓城县郭屯镇中心卫生院工会委员会 郓城县程屯镇中心卫生院工会委员会 郓城县金都酒业有限公司工会委员会（黄堆集乡） 郓城县张营镇机关工会委员会（张营镇） 郓城县烟郓金属彩印有限公司工会委员会（丁里长镇） 郓城县立发纺织有限公司工会委员会（潘渡镇）

续表

年度	称号	单位
		郓城县中英文希望学校工会委员会（陈坡乡） 郓城县水堡罐业容器厂工会委员会（水堡乡） 山东金山动宝药业有限公司工会委员会（随官屯镇） 郓城县玉河纺织有限公司工会委员会（双桥乡） 郓城县朝阳木业有限公司工会委员会（黄安镇）
2014	工会工作先进单位（24）	山东省郓城县地方税务局直属征收局工会 国网山东郓城县供电公司工会 郓城黄河河务局工会委员会 郓城县公路管理局工会委员会 兖煤菏泽能化有限公司赵楼煤矿工会 郓城县卫生局工会委员会 郓城县人力资源和社会保障局工会委员会 郓城县人口和计划生育局工会委员会 中国联合网络通信有限公司郓城县分公司工会委员会 中国农业银行股份有限公司郓城县支行工会委员 山东郓城农村商业银行股份有限公司工会委员会 山东新华书店集团有限公司郓城分公司工会委员会 郓城县国土资源局工会委员会 郓城县第一初级中学工会委员会 郓城县经济和信息化局工会委员会 郓城县商业总公司工会工作委员会 郓城县郓州街道办事处总工会 郓城县唐塔街道办事处总工会 郓城县丁里长镇总工会 郓城县黄堆集乡总工会 郓城县潘渡镇总工会 郓城县南赵楼乡总工会 郓城县郭屯镇总工会 郓城县陈坡乡总工会
2014	先进基层工会（22 个）	山东恒基集团有限公司工会委员会 山东郓城水浒酒业有限公司工会委员会 山东协力生物科技股份有限公司工会委员会

续表

年度	称号	单位
		郓城县建筑公司工会委员会 郓城县郓州百货大楼有限公司工会委员会 郓城县影剧院工会委员会 郓城县程屯镇中心卫生院工会委员会 郓城县郭屯镇中心卫生院工会委员会 郓城县侯咽集镇中心卫生院工会委员会 郓城县黄堆集乡卫生院工会委员会 郓城县唐塔街道办事处中心学校工会 郓城县郓城镇南城初级中学工会 郓城县潘渡镇中心学校工会 郓城县玉皇庙镇中心学校工会 郓城县烟郓金属彩印有限公司工会委员会（丁里长镇） 郓城县宏发机械工程有限公司工会委员会（南赵楼乡） 郓城县长城塑料有限公司工会委员会（张营镇） 郓城县金都酒业有限公司工会委员会（黄堆集乡） 山东省郓城县森利达木业有限公司工会委员会（黄安镇） 郓城县陈坡乡希望学校（陈坡乡） 郓城县龙泉油脂有限公司工会委员会（随官屯镇） 郓城县立发纺织有限公司工会委员会（潘渡镇）
2015	工会工作先进单位（15个）	国网山东省电力公司郓城县供电公司工会委员会 兖煤菏泽能化有限公司赵楼煤矿工会委员会 中国农业银行股份有限公司郓城县支行工会委员会 山东新华书店集团有限公司郓城分公司工会委员会 菏泽黄河河务局郓城黄河河务局工会委员会 郓城县地方税务局工会委员会 郓城县公路管理局工会委员会 郓城县人力资源和社会保障局工会委员会 郓城县卫生和计划生育局工会工作委员会 郓城县教育局工会工作委员会 郓城县民政局工会委员会 郓城县唐塔街道办事处总工会 郓城县潘渡镇总工会 郓城县丁里长镇总工会 郓城县黄泥冈镇总工会

续表

年度	称号	单位
2015	工会工作先进基层工会（16个）	郓城县郓州百货大楼有限公司工会委员会 郓城县人民医院工会委员会 郓城县妇幼保健计划生育服务中心工会委员会 郓城县郭屯镇中心卫生院工会委员会 郓城县侯咽集镇中心卫生院工会委员会 郓城县程屯镇中心卫生院工会委员会 郓城县陈坡乡希望学校工会委员会 郓城县张鲁集乡中心学校工会委员会 郓城县职业中等专业学校工会委员会 郓城县玉皇庙镇刘口初级中学工会委员会 郓城县烟郓金属彩印有限公司工会委员会（丁里长镇） 郓城县宏发机械工程有限公司工会委员会（南赵楼镇） 郓城县金都酒业有限公司工会委员会（黄泥冈镇） 郓城县伟业达磨业有限公司工会委员会（陈坡乡） 郓城县泰和纺织有限公司工会委员会（随官屯镇） 山东郓城县三羊食品进出口有限公司工会委员会（潘渡镇）
2016	工会工作先进单位（20个）	山东省郓城县地方税务局工会委员会 国网山东省电力公司郓城县供电公司工会委员会 郓城县公路管理局工会委员会 兖煤菏泽能化有限公司赵楼煤矿工会委员会 临沂矿业集团菏泽煤电有限公司工会委员会 山东省郓城煤矿工会委员会 郓城县卫生和计划生育局工会工作委员会 郓城县教育局工会工作委员会 中国农业银行股份有限公司郓城县支行工会委员会 山东郓城农村商业银行股份有限公司工会委员会 山东新华书店集团有限公司郓城分公司工会委员会 郓城县商务局工会委员会 中国联合网络通信有限公司郓城县分公司工会委员会 郓城县唐塔街道办事处总工会 郓城县郓州街道办事处总工会 郓城县潘渡镇总工会 郓城县丁里长镇总工会

续表

年度	称号	单位
		郓城县黄泥冈镇总工会 郓城县随官屯镇总工会 郓城县程屯镇总工会
2016	工会工作先进基层（18个）	郓城县人民医院工会委员会 郓城县妇幼保健计划生育服务中心工会委员会 郓城县郭屯镇中心卫生院工会委员会 郓城县黄泥冈镇卫生院工会委员会 郓城县第一初级中学工会委员会 郓城县丁里长镇中心学校工会委员会 郓城县潘渡镇中心学校工会委员会 郓城县侯咽集镇初级中学工会委员会 郓城县建筑公司工会委员会 郓城县郓州百货大楼有限公司工会委员会 山东郓城水浒酒业有限公司工会委员会 山东神舟食品集团有限公司工会委员会 郓城县华韵纺织有限公司工会委员会 山东省郓城县三羊食品进出口有限公司工会委员会 山东省郓城县烟郓金属彩印有限公司工会委员会 郓城县金都酒业有限公司工会委员会 郓城县泰和纺织有限公司工会委员会 郓城县润洁塑料制品有限公司工会委员会
2017	工会工作先进单位	郓城县地方税务局工会委员会 国网山东省电力公司郓城县供电公司工会委员会 郓城县公路管理局工会委员会 中国教育工会山东省郓城第一中学委员会 山东郓城农村商业银行股份有限公司工会委员会 兖煤菏泽能化有限公司赵楼煤矿工会 郓城县卫生和计划生育局工会委员会 郓城县人民医院工会委员会 郓城县张鲁集镇初级中学工会委员会 郓城县商务局工会委员会 郓城县唐塔街道办事处总工会 郓城县郓州街道办事处总工会

续表

年度	称号	单位
		郓城县黄泥冈镇总工会 郓城县随官屯镇总工会 郓城县陈坡乡总工会 郓城县李集镇总工会 郓城县程屯镇总工会
2017	工会工作先进基层单位	郓城县黄泥冈镇卫生院工会委员会 郓城县潘渡镇卫生院工会委员会 郓城县黄泥冈镇中心学校工会委员会 郓城县玉皇庙镇刘口初级中学工会委员会 郓城县佰顺浆纱厂工会委员会 郓城县华韵纺织有限公司工会委员会 郓城县金利纺织有限公司工会委员会 郓城县泰和纺织有限公司工会委员会 郓城县陈坡乡希望学校工会委员会 郓城县海河纺织有限公司工会委员会 郓城县万顺食品有限公司工会委员会

第二目　先进个人

一、全国总工会表彰先进个人

姓名	单位及职务	荣誉称号	年度
金增娥（女）	商业局秘书股长	全国优秀工会积极分子	1983
张金锋	郓城县粮食局会计股长	全国优秀工会积极分子	1983
杨利华（女）	郓城县总工会生活女工部部长	全国先进女职工工作者	1992
李寿辉	郓城县赵楼煤矿	全国工会优秀会员	2013
孙文杰	郓城县总工会	全国工会先进工作者	2015

二、山东省总工会表彰的先进个人

姓名	单位及职务	荣誉称号	年度
董明业	郓城县化肥厂副厂长	山东省优秀工会积极分子	1983
韩效道	郓城县棉花加工二厂	山东省优秀工会积极分子	1983

续表

姓名	单位及职务	荣誉称号	年度
王金铎	郓城县粮食局	山东省优秀工会积极分子	1983
金增娥（女）	郓城县百货公司	山东省优秀工会积极分子	1983
王　平（女）	郓城县人民医院	山东省优秀工会积极分子	1985
梁兆银	郓城县林业局	山东省优秀工会积极分子	1987
雷云起	郓城县总工会	山东省模范职工之友	1987
佀庆法	郓城县农业银行工会主席	山东省模范职工之友	1987
杨利华（女）	郓城县总工会生活女工部部长	山东省先进女职工工作者	1990
陈庆海	郓城县总工会组织部部长	山东省优秀工会干部教育工作者	1991
赵殿勤	郓城县油棉五厂	山东省“学雷锋、学铁人”积极分子	1991
张洪俭	郓城县食品公司	山东省“学雷锋、学铁人”积极分子	1991
王建华	中国工商行郓城县支行	山东省“学雷锋、学铁人”积极分子	1991
张建江（女）	郓城县物资服务公司	山东省“学雷锋、学铁人”积极分子	1991
邵宪洪	郓城县粮局直属库	山东省“学雷锋、学铁人”积极分子	1991
杨利华（女）	郓城县总工会生活女工部部长	山东省先进女职工工作者	1993
陈庆海	郓城县总工会组织部部长	山东省优秀工会干部教育工作者	1995
朱元昌	郓城县总工会副主席	山东省优秀工会工作者	1996
房殿爱	郓城县总工会副主席	山东省先进工会财务工作者	1996
李洪方	郓城县总工会财务部部长	山东省先进工会财务工作者	1996
田学冉	郓城县总工会宣教部部长	山东省先进工会宣教工作者	1997
钱永辇	郓城县总工会生产部部长	山东省先进劳动保护工作者	1997
梁星印	郓城县水浒酒业	山东省优秀工会工作者	2003
宋宗彪	郓城县银天纺织有限公司	山东省工会工友创业先进个人	2007
孙　磊（女）	郓城县总工会困难职工帮扶中心主任	山东省优秀工会工作者	2008

续表

姓名	单位及职务	荣誉称号	年度
王丽娟（女）	郓城县侯咽集中心校工会委员	山东省优秀工会积极分子	2008
梁素云（女）	郓城县总工会	山东省优秀工会工作者	2013
袁　东	郓城县中医院	山东省优秀工会会员	2013
李　镇	郓城县总工会	山东省工会财务先进工作者	2015
郭念波	郓城县赵楼煤矿	山东省“推行协商民主强化社会责任”先进个人	2015
宋向东	郓城县赵楼煤矿	山东省优秀工会工作者	2015
宋向东	郓城县赵楼煤矿	山东省最贴心工会主席	2017

三、菏泽市总工会表彰先进个人

姓名	单位及职务	荣誉称号	年度
宋宝蕴	郓城县农行	菏泽地区职工自学成才先进个人	1989
李风山	郓城县总工会	菏泽地区职工自学成才先进个人	1989
许素英（女）	郓城县百货公司女职工委员会主任	菏泽地区女职工先进工作者	1989
韩凤琴（女）	郓城县供销社工会主任	菏泽地区女职工先进工作者	1989
樊玉茹（女）	郓城县畜牧局工会副主席	菏泽地区先进女职工工作者	1992
张秀亭（女）	郓城县外贸公司工会主席	菏泽地区先进女职工工作者	1992
杨彩云（女）	郓城县文化馆创作股长	菏泽地区先进女职工工作者	1992
张守丽（女）	郓城县油棉厂工会主席	菏泽地区先进女职工工作者	1992
刘秀云（女）	郓城县物资局工会副主席	菏泽地区先进女职工工作者	1992
杨利华（女）	郓城县总工会女工部长	菏泽地区先进女职工工作者	1992
房殿爱	郓城县总工会副主席	菏泽地区优秀工会工作者	1996
郑玉琢	郓城县棉麻公司工会主席	菏泽地区优秀工会工作者	1996
王道钦	郓城县粮食局工会主任	菏泽地区优秀工会工作者	1996
侯进军	郓城县教育局工会副主席	菏泽地区优秀工会工作者	1996
朱道举	郓城县金融工会主席	菏泽地区优秀工会工作者	1996
颜世启	郓城县建环委员会主任	菏泽地区优秀工会工作者	1996
孟瑞兰	郓城县卫生局工会主任	菏泽地区优秀工会工作者	1996

续表

姓名	单位及职务	荣誉称号	年度
孔运松	郓城县公路管理局党组书记	菏泽地区荣誉工会积极分子	1996
曹克峰	郓城县供电局党组书记	菏泽地区荣誉工会积极分子	1996
修建周	郓城县山东水浒酒厂厂长	菏泽地区荣誉工会积极分子	1996
刘宏伟		菏泽地区优秀职工	1996
胡建一		菏泽地区优秀职工	1996
陈洪涛		菏泽地区优秀职工	1996
刘考勇		菏泽地区优秀职工	1996
王淑芹（女）		菏泽地区优秀职工	1996
杨洪璞		菏泽地区优秀职工	1996
刘化平		菏泽地区优秀职工	1996
倪崇鹏		菏泽地区优秀职工	1996
宋汉民		菏泽地区优秀职工	1996
刘咏玲（女）		菏泽地区优秀职工	1996
杨文敏	郓城县农行	菏泽地区十大杰出职工	1996
杨玉增	郓城县人民医院	菏泽地区十大职工技术明星	1996
李彦超	郓城县搪瓷厂厂长	菏泽地区十大民主管理优秀厂长	1996
陈新国	郓城县邮电局	菏泽地区模范职工	1996
姜继臣	郓城县人民医院	菏泽地区模范职工	1996
王秀丽（女）	郓城县水浒酒厂	菏泽地区职工技术标兵	1996
杜效华	郓城县人民医院	菏泽地区职工技术标兵	1996
姬凤莲	郓城县塑料厂厂长	菏泽地区模范厂长（经理）	1996
李仲山	郓城县中医院院长	菏泽地区模范厂长（经理）	1996
侯仰欣	郓城县油棉五厂	菏泽地区十大合理化建议标兵	1997
王秀丽（女）	山东水浒酒厂	菏泽地区十大技术革新能手	1997
朱元昌	郓城县总工会副主席	菏泽地区先进工会工作者	1997
潘明珍	郓城县人民医院工会主席	菏泽地区先进工会工作者	1997
袁梁西	郓城县计生委工会主席	菏泽地区先进工会工作者	1997

续表

姓名	单位及职务	荣誉称号	年度
付邦存	郓城县邮电局工会主席	菏泽地区先进工会工作者	1997
杨　耀	山东水浒酒厂工会主席	菏泽地区先进工会工作者	1997
方义连	郓城县棉纺织厂工会主席	菏泽地区先进工会工作者	1997
徐淑星	郓城县潘渡教委工会主席	菏泽地区先进工会工作者	1997
祝令勤	郓城县人民医院	菏泽地区十佳职业道德标兵	1997
闫合存	郓城县工商银行	菏泽地区职业道德标兵	1997
房瑞兰（女）		菏泽地区先进女职工工作者	1997
王志华（女）		菏泽地区先进女职工工作者	1997
刘秀云（女）		菏泽地区先进女职工工作者	1997
韩凤琴（女）		菏泽地区先进女职工工作者	1997
梁素云（女）	郓城县总工会副主席	菏泽地区先进女职工工作者	1997
曹韵和（女）		菏泽地区女职工工作积极分子	1997
车桂松（女）		菏泽地区女职工工作积极分子	1997
吴秀玲（女）		菏泽地区女职工工作积极分子	1997
曾秋银（女）		菏泽地区女职工工作积极分子	1997
韩翠民（女）		菏泽地区荣誉女职工工作积极分子	1997
刘　平（女）		菏泽地区荣誉女职工工作积极分子	1997
张尊峰		菏泽地区先进工会工作者	1998
刘秀云		菏泽地区先进工会工作者	1998
袁梁西	郓城县计生委工会主席	菏泽地区先进工会工作者	1998
王念广		菏泽地区先进工会工作者	1998
胡存景		菏泽地区先进工会工作者	1998
毛明超		菏泽地区先进工会工作者	1998
田学冉	郓城县总工会	菏泽地区先进工会工作者	1998
张守丽	郓城县总工会	菏泽地区先进工会工作者	1998
陈庆海	郓城县总工会	菏泽地区先进工会工作者	1998
王金仲	郓城县总工会主席	菏泽地区先进工会工作者	1998

续表

姓名	单位及职务	荣誉称号	年度
王衍栋	郓城县教育局工会副主席	菏泽地区先进工会工作者	1998
常福山	郓城县新华书店工会主席	菏泽地区先进工会工作者	1998
李若河	郓城县技术监督局	菏泽地区先进工会工作者	1998
吴秀玲		菏泽地区先进工会工作者	1998
王好礼	郓城县卫生局工会主任	菏泽地区先进工会工作者	1998
王道钦	郓城县粮食局工会主任	菏泽地区先进工会工作者	1998
胡晓舟	郓城县工商银行工会	菏泽地区先进工会工作者	1998
赵自生	郓城县国土局	菏泽地区先进工会工作者	1998
罗述典		菏泽地区工会工作积极分子	1998
杨际龙		菏泽地区工会工作积极分子	1998
杨志刚		菏泽地区工会工作积极分子	1998
程英良		菏泽地区工会工作积极分子	1998
樊庆芳		菏泽地区工会工作积极分子	1998
冯汝让		菏泽地区工会工作积极分子	1998
田学文		菏泽地区工会工作积极分子	1998
陈新光		菏泽地区工会工作积极分子	1998
张勤彦		菏泽地区工会工作积极分子	1998
杨建忠		菏泽地区工会工作积极分子	1998
侯宪卿		菏泽地区工会工作积极分子	1998
邵素兰	郓城县农机局	菏泽地区工会工作积极分子	1998
陈福聚		菏泽地区工会工作积极分子	1998
张友苏		菏泽地区工会工作积极分子	1998
商庆民		菏泽地区工会工作积极分子	1998
张梅松		菏泽地区工会工作积极分子	1998
杨茂新		菏泽地区工会工作积极分子	1998
陈洪涛		菏泽地区工会工作积极分子	1998
曹韵和		菏泽地区工会工作积极分子	1998

续表

姓名	单位及职务	荣誉称号	年度
刘言实		菏泽地区工会工作积极分子	1998
李锦红		菏泽地区工会工作积极分子	1998
徐元宏		菏泽地区工会工作积极分子	1998
陈元银	郓城县卫生局局长	菏泽地区荣誉工会积极分子	1998
任宪明	郓城县供销联社主任	菏泽地区荣誉工会积极分子	1998
魏天胜	郓城县国税局局长	菏泽地区荣誉工会积极分子	1998
孔运松	郓城县公路局局长	菏泽地区荣誉工会积极分子	1998
王光超		菏泽地区荣誉工会积极分子	1998
吕凌美		菏泽地区荣誉工会积极分子	1998
姜　峰		菏泽地区荣誉工会积极分子	1998
刘树民	郓城县供电局局长	菏泽地区荣誉工会积极分子	1998
梁邦申		菏泽地区荣誉工会积极分子	1998
侯进军	郓城县教委工会主席	菏泽地区先进工会工作者	1999
王道钦	郓城县粮食局工会	菏泽地区先进工会工作者	1999
张殿銮	郓城县公路局工会主席	菏泽地区先进工会工作者	1999
侯亚丽	郓城县总工会办公室副主任	菏泽地区先进工会工作者	1999
朱元昌	郓城县总工会副主任科员	菏泽地区先进工会工作者	1999
于恒斌	郓城县第二医院	菏泽地区工会工作积极分子	1999
李若河	郓城县技术监督局工会主席	菏泽地区工会工作积极分子	1999
袁梁西	郓城县计生委工会主席	菏泽地区工会工作积极分子	1999
张运甫	郓城县总工会	菏泽地区工会工作积极分子	1999
李淑英	郓城县医院儿科主任医师	菏泽地区工会工作积极分子	1999
魏咏梅	郓城县技术监督局	菏泽地区工会工作积极分子	1999
李彦儒	郓城县人民医院外科主任	菏泽地区工会工作积极分子	1999
魏天胜	郓城县国税局局长	菏泽地区荣誉工会积极分子	1999
刘贵涛	郓城县人民医院院长	菏泽地区荣誉工会积极分子	1999
侯进军	郓城县教委工会主席	菏泽地区先进工会工作者	2000

续表

姓名	单位及职务	荣誉称号	年度
李若河	郓城县技术监督局工会主席	菏泽地区先进工会工作者	2000
常福山	郓城县新华书店工会主席	菏泽地区先进工会工作者	2000
王道钦	郓城县粮食局工会主席	菏泽地区先进工会工作者	2000
潘明珍	郓城县人民医院工会主席	菏泽地区先进工会工作者	2000
房殿爱	郓城县总工会副主席	菏泽地区先进工会工作者	2000
吕宗椿	郓城县农业银行副行长、工会主席	菏泽地区工会工作积极分子	2000
袁良西	郓城县计生委工会主任	菏泽地区工会工作积极分子	2000
马献启	郓城县交通局工会主任	菏泽地区工会工作积极分子	2000
朱林	郓城县实验中学工会委员	菏泽地区工会工作积极分子	2000
张春荣	郓城县郭屯镇财所副所长	菏泽地区工会工作积极分子	2000
孔运松	郓城县公路局党总支书记	菏泽地区荣誉工会积极分子	2000
刘树民	郓城县供电局局长	菏泽地区荣誉工会积极分子	2000
戴凤芹	郓城县公费医疗门诊部	菏泽地区先进女职工	2000
樊爱云	郓城县实验中学教师	菏泽地区先进女职工	2000
鹿凤玲	郓城县西关小学教师	菏泽地区先进女职工	2000
梁素云	郓城县总工会工会副主席	菏泽地区先进女职工工作者	2000
王英华	郓城县供电局工会女职委委员	菏泽地区先进女职工工作者	2000
侯晓英	郓城县城建委工会女职委委员	菏泽地区先进女职工工作者	2000
祝艳玲	郓城县供销联合社工会女职委委员	菏泽地区先进女职工工作者	2000
贾丽丽	郓城县地税局	菏泽地区文明职工家庭	2000
王秀环	郓城县工商局	菏泽地区文明职工家庭	2000
王西燕	郓城县物资局	菏泽地区再就业明星	2000
王晓	郓城县粮食局	菏泽地区再就业明星	2000
王好礼	郓城县卫生局工会主任	菏泽市先进工会工作者	2001
曾广乡	郓城县公路局工会主席	菏泽市先进工会工作者	2001
王道钦	郓城县粮食局工会主任	菏泽市先进工会工作者	2001
侯进军	郓城县教育工会主任	菏泽市先进工会工作者	2001

续表

姓名	单位及职务	荣誉称号	年度
石殿武	郓城县供电局工会主席	菏泽市先进工会工作者	2001
常福山	郓城县新华书店副经理	菏泽市工会工作积极分子	2001
胡晓舟	中国工商银行郓城县支行工会会员	菏泽市工会工作积极分子	2001
韩章启	郓城师范学校工会会员	菏泽市工会工作积极分子	2001
杨守强	郓城县人民政府办公室司机	菏泽市工会工作积极分子	2001
王　丽	郓城县人民医院护士	菏泽市工会工作积极分子	2001
常建华	郓城县黄河河务局副局长	菏泽市荣誉工会积极分子	2001
桑　辉	郓城县邮政局局长	菏泽市荣誉工会积极分子	2001
李兴平	郓城县中医院书记	菏泽市荣誉工会积极分子	2001
桑圣钦	郓城县圣达集团董事长	菏泽市下岗再就业劳动模范	2002
张勤成	郓城县神舟集团公司董事长	菏泽市下岗再就业劳动模范	2002
张英华	郓城县教研室	菏泽市先进女职工	2002
许彩玲	郓城县教育局	菏泽市先进女职工	2002
赵瑞平	郓城镇教委	菏泽市先进女职工	2002
田秀荣	郓城县李集乡教委	菏泽市先进女职工	2002
许爱军	郓城县郓城镇人民政府	菏泽市先进女职工	2002
戴秀芹	中国农业银行郓城县支行	菏泽市先进女职工工作者	2002
曹敏	郓城县黄河河务局	菏泽市先进女职工工作者	2002
李桂秋	郓城县信用联社	菏泽市先进女职工工作者	2002
王振华	郓城县人民医院	菏泽市先进女职工工作者	2002
王英华	郓城县供电局	菏泽市先进女职工工作者	2002
侯进军	郓城县教育局	菏泽市文明职工家庭	2002
姜继臣	郓城县人民医院	菏泽市文明职工家庭	2002
宋惠丽	郓城县联社	菏泽市文明职工家庭	2002
袁梁西	郓城县计划生育局工会主席	菏泽市先进工会工作者	2002
王新存	郓城县程屯镇卫生院工会主席	菏泽市先进工会工作者	2002
吴秀梅	郓城县农村信用联社工会干事	菏泽市先进工会工作者	2002

续表

姓名	单位及职务	荣誉称号	年度
侯进军	郓城县教育局工会主任	菏泽市先进工会工作者	2002
刘天舒	郓城县邮政局工会主席	菏泽市先进工会工作者	2002
赵自钦	郓城县中医院工会干事	菏泽市先进工会工作者	2002
李延堂	郓城县国家税务局党组书记、局长	菏泽市工会工作积极分子	2002
魏一全	郓城县环卫处党支部书记、主任	菏泽市工会工作积极分子	2002
杨　振	中国银行郓城县支行营业部副主任	菏泽市工会工作积极分子	2002
于际起	郓城县供销联社党组成员	菏泽市工会工作积极分子	2002
孔运松	郓城县公路局党总支书记	菏泽市工会工作积极分子	2002
王衍栋	郓城县教育局计财科副科长	菏泽市工会工作积极分子	2002
修建周	郓城水浒酒业董事长、总经理	菏泽市荣誉积极分子	2002
刘腾川	郓城县人民医院院长、党总支书记	菏泽市荣誉积极分子	2002
王　宏	郓城县供电局党委委员	菏泽市荣誉积极分子	2002
黄庆新	郓城县国税局副科长	菏泽市职业道德建设十佳标兵	2004
杨勇	郓城县地税局办事员	菏泽市职业道德建设先进个人	2004
王　宏	郓城县供电公司工会主席	菏泽市先进工会工作者	2004
江丽辉	郓城县新华书店工会副主席	菏泽市先进工会工作者	2004
董建国	郓城县烟草公司工会财务委员	菏泽市先进工会工作者	2004
王衍栋	郓城县教育局工会副主席	菏泽市先进工会工作者	2004
孙自文	郓城县卫生局工会工作委员会主任	菏泽市先进工会工作者	2004
马先伦	郓城县盐务局副局长	菏泽市先进工会工作积极分子	2004
夏庚军	郓城县师范学校教师	菏泽市先进工会工作积极分子	2004
吴秀梅	郓城县农村信用联社	菏泽市先进工会工作积极分子	2004
孟凡军	郓城县劳动和社会保障局工会委员	菏泽市先进工会工作积极分子	2004
张继品	郓城县程屯镇中心卫生院会计	菏泽市先进工会工作积极分子	2004
耿继敏	郓城县国家税务局局长	菏泽市工会荣誉积极分子	2004
赵友鹏	郓城县地方税务局局长	菏泽市工会荣誉积极分子	2004
魏一全	郓城县环卫处主任	菏泽市工会荣誉积极分子	2004

续表

姓名	单位及职务	荣誉称号	年度
季明勇	郓城县总工会办公室副主任	菏泽市“安康杯”竞赛优秀组织个人	2005
王传斌	郓城县地方病防治办公室主任	菏泽先进工会工作者	2005
王万里	郓城县网通公司副经理、工会主席	菏泽先进工会工作者	2005
王启云	郓城县随官屯镇工会副主席	菏泽先进工会工作者	2005
王传银	郓城县教育局工会干事	菏泽先进工会工作者	2005
刘雪启	郓城县民政局工会主席	菏泽先进工会工作者	2005
轩桂冉	郓城县张鲁集乡农林服务站副站长	菏泽市工会工作积极分子	2005
郑忠成	郓城县教育局职工	菏泽市工会工作积极分子	2005
李艳君	郓城县卫生局卫生监督所职工	菏泽市工会工作积极分子	2005
张郁冰	郓城县黄堆集乡政府妇联主任	菏泽市工会工作积极分子	2005
王海英	郓城县环卫处财务科长	菏泽市工会工作积极分子	2005
陈　勇	郓城县潘渡镇党委书记	菏泽市荣誉工会积极分子	2005
周传问	郓城县工业园区管委会主任、党工委书记	菏泽市荣誉工会积极分子	2005
陈敬东	郓城县新华书店经理、书记	菏泽市荣誉工会积极分子	2005
房爱丽	郓城县杨庄集镇郑垓小学教师	菏泽市先进女职工	2005
李华国	郓城县海河纺织有限公司车间主任	菏泽市先进女职工	2005
刘玉美	郓城一中教师	菏泽市先进女职工	2005
王贵菊	郓城随官屯镇政府妇联主任	菏泽市先进女职工	2005
侯亚楠	郓城县机关小学女工委员	菏泽市先进女职工工作者	2005
曹　敏	郓城县黄河河务局女工委主任	菏泽市先进女职工工作者	2005
季玉凤	郓城县中医院工会委员	菏泽市先进女职工工作者	2005
张凤焕	郓城县立发纺织女工委主任	菏泽市先进女职工工作者	2005
安秀娟	郓城县卫生局女工委副主任	菏泽市先进女职工工作者	2005
陈英军	郓城县卫生局	菏泽市文明职工家庭	2005
梁洪彬	郓城县供电公司	菏泽市文明职工家庭	2005

续表

姓名	单位及职务	荣誉称号	年度
侯进军	郓城县教育局	菏泽市文明职工家庭	2005
赵友鹏	郓城县地方税务局党组书记、局长	菏泽市职业道德建设先进个人	2005
李艳霞	郓城县邮政局投递室投递员	菏泽市职工职业技能大赛优胜选手	2005
王衍栋	郓城县教育局	菏泽市先进会计工作者	2005
王　刚	郓城县会计管理中心	菏泽市先进会计工作者	2005
李金箱	郓城县郓城镇财政所	菏泽市先进会计工作者	2005
童秀甜	郓城县卫生局	菏泽市先进会计工作者	2005
范　惠	郓城县农业局植保站	菏泽市职工技术创新成果优秀奖	2005
徐龙杰	郓城县中医院	菏泽市职工合理化建议二等奖	2005
陈庆江	郓城县公路管理局	菏泽市职工合理化建议优秀奖	2005
李存明	郓城县建设局	菏泽市职工合理化建议优秀奖	2005
程曙光	郓城县国家税务局郭屯分局副局长	菏泽市知识型职工先进个人	2005
陈敬东	郓城县新华书店助理经济师	菏泽市知识型职工先进个人	2005
刘　倩	郓城县医院门诊部	菏泽市知识型职工先进个人	2005
王　宏	郓城县供电公司副经理、工会主席	菏泽市“安康杯”竞赛优秀组织个人	2006
徐长现	郓城县郓城镇办公室主任	菏泽市先进工会工作者	2006
张冠英	郓城县郭屯镇宣统委员	菏泽市先进工会工作者	2006
闫常军	郓城县国税局工会主席	菏泽市先进工会工作者	2006
赵自生	郓城县国土资源局工会主席	菏泽市先进工会工作者	2006
许正宝	郓城县第一中学工会宣传委员	菏泽市先进工会工作者	2006
郑庆存	郓城县杨庄集镇统计站站长	菏泽市工会工作积极分子	2006
刘洪梅	郓城县玉皇庙镇党委组宣委员	菏泽市工会工作积极分子	2006
孟凡军	郓城县劳动和社会保障局党组成员	菏泽市工会工作积极分子	2006
樊艳丽	郓城县潘渡镇妇联主任	菏泽市工会工作积极分子	2006
唐亚东	郓城县人民医院主治医师	菏泽市工会工作积极分子	2006
刘腾川	郓城县人民医院院长、书记	菏泽市荣誉工会积极分子	2006

续表

姓名	单位及职务	荣誉称号	年度
刘树民	郓城县供电公司经理	菏泽市荣誉工会积极分子	2006
赵友鹏	郓城县地税局局长	菏泽市荣誉工会积极分子	2006
刘秀丽	郓城县地税局干部	菏泽市先进女职工	2006
任东霞	郓城县程屯镇中学教师	菏泽市先进女职工	2006
许英华	郓城县教育局托幼办副主任	菏泽市先进女职工	2006
陈丽娟	郓城县公安局指挥调度科副科长	菏泽市先进女职工	2006
张梅华	郓城县人民法院会计	菏泽市先进女职工	2006
曹晓静	郓城县检察院女工委员	菏泽市女职工工作者	2006
李艳军	卫生局卫生监督所女工委主任	菏泽市女职工工作者	2006
董　蓓	建设银行郓城县支行执行会计师	菏泽市女职工工作者	2006
张月冬	郓城县国土资源局女工委主任	菏泽市女职工工作者	2006
彭咏梅	郓城县供电公司女工委主任	菏泽市女职工工作者	2006
杨延玺	郓城县地税局	菏泽市文明职工家庭	2006
潘英存	郓城县公路局	菏泽市文明职工家庭	2006
侯进军	郓城县教育局	菏泽市文明职工家庭	2006
宋体利	郓城县郓城镇党委副书记	菏泽市职业道德建设先进个人	2006
陈振修	郓城县华灵集团公司副总经理	菏泽市知识型职工先进个人	2006
侣明霞	中国建设银行郓城支行业务员	菏泽市职工职业技能大赛优胜选手	2006
王　泉	郓城县科技局	菏泽市职工技术创新成果二等奖	2006
黄文阁	郓城县人民医院	菏泽市职工技术创新成果二等奖	2006
王新文	郓城县供电公司	菏泽市职工技术创新成果三等奖	2006
陈庆江	郓城县公路管理局	菏泽市职工技术创新成果三等奖	2006
范　慧	郓城县植物保护站	菏泽市职工合理化建议一等奖	2006
王玉泉	郓城县供电公司	菏泽市职工合理化建议二等奖	2006
赵　军	郓城县邮政局	菏泽市职工合理化建议二等奖	2006
赵步庆	郓城县邮政局	菏泽市职工合理化建议三等奖	2006
戴秀芹	中国农业银行郓城县支行	菏泽市职工合理化建议三等奖	2006

续表

姓名	单位及职务	荣誉称号	年度
王新河	郓城县实验中学工会副主席	菏泽市先进工会工作者	2007
黄福利	郓城县人民医院业务副院长、工会主席	菏泽市先进工会工作者	2007
陈庆江	郓城县公路局工会主席	菏泽市先进工会工作者	2007
王　宏	郓城县供电公司副经理、工会主席	菏泽市先进工会工作者	2007
徐长现	郓城县郓城镇政府工会主席	菏泽市先进工会工作者	2007
孟凡军	郓城县劳动和社会保障局工会主席	菏泽市先进工会工作者	2007
杨　勇	郓城县地税局科员	菏泽市先进工会工作者	2007
任汝尊	郓城县丁里长镇政府工会会员	菏泽市先进工会工作者	2007
闫常军	郓城县国税局工会会员	菏泽市先进工会工作者	2007
张郁冰	郓城县黄堆集乡政府工会会员	菏泽市先进工会工作者	2007
杨延峰	郓城县环卫处保洁公司经理	菏泽市先进工会工作者	2007
孙　鹏	郓城县劳动和社会保障局工会会员	菏泽市先进工会工作者	2007
周大鹏	中国建设银行郓城县支行行长	菏泽市荣誉工会积极分子	2007
张耀华	中国农业银行郓城县支行党委书记、行长	菏泽市荣誉工会积极分子	2007
任仰年	郓城县张营镇党委书记	菏泽市荣誉工会积极分子	2007
周传问	郓城县工业园区管委会主任	菏泽市荣誉工会积极分子	2007
孙　彦	郓城县农业银行工会主席	菏泽市先进女职工工作者	2007
李桂秋	郓城县农村信用合作联社女工委主任	菏泽市先进女职工工作者	2007
彭咏梅	郓城县供电公司女工委主任	菏泽市先进女职工工作者	2007
任海荣	郓城县黄安镇经委副主任	菏泽市先进女职工工作者	2007
樊艳丽	郓城县潘渡镇政府工会副主席	菏泽市先进女职工工作者	2007
孙　磊	郓城县总工会女工干事	菏泽市先进女职工工作者	2007
艾凤华	郓城县公路管理局工会委员	菏泽市先进女职工	2007
侯秋君	郓城县郓城镇中心校教师	菏泽市先进女职工	2007
杨永红	郓城县技工学校教师	菏泽市先进女职工	2007

续表

姓名	单位及职务	荣誉称号	年度
童秀甜	郓城县卫生局会计	菏泽市先进女职工	2007
彭丽华	郓城县供电公司	菏泽市文明职工家庭	2007
王传斌	郓城县地方病防治办公室	菏泽市文明职工家庭	2007
张秀娥	郓城县疾病防治中心	菏泽市文明职工家庭	2007
艾凤华	郓城县公路管理局职工	菏泽市《劳动合同法》知识竞赛活动优秀个人	2007
付邦龙	郓城县国土资源局职工	菏泽市《劳动合同法》知识竞赛活动优秀个人	2007
李　爽	郓城县农村信用联社职工	菏泽市《劳动合同法》知识竞赛活动优秀个人	2007
戴永芳	郓城县总工会办公室副主任	菏泽市《劳动合同法》知识竞赛活动优秀个人	2007
姜记烨	郓城县新华书店办公室主任	菏泽市《劳动合同法》知识竞赛活动优秀个人	2007
刘　健	郓城县地方税务局政策法规科科长	菏泽市知识型职工先进个人	2007
康晓燕	郓城县南赵楼乡中心校	菏泽市知识型职工先进个人	2007
徐长现	郓城县郓城镇政府工会主任	菏泽市知识型职工先进个人	2007
高传理	郓城县郓城镇中学教师	菏泽市知识型职工先进个人	2007
任汝尊	郓城县丁里长镇政府	菏泽市职业道德建设先进个人	2007
王丽娟	郓城县陈坡乡中心校	菏泽市职业道德建设先进个人	2007
刁景兰（女）	郓城县人民医院	菏泽市职工技术创新成果一等奖	2007
梁秋之（女）	郓城县中医院	菏泽市职工技术创新成果二等奖	2007
刘　倩	郓城县医疗保险门诊部	菏泽市职工技术创新成果三等奖	2007
王素英（女）	郓城县农业局	菏泽市职工技术创新成果三等奖	2007
陈庆江	郓城县公路管理局	菏泽市职工合理化建议一等奖	2007
孙　磊（女）	郓城县总工会	菏泽市“安康杯”竞赛优秀组织个人	2007
杨际龙	郓城县教育局	菏泽市职工节约环保标兵	2007

续表

姓名	单位及职务	荣誉称号	年度
郭爱春（女）	郓城县人民医院	菏泽市职工节约环保标兵	2007
孟凡军	郓城县劳动局工会主席	菏泽市先进工会工作者	2008
庄险锋	郓城县财政局工会主席	菏泽市先进工会工作者	2008
王浩霆	郓城县人民医院工会干事	菏泽市先进工会工作者	2008
徐胜利	郓城县人民医院工会干事	菏泽市先进工会工作者	2008
王新河	郓城县实验中学工会副主席	菏泽市先进工会工作者	2008
鲁　丹	郓城县建设银行工会干事	菏泽市先进工会工作者	2008
杨建忠	郓城县畜牧局职工	菏泽市工会工作积极分子	2008
魏清芳	郓城县人民政府招待所餐饮部经理	菏泽市工会工作积极分子	2008
孙树林	郓城县人民医院主治医师	菏泽市工会工作积极分子	2008
潘永峰	郓城县人民医院内二科主任	菏泽市工会工作积极分子	2008
王安堂	郓城县地税局潘渡分局局长	菏泽市工会工作积极分子	2008
乔　伟	郓城县新华书店发行员	菏泽市工会工作积极分子	2008
王万里	郓城县联通公司副经理	菏泽市荣誉工会积极分子	2008
牛红彦	郓城县公路局党支部书记、局长	菏泽市荣誉工会积极分子	2008
闫常军	郓城县国税局机关支部书记	菏泽市荣誉工会积极分子	2008
樊庆芳	郓城县地税局副局长	菏泽市荣誉工会积极分子	2008
董爱英	郓城县农行计划财务部副经理	菏泽市先进女职工	2008
何淑荣	郓城县国税局科员	菏泽市先进女职工	2008
樊素娟	郓城县环卫处环卫收费员	菏泽市先进女职工	2008
彭亚丽	郓城县新华书店文具部主任	菏泽市先进女职工	2008
任海荣	郓城县黄安镇政府经委副主任	菏泽市先进女职工	2008
樊艳丽	郓城县潘渡镇工会女工委主任	菏泽市先进女职工工作者	2008
彭咏梅	郓城县供电公司工会女工委主任	菏泽市先进女职工工作者	2008
许　静	郓城县人民医院干事	菏泽市先进女职工工作者	2008
张郁冰	郓城县黄堆集乡工会副主任	菏泽市先进女职工工作者	2008
王和平	郓城县金河热电工会女工委主任	菏泽市先进女职工工作者	2008

续表

姓名	单位及职务	荣誉称号	年度
刘金良	郓城县供电公司	菏泽市文明和谐职工家庭	2008
侯瑞霞	郓城县农业银行	菏泽市文明和谐职工家庭	2008
王玫霞	郓城县建设银行	菏泽市文明和谐职工家庭	2008
谭炳刚	山东鲁能菏泽煤电开发有限公司副总经理	菏泽市“安康杯”竞赛优秀组织个人	2008
陈之帅	山东省郓城煤矿	菏泽市职工节约环保标兵	2008
王英华（女）	郓城县供电公司	菏泽市职工节约环保标兵	2008
段建华	中国农业银行郓城县支行	菏泽市职工节约环保标兵	2008
侯士栋	郓城县西关小学语文教师	菏泽市职工职业技能大赛优胜选手	2008
彭亚丽	郓城县新华书店文具部主任	菏泽市职业道德建设先进个人	2008
张永红	郓城县第二人民医院院长	菏泽市职业道德建设先进个人	2008
陈庆江	郓城县公路局工程师	菏泽市知识型职工先进个人	2008
王翠荣	郓城县人民医院主治医师	菏泽市知识型职工先进个人	2008
孟凡军	郓城县劳动和社会保障局工会主席	菏泽市“创争”活动优秀组织	2008
王衍栋	郓城县教育局工会副主席	菏泽市“创争”活动优秀组织	2008
孙　彦	郓城县农业银行	菏泽市工会理论政策研究优秀成果第三名	2008
李　静	郓城县农业银行	菏泽市工会理论政策研究优秀成果第三名	2008
樊庆芳	郓城县地税局副局长、工会主席	菏泽市先进工会工作者	2009
谢　允	郓城县供电公司工会主席	菏泽市先进工会工作者	2009
庄险锋	郓城县财政局工会主席	菏泽市先进工会工作者	2009
宋向东	郓城县赵楼煤矿工会主席	菏泽市先进工会工作者	2009
鹿兰全	郓城县计生局工会主席	菏泽市先进工会工作者	2009
徐长现	郓城县郓城镇工会主席	菏泽市先进工会工作者	2009
刘洪明	郓城县地税局职工	菏泽市工会工作积极分子	2009
祝令勤	郓城县人民医院检查科主任	菏泽市工会工作积极分子	2009
梁春景	郓城县人民医院医生	菏泽市工会工作积极分子	2009

续表

姓名	单位及职务	荣誉称号	年度
李建国	郓城县实验中学教师	菏泽市工会工作积极分子	2009
杨淑荣	郓城县人民医院医生	菏泽市工会工作积极分子	2009
杨　慧	郓城县畜牧局职工	菏泽市工会工作积极分子	2009
陈拥军	郓城县卫生局职工	菏泽市工会工作积极分子	2009
唐继常	郓城县地税局副局长	菏泽市荣誉工会积极分子	2009
耿继敏	郓城县国税局局长	菏泽市荣誉工会积极分子	2009
彭永强	郓城县供电公司园区供电所职工	菏泽市职工职业技能大赛优胜选手	2009
仝丽芳（女）	菏泽移动公司郓城县分公司	菏泽市职工职业技能大赛优胜选手	2009
王英华（女）	郓城县供电公司工会副主席	菏泽市“安康杯”竞赛优秀组织个人	2009
陈庆江	郓城县公路管理局科长	菏泽市职工节约环保标兵	2009
曾宪江	郓城县环境保护局总量办主任	菏泽市职工节约环保标兵	2009
徐龙杰	郓城县中医院工会主席	菏泽市职工节约环保标兵	2009
王成文	郓城县黄河河务局	菏泽市职工优秀技术创新成果获奖项目一等奖	2009
亓传周	菏泽供水分局郓城供水处	菏泽市职工优秀技术创新成果获奖项目一等奖	2009
陈惠民	菏泽安源养护公司第四分公司	菏泽市职工优秀技术创新成果获奖项目一等奖	2009
陈　勇	郓城黄河河务局	菏泽市职工优秀技术创新成果获奖项目一等奖	2009
王　旭	郓城黄河河务局	菏泽市职工优秀技术创新成果获奖项目一等奖	2009
王东升	郓城县人民医院	菏泽市职工优秀技术创新成果获奖项目二等奖	2009
王成交	郓城县人民医院	菏泽市职工优秀技术创新成果获奖项目二等奖	2009
徐龙华	郓城县人民医院	菏泽市职工优秀技术创新成果获奖项目二等奖	2009

续表

姓名	单位及职务	荣誉称号	年度
孙秀峰	郓城县人民医院	菏泽市职工优秀技术创新成果获奖项目二等奖	2009
孙兰荣	郓城县人民医院	菏泽市职工优秀技术创新成果获奖项目三等奖	2009
刁建勋	郓城县人民医院	菏泽市职工优秀技术创新成果获奖项目三等奖	2009
魏明顺	郓城县人民医院	菏泽市职工优秀技术创新成果获奖项目三等奖	2009
腾义友	中国农业银行郓城县支行	菏泽市职工合理化建议获奖项目一等奖	2009
张耀华	中国农业银行郓城县支行	菏泽市职工合理化建议获奖项目三等奖	2009
李　静	中国农业银行郓城县支行	菏泽市职工合理化建议获奖项目三等奖	2009
钱永涛	郓城县供电公司	菏泽市职工合理化建议获奖项目三等奖	2009
王成文	郓城县黄河河务局	菏泽市职工技术创新能手	2009
腾义友	中国农业银行郓城县支行	菏泽市职工合理化建议先进个人	2009
李　镇	郓城县总工会财务部长	菏泽市职工道德建设先进个人	2009
李　敏	郓城县第一中学中教一级	菏泽市职工道德建设先进个人	2009
马爱玲	郓城县医院感染科副主任主治医师	菏泽市知识型职工先进个人	2009
袁　涛	郓城县第二中学教师	菏泽市知识型职工先进个人	2009
王　波	郓城县人民医院口腔科副主任	菏泽市知识型职工先进个人	2009
谢　允	郓城县供电公司工会主席	菏泽市职工节约环保标兵	2010
刘雪配	郓城县实验中学教师	菏泽市职工节约环保标兵	2010
王东升	郓城县人民医院主治医师	菏泽市职工节约环保标兵	2010
陈英军	郓城县卫生局工会主席	菏泽市工会工作者	2010
高凤喜	郓城县地税局工会副主席	菏泽市工会工作者	2010
孟凡军	郓城县人社局工会主席	菏泽市工会工作者	2010

续表

姓名	单位及职务	荣誉称号	年度
雷　军	郓城县新华书店工会主席	菏泽市工会工作者	2010
王　伟	郓城县中医院工会副主席	菏泽市工会工作者	2010
祝司祥	郓城县第一初级中学工会干事	菏泽市工会工作者	2010
孙兰荣	郓城县人民医院儿科医生	菏泽市工会工作积极分子	2010
李　雷	郓城县畜牧局动物防疫监督所干事	菏泽市工会工作积极分子	2010
王　栋	郓城县供电公司运输部汽车队队长	菏泽市工会工作积极分子	2010
王东升	郓城县人民医院医生	菏泽市工会工作积极分子	2010
杨守彬	郓城县国税局考核办副主任	菏泽市工会工作积极分子	2010
刁秀敏	郓城县中医院内科主治医师	菏泽市工会工作积极分子	2010
牛红彦	郓城县公路局党总支书记、局长	菏泽市荣誉工会积极分子	2010
樊庆芳	郓城县地税局副局长	菏泽市荣誉工会积极分子	2010
李新华	郓城县供电公司送变电技术部主任	菏泽市职工职业技能大赛优胜选手	2010
王　博（女）	中国移动郓城分公司客户经理	菏泽市职工职业技能大赛优秀选手	2010
郑　军	郓城县顺达驾校教练	菏泽市职工职业技能大赛优秀选手	2010
王　伟	郓城县新起点互联科技有限公司经理	菏泽市职工职业技能大赛优秀选手	2010
宋向东	兖煤菏泽能化有限公司赵楼煤矿工会主席	菏泽市“安康杯”竞赛优秀组织个人	2010
吕玉宏	郓城黄河河务局	菏泽市职工优秀技术创新成果二等奖（简易电动吸泥船平台 DL—02 输沙设备研制和应用）	2010
戴存军	郓城黄河河务局	菏泽市职工优秀技术创新成果二等奖（简易电动吸泥船平台 DL—02 输沙设备研制和应用）	2010
罗永平	郓城黄河河务局	菏泽市职工优秀技术创新成果二等奖（简易电动吸泥船平台 DL—02 输沙设备研制和应用）	2010
陈惠民	郓城黄河河务局	菏泽市职工优秀技术创新成果二等奖（简易电动吸泥船平台 DL—02 输沙设备研制和应用）	2010

续表

姓名	单位及职务	荣誉称号	年度
陈　勇	郓城黄河河务局	菏泽市职工优秀技术创新成果二等奖（简易电动吸泥船平台 DL—02 输沙设备研制和应用）	2010
石目生	郓城黄河河务局	菏泽市职工优秀技术创新成果二等奖（简易电动吸泥船平台 DL—02 输沙设备研制和应用）	2010
陈惠民	郓城黄河河务局	菏泽市职工优秀技术创新成果三等奖（汽车发动机节温器—三元乙丙橡胶垫密缝装置）	2010
吕玉民	郓城黄河河务局	菏泽市职工优秀技术创新成果三等奖（汽车发动机节温器—三元乙丙橡胶垫密缝装置）	2010
吕玉宏	郓城黄河河务局	菏泽市职工优秀技术创新成果三等奖（汽车发动机节温器—三元乙丙橡胶垫密缝装置）	2010
郭国庆	郓城黄河河务局	菏泽市职工优秀技术创新成果三等奖（汽车发动机节温器—三元乙丙橡胶垫密缝装置）	2010
罗永平	郓城黄河河务局	菏泽市职工优秀技术创新成果三等奖（汽车发动机节温器—三元乙丙橡胶垫密缝装置）	2010
陈　勇	郓城黄河河务局	菏泽市职工优秀技术创新成果三等奖（汽车发动机节温器—三元乙丙橡胶垫密缝装置）	2010
李　静	中国农业银行郓城县支行	菏泽市职工合理化建议获奖项目一等奖（创建学习型组织学习型银行我见）	2010
时丕军	郓城供电公司	菏泽市职工合理化建议获奖项目三等奖（突出重点，加强 10kv 线路基础管理，提高企业经济效益）	2010
李　静	中国农业银行股份有限公司郓城县支行经济师	菏泽市职工合理化建议先进个人	2010

续表

姓名	单位及职务	荣誉称号	年度
张 慧	郓城县国税局双桥分局科员	菏泽市知识型职工先进个人	2010
姜 伟	郓城县人民医院主治医师	菏泽市知识型职工先进个人	2010
李 丹	郓城县第一初级中学中教一级	菏泽市职业道德建设先进个人	2010
樊庆昭	郓城县人民医院医师	菏泽市职业道德建设先进个人	2010
郑 军	郓城县顺达机动车驾驶员培训学校	菏泽市轿车驾驶技能大赛获奖个人（第七名）	2010
王 伟	郓城县新起点互联科技有限公司	菏泽市计算机应用技能大赛获奖个人	2010
刘考勇	郓城县县委宣传部新闻科长、外宣部主任	菏泽市首届牡丹新闻奖提名奖获奖人员	2010
鲁 玉	郓城县畜牧局干事	菏泽市建功立业标兵	2011
郭兰霞	郓城县第一中学教师	菏泽市十佳女职工建功立业标兵	2011
王英华	郓城县供电公司工会副主席	菏泽市先进女职工工作者	2011
李 静	郓城县农业银行女工委主任	菏泽市先进女职工工作者	2011
袁广茜	郓城县人民医院工会干事	菏泽市先进女职工工作者	2011
王玲娟	郓城县畜牧局动物防疫监督所	菏泽市先进女职工工作者	2011
谢 朋	郓城县供电公司	菏泽市文明和谐职工家庭	2011
李兴彬	郓城县农业银行	菏泽市文明和谐职工家庭	2011
王玉秀	郓城县公路局	菏泽市文明和谐职工家庭	2011
葛广亚	郓城县人民医院内科主治医师	菏泽市知识型职工先进个人	2011
陈 慧	郓城县农业局蔬菜办农艺师	菏泽市知识型职工先进个人	2011
赵 燕（女）	郓城县邮政局营业员	菏泽市职工职业技能大赛优秀选手	2011
彭永强	郓城县供电公司副班长	菏泽市职工职业技能大赛优秀选手	2011
宋 伟	中国联通郓城县分公司机务员	菏泽市职工职业技能大赛优秀选手	2011
范业景	中国联通郓城县分公司专业助理	菏泽市职工职业技能大赛优秀选手	2011
常 冲	中国联通郓城县分公司专业助理	菏泽市职工职业技能大赛优秀选手	2011
王 博	中国联通郓城县分公司客户经理	菏泽市职工职业技能大赛优秀选手	2011

续表

姓名	单位及职务	荣誉称号	年度
王用杰	兖煤菏泽能化有限公司赵楼煤矿	菏泽市职工优秀技术创新成果一等奖（高温矿井热害防治关键技术研究）	2011
李　峰	兖煤菏泽能化有限公司赵楼煤矿	菏泽市职工优秀技术创新成果一等奖（高温矿井热害防治关键技术研究）	2011
王树胜	兖煤菏泽能化有限公司赵楼煤矿	菏泽市职工优秀技术创新成果一等奖（高温矿井热害防治关键技术研究）	2011
阮国强	兖煤菏泽能化有限公司赵楼煤矿	菏泽市职工优秀技术创新成果一等奖（高温矿井热害防治关键技术研究）	2011
王保齐	兖煤菏泽能化有限公司赵楼煤矿	菏泽市职工优秀技术创新成果一等奖（高温矿井热害防治关键技术研究）	2011
张祥云	兖煤菏泽能化有限公司赵楼煤矿	菏泽市职工优秀技术创新成果一等奖（高温矿井热害防治关键技术研究）	2011
骆　伟	兖煤菏泽能化有限公司赵楼煤矿	菏泽市职工优秀技术创新成果一等奖（高温矿井热害防治关键技术研究）	2011
孙　超	兖煤菏泽能化有限公司赵楼煤矿	菏泽市职工优秀技术创新成果一等奖（高温矿井热害防治关键技术研究）	2011
张运华	兖煤菏泽能化有限公司赵楼煤矿	菏泽市职工优秀技术创新成果二等奖（交通罐发电机组自动切换）	2011
张树栋	兖煤菏泽能化有限公司赵楼煤矿	菏泽市职工优秀技术创新成果二等奖（交通罐发电机组自动切换）	2011
赵　胜	兖煤菏泽能化有限公司赵楼煤矿	菏泽市职工优秀技术创新成果二等奖（交通罐发电机组自动切换）	2011
赵广社	兖煤菏泽能化有限公司赵楼煤矿	菏泽市职工优秀技术创新成果二等奖（交通罐发电机组自动切换）	2011

续表

姓名	单位及职务	荣誉称号	年度
吴硕果	兖煤菏泽能化有限公司赵楼煤矿	菏泽市职工优秀技术创新成果二等奖（交通罐发电机组自动切换）	2011
张运华	兖煤菏泽能化有限公司赵楼煤矿	菏泽市职工优秀技术创新成果三等奖（CST设备水冷系统可行性研究及优化设计）	2011
王建风	兖煤菏泽能化有限公司赵楼煤矿	菏泽市职工优秀技术创新成果三等奖（CST设备水冷系统可行性研究及优化设计）	2011
宋文学	兖煤菏泽能化有限公司赵楼煤矿	菏泽市职工优秀技术创新成果三等奖（CST设备水冷系统可行性研究及优化设计）	2011
王增军	兖煤菏泽能化有限公司赵楼煤矿	菏泽市职工优秀技术创新成果三等奖（CST设备水冷系统可行性研究及优化设计）	2011
侯圣伟	兖煤菏泽能化有限公司赵楼煤矿	菏泽市职工优秀技术创新成果三等奖（CST设备水冷系统可行性研究及优化设计）	2011
樊淑敏	郓城县中医院、郓城县卫生局	菏泽市职工优秀技术创新成果三等奖（氟伐他联合华法林治疗颈内动脉内斑块的临床研究）	2011
宋晶晶	郓城县中医院、郓城县卫生局	菏泽市职工优秀技术创新成果三等奖（氟伐他联合华法林治疗颈内动脉内斑块的临床研究）	2011
刘　倩	郓城县中医院、郓城县卫生局	菏泽市职工优秀技术创新成果三等奖（氟伐他联合华法林治疗颈内动脉内斑块的临床研究）	2011
李　文	兖煤菏泽能化有限公司赵楼煤矿	菏泽市职工合理化建议一等奖（利用掘进机液压系统张紧锚索）	2011
时丕军	郓城县供电公司	菏泽市职工合理化建议二等奖（规范低压客户档案管理，严格执行低压客户“实名制”）	2011

续表

姓名	单位及职务	荣誉称号	年度
张　利	兖煤菏泽能化有限公司赵楼煤矿	菏泽市职工合理化建议三等奖（矿井水再利用，缓解矿井供水不足）	2011
曹建伟	郓城县供电公司	菏泽市职工合理化建议三等奖（建立35KV及以上线路的线损率以及变压器经济运行考核指标）	2011
王用杰	兖煤菏泽能化有限公司赵楼煤矿高级工程师	菏泽市职工技术创新能手	2011
李　文	兖煤菏泽能化有限公司赵楼煤矿助理工程师	菏泽市职工合理化建议先进个人	2011
孙　彦（女）	中国农业银行郓城县支行党委副书记兼工会主席	菏泽市“安康杯”竞赛优秀组织个人	2011
吕秀云（女）	郓城县人民医院重症医学科副主任	菏泽市职工节约环保标兵	2011
端木德印	山东省郓城第一中学教师	菏泽市职工节约环保标兵	2011
孙兰荣（女）	郓城县人民医院儿二科主治医师	菏泽市职工节约环保标兵	2011
孙玉丽	郓城县第一初级中学教师	菏泽市女职工建功立业标兵	2011
刘　倩	郓城县卫生局新农合办公室副主任	菏泽市女职工建功立业标兵	2011
樊淑敏	郓城县中医医院内科主治医师	菏泽市女职工建功立业标兵	2011
王西英	郓城县第二人民医院妇产科主治医师	菏泽市女职工建功立业标兵	2011
潘彩霞	郓城县人民医院手术室主管护师	菏泽市女职工建功立业标兵	2011
孙玉丽	郓城县第一初级中学教师	菏泽市十佳女职工建功立业标兵	2011
郭国庆	郓城县河务局工会主席	菏泽市先进女职工工作者	2011
王秋丽	郓城县人民医院女工委员	菏泽市先进女职工工作者	2011
潘彩林	郓城县计划生育服务站女工委员	菏泽市先进女职工工作者	2011
李寿辉	兖煤菏泽能化有限公司赵楼煤矿	菏泽市文明和谐职工家庭	2011
赵效鲁	郓城县新华书店	菏泽市文明和谐职工家庭	2011
李天明	郓城县供电公司	菏泽市文明和谐职工家庭	2011
宋向东	兖煤菏泽能化赵楼煤矿工会主席	菏泽市先进工会工作者	2011

续表

姓名	单位及职务	荣誉称号	年度
宋守岭	山东省郓城县新华书店工会副主席	菏泽市先进工会工作者	2011
庄险锋	郓城县财政局工会主席	菏泽市先进工会工作者	2011
刘洪明	郓城县地税局工会主席	菏泽市先进工会工作者	2011
蔺　悦	郓城县公安局工会副主席	菏泽市先进工会工作者	2011
赵宏兴	郓城县人民医院工会干事	菏泽市先进工会工作者	2011
张呈全	中国人寿郓城县支公司经理	菏泽市优秀工会会员	2011
郭良军	郓城县人民医院外科副主任医师	菏泽市优秀工会会员	2011
赵艳丽	郓城县人民医院口腔科主治医师	菏泽市优秀工会会员	2011
樊桂美	郓城县技工学校统计员	菏泽市优秀工会会员	2011
王　伟	郓城县人民医院口腔科主治医师	菏泽市优秀工会会员	2011
申光伟	中国建设银行股份有限公司郓城支行工会主席	菏泽市工会创建劳动关系和谐企业工作先进个人	2012
王春雷	郓城县工业园区管理委员会工会委员	菏泽市工会创建劳动关系和谐企业工作先进个人	2012
张雨芹	郓城县总工会帮扶中心主任	菏泽市工会创建劳动关系和谐企业工作先进个人	2012
赵子耕	郓城县实验中学中教二级	菏泽市职工体育工作先进个人	2012
杨彦彦（女）	郓城县文化体育局科员	菏泽市职工体育工作先进个人	2012
田学冉	郓城县总工会宣教部部长	菏泽市职工体育工作先进个人	2012
张媛媛（女）	郓城县卫生监督局法制科科长	菏泽市职工职业技能大赛优秀选手	2012
王升运	郓城县卫生局卫生监督局副所长	菏泽市职工职业技能大赛优秀选手	2012
刘法全	郓城县公路管理局副科长	菏泽市职工职业技能大赛优秀选手	2012
刘伦玉	郓城县地税局潘渡税务所副所长	菏泽市职工职业技能大赛优秀选手	2012
侯树辰（女）	郓城县农村信用联社丁庙信用社柜员	菏泽市职工职业技能大赛优秀选手	2012
胡伟伟（女）	中国移动通信郓城分公司数据营销员	菏泽市职工职业技能大赛优秀选手	2012

续表

姓名	单位及职务	荣誉称号	年度
周生强	山东菏泽烟草有限公司郓城营销部网建管理员	菏泽市职工职业技能大赛优秀选手	2012
袁　东（女）	郓城县中医院中级工	菏泽市职工节约环保标兵	2012
李玉华（女）	郓城县第二人民医院副主任	菏泽市职工节约环保标兵	2012
王树胜	兖煤菏泽能化赵楼煤矿副矿长	菏泽市职工节约环保标兵	2012
殷玉臣	郓城县人民医院工会经审委员	菏泽市基层工会经审工作规范化建设先进个人	2012
鹿兰全	郓城县人口与计划生育局工会主任	菏泽市基层工会经审工作规范化建设先进个人	2012
李寿辉	兖煤菏泽能化赵楼煤矿工会副主席	菏泽市先进工会工作者	2012
姜季冶	郓城新华书店工会主席	菏泽市先进工会工作者	2012
陈庆江	郓城县公路管理局工会主席	菏泽市先进工会工作者	2012
庄险锋	郓城县财政局工会主席	菏泽市先进工会工作者	2012
孟凡钊	郓城县地方税务局纪检组长、工会主席	菏泽市先进工会工作者	2012
宋雪云	郓城县第一初级中学教师	菏泽市优秀工会会员	2012
房金英	郓城县人民医院口腔科医师	菏泽市优秀工会会员	2012
李晓兵	郓城县人民医院外科医师	菏泽市优秀工会会员	2012
刘国栋	郓城县国家税务局机关党办主任	菏泽市优秀工会会员	2012
赵　珊	郓城县地税局双桥税务所所长	菏泽市优秀工会会员	2012
曹铭芳	郓城县地税局稽查局审理科科长	菏泽市优秀工会会员	2012
孙兰荣	郓城县人民医院主治医师	菏泽市女职工建功立业标兵	2012
赵桂红	郓城县人民医院科主任	菏泽市女职工建功立业标兵	2012
殷玉臣	郓城县人民医院主管护师	菏泽市女职工建功立业标兵	2012
梁媛	郓城县乐园小学教师	菏泽市女职工建功立业标兵	2012
李淑凤	郓城县水务局科员	菏泽市女职工建功立业标兵	2012
赵艳丽	郓城县国土资源局耕保科副科长	菏泽市女职工建功立业标兵	2012
孙兰荣	郓城县人民医院主治医师	菏泽市十佳女职工建功立业标兵	2012

续表

姓名	单位及职务	荣誉称号	年度
彭咏梅	郓城县供电公司党群工作部副主任	菏泽市先进女职工工作者	2012
郭国庆	郓城黄河河务局女工委主任	菏泽市先进女职工工作者	2012
张秀春	郓城县人民医院女工委主任	菏泽市先进女职工工作者	2012
樊艳丽	郓城县潘渡镇人民政府工会副主席	菏泽市先进女职工工作者	2012
张郁冰	郓城县黄堆集乡工会副主席	菏泽市先进女职工工作者	2012
樊庆芳	郓城县地方税务局	菏泽市文明和谐职工家庭	2012
王凤莲	郓城第一中学	菏泽市文明和谐职工家庭	2012
张媛媛（女）	郓城县卫生监督局法制科科长	菏泽市职工职业技能大赛优秀选手	2012
王升运	郓城县卫生局卫生监督局副所长	菏泽市职工职业技能大赛优秀选手	2012
刘法全	郓城县公路管理局副科长	菏泽市职工职业技能大赛优秀选手	2012
刘伦玉	郓城县地税局潘渡所副所长	菏泽市职工职业技能大赛优秀选手	2012
侯树辰（女）	郓城县农村信用合作联社丁庙信用社柜员	菏泽市职工职业技能大赛优秀选手	2012
胡伟伟（女）	中国移动通信郓城县分公司数据营销员	菏泽市职工职业技能大赛优秀选手	2012
周生强	菏泽烟草郓城营销部网建管理员	菏泽市职工职业技能大赛优秀选手	2012
杨少华	郓城县供电公司工会主席	菏泽市“安康杯”竞赛优秀组织个人	2012
李寿辉	兖煤菏泽能化赵楼煤矿工会副主席	菏泽市职业道德建设先进个人	2012
王奉来	郓城县人民医院副主任医师	菏泽市职业道德建设先进个人	2012
刘　鑫	郓城县人民医院主治医师	菏泽市职业道德建设先进个人	2012
刘翠珍（女）	郓城县种子公司助理农艺师	菏泽市职业道德建设先进个人	2012
韩　勇	郓城县环境保护局办公室主任	菏泽市职业道德建设先进个人	2012
马士勇	郓城县畜牧局助理兽医师	菏泽市职业道德建设先进个人	2012
陈　艳（女）	郓城县程屯镇中心校小教一级	菏泽市职业道德建设先进个人	2012
张西友	山东省郓城第一中学中教一级	菏泽市职业道德建设先进个人	2012
魏见黎（女）	郓城县人力资源和社会保障局科员	菏泽市职业道德建设先进个人	2012
李　慧（女）	郓城县第一初级中学中教一级	菏泽市知识型职工先进个人	2012

续表

姓名	单位及职务	荣誉称号	年度
腾义友	中国农业银行郓城县支行副经理	菏泽市知识型职工先进个人	2012
郭良兴	郓城县公路管理局处长	菏泽市知识型职工先进个人	2012
王向立	山东省郓城第一中学中教二级	菏泽市知识型职工先进个人	2012
王　平	山东省郓城第一中学中教一级	菏泽市知识型职工先进个人	2012
吴亚英（女）	郓城县人民医院主治医师	菏泽市知识型职工先进个人	2012
潘彩凤（女）	郓城县人民医院主管护师	菏泽市知识型职工先进个人	2012
赵　清	郓城县人民医院副主任医师	菏泽市知识型职工先进个人	2012
康秀华（女）	郓城县供电公司财务部主任	菏泽市知识型职工先进个人	2012
徐长斌	郓城县种子公司	菏泽市职工优秀技术创新成果一等奖（新甜掉牙甜瓜高效栽培技术）	2012
白福宝	兖煤菏泽能化有限公司赵楼煤矿	菏泽市职工优秀技术创新成果二等奖（井下翻车硐室给煤机控制系统改造）	2012
黄海涛	兖煤菏泽能化有限公司赵楼煤矿	菏泽市职工优秀技术创新成果二等奖（井下翻车硐室给煤机控制系统改造）	2012
刘　旭	兖煤菏泽能化有限公司赵楼煤矿	菏泽市职工优秀技术创新成果二等奖（井下翻车硐室给煤机控制系统改造）	2012
诸福堂	兖煤菏泽能化有限公司赵楼煤矿	菏泽市职工优秀技术创新成果二等奖（井下翻车硐室给煤机控制系统改造）	2012
孙兰荣	郓城县人民医院	菏泽市职工优秀技术创新成果二等奖（电针联合脑活素早期干预新生儿缺氧缺血性脑病临床研究）	2012
刁建勋	郓城县人民医院	菏泽市职工优秀技术创新成果二等奖（电针联合脑活素早期干预新生儿缺氧缺血性脑病临床研究）	2012
鹿新枚	郓城县人民医院	菏泽市职工优秀技术创新成果二等奖（电针联合脑活素早期干预新生儿缺氧缺血性脑病临床研究）	2012

续表

姓名	单位及职务	荣誉称号	年度
魏明顺	郓城县人民医院	菏泽市职工优秀技术创新成果二等奖（电针联合脑活素早期干预新生儿缺氧缺血性脑病临床研究）	2012
张　利	兖煤菏泽能化有限公司赵楼煤矿	菏泽市职工优秀技术创新成果三等奖（悬臂式皮带搭接卸载平台）	2012
孙　磊	兖煤菏泽能化有限公司赵楼煤矿	菏泽市职工优秀技术创新成果三等奖（悬臂式皮带搭接卸载平台）	2012
赵明举	兖煤菏泽能化有限公司赵楼煤矿	菏泽市职工优秀技术创新成果三等奖（悬臂式皮带搭接卸载平台）	2012
张运华	兖煤菏泽能化有限公司赵楼煤矿	菏泽市职工合理化建议一等奖（给煤机双电机自动切换优化设计）	2012
宋文学	兖煤菏泽能化有限公司赵楼煤矿	菏泽市职工合理化建议一等奖（给煤机双电机自动切换优化设计）	2012
侯圣伟	兖煤菏泽能化有限公司赵楼煤矿	菏泽市职工合理化建议一等奖（给煤机双电机自动切换优化设计）	2012
刘养振	兖煤菏泽能化有限公司赵楼煤矿	菏泽市职工合理化建议二等奖（简易带式输送机在短距离巷道施工中的应用）	2012
孙文峰	兖煤菏泽能化有限公司赵楼煤矿	菏泽市职工合理化建议二等奖（简易带式输送机在短距离巷道施工中的应用）	2012
刘　军	兖煤菏泽能化有限公司赵楼煤矿	菏泽市职工合理化建议二等奖（简易带式输送机在短距离巷道施工中的应用）	2012
陈雪峰	郓城县供电公司	菏泽市职工合理化建议三等奖（加强电网经济运行，节约企业生产成本）	2012

续表

姓名	单位及职务	荣誉称号	年度
王成交	郓城县人民医院	菏泽市职工合理化建议三等奖（医师实行“技术专业化，待遇绩效化”）	2012
王建风	兖煤菏泽能化有限公司赵楼煤矿	菏泽市职工合理化建议三等奖（CST 设备 A—B 控制系统、SiemensPLC 之间的通讯优化完善）	2012
王增军	兖煤菏泽能化有限公司赵楼煤矿	菏泽市职工合理化建议三等奖（CST 设备 A—B 控制系统、SiemensPLC 之间的通讯优化完善）	2012
宋文学	兖煤菏泽能化有限公司赵楼煤矿	菏泽市职工合理化建议三等奖（CST 设备 A—B 控制系统、SiemensPLC 之间的通讯优化完善）	2012
徐长斌	郓城县种子公司农艺师	菏泽市职工技术创新能手	2012
张运华	兖煤菏泽能化赵楼煤矿助理工程师	菏泽市职工合理化建议先进个人	2012
李召峰	郓城第一中学教师	菏泽市职工职业技术大赛优胜选手	2013
陈新元	龙矿集团郓城项目管理处技师	菏泽市职工职业技术大赛优胜选手	2013
王留军	郓城县公路管理局助理工程师	菏泽市职工职业技能大赛优秀选手	2013
吕国强	郓城县邮政局邮政营业员	菏泽市职工职业技能大赛优秀选手	2013
王　辉	国网山东郓城县供电公司高级工	菏泽市职工职业技能大赛优秀选手	2013
李　昊	中国移动郓城分公司项目经理	菏泽市职工职业技能大赛优秀选手	2013
徐延强	兖煤菏泽能化赵楼煤矿高级工	菏泽市职工职业技能大赛优秀选手	2013
张　旭	兖煤菏泽能化赵楼煤矿矿井维修电工	菏泽市职工职业技能大赛优秀选手	2013
肖建刚	龙矿集团郓城项目管理处矿井维修电工	菏泽市职工职业技能大赛优秀选手	2013
潘跃辉	兖煤菏泽能化赵楼煤矿矿井维修电工	菏泽市职工职业技能大赛优秀选手	2013
闫　锋	山东鲁能菏泽煤电彭庄煤矿技术员	菏泽市职工职业技能大赛优秀选手	2013
孙海涛	山东鲁能菏泽煤电郭屯煤矿技术员	菏泽市职工职业技能大赛优秀选手	2013
王　猛	山东鲁能菏泽煤电郭屯煤矿技术员	菏泽市职工职业技能大赛优秀选手	2013

续表

姓名	单位及职务	荣誉称号	年度
鹿新枚	郓城县人民医院主治医师	菏泽市知识型职工先进个人	2013
郭国庆（女）	郓城县黄河河务局女工主任	菏泽市知识型职工先进个人	2013
罗述清	山东新华书店集团郓城分公司工会主任	菏泽市知识型职工先进个人	2013
王茜（女）	山东鲁能菏泽煤电开发有限公司技术师	菏泽市知识型职工先进个人	2013
韩传孝	郓城县中医医院主治医师	菏泽市知识型职工先进个人	2013
樊兆兰	中国农业银行郓城县支行副经理	菏泽市知识型职工先进个人	2013
李丹（女）	郓城县第一初级中学一级教师	菏泽市知识型职工先进个人	2013
孙　磊	郓城县总工会生产保障部部长	菏泽市“安康杯”竞赛优秀组织个人	2013
陈丽娟（女）	郓城县公安局指挥中心副主任	菏泽市职工节约环保标兵	2013
石玉芝（女）	郓城县人民医院急症科主治医师	菏泽市职工节约环保标兵	2013
刁　贤（女）	郓城县人民医院妇产科住院医师	菏泽市职工节约环保标兵	2013
何晓明	兖煤菏泽能化有限公司赵楼煤矿运转队井筒维修班班长	菏泽市安全生产优秀班组长	2013
孙召营	山东鲁能菏泽煤电开发有限公司郭屯煤矿综采一区生产一班班长	菏泽市安全生产优秀班组长	2013
鲍占栋	山东泰嘉门业有限公司董事长	菏泽市工友创业优秀个人	2013
侯全磊	郓城县唐塔街道办事处工会副主席	菏泽市先进工会工作者	2013
罗述清	新华书店集团郓城分公司工会主席	菏泽市先进工会工作者	2013
李兆友	郓城县陈坡乡人民政府工会副主席	菏泽市先进工会工作者	2013
张家国	郓城县双桥乡人民政府工会副主席	菏泽市先进工会工作者	2013
高承进	郓城县人力资源和社会保障局工会副主席	菏泽市先进工会工作者	2013
任汝尊	郓城县丁里长镇办公室主任	菏泽市优秀工会会员	2013
吴亚平	郓城县中医医院主治医师	菏泽市优秀工会会员	2013
赵　冲	郓城县人民医院主管药师	菏泽市优秀工会会员	2013

续表

姓名	单位及职务	荣誉称号	年度
王贵顺	郓城县南赵楼乡党委副书记	菏泽市优秀工会会员	2013
万峰一	龙矿集团郓城煤矿项目管理处机电区长	菏泽市优秀工会会员	2013
赵立博	郓城县国土资源局土地估价所副所长	菏泽市优秀工会会员	2013
张素婷	郓城县人口计划生育局宣教科科长	菏泽市优秀工会会员	2013
王新河	郓城县实验中学教师	菏泽市优秀工会会员	2013
杨　珞	郓城县郓州街道办事处馆员	菏泽市女职工建功立业标兵	2013
王丽峰	郓城县人民医院医师	菏泽市女职工建功立业标兵	2013
刁秀菊	郓城县人民医院主管护师	菏泽市女职工建功立业标兵	2013
吴秀梅	郓城县农村信用合作联社人力资源部经理	菏泽市女职工建功立业标兵	2013
李春芳	郓城县地方税务局监察员	菏泽市女职工建功立业标兵	2013
王静霞	郓城县第一中学一级教师	菏泽市女职工建功立业标兵	2013
杨　珞	郓城县郓州街道办事处馆员	菏泽市十佳女职工建功立业标兵	2013
黄艳春	郓城县总工会科员	菏泽市先进女职工工作者	2013
张郁冰	郓城县黄堆集乡工会副主席	菏泽市先进女职工工作者	2013
谢湘蓉	郓城县交通运输局女工委主任	菏泽市先进女职工工作者	2013
侯艳丽	郓城第一中学工会干事	菏泽市先进女职工工作者	2013
张爱松	郓城县潘渡镇人民政府工会干事	菏泽市先进女职工工作者	2013
刘养振	兖煤菏泽能化有限公司赵楼煤矿	菏泽市文明和谐职工家庭	2013
李亚峰	国网山东郓城县供电公司	菏泽市文明和谐职工家庭	2013
李国洪	郓城县中医院	菏泽市职工优秀技术创新成果一等奖（中药对慢性浅表性胃炎（CSG）康复的观察与评价研究）	2013
赵喜运	郓城县中医院	菏泽市职工优秀技术创新成果一等奖（中药对慢性浅表性胃炎（CSG）康复的观察与评价研究）	2013

续表

姓名	单位及职务	荣誉称号	年度
张进合	郓城县中医院	菏泽市职工优秀技术创新成果一等奖（中药对慢性浅表性胃炎（CSG）康复的观察与评价研究）	2013
李　建	兖煤菏泽能化有限公司赵楼煤矿	菏泽市职工优秀技术创新成果二等奖（赵楼煤矿煤炭运销管控系统的开发和运用）	2013
刘念雷	兖煤菏泽能化有限公司赵楼煤矿	菏泽市职工优秀技术创新成果二等奖（赵楼煤矿煤炭运销管控系统的开发和运用）	2013
尹建文	兖煤菏泽能化有限公司赵楼煤矿	菏泽市职工优秀技术创新成果二等奖（赵楼煤矿煤炭运销管控系统的开发和运用）	2013
林冬晗	兖煤菏泽能化有限公司赵楼煤矿	菏泽市职工优秀技术创新成果二等奖（赵楼煤矿煤炭运销管控系统的开发和运用）	2013
葛增欣	郓城县人民医院	菏泽市职工优秀技术创新成果三等奖（头部 CT 检查定位器）	2013
吴硕果	兖煤菏泽能化有限公司赵楼煤矿	菏泽市职工优秀技术创新成果三等奖（主井提升机“箕斗扇形门异常”保护设计）	2013
赵广社	兖煤菏泽能化有限公司赵楼煤矿	菏泽市职工优秀技术创新成果三等奖（主井提升机“箕斗扇形门异常”保护设计）	2013
张树栋	兖煤菏泽能化有限公司赵楼煤矿	菏泽市职工优秀技术创新成果三等奖（主井提升机“箕斗扇形门异常”保护设计）	2013
何晓明	兖煤菏泽能化有限公司赵楼煤矿	菏泽市职工优秀技术创新成果三等奖（主井提升机“箕斗扇形门异常”保护设计）	2013
李红强	兖煤菏泽能化有限公司赵楼煤矿	菏泽市职工合理化建议获奖项目一等奖（主井口斗式提升机增设防压装置）	2013

续表

姓名	单位及职务	荣誉称号	年度
张　帆	兖煤菏泽能化有限公司赵楼煤矿	菏泽市职工合理化建议获奖项目一等奖（主井口斗式提升机增设防压装置）	2013
戴长官	兖煤菏泽能化有限公司赵楼煤矿	菏泽市职工合理化建议获奖项目一等奖（主井口斗式提升机增设防压装置）	2013
田　锋	郓城县公路管理局	菏泽市职工合理化建议获奖项目二等奖（水稳拌合站加装水滤系统）	2013
李安民	兖煤菏泽能化有限公司赵楼煤矿	菏泽市职工合理化建议获奖项目二等奖（深部冲击地压监测和治理方面的若干建议）	2013
马树坤	兖煤菏泽能化有限公司赵楼煤矿	菏泽市职工合理化建议获奖项目二等奖（深部冲击地压监测和治理方面的若干建议）	2013
陈雪峰	国网山东郓城县供电公司	菏泽市职工合理化建议获奖项目三等奖（郓城10KV配网管理）	2013
于恒伟	国网山东郓城县供电公司	菏泽市职工合理化建议获奖项目三等奖（郓城10KV配网管理）	2013
王永青	国网山东郓城县供电公司	菏泽市职工合理化建议获奖项目三等奖（郓城10KV配网管理）	2013
腾义友	中国农业银行郓城县支行	菏泽市职工合理化建议获奖项目三等奖（搭建电子支付结算体系方便城乡居民）	2013
周晓红	中国农业银行郓城县支行	菏泽市职工合理化建议获奖项目三等奖（搭建电子支付结算体系方便城乡居民）	2013
马　忠	中国农业银行郓城县支行	菏泽市职工合理化建议获奖项目三等奖（搭建电子支付结算体系方便城乡居民）	2013
郭宗华	兖煤菏泽能化有限公司赵楼煤矿	菏泽市职工合理化建议获奖项目三等奖（在掘进迎头安装放炮母线固定装置）	2013

续表

姓名	单位及职务	荣誉称号	年度
常胜利	兖煤菏泽能化有限公司赵楼煤矿	菏泽市职工合理化建议获奖项目三等奖（在掘进迎头安装放炮母线固定装置）	2013
孔　丹	兖煤菏泽能化有限公司赵楼煤矿	菏泽市职工合理化建议获奖项目三等奖（在掘进迎头安装放炮母线固定装置）	2013
李国洪	郓城县中医院副主任医师	菏泽市职工技术创新能手	2013
李红强	兖煤菏泽能化赵楼煤矿总工程师	菏泽市职工合理化建议先进个人	2013
李寿辉	兖煤菏泽能化赵楼煤矿工会	菏泽市基层工会经审工作规范化建设先进个人	2013
蔡　莹	郓城农村信用联社工会经审委员	菏泽市基层工会经审工作规范化建设先进个人	2013
孙　磊（女）	郓城县总工会经审办主任	菏泽市基层工会经审工作规范化建设先进个人	2013
王向立	郓城第一中学教师	菏泽市职业道德建设先进个人	2014
宋晶晶（女）	郓城县中医院主治医师	菏泽市职业道德建设先进个人	2014
李咏梅（女）	郓城县丁里长镇中心学校二级教师	菏泽市职业道德建设先进个人	2014
王治国	菏泽学院郓城教师教育学院教师	菏泽市职业道德建设先进个人	2014
樊素珍（女）	郓城县第一初级中学教师	菏泽市职业道德建设先进个人	2014
曾爱英（女）	郓城县教育局中学一级教师	菏泽市职业道德建设先进个人	2014
李　江	郓城县人民医院工会干事	菏泽市职业道德建设先进个人	2014
樊庆昭	郓城县人民医院医师	菏泽市职业道德建设先进个人	2014
祝凤云（女）	郓城县李集乡中心学校二级教师	菏泽市知识型职工先进个人	2014
吴秀梅（女）	郓城农商行公政工师	菏泽市知识型职工先进个人	2014
李金英（女）	郓城县交通运输局助理工程师	菏泽市知识型职工先进个人	2014
梁衍立	郓城县侯咽集镇中心卫生院院长	菏泽市知识型职工先进个人	2014
侯全磊	郓城县唐塔街道办事处副主任	菏泽市知识型职工先进个人	2014
姜季冶	郓城新华书店工会主任	菏泽市知识型职工先进个人	2014
王向立	山东省郓城第一中学教师	菏泽市职业道德建设先进个人	2014

续表

姓名	单位及职务	荣誉称号	年度
张晓航（女）	郓城县人民检察院刑事检察科科员	菏泽市知识型职工先进个人	2014
刘　霞（女）	山东省郓城第一中学教师	菏泽市先进劳动者	2014
李景轲	郓城县城市建设综合开发公司职工	菏泽市先进劳动者	2014
樊护兵	郓城县供电公司工会副主席	菏泽市先进基层工会干部	2014
桑圣钦	山东圣达实业集体有限公司董事长	菏泽市先进社会责任担当企业家	2014
侯亚伟（女）	郓城县郓州街道办王沙湾小学教师	菏泽市职工职业技能大赛优秀选手	2014
王升运	郓城县卫生监督局所长	菏泽市职工职业技能大赛优秀选手	2014
邢长军	兖煤菏泽能化赵楼煤矿瓦斯检查工	菏泽市职工职业技能大赛优秀选手	2014
王　兵	鲁能菏泽煤电郭屯煤矿瓦斯检查工	菏泽市职工职业技能大赛优秀选手	2014
邵元海	鲁能菏泽煤电郭屯煤矿瓦斯检查工	菏泽市职工职业技能大赛优秀选手	2014
张同强	鲁能菏泽煤电郭屯煤矿瓦斯检查工	菏泽市职工职业技能大赛优秀选手	2014
王传强	鲁能菏泽煤电彭庄煤矿瓦斯检查工	泽市职工职业技能大赛优秀选手	2014
朱立兵	鲁能菏泽煤电彭庄煤矿瓦斯检查工	菏泽市职工职业技能大赛优秀选手	2014
刘咏玲	郓城县人民医院门诊西药房主管	菏泽市安全生产优秀班组长	2014
张若迪	山东洪达化工有限公司合成氨车间PSA 工段丁班班长	菏泽市安全生产优秀班组长	2014
许凤霞	菏泽能化赵楼矿	菏泽市工会十佳优秀通讯员	2014
侯　芳（女）	郓城地税局征管和科技发展科科员	菏泽市青年岗位能手	2014
陈莉莉（女）	郓城诚信医院护士	菏泽市青年岗位能手	2014
鹿兰全	郓城县计生局副局长、工会主席	菏泽市基层工会经审工作规范化建设优秀个人	2014
相启照	兖煤菏泽赵楼煤矿工会会计	菏泽市基层工会经审工作规范化建设先进个人	2014
刘继波	郓城县教育局工会主任	菏泽市先进工会工作者	2014

续表

姓名	单位及职务	荣誉称号	年度
葛增欣	郓城县人民医院工会委员	菏泽市先进工会工作者	2014
庞海鲁	郓城县南赵楼乡总工会专职副主席	菏泽市先进工会工作者	2014
董爱荣	中国农业银行郓城县支行女工主任	菏泽市先进工会工作者	2014
樊艳丽	郓城县潘渡镇总工会专职副主席	菏泽市先进工会工作者	2014
王成交	郓城县人民医院医师	菏泽市优秀工会会员	2014
徐福兵	山东省郓城县地方税务局科员	菏泽市优秀工会会员	2014
孟凡振	郓城县郓州街道办事处科员	菏泽市优秀工会会员	2014
曹成河	兖煤菏泽能化赵楼煤矿职工	菏泽市优秀工会会员	2014
张郁冰	郓城县黄堆集乡政府科员	菏泽市优秀工会会员	2014
张　杨	郓城县丁里长镇政府科员	菏泽市优秀工会会员	2014
刘黎章	山东省郓城第一中学教师	菏泽市优秀工会会员	2014
房秀銮	郓城县玉皇庙镇孔厂小学教师	菏泽市女职工建功立业标兵	2014
彭咏梅	国网山东郓城县供电公司职员	菏泽市女职工建功立业标兵	2014
赵艳丽	郓城县国土资源局科员	菏泽市女职工建功立业标兵	2014
刘　敏	郓城县第一初级中学教师	菏泽市女职工建功立业标兵	2014
赵素梅	郓城新华书店科员	菏泽市女职工建功立业标兵	2014
魏玉梅	郓城县双桥乡卫生院主管护师	菏泽市女职工建功立业标兵	2014
房秀銮	郓城县玉皇庙镇孔厂小学教师	菏泽市十佳女职工建功立业标兵	2014
陈军荣	郓城县总工会女工委员	菏泽市先进女职工工作者	2014
张素婷	郓城县计生局女工委主任	菏泽市先进女职工工作者	2014
王惠敏	龙矿集体郓城煤矿项目管理处女工委主任	菏泽市先进女职工工作者	2014
吴秀梅	郓城农商行女工委主任	菏泽市先进女职工工作者	2014
刘　倩	郓城县人社局女工委委员	菏泽市先进女职工工作者	2014
屈秀芹	兖煤菏泽能化有限公司赵楼煤矿	菏泽市文明和谐职工家庭	2014
朱爱莲	国网山东郓城县供电公司	菏泽市文明和谐职工家庭	2014
刘　兵	郓城县供电公司丁里长供电所	菏泽市文明和谐职工家庭	2014

续表

姓名	单位及职务	荣誉称号	年度
张树栋	兖煤菏泽能化有限公司赵楼煤矿	菏泽市职工优秀技术创新成果一等奖（主井装载安装水煤分离装置）	2014
吴硕果	兖煤菏泽能化有限公司赵楼煤矿	菏泽市职工优秀技术创新成果一等奖（主井装载安装水煤分离装置）	2014
何晓明	兖煤菏泽能化有限公司赵楼煤矿	菏泽市职工优秀技术创新成果一等奖（主井装载安装水煤分离装置）	2014
李国洪	郓城县中医医院	菏泽市职工优秀技术创新成果一等奖（我国对 IBS 中医药干预现状、问题与对策综合研究）	2014
韩传孝	郓城县中医医院	菏泽市职工优秀技术创新成果一等奖（我国对 IBS 中医药干预现状、问题与对策综合研究）	2014
何桂菊	郓城县中医医院	菏泽市职工优秀技术创新成果一等奖（我国对 IBS 中医药干预现状、问题与对策综合研究）	2014
李红强	兖煤菏泽能化有限公司赵楼煤矿	菏泽市职工优秀技术创新成果二等奖（井口大块矸石自动清理装置）	2014
王树胜	兖煤菏泽能化有限公司赵楼煤矿	菏泽市职工优秀技术创新成果二等奖（井口大块矸石自动清理装置）	2014
王洪波	兖煤菏泽能化有限公司赵楼煤矿	菏泽市职工优秀技术创新成果二等奖（井口大块矸石自动清理装置）	2014
孙亚宁	兖煤菏泽能化有限公司赵楼煤矿	菏泽市职工优秀技术创新成果二等奖（井口大块矸石自动清理装置）	2014
张秋梅	郓城县中医医院、郓城县程屯镇卫生院	菏泽市职工优秀技术创新成果二等奖（中西医对脑梗塞吞咽困难的理论与应用研究）	2014
金　玲	郓城县中医医院、郓城县程屯镇卫生院	菏泽市职工优秀技术创新成果二等奖（中西医对脑梗塞吞咽困难的理论与应用研究）	2014
张爱英	郓城县中医医院、郓城县程屯镇卫生院	菏泽市职工优秀技术创新成果二等奖（中西医对脑梗塞吞咽困难的理论与应用研究）	2014

续表

姓名	单位及职务	荣誉称号	年度
王　波	郓城县人民医院	菏泽市职工优秀技术创新成果三等奖（94例种植义齿临床评价）	2014
李军伟	兖煤菏泽能化有限公司赵楼煤矿	菏泽市职工优秀技术创新成果三等奖（外排内注联合堵水技术及应用）	2014
王春雷	兖煤菏泽能化有限公司赵楼煤矿	菏泽市职工优秀技术创新成果三等奖（外排内注联合堵水技术及应用）	2014
白福宝	兖煤菏泽能化有限公司赵楼煤矿	菏泽市职工优秀技术创新成果三等奖（内燃机车远程红灯报警装置）	2014
刘　旭	兖煤菏泽能化有限公司赵楼煤矿	菏泽市职工优秀技术创新成果三等奖（内燃机车远程红灯报警装置）	2014
陈纪永	兖煤菏泽能化有限公司赵楼煤矿	菏泽市职工优秀技术创新成果三等奖（内燃机车远程红灯报警装置）	2014
姚念雷	兖煤菏泽能化有限公司赵楼煤矿	菏泽市职工优秀技术创新成果三等奖（内燃机车远程红灯报警装置）	2014
张树栋	兖煤菏泽能化有限公司赵楼煤矿机电工区政工师	菏泽市职工技术创新能手	2014
李国洪	郓城县中医医院副主任医师	菏泽市职工技术创新能手	2014
陈庆江	郓城县公路管理局工会主席	菏泽市职工宣教文体工作先进个人	2015
樊护兵	郓城县供电公司工会干事	菏泽市职工宣教文体工作先进个人	2015
李　江	郓城县人民医院工会干事	菏泽市职工宣教文体工作先进个人	2015
宋建华（女）	郓城县实验小学工会干事	菏泽市职工宣教文体工作先进个人	2015
王永丽（女）	郓城总工会宣教部干事	菏泽市职工宣教文体工作先进个人	2015
佀翠阗（女）	郓城县第一初级中学教务副主任	菏泽市职工职业技能大赛优胜选手	2015
张　灿（女）	郓城县民政局婚姻登记处登记员	菏泽市职工职业技能大赛优胜选手	2015
闫统省	郓城县人民法院警训科长	菏泽市职工职业技能大赛优秀选手	2015
张豪杰	郓城县交通运输监察大队监察员	菏泽市职工职业技能大赛优秀选手	2015
张艳艳（女）	中国农业银行郓城县支行运营主管	菏泽市职工职业技能大赛优秀选手	2015

续表

姓名	单位及职务	荣誉称号	年度
李　伟（女）	中国邮政集团公司郓城县分公司理财经理	菏泽市职工职业技能大赛优秀选手	2015
冯慧玉（女）	郓城县水浒旅行社有限公司导游	菏泽市青年岗位能手	2015
吴亚楠（女）	郓城县水浒旅游发展有限公司讲解员	菏泽市青年岗位能手	2015
刘继波	郓城县教育局工会主席	菏泽市先进基层工会干部	2015
吴秀梅（女）	郓城农村商业银行人力资源部总经理	菏泽市先进基层工会干部	2015
宋宗彪	郓城县银天纺织有限公司董事长	菏泽市先进社会责任担当企业局	2015
李　江	郓城县人民医院工会干事	菏泽市安康杯竞赛组织工作优秀个人	2015
刘继波	郓城县教育局工会主席	菏泽市安康杯竞赛组织工作优秀个人	2015
徐　慧（女）	郓城县总工会生产部办事员	菏泽市安康杯竞赛组织工作优秀个人	2015
王　瀚	山东洪达化工有限公司	菏泽市职工优秀安全隐患整改合理化建议（液氨装卸鹤管加装紧急拉断阀）	2015
刘　鹏	山东洪达化工有限公司	菏泽市职工优秀安全隐患整改合理化建议（液氨装卸鹤管加装紧急拉断阀）	2015
郭新利	山东洪达化工有限公司	菏泽市职工优秀安全隐患整改合理化建议（加装液氨装卸台上部喷淋）	2015
冯健康	山东洪达化工有限公司	菏泽市职工优秀安全隐患整改合理化建议（加装液氨装卸台上部喷淋）	2015
刘　鹏	山东洪达化工有限公司	菏泽市职工优秀安全隐患整改合理化建议（易燃泡沫应急发电机房隐患）	2015

续表

姓名	单位及职务	荣誉称号	年度
高　翔	山东洪达化工有限公司	菏泽市职工优秀安全隐患整改合理化建议（易燃泡沫应急发电机房隐患）	2015
田　立	山东洪达化工有限公司	菏泽市职工优秀安全隐患整改合理化建议（易燃泡沫应急发电机房隐患）	2015
潘清波	兖煤菏泽能化有限公司	菏泽市职工优秀安全隐患整改合理化建议（锅炉耐磨耐火可塑料浇筑型给煤口）	2015
江广旭	兖煤菏泽能化有限公司	菏泽市职工优秀安全隐患整改合理化建议（锅炉耐磨耐火可塑料浇筑型给煤口）	2015
刘文江	兖煤菏泽能化有限公司	菏泽市职工优秀安全隐患整改合理化建议（井下溜煤眼下锁扣梁改造）	2015
肖国强	兖煤菏泽能化有限公司	菏泽市职工优秀安全隐患整改合理化建议（井下溜煤眼下锁扣梁改造）	2015
李冬冬	兖煤菏泽能化有限公司	菏泽市职工优秀安全隐患整改合理化建议（井下溜煤眼下锁扣梁改造）	2015
郭　亮	兖煤菏泽能化有限公司	菏泽市职工优秀安全隐患整改合理化建议（井下溜煤眼下锁扣梁改造）	2015
张树栋	兖煤菏泽能化有限公司	菏泽市职工优秀安全隐患整改合理化建议（落地摩擦式提升机首绳更换工艺革新技术）	2015
吴硕果	兖煤菏泽能化有限公司	菏泽市职工优秀安全隐患整改合理化建议（落地摩擦式提升机首绳更换工艺革新技术）	2015

续表

姓名	单位及职务	荣誉称号	年度
赵广社	兖煤菏泽能化有限公司	菏泽市职工优秀安全隐患整改合理化建议（落地摩擦式提升机首绳更换工艺革新技术）	2015
赵　胜	兖煤菏泽能化有限公司	菏泽市职工优秀安全隐患整改合理化建议（落地摩擦式提升机首绳更换工艺革新技术）	2015
梁忠义	兖煤菏泽能化有限公司	菏泽市职工优秀安全隐患整改合理化建议（防止冻结机房液氨泄漏合理化建议）	2015
孔祥安	兖煤菏泽能化有限公司	菏泽市职工优秀安全隐患整改合理化建议（防止冻结机房液氨泄漏合理化建议）	2015
王海申	兖煤菏泽能化有限公司	菏泽市职工优秀安全隐患整改合理化建议（防止冻结机房液氨泄漏合理化建议）	2015
张　迁	兖煤菏泽能化有限公司	菏泽市职工优秀安全隐患整改合理化建议（防止冻结机房液氨泄漏合理化建议）	2015
陈德民	山东优路通汽配有限公司高级工程师	菏泽市职工创新能手	2015
王　伟	郓城县中医院神经外科主治医师	菏泽市职工创新能手	2015
刘　建	兖煤菏泽能化赵楼煤矿工程师	菏泽市职工创新能手	2015
冯昌军	郓城县供电公司变电检修班班长	菏泽市安全生产金牌班组长、市五一劳动奖章	2015
杜佳强	山东恒基集团股份有限公司机加工车间副主任	菏泽市安全生产优秀班组长	2015
胡存昭	菏泽富海能源发展有限公司炼焦车间热调工段工段长	菏泽市安全生产优秀班组长	2015
王保齐	兖煤菏泽能化有限公司赵楼煤矿	菏泽市职工优秀技术创新成果一等奖（超长工作面制冷降温设计与实践）	2015

续表

姓名	单位及职务	荣誉称号	年度
简俊常	兖煤菏泽能化有限公司赵楼煤矿	菏泽市职工优秀技术创新成果一等奖（超长工作面制冷降温设计与实践）	2015
孙　超	兖煤菏泽能化有限公司赵楼煤矿	菏泽市职工优秀技术创新成果一等奖（超长工作面制冷降温设计与实践）	2015
胡金龙	兖煤菏泽能化有限公司赵楼煤矿	菏泽市职工优秀技术创新成果一等奖（超长工作面制冷降温设计与实践）	2015
张秋梅	郓城县中医医院	菏泽市职工优秀技术创新成果一等奖（郓城县中医药防治慢性肾病综合研究与分析）	2015
梁兰英	郓城县中医医院	菏泽市职工优秀技术创新成果一等奖（郓城县中医药防治慢性肾病综合研究与分析）	2015
董建民	郓城县中医医院	菏泽市职工优秀技术创新成果一等奖（郓城县中医药防治慢性肾病综合研究与分析）	2015
郑芳武	郓城县中医医院	菏泽市职工优秀技术创新成果一等奖（郓城县中医药防治慢性肾病综合研究与分析）	2015
徐　京	兖煤菏泽能化有限公司赵楼煤矿	菏泽市职工优秀技术创新成果二等奖（西门子功率相模块国产化大修技术研究和应用）	2015
赵广社	兖煤菏泽能化有限公司赵楼煤矿	菏泽市职工优秀技术创新成果二等奖（西门子功率相模块国产化大修技术研究和应用）	2015
张树栋	兖煤菏泽能化有限公司赵楼煤矿	菏泽市职工优秀技术创新成果二等奖（西门子功率相模块国产化大修技术研究和应用）	2015

续表

姓名	单位及职务	荣誉称号	年度
吴硕果	兖煤菏泽能化有限公司赵楼煤矿	菏泽市职工优秀技术创新成果二等奖（西门子功率相模块国产化大修技术研究和应用）	2015
王　伟	郓城县中医医院	菏泽市职工优秀技术创新成果二等奖（脐带血干细胞在脑出血病人治疗中的应用）	2015
刘现景	郓城县中医医院	菏泽市职工优秀技术创新成果二等奖（脐带血干细胞在脑出血病人治疗中的应用）	2015
赵艳丽	郓城县中医医院	菏泽市职工优秀技术创新成果二等奖（脐带血干细胞在脑出血病人治疗中的应用）	2015
侯全运	郓城县中医医院	菏泽市职工优秀技术创新成果二等奖（脐带血干细胞在脑出血病人治疗中的应用）	2015
杨少华	郓城县供电公司工会主席	菏泽市先进工会工作者	2015
陈英军	郓城县卫生和计划生育局工会主任	菏泽市先进工会工作者	2015
段作伟	郓城县水堡乡人民政府工会主席	菏泽市先进工会工作者	2015
李延印	郓城县丁里长镇政府工会副主席	菏泽市先进工会工作者	2015
韩月圣	郓城县李集乡政府工会副主席	菏泽市先进工会工作者	2015
杨树森	兖煤菏泽能化赵楼煤矿工会干事	菏泽市先进工会工作者	2015
王　茜	临沂矿业集团菏泽煤电有限公司女工委主任、团委书记	菏泽市先进工会工作者	2015
梁海林	郓城县环境保护局科员	菏泽市优秀工会会员	2015
仝玉松	山东省郓城第一中学	菏泽市优秀工会会员	2015
仲长城	郓城第二中学级部主任	菏泽市优秀工会会员	2015
王　帅	中国邮政集团公司山东省郓城县分公司综合秘书	菏泽市优秀工会会员	2015
王　伟	郓城县中医医院神经外科主任	菏泽市优秀工会会员	2015
陈凤娥	郓城县人民医院功检科主任	菏泽市优秀工会会员	2015

续表

姓名	单位及职务	荣誉称号	年度
孙志啸	郓城县公安局双桥派出所科员	菏泽市优秀工会会员	2015
赵　丹	郓城农商行科员	菏泽市优秀工会会员	2015
王洪梅	郓城县人民医院主管护师	菏泽市女职工建功立业标兵	2015
窦爱丽	郓城县供电公司技师	菏泽市女职工建功立业标兵	2015
张艳敏	郓城县畜牧兽医局助理兽医师	菏泽市女职工建功立业标兵	2015
戚雪莲	郓城县水务局助理工程师	菏泽市女职工建功立业标兵	2015
樊淑敏	郓城县中医医院副主任医师	菏泽市女职工建功立业标兵	2015
樊亚琴	郓城县人民医院主治医师	菏泽市女职工建功立业标兵	2015
张秋梅	郓城县中医医院主治医师	菏泽市女职工建功立业标兵	2015
樊亚琴	郓城县人民医院主治医师	菏泽市十佳女职工建功立业标兵	2015
侯艳丽	郓城第一中学工会女工委主任	菏泽市先进女职工工作者	2015
艾凤华	郓城县公路管理局女工委主任	菏泽市先进女职工工作者	2015
祝艳丽	郓城县教育局女工委委员	菏泽市先进女职工工作者	2015
赵静静	郓城县唐庙镇人民政府女工委委员	菏泽市先进女职工工作者	2015
李　娟	郓城县民政局女工委委员	菏泽市先进女职工工作者	2015
杨爱琳	中国联通郓城县分公司女工委主任	菏泽市先进女职工工作者	2015
刘继波	郓城县教育局	菏泽市文明和谐职工家庭	2015
李　君	中国农业银行郓城县支行	菏泽市文明和谐职工家庭	2015
温春丽	中国联通郓城县分公司	菏泽市文明和谐职工家庭	2015
谢成军	山东绅联生物科技有限公司工程师	菏泽市职工创新能手	2016
李安民	兖煤菏泽能化赵楼煤矿工程师	菏泽市职工创新能手	2016
杨守彬	郓城县国税局城区税务分局职工	菏泽市优秀工会会员	2016
刁秀敏	郓城县中医医院内科主治医师	菏泽市优秀工会会员	2016
罗述清	新华书店郓城分公司发行部主任	菏泽市优秀工会会员	2016
赵庆晖	郓城县妇幼保健院副院长	菏泽市优秀工会会员	2016
杨　京	郓城县潘渡镇中心学校教师	菏泽市优秀工会会员	2016

续表

姓名	单位及职务	荣誉称号	年度
赵加宾	临矿菏泽煤电郭屯煤矿机修厂长	菏泽市优秀工会会员	2016
魏　勇	郓城县中医医院质控科副主任	菏泽市优秀工会会员	2016
曹　玮	郓城县民政局办公室副主任	菏泽市优秀工会会员	2016
王洪善	山东省郓城煤矿综合管理部科员	菏泽市优秀工会会员	2016
胥林磊（女）	郓城县第一中学教师	菏泽市职工职业技能大赛优胜选手	2016
魏振宇	郓城县国家税务局办公室科员	菏泽市职工职业技能大赛优秀选手	2016
李　冰	郓城县供电公司变电站值班员	菏泽市职工职业技能大赛优秀选手	2016
郭春燕（女）	郓城县潘溪渡医养中心护理员	菏泽市青年岗位能手	2016
樊　静（女）	郓城县潘溪渡医养中心护理员	菏泽市青年岗位能手	2016
郭春燕（女）	郓城县潘溪渡医养中心护理员	菏泽市巾帼建功标兵	2016
樊　静（女）	郓城县潘溪渡医养中心护理员	菏泽市巾帼建功标兵	2016
卓　振	兖煤菏泽能化赵楼煤矿井下电气安装工	菏泽市职工职业技能大赛二级大赛优秀选手	2016
王爱成	兖煤菏泽能化赵楼煤矿井下电气安装工	菏泽市职工职业技能大赛二级大赛优秀选手	2016
王　兵	兖煤菏泽能化赵楼煤矿井下电气安装工	菏泽市职工职业技能大赛二级大赛优秀选手	2016
盛新通	兖煤菏泽能化赵楼煤矿井下电气安装工	菏泽市职工职业技能大赛二级大赛优秀选手	2016
张　兵	郓城县供电公司助理工程师	菏泽市职工职业技能大赛二级大赛优秀选手	2016
郭　荣（女）	郓城县郭屯中心卫生院护师	菏泽市职工职业技能大赛二级大赛优秀选手	2016
吴守国	郓城县陈坡乡财政所副所长	菏泽市职工职业技能大赛二级大赛优秀选手	2016
温国栋	国网山东郓城县供电公司	菏泽市职工优秀技术创新成果一等奖获奖项目（安全变压器台架）	2016
时丕军	国网山东郓城县供电公司	菏泽市职工优秀技术创新成果一等奖获奖项目（安全变压器台架）	2016
赵显伦	国网山东郓城县供电公司	菏泽市职工优秀技术创新成果一等奖获奖项目（安全变压器台架）	2016

续表

姓名	单位及职务	荣誉称号	年度
刘化锋	国网山东郓城县供电公司	菏泽市职工优秀技术创新成果一等奖获奖项目（安全变压器台架）	2016
李红强	兖煤菏泽能化有限公司赵楼煤矿	菏泽市职工优秀技术创新成果一等奖获奖项目（选煤厂粗煤泥高效分选关键技术与装备）	2016
张　帆	兖煤菏泽能化有限公司赵楼煤矿	菏泽市职工优秀技术创新成果一等奖获奖项目（选煤厂粗煤泥高效分选关键技术与装备）	2016
高重新	兖煤菏泽能化有限公司赵楼煤矿	菏泽市职工优秀技术创新成果一等奖获奖项目（选煤厂粗煤泥高效分选关键技术与装备）	2016
王云鹏	兖煤菏泽能化有限公司赵楼煤矿	菏泽市职工优秀技术创新成果一等奖获奖项目（选煤厂粗煤泥高效分选关键技术与装备）	2016
梁兰英	郓城县中医院	菏泽市职工优秀技术创新成果二等奖获奖项目（中西医结合治疗慢性充血性心力衰竭对策与分析研究）	2016
梁玉华	郓城县中医院	菏泽市职工优秀技术创新成果二等奖获奖项目（中西医结合治疗慢性充血性心力衰竭对策与分析研究）	2016
宋晶晶	郓城县中医院	菏泽市职工优秀技术创新成果二等奖获奖项目（中西医结合治疗慢性充血性心力衰竭对策与分析研究）	2016
薛秀荣	郓城县中医院	菏泽市职工优秀技术创新成果二等奖获奖项目（中西医结合治疗慢性充血性心力衰竭对策与分析研究）	2016

续表

姓名	单位及职务	荣誉称号	年度
武希涛	兖煤菏泽能化有限公司赵楼煤矿	菏泽市职工优秀技术创新成果二等奖获奖项目（煤仓配煤装置的设计与应用）	2016
王建风	兖煤菏泽能化有限公司赵楼煤矿	菏泽市职工优秀技术创新成果二等奖获奖项目（煤仓配煤装置的设计与应用）	2016
王增军	兖煤菏泽能化有限公司赵楼煤矿	菏泽市职工优秀技术创新成果二等奖获奖项目（煤仓配煤装置的设计与应用）	2016
赵广社	兖煤菏泽能化有限公司赵楼煤矿	菏泽市职工优秀技术创新成果二等奖获奖项目（煤仓配煤装置的设计与应用）	2016
吴硕果	兖煤菏泽能化有限公司赵楼煤矿	菏泽市职工优秀技术创新成果二等奖获奖项目（主井提升机水冷换热系统优化改进）	2016
赵广社	兖煤菏泽能化有限公司赵楼煤矿	菏泽市职工优秀技术创新成果二等奖获奖项目（主井提升机水冷换热系统优化改进）	2016
任　军	兖煤菏泽能化有限公司赵楼煤矿	菏泽市职工优秀技术创新成果二等奖获奖项目（主井提升机水冷换热系统优化改进）	2016
来存厚	兖煤菏泽能化有限公司赵楼煤矿	菏泽市职工优秀技术创新成果二等奖获奖项目（主井提升机水冷换热系统优化改进）	2016
于海立	国网山东郓城县供电公司	菏泽市职工优秀技术创新成果三等奖获奖项目（一种低压供电线路接线器）	2016
于恒伟	国网山东郓城县供电公司	菏泽市职工优秀技术创新成果三等奖获奖项目（一种低压供电线路接线器）	2016

续表

姓名	单位及职务	荣誉称号	年度
樊明军	国网山东郓城县供电公司	菏泽市职工优秀技术创新成果三等奖获奖项目（一种低压供电线路接线器）	2016
桑盛强	国网山东郓城县供电公司	菏泽市职工优秀技术创新成果三等奖获奖项目（一种低压供电线路接线器）	2016
徐　京	兖煤菏泽能化赵楼煤矿机电工区	菏泽市职工优秀技术创新成果三等奖获奖项目（风水电计量及井下电力远程监控系统）	2016
刘　建	兖煤菏泽能化赵楼煤矿机电工区	菏泽市职工优秀技术创新成果三等奖获奖项目（风水电计量及井下电力远程监控系统）	2016
邵晓伟	兖煤菏泽能化赵楼煤矿机电工区	菏泽市职工优秀技术创新成果三等奖获奖项目（风水电计量及井下电力远程监控系统）	2016
秦　越	兖煤菏泽能化赵楼煤矿机电工区	菏泽市职工优秀技术创新成果三等奖获奖项目（风水电计量及井下电力远程监控系统）	2016
张　帆	兖煤菏泽能化有限公司赵楼煤矿	菏泽市职工优秀技术创新成果三等奖获奖项目（井口往复式给煤机的改进）	2016
郑　洁	兖煤菏泽能化有限公司赵楼煤矿	菏泽市职工优秀技术创新成果三等奖获奖项目（井口往复式给煤机的改进）	2016
孔庆柱	兖煤菏泽能化有限公司赵楼煤矿	菏泽市职工优秀技术创新成果三等奖获奖项目（井口往复式给煤机的改进）	2016
李红强	兖煤菏泽能化有限公司赵楼煤矿	菏泽市职工优秀技术创新成果三等奖获奖项目（免维护筛分破碎机齿环的研究与改进）	2016

续表

姓名	单位及职务	荣誉称号	年度
高重新	兖煤菏泽能化有限公司赵楼煤矿	菏泽市职工优秀技术创新成果三等奖获奖项目（免维护筛分破碎机齿环的研究与改进）	2016
王云鹏	兖煤菏泽能化有限公司赵楼煤矿	菏泽市职工优秀技术创新成果三等奖获奖项目（免维护筛分破碎机齿环的研究与改进）	2016
孔庆柱	兖煤菏泽能化有限公司赵楼煤矿	菏泽市职工优秀技术创新成果三等奖获奖项目（免维护筛分破碎机齿环的研究与改进）	2016
韩青松	兖煤菏泽能化有限公司赵楼煤矿	菏泽市职工优秀技术创新成果三等奖获奖项目（PTS6 型推链式混凝土喷射机组的现场应用）	2016
王保齐	兖煤菏泽能化有限公司赵楼煤矿	菏泽市职工优秀技术创新成果三等奖获奖项目（PTS6 型推链式混凝土喷射机组的现场应用）	2016
刘文江	兖煤菏泽能化有限公司赵楼煤矿	菏泽市职工优秀技术创新成果三等奖获奖项目（PTS6 型推链式混凝土喷射机组的现场应用）	2016
彭　鹏	兖煤菏泽能化有限公司赵楼煤矿	菏泽市职工优秀技术创新成果三等奖获奖项目（PTS6 型推链式混凝土喷射机组的现场应用）	2016
刘　建	兖煤菏泽能化有限公司赵楼煤矿	菏泽市职工优秀技术创新成果三等奖获奖项目（管道泵在井下冷冻水管路上的应用）	2016
邵晓伟	兖煤菏泽能化有限公司赵楼煤矿	菏泽市职工优秀技术创新成果三等奖获奖项目（管道泵在井下冷冻水管路上的应用）	2016
徐　东	兖煤菏泽能化有限公司赵楼煤矿	菏泽市职工优秀技术创新成果三等奖获奖项目（管道泵在井下冷冻水管路上的应用）	2016

续表

姓名	单位及职务	荣誉称号	年度
徐延强	兖煤菏泽能化有限公司赵楼煤矿	菏泽市职工优秀技术创新成果三等奖获奖项目（管道泵在井下冷冻水管路上的应用）	2016
孔令金	郓城黄河河务局办公室主任	菏泽市安康杯竞赛组织工作优秀个人	2016
艾凤华	郓城县公路管理局工会干事	菏泽市安康杯竞赛组织工作优秀个人	2016
张永华	郓城城关医院院长	菏泽市安康杯竞赛组织工作优秀个人	2016
邓　魁	中国农业银行郓城县支行行长	菏泽市安全生产金牌班组长菏泽市五一劳动奖章	2016
苏巍伟	中国联通郓城县分公司设备维护班班长	菏泽市安全生产优秀班组长	2016
王新河	郓城县实验中学工会副主席	菏泽市安全生产优秀班组长	2016
宋晶晶	郓城县中医医院主治医师	菏泽市女职工建功立业标兵	2016
张彦梅	郓城县杨庄集镇中心小学教师	菏泽市女职工建功立业标兵	2016
侯艳丽	山东省郓城第一中学教师	菏泽市女职工建功立业标兵	2016
魏荣华	郓城县人民医院主管护师	菏泽市女职工建功立业标兵	2016
吕冠英	郓城县人社局人事科长	菏泽市女职工建功立业标兵	2016
李艳丽	郓城县交通运输局运管员	菏泽市女职工建功立业标兵	2016
吴凤香	郓城县国税局财务副科长	菏泽市女职工建功立业标兵	2016
宋保华	郓城县市场监管局人事科科长	菏泽市女职工建功立业标兵	2016
郑萃然	郓城县教育局女工委副主任	菏泽市女职工建功立业标兵	2016
梁兰英	郓城县中医医院主治医师	菏泽市女职工建功立业标兵	2016
赵美玲	郓城县杨庄集镇卫生院护理主管	菏泽市女职工建功立业标兵	2016
宋晶晶	郓城县中医医院主治医师	菏泽市优秀女职工建功立业标兵	2016
赵美玲	郓城县杨庄集镇卫生院护理主管	菏泽市优秀女职工建功立业标兵	2016
付玉英	郓城县总工会女工委员	菏泽市先进女职工工作者	2016
张晓航	郓城县人民检察院女工委员	菏泽市先进女职工工作者	2016

续表

姓名	单位及职务	荣誉称号	年度
郭国庆	郓城县黄河河务局女工委主任	菏泽市先进女职工工作者	2016
王　茜	临矿菏泽煤电女工委主任	菏泽市先进女职工工作者	2016
吴秀梅	郓城农商行女工主任	菏泽市先进女职工工作者	2016
郭欣欣	中国联通郓城县分公司女工主任	菏泽市先进女职工工作者	2016
王敏环	郓城县人民法院妇委会主任	菏泽市先进女职工工作者	2016
刘文亭	郓城县广播电视女工委员	菏泽市先进女职工工作者	2016
刘晓梅	临矿菏泽煤电女工干事	菏泽市先进女职工工作者	2016
刘秀丽	山东省郓城县地方税务局	菏泽市文明和谐职工家庭	2016
崔　宇	国网郓城县供电公司	菏泽市文明和谐职工家庭	2016
孙　翔	兖煤菏泽能化有限公司赵楼煤矿	菏泽市文明和谐职工家庭	2016
梁春芝	中国农业银行郓城县支行	菏泽市文明和谐职工家庭	2016
苏　娟	郓城县潘渡镇政府	菏泽市文明和谐职工家庭	2016
金　玲	郓城县中医院内科副主任医师	菏泽市职工职业道德建设标兵、市五一劳动奖状获得者	2017
张德强	赵楼煤矿生产准备工区区长	菏泽市职工职业道德建设标兵、市五一劳动奖状获得者	2017
魏敬鑫	郓城县国家税务局副局长	菏泽市职工职业道德建设先进个人	2017
刘更亮	郓城县地方税务局	菏泽市职工职业道德建设先进个人	2017
黄守江	郓城县随官屯镇党委书记	菏泽市职工职业道德建设先进个人	2017
樊金蓉	郓城县人民医院办公室主任	菏泽市职工职业道德建设先进个人	2017
万　伟	郓城县纪律检查委员会科员	菏泽市职工职业道德建设先进个人	2017
李　业	郓城县供电公司西城供电所副所长	菏泽市职工职业道德建设先进个人	2017
牛新峰	郓城县中医院主治医师	菏泽市职工职业道德建设先进个人	2017
高保国	郓城县郓州街道工会副主席	菏泽市职工职业道德建设先进个人	2017
李　霞	郓城县总工会副主席	菏泽市知识型职工标兵、市五一劳动奖章	2017
侯莉莉	郓城县财政局经济师	菏泽市知识型职工标兵、市五一劳动奖章	2017

续表

姓名	单位及职务	荣誉称号	年度
李恒山	郓城县第二中学一级教师	菏泽市知识型职工先进个人	2017
陈金鑫	郓城县公安局科员	菏泽市知识型职工先进个人	2017
何子衡	郓城县供电公司工程师	菏泽市知识型职工先进个人	2017
徐保良	郓城县林业局助理工程师	菏泽市知识型职工先进个人	2017
周卫涛	郓城县市场监督管理局药剂师	菏泽市知识型职工先进个人	2017
李良博	黄安镇商庄小学二级教师	菏泽市知识型职工先进个人	2017
张德之	郓城第一中学科技辅导员	菏泽市知识型职工先进个人	2017
郭广良	临矿菏泽煤电彭庄煤矿助理工程师	菏泽市知识型职工先进个人	2017
刘文江	兖煤菏泽能化有限公司赵楼煤矿	菏泽市职工优秀技术创新成果一等奖（垂直重叠巷道上下穿层施工工艺研究及应用）	2017
孟祥阁	兖煤菏泽能化有限公司赵楼煤矿	菏泽市职工优秀技术创新成果一等奖（垂直重叠巷道上下穿层施工工艺研究及应用）	2017
李冬冬	兖煤菏泽能化有限公司赵楼煤矿	菏泽市职工优秀技术创新成果一等奖（垂直重叠巷道上下穿层施工工艺研究及应用）	2017
周猛猛	兖煤菏泽能化有限公司赵楼煤矿	菏泽市职工优秀技术创新成果一等奖（垂直重叠巷道上下穿层施工工艺研究及应用）	2017
陈　虎	兖煤菏泽能化有限公司赵楼煤矿	菏泽市职工优秀技术创新成果一等奖（千米深井复杂地质条件综放工作面大仰角回采实践研究）	2017
孙雪峰	兖煤菏泽能化有限公司赵楼煤矿	菏泽市职工优秀技术创新成果一等奖（千米深井复杂地质条件综放工作面大仰角回采实践研究）	2017
李士栋	兖煤菏泽能化有限公司赵楼煤矿	菏泽市职工优秀技术创新成果一等奖（千米深井复杂地质条件综放工作面大仰角回采实践研究）	2017

续表

姓名	单位及职务	荣誉称号	年度
刘学勇	兖煤菏泽能化有限公司赵楼煤矿	菏泽市职工优秀技术创新成果一等奖（千米深井复杂地质条件综放工作面大仰角回采实践研究）	2017
张　蕊	国网山东省电力公司郓城县供电公司	菏泽市职工优秀技术创新成果一等奖（用于供电输电线路的检修装置）	2017
杨　慧	国网山东省电力公司郓城县供电公司	菏泽市职工优秀技术创新成果一等奖（用于供电输电线路的检修装置）	2017
丁　盛	国网山东省电力公司郓城县供电公司	菏泽市职工优秀技术创新成果一等奖（用于供电输电线路的检修装置）	2017
樊淑娟	国网山东省电力公司郓城县供电公司	菏泽市职工优秀技术创新成果一等奖（用于供电输电线路的检修装置）	2017
田福海	临沂矿业集团菏泽煤电有限公司	菏泽市职工优秀技术创新成果二等奖（压风机余热利用改造技术）	2017
张银雪	临沂矿业集团菏泽煤电有限公司	菏泽市职工优秀技术创新成果二等奖（压风机余热利用改造技术）	2017
赵艳鹏	临沂矿业集团菏泽煤电有限公司	菏泽市职工优秀技术创新成果二等奖（压风机余热利用改造技术）	2017
王再军	临沂矿业集团菏泽煤电有限公司	菏泽市职工优秀技术创新成果二等奖（压风机余热利用改造技术）	2017
张瑞凯	兖煤菏泽能化有限公司赵楼煤矿	菏泽市职工优秀技术创新成果二等奖（岩巷综掘成套设备选型及应用）	2017
李士栋	兖煤菏泽能化有限公司赵楼煤矿	菏泽市职工优秀技术创新成果二等奖（岩巷综掘成套设备选型及应用）	2017
姚树阳	兖煤菏泽能化有限公司赵楼煤矿	菏泽市职工优秀技术创新成果二等奖（岩巷综掘成套设备选型及应用）	2017

续表

姓名	单位及职务	荣誉称号	年度
孟祥阁	兖煤菏泽能化有限公司赵楼煤矿	菏泽市职工优秀技术创新成果二等奖（岩巷综掘成套设备选型及应用）	2017
徐　京	兖煤菏泽能化有限公司赵楼煤矿	菏泽市职工优秀技术创新成果二等奖（赵楼煤矿井下水仓防淤积工艺及装备技术研究）	2017
武希涛	兖煤菏泽能化有限公司赵楼煤矿	菏泽市职工优秀技术创新成果二等奖（赵楼煤矿井下水仓防淤积工艺及装备技术研究）	2017
王建风	兖煤菏泽能化有限公司赵楼煤矿	菏泽市职工优秀技术创新成果二等奖（赵楼煤矿井下水仓防淤积工艺及装备技术研究）	2017
边　军	兖煤菏泽能化有限公司赵楼煤矿	菏泽市职工优秀技术创新成果二等奖（赵楼煤矿井下水仓防淤积工艺及装备技术研究）	2017
张传扬	临沂矿业集团菏泽煤电有限公司	菏泽市职工优秀技术创新成果三等奖（掩护式液压支架顶梁改造）	2017
刘道光	临沂矿业集团菏泽煤电有限公司	菏泽市职工优秀技术创新成果三等奖（掩护式液压支架顶梁改造）	2017
李加强	临沂矿业集团菏泽煤电有限公司	菏泽市职工优秀技术创新成果三等奖（掩护式液压支架顶梁改造）	2017
孟　彬	临沂矿业集团菏泽煤电有限公司	菏泽市职工优秀技术创新成果三等奖（掩护式液压支架顶梁改造）	2017
刘　建	兖煤菏泽能化有限公司赵楼煤矿	菏泽市职工优秀技术创新成果三等奖（副井口表冷器冷凝水回收利用）	2017
刘　猛	兖煤菏泽能化有限公司赵楼煤矿	菏泽市职工优秀技术创新成果三等奖（副井口表冷器冷凝水回收利用）	2017
阮久兵	兖煤菏泽能化有限公司赵楼煤矿	菏泽市职工优秀技术创新成果三等奖（副井口表冷器冷凝水回收利用）	2017

续表

姓名	单位及职务	荣誉称号	年度
孙飞飞	兖煤菏泽能化有限公司赵楼煤矿	菏泽市职工优秀技术创新成果三等奖（副井口表冷器冷凝水回收利用）	2017
刘　建	兖煤菏泽能化有限公司赵楼煤矿	菏泽市职工优秀技术创新成果三等奖（地面供暖系统增压泵房改造）	2017
邵晓伟	兖煤菏泽能化有限公司赵楼煤矿	菏泽市职工优秀技术创新成果三等奖（地面供暖系统增压泵房改造）	2017
王明涛	兖煤菏泽能化有限公司赵楼煤矿	菏泽市职工优秀技术创新成果三等奖（地面供暖系统增压泵房改造）	2017
张祥明	兖煤菏泽能化有限公司赵楼煤矿	菏泽市职工优秀技术创新成果三等奖（地面供暖系统增压泵房改造）	2017
徐　京	兖煤菏泽能化有限公司赵楼煤矿	菏泽市职工优秀技术创新成果三等奖（地面主通风机升级改造）	2017
刘　建	兖煤菏泽能化有限公司赵楼煤矿	菏泽市职工优秀技术创新成果三等奖（地面主通风机升级改造）	2017
徐　东	兖煤菏泽能化有限公司赵楼煤矿	菏泽市职工优秀技术创新成果三等奖（地面主通风机升级改造）	2017
赵　胜	兖煤菏泽能化有限公司赵楼煤矿	菏泽市职工优秀技术创新成果三等奖（地面主通风机升级改造）	2017
陈庆江	郓城县公路管理局	菏泽市职工优秀技术创新成果三等奖（沥青拌合站环保除尘改造项目）	2017
阮久兵	兖煤菏泽能化有限公司赵楼煤矿	菏泽市职工优秀技术创新成果三等奖（副井口表冷器冷凝水回收利用）	2017
艾凤华	郓城县公路管理局	菏泽市职工优秀技术创新成果三等奖（沥青拌合站环保除尘改造项目）	2017
刘　兵	郓城县公路管理局	菏泽市职工优秀技术创新成果三等奖（沥青拌合站环保除尘改造项目）	2017

续表

姓名	单位及职务	荣誉称号	年度
王体祥	郓城县公路管理局	菏泽市职工优秀技术创新成果三等奖（沥青拌合站环保除尘改造项目）	2017
刁望坦	郓城荣泰建筑工程有限公司钢筋班班长	菏泽市安全生产金牌班组长、市五一劳动奖章	2017
汪磊（女）	山东郓城农村商业银行股份有限公司安全生产班班长	菏泽市安全生产优秀班组长	2017
仝庆民	郓城县郭屯镇初级中学	菏泽市安全生产优秀班组长	2017
赵荣生	国网山东省电力公司郓城县供电公司安质部专工	菏泽市安康杯竞赛组织工作优秀个人	2017
李寿辉	兖煤菏泽能化有限公司赵楼煤矿工会副主席	菏泽市安康杯竞赛组织工作优秀个人	2017
丁建军	郓城诚信医院副院长、工会主席	菏泽市安康杯竞赛组织工作优秀个人	2017
梁玉华（女）	山东省郓城县中医医院内科医师	菏泽市职工创新能手	2017
王振伟	临矿菏泽煤电高级工程师	菏泽市职工创新能手	2017
刘传芹	郓城县潘渡镇工会副主席	菏泽市先进工会工作者	2017
秦菁华	郓城县侯咽集镇工会副主席	菏泽市先进工会工作者	2017
武庆阳	郓城县南赵楼镇工会副主席	菏泽市先进工会工作者	2017
张家国	郓城县双桥镇工会副主席	菏泽市先进工会工作者	2017
刘雪东	郓城县水堡乡工会副主席	菏泽市先进工会工作者	2017
范姗姗	郓城县武安镇工会副主席	菏泽市先进工会工作者	2017
钱　波	郓城县职工服务中心副主任	菏泽市先进工会工作者	2017
曹　锋	郓城县总工会办公室科员	菏泽市先进工会工作者	2017
张新建	郓城县总工会办公室科员	菏泽市先进工会工作者	2017
王慧君	郓城县国土资源局工会主席	菏泽市先进工会工作者	2017
王成文	郓城黄河河务局工会副主席	菏泽市先进工会工作者	2017
李太伦	郓城诚信医院工会委员	菏泽市先进工会工作者	2017

续表

姓名	单位及职务	荣誉称号	年度
符长宏	中国农业银行股份有限公司郓城县支行副行长工会主席	菏泽市先进工会工作者	2017
罗述清	新华书店郓城分公司工会主任	菏泽市先进工会工作者	2017
华　平	中国联通郓城分公司工会主席	菏泽市先进工会工作者	2017
韩要强	郭屯镇党委副书记、工会主席	菏泽市先进工会工作者	2017
闫国昌	郓城县财政局办公室科员	菏泽市优秀工会会员	2017
肖　方	郓城县陈坡乡团委书记	菏泽市优秀工会会员	2017
刘胜利	郓城县程屯镇纪委副书记	菏泽市优秀工会会员	2017
吴艳红	郓城县地方税务局	菏泽市优秀工会会员	2017
杨建峰	郓城县地税稽查局审理室科员	菏泽市优秀工会会员	2017
陈亚亮	郓城县第二人民医院办公室主任	菏泽市优秀工会会员	2017
艾凤华	郓城县公路管理局监察室主任	菏泽市优秀工会会员	2017
陈承运	郓城县国家税务局人事教育科科长	菏泽市优秀工会会员	2017
杨延峰	郓城县黄泥冈镇环卫督察员	菏泽市优秀工会会员	2017
姬广业	郓城县张营镇中心学校总辅导员	菏泽市优秀工会会员	2017
蒋守鑫	郓城县纪律检查委员会第三纪检监察室科员	菏泽市优秀工会会员	2017
李占村	郓城县第一初级中学副校长	菏泽市优秀工会会员	2017
傅军飞	郓城县李集镇安监办副主任	菏泽市优秀工会会员	2017
吕冠英	郓城县人社局人事科科长	菏泽市优秀工会会员	2017
任占良	郓城县随官屯镇国土资源所所长	菏泽市优秀工会会员	2017
魏菲菲	郓城县唐塔街道办事处科员	菏泽市优秀工会会员	2017
戚元运	郓城县地方病防治办公室科员	菏泽市优秀工会会员	2017
赵桂红	郓城县人民医院妇科主任	菏泽市优秀工会会员	2017
郑庆存	郓城县杨庄集镇农业综合治理服务中心主任	菏泽市优秀工会会员	2017
王传亮	郓城第二中学副校长	菏泽市优秀工会会员	2017
宋楠丁	山东省郓城第一中学教师	菏泽市优秀工会会员	2017

续表

姓名	单位及职务	荣誉称号	年度
黄　莎	山东省郓城第一中学教师	菏泽市优秀工会会员	2017
渠敬伟	山东省郓城第一中学教师	菏泽市优秀工会会员	2017
杨彦彦	郓城县郓州街道办事处副主任	菏泽市优秀工会会员	2017
郝清涛	郓城县张鲁集镇经委主任	菏泽市优秀工会会员	2017
王　静	郓城县中医院中风一区护士长	菏泽市优秀工会会员	2017
张淑英	郓城县人民医院内科主治医师	菏泽市优秀工会会员	2017
樊祥勇	郓城县种子公司业务科科长	菏泽市优秀工会会员	2017
李宗耀	郓城县玉皇庙镇人社所副所长	菏泽市优秀工会会员	2017
林　森	兖煤菏泽能化赵楼煤矿科员	菏泽市优秀工会会员	2017
刘念雷	兖煤菏泽能化赵楼煤矿纪委副书记	菏泽市优秀工会会员	2017
吴清涛	郓城县供电公司唐塔供电所营业二班副班长	菏泽市优秀工会会员	2017
邵延进	郓城县供电公司金河实业有限公司班长	菏泽市优秀工会会员	2017
薛良省	郓城县水堡罐业有限公司总经理	菏泽市优秀工会会员	2017
侯福昌	郓城第一中学工会主席	菏泽市最贴心基层工会主席	2017
杨树森	兖煤菏泽能化有限公司赵楼煤矿党群部工会干事	菏泽市先进工会工作者	2017
吴秀梅	郓城农商行女工委主任	菏泽市先进工会工作者	2017
丁建军	郓城诚信医院工会主席	菏泽市先进工会工作者	2017
刁目金	郓城县供电公司经审委主任	菏泽市先进工会工作者	2017
王真真	郓城华宝食品工会挂职第一主席	菏泽市先进工会工作者	2017
季增培	郓城正华玻璃挂职工会第一主席	菏泽市先进工会工作者	2017
武祥顺	郓城县潘渡镇卫生院工会主席	菏泽市先进工会工作者	2017
赵继涛	山东瑞丰搪瓷制品有限公司董事长	菏泽市推行协商民主强化社会责任优秀个人	2017
刘成亮	郓城县亿万汽车配件制造董事长	菏泽市推行协商民主强化社会责任优秀个人	2017

续表

姓名	单位及职务	荣誉称号	年度
樊庆芳	郓城县地方税务局党组书记、局长	菏泽市推行协商民主强化社会责任优秀个人	2017
陈　博	山东优路通汽配有限公司董事长	菏泽市推行协商民主强化社会责任优秀个人	2017
王真真	郓城县总工会女工干事	菏泽市先进女职工工作者	2017
马永丽	郓城县公路管理局女工委主任	菏泽市先进女职工工作者	2017
许凤霞	兖煤菏泽能化赵楼煤矿女工委主任	菏泽市先进女职工工作者	2017
梁保翠	郓城县国家税务局女工委主任	菏泽市先进女职工工作者	2017
宫爱霞	郓城县畜牧兽医局女工委主任	菏泽市先进女职工工作者	2017
张郁冰	郓城县黄泥冈镇女工委主任	菏泽市先进女职工工作者	2017
李春芳	郓城县地方税务局女工委员	菏泽市先进女职工工作者	2017
吕绪红	郓城县黄集乡中心小学女工委主任	菏泽市先进女职工工作者	2017
陈翠萍	郓城县程屯镇中心卫生院女工委员	菏泽市先进女职工工作者	2017
陈军荣	郓城县总工会组织部部长	菏泽市女职工建功立业标兵	2017
石玉芝	郓城县人民医院主治医师	菏泽市女职工建功立业标兵	2017
周　苇	郓城县人力资源和社会保障局科员	菏泽市女职工建功立业标兵	2017
刘秀丽	郓城县地方税务局人事科副科长	菏泽市女职工建功立业标兵	2017
闫　英	郓城县人民医院主管护师	菏泽市女职工建功立业标兵	2017
李秀梅	山东省郓城第一中学高级教师	菏泽市女职工建功立业标兵	2017
徐海珍	郓城县龙泉农业科技办公室主任	菏泽市女职工建功立业标兵	2017
曾爱英	郓城县教育局一级教师	菏泽市女职工建功立业标兵	2017
吴冬红	国网郓城县供电公司专工	菏泽市女职工建功立业标兵	2017
周剑平	郓城县人民医院主管药师	菏泽市女职工建功立业标兵	2017
张德英 马健新	兖煤菏泽能化有限公司赵楼煤矿	菏泽市文明和谐职工家庭	2017
王　丽 潘洪磊	郓城县公路管理局	菏泽市文明和谐职工家庭	2017
吴凤香 李振国	山东省郓城县国家税务局	菏泽市文明和谐职工家庭	2017

续表

姓名	单位及职务	荣誉称号	年度
张彦峰 刘松荣	郓城县黄泥冈镇初级中学	菏泽市文明和谐职工家庭	2017
彭咏梅 李亚峰	国网郓城县供电公司	菏泽市文明和谐职工家庭	2017
李仁涛 孙长波	郓城农村商业银行玉皇庙支行	菏泽市文明和谐职工家庭	2017

四、1986 年—2017 年郓城县总工会表彰先进个人

年度	称号	受表彰人员
1985	优秀工会积极分子（55 人）	王志灵 边兆华 李洪玉 曹安修 陈留存 段作贵 王宪柱 张振家 王宗平 刘兰峨 金增娥 马玉亭 王子明 王锡伦 张习益 曹务斌 刘兴田 刘宪瑞 李世堂 房殿勤 安守军 李维波 侯思训 郭忠志 梁乃年 韩效道 李士进 王　平 胡卫红 何桂英 黄义成 侯爱军 宋宝允 刘玉林 刁秀山 高秀凌 王继林 孟庆明 李海云 崔建华 崔秀英 梁兆银 董　剑 潘永修 付彦卿 李庆斗 陈新国 樊书才 马祥林 王金铎 魏遵印 曹化君 刘景刚 杨菁华 侯亚芬
1985	先进工会工作者（24 人）	邹宝明 边兆银 孟庆元 王常轩 范淑君 王宪营 郭怀芝 丁书增 秦松涛 陈道久 王思讲 左瑞显 边道月 韩忠仁 胡富贵 董承轩 谭效全 刘瑞增 潘明珍 宋玉军 李秀兰 樊新民 杨继勤 刘体荣
1986	先进工会工作者	邹宝明 李乃仲 边兆银 王考奎 孟庆元 邵宗民 王进元 梁兆银 韩凤琴 李月英 王常轩 崔师增 龚登海 孙兆刚 郭怀芝 胡福贵 潘明珍 宋玉君 秦松涛 赵清鹏 王爱霞 韩忠仁 张延军 张习益 房殿勤 马玉亭 王再义 赵承聚 祝司敬 左瑞显 谭效全 杜文祥 谭如诺 朱道民 任师学 王兴云 李仲山 黄义成

续表

年度	称号	受表彰人员	
1986	优秀工会积极分子	工业公司	尹继全 陈留存 王慎康 吕继玺 苑新斋 徐春符 马兴银 智庆亚 张纯献 李佃春 孟凡增 祝瑞娟 黄培章 钱继贤 潘迪秋 孙成林 靳成水 赵秀芳 李传栋
		二轻公司	刘秀生 徐淑祥 梁风真
		建设银行	胡柳青
		文化局	魏乃亮 管谦道
		卫生局	马西卿 何建奇 孙如英 孟瑞兰 孟宪生 胡卫红 冯秀亭 王心存 高志勤 黄承柱 任洪昌 于恒斌
		农机管理公司	王秀忠
		交通局	罗传林 邵增耀 陈文山 石建立
		药材公司	孙连臣
		商业局	陈庆明 刘林相 许　敏 李兴峰 王占民 李锦奎 赵　霞 梁洪斌 刘兰峨 张纯波 李世斌 马文乾 李庆华 董恩平
		黄河段	庞更新 张厚峰
		外贸公司	赵之坤 董建华
		供电局	付彦卿
		铁　路	曾庆玉
		农业银行	颜洪民 王昌厚 张春丽 陈福贵 阮学英
		政府招待所	陈光荣
		物资管理公司	樊兆春 贾志林 徐道启
		林业局	王守弼 赵风英
		县联社	郑祥占 乔效章 王常顺 刘彦国 王洪申 师继乾 朱桂兰 梁乃军 何厚生 王明俊 窦淑君 刘宝风 邢克玉 祝令钦 孙万芳 陈化标 章进元 王秀诗 王存吉 魏西亮 侯思训 张立方 张效谨 卢其法 王先军 李师进 李瑞荣 齐兆远

续表

年度	称号	受表彰人员
		工商银行 王鲁臣 祝文坦 邮电局 郝广居 房殿军 粮食局 王金铎 李秀魁 李培玉 王国华 李体哲 李现民 吴正元 翟彩平 崔师江 水利局 仝桂力 石留华 建　委 皮光耀 刘庆云 李秀兰 新华书店 雷　军 烟草公司 杨菁华 教育局 葛文科 武目章 杨一文 彭步亭 宗克兴 王传江 季念奇 戴永祐 曹传成 桑义斌 董春元 李希堂 马昭祥 轩维坦 赵宝福 樊明章 韩进良 石景瑞 安守军 李继荣 王慎习 徐龙振 张功银 陈学文 李公堂 梁于勤 任广仕 王延峰 徐衍贵 曹务道 何万山 仝玉堂 仝瑞林 陈庆营 边广炎 杜廷彦 汤广霞 刘先铎 秦瑞学 侯宪朝 农业局 孟庆锡 田景秀
1986	职工之友	商业局副局长徐龙华 粮食局局长吕明海 教育局副局长刘心愿 物资管理公司副经理贾守清 农业银行行长周长存 黄河修防段段长张清才 供电局局长王登冉 县联社副主任樊庆忠 百货公司党支部书记段作贵 棉花加工五厂厂长王明清
1987	先进工会工作者（35人）	佀庆法 郓城县农业银行工会主席 邵宗民 郓城县黄河修防段工会主席 边兆银 郓城县教育工会主席 邹宝明 郓城县商业局工会主任 李乃仲 郓城县粮食局工会主任 韩凤琴 郓城县供销联社工会主任 朱绍昌 郓城县工商银行工会主席 梁兆银 郓城县林业局工会主任

续表

年度	称号	受表彰人员
		王化陆　郓城县卫生局工会主任 崔师增　郓城县供电局工会主席 王常轩　郓城县邮电局工会主席 李月英　郓城县城建委工会主席 刘体荣　郓城县棉五厂工会主席 郭怀芝　郓城县拖配厂工会主席 王志灵　郓城县标准件厂工会主席 谭效全　郓城县棉三厂工会主席 左瑞显　郓城县棉麻公司工会主席 刘兆同　郓城县潘渡供销社工会主席 张忠诚　郓城县生产资料公司工会主席 张怀娥　郓城一中工会主席 张习益　郓城县武安镇教育工会主席 丁文玉　郓城县黄安乡教育工会主席 李世堂　郓城县南赵楼乡教育工会主席 张同考　郓城县陈坡乡教育工会主席 秦松涛　郓城县百货公司工会主席 陈道久　郓城县饮食服务公司工会主席 曾宪良　郓城县防疫站工会主席 杜文祥　郓城县浸出油厂工会副主席 马宪堂　郓城县面粉厂工会主席 商庆林　郓城县黄集粮所工会主席 任师学　郓城县建筑公司工会主席 李庆友　郓城县文化馆工会主席 樊玉茹　郓城县林业局机关工会主席 姚树勤　郓城县航运公司工会副主席 韩仲仁　郓城县燃料公司工会主席
1987	优秀工会积极分子（158 人）	工业公司　丁福祥　鞠风义　刘殿文　黄培章 明尊宪　徐春符　靳成水　王洪斌 刘秉荣　张宪印　李洪海　石学森 魏义臣　苑新斋　刘月星　贾春久 张纯献　吕继玺　王慎康 二轻公司　李玉勤　梁风英　吴健民

续表

年度	称号	受表彰人员
		县联社 章进元 杜德喜 张效谨 张立方 郭国修 王秀诗 乔效章 韩应礼 程绪华 王耀先 陈广龙 于加月 孙建雪 卜丹存 梁乃军 黄汉君 梁远航 郑祥占 江自耀 韩效道 江心亮 刘凤兰 朱桂兰 刘彦国 教育局 孟凡雪 刘翠兰 侯高兰 刁秀聪 薛兰欣 仉学俭 安守君 葛文科 董玉堂 马玉亭 肖作林 赵善文 张吉玉 金景敢 徐龙振 姜清濯 曹务斌 李修敦 谢广田 曹务道 马玉来 任守善 赵建勋 房殿勤 符中仓 王全德 王化黎 王慎习 刘钻贤 彭纯栋 杨继勤 王在义 刘目运 杜廷彦 王子明 翟先玉 彭步亭 任长青 李吉尹 刘德臣 边兆轩 赵祥勤 商业局 董恩平 王庆功 徐道林 杨忠海 吴　福 韩桂贤 张玉环 李兴峰 郭效立 李锦奎 陈雪平 房爱谦 吴汉权 冉祥玉 杨凤山 卫生局 苏本学 曹金荣 毕耜福 高志勤 任洪昌 黄义成 孟宪生 任福兴 张振全 马西卿 粮食局 李献民 王　晓 马庆云 黄翠梅 王金铎 侯连芹 张玉杰 王昌英 杨金荣 李效勉 城建委 宋　华 李秀兰 刘庆云 文化局 胡福贵 刘景新 王桂春 农业局 孟庆锡 林业局 樊新民 水利局 李吉坦 交通局 张为业 耿全功 邮电局 桑　辉 刘言实

续表

年度	称号	受表彰人员
		供电局　付彦卿 外贸公司　刘尊田　孙宪忠 工商银行　王艳峰 农业银行　侯仰存　孟庆元　许庆军　王昌厚 建设银行　朱玉平 物资局　樊兆春　王爱霞　张慧峰 农机局　孟庆明 药材公司　郭继明 新华书店　常福山 招待所　张智启 烟草公司　郭广仲 黄河段　张厚峰　庞更新 铁　路　徐恩明 公路站　赵　英 石油公司　高瑞英
1987	特邀优秀工会积极分子（11 人）	周长存　郓城县农业银行行长、党组书记 张清才　郓城黄河修防段段长、党组书记 刘心愿　郓城县教育局副局长 徐龙华　郓城县商业局副局长 刘同生　郓城县粮食局副局长 樊庆忠　郓城县供销联社副主任 段作潘　郓城县工商银行副行长 邴广耀　郓城县林业局副局长 王登冉　郓城县供电局局长、党组书记 李彦超　郓城县搪瓷厂厂长 卢其法　郓城县棉三厂厂长
1988	先进工会工作者（38 人）	邵宗民　郓城黄河修防段工会主席 佀庆法　郓城县农业银行工会主席 邹宝明　郓城县商业局工会主任 韩凤琴　郓城县供销联合社工会主任 李乃仲　郓城县粮食局工会主任 边兆银　郓城县教育局工会主席 朱绍昌　郓城县工商银行工会主席 秦松涛　郓城县百货公司工会主席

续表

年度	称号	受表彰人员
		赵清鹏　郓城县五金公司工会主席 刘秀云　郓城县物资局工会副主任 韩忠仁　郓城县燃料公司工会主席 田延令　郓城县林业局工会副主任 崔师增　郓城县供电局工会副主席 马献启　郓城县交通局工会主任 张厚贤　郓城县文化局工会主任 任师学　郓城县建筑公司工会主席 郭怀芝　郓城县拖配厂工会主席 徐福亮　郓城县搪瓷厂工会副主席 孙兆刚　郓城县棉织厂工会主席 刘传铎　郓城县邮电局工会副主席 谭效全　郓城县棉花加工三厂工会主席 刘体荣　郓城县棉花加工五厂工会主席 刘兆同　郓城县潘渡供销社工会主席 左瑞显　郓城县棉麻公司工会主席 季德令　郓城县土产公司工会主席 王化陆　郓城县卫生局工会主任 潘明珍　郓城县人民医院工会主席 王润灵　郓城县师范学校工会主席 郑目文　郓城县实验中学工会主席 任长青　郓城县大谭乡中心校工会主席 杜廷彦　郓城县水堡乡中心校工会主席 张怀娥　郓城县第一中学工会主席 刘瑞增　郓城县城关镇中心校工会主席 孟凡雪　郓城县教育局工会干事 侯连勤　郓城县浸出油厂工会主席 马宪堂　郓城县面粉厂工会主席 王金铎　郓城县粮食局机关工会主席 商庆林　郓城县黄集粮所工会主席
1988	优秀工会积极分子（178人）	卫生局　王　平　高善才　孟宪生　姬秀娟 曹金荣　冯秀廷　任洪昌　于恒斌 高志勤　鹿培华

续表

年度	称号	受表彰人员
		粮食局 赵庆民 李永银 郭继州 张玉杰 蒋洪亮 侯昌明 王　伟 冯先会 郭殿新 官瑞静 庄新山
		教育局 王殿新 轩维坛 赵福存 张进厂 侯仰春 王汉鼎 朱元忠 耿凤华 赵衍玺 韩承学 徐龙振 杜广爱 祝子华 吴超华 葛文科 屈传民 杨继芹 李修兴 杨玉法 张良德 王庆池 曹务斌 韩章启 王绪民 王锡伦 赵善文 倪学增 谭秀荣 刘彦灵 李万奎 夏广卿 张振长 徐衍贵 张为信 秦瑞学 谢广田 郭治先 张守存 徐淑海 杨恤范 赵祥勤 魏敬立
		县　社 韩存才 贾广高 赵承聚 周长增 郭国修 于加月 侯宪华 孙建雪 曾宪斌 仝明华 耿全胜 梁乃军 李明光 高昌彪 夏存银 吴秀显 陈仲利 王存吉 李登明 李全林 韩效道 卢其法 江自耀 王艳琴 王秀诗 李玉生 刘彦国 梁远航 王宪忠 江心亮 郑自景 祝玉合 王明清
		工业局 仝贵亮 魏保存 李瑞臻 冯金良 王玉民 祝仰岱 马兴银 曹安修 王洪斌 李洪海 孙秀阁 王慎康 杨良丰 张友芳 刘东元 张纯献 赵秀财 王昌防 张桂香 钱继贤
		商业局 沙道银 陈道久 李庆华 李兴峰 韩桂贤 吴　福 季朝雨 祝仰华 房爱谦 吴汉权 高守荣 赵翠平 李玉捷
		物资局 王爱霞 车承等 王延立

续表

年度	称号	受表彰人员
		林业局 侯洪印 吴玉玲 黄河段 张厚峰 庞更新 烟 草 周广建 公路站 赵 英 工商行 赵 勇 供电局 曾 光 付彦卿 农业局 吴元纪 杨华卿 徐玉梅 张宪银 二 轻 王风亭 李 军 赵显臣 徐龙生 交通局 史建立 罗传林 文化局 田振坤 杜汉业 胡福贵 城建委 曹万车 刘庆云 陈桂兰
1989	先进工会工作者(37人)	佀庆法 农业银行工会主席 邵宗民 黄河修防段工会主席 李乃仲 粮食局工会主任 韩凤琴 供销联社工会主任 李月英 城建委工会主任 边兆银 原教育工会主席 朱绍昌 工商银行工会主席 王常轩 邮电局工会主席 邹宝明 原商业局工会主任 刘秀云 物资局工会副主任 孙兆刚 棉织厂工会主席 高武进 内配厂工会主席 徐春符 印刷厂工会主席 崔师增 供电局工会副主席 秦松涛 百货公司工会主席 李庆华 副食品公司工会主席 张忠诚 生产资料公司工会主席 左瑞显 棉麻公司工会主席 刘兆同 潘渡供销社工会主席 谭效全 油棉三厂工会主席 季明光 供销联社工会干事 侯连芹 浸出油厂工会主席 马现堂 面粉厂工会主席

续表

年度	称号	受表彰人员
		吴正元　饲料厂工会主席 李云峰　外贸局工会主席 任师学　建筑公司工会主席 王爱霞　金属机电公司工会主席 李庆友　文化馆工会主席任 任长青　大潭中心校工会主席 彭步亭　五界中心校工会主席 吕兰祥　潘渡中心校工会主席 张习益　武安镇中心校工会主席 马玉亭　玉皇庙镇中心校工会主席 张广田　程屯镇中心校工会主席 张同考　陈坡乡中心校工会主席 刘先亭　中医院工会主席 田延令　林业局工会副主席
1989	优秀工会积极分子（179人）	工业局　孙秀阁　曹安修　徐龙华　王留记　曹玉梅　李守友　丁福祥　孙爱莲　杨美英　王修良　胡永娥　郭承东　张纯献　李章启　钱继贤　王玉民　姚邦建　侯东雪 二轻局　刘德富　赵显臣　李尊振　董　剑　朱述西 供电局　付彦卿　曾　光 交通局　杨作军　马献启 公路站　赵　英　王建华 邮电局　代合卿　罗言学　康金良 税务局　李印祥　李景诗 商业局　吴汉权　赵修奉　祝仰华　赵翠平　王宗平　李秀阁　季朝雨　韩桂贤　彭奎英　周巾合　刘赞金　王庆功 医药公司　王　波 烟草公司　周广建 石油公司　郭广臣　于建民　田宪忠 县　社　梁乃军　卢其法　王现忠　梁远航　杨育才　王先军　仝明华　王艳琴　刘彦国　杜朝坤　王秀诗　江自耀　鹿红路　伊善才　聂景荣　崔节玉　李良力　刘宝凤　刘兆银　于加月　郑祥占　王秀梅　屈在义　郑自景　王汉清

续表

年度	称号	受表彰人员
		粮食局　李永银　谭如诺　孙西全　许化荣　马庆云　张同喜　李献民　王金铎　徐龙坤　冯先会
		外贸局　赵秀云　樊庆平
		城建委　刘成春　刘庆云　陈桂兰
		物资局　车承等　徐桂欣　张建江　王延立
		文化局　杜汉业　田振坤　胡富贵
		教育局　刘瑞增　金景启　张怀娥　李瑞林　杜廷彦　张延君　刘运祥　周广仁　董良庆　潘桂云　杨广新　张振才　任守善　彭纯栋　赵性问　黄河清　张吉玉　祝子华　樊兆和　杨继芹　苑全林　程士清　王化黎　王修敦　葛文科　曹务道　曹务斌　郑目文　赵念聚　赵建勋　李万奎　夏广卿　汪保第　王宪榜　任广士　刘缵贤　张为信　翟先玉　王庆池　刘自运
		广播局　丁正保
		书　店　许永岭
		卫生局　王　平　屈衍宽　田荣钦　孟宪生　于恒斌　任洪昌　任崇玺　徐龙杰　张永学　马心从
		工商行　吴艳芹
		农　行　王昌厚　周武臣　刘印生　许庆军
		建　行　刘尊宪
		保险公司　岑　娅
		农业局　胡书爱　杨际民　田景秀
		气象局　张书显
		林业局　吴玉玲　梁兆银
		水利局　李凤玲
		黄河段　仲崇金　张厚峰
		农机局　樊西鲁　刘兴汉　卜凡荣
		政府机关　曹建民　王　凡　李经杰　张彦勇　陈传福　张秀芳
		工商局　张凤丽　路兴贵　马玉斌
		招待所　陈光荣

续表

年度	称号	受表彰人员			
1989	特邀优秀工会积极分子（11人）	周长存	农业银行党组书记、行长		
		刘　平	商业局副书记		
		王迎春	黄河修防段党组书记、段长		
		任宪明	县供销联社副主任		
		王学纯	城建委党组书记		
		林成勋	教育局党组书记、局长		
		赵方元	邮电局党组书记、局长		
		李同领	工商银行党组书记、行长		
		冯金春	粮食局副局长		
		贾守清	物资局副局长		
		李传峰	政府机关党总支书记		
1989	优秀女职工工作者（7人）	许素英	百货公司工会女职工委员会主任		
		代秀芹	农业银行工会女职工委员会主任		
		李颖华	工商银行工会女职工委员会主任		
		刘庆云	建筑公司工会女职工委员会主任		
		王爱霞	金属机电公司工会女职工委员会主任		
		曹玉梅	搪瓷厂工会女职工委员会主任		
		田素奎	棉麻公司工会女职工委员会主任		
1990	职工读书积极分子名单（共50人）	葛兆君	工商局直属一所	刘家勇	城建委
		王修德	工商局直属二所	张建江	物资服务公司
		荣祥杰	工商局	张玉春	金属机电公司
		刘印生	农业银行	孟凡钊	税务局
		张维波	农业银行	李建设	供电局变电工区
		商承利	文物管理所	陈继贤	供电局
		魏乃亮	影剧院	赵显玺	棉纺织厂
		郭　忠	林业局	王文阁	郓城师范学校
		刘凤翔	交通局	张效花	妇幼保健所
		李兴会	新华书店	李凤皖	卫生防疫站
		于谋国	燃料公司	彭彦涛	唐庙供销社
		渠继立	邮电局	金占良	杨庄集供销社
		王庆华	邮电局	王广华	侯集供销社
		季修峰	公路站	许彩兰	黄安供销社
		沈传涛	农机局	郭全军	潘渡供销社
		刘恒增	食品公司	吴福平	油棉一厂
		王　丽	饮食服务公司	屈衍朝	油棉五厂

续表

年度	称号	受表彰人员			
		王洪涛	五金交电公司	王艳琴	生产资料公司
		陈庆居	食品厂	陈尊科	土产杂品公司
		孙清生	百货公司	丁桂荣	棉麻公司
		李庆华	副食品公司	苏衍超	郓城一中
		梁尔常	技工学校	贾秀玲	实验中学
		张超来	劳动局	刘　强	浸出油厂
		史素珍	经济研究中心	王翠平	面粉厂
		库秀才	建筑公司	梁乃武	饲料厂
1990	先进工会工作者（42人）	倡庆法	农业银行工会主席		
		郭子环	商业局工会主任		
		朱绍昌	工商银行工会主席		
		刘传铎	邮电局工会副主席		
		曾庆凤	教育工会主席		
		刘秀云	物资局工会副主任		
		韩凤琴	县供销联社工会主任		
		邵宗民	黄河河务局工会主席		
		张秀亭	外贸局工会主席		
		李月英	城建委工会主任		
		孙兆刚	棉纺织厂工会主席		
		高广明	灯泡厂工会主席		
		左瑞显	棉麻公司工会主席		
		季德令	土产公司工会主席		
		王宪忠	油棉五厂工会主席		
		谭效全	油棉三厂工会主席		
		郭齐尧	侯咽集供销社工会主席		
		杨发成	黄安供销社工会副主席		
		任长青	大潭中心校工会主席		
		杜廷彦	水堡中心校工会主席		
		金景启	大人中心校工会主席		
		徐淑海	随官屯中心校工会主席		
		谭尊侠	郓城二中工会主席		
		刘瑞增	郓城镇中心校工会主席		
		吕兰祥	潘渡中心校工会主席		
		李庆华	副食品公司工会主席		
		秦松涛	百货公司工会主席		

续表

年度	称号	受表彰人员
		陈道久　饮食服务公司工会主席 王化陆　卫生局工会主任 吴正元　饲料厂工会主席 马现堂　面粉厂工会主席 侯连勤　浸出油厂工会主席 任师学　建筑公司工会主席 张厚贤　文化局工会主任 田延令　林业局工会副主任 韩忠仁　燃料公司工会主席 张翠兰　供电局工会副主席 李洪方　县总工会财务部部长 房殿爱　县总工会财务部副部长 丁占鲁　县总工会办公室副主任 钱永辇　县总工会生产部部长 杨利华　县总工会生活女工部部长
1990	优秀工会积极分子（178 人）	工业局　孙秀阁　窦进员　王保才　党丙军 王东明　张子亮　钱继贤　李继祥 任建芳　陈传勇　胡永娥　何厚方 李存记　吴景社　孙爱莲　魏胜华 侯东雪　张全文 县　社　聂景荣　刘桂臣　江心亮　季明光 曾宪斌　周桂全　侣同江　王善良 王秀梅　曾兆让　耿全胜　司荣华 崔节玉　赵延仁　陈中利　王秀诗 韩应礼　赵承聚　范经业　江自耀 黄险峰　窦淑君　张同君　陈省运 周武魁　卢其法　王思讲 教育局　刘开科　彭纯栋　王锡伦　屈传民 郑目文　孙翠连　王保祥　孙文忠 曹务宾　杨一文　任兰义　王庆池 张乾焕　孟照杰　刁兆恒　葛文科 张功银　魏明川　夏广卿　曹务道 徐衍贵　赵建勋　田来凤　樊兆和 樊明章　王传江　杨延从　房殿勤 刘惠民　范全林　李贻广　薛兰欣

续表

年度	称号	受表彰人员				
			刘义范	李万奎	李修兴	董进科
			朱桂荣	祝子华	黄贵才	刘钻贤
		商业局	张修建	陈庆居	智绪彪	刘钻金
			宋新辉	韩桂贤	杨存东	李秀阁
			赵翠平	张洪俭	吴清贤	祝仰华
		卫生局	王　平	刘乃施	于恒斌	黄承柱
			张进义	马心从	孟宪生	曹金荣
			任崇玺	田荣钦		
		粮食局	王金铎	徐龙坤	王春江	许化荣
			魏建兵	冯星连	樊兆举	孙西全
			王　晓	庞恒雨	杨金荣	
		城建委	李秀兰	陈桂兰	库秀才	
		文化局	李庆友	胡富贵	杜汉业	
		农业局	胡书爱	唐衍海	宋念丽	
		林业局	樊庆太	王艳丽		
		物资局	王延立	仝锡君	王爱霞	车承等
		交通局	曹凤玲	杨学夫		
		邮电局	王庆华	刘天舒	代会卿	
		供电局	曾　光	李建设		
		外贸局	赵秀云	樊庆平		
		工商局	韩翠香			
		农　行	刘承臣	周武臣	代秀琴	侯仰存
		建　行	杨继鑫			
		农机局	王玉莲	董秀英		
		医药公司	王金亭	王　波		
		烟草公司	张春萍			
		书　店	许永岭			
		招待所	陈光荣			
		黄河河务局	张厚峰	李坎成		
		公路站	伊和平	刘凤燕		
		石油公司	孙承云	高道学		
		工商局	路兴贵	曹韵和		
		税务局	张　健	孟凡钊		
		广播局	周凤桐	张效才		
		劳动技校	张继宽			
		气象局	张书显			

续表

年度	称号	受表彰人员
		企业局　刘志光 畜牧局　范德昌 保险公司　岑　娅 二轻局　李桂山　张会春　司良江　毛文进 水利局　程桂林 土管局　赵自生
1990	特邀优秀工会积极分子（10人）	周长存　农业银行行长、党组书记 徐龙华　商业局副局长 李同领　工商银行行长、党组书记 赵方元　邮电局局长、党组书记 林成勋　教育局局长、党组书记 侯　军　物资局副局长 郭齐顺　县供销联社主任、党组书记 王春迎　黄河河务局局长，党组书记 张殿明　外贸局局长 刘洪德　城建委党组书记
1990	“七比、七赛、创七备”劳动竞赛优秀组织者奖（12人）	戴思远　原县总工会主席 孙建都　原县总工会副主席 藏念俭　交通局局长 孔祥发　城建委副主任 李德太　县联社副主任 侣庆法　农业银行工会主席 朱绍昌　工商银行工会主席 许永岭　新华书店工会主席 刘传铎　邮电局工会副主席 李向敏　商业局工会副主席 刘秀云　物资局工会副主席 李云峰　外贸局工会副主席
1990	“七比、七赛、创七备”劳动竞赛先进个人（26人）	张厚民　张景涛　李　新　尹茂轩　刘体荣 赵殿勤　刘广让　魏根存　王风池　王善坤 陈敬东　赵会敏　陈新国　田玉英　仲守琴 唐继思　魏敬文　祝玉义　陈曰东　梁星建 田庆福　胡福贵　何厚振　李留明　张翠兰 赵秀文

续表

年度	称号	受表彰人员
1991	先进工会工作者（40人）	佀庆法　农业银行工会主席 朱绍昌　工商银行工会主席 郭子环　商业局工会主任 韩凤琴　县联社工会主任 曾庆凤　教育局工会主席 李乃仲　粮食局工会主任 刘秀云　物资局工会副主任 李月英　城建委工会主任 李春珍　供电局工会主席 刘传铎　邮电局工会副主席 张殿銮　公路站工会副主席 邵宗民　黄河局工会主席 王化陆　卫生局工会主任 房守忠　县医院工会副主席 于长兴　黄集粮所工会主席 王志斌　直属粮库工会主席 吴正元　饲料厂工会主席 谭尊侠　郓二中工会主席 张同考　陈坡中心校工会主席 金敬启　大人中心校工会主席 张延君　黄集中心校工会主席 彭纯栋　进修学校工会主席 黄维昌　实验中学工会主席 曹务斌　第二职业高中工会主席 任长青　大潭中心校工会主席 马宪堂　面粉厂工会主席 刘开科　教育局工会干事 张厚贤　文化局工会主任 韩忠仁　燃料公司工会主席 李秀兰　自来水公司工会主席 房爱谦　食品公司工会主席 杨存东　百货公司工会主席 季朝雨　五金交电公司工会主席

续表

年度	称号	受表彰人员					
		杨发成	黄安供销社工会主席				
		郭齐尧	侯集供销社工会主席				
		王献忠	油棉五厂工会主席				
		谭效全	油棉三厂工会主席				
		季德令	土产公司工会主席				
		孙兆刚	棉纺织厂工会主席				
		徐福亮	搪瓷厂工会副主席				
		樊庆平	外贸局工会干事				
1991	先进女职工工作者名单（7 人）	胡永娥	棉纺织厂工会干事				
		周桂金	贸易中心女工主任				
		金增娥	百货公司女工主任				
		樊桂玲	燃料公司女工主任				
		侯高兰	城关中心校女工主任				
		张淑华	县医院女工主任				
		赵秀华	直属库女工主任				
1991	优秀工会积极分子（188 人）	工业局	孙秀阁	吴景社	樊兰香	常玉民	孙爱莲
			吴进献	黄培樟	吴建军	杨良丰	张爱丽
			黎德恒	孔凡苏	郝敬合	张子亮	黄克萍
			李继祥	任建芳	吴春元	张全文	
		粮食局	李培良	张学臣	王　晓	杨金荣	许化荣
			王秀三	李永银	谭如诺	王春江	李兰振
		供电局	孙春兰	赵显柱	庞昌学		
		医药公司	梁忠宪	王金亭	邹景玉		
		卫生局	王　平	曹金荣	张永学	任崇玺	于恒斌
			徐龙杰	杨宪营	王振华	曹惠山	黄承柱
			任福兴	王慎旺			
		教育局	曹体佩	王振兰	樊兆和	王锡伦	樊庆金
			刘传谦	汪保第	王长运	董建存	张海泉
			王生武	屈传民	孔祥全	刘考令	赵传夏
			韩章启	赵福存	王慎芳	仝玉堂	范全林
			周传银	徐福星	张习益	孙文忠	关　涛
			李修敦	夏广卿	李清淼	葛文科	董进科

续表

年度	称号	受表彰人员
		曹如平　杨广霞　赵作春　孙玉振　魏敬立
		赵性问　泮永玺　王传江　周长会　陈文彬
		烟草公司　周广建
		气象局　张书显
		邮电局　张传正　潘若亮
		林业局　吴玉玲　王艳丽
		文化局　杜汉业　杨其展　胡富贵
		物资局　仝锡君　车承等　李文汉　袁丹夫　刘桂荣
		屈瑞霞
		建设银行　邹继平
		城建委　任师学　库秀才　陈春丽　黄宜成
		畜牧局　樊玉茹
		商业局　徐龙启　张文霞　樊祥成　李秀阁　赵桂生
		许　敏　张雪成　王　勇　杨兆亚　王宗平
		肖中山　张修建　赵翠平
		交通局　赵　勇　宋玉君　马宪启
		县联社　孙怀欣　崔节玉　赵延仁　周长银　乔效章
		李玉仲　王秀诗　曾庆合　范奎聚　王体江
		刘体荣　陈广龙　陈省运　周武奎　曾宪斌
		赵念君　孙守东　宗克斌　夏资广　韩廷阁
		刘保凤　魏兆法　韩道同　聂景荣　江自耀
		黄险峰　季明光
		水利局　孙兴振　程桂林
		农业局　张宪清　许永全　付兆作　胡书爱
		公路局　马永丽　伊和平
		二轻局　肖自珍　徐淑祥　周传凤　刘耀华　石秋菊
		石油公司　孙承云　高道学
		黄河局　吕桂安　高守保
		保险公司　吴宪宾
		农业银行　周武臣　王昌厚　许庆军　刘印生
		外贸局　吕继臣　孙灵生
		企业局　刘元光
		招待所　陈光荣
		工商银行　刘　俊

续表

年度	称号	受表彰人员
		工商局 李效启 李体瑞 技工学校 张泽涛 广播电视局 闫黎萍 农机局 董秀英 宋卫红 土管局 张祥欣 新华书店 许永岭 税务局 李秀含 李景诗
1991	特邀优秀工会积极分子（12人）	周长存 农业银行党组书记、行长 李同领 工商银行党组书记、行长 徐龙华 商业局副局长 郭齐顺 县联社党组书记、主任 林成勋 教育局党组书记、局长 吕明海 粮食局党组书记、局长 侯　军 物资局副局长 侯士俊 城建委主任 曹克锋 供电局党组书记 赵方元 邮电局党组书记、局长 赵　明 公路局纪检书记 王春迎 黄河河务局党组书记、局长
1992	先进工会工作者（40人）	郭子环 商业局工会主任 佀庆法 农业银行工会主席 王道钦 粮食局工会主任 张佃銮 公路局工会副主席 李春珍 供电局工会主席 邵宗民 黄河局工会主席 邹景玉 医药公司工会主席 朱绍昌 工商银行工会主席 王常轩 邮电局工会主席 刘性敏 物资局工会主任 曾庆凤 教育局工会主席 季明光 县联社工会干事 董承轩 搪瓷厂工会主席 吴春元 标准件厂工会主席

续表

年度	称号	受表彰人员
		杨　耀　水浒酒厂工会主席 袁学民　塑料厂工会主席 任长青　大潭乡教委工会主席 颜景芳　郭庄乡教委副主任 侯进军　教育局工会副主席 安守军　张营乡教委工会委员 刘遵溪　玉皇庙镇教委工会主席 张怀娥　郓城一中工会主席 王思鹏　郓城二中工会主席 杨茂钦　郓城师范工会主席 房守忠　县医院工会副主席 刘先亭　县中医院工会主席 任师学　建筑公司工会主席 李秀兰　自来水公司工会主席 房爱谦　食品公司工会主席 周　新　百货公司工会主席 季朝雨　五金交电公司工会主席 侯连勤　浸出油厂工会主席 王志斌　粮油供应公司工会主席 吴正元　饲料厂工会主席 韩道同　棉麻公司办公室副主任 陈省运　油棉四厂工会副主席 侣同江　油棉二厂人秘科长 于明川　土产公司工会主席 王宪忠　油棉五厂工会主席 韩忠仁　燃料公司工会主席
1992	先进女职工工作者（8人）	胡永娥　棉纺织厂工会干事 侯凤玉　二轻局工会干事 王玉莲　农机局工会主任 王云香　西关小学教师 王　平　县医院党总支副书记 金增娥　百货公司女工主任 张守丽　油棉一厂工会主席 刘秀云　物资局工会副主任

续表

年度	称号	受表彰人员					
1992	优秀工会积极分子（197人）	工业局	李章启	黄培障	孙桂芳	孙爱莲	康思昌
			黄克苹	何汉品	曹惠丽	刘考珍	高玉环
			陈传奇	李继祥	任建芳	冯兴旺	王傅欣
			张全文	樊兰香	李　山	王常立	王德才
		二轻局	商庆民	吴怀柱	刘德恕	董　剑	丁北海
		供电局	张晓磊	仪登峰	孙秀芳		
		企业局	刘志光				
		农业局	宋清泉	何进书	许永全	胡书爱	
		林业局	郭　忠	王艳丽	田延令		
		水利局	仝　菲	卜凡森			
		农机局	王玉民	董秀英			
		黄河局	李坎成	张厚峰			
		气象局	张书显				
		交通局	刘风祥	宋玉君	刘方才		
		公路局	马永丽	季修峰			
		邮电局	康金良	代会卿	刘传铎		
		教育局	李文光	张振才	孙传圣	郑司圣	樊庆金
			仝兆知	樊兆祥	曾宪海	杨华山	曹贵钦
			陈凤芝	张瑞梅	李庆山	赵性问	郭保立
			沈景云	夏景立	李修兴	吴玉启	冯保增
			耿继玺	董进科	梁兆福	杨巨林	孙钦玺
			边丽安	吴兰祥	吕继坤	吴超华	王乃存
			朱元忠	张功银	袁永清	王作文	潘永来
			王体乾	仝庆会	任广仕	王均炳	樊兆和
			屈传民	张同礼	袁士方		
		文化局	杜汉业	樊同震	王立京		
		广播局	周枫桐	闫丽萍			
		新华书店	许永岭				
		卫生局	曹金荣	张文运	王振华	祝秀芝	张纯思
			王慕从	于恒斌	苑荣真	孟宪生	孟瑞兰
			李凌云	徐龙杰	任　鸿		
		县城建委	庞海燕	樊兆玉	魏一军		
		农业银行	戴秀琴	刘印生	王昌厚	许庆军	

续表

年度	称号	受表彰人员
		工商银行　吴艳芹 建设银行　韩耀辉　刘尊宪 保险公司　岑　娅 商业局　张文霞　张修敏　苏兆勋　陈殿杰　王　勇　杨兆亚　韩秀英　张修建　童广钦　王宗平　刘巧云　赵翠平 粮食局　王金铎　于长兴　徐龙坤　马宪堂　梁邦彦　杨学法　刁望进　李宪民　孙西全　杜登河 县　社　王传宾　张厚山　马雁北　张建民　乔效章　郭齐尧　王存吉　崔节玉　陈中利　刘凤雷　黄险峰　刘保安　李福元　杨洪环　彭存才　杨福仲　张宜华　李先林　商汉侠　王秀诗　彭太民　王学善　岳彩明　刘宝凤　聂景荣 物资局　于谋国　张　伟　王爱霞　王延立　刘林荣　仝锡君　车承等 外贸局　林瑞霞　郅考云　张秀亭 石油公司　孙承云　高道学 医药公司　王金亭　王　波 工商局　曹韵和　王振计 税务局　李景诗　李建成　李秀含 招待所　陈光荣 劳动局　高明宪 畜牧局　王　静　樊玉茹 土管局　曹　宾　赵自生 劳动技校　石建丽
1992	特邀优秀工会积极分子（12 人）	刘　平　商业局副局长 刘春贵　农业银行副行长 吕明海　粮食局党组书记、局长 孔运松　公路局党组书记 曹克峰　供电局党组书记 王武超　黄河局党组书记、局长 晁忠法　医药公司党组书记 李同领　工商银行党组书记、行长

续表

年度	称号	受表彰人员
		赵方元　邮电局党组书记、局长 杨福环　物资局党组书记、局长 袁洪宪　教育局党组书记、局长 郭齐顺　县联社党组书记、主任
1993	先进工会工作者（43人）	董承轩　搪瓷厂工会主席 郭怀智　拖配厂工会主席 李守友　灯泡厂工会主席 商庆民　二轻局工会主任 侯进军　郓城教育工会副主席 王福陆　郓城一中工会副主席 丁于银　郓城县教育工会委员 潘永来　第一职业中学工会主席 于天坤　实验中学工会主席 曹体佩　黄堆集乡教育工会主席 张同考　陈坡乡教育工会主席 丁文玉　黄安乡教育工会主席 王乃民　教研室工会委员 房守忠　县人民医院工会副主席 徐龙杰　中医院工会副主席 庞海燕　城建委工会干事 房爱谦　食品购销公司工会主席 季朝雨　五金交电公司工会主席 周　新　百货公司工会主席 刘秀云　物资局工会副主任 季明光　县社工会干事 韩道同　棉麻公司工会委员 王培伦　油棉六厂工会主席 王献忠　油棉五厂工会主席 郭齐尧　侯咽集供销社工会主席 王志斌　粮油食品供应公司工会主席 马传忠　植物油厂工会主席 马宪堂　面粉厂工会主席 李春珍　供电局工会主席

续表

年度	称号	受表彰人员
		邵宗民　黄河局工会主席 张殿銮　公路局工会副主席 王常轩　邮电局工会主席 曾庆凤　教育局工会主席 佀庆法　农业银行工会主席 朱绍昌　工商银行工会主席 郭子环　商业局工会主任 王道钦　粮食局工会主任 韩凤琴　供销联社工会主任 王德才　工业局工会主任 孟瑞兰　卫生局工会主任 刘性敏　物资局工会主任 刘尊宪　建设银行工会主席 杨茂钦　郓城师范工会主席
1993	优秀工会积极分子（195 人）	工业局　张全文　王思鲁　李继祥　李维前　丁修龙 杨　耀　孙爱莲　晁中钦　杨良丰　闫　振 刘学起　渠继峰　梁尔君　吕继玺　刘洪庆 岳彩勇　吴春元　高武进　孙兆刚 二轻局　肖自珍　吕继友　王德文　李殿龙　孙建全 供电局　赵显柱　孙德亮　仪登峰 邮电局　康金良　代会卿　刘传铎 教育局　薛建亮　王斯玉　初建礼　李丰登　王正贵 李松明　刘广喜　马韫山　杨从申　张振泉 李建青　曹贵钦　李万本　张吉玉　吕乃平 段桂云　王慎芳　乔效成　谢　斌　曹景宪 赵福存　程衍浩　魏忠彬　宋绍毅　李文寅 孙文忠　张子林　耿风华　张锡山　王光凌 李吉云　李万奎　王传江　郑庆和　刘尚记 侯仰南　韩承学　李继勋　佀传贤　郭齐服 樊作雷　王西伦　马忠民 师　范　韩章启　刘自春 企业局　彭龙启 农业局　胡书爱　许永泉

续表

年度	称号	受表彰人员
		林业局　郭　忠　王艳丽
		水利局　仝桂力　刘康运
		农机局　王玉莲　董秀英
		黄河局　张厚峰　李坎成
		气象局　张书显
		畜牧局　孙凤英
		交通局　李书民　赵勇
		公路局　马永丽　曾广香
		文化局　杨其展　杜汉业　杨彩云
		广播局　周凤桐　闫丽萍
		书　店　许永岭
		卫生局　王慕从　任崇玺　孟宪生　李淑琴　李艳秋　刘先亭　付存财　曹金荣　候继东　于恒斌
		城建委　李秀兰　陈桂兰　任师学
		农业银行　刁兆金　张建国　刘印生　代秀琴
		工商银行　段连尊
		建设银行　王文涛
		保险公司　吴宪宾
		工商局　王振计　曹韵和
		税务局　马乃武　徐万真
		商业局　王　勇　杨兆亚　韩秀英　张修建　陈雪萍　王宗平　车业忠　李传修　李卫东　侯峻峰　李加训　陈庆明　张修敏　赵翠平
		粮食局　马祥林　梁邦彦　商庆林　李尊国　高保贤　孙西全　郭殿新　王建忠　刘福全　季存红
		县　社　宋绍才　郑祥占　杜朝坤　黄险峰　王秀诗　钱修性　王甲银　王汉青　彭存才　杨洪环　王恒法　樊庆銮　张桂荣　王立臣　李福元　马宪春　崔师东　夏资广　陈中利　陈庆浦　张洪奎　张自丽　王学善　许建胜　李维卿　韩应礼　梁乃军
		物资局　于谋国　赵汉河　仝锡君　王爱霞　刘林荣　贾志林　车承等

续表

年度	称号	受表彰人员
		外贸总公司　张建文　魏尊雪　吴申彪 石油公司　孙承云　高道学 医药公司　梁忠宪　刘学仁 烟草公司　张春萍 招待所　陈光荣 劳动技校　郑衍坤 土管局　曹　斌 环保局　王小平　吴昌银 劳动局　祝玉潺 民政局　姜玉民
1993	先进女工工作者（9 人）	胡永娥（工业）　张桂兰（教育）　王振华（卫生） 侯凤玉（二轻）　刘巧云（商业）　仲守琴（物资） 张守丽（县社）　樊玉茹（畜牧）　张秀亭（外贸）
1993	荣誉工会积极分子（15 人）	曹克峰　供电局党组书记 王武超　黄河局党组书记、局长 孔运松　公路局党支部书记 赵方元　邮电局党组书记、局长 袁洪宪　教育局党组书记、局长 尤汝文　农业银行党组书记、行长 李同领　工商银行党组书记、局长 刘　平　商业局副局长 吕明海　粮食局党组书记、行长 郭齐顺　供销联社党组书记、主任 韩耀良　工业局党组书记、局长 董贯忠　卫生局党组书记、局长 杨福环　物资局党组书记、局长 王忠谊　建设银行党组书记、行长 韩宗修　郓城师范党总支书记
1994	优秀工会工作者（43 人）	王德才　工业公司工会主任 孟瑞兰　卫生局工会主任 颜士启　建环委工会主任 朱道举　金融工会工会主席 王道钦　粮食局工会主任

续表

年度	称号	受表彰人员
		韩凤琴　县联社工会主任 高先珍　供电局工会副主席 邵宗民　黄河局工会主席 张殿銮　公路局工会副主席 王常轩　邮电局工会主席 侯进军　县教育工会副主席 杨芪钦　郓城县师范工会主席 刘春贵　农业银行副行长 庞元华　工商银行纪检组长 刘尊献　建设银行工会主席 李省勋　国税局工会主席 董承轩　搪瓷厂工会主席 杨　跃　水浒酒厂工会主席 晁中钦　化机厂工会主席 王培伦　油棉六厂工会主席 郭齐尧　侯集供销社工会主席 张桂荣　木制品公司工会委员 韩道同　棉麻公司工会委员 王宪忠　油棉五厂工会主席 潘明珍　县人民医院工会主席 侯仰秀　防疫站工会委员 商庆民　二轻公司工会主任 袁学民　塑料厂工会主席 庞海燕　建环委工会干事 王志斌　粮油食品供应公司工会主席 马宪堂　面粉厂工会主席 马传忠　植物油厂工会主席 刘性敏　物资局工会主席 季朝雨　五金交电公司工会主席 王宗平　饮食服务公司工会副主席 张怀娥　郓城一中工会主席 袁永清　郓城七中工会主席 于天坤　实验中学工会主席

续表

年度	称号	受表彰人员
		潘永来 第一职业中学工会主席 侯仰南 侯集镇教育工会主席 侯高兰 郓城镇教育工会主席 王殿新 郭屯镇教育工会主席 刘尊溪 玉皇庙镇教育工会主席
1994	优秀女职工工作者（11 人）	张玉环（商业） 樊桂玲（物资） 张宝莲（工业） 季敬云（工业） 张守丽（县社） 吕晓兰（卫生） 王振华（卫生） 杨翠兰（师范） 乔　英（邮电） 戴秀琴（农行） 刘代云（教育）
1994	优秀工会积极分子（193 人）	工业公司 张瑞昌 孙爱莲 郭怀智 吴春元 高武进 吕继玺 郝敬合 刘洪庆 李守友 李继祥 李维前 王玉柱 王全民 陈永华 胡永娥 孙兆刚 刘兆俊 管圣增 二轻公司 张勤胜 李殿龙 刘建华 李良臣 孙建平 供电局 孙春兰 彭咏梅 徐　拥 军企业局 李瑞卿 林业局 田延令 吴艳玲 水利局 程桂林 李凤玲 农机局 王玉莲 董秀英 黄河局 李坎成 王庆林 气象局 张书显 农业局 何进书 胡书爱 畜牧局 邢仁增 交通局 谢湘蓉 刘凤祥 公路局 马永丽 王福生 邮电局 刘传铎 代会卿 教育局 陈存文 杨际贤 郭良科 邢仁科 郭继林 贾元善 袁洪信 陈凤合 苏金昌 马传运 戴建鲁 樊庆亮 曹孔芝 周生贵 郭培起 刘干峰 巩传亮 黄广勇 倪化冰 郭存金 刘德耀 王慎芳 刘传民 陈化贤 曹景献 曹体佩 刘加仲 张同礼 鲁效禹 王斯玉 苏衍超 刘东陆 顾复华 杨华山 郑汝太

续表

年度	称号	受表彰人员
		段连涛　曾凡印　张新桥　张新代　王乃民
		范忠杰　白传峰
		文化局　杨其展　魏乃亮　杜汉叶
		广播局　李大建
		新华书店　李美英
		卫生局　祝秀从　杨再奎　王慕从　李淑芹　祝秀芝
		任洪昌　曹金荣　张进义　于恒斌　崔太昌
		王慎旺　陈海宾　徐龙杰
		建环委　陈桂兰　王先庆　库秀才
		环保局　马传银
		人民银行　陈洪涛
		农业银行　王昌厚　许庆军　刘印生
		工商银行　杨爱云
		建设银行　赵　宏
		中国银行　张俊钊
		保险公司　彭会林
		郓城师范　韩章启　任守善
		商业局　郅效力　侯俊峰　郝晓仁　王凤海　李卫东
		童广钦　陈雪平　房爱谦　李传修　杨兆亚
		韩秀英　郭子环
		粮食局　马祥林　梁邦彦　李尊国　孙保振　商庆林
		张立新　高保贤　彭存保　王秀启　许化军
		物资局　贾志林　孙若旭　于谋国　刘林荣　仝锡君
		韩宜贵
		医药公司　王金亭　李凤武
		县　社　朱绍才　刘祥贞　李福元　黄险峰　崔节玉
		王洪启　彭济贞　仝明华　张秀英　梁乃军
		陈省运　王甲银　张应林　王学善　郭守明
		王呈南　耿全胜　钱修性　王秀诗　杨洪环
		李乃营　陈中利　王汉青　尹保国　卜凡存
		乔效章　屈保连　郝永丽　屈保仓
		外贸局　于加观　刘尊田
		石油公司　孙承云　高道学
		工商局　王振计　曹韵和

续表

年度	称号	受表彰人员		
		国税局	李秀含	徐万真
		地税局	商保銮	
		招待所	陈光荣	
		劳动局	郭志杰	
		技校	张泽涛	
		土管局	王惠君	
		烟草公司	杨菁华	
		民政局	姜玉民	
1994	荣誉工会积极分子（16人）	周传问	工业公司党组书记、经理	
		袁洪献	教育局党组书记、局长	
		董贯忠	卫生局党组书记、局长	
		赵传杰	建环委副主任	
		彭济民	人民银行党组书记、行长	
		吕明海	粮食局党组书记、局长	
		任宪明	县联社党组书记、主任	
		曹克峰	供电局党组书记	
		王武超	黄河局党组书记、局长	
		孔运松	公路局党总支书记	
		赵方元	邮电局党组书记、局长	
		韩宗修	郓城师范党总支书记	
		尤汝文	农业银行党组书记、行长	
		石崇林	工商银行党组书记、行长	
		王忠谊	建设银行党组书记、行长	
		魏天胜	国税局党组书记、局长	
1995	《劳动法》知识竞赛先进个人	保险公司	岑　娅	陈素玲
		医药公	王金亭	
		百货大楼	王凤海	
		公路局	管洪涛	马永丽
		食品公司	吴青贤	韩永贤
		外贸局	张秀亭	赵　伟
		百货二楼	智效立	
		邮电局	侯宪坤	李　珍
		塑料厂	张勤胜	宋和如

续表

年度	称号	受表彰人员			
		黄河局	邵宗民		
		服务公司	王淑娟		
		县医院	李艳秋	孙自友	
		畜牧局	于天磊		
		林业局	郭　忠	吴艳玲	
		供电局	张建华	彭丽华	
		粮油供应公司	王志斌		
		饲料厂	马祥林	孔祥柱	
		植物油厂	马传忠	黄金贵	
		自来水公司	葛广斌		
		面粉厂	马献堂	梁言辉	
		建筑公司	李秋香		
		城建委	刘加申		
		中国人民银行	王汉桥		
		建　行	杨帮磊		
		农　行	王　敏	王现喜	
		友谊医院	夏祥启	白桂花	
		石油公司	孙承云	宋绍兰	
		燃料公司	王　伟	杨晓林	
		家具公司	郭欣欣		
		农供公司	马爱民		
		物资服务公司	张建江		
		液化气公司	解西建		
		棉麻公司	王怀西	丁桂荣	
		县　社	韩风琴		
		棉麻纺织厂	马传宝		
		生产公司	陈　杰		
		郓城商场	侯宪印	贾朝华	
		盐业公司	王风春	马燕北	
		油棉五厂	江　帆		
1995	优秀工会工作者（48人）	工　业	杨　跃	徐福亮	李继祥
		二　轻	商庆民		
		物　资	刘秀云	于谋国	

续表

年度	称号	受表彰人员
		建　委　颜世启　庞海燕 金　融　朱道举　刘尊献　许兆文　黎德秀 商　业　郭子环　王宗平 粮　食　王道钦　王志斌　许化军　张立新 黄河局　邵　宗 民交通局　马宪启 公路局　张殿銮 畜牧局　樊玉茹 供电局　高先珍 邮电局　付邦存 友谊医院　刘芹兴 国税局　李秀含 书　店　常福山 招待所　李守举 卫　生　孟瑞兰　潘明珍　田荣钦 县　社　韩凤琴　韩道同　陈庆府　韩效道　王甲银 教　育　曾庆凤　刘丕荣　袁永清　王斯玉　曾凡森 侯仰南　韩承学　王际国　刘先铎　赵福存 李修兴 师　范　杨茂钦
1995	优秀女职工工作者（10 人）	胡永娥（工业）　樊桂玲（物资）　际学英（金融） 苏玉环（师范）　孙春兰（供电）　赵秀生（粮食） 乔　英（邮电）　王振华（卫生）　张守丽（县社） 侯冬丽（教育）
1995	优秀工会积极分子（184 人）	工　业　张兆雷　吕继玺　吴春元　晁中钦　杜淑敏 季增学　姚帮建　李　山　李守友　李维前 赵秀然　孙爱莲　张廷良　孟祥才 二　轻　田保华　袁学民　孙建平　李殿龙 物　资　韩宣贵　刘林荣　仲守琴　仝锡君　贾志林 建　委　魏一军　郑遵明　库秀才　王先庚 金　融　许庆军　李从阁　周　颖　于加涛　岑　娅 陈洪涛　代秀琴　王瑞芝 交　通　李广立　李素华

续表

年度	称号	受表彰人员
		公　路　王福生　牛红彦
		文　化　管谦道　蔺继岗　张勤彦
		广　播　李大建
		外　贸　张明居　张秀亭
		石　油　孙承云　高道学
		师　范　魏新愿　袁　军
		友谊医院　张继海
		企业局　苏衍明
		土管局　孙明凤
		供电局　李同田　何万江　张建华
		林业局　田延令　王艳丽
		地税局　商保銮　仝爱民　王英伟
		商　业　致效力　段　敏　李传修　王凤海　沙道银
		王　静　杨兆亚　陈雪萍　韩秀英　童广钦
		侯　峰　李卫东
		粮　食　王金铎　马祥林　马传忠　马宪堂　彭存宝
		孙保振　李尊国　商庆林　代金秋　赵庆民
		邮电局　陈新国　王庆华
		农业局　郑翠莲　孙就恩
		黄河局　侯宪清　吕桂安
		畜牧局　李谨玺
		肠衣厂　刘海华
		书　店　陈敬东
		药　材　王　波　王金亭
		卫　生　徐龙杰　王慎旺　靳余敦　曹金荣　任洪昌
		张纯思　王瑞英　唐文和
		工商局　王振计　曹韵和　刘文秀
		国税局　葛明善　马乃武
		劳动技校　石建丽
		县　社　梁乃军　马汉忠　张同礼　褚福杰　曾　华
		宋体文　王世勤　王秀诗　樊兆宏　王爱芹
		张鸿继　黄险峰　郭齐文　刘西珍　邓广召
		祝仰清　王存吉　汤平川　赵业元　钱广兴
		樊广军　夏资广　崔节玉　闫成欣　彭济员

续表

年度	称号	受表彰人员				
		烟草公司	沈永生			
		环保局	马传银			
		水利局	程桂林	李凤玲	仝桂力	
		气象局	张书显			
		招待所	卜卫东			
		教　育	黄启进	刘全民	张桂兰	屈传民	段连涛
			徐福朝	陈庆勋	李从言	曹继亮	唐桂从
			鲁兆清	赵建军	樊庆亮	王同恩	张洪记
			张振才	樊兆生	段桂云	张清臣	王慎建
			何建伟	陈好建	王体亭	吴晓英	张德民
			陈心平	王效思	扈从来	陈淑芹	贾振庆
			孙文忠	葛增华	王玉瑞	扈传运	石建青
			侯昌恩	高兴存	黄广交	刘考令	李庆良
		劳动局	郭志杰			
1995	荣誉工会积极分子（14人）	曹克锋	供电局党组书记			
		张其文	邮电局党组书记、局长			
		孔运松	公路局党总支书记			
		袁洪宪	教育局党组书记、局长			
		彭济民	人民银行党组书记、行长			
		任宪明	县社党组书记、主任			
		陈立身	卫生局党组书记、局长			
		吕明海	粮食局党组书记、局长			
		戟宗修	郓城师范党总支书记			
		侯士俊	建环委主任			
		邵全义	友谊医院院长			
		魏天圣	国税局党组书记、局长			
		姜　锋	新华书店党支部书记、经理			
		袁良臣	政府招待所支部书记、所长			
1996	优秀工会工作者（40人）	县　社	韩凤琴	郑玉琢	何贵立	王家银	陈庆甫
		金　融	朱道举	刘尊献			
		教育局	侯进军	周庆春	安守君	侯建华	代建鲁
			武祥岭	肖作如	康为昌	王昌玉	张进周

续表

年度	称号	受表彰人员					
		二轻局	王娅萍				
		工业局	杨　跃	徐福亮			
		城建委	颜士启	王先庆			
		粮食局	徐龙坤	马献堂	孙宝振	王志斌	
		物资局	刘秀云				
		商业局	郭子环	郅效力			
		卫生局	王好礼	潘明珍			
		邮电局	付邦存				
		黄河局	邵宗民				
		供电局	高先珍				
		公路局	张殿銮				
		师　范	杨茂钦				
		新华书店	常福山				
		交通局	马献启				
		友谊医院	张继海				
		招待所	李守举				
1996	优秀工会积极分子（180 人）	粮食局	马传忠	梁邦彦	于长兴	孙西泉	王传辉
			商庆林	李尊国	许化军	马祥林	蒋守鑫
		工业局	张兆雷	吕继玺	李　民	刘洪庆	高登林
			晁中钦	郭怀智	吴春元	赵秀然	孙爱莲
			李玉田	吴建军	孙兆刚	陈进举	王学兵
			李继祥	肖存才			
		县　社	汤继超	祝仰清	黄险峰	韩应礼	房建华
			李兆存	刘兴标	王　宇	王世勤	韩道同
			王秀诗	彭存才	苑继才	宋体文	陈省运
			樊庆军	官庆展	王　飞	王爱芹	樊兆宏
			岳彩立	侯广祥	李多山	奚研慧	张文江
			刘尊彦	耿全胜	梁乃军		
		金　融	陈素玲	于加涛	杨继红	杨　振	冯为国
			李传良	李　燕	刘印生	刘洪俊	韩耀辉
		教育局	郑汝太	李金磊	李新阶	杨凤珍	孙万全
			宋翠兰	唐衍信	张建华	李吉福	杜道臣
			张怀娥	仝瑞善	边道钦	孙学忠	袁洪信

续表

年度	称号	受表彰人员
		史衍保　王斯玉　樊秀梅　巩传亮　张瑞山
		李堪峰　祝仰斌　郭汝胜　孟庆贤　王福英
		王　欣　侯宪玺　仝立军　陈存文　段连廷
		刘传信　仝兆知　王玉玲　张习田　王玉满
		卜金良　杨华山　刘尚记　鲁效禹　马传运
		邮电局　梁邦中　王进全　刘传铎
		二轻局　丁北海　任如忠
		水利局　程桂林　李凤玲
		师　范　祝海玉　刁瑞玲
		国税局　赵先建　李秀含
		公路局　赵　英　伊和平
		城建委　郭兰英　库秀才　魏一军
		畜牧局　李瑾玺
		环保局　郭良生　马传银
		文化局　管谦道　魏乃亮
		交通局　杨志刚　赵玉香
		土管局　赵自生
		林业局　王艳丽　吴艳玲
		企业局　许贵平
		黄河局　韩修东　曹　敏
		物资局　苏秀菡　吴相松　曹玉兰　仲守琴　王文涛
		解锡健　贾志林　于谋国
		农业局　赵秀梅　李爱民
		商业局　段　敏　童广钦　李传修　杨兆亚　沙道银
		杨义新　樊绍三　王凤海　侯　峰　李卫东
		魏敬贤　贾增印
		石油公司　孙承云　樊庆恩
		卫生局　侯仰秀　曹金荣　孟凡芹　樊庆瑞　于恒斌
		徐龙杰　房守忠　郭爱香　屈雁鸿　陈海宾
		供电局　李钦贵　徐拥军　何万江
		医药公司　王金亭　徐良斌
		烟草公司　黄双平
		广播局　房殿萍
		新华书店　雷　军

续表

年度	称号	受表彰人员
		工商局　曹韵和　王振计 地税局　仝爱民　李爱军　王英伟 外贸局　梁抗美 农机局　魏玉峰　曹爱民 劳动局　祝玉潺 劳动技校　王均革　彭济同 民政局　王　娟 肠衣公司　刘海华
1996	优秀女职工工作者（11人）	张守丽（县社）　彭济贞（县社）　陈春荣（金融） 王瑞芝（金融）　刁玉莲（教育）　胡永娥（工业） 赵秀华（粮食）　樊桂玲（物资）　杨翠兰（师范） 王振华（卫生）　孙春兰（供电）
1996	荣誉工会积极分子（16人）	任宪明　郓城县供销联合社党组书记、主任 孔运松　郓城县公路局党总支书记 吕明海　郓城县粮食局党组书记、局长 张其文　郓城县邮电局党组书记、局长 袁洪献　郓城县教育局党组书记、局长 藏念俭　郓城县交通局党组书记、局长 刘传令　郓城县供电局党组书记 邵全义　郓城县友谊医院院长 陈元银　郓城县卫生局党组书记、局长 苏建华　郓城县人民银行党组副书记、副行长 杨　建　郓城县黄河局党组书记、局长 姜　锋　郓城县新华书店党支部书记、经理 韩宗修　郓城师范学校党支部书记 袁良臣　郓城县招待所党总支书记、所长 侯士俊　郓城县城建委原主任 魏敬武　郓城县企业局党组书记、局长
1997	优秀工会工作者（42人）	工业局　张兆雷 二轻局　袁学民 卫生局　王好礼　孟宪生 城建委　胡存景

续表

年度	称号	受表彰人员
		金融工会　朱道举　张俊钊　刘源炎 粮食局　王道钦　于长兴　马传忠　王志斌 县　社　韩凤琴　刘祥贞　韩道同 何贵立　陈庆府 物资局　刘秀云 商业局　郭子环 教育局　侯进军　郭保立　江新军　屈传民 郦清启　赵福存　李文寅　李传良 李同卫　孙玉振 土管局　赵自生 经　委　杨其礼 供电局　王念广 黄河局　侯宪卿 公路局　王建华 邮电局　付邦存 师　范　刘广同 书　店　常福山 工商局　曹韵和 招待所　李守举 审计局　吴玉玲 计生局　袁良西 技术监督局　李若河
1997	优秀工会积极分子（181 人）	工业局　侯慎谦　单长臣　李存记　刘尊荣　胡永娥 晁中钦　常发旺　刘兆俊　许亚赤　吕继玺 杨茂新　孙爱莲　吴春元　郭兴红 二轻局　商庆民　樊庆雨　刘秀生 企业局　李好岱 供电局　赵显柱　李建设　孟保记 农业局　房钰锋　赵冬梅 林业局　王艳丽 农机局　魏玉锋　王临庄 黄河局　韩修东 交通局　杨志刚　郑　强

续表

年度	称号	受表彰人员
		公路局 毛明超 董超英 邮电局 刘传铎 王庆华 乔 英 畜牧局 杨建忠 师 范 程英良 温风波 文化局 张勤彦 管谦道 魏乃亮 书 店 胡建一 卫生局 王立位 张效花 刁望保 樊庆瑞 于恒斌 颜景文 祝风雷 仝庆根 丁黎明 陈海宜 李凤芝 友谊医院 张继海 城建委 魏天轻 陈桂兰 胡永生 金融工会 边祥玉 杜青春 杨继江 韩耀辉 刘印生 岑 娅 董承亮 丁翠兰 张桂英 工商局 王振记 李辉 商业局 侯 峰 李卫东 杨兆亚 郅效力 李传修 童广钦 贾增印 魏敬贤 杨义新 沙道银 王凤海 韩桂贤 段 敏 粮食局 刘福全 李运斋 杨作文 张东来 彭存宝 孙保振 商庆林 蒋守鑫 王传辉 李尊国 县 社 王思田 江 帆 黄险峰 刘保森 刘宝安 耿金腾 陈省运 程士兰 宋体文 屈保连 祝仰清 司荣华 梁乃军 宋 阳 佀同江 高铁成 王秀诗 李德云 韩应礼 刘兴銮 赵业元 侯善林 张宜华 李多山 物资局 解锡见 王 伟 仝锡君 吴相松 曹玉兰 仲守芹 外 贸 梁抗美 石油公司 王占民 医药公司 王金亭 烟草公司 张春萍 招待所 陈光荣 劳动技校 彭济同 赵宪军 民政局 岑 明

续表

年度	称号	受表彰人员
		土管局　孙明凤 环保局　郭良生　马传银 国税局　李汝坤　张立兵 地税局　杨义汗　高凤喜 经　委　潘若松 计生委　王乃常　吕凤军 技术监督局　汤云峰　陈　阳 教育局　王福全　丁喜山　李建国　郑庆科　刘　刚 李传礼　韩应乾　陈保聚　巩传亮　刘尚记 李继勋　刘建省　梁乃宪　刘传谦　李明月 刘相增　史长玲　袁怀祥　王斯玉　赵玉兰 孙念林　徐淑星　李全谦　韩庭珠　张洪记 孟理凡　赵秀美　肖忠芝　杨广卿　林贵军 周亚冰　刁兆运　李吉福　刘贵成　孙文成 张凤兰　刘先锋　曹体佩　田秀燕　张继玉
1997	优秀女职工工作者（9人）	王凤婷（工业局）　刘继润（供电局）　李玉玲（师　范） 王振华（卫　生）　戴秀芹（农　行）　彭济贞（县　社） 樊桂灵（物　资）　赵秀华（粮　食）　李爱菊（教　委）
1997	职业道德知识竞赛先进个人	棉纺织厂　于德海　棉麻公司　郑玉琢 搪瓷厂　徐福亮　生产公司　崔师东 化肥厂　李继祥　麻纺织厂　王甲银 空压机厂　高成勇　棉六厂　何贵立 化机厂　李善勇　杂品公司　李德山 内配厂　陈存金　城建委　颜士起 公路局　马永丽　环卫处　魏显勇 棉三厂　王恒法　园林管理处　郑遵明 盐业公司　刘祥贞　建筑公司　任师学 棉五厂　江　凡　粮　局　徐龙坤 贸易中心　贾朝华　面粉厂　曹秀兰 棉二厂　佀同江　城关粮所　魏怀亮 棉四厂　陈省运　粮食综合厂　侯如江 棉一厂　张宋丽　粮食供应公司　张　勇 木制品公司　宋体文　植物电厂　王　军

续表

年度	称号	受表彰人员
		饲料厂 马祥林 图书馆 张凤英 农业局 吴　涛 畜牧局 王　静 商业局 郭子环 农　行 戴秀芹 服务公司 王宗平 人　行 刘洪俊 百货大楼 王凤海 邮电局 边道婷 齐鲁鞋厂 李卫东 交通局 杨志刚 食品公司 李传修 县医院 郭爱香 二百货楼 郅效力 中医院 樊兆汉 企业局 李好岱 保健院 张效花 企业供销公司 许桂平 友谊医院 张继海 黄河局 邵宗民 供电局 张建华 文化局 张勤彦 师　范 祝海玉 影剧院 管谦道 燃料公司 王　伟 文化馆 魏乃亮 物资服务公司 仝锡君 液化气公司 解西建 家具公司 刘林荣 农供公司 马爱民 回收公司 曹玉兰 机电公司 仲守勤 金属公司 张　伟 建化公司 陈晓华 土管局 孙明凤
1998	优秀工会工作者（42 人）	物资局 樊桂玲 工业局 吴　昉 城建委 胡存景 魏一军 粮食局 王道钦 马传忠 王志斌 于长兴 二轻局 商庆民 金融工会 陈洪涛 张俊钊 县　社 江　帆 张德山 潘若春 教育工会 侯进军 屈传民 邴清启 杨华山 许素云 任宪道 刁秀聪 晁祥钦 崔师美 王衍栋 商业局 郭子环 戴传君 卫生局 王好礼 潘明珍 供电局 王念广 黄河局 侯宪卿 交通局 马献启 公路局 张殿銮

续表

年度	称号	受表彰人员
		电信局　梁邦申 邮政局　仝义臣 新华书店　常福山 工商局　曹韵和 土管局　赵自生 环保局　马传银 审计局　吴秀玲 计生委　袁良西 技术监督局　李若合
1998	优秀女职工工作者（9人）	仲守琴（物资局）　张设华（工业局）　赵秀华（粮食局） 轩爱华（工商行）　彭丽华（供电局）　刘祥贞（县　社） 李凤丽（师　范）　王玉满（教　育）　王振华（卫生局）
1998	优秀工会积极分子（178人）	水利局　刁怀敬　李凤玲 农机局　魏玉峰　王临庄 工商行　王振计　路兴贵 文化局　魏乃亮　魏国华 土管局　孙明凤 黄河局　韩修东 经　委　侯希平 劳动局　陈福聚 物资局　魏显会　仝锡君　章晓虎　孙庆凯　苏秀菡　吴相松 劳动技校　彭济同　张泽涛 工业局　吴春元　许亚赤　宋中海　李玉田　赵秀然　孙爱连　张兆印　王凤亭　张尊峰　晁中钦　李素芳 公路局　王学君　马永丽 企业局　李好岱 外　贸　梁抗美　刘尊田 畜牧局　李瑾玺　杨建忠 城建委　郭良云　吴淑敏　胡永生　庞海燕 粮食局　蒋守鑫　李尊国　许化军　泮跃海　张泳胜　王传辉　商庆林　杨作文　张东来　李运斋

续表

年度	称号	受表彰人员
		医药公司 王金亭 二轻局 刘秀生 刘干兴 金融工会 李 燕 贾桂丽 于 莉 杨 振 刘晓燕 丁翠兰 张宝献 杜青春 石油公司 周文虹 供电局 黎清栋 孟凡荣 曹可峰 交通局 侯典贺 王红梅 欣欣塑料厂 张秀芳 友谊医院 王 静 广播电视局 孟宪华 黄 炜 县 社 王 飞 陈省运 高铁城 李多山 李玉英 宋绍才 刘传建 崔金元 任宪灵 姚元云 祝仰清 李爱香 杨际合 王世勤 杨洪环 张瑞东 樊兆宏 马继让 侯广祥 计生委 倪效思 郭本柱 电信局 魏 伟 王进全 师 范 程英良 孔凡金 国税局 吴亚春 魏天胜 地税局 任树军 李印祥 农业局 李凤云 张宪银 技术监督局 刘文卿 教育工会 王奉敬 赵秀兰 初红军 赵立柱 丁喜山 杨延才 鹿兰松 张吉玉 张功银 苏本贤 刁秀峰 刘兴举 王延峰 颜 睿 于加川 汪伯杰 李章恩 李进亮 李玉和 马桂灵 曾凡华 郑从鹏 仝西珍 田秀燕 周广标 王慎建 郭齐服 顾复华 仝金波 王思玉 曾凡森 孟凡华 李永生 罗衍光 邵建豪 杨建华 陈广运 张春艳 邮政局 刘传铎 王庆华 卫生局 于占良 徐龙杰 葛文景 于恒斌 陈英军 陈海宾 王光义 张学立 许春兰 张凤莲 邹兴梅 潘彩凤 许 静 姜继臣 陈新光 潘永峰 范玉芝 胡月莲 房殿民 杨淑荣

续表

年度	称号	受表彰人员				
			徐元宏	靳玉玲	王立位	季玉华
		新华书店	胡建一			
		商业局	李传修	段　敏	魏敬贤	杨兆亚
		郅效力	沙道银			
		林业局	王艳丽			
1999	女工工作者嘉奖人员（9人）	县　社	刘祥贞			
		教　委	李玉梅			
		供电局	彭丽华			
		粮食局	孙明芳			
		工业局	张设华			
		物资局	樊桂玲			
		卫生局	王振华			
		农业银行	戴秀芹			
		农业信用联社	李桂秋			
1999	工会工作者嘉奖人员（42人）	工业局	姬广军			
		二轻局	刘秀生			
		供电局	王念广			
		黄河局	侯宪卿			
		交通局	马宪启			
		邮政局	付邦存			
		电信局	王万里			
		教　委	李文寅	刘尚记	祝翠莲	杨华山
			李凤云	何厚山	曹体佩	屈传民
			崔师美			
		师　范	刘广同			
		文化局	张勤彦			
		书　店	常福山			
		卫生局	王好礼	潘明珍		
		城建委	胡存景			
		工商局	曹韵和			
		商业局	郅效力			
		粮食局	王志斌	丁长兴	张咏胜	
		县　社	谢文灿	宋　涛	张立新	

续表

年度	称号	受表彰人员				
1999		物资局	刘秀云			
		土管局	赵自生			
		地税局	王英伟			
		审计局	吴秀玲			
		中国银行	张俊钊			
		农业银行	吕宗椿			
		工商银行	胡晓舟			
		农村信用联社	王先敏			
		劳动局	陈福聚			
		县总工会	代永芳	杜宝建	黄艳春	
1999	工会积极分子嘉奖人员（213 人）	县　社	李春潮	韩忠秀	王　飞	张学军
			郑汝祥	刘兴彪	崔金元	贾朝华
			王世勤	郝永林	李　辉	魏光复
			郑　林	杨际合	刘思勤	司永华
			王庆贺	耿全胜	于际起	
		文化局	魏乃亮	魏国华	管谦道	
		交通局	郭季远	封佩群	谢湘蓉	
		土管局	孙明凤	付雪梅		
		城建委	赵庆道	库秀才	魏一军	胡永生
			刘苍松			
		公路局	马永丽	张丽霞		
		技术监督局	宋秋霞	杨洪亚	陈祥光	
		电信局	高承亮	张　鹏		
		企业局	陈洪斌			
		计生委	王学同	李爱莲	潘彩林	
		民政局	李爱芹	岑　明		
		水利局	张修路	刁怀敬		
		林业局	宋广运	王艳丽	房红军	
		农业局	仪桂兰	李凤云	张宪银	
		农机局	魏玉峰	陈好成		
		医药公司	王金亭	梁忠宪		
		商业局	段　敏	王宪勇	刘忠义	沙道银
			贾增印	徐长彬	杨兆亚	韩桂贤
			郭子环			

续表

年度	称号	受表彰人员
		二轻局　刘干兴　王富海
		中国银行　桑东亚
		建设银行　刘晓燕
		农业银行　刘印生
		农村信用联社　吴秀梅
		工商银行　丁翠兰
		工业局　史陈辉　谢全启　李洪运　晁月臣　孙爱莲　李玉田　宋中海　吴春元　李得珠　刘兆俊　孙桂芬
		教　委　赵凤荣　侯亚楠　张若梅　王承秀　刘继波　刁兆印　赵洪民　吴爱臣　闫昭霞　谷传革　田秀燕　王斯玉　王思鹏　张振泉　孟凡佩　赵考欣　李玉香　任仲军　赵国华　宋凤春　曾炜超　费心国　祝令涛　宋玉芬　曹维望　樊庆如　高金存　鹿兰松　刘海周　许素云　李　超　周生杰　胡均安　黄儒新　贾增贵　刘成福　蒋洪坤　徐龙水　程绪常　王爱荣　樊秀凤　仝庆进　张善领　梁乃宪　王树民　邱秀冉　李大立　商翠梅　倪效增　韩廷千　赵桂敏　邢克增　李善红　周爱馥
		供电局　刘树民　赵显柱　孙春兰
		粮食局　贾春雨　智庆林　李运斋　李钦锋　马传忠　杨福元　杨作文　蒋守鑫　江玉国　樊河新
		烟草公司　康思彪
		劳动技校　张泽涛
		国税局　陈承运　李延斌
		物资局　魏显慧　殷连启　张　伟　吴福生　吴相松　严祥燕
		经　委　侯希平

续表

年度	称号	受表彰人员
		师　范　董恩锋　刘兰芬
		工商局　侯峨德　季明谦
		外贸公司　梁抗美　林瑞霞
		环保局　刘仲林　郭良云　马传银　张建民
		畜牧局　于天磊　杨建忠
		新华书店　江丽辉
		广播局　黄　炜　孟宪华
		公安局　刘之道　陈　光
		地税局　任兰伟　韩爱梅
		邮政局　王庆华　李爱华
		卫生局　赵宏兴　王晓灵　李福田　刘现景　于长金　戴凤芹　仲江波　王兰真　郭爱香　祝玉存　侯润秋　段桂英　张慧娥　王立位　潘彩凤　祝秀芝　王　伟　房殿民　刁秀敏　杨延照　宫传东　王桂玲　季玉华　车彦博　孙文宪　王　建　樊淑敏
		石油公司　张梅松　王翠红
		黄河局　曹　敏
2000	先进工会工作者嘉奖人员（52）	粮食局　王道钦　马传忠　张永胜　于长兴
		文化局　张勤彦
		县　社　于际启　崔宪印　王培伦　王宪忠
		二轻局　周升玉
		工业局　姬广军
		商业局　韩桂贤
		城建委　胡存景
		劳动局　陈福聚
		民政局　岑　明
		卫生局　王好礼　徐龙杰　于恒斌
		教　委　侯进军　王延栋　刘广涛　朱海荣　盛长敬　鹿兰松　李吉福　王福印　孔祥金　李延义　屈传民　仝根芹　杨华山　曾繁森　李士祥
		黄河局　侯宪卿
		交通局　马宪启

续表

年度	称号	受表彰人员	
		公路局	曾广香
		邮政局	付邦存
		电信局	范月宏
		供电局	石殿武
		新华书店	常福山
		工商局	曹韵和
		计生委	袁良西
		技术监督局	李若河
		地税局	王英伟
		审计局	吴秀玲
		农　行	吕宗椿
		工　行	胡晓舟
		建　行	胡柳青
		中　行	张俊钊
		信用联社	王先敏
		县总工会	房殿爱　梁素云
2000	工会积极分子嘉奖人员（196）	交通局	封佩群　李大琪　王　琳
		粮食局	李运斋　赵庆民　符孟超　王国华　王传辉　杨福元　李尊国　杨作文　商庆林　蒋守鑫
		工商局	路兴贵　张洪池
		环保局	李怀臣　马传银
		师　范	汤占营　苑嗣强
		农机局	徐福显　魏玉峰　邵素兰
		计生委	童亚平　李广豪
		水利局	刁怀敬　李凤玲　房殿龙
		人　行	王瑞芝
		石油公司	张梅松　程淑萍
		公路局	马永丽　张丽霞
		农业发展银行	刘玉琳　彭立坤
		技术监督局	潘建民　王文涛　陈祥光
		文化局	魏国华　李明珍　管谦道
		外贸局	刘尊田　梁抗美

续表

年度	称号	受表彰人员
		书　店　江丽辉
		中　行　边祥玉
		县　社　樊庆军　华广新　郑　林　秦瑞金　刘兴标　王先军　刘性田　褚福杰　张学君　王乃金　李福元　张兆彦　闫成新　端木宪振　王思田　王慎敏
		地税局　韩爱梅　任兰伟
		二轻局　宋凤芹　秦岚冰
		经　委　孙建存
		邮政局　杨红波　张相彬
		广播局　孟宪华　黄　玮　刘文亭
		电信局　段　静　张宗友
		林业局　宋广运　王艳丽　房红军
		供电局　王永建　彭丽华　陈继贤
		黄河局　侯点坤　韩延才
		企业局　赵　杰
		农　行　滕义友　戴秀芹
		工业局　吴春元　常法旺　康思昌　季增学　李玉田　陈宝同　孙爱莲　孙桂芬
		医药公司　李健全　史衍生
		商业局　段　敏　王凤海　王宪勇　赵桂生　徐长彬　杨兆亚　沙道银　魏敬贤
		物资局　吴福生　魏显慧　樊桂玲　吴相松　章晓虎　吴先申
		人保公司　贾桂丽
		土管局　赵自生　郭爱玲　王慧君
		城建委　赵庆道　库秀才　王　涛　魏一军　胡永生
		国税局　刘汉云　徐建勋
		烟草公司　康思彪　黄双平
		卫生局　祝风雷　王爱霞　郭樵青　袁建华　王卿军　贺国强　孙汝英　刘性达　刘现景　戴凤芹　李淑华　李桂华　王　伟　朱　红　郑国华
		劳动技校　赵宪军

续表

年度	称号	受表彰人员					
		县教委	邵素芝	赵桂芝	张秀兰	张乾存	孙龙华
			宋先刚	王同恩	马福友	许善臣	李明朕
			曹　霞	张吉玉	汪伯杰	曹体佩	谭尊情
			侯昌锋	苏召立	杨心玉	安志宏	朱慧丽
			周长寅	秦廷山	刘玉斌	李传品	陈　月
			刘殿魁	刘尚记	刘　霞	张修军	赵秀美
			马建华	王香荣	朱仰忠	田秀燕	袁良喜
			渠继銮	刘玉娟	朱道坤	张玉莲	李庆玉
			邵宪孚	夏山祥	曾爱英	郑忠成	张桂芹
			张巧东	朱艳华	李　红	李淑英	刘新梅
			王丽娟	李春华			
		农业局	仪桂兰	仪爱国	郑翠莲		
		信用联社	杜青春	冯为国			
		畜牧局	王翠云	曹春燕			
		民政局	杨玉秋				
2000	女职工工作者嘉奖人员（10人）	粮食局	赵兰惠				
		县　社	刘祥贞				
		供电局	王英华				
		卫生局	韩翠民				
		县教委	李秀巧				
		电信局	华　平				
		地税局	樊庆芳				
		交通局	王红梅				
		水利局	赵立兰				
		计生委	吕凤军				
2001	优秀工会工作者（69人）	县　社	于际启	祝仰勇	郑　林	闫成欣	
		文化局	张勤彦				
		城建委	胡存景				
		技工学校	张泽涛				
		交通局	李大琪	马宪启			
		粮食局	王道钦	马传忠	于长兴	张永胜	
		农业银行	戴秀芹	吕宗椿			
		卫生局	王好礼	于恒斌	李艳君	徐龙杰	

续表

年度	称号	受表彰人员
		工业局　胡长忠
		教育局　侯进军　薛广武　许洪民　李文寅　郭成江 刘守立　鹿兰松　史衍习　张修军　王衍栋
		公路局　曾广香
		供电局　石殿武
		新华书店　常福山
		黄河局　侯宪卿
		邮政局　付邦存
		电信局　范月宏
		林业局　宋广运
		中国银行　张俊钊
		民政局　岑　明
		土管局　赵自生
		计生委　袁梁西
		审计局　吴秀玲
		工商银行　胡晓舟
		师　范　韩章启
		信用联社　王先敏
		地税局　王英伟
		劳动局　陈福聚
		环保局　马传银
		张集乡　刘尊库
		黄集乡　丁相民
		程屯镇　李延义
		杨庄集镇　孙　英
		唐庙乡　于道福
		水堡乡　侯新琦
		潘渡乡　杨际新
		陈坡乡　付　冰
		武安镇　于加锋
		玉皇庙镇　刘玉斌
		南赵楼乡　王学让
		双桥乡　丁永华
		郓城镇　刁兆存

续表

年度	称号	受表彰人员
		张营镇 李德山 黄堆集乡 石建磊 丁里长镇 王巧云 侯咽集镇 范凤雨 李集乡 伊超杰 黄安镇 李景诗 郭屯镇 梁邦国 随官屯镇 孟庆钦
2001	优秀工会积极分子（240人）	劳动局 侯 健 技术监督局 从秋芹 郭凤春 农业局 郑翠莲 李凤云 工商局 李 辉 王振计 县 社 刘性田 张学君 周孔民 戴泽新 司荣华 董成郊 彭存才 任宪灵 何厚玉 谭纪坤 刘兴标 王乃金 王思田 樊凤霞 刘祥贞 企业局 赵 杰 畜牧局 邢仁增 张元新 农村信用联社 冯为国 吴秀梅 县经委 孙建存 国税局 刘文生 陈承运 人 行 侣龙海 王瑞芝 中 行 张迎春 邮政局 潘若亮 李爱华 黄河局 吴玉娇 石 强 文化局 魏国华 管谦道 李明珍 环保局 梁君宏 李 涛 何云峰 城建委 杨中文 赵庆道 王洪涛 张生荣 晁凤超 王 涛 魏淑慧 中国人民保险公司郓城县支公司 贾桂丽 公路局 卢明记 张丽霞 供电局 张立海 彭丽华 梁国超 郑华山 代秀巧

续表

年度	称号	受表彰人员
		农机局　薛令臣　魏玉峰
		民政局　郭玉记
		物资局　宋汉民　樊桂玲　魏显慧　张洪勇　吴相松　张秀海　曾庆举
		土管局　孙明凤　王广启
		师　范　李　健　刁彦增
		书　店　江丽辉
		计生委　程美岭　刁春兰
		电信局　张新慧　华　平
		外　贸　刘尊田　梁抗美
		交通局　杨守伦　刘　婕
		粮食局　杨际玉　王国华　李运斋　李尊国　杨福元　王传辉　商庆林　泮明新　孙保振　符孟超　蒋守鑫　杨作文　王乃合　苑尚峰　崔爱军
		林业局　姚兰英　汤继更　房红军
		农业发展银行　张桂英
		医药公司　史衍生　李健全
		农业银行　滕义友
		卫生局　王乃乾　孙学伟　张效花　李　伟　刘桂新　刘桂华　张振京　祝凤雷　潘秀红　潘彩霞　王　丽　李亚星　李　莉　丁黎明　田学文　李桂华　汤彩云
		工业局　宋庆霞　赵秀冉　徐福堂　季增学　李德珠　陈宝同　康思昌　王亚丽　晁日臣　宋中海　姚帮见
		广播局　孟宪华　黄　玮　张清峰
		商业局　祝彦修　王宪勇　韩桂贤　季朝雨　段　敏　赵桂生
		教育局　李英才　刘寒冰　董　敏　陈玉泉　范红香　侯晓海　何帮涛　程永廷　李贵玺　王瑞军　王同恩　张功银　韩　焱　卜金良　李先冬　梁福全

续表

年度	称号	受表彰人员
		张良印 周长聘 樊祥宇 彭艳婷
		李振涛 张习宏 王翠允 丁丽君
		王　倩 李兆科 王丰收 苏召立
		张同会 朱道任 陈　立 李善宏
		范忠宪 张宇智 李传军 曹凤君
		李汉祥 李占村 徐效芳 王元芹
		郭良印 宋绍毅 许兰培 王华军
		梁承伟 赵秋莲 周　芹 张凤菊
		李庆生 周庆生 谭文民 邹素芝
		徐龙显 杜振华 杨秀荣 任兰民
		李　霞 房爱丽 张丽君 仝瑞平
		烟草公司 黄双平
		地税局 韩爱梅 刘洪明
		建　行 刘晓燕
		工　行 王洪锋
		水利局 刁怀敬 赵立兰
		二轻局 李尊振 秦岚冰
		技工学校 梁尔常
		县总工会 孙文杰 戴永芳 徐　慧 张雨芹
		陈军荣
		张集乡 张为胜
		黄集乡 张福松
		程屯镇 王洪波
		杨庄集镇 苑仁轩
		唐庙乡 房灵峰
		水堡乡 郑本超
		黄堆集乡 周英永
		潘渡乡 仝西彪
		陈坡乡 刘　合
		武安镇 焦圣宏
		玉皇庙镇 刘洪海
		南赵楼乡 侯喜凤
		双桥乡 陈凤灵

续表

年度	称号	受表彰人员
		郓城镇 孟祥岭 韩金涛 李　博 樊明君 张营镇 李庆瑞 丁里长镇 陈海森 侯咽集镇 王清猛 李集乡 刘丙芹 黄安镇 钱爱增 郭屯镇 张修井 随官屯镇 王启云 张艳荣
2002	先进工会工作者（50人）	县　社 于际起 张德山 王乃金 屈保连 国税局 祝令荣 工业局 张兆雷 文化局 张勤彦 农业银行 戴秀芹 建设局 李存明 民政局 刘学启 劳动局 孟凡军 邮政局 刘天舒 粮食局 张永胜 苑全贵 师　范 李凤丽 温凤波 农村信用联社 王先敏 地方税务局 刘洪名 工商行 胡晓舟 卫生局 孙自文 郑瑞民 梁衍舜 供电局 王　宏 董建平 彭丽华 中国银行 张俊钊 公路局 赵　英 畜牧局 曹春燕 教育局 何建伟 杨华山 张良节 智广瑞 史长岭 刘尚记 管秀兰 张永强 汪伯杰 鹿兰松 郭伟宏 许兰培 县总工会 侯亚丽 季明勇 孙文杰 代永芳 李　镇 郓城镇 韩金涛

续表

年度	称号	受表彰人员
		国土资源局　赵自生 黄河局　侯宪卿 审计局　王忠宪 建设银行　刘尊宪
2002	工会积极分子（266 人）	中国人寿保险郓城县支公司　蒋业原 新华书店　江丽辉　樊　慧 物资公司　魏显慧　吴相松 审计局　张鹏雁　张素环 水务局　王圣乾　李凤玲 林业局　王宗敏　姚兰美　房红军 商业局　魏敬贤　童广钦　王凤海　李红兵 供电局　陈荣春　彭咏梅　王瑞印　张继红 刘爱芝　代秀巧 工商银行　王云华　闫　丽 地方税务局　高凤喜　邵景芳 技工学校　孟祥殿　宋　华 烟草公司　李友强　李言云　于长连 保险公司　贾桂丽 农村信用联社　杜青春　仝义明 师范　苑仁昌　魏新愿 粮食局　于长兴　赵庆民　杨福元　苑尚峰 李尊国　江怀峰　吴怀阁　孙宝振 杨际玉　李学军　王国华　蒋守鑫 商庆林　符孟超　张合新　杨作文 劳动局　吕冠英 邮政局　戴慧卿　李爱华 农业发展银行　闫文忠 建行　房洪森 畜牧局　李秀珍　宋春梅　李现亚 交通局　郭　峰　李艳丽 电信局　丁卜顺　华　平 广电局　黄　伟　高兴越 计生局　陈　明　鲍华民　许开辉　赵　娟

续表

年度	称号	受表彰人员
		工商局　李　辉　曹晓霞
		民政局　张陆军
		公路局　王福生　张丽霞
		建设局　李修更　宋绍强　赵秀文　陈钢银
		王建武　陈好成　葛广斌　王洪涛
		国土资源局　李艳明　孙明凤
		环保局　何云峰
		黄河局　曹　敏　胡佃军
		中国银行郓城支行　葛照亚
		中小企业办公室　张秀兰
		农业银行　滕义友
		农机局　张乾德　魏玉峰
		人民银行　王瑞芝
		文化局　管谦道　李明珍　魏国华
		外经贸公司　梁抗美
		工业公司　郑勋波　徐春符　陈宝同　单长臣
		康思昌　孙建宏　李维前　程士忠
		国税局　黄庆新　陈安庆
		农业局　彭玉真　张凤云
		法　院　张纯华
		公安局　孙德贞　霍松涛
		政府办公室　仝金安
		检察院　张杏花
		经贸局　孙建存
		教育局　周庆生　孟凡华　仝玉梅　薛广武
		张翠荣　肖　林　周广标　刘　芳
		边道贞　宫庆菊　王慎建　陈爱国
		史衍习　李吉福　丁　元　杨洪波
		张淑霞　郝润生　刘瑞冰　武支文
		刘干峰　田秀燕　陈好建　周传玺
		杨静波　崔九勇　张金宝　张乃祥
		张书亮　王玉红　代存瑞　苏绍立
		孙风云　闫继龙　侯艳玲　马庆锋
		梁艳艳　王佩荣　胡允雨　刘　虹

续表

年度	称号	受表彰人员				
			侯殿雷	李维彦	赵尊胜	韩耀光
			陆秀文	李保华	李雪华	朱爱芝
			王丽娟	房爱丽	朱凤霞	李项玲
			梁邦喜	徐龙华	张功银	王春英
			侣传鹏	段于立	刘　琛	季增雷
		县工人文化宫		张雨芹	王　春	杜宝建
				徐　慧	孙　磊	黄艳春
		县　社	刘兴标	彭存才	张根生	樊庆军
			闫成欣	董成交	王倍伦	王保印
			郑祥占	孙迎春	刘德宽	王和平
			罗玉合	张　磊		
		卫生局	张宪慧	李　莉	陈凤兰	颜秉训
			刘恒轩	吕万坤	邵　莉	祝风雷
			李钦虎	李桂华	王　丽	张秀梅
			于　长	金振全	李福田	吕福祥
			唐方记	孙学伟	刘爱广	吕林章
			任　众	冯桂景	丁黎明	陈英军
			李艳君	马素华	童秀甜	刘志杰
			刘林知			
		财政局	崔钟元	田纪元		
		人事局	张洪勋	于莘亭	侯玉良	
		科技局	张修述			
		医药公司	王金亭			
		潘渡镇	仝西彪			
		水堡乡	张仲良			
		武安镇	焦圣宏			
		黄集乡	张福松			
		郭屯镇	屈颜来			
		黄安镇	钱爱增			
		张集乡	刘尊库			
		杨庄集镇	苑仁轩			
		侯咽集镇	王振生			
		丁里长镇	陈海森			
		玉皇庙镇	郑祥磊			

续表

年度	称号	受表彰人员
		双桥乡　边梦会
		南赵楼乡　张全校
		唐庙乡　房灵峰
		张营镇　杨心府
		程屯镇　王香云
		黄堆集乡　石米占　李东升
		随官屯镇　王启云　徐龙坡
		郓城镇　李　博　樊明君　姚德林　李景集
		李集乡　孙万文　田广斌　刘丙芹
		陈坡乡　王向兵　石海荣
2003	先进工会工作者（70人）	供电公司　董建平　王　宏
		农业银行　戴秀芹
		计划生育局　袁良西
		建设局　彭小平
		郓青六棉厂　王丽虹
		国土资源局　赵自生
		审计局　王忠宪
		农村信用联社　吴玉民
		文化体育局　张景华
		工业局　张兆雷　张修航　李国建
		检察院　张杏华
		师　范　赵圣存
		政府办　仝金安
		建设银行　刘遵宪　梁邦亚
		公安局　孙德贞
		林业局　王艳丽
		粮食局　张永胜　孙保振
		劳动技校　侯爱云
		农机局　魏玉峰
		法　院　张纯华
		交通局　刘凤祥
		民政局　刘学启
		卫生局　孙自文　李艳君　徐龙杰　魏登芹

续表

年度	称号	受表彰人员				
			仝西虎	黄志明	王传斌	杨汝耀
			于恒斌	郑瑞民	杨玉增	
		县　社	张立新	郭怀玉	罗玉河	
		教育局	张善允	韩鲁英	崔师春	袁良喜
			王瑞军	王振清	黄志明	许兰培
			侯宪祥	许洪民	鹿兰松	田秀燕
			于　慧			
		人事局	邴立才			
		中国银行	苑兆存			
		劳动局	孟凡军			
		邮政局	刘天舒			
		南赵楼乡	曾繁勇			
		张营镇	李怀书			
		杨庄集镇	苑仁轩			
		程屯镇	魏显合			
		潘渡镇	仝西彪			
		玉皇庙镇	刘洪海			
		陈坡乡	吴宝金			
		武安镇	焦圣宏			
		黄安镇	杨文杰			
		丁长镇	晁中晴			
		黄集乡	刘丙华			
		张鲁集乡	张为胜			
		唐庙乡	房灵锋			
		水堡乡	张仲良			
		侯咽集镇	徐龙念			
		李集乡	殷　毓			
		郓城镇	韩金涛	张修涛		
		随官屯镇	赵　远	王启云		
		郭屯镇	屈颜来			
		黄堆集乡	刘先武			
2003	工会积极分子（213人）	卫生局	邵　莉	吕林章	丁黎明	郑玉标
			陈英军	李香菊	李洪艳	刘爱广

续表

年度	称号	受表彰人员
		张秀银　祝树勋　严瑞霞　于占良　孙学伟　刘瑞芳　颜秉驯　王　丽　李　伟　潘秀红　徐胜利　刘登海　刘　鑫
		供电公司　康秀华　刘爱芝　王永建　徐　锋　樊祥涛　刁目金　王广士　邹爱国　张建兴
		县　社　王培伦　闫成欣　屈保连　宋　涛　王献忠　张兆彦　王和平　郑　林　彭存才　张根生
		粮食局　江怀峰　商庆林　王乃合　赵庆民　杨际玉　王善东　蒋守鑫　符孟超　李尊国　王国华
		建设局　李玉玺　曾耀华　吴　琦　邢宝香　李修更　樊兆儒　陈秀云　王　涛
		法　院　张　涛
		农发行　闫文忠
		新华书店　樊　慧　宋守岭　张超阳
		地税局　杨　勇　黄金霞　郭伟华　刘洪名
		公安局　刘自文
		工商局　彭纯燕　陈翠云
		郓城县人民银行　王瑞芝
		建设银行　贾　锋　刘晓燕
		林业局　陈广汉
		师　范　郑庆昌　刘新春
		外　贸　梁抗美
		交通局　吕端岭　孙承胜　祝庆民　李金民
		黄河局　王成文　石　强
		环保局　何云峰　王延春　王玉新　祁晓晨
		检察院　陈芹一
		国税局　祝令荣　王　勇
		工业局　宋中海　刘广理　王思玉　陈宝同　赵汉城　康思昌　郑勋琳

续表

年度	称号	受表彰人员
		水务局 李凤玲 赵立兰
		民政局 张陆军
		经贸局 孙建存
		物资局 魏显慧 仲守琴
		广播局 黄　玮 边兆军 王生勇
		文化体育局 魏国华 樊明亮 李明珍
		畜牧局 贾凤英 李　霞 樊东生 王　芳
		农村信用联社 吴秀梅 郭玉安 杜青春
		审计局 张洪涛 李咏梅
		公路局 曾庆绍 张丽霞 马永丽
		国土资源局 周巾荷 杨　乐 王兰华
		郓青六棉厂 丁林春
		科技局 徐龙民
		二轻局 王亚萍
		中小企业办公室 朱凤岐
		计划生育局 王显京 刘　栋
		农业银行 滕义友 刘印生
		烟草公司 郭　健
		农业局 张海滨 樊祥勇
		商业局 杨义新 王凤海 李红兵
		郓城通信公司 丁卜顺 李　勇
		劳动局 张红春
		中国银行 张迎春
		邮政局 邓　卫 陈良红
		教育局 赵兰英 侯爱芝 王衍武 刘连福
		李广苏 侯希为 梁翠芹 郭良强
		王金峰 李美武 周庆生 王广远
		刘闪波 张良磊 李进银 邵化雪
		王森林 何建灵 李素英 李善宏
		杨　冰 仝金波 赵英丽 祝令文
		程永廷 刘玉斌 刘缵礼 刘合华
		宋益增 张桂芝 王正申 李文寅
		孙学鹏 罗东立 梁邦喜 苏玉涛
		王海伦 韩应谦 袁怀瑞 杜道福

续表

年度	称号	受表彰人员
		张功银　苏金昌　李兆科　商翠峰
		张　涛　汪伯杰　魏怀存　曹秀从
		石玉栋　孔凡珂　王金霞　陈　丰
		商汉留　赵金厚　禚守凡　肖作成
		张虎山　孟庆雷　张艳梅
		郓城镇　李景集　姚德林
		财产保险公司　贾桂丽
		政府招待所　江玉民　苗国民
		人事局　王学争　孟凡华　侯玉良
		县工会　季明勇　王永丽
2004	先进工会工作者（89人）	供电公司　李德成　董建平
		信用联社　王先敏
		国税局　刘国栋　祝令荣
		新华书店　杨晓君
		工业园区　吴荷生
		建　行　贾　锋
		水务局　李凤玲
		工　行　于加涛
		交通局　李大琪
		烟草公司　于长连
		工商局　曹晓霞
		河务局　王成文
		公路局　牛红彦
		国土资源局　赵自生
		经贸局　孙建存
		网通公司　华　平
		劳动局　王启尚
		建设局　李存明
		民政局　刘学启
		工业局　张兆雷　祝仰岱
		县　社　蒋春香　王先军
		文体局　戚聿胜
		计生局　袁梁西

续表

年度	称号	受表彰人员
		邮政局　刘天舒
		环保局　王玉新
		师　范　谭目彦
		盐务局　马雁北
		林业局　陈广汉　侯宪春　房红军
		政府办　仝金安
		检察院　张杏花
		农　行　戴秀芹
		公安局　张福庆
		法　院　张纯华
		科技局　徐龙民
		审计局　王忠宪
		青六棉　王丽虹
		地税局　杨延玺
		卫生局　刘瑞芳　何健奇　巩建华　李　正　王爱霞　潘彩霞　陈博华　王传斌　李广杰　李艳君　渠翠华　王　丽
		教育局　朱元昌　王振常　段连涛　肖善良　王昌贡　李汉活　武支文　屈传民　刘守立　仝金波　宋汉钦　刘玉斌
		丁里长镇　曹孔安
		双桥乡　丁永华
		程屯镇　李德涛
		郓城镇　宋体利　韩金涛　徐长现
		潘渡镇　孙晓晨
		南赵楼乡　曾繁勇
		黄安镇　杨文杰
		黄堆集乡　刘先武
		郭屯镇　武绍明
		水堡乡　宋新宽
		杨庄集镇　孔凡海
		武安镇　张振声
		李集乡　刘树平
		玉皇庙镇　樊兆华

续表

年度	称号	受表彰人员
		陈坡乡　李兆友
		张营镇　李崇玉
		唐庙乡　佀德良
		张集乡　郝清涛
		随官屯镇　王启云
		黄集乡　朱道岭
2004	工会积极分子（234人）	供电公司　李贵军　刁目金　蒋梅　徐锋　侯艳霞　吕晓梅　刘爱芝　赵海萍
		农村信用联社　吴玉民　仝义明　徐长雷
		国税局　闫亚娟　杨奉国
		建行　梁邦亚　丁林智
		商业局　王凤海　赵桂生　何淑芹　李红兵
		新华书店　高平　初进杰
		交通局　郑勇　邵德振　杨志刚　李艳军　耿进宇
		工业园区　范著超　周代存　李美玲
		技校　侯爱云　宋华　杨永红
		粮食局　张永胜
		水务局　张修路
		公路局　侯现哲　马永丽
		国土局　周巾荷　张秀丽
		黄河河务局　曹敏
		网通公司　李勇　魏伟
		审计局　陈好贤　陈学江　陈玉祥
		石油公司　杨尊领
		劳动局　高明宪
		建设局　李玉玺　王合燕　李修更　周庆广
		民政局　张陆军
		广播电视局　边兆军　乔洪超
		工业局　宋中海　周永胜
		县社　郭学民　王保印　华广新　王宪忠　季念东
		文化局　李明珍　张传峰　管谦道
		环保局　赵卫华
		邮政局　赵步庆　王建涛

续表

年度	称号	受表彰人员
		计生局　袁铁城　王学同
		二轻局　王娅萍
		人事局　王存运　孟凡华　刘自彦　侯玉良
		师　范　祝艳景　石玉红
		外　贸　刘尊田
		农机局　赵素景　魏玉峰
		盐务局　张　静
		物资局　仲守芹　吴福生
		中小企业办　于晓杰
		农业局　褚福传　刘景文
		农　行　滕义友　张春丽
		卫生局　张继品　颜秉驯　刘　鑫　徐胜利
		胡允彩　王　丽　颜庆华　张庆春
		吴道国　靳玉玲　李　伟　李香菊
		李红岩　童秀甜　丁黎明　孙　杰
		白凤灿　王思良　祝树勋　张福建
		宋　震　陈英军
		地税局　郭伟华　和郓生
		郓青棉六厂　宁登良
		工商局　李　辉　陈翠云
		畜牧局　曹春燕
		烟草公司　郭　健　董建国
		教育局　武继华　祝令海　刘庆金　曹　珍
		李桂臣　董　源　王爱霞　马福臣
		侯晓海　许雪冰　康传锋　甄新科
		张圣勇　曾繁森　张延波　张功申
		代存瑞　苏照立　田秀燕　张艳梅
		刘传谦　薛广武　贾香云　张洪贞
		唐继刚　王怀国　刘尚记　苑嗣刚
		何建伟　鹿矢卓　吕桂玲　闫秀兰
		韩宪荣　杨学祥　孔凡珂　武守为
		陈存文　徐秀坤　王同恩　赵尊胜
		戚甫臣　秦保连　汪伯杰　张纯民
		梁桂从　李瑞兴　曾凡印　张　明

续表

年度	称号	受表彰人员
		郝敬峰　曾广周　商鸿雁　梁全占
		李保华　袁巧芹　袁　兵　范自成
		王香荣　王传亮　孟保贞　任崇领
		江怀进　王新仓　吴宪启　祝月云
		王卫军　史作达　张翠华　赵巧玲
		郓城县总工会　张雨芹　杜宝建　孙　磊
		张金顺
		黄集乡　张福松　朱华松
		张鲁集乡　汤庆高　孙允领　杨玉民
		双桥乡　陈凤玲　李公堂
		丁里长镇　郭　磊　任汝尊
		程屯镇　李咸杰　皮全庆
		郓城镇　郑建明　李　博　陈传森　王贵顺
		潘渡镇　钱永昌
		南赵楼乡　赵银厚　张桂莲
		黄堆集乡　张郁冰　刘　强
		郭屯镇　任重仿　唐建国
		水堡乡　杨自乾　张仲良
		武安镇　郭良存　杨兆贤
		杨庄集镇　吴复贵　苑仁轩
		李集乡　山军礼　苑司凤
		玉皇庙镇　刘洪海　夏登玮
		陈坡乡　赵爱平　李佰敏
		黄安镇　任海荣　李龙浩
		张营镇　王西阁　杨玉秋
		唐庙乡　段玉照　于琦
		随官屯镇　房华锋　冯建春　程士华
		侯咽集镇　徐龙念　王立东　曹修亮
2004	十大技术比武（36人）	郓城县人行　王凤魁　黄　磊　孟海闻
		郓城县华灵集团　魏焕玲　郅瑞华　杨春梅
		郓城县卫生局　司凤涛　马文艳　吴春霞
		郓城县劳动局　王建伟　陈立友　张群福　王君元
		孙自雷　周爱景　李传递

续表

年度	称号	受表彰人员
		郓城县网通公司　周　林　于凤英　牛化海
		郓城县工行　于加涛　刘桂冉　赵　伟
		郓城县建设局　程永建　王凤磊　程合军
		郓城县供电公司　侯建荣　郭建平
		郓城县农村信用合作联合社　李桂真　胡成军　齐先文
		郓城县教育局　薛德华　石孟池　史衍习
		县总工会计算机学校　张秀芳　张广喜　谭淑娟
2005	先进工会工作者（111人）	青六棉厂　王丽虹
		建设银行　梁邦亚
		劳动局　孟凡军
		国税局　刘国栋　祝令荣
		工商银行　于加涛
		新华书店　姜继业
		公路局　马永丽
		网通公司　侯艳玲　魏　伟　丁卜顺
		县　社　郑太山
		建设局　李存明　李玉玺
		公路局　孙德贞
		法　院　张纯华
		林业局　王艳丽
		水务局　刁怀敬
		师　范　苑仁昌
		供电公司　王　宏　董建平
		民政局　刘学启
		地税局　刘洪明　杨延玺
		环保局　王玉新
		信用社　吴秀梅　王广合
		国土资源局　赵自生
		农　行　戴秀芹
		烟草公司　韩　凌
		审计局　王忠宪
		邮政局　刘天舒

续表

年度	称号	受表彰人员				
		检察院	张杏花			
		河务局	王成文			
		盐业公司	马先伦			
		工业园区	刘文栋			
		人　行	刘　康			
		交通局	张繁民			
		政府办	仝金安			
		教育局	苏九增	田秀燕	赵建国	师恩良
			吴复元	王新河	屈传民	肖　林
			侯昌锋	李万本	高秀峰	
		卫生局	王恒喜	胡允彩	魏　峰	周　兵
			张永红	梁衍立	刘志杰	李　伟
			陈英军	王　颖	李艳君	李香菊
			黄志明	郭良柱	朱桂祥	孙自文
			田光全			
		程屯镇	李德涛	李兴格		
		郓城镇	宋体利	徐长现		
		玉皇庙乡	贾兴林	黄启龙		
		张集乡	李治江	袁继友		
		黄集乡	曹明新	丁相民		
		张营镇	李崇毓	杨玉秋		
		潘渡镇	孙晓晨	樊艳丽		
		随官屯镇	徐龙波	王启云	赵　远	
		李集乡	刘树平	韩月圣		
		武安镇	郭良存	张振声		
		南赵楼乡	张春义	吴　波		
		侯咽集镇	曹修亮	徐龙念		
		丁里长镇	郭　磊	任汝尊		
		陈坡乡	李兆友	仝瑞亮		
		黄安镇	杨文杰	任海荣		
		杨庄集镇	郑庆存	吴复贵	孔凡海	
		唐庙乡	侣德良	张海亮		
		黄堆集乡	张郁冰	刘先武		
		双桥乡	丁永华	张家国		

续表

年度	称号	受表彰人员
		郭屯镇 张冠英 武绍明
2005	工会积极分子（241人）	供电公司 李贵军 王彦华 康秀华 闫昭辉 刁目金 梁国超 王玉泉 李德成
		劳动局 王景华
		农发行 闫文忠
		审计局 李　谦 陈好贤
		建　行 丁林智
		国税局 陈宝勤 高　见
		农业局 王素英 彭玉真 徐建国
		工　行 闫合存
		外　贸 梁抗美
		畜牧局 李良杰 孙丽英
		经贸局 崔　炜
		工业局 宋中海 康思昌 侣长海
		新华书店 张超阳 苑文全
		青棉六厂 宁登良
		农机局 魏玉峰 王慎宇
		二轻局 石峥嵘
		物资局 陈安萍 史作民
		文体局 管谦道 商红琦 张传峰 沈宜格
		公路局 孔　勇 曾　凯 王秀娥
		邮政局 赵丹红 赵步庆
		县　社 曾宇宙
		城建局 邢宝香 王海英 彭小平
		林业局 郭广东 陈广汉 房红军
		水务局 李凤岭
		粮食局 孟凡体
		师　范 石玉红 赵翠玲
		民政局 刘淑芹
		计生局 丁玉庆 陈　彬
		商业局 王风海 童广钦 张秀莲 赵桂生
		地税局 彭　鲁 徐福兵
		环保局 李占军 徐　敏

续表

年度	称号	受表彰人员
		信用联社　佀传厚　徐效强
		土管局　王兰华　赵立博
		农　行　滕义友
		烟草公司　王春雷　李　斌
		工商局　陈翠云　侯亚芹
		河务局　曹　敏
		盐业公司　张　健
		工业园区　吴荷生　刘祥宾　王乃印
		中　行　孙鲁文
		人　行　李永生
		交通局　陈兴元　和丽英
		人事局　严春峰　侯玉良　王桂芳
		教育局　吴宗敏　周艳华　苏兆景　李安银
		肖爱荣　张桂松　梁　媛　王海荣
		符振豪　黄海英　徐淑云　王玉荣
		霍章浏　薛善坤　孙学鹏　王洪涛
		黄广信　李爱云　郭秀玲　王丽娟
		蒋承春　曹　霞　王荣君　王　岚
		张延祥　张宇智　李景玉　李昌景
		王兴全　刘玉斌　李向华　王登峰
		倪崇鹏　谭承利　石占新　李长兴
		朱道坤　李程伯　董清忠　张书亮
		张海丽　王庆仁　闫理允　侯宪国
		丁永岭　崔桂全　徐龙启　谢　晗
		李延寒　韩长城　刘建伟　边艳会
		郭新建　王爱华　张安亮　樊庆辉
		孟凡冰　赵延奎　彦培杰　张　珍
		杨新建　徐　辉　韩宗银　刘永华
		苏本贵　郭伟宏
		卫生局　马爱玲　张冬梅　梁兰英　李东华
		张成伟　李广杰　徐龙杰　张福建
		严瑞霞　贺国康　刘瑞芳　侯仰锋
		刘先波　李灵运　何建奇　吴玉军
		吴道国　田淑玉　刘振明　张秀春

续表

年度	称号	受表彰人员
		李晓兵　吕林章　孙　杰　张效琨
		何　冰　刘恒轩　于恒斌　秦秋菊
		李志远　侯翠云　李　鹏　梁玉华
		王之元　杨秀爱
		张鲁集乡　轩桂冉　张纯鑫　赵士国
		程屯镇　王洪波　魏显合
		郓城镇　韩金涛　樊明君　许爱军　郑建明
		姚辉耀　巨爱芝　姚德林　李景集
		玉皇庙镇　刘洪海　王兴兵
		黄集乡　王朝山　张福松
		黄堆集乡　张爱兰　张修忠
		张营镇　王西阁　吴洪端
		潘渡镇　于加军　于加印
		随官屯镇　赵　远　司进城　张艳荣
		李集乡　田广斌　杨保现　苑司凤
		武安镇　董洪亮　梁邦林
		南赵楼乡　李瑞锋　张桂英
		侯咽集镇　王振生　范风雨　于孔敏
		丁里长镇　宋贞勇　陈海森
		陈坡乡　左献玉　陈　光
		唐庙乡　段玉照　徐福友
		杨庄集镇　曹正军　彭亚丽　房爱丽　梁勇彬
		黄安镇　赵成真　田支林　宋文献
		双桥乡　陈凤玲　王秀聚
		水堡乡　朱道任　何秀香　李清仲
		郭屯镇　杨新安　唐建国
2006	职工职业技能大赛优胜选手（30人）	崔学鲁　郓城县第一中学（全县高中教学大赛优胜奖）
		何　静　郓城县第一中学（全县高中教学大赛优胜奖）
		樊　娜　郓城县实验中学（全县高中教学大赛优胜奖）
		陈　杰　郓城县新华技校（全县电焊工大赛优胜奖）
		杨海明　郓城县新华技校（全县电焊工大赛优胜奖）
		刘继涛　郓城县新华技校（全县电焊工大赛优胜奖）
		曾　辉　郓城县供电公司（全县电工大赛优胜奖）

续表

年度	称号	受表彰人员	
		张晓军	郓城县供电公司（全县电工大赛优胜奖）
		李祥振	郓城县供电公司（全县电工大赛优胜奖）
		张佳鹏	郓城县地税局（全国计算机应用大赛优胜奖）
		高桂兰	郓城县地税局（全国计算机应用大赛优胜奖）
		赵艳萍	郓城县地税局（全国计算机应用大赛优胜奖）
		田　燕	郓城县圣达纺织有限公司（全县粗纱挡车工大赛优胜奖）
		王慧慧	郓城县华灵纺织有限公司（全县挡车工大赛优胜奖）
		王风华	郓城县华灵纺织有限公司（全县粗纱挡车工大赛优胜奖）
		肖　方	郓城县公路管理局（郓城县公路机械技术操作大赛优胜奖）
		郝元奎	郓城县公路管理局（郓城县公路机械技术操作大赛优胜奖）
		魏风雷	郓城县公路管理局（郓城县公路机械技术操作大赛优胜奖）
		赵友鹏	郓城县供电公司（郓城县装表接电工大赛优胜奖）
		程士健	郓城县供电公司（郓城县装表接电工大赛优胜奖）
		郑　义	郓城县供电公司（郓城县装表接电工大赛优胜奖）
		任　雷	郓城县网通公司（郓城县电源专业大赛优胜奖）
		樊桂泉	郓城县网通公司（郓城县电源专业大赛优胜奖）
		曹玉江	郓城县网通公司（郓城县电源专业大赛优胜奖）
		吴高宽	郓城县移动通信公司（郓城县通信站安装调测大赛优胜奖）
		王　飞	郓城县移动通信公司（郓城县通信站安装调测大赛优胜奖）
		马海仓	郓城县移动通信公司（郓城县通信站安装调测大赛优胜奖）
		唐　娟	郓城县建设银行（郓城县银行柜员综合技能大赛优胜奖）
		王乐斋	郓城县建设银行（郓城县银行柜员综合技能大赛优胜奖）
		刘彦彦	郓城县建设银行（郓城县银行柜员综合技能大赛优胜奖）

续表

年度	称号	受表彰人员
2006	职工技术创新成果优胜奖（3 人）	全程陪伴助产临床研究 靳玉玲　　郓城县妇幼保健院 35KV 新建变电站的科技水平 王新文　　郓城县供电公司
		转基因抗虫棉主要病虫控害技术及推广服务体系研究与应用 赵平厚　　郓城县植保站
2006	职工合理化建议优胜奖（3 人）	有计划地组织机关人员深入 10kv 线路巡视 时丕军　　郓城县供电公司企划部 加强作风建设，周到服务客户 王振波　　郓城县盐业公司程屯监销站 加强技术培训，提高抢险技能 苏汉民　　郓城县河务局
2006	先进工会工作者（87 人）	财政局　　李建标 国税局　　王立志　　祝令荣 法　院　　张纯华 影剧院　　王光远 建设局　　李存明 地税局　　刘洪明 建　行　　范春晓　　丁林智 农　行　　戴秀芹 计生局　　鹿兰全 民政局　　刘学启 水务局　　刁怀敬 师　范　　汤占营 农村信用联社　　李　爽 公路局　　陈庆江 供电公司　　王英华　　王　安 检察院　　张杏花 工商局　　陈翠云 国土资源局　　李　晨 烟草公司　　张纯清 黄河河务局　　龚西城

续表

年度	称号	受表彰人员				
		新华书店	赵效鲁			
		审计局	王忠宪			
		卫生局	李艳君	童秀甜	刘玉林	刘瑞芳
			陈英军	王传斌	徐龙杰	丁黎明
		网通公司	魏　伟			
		公安局	孙德贞			
		盐务局	马先伦			
		环保局	王玉新			
		劳动局	孟凡军			
		邮政局	刘天舒			
		工商银行	段连尊			
		林业局	王艳丽			
		教育局	田秀燕	韩玉臣	陈好建	张彦灵
			颜　睿	孟凡华	王新河	
		黄堆集乡	梁宝记	张郁冰		
		张营镇	李崇毓	杨玉秋		
		唐庙乡	段玉照	佀德良		
		随官屯镇	王启云	徐龙坡		
		丁里长镇	王文柱	任汝尊		
		武安镇	郭良存	刘瑞华		
		水堡乡	宋新宽			
		郓城镇	韩金涛			
		工业园区	王春雷	陈　省		
		玉皇庙镇	樊卫民	王兴兵		
		程屯镇	李德涛			
		李集乡	韩月圣	李宗玉		
		双桥乡	张家国	丁永华		
		郭屯镇	武绍明	张冠英		
		陈坡乡	李兆友			
		潘渡镇	孙晓晨	樊艳丽		
		杨庄集镇	郑庆存	杨绪饮		
		侯咽集镇	徐龙念	范凤雨		
		黄集乡	刘瑞朝	刘丙华		
		南赵楼乡	高素娟	吴　波		

续表

年度	称号	受表彰人员				
		张鲁集乡	袁继友			
		黄安镇	李龙浩	任海荣		
2006	工会积极分子（226人）	教育局	曾宪敏	张邦杰	钱大伟	
			钱淑雁	唐恒峰	郭新建	刘传谦
			周淑娟	苏福用	陈光磊	刘庆金
			李鹏程	郭金山	戚甫臣	侯峨忠
			祝令聚	刁望庆	郑如华	张修红
			李伯池	李素英	王建英	朱忠连
			陈玉端	王兆民	霍学福	薛凤芹
			张宪立	王玉巧	程凤梅	汤继合
			李文超	窦连华	魏忠国	侯素景
			刘瑞贤	吴德雪	李乃东	何广朋
			丁丽君	吴　峰	王厚坤	侯典民
			王　奎	诸凤云	戴存瑞	董清国
			王　敢	贾增贵	赵　磊	任兰民
			杨恩建	任东霞	黄爱慧	袁　涛
			王爱先	侯殿雷		
		卫生局	董勤温	马昭华	魏　峰	刁望保
			于艳丽	袁建华	孙　杰	王宪宇
			王恒喜	刘志杰	卢　涛	刘兆全
			严瑞霞	郑华振	颜秉驯	刘恒轩
			李　江	侯秋荣	曹　伟	郑景全
			孔雪敏	周　兵	边兆坤	梁衍立
			何建凤	侯仰锋	谭永建	张庆春
			杨秀宽	吴道国	周卫华	梁玉华
		人事局	刘自彦	杨尊启	王敬涛	
		交通局	刘婕			
		网通公司	边道亭			
		公安局	张福庆			
		环保局	李占军	李继祥	王延春	
		劳动局	吕冠英	任　娟		
		邮政局	赵步庆	张海英		
		人　行	祝慧萍			

续表

年度	称号	受表彰人员
		工商行 闫合存
		林业局 王慎仓
		财政局 夏广丙
		人　险 王艳丽
		国税局 马文献 杨守彬 陈梅花 宋文成
		审计局 陈好贤
		财　险 徐德玉
		文体局 商红琦
		建设局 侯晓英 魏国华
		地税局 徐福兵
		建　行 丁林智 范春晓
		农　行 滕义友
		农业局 徐建国 彭玉真
		畜牧局 孙学森
		计生局 丁玉庆 殷香菊
		民政局 刘淑芹
		水务局 李凤玲
		师　范 刘继涛
		农村信用社 侯兆字
		商业局 童广钦 崔香菊 赵桂生 王洪英
		供电公司 王发军 陈　猛 梁国超 刘兴伦
		李贵军 李体亮 刘爱芝 王彦华
		吕云现
		工商局 王振良
		农机局 魏玉峰
		新华书店 姜季冶
		广电局 高兴越 王秀华
		河务局 郭国庆
		经贸局 崔　炜 李军英
		公路局 刁秋霞 艾凤华
		国土局 王艳丽 郭爱玲 赵自生
		李集乡 张　岩 张宝立 樊庆德
		双桥乡 梁衍强 李清仲 陈凤玲
		郭屯镇 杨新安 李天华 唐建国

续表

年度	称号	受表彰人员
		陈坡乡 樊祥全 樊瑞香 石海荣 郓城镇 孟凡振 颜东升 郑建明 许宝亭 陈 征 张 义 巨爱芝 潘渡镇 高兴利 刘丙存 于明礼 杨庄集镇 杨奉贵 袁庆生 陈松一 侯咽集镇 沈传印 李占标 王振生 黄集乡 王宪文 张福松 王延玲 南赵楼乡 邵春花 侯喜凤 李瑞锋 程屯镇 李咸杰 贾元印 王忠芳 玉皇庙镇 樊庆雷 梁衍春 梁衍杰 张鲁集乡 王书田 李治江 梁金柱 付国庆 黄安镇 杨国栋 田支林 王玉环 黄堆集乡 张风娇 任爱红 杨延峰 唐庙乡 智庆宇 张海亮 张营镇 张银忠 王西阁 吴洪端 随官屯镇 张显桥 端木祥记 房令金 丁里长镇 乔 智 宋贞勇 陈海森 武安镇 范京生 邵桂荣 黄其慧 水堡乡 曾凤魁 赵翠芝 薛善辞 工业园区 刘文栋 董祥存 马献诗 钱子杰
2007	职工技术创新成果（3人）	乐普药物洗脱支架在急性冠脉综合症合并糖尿病介入治疗中的临床研究 刁景兰（女）郓城县人民医院 通管清白饮合宫腔注药治疗输卵管阻塞性不孕的临床研究 渠秋芝（女）郓城县中医院 莱豆、青刀豆、白菜花等出中蔬菜规范化生产技术研究与开发 王素英（女）郓城县农业局
2007	郓城县职工合理化建议获奖名单（3人）	采用同步碎石封层设备对日东高速公路郓城边接线罩面 陈庆江 郓城县公路管理局 如何降低细纱工序断头率

续表

年度	称号	受表彰人员
2007		周春梅　郓城县银天纺织有限公司 快速查对错帐法 刘芹兴　郓城县人民医院
2007	“安康杯”竞赛优秀组织个人（6人）	孙　磊（女）　郓城县总工会 彭丽华（女）　郓城县供电公司 陈庆江　郓城县公路局 魏　伟　郓城县网通公司 杨玉增　郓城县人民医院 孟凡军　郓城县劳动和社会保障局
2007	职工节约环保标兵（4人）	杨际龙　郓城县教育局 郭爱春（女）　郓城县人民医院 马传银　郓城县环保局 张英华（女）　郓城县供电公司
2007	先进工会工作者嘉奖人员名单（共82人）	国土资源局　徐　焕 国税局　马志和 工商行　邵兴亚 新华书店　仲　伟 建设局　侯晓英 林业局　王艳丽 盐务局　马雁北 环保保局　张进帅 供电公司　刘兴伦　王永清 农业局　时志荣 水务局　刁怀敬 邮政局　刘天舒 财政局　王　刚 农业银行　李　静 师范　刁瑞玲 河务局　王成文 审计局　张鹏雁 建设银行　范春晓 法院　张纯华 信用联社　吴秀梅

续表

年度	称号	受表彰人员
		工商局 陈翠云
		劳动保障局 韩 娟
		文体局 商红琦
		地税局 刘洪明
		计生局 鹿兰全
		民政局 刘学启
		公路局 陈庆江
		检察院 陈芹一
		公安局 孙德贞
		财险 李明钦
		畜牧局 曹春燕
		卫生局 孙自文 陈英军 丁黎明 童秀甜 李彦君
		教育局 周 琼 张修红 倪崇鹏 李广亮 屈传民 王书贵
		工业园区 陈 省 王春雷
		郓城镇 宋体利 戴步勇
		潘渡镇 樊艳丽 孙晓晨
		双桥乡 张家国 丁永华
		丁里长镇镇 陈海森 王文柱
		黄安镇 任海荣 田支林
		侯咽集镇 徐龙念 谭成迪
		黄堆集乡 张郁冰
		南赵楼乡 吴 波 高素娟
		陈坡乡 李兆友
		黄集乡 刘丙华 张传磊
		武安镇 郭良存 张振声
		程屯镇 李德涛
		张鲁集乡 魏德君
		杨庄集镇 曹正军 柴新芹
		张营镇 李崇毓 杨玉秋
		水堡乡 赵秀兰
		唐庙乡 侣德良 何广峰
		郭屯镇 张冠英 王志浩

续表

年度	称号	受表彰人员
		随官屯镇　王启云　徐龙坡
		玉皇庙镇　王兴兵　刘洪海
		李集乡　周国栋　张宏伟
2007	工会积极分子嘉奖人员名单（共 191 人）	计生局　程美岭　李淑华
		民政局　张则印
		公路局　张丽霞　马永丽
		国土资源局　郭亚坤　赵立博
		国税局　王　勇　李贵生　谢从礼　刘　洪
		网通公司　魏　伟
		新华书店　宋红莲
		工商银行　于加涛
		建设局　马晓鹏　宋福景
		林业局　陈广汉
		环保局　侯仰臣　赵军霞
		供电公司　赵雪梅　王彦华　刘秀菊　张红梅
		吕晓梅　吴清涛
		农业局　彭　丽　徐长斌
		广电局　边兆军　高兴越
		水务局　张黎军
		邮政局　武国平
		财政局　曹　锋
		农业银行　刘文婷
		师范　王思东
		河务局　郭国庆
		交通局　赵　勇　侣　婷
		审计局　李志强　孙学江
		建设银行　王文涛　智国宏
		人民银行　侣龙海
		商业局　魏敬贤　王风海　肖　青　杨义新
		信用联社　李　爽
		工商局　曾艳娥
		劳动保障局　魏见黎　孙　鹏
		文体局　朱艺平
		经贸局　崔　炜　任秀娟

续表

年度	称号	受表彰人员
		地税局　卢　伟　刘晓丽
		人事局　魏清华
		人　险　王艳丽
		农机局　魏玉峰
		公安局　韩　晶
		财　险　徐德玉
		畜牧局　刘春华
		卫生局　祝令勤　许建英　张振京　张文运 魏建军　赵庆晖　杨秀宽　李　伟 郑瑞民　刘志杰　夏月萍　王忠慧 周胜利　黄如岭　周　兵　孙　杰 梁衍舜　刘现景　罗永平　孙树林 杨国胜　李香云　刘玉林　胡允彩 严瑞霞　徐龙杰　吴　京　王传斌 周卫华
		教育局　刘建伟　马海珍　张翠云　孙　婧 李秀英　王源中　张　刚　李秀英 商艳玲　刘先军　张纯朴　周　宇 王爱菊　赵明辉　钱　凤　季晓明 王向芝　曹继儒　杨学祥　张德峰 吕荣花　谭儒家　韩方贵　吕建斌 唐继刚　高增勤　王春英　张　军 徐利平　张爱春　贾元高　任兰涛 刘传谦　郭新建　吴修佩　马福臣 陈　伟　杨际波　师恩良　张延祥 孟祥允　郭伟宏　史作哲　霍秀荣 陈传山　汤月芹　颜　睿　孙张华 李　敏　赵圣强　程秀娥　王奉迎 戴金兴　全金波
		工业园区　王广士　赵景超
		郓城镇　姚辉耀　樊明君　许宝亭　张　义 韩会涛
		潘渡镇　倪佰贵　朱广献
		双桥乡　王乃云　戴思聚

续表

年度	称号	受表彰人员		
		丁里长镇	李伯山	宋贞勇
		黄安镇	邵丽英	李龙浩
		侯咽集镇	范风雨	刁文杰
		黄堆集乡	杨廷峰	
		南赵楼乡	张桂英	王敏省
		陈坡乡	左献玉	樊　森
		黄集乡	高宪朝	张福松
		武安镇	董　建	梁邦林
		程屯镇	王巧云	魏显合
		张鲁集乡	李沾江	付国庆
		杨庄集镇	郑庆存	杨绪饮
		张营镇	王西阁	吴洪端
		水堡乡	吴玉芬	薛善词
		唐庙乡	王栋梁	段玉照
		郭屯镇	刘继元	杨延磊
		随官屯镇	侯桂珍	王风华
		玉皇庙镇	樊卫民	梁衍春
		李集乡	韩月圣	李宗玉
2008	先进工会工会者嘉奖人员	劳动和社会保障局	孟凡军	
		人口和计划生育局	鹿兰全	
		国土资源局	赵自生	
		民政局	刘学启	
		国税局	闫常军	
		环保局	马传银	
		财政局	庄险峰	
		农业银行	李　静	
		农业局	时志荣	
		建设局	李存明	
		邮政局	陈梁红	
		工商银行	刘桂冉	
		地税局	樊祥爱	
		河务局	王成文	
		经贸局	崔　炜	

续表

年度	称号	受表彰人员
		公安局　孙德贞
		检察院　董恩革　陈殿鹏
		林业局　王慎仓
		人　险　徐德玉
		工商局　曾艳娥
		新华书店　李海艳
		建设银行　王文涛
		联通公司　魏　伟
		文体局　商红琦
		师　范　侯仰辉
		供电公司　彭咏梅　李体亮
		赵楼煤矿　宋向东
		郓城煤矿　卢多思
		水务局　李凤玲
		畜牧局　曹春燕
		审计局　陈好贤
		盐务局　郑　鹏
		法　院　徐向锋
		卫生局　陈英军　李艳君　杨玉增　赵爱荣　徐龙杰　丁黎明
		教育局　屈传民　王新河　李万本　段连涛　李贻广　苏九增
		工业园区　陈　省　孙　辉
		郓城镇　徐长宪　韩金涛
		南赵楼乡　黄守江　吴　波
		杨庄集镇　曹正军　董建勤
		黄堆集乡　张郁冰　任爱红
		张营镇　李崇毓　杨玉秋
		潘渡镇　倪佰贵　山秀坤
		黄集乡　张　健　曹明新
		玉皇庙镇　李文贤　梁衍春
		唐庙乡　何广峰　侣德良
		丁里长镇　任汝尊　王文柱
		黄安镇　关晓飞

续表

年度	称号	受表彰人员				
		双桥乡	张现兴	张家国		
		武安镇	张振声	郭良存		
		李集乡	李宗玉	韩月圣		
		随官屯镇	王昌谦	徐龙坡		
		郭屯镇	宋爱梅	张冠英		
		侯咽集镇	徐龙念	李占标		
		张鲁集乡	袁继友			
		程屯镇	王巧云			
		陈坡乡	李兆友			
		水堡乡	段作伟			
		农村信用社	吴秀梅			
2008	工会积极分子嘉奖人员（198人）	公安局	刘亚宁	孙玉萍		
		畜牧局	王亚梅			
		审计局	孙学江			
		网通公司	周　光			
		水务局	张黎军			
		国土资源局	赵建刚	董　静		
		供电公司	王　栋	吴清涛	董　贺	王胜冬
			温素馨	郭建平	王永青	康秀华
		师范学校	刘继涛			
		建设局	那宝香	宋福景		
		广播电视局	边兆军	军黄玮		
		农机局	魏玉峰			
		经济贸易局	任秀娟			
		人民银行	祝慧萍			
		信用联社	刁　辉			
		河务局	郭国庆			
		财　险	吴宪宾			
		林业局	房红军			
		公路局	吕昌生	张丽霞	王雨龙	王桂梅
		邮政局	张海英			
		农　行	滕义友			
		劳动和社会保障局		韩　娟		
		人口和计生局	陈　彬	张　辉		

续表

年度	称号	受表彰人员				
		民政局	刘淑芹			
		财政局	曹　峰			
		工商行	闫合存			
		商业公司	曹学敏	赵桂生	樊绍三	王凤海
		建设银行	丁林智	董　蓓		
		人　险	王艳丽			
		国　税	蒋宜春	王立志	孙学刚	
		环保局	李　勇	曾宪江		
		新华书店	姜季冶			
		工商局	林爱春			
		农业局	徐长斌	彭玉真		
		地税局	渠述新	刘秀合		
		文体局	管谦道			
		检察院	刘玉莲			
		赵楼煤矿	李寿辉			
		郓城煤矿	褚君杰			
		鲁能菏泽煤电	陈明磊	张宏方	徐学文	
		卫生局	王　丽	刘衍瑞	刘恒轩	白凤灿
			刘志杰	王传民	吴　京	严瑞霞
			于长金	孔庆军	李　芳	李　伟
			李　鑫	何　冰	陈　帅	李雪梅
			孙秀华	赵　冲	李大印	于　宇
			苏红艳	范淑兰	张桂欣	李　江
			刘　鑫	王桂雪	代桂英	王东升
			孙树林	周　兵	孙　杰	赵庆晖
			吴道国	吕开德	邵红梅	柯瑞福
			刁望保	刘玉林	李香菊	吴国勇
			侯　栋			
		教育局	马海珍	刘建伟	张桂芹	苑爱海
			王洪海	王冬梅	李艳芝	王德鲁
			谢爱莲	郭子存	王自增	梁邦喜
			李汉成	邱　伟	李汉活	江　敏
			王广华	刘承涛	祝玉朝	李连进
			孟凡冰	刘翠萍	杨洪军	吕建忠

续表

年度	称号	受表彰人员
		刘加强 樊祥瑞 戚义民 秦占钦
		李秋香 于加川 张凡利 李明昌
		艾秀梅 倪晓英 颜　睿 段天德
		苏本贵 胡风娟 赵传修 樊祥忠
		郑从鹏 邵卫峰 肖作江 苏红兵
		秦瑞文 王书贵 陈　博 徐龙台
		沈丹丹
		工业园区 李秀珍 刘文栋
		郓城镇 姚辉耀 颜东升
		李集乡 侯宪杰 仲召金
		随官屯镇 董建兵 李文勇
		侯咽集镇 王振生 李　青
		水堡乡 孔庆炮 薛善辞
		郭屯镇 杨须垒 刘继元
		双桥乡 李清仲 朱保全
		玉皇庙镇 郑从男 吴　博
		黄集乡 刘丙华 张福松
		潘渡镇 刘丙存 王德峰
		张鲁集乡 魏德君 李治江
		张营镇 高全华 魏广岭
		黄堆集乡 范光远 张　俊
		杨庄集镇 彭亚丽 韩　玮
		南赵楼乡 郑迎旭 邬长英
		黄安镇 潘文林 任海荣 戚雪华
		程屯镇 李成杰 李德涛
		丁里长镇 宋贞勇 刘淑贤
		陈坡乡 陈传峰 吴守国
		唐庙乡 段玉照 王栋梁
2008	全县知识型职工先进个人	郓城县公路局 陈庆江 郓城县人民医院口腔科 王翠荣 郓城县中学教师 高传理

续表

年度	称号	受表彰人员
2008	郓城县职工职业技能大赛优胜选手	司洪起 孙学栋 侯士栋 窦义新 祝　猛 窦　鹏 祝玉如 王爱芹 商翠梅 王安庆 黄　明 路仁杰 王大平 王庆会 商　霞 胡晓舟 田宪兵 郑庆礼 吕玉伟 李一磊 朱凤丽 常玉芳 崔成英 李冬梅 林元发 王艳丽 赵长辉 刘　巧 陈　伟 陈　静
2008	职业道德建设十佳标兵	郓城县公安局城区派出所 张洪宪 郓城县新华书店 彭亚丽 郓城县第二人民医院 张永红 郓城县公路局 马永丽 郓城县供电公司 彭丽华 郓城县交通局 李大琪 郓城县总工会 张雨芹 郓城县新华书店 罗述清 郓城县地税局 刘　健 郓城县财政局 庄险峰
2009	先进工会工作者嘉奖人员名单（共77人）	地税局 徐福兵 供电公司 郑华山 乔效乾 彭咏梅 公路局 陈庆江 赵楼煤矿 宋向东 刘念雷 水务局 王盈娟 盐业公司 赵　峰 法院 张梅华 林业局 王艳丽 畜牧局 张元新 农村信用联社 徐　敏 国税局 马海岭 建设银行 王文涛 彭庄煤矿 胡龙兵 新华书店 姜季冶 公安局 孙德贞 农业银行 李　静 联通公司 王进全

续表

年度	称号	受表彰人员
		环保局　樊建新
		邮政局　陈良红
		郓城师范　李　健
		财政局　王　刚
		经贸局　崔　炜
		国土资源局　赵自生
		劳动和社会保障局　孟凡军
		黄河河务局　王成文
		计生局　刘　君
		郓城煤矿　卢多思
		瑞丰搪瓷　曾庆昌
		卫生局　李艳君　徐龙杰　陈英军　吴道国　李　江
		教育局　许兰伟　智绪良　赵德成　严祥莹　褚宏熙　李富强
		随官屯镇　赵　远　徐龙坡
		陈坡乡　李兆友
		潘渡镇　武淑灵　王丽荣
		黄堆集乡　张郁冰　梁宝记
		双桥乡　张现兴
		李集乡　仲召金　韩月圣
		黄集乡　张　健　曹明新
		张营镇　李崇毓　杨玉秋
		武安镇　张振声　郭良存
		丁里长镇　任汝尊　蔡　娜
		程屯镇　王巧云
		水堡乡　段作伟
		郭屯镇　王志浩　张冠英
		唐庙乡　侣德良　于　琦
		张鲁集乡　袁继友
		黄安镇　任海荣　郑庆存
		郓城镇　孟凡振　韩金涛
		候咽集镇　徐龙念　赵　军
		南赵楼乡　黄守江　吴　波

续表

年度	称号	受表彰人员				
	工会积极分子嘉奖人员名单（共 183 人）	文体局	张传峰			
		地税局	和郓生	高凤喜	彭　鲁	
		工商银行	王云华			
		供电公司	冯昌斌	吴清涛	谢　鹏	郭建平
			董　贺	康秀华	侯海波	李继峰
			陈　猛			
		邮政局	张海英	樊庆霞		
		公路局	潘洪磊	王桂梅	吴秀丽	王体祥
			孔　勇			
		农业局	高新磊	时志荣		
		广播电视局	苑鸿飞	李印杰		
		赵楼煤矿	李寿辉	杨树森	束　涛	
		水利局	李凤玲			
		公安局	宋国华	刘亚宁		
		审计局	陈好贤	姚惠卿		
		林业局	杨仕一			
		畜牧局	郭守学	李良杰	马明华	周冬梅
		农村信用联社	郝元发			
		国税局	刘国栋	刘　军		
		彭庄煤矿	刘　强	任　敏		
		建设银行	朱鲁峰	汤庆洋		
		新华书店	李海燕			
		农业银行	滕义友			
		联通公司	王　军			
		环保局	安守义	马润武		
		师　范	刘自春			
		财政局	曹　峰			
		民政局	张则印			
		国土资源局	赵建刚	董　静		
		劳动和社会保障局		任　娟	韩　娟	
		商业总公司	崔香菊	董香环	王凤海	曹学敏
		黄河河务局	郭国庆			
		计生局	倪效思	张　辉		
		郓城煤矿	张冬梅			

续表

年度	称号	受表彰人员
		教育局 孙凤丽 张艳华 曾爱英 王善兵
		张海生 赵怀健 孟清华 张翠华
		徐　婧 唐玉华 谭　莹 李桂臣
		仪登彦 李良博 梁全占 石中华
		魏作星 王春蕾 李福廷 智绪锋
		李　炜 李显勇 杨远芳 王世刚
		何兆才 李英丽 任桂婷 王雷红
		宋云香 孟凤云 王洪雷 艾秀梅
		胡允雨 张书亮 曾伟超 夏祥斋
		樊素珍 石守记 陈延腾
		卫生局 韩月伟 郑景全 赵庆晖 杨秀宽
		刘恒轩 贾作彪 张友英 戴春峰
		陈　帅 刘　倩 程方园 侯仰锋
		朱桂祥 褚衍训 孙兰荣 李　红
		杨新岭 吴　京 刘瑞玲 王桂雪
		薛　轲 王常金 李永强 樊兆廷
		刘志杰 吴国勇 王恒喜 王　丽
		王德谦 王　川 李　伟 黄儒卫
		金　玲 丁成文 李香菊 张振京
		仝瑞龙 祝树勋 李多从 柯瑞福
		樊拂晓
		随官屯镇 初明玉 孙秋梅
		南赵楼乡 张桂莲 张桂英
		侯咽集镇 常　山 李占标
		杨庄集镇 刘　鹏 巩建军
		黄安镇 王文英
		张鲁集乡 付国庆 李治江
		唐庙乡 段玉照 智庆雨
		郭屯镇 刘继元 谭　健
		水堡乡 薛善辞 孔庆炮
		程屯镇 王洪波 李德涛
		丁里长镇 王文柱 戴进国
		武安镇 黄其慧 闫继存
		张营镇 吴洪端 王西阁

续表

年度	称号	受表彰人员
		黄集乡　刘丙华　张福松 李集乡　苑司凤　张宝立 双桥乡　张家国 黄堆集乡　杨延峰　王立阁 潘渡镇　孔秋菊　韩香平 陈坡乡　王振杰　陈文明 郓城镇　姚辉耀　苑秋云
2009	职业道德建设先进个人	郓城县人民医院　王　波 郓城县总工会　李　镇 郓城县畜牧局　苗凤莲 郓城县第一中学　李　敏 郓城县供电公司　彭丽华 郓城县河务局　郭国庆 郓城县农行　李　静 郓城县第二中学　袁　涛 郓城县国税局　梁卫东 郓城县地税局　杨淑慧
2009	知识型职工先进个人	郓城县人民医院　马爱玲 郓城县第二中学　袁　涛 郓城县环卫处　樊庆欢
2010	先进工会工作者嘉奖人员名单（共67人）	教育局　宋艳芝　郝国伟　诸风云 卫生局　陈修民　杨秀宽　王　丽　陈英军 供电公司　谢　允　王英华　赵海萍 国土资源局　赵自生 水务局　杨　镇 林业局　薛勇华 环保局　李怀臣 师　范　谭目彦 文化体育局　张传峰 黄河河务局　王成文 联通公司　魏　伟 畜牧局　杨　慧

续表

年度	称号	受表彰人员
		赵楼煤矿 宋向东 李寿辉 农业银行 李 静 邮政局 陈梁红 公路局 陈庆江 公安局 孙德贞 地税局 夏祥森 计生局 鹿兰全 财政局 李进修 新华书店 郁建桥 建设银行 王文涛 住建局 侯晓英 郓城镇 徐长现 韩金涛 孟凡振 魏显合 张营镇 李崇毓 杨玉秋 水堡乡 薛善辞 黄堆集乡 王 慧 张郁冰 黄安镇 陈继稳 任海荣 随官屯镇 赵 远 王启云 陈坡乡 李兆友 黄集乡 张 健 曹明新 玉皇庙镇 黄启龙 樊卫民 张鲁集乡 袁继友 武安镇 张振声 郭良存 南赵楼乡 于谋国 吴 波 潘渡镇 山秀坤 樊艳丽 丁里长镇 王文柱 任汝尊 杨庄集镇 彭亚丽 曹正军 李集乡 韩月圣 张宝立 侯咽集镇 徐龙念 双桥乡 魏建国 张家国 唐庙乡 于 琦 刘德运
2010	工会积极分子嘉奖人员名单（共 164 人）	教育局 刘雪配 侯翠莲 任兰民 梁邦喜 秦晓芳 姜 宪 张爱芝 孙万谦 康翠英 马效国 张之强 张延祥

续表

年度	称号	受表彰人员
		王广远　魏春花　张翠华　郑爱春
		王兴锁　苑晓雪　唐玉华　张修彬
		潘永翔　王华岭　李士栋　侯文杰
		张修思　侯岚英　张玉慧　谭红霞
		董清忠　吕厚国　于华民　陈光磊
		黄广信　张宪宝　邵　刚　苑兆玲
		祝司祥
		卫生局　孙兰荣　司凤涛　王秋丽　侯仰锋
		王德谦　李保东　边兆坤　李春菊
		曹艳丽　张效琨　李守国　魏敬太
		武步泉　魏昌磊　童　浩　李魁星
		丁仰乾　张舒薇　刘现景　吴道国
		王　伟　李　江　王之元　刘　鑫
		武　斌　李　红　陈秋芝　樊淑敏
		供电公司　李　豪　于志伟　陈　猛　吴清涛
		吴纪元　刁目金　谢　鹏　肖　杰
		联通公司　周　光
		畜牧局　杨守涛
		人　行　陈洪涛
		工商局　林爱春　官瑞青
		工　行　马海峰　陈　斌
		赵楼煤矿　杨树森　许凤霞　赵登勇
		审计局　戴长民　王英轩
		农　行　马　忠　腾义友
		邮政局　王　帅
		公安局　侯仰波
		地税局　韩月伟　刘梅淑　佀章慈
		公路局　田　锋　马永丽
		财政局　曹　峰
		新华书店　陈　兵
		建　行　潘洪涛　王玫霞
		师　范　郭新运
		彭庄煤矿　崔珊珊　常　龙　张　敏
		国土资源局　苑　萍　赵艳丽　徐　焕　王　萍

续表

年度	称号	受表彰人员
		水务局　张黎军 林业局　李亚丽 环保局　韩占生　吴春娥 文体局　王光峰　李富强 河务局　陈惠民 商业局　杨义新　赵桂生　王凤海　魏敬贤 计生局　李　森　鲍华民 经信局　王玉婷 住建局　陈秀云　陈长允 郓城镇　侯全磊　姚辉耀 张营镇　吕洪端　王西阁 水堡乡　房善莹　王　奇 黄堆集乡　张　娜　张建增 黄安镇　王文英　田支林 随官屯镇　陈　静　初明玉 陈坡乡　王玉莲　王振杰 黄集乡　程　伟　王新忠 玉皇庙镇　李海舰　马传卫 张鲁集乡　付国庆　李治江 武安镇　张保会　马效青 南赵楼乡　武庆阳　张桂英 潘渡镇　庞和平　王海霞 丁里长镇　孙秋梅　赵伟欣 杨庄集镇　韩　玮　巩建军 程屯镇　孟庆干　刘胜利 李集乡　苑司凤　刘培河 侯咽集镇　李占林　侯本军　李　青 双桥乡　梁金海　梁尔军 唐庙乡　侣德良　常广春
2011	先进工会工作者嘉奖人员名单（共72人）	地税局　高凤喜 供电公司　王永青　彭丽华　彭咏梅 公路局　陈庆江 赵楼煤矿　宋向东　李寿辉

续表

年度	称号	受表彰人员
		林业局　刁兆敏
		畜牧局　宋春梅
		农村信用联社　刘尊涛
		国税局　朱令荣
		建设银行　王明臣
		新华书店　杨晓君
		公安局　张建琳
		农业银行　李　静
		联通公司　魏　伟
		环保局　韩　勇
		邮政局　宋广蕊
		郓城师范　刘继涛
		财政局　车鹏博
		国土资源局　赵自生
		人社局　吴传法　侯　健
		黄河河务局　郭国庆
		计生局　鹿兰全
		移动公司　彭　丹
		文体局　张传峰
		城建局　侯晓英
		粮食局　刘　强
		工业园区　王春雷
		县　社　鹿兰强
		工商银行　胡小舟　王云华
		卫生局　曹　伟　徐龙杰　陈英军　杨秀宽　李　江
		教育局　刘瑞成　祝玉朝　徐长玉　刘景祥　刘继军　刘效恩　刘树刚　郑芳伟　李沙沙　李红雨　方晓辉
		随官屯镇　徐龙坡
		陈坡乡　李兆友
		潘渡镇　樊艳丽
		黄堆集乡　张郁冰
		双桥乡　张家国

续表

年度	称号	受表彰人员
		李集乡 韩月圣
		黄集乡 曹明新
		张营镇 杨玉秋
		武安镇 张振声
		丁里长镇 任汝尊
		程屯镇 魏显合
		水堡乡 薛善辞
		郭屯镇 刘纪元
		唐庙乡 刘　兵
		张鲁集乡 袁继友
		黄安镇 任海荣
		杨庄集镇 郑庆存
		郓城镇 杨际民 许爱军 侯全磊
		侯咽集镇 徐龙念
		南赵楼乡 段青枫
		玉皇庙镇 禚来涛
2011	工会积极分子嘉奖人员名单（共156人）	供电公司 韩　蕾 王瑞印 王　栋 刘　冰 陈　猛 刘爱芝 窦兰云
		文体局 商红琦
		地税局 杨淑慧 刘梅淑 李春芳
		邮政局 李晓慧
		公路局 卢凤存 朱凤霞
		农业局 吴海英 赵咏馨 刘景玉
		广播电视局 李庆磊 李锦波
		赵楼煤矿 许凤霞 杨树森 张德英
		公安局 吕　鹤
		审计局 王亚平 郝忠华
		林业局 魏洪涛 郑　云
		畜牧局 王红阁 王　莲
		农村信用联社 吴秀梅
		国税局 樊景莲
		建设银行 张　杰 汤庆洋
		新华书店 姜季冶

续表

年度	称号	受表彰人员
		农业银行　滕义友　张春丽
		联通公司　温春丽
		环保局　李新文　孟　霞
		师　范　王瑞东
		财政局　曹　峰
		国土资源局　刘　琪　赵立伟
		商业公司　杨　斌　魏敬贤　王凤海　曹学敏
		黄河河务局　王成文
		计生局　王建军　祝振华
		县　社　张　静
		移动公司　马　腾
		农机局　宋春华
		经信局　鹿美英
		建设局　李守勇　宋丽娟
		粮食局　王进力
		交通局　苏秀巧
		工业园区　马献诗
		教育局　王圣勇　张爱芝　李　甫　王　倩
		徐长杰　李广宽　陈　荣　王艳丽
		梁邦喜　郑自国　王志新　渠　洵
		周广涛　仝玉梅　王潇寒　苏兆国
		李英丽　张秀丽　杨晓鹏　陈　燕
		董清国　李淑芳　申海菊　何兆才
		宋春雷　王振杰　汤继允　武月景
		李凤丽　李桂敏
		卫生局　张媛媛　戴春峰　赵明军　程方园
		陈壮志　柯瑞福　李　伟　张　伟
		赵庆晖　陈凤娥　樊亚芹　刘　岩
		王西英　倪崇松　郑汉东　陈　帅
		姜卫国　张　静　张效琨　李殿强
		侯仰珍　刘瑞玲　韩月伟　葛增欣
		朱来军　李玉华
		郓城镇　陈　征　徐长现
		随官屯镇　李天华　李东升

续表

年度	称号	受表彰人员		
		南赵楼乡	苗　涛	王善稳
		侯咽集镇	张凤霞	李占标
		杨庄集镇	戴艳萍	彭亚丽
		黄安镇	管永丽	范建华
		张鲁集乡	徐德民	郝清涛
		唐庙乡	常广春	智庆宇
		郭屯镇	张亚东	谭　健
		水堡乡	李洪聚	房善营
		程屯镇	杨立志	郑体玉
		丁里长镇	王文柱	宋贞勇
		武安镇	郭良存	曹慧迪
		张营镇	白凤熙	闫景波
		黄集乡	王新忠	
		李集乡	张　岩	孙慎强
		双桥乡	李清仲	房灵敏
		黄堆集乡	曹先明	任爱红
		潘渡镇	苏　燕	武淑灵
		陈坡乡	王振杰	梁树涛
		玉皇庙镇	樊祥钦	樊卫民
2012	先进工会工作者嘉奖人员名单（60人）	地税局	李海雷	
		公路局	马永丽	
		供电公司	刘爱芝	王英华
		赵楼煤矿	武　剑	李向鹏
		林业局	杨延安	刘林秋
		畜牧局	孟金灵	
		农村信用联社	吴秀梅	
		国税局	王理生	
		建设银行	庄庆节	
		新华书店	杨晓君	
		公安局	马　啸	
		环保局	韩　勇	
		农业银行	滕义友	
		联通公司	侯艳玲	

续表

年度	称号	受表彰人员
		移动公司　马　腾
		邮政局　杨福军
		郓城师范　孟海岭
		财政局　车鹏博
		国土资源局　王兰华
		人社局　孙蕴慧
		计生局　鹿兰全
		文体局　全金秋
		城建局　李守勇
		工业园区　马献诗
		工商银行　胡晓舟
		卫生局　陈英军　徐龙杰　李　江　张雪峰　王　丽
		教育局　侯艳丽　王新河　郭良全　王瑞英　祝佳婧
		随官屯镇　王启云
		陈坡乡　李兆友
		潘渡镇　张传智
		黄堆集乡　张郁冰
		双桥乡　张家国
		黄集乡　曹明新
		李集乡　韩月圣
		张营镇　杨玉秋
		武安镇　李振涛
		丁里长镇　任汝尊
		程屯镇　冯兴云
		水堡乡　房善莹
		郭屯镇　李崇毓
		唐庙乡　常广春
		张鲁集乡　袁继友
		黄安镇　任海荣
		杨庄集镇　郑庆存
		郓城镇　侯全磊
		侯咽集镇　徐龙念

续表

年度	称号	受表彰人员
		南赵楼乡 段青枫
		玉皇庙镇 樊卫民
2012	工会积极分子嘉奖人员名单（171人）	供电公司 王 栋 李 豪 王传成 吴清涛 杨恩虎 于志伟
		文体局 王光锋 朗 杰
		地税局 徐福兵 李春芳 周亚斌
		邮政局 宋广蕊
		公路局 张 勇 刘 辉
		农业局 时志荣
		人社局 杨尊启
		赵楼煤矿 徐 京 卜宪丽 孙李波 刘德亮 魏 博
		公安局 陈海玲
		审计局 李效新 王秀春
		林业局 刁兆敏
		农业局 宋 浩
		民政局 袁艳松
		环保局 关 勇
		畜牧局 许秀娟 李秀贤
		中国人民银行 赵进华
		农村信用联社 单衍民
		工商银行 王云华
		国税局 张文涛
		建设银行 张 杰 汤庆洋
		新华书店 赵效鲁
		农业银行 郑红芬 刘训亚
		联通公司 周 光
		移动公司 彭 丹
		师 范 郑 锋
		财政局 曹 峰
		国土资源局 高石磊 戚元岭 王春芳
		黄河河务局 郭国庆
		计生局 王奉宇 王正国
		经信局 鹿美英

续表

年度	称号	受表彰人员
		建设局　朱　青
		交通局　侣　婷　曹冬梅
		商业公司　赵桂生　庞昌中　王登欣　王凤海
		工业园区　孙法明
		教育局　崔保东　郑从鹏　朱艳玲　王在强
		闫保存　李　红　王慎建　王体健
		马春华　陈冬梅　于海华　霍爱丽
		马爱蕊　李翠平　李亚松　刘文峰
		王　真　孙　平　田秀娟　李　君
		李怀远　苑秋英　王厚坤　赵秀娟
		魏栋梁　祝嗣国　侯占兴　仪登彦
		朱忠连　董清忠　宋修安　李红雨
		田秀荣　孙万谦　刘海燕
		卫生局　赵咏梅　李明丽　刘　哲　颜文慧
		段峻岭　杜瑞玲　武　斌　李殿强
		朱来军　陈　帅　刘　倩　赵明军
		于占良　颜明章　武祥顺　谭彦强
		王常峰　吴玉军　吴道国　郭　荣
		吕文慧　张梦秋　侯仰锋　刘恒轩
		王占铭　李　森　王方元　姜卫国
		王树旺　孟建莉　樊兆廷　梁衍旭
		李　伟　陈凤娥　袁庆峰
		郓城镇　许爱军　孟凡阵
		随官屯镇　郭建坤　司进成
		南赵楼乡　赵　静　王善稳
		侯咽集镇　张凤霞　李占标
		杨庄集镇　李彦朝　刘传斌
		黄安镇　马媛媛　张艳英
		张鲁集乡　王书田　李治江
		唐庙乡　刘德运　智庆宇
		郭屯镇　刘继元　樊金响
		水堡乡　张春燕　薛善辞
		程屯镇　王　敏　陈庆航
		丁里长镇　高　青　宋贞勇

续表

年度	称号	受表彰人员
		武安镇　范京生　丁爱菊 张营镇　白风熙　魏广岭 黄集乡　王新忠　刘瑞朝 李集乡　李修芹　白兴红 双桥乡　梁金海　王体勇 黄堆集乡　杨廷峰　杨兴常 潘渡镇　张爱松　李玉清 陈坡乡　陈进国　陈道会 玉皇庙镇　吴正国　房善景
2012	郓城县职业道德建设十佳标兵	陈英军　郓城县卫生局 王奉来　郓城县人民医院 刘　鑫　郓城县人民医院 刘翠珍　郓城县种子公司 韩　勇　郓城县环保局 马士勇　郓城县畜牧牧局 陈　艳　郓城县程屯镇中心院 张西友　郓城县第一中学 李荣辉　郓城县赵楼煤矿 魏见黎　郓城县人力资源和社会保障局
2012	郓城县知识型职业标兵	刁秋霞　郓城县公路局 李　慧　郓城县第一初级中学 王向立　郓城县一中 王　平　郓城县一中 吴亚英　郓城县县医院 潘彩凤　郓城县县医院 赵　清　郓城县县医院 康秀华　郓城县供电公司 郭良兴　郓城县公路局 滕义友　郓城县农行
2013	先进工会工作者嘉奖人员（60人）	公路局　陈庆江 地税局　刘秀丽 供电公司　刘婷婷　王传成 赵楼煤矿　张德英　张树栋

续表

年度	称号	受表彰人员
		李楼煤矿 刘继顺
		审计局 李 伟
		林业局 王宗敏
		畜牧局 刘楠楠
		农村信用联社 黄福斌
		农机局 孟桂青
		国税局 张瑞昌
		建设银行 吴志伟
		新华书店 张为忠
		公安局 王 菲
		环保局 李新文
		农业银行 张洪敏
		郓城师范 张春香
		财政局 车鹏博
		国土资源局 董 静
		黄河河务局 王成文
		计生局 鹿兰全
		文体局 李富强
		城建局 侯晓英
		工业园区 樊庆雷
		工商银行 王云华 胡晓舟
		卫生局 陈英军 戴春峰 李 江 武 斌 吴道国
		教育局 田振民 许正宝 孔香玲 屈耀京 李曈诺 王慎建 朱仰忠
		郓州街道 孟凡振
		唐塔街道 王永合
		随官屯镇 王启云
		陈坡乡 侯方仰
		黄堆集乡 张郁冰
		黄集乡 曹明新
		张营镇 杨玉秋
		武安镇 李振涛
		丁里长镇 张 杨

续表

年度	称号	受表彰人员
		程屯镇　陈庆航
		水堡乡　张春燕
		郭屯镇　魏培威
		唐庙乡　常广春
		张鲁集乡　袁继友
		黄安镇　任海荣
		侯咽集镇　徐龙念
		南赵楼　马海潮
		杨庄集镇　郑庆存
		玉皇庙镇　樊卫民
		李集乡　韩月圣
2013	工会积极分子嘉奖人员（142 人）	供电公司　陈雪峰　刘海晨　夏祥谦　吴清涛　杨恩虎　何　婧　王庆会
		文体局　王光锋　李显志　商红琦
		地税局　彭　鲁
		公路局　曾　凯　刘　辉
		赵楼煤矿　史学著　束　涛　张　英　韩爱君　王　琦　郎兴伟
		李楼煤矿　汪勇勇　陈新元　肖建刚　孙绪政　任进智
		公安局　王　琦
		审计局　谭继进
		林业局　陈广汉
		农业局　宋　浩　刘景玉
		环保局　韩　勇
		建设局　闫乃菁
		畜牧局　史志军　崔红梅
		农机局　程艳红
		农村信用联社　冯　颖
		国税局　端木林娜
		建设银行　张　杰　汤庆洋
		新华书店　姜季冶
		农业银行　滕义友　孟琰琰
		师　范　孟海岭

续表

年度	称号	受表彰人员
		财政局　朱舜
		国土资源局　郑洋　李美辉
		黄河河务局　郭国庆
		计生局　鲍华民　田红梅
		交通局　李金英　石文利
		工业园区　马献诗
		教育局　谷家雷　张邦超　王平　唐伟　王晓强　马爱芹　肖萌　陈传斌　周广猛　冯艳红　王兰香　尹爱霞　史文丽　孟艳华
		卫生局　李伟　李春菊　刘艳青　姜卫国　刁贤　王宪宇　杨玉洁　武玉元　孟建莉　张梦秋　苗继贵　陈保伟　梁衍立　武祥顺　周胜利　侯仰锋　王丽　张艳丽　刘恒轩　何圣旺　李玉民　张庚科　徐继东　韩传孝　苏红艳　付常珍　张进合　陈风娥
		商业公司　王凤海　杨义新　王登欣　庞昌忠
		粮局　王元才
		郓州街道　王志惠　姚辉耀
		唐塔街道　徐长现　陈征
		随官屯镇　陈静　司进成
		南赵楼乡　刘丹丹　庞海鲁
		侯咽集镇　张凤霞　李占标
		黄安镇　陈艳玲　冯全峰
		张鲁集乡　赵林　李治江
		唐庙乡　佀德良　刘德运
		郭屯镇　许兰奎　李本亮
		水堡乡　郭扬眉　葛仲友
		程屯镇　赵金辉　王红举
		丁里长镇　王秀灵　范经元
		武安镇　邹陆陆　魏华
		张营镇　白凤熙　吴洪瑞
		黄集乡　张福松　刘超

续表

年度	称号	受表彰人员				
		双桥乡	梁金海	张同浩		
		黄堆集乡	杨延峰	任爱红		
		潘渡镇	赵　媛	张　欣		
		陈坡乡	陈桂娟	陆继红		
		杨庄集镇	李爱霞	李桂香		
		玉皇庙镇	张保义	艾晓春		
		李集乡	苑司风	刘　洁		
2014	先进工会工作者嘉奖人员名单（共59人）	公路局	马永丽			
		地税局	樊兆江			
		供电公司	刘　明	王永青		
		赵楼煤矿	许凤霞	周　璇		
		林业局	王宗敏			
		畜牧局	陈　斌			
		邮政局	闫宪峰			
		农村商业银行	李　亭			
		农机局	肖秋灵			
		供销联社	魏光复			
		国税局	刘　军			
		建设银行	吴志伟			
		新华书店	乔　伟			
		公安局	王　菲			
		环保局	李继祥			
		农业银行	杨拥家			
		联通公司	魏伟财			
		政　局	车鹏博			
		人社局	刘　燕			
		国土资源局	赵自生			
		黄河河务局	李洪生			
		计生局	鹿兰全			
		文体局	商红琦			
		城乡建社局	刘　群			
		工业园区	李文海			
		卫生局	陈英军	王　丽	牛化鲁	陈保伟
			王之元			

续表

年度	称号	受表彰人员	
		教育局	褚宏熙　陈霄一　王立阁　孙　平　赵桂敏
		郓州街道	高保国
		唐塔街道	展湖滨
		随官屯镇	陈　静
		陈坡乡	李兆友
		黄堆集乡	张郁冰
		潘渡镇	丛炳涛
		黄集乡	曹明新
		双桥乡	张家国
		张营镇	杨玉秋
		武安镇	郭良存
		丁里长镇	张　杨
		程屯镇	刘胜利
		水堡乡	郭扬眉
		郭屯镇	樊金响
		唐庙乡	赵静静
		张鲁集乡	袁继友
		黄安镇	刁晓伟
		侯咽集镇	孔令奇
		南赵楼乡	庞海鲁
		杨庄集镇	郑庆存
		玉皇庙镇	樊卫民
		李集乡	韩月圣
2014	工会优秀会员嘉奖人员名单（共 165 人）	供电公司	何　婧　王传成　吴清涛　赵先伟　许兆涛　陈　猛　张红梅　王庆会　王丽丽　田清媛　刘婷婷　于志伟
		文体局	张传峰
		地税局	杨晓焕　赵世林
		公路局	潘洪磊　刘　辉
		赵楼煤矿	华进才　刘更新　张树栋　刘　磊　孙　翔　张秀英
		公安局	张思岭

续表

年度	称号	受表彰人员
		审计局　郝忠华　戴长民　程念兵
		林业局　马宪斌
		农业局　宋　浩　孙　超
		水务局　马　英　孙　晓　马　斌
		环保局　王玉新
		城乡建设局　刘　杰
		畜牧局　宋春梅
		邮政局　王　帅　布占余
		农村商业银行　樊珊珊
		国税局　杨瑞华
		建设银行　朱鲁峰
		新华书店　陈　光
		农业银行　陈凤云
		联通公司　周　光
		财政局　朱　舜
		人社局　董恩政　朱晓琳　梁衍涛　郭　丽
		国土资源局　肖海斌　李琳琳　樊凤荣　郑勇焕
		黄河河务局　韩言才　张宇轩
		计生局　张波　王艳华
		经信局　李军英
		交通局　孙承胜　李大琪　宋丽辉　侯凤云
		工业园区　徐新军
		教育局　樊　鸿　马　森　梁邦喜　苏本贵　朱英杰　仝玉梅　樊英丽　傅兆展　赵凤荣　陈　蕾　王春燕　杨清华　张国栋　何海莲　孔凡珂　孙玉红　李　岩　张宪宝　陈光磊　高尚敏　边道鑫　赵启燕　谭　莹　李广宽　张修思　祝佳婧　仲长城　李永仁　卢　迟
		卫生局　房翠兰　许秀灵　刁　贤　王方元　杨海峰　董秀婷　吴玉军　梁衍立　王振华　于加连　张爱英　黄守民

续表

年度	称号	受表彰人员
		武步泉　孙文山　王立敏　车翠平
		鹿欣玫　张秀春　葛惠兴　王　哲
		武祥顺　刘恒轩　梁艳珍
		商业公司　赵桂生　王登欣　庞昌忠　郑体栋
		粮　局　张　华
		供销联社　孙　勇
		郓州街道　张宗瑞　李雪爱
		唐塔街道　李　圆　邢亚洲
		随官屯镇　程士华　刘洪斌
		南赵楼乡　孔华杰　王善稳
		侯咽集镇　韩景生　王兴国
		黄安镇　刘　文　任海荣
		张鲁集乡　赵　林　魏德君
		唐庙乡　王海营　房建玮
		郭屯镇　赵业鹏　刘继元
		水堡乡　房善营　张春燕
		程屯镇　皮全庆　陈庆航
		丁里长镇　宋吉鹏　李延印
		武安镇　张海峰　邹陆陆
		张营镇　闫景波　白凤熙
		黄集乡　王新忠　刘　超
		双桥乡　王体勇　梁金海
		黄堆集乡　曹先明　杨兴常
		潘渡镇　韩香平　田延强
		陈坡乡　曾庆刚　宋　涛
		杨庄集镇　何心锋　梁承合
		玉皇庙镇　刘金良　李　楠
		李集乡　白兴红　刘　洁
2015	先进工会工作者（55人）	供电公司　赵先伟　王传成
		赵楼煤矿　李广玲　张德英
		公路局　艾凤华
		地税局　刘更亮
		林业局　王艳丽

续表

年度	称号	受表彰人员
		畜牧局 张元新 邮政局 闫宪峰 农村商业银行 冯　颖 供销联社 魏光复 商业公司 郑体栋 国税局 梁保翠 新华书店 姜季冶 公安局 马晓芹 环保局 崔爱本 农业银行 陈凤云 工商银行 马海峰 财政局 朱　舜 人社局 魏清华 何　冰 国土资源局 董　静 黄河河务局 庞　勇 水务局 戚雪莲 文体局 冀梅霞 卫计局 鹿兰全 陈英军 石宪华 李　惠 教育局 杨　晔 王立阁 郑萃然 陈霄一 杨　京 郓州街道 高保国 唐塔街道 侯全磊 随官屯镇 陈　静 陈坡乡 李兆友 黄泥冈镇 张郁冰 潘渡镇 樊艳丽 黄集乡 曹明新 双桥镇 张家国 张营镇 张纯金 武安镇 郭良存 丁里长镇 梁乃卿 程屯镇 王东方 水堡乡 郭扬眉 郭屯镇 魏培威

续表

年度	称号	受表彰人员
		唐庙镇　赵静静
		张鲁集乡　袁继友
		黄安镇　任海荣
		南赵楼镇　庞海鲁
		玉皇庙镇　樊卫民
		李集乡　韩月圣
		侯咽集镇　李洪雷
2015	优秀工会会员（169 人）	供电公司　张宝献　郑爱东　徐长森　姚珊珊　曾春英　张红梅　温素馨　曹建伟　刘　明　李　丹　赵振涛　吴清涛　李亚峰　张鲁江
		赵楼煤矿　薛梦轩　孙秀秀　刘德亮　张　捷　王　琦　郎兴伟
		文体局　王光峰　秦传谦
		地税局　彭　鲁
		公路局　潘洪磊　刘　辉
		公安局　张爱华
		审计局　郝忠华　戴长民
		林业局　陈广汉
		农业局　李潘潘　韩艳亮
		水务局　徐长修　翟鲁东　朱英伟　赵西涛
		环保局　丁　杰
		畜牧局　邵华英　王海燕　丁清刚　张艳敏
		邮政局　张效国　王　帅
		农村商业银行　蔡莹国
		税局　何　贞
		新华书店　常　玮
		农业银行　张艳艳
		移动公司　孟永红
		财政局　闫国昌
		民政局　袁艳松
		人社局　齐志军　吴传法　梁衍涛
		国土资源局　赵立博　李琳琳　李　刚

续表

年度	称号	受表彰人员
		黄河河务局　张宇轩　宋召贤　安　磊
		市场监管局　曾艳娥　赵　敏
		经信局　郭　娜
		交通局　薛善福　郭　龙　郭　昂
		郓城师范　崔九猛　胡殿武
		档案局　仲欣欣
		教育局　陈基诚　赵香荣　郭翠平　马海珍
		陈文卿　张瑞玲　薛凤银　彭爱玲
		冯昌猛　李亚松　杨国跃　梁邦喜
		石海良　吴德雪　陈　蕾　谭秀芝
		王存阁　任宪军　刘加强　刘　刚
		何怀民　吕寻忠　李本亮　祝仰乾
		孙　平　祝春喜　杨学山　张志强
		李善宏
		卫计局　刘瑞芹　陈修民　褚朋朋　王玉莲
		李春菊　刘志杰　张文建　陈保伟
		梁衍立　王　丽　张帅帅　杨以良
		于加连　王方元　董　婧　陈东升
		武祥顺　邱成江　王洪梅　李　淼
		潘迪坤　朱来军　王建芳　王　敏
		王　波
		商业公司　庞昌忠　王登欣　赵桂生
		粮　局　于鲁寒
		供销联社　鹿兰强
		交警队　赵向阳
		郓州街道　陈秋平　戴　杭
		唐塔街道　许爱军　陈　征
		随官屯镇　吕荣花　孟艳华
		南赵楼镇　王善稳　刘丹丹
		黄安镇　刘　蕊　刘　文
		张鲁集乡　李治江　王书田
		唐庙镇　房建玮　王海营
		郭屯镇　魏国强　张亚东
		水堡乡　耿燕华　房善营

续表

年度	称号	受表彰人员
		程屯镇　高国辉　杨燕珍
		丁里长镇　李延印　葛圣杰
		武安镇　张昌勇　邹陆陆
		张营镇　王西阁　吴洪瑞
		黄集乡　腾亚飞　李志昊
		双桥镇　梁金海　王体勇
		黄泥冈镇　乔向伟　王德超
		潘渡镇　孙爱松　孙如全
		陈坡乡　陈道会　赵维超
		玉皇庙镇　刘云华　鹿传令
		李集乡　张宝立　刘　洁
		侯咽集镇　孔令奇　程华贤
2016	优秀社会化工作者（8人）	马　灿　郓城县黄泥冈镇总工会社会化工会工作者
		王　青　郓城县潘渡镇总工会社会化工会工作者
		王真真　郓城县双桥镇总工会社会化工会工作者
		仝西桐　郓城县随官屯镇总工会社会化工会工作者
		张　敏　郓城县唐塔街道办事处总工会社会化工会工作者
		张丽娟　郓城县张营镇总工会社会化工会工作者
		季增培　郓城县南赵楼镇总工会社会化工会工作者
		梁海霖　郓城县丁里长镇总工会社会化工会工作者
2016	先进工会工作者（65人）	公路局　马永丽
		地税局　刘更亮
		供电公司　赵先伟　李　豪
		赵楼煤矿　张　婕　孙秀秀
		临矿集团　王奉杰　刘　强
		郓城煤矿　尹文国　陈绪芝
		林业局　陈广汉
		畜牧局　宫爱霞
		邮政局　杨福军
		供销联社　魏光复
		国税局　刘　洪
		新华书店　张新华
		公安局　王　菲

续表

年度	称号	受表彰人员
		纪　委　端木爱芝 检察院　王存添 环保局　崔爱本 农业银行　符长宏 农商行　赵　丹 财政局　闫国昌 民政局　王国瑞 人社局　孙　鹏 住建局　辛　锡 河务局　王成文 电视台　刘文婷 文体局　王光峰 卫计局　魏显庆　丁建军　李　淼　张　波 夏　新 教育局　高尚敏　李冬成　王存阁　刘德升 刘长山 商务局　李向东 商业公司　郑体栋 联通公司　赵淑芳 开发区　孙　敏 郓州街道　高保国 唐塔街道　陈　征 随官屯镇　王启云 陈坡乡　崔冰洋 黄泥冈镇　张郁冰 潘渡镇　刘传芹 黄集乡　韩香平 双桥镇　张家国 张营镇　张纯金 武安镇　李　红 丁里长镇　徐淑华 程屯镇　崔俊峰 水堡乡　刘雪东 郭屯镇　刘纪元

续表

年度	称号	受表彰人员
		唐庙镇 蔡洁洁 张鲁集乡 郝清涛 黄安镇 孙润华 南赵楼镇 郑庆礼 杨庄集镇 郑庆存 玉皇庙镇 樊卫民 李集镇 傅军飞 侯咽集镇 李洪雷
2016	优秀工会会员(161人)	供电公司 赵海萍 刘桂春 许兆涛 吴冬红 闫 烁 桑盛强 文体局 朱艺平 地税局 李春芳 刘伦玉 公路局 张艳红 孙洋海 赵楼煤矿 刘德亮 卜宪丽 高连芳 曹 鑫 魏 博 王 琦 临矿集团 赵喜庆 郭书雷 王成果 陈国强 周均民 江 玲 郓城煤矿 万峰一 陈新元 任进智 桂成宁 汪勇勇 李 斌 公安局 张思岭 纪 委 蒋守鑫 检察院 孙元昌 审计局 朱海清 谭继进 林业局 明广增 农业局 赵性宝 李潘潘 环保局 丁 杰 畜牧局 高金库 陈 斌 邮政局 陈广恩 王玉腾 农业银行 孙明伟 农商行 冯 颖 国税局 刘 燕 新华书店 于景豪 联通公司 李 谦

续表

年度	称号	受表彰人员				
		移动公司	田金学			
		财政局	马清锐			
		人社局	赵庆民	袁　征		
		住建局	杨东晓			
		河务局	李　洋			
		经信局	戴建涛			
		交通局	宋丽辉	李金英		
		电视台	李庆磊			
		教育局	袁恒飞	苏常胜	李伟灿	谭海峰
			赵善武	焦广宾	杨学山	谢美静
			马凤环	江桂英	何海莲	孟祥通
			范自允	谭金辉	孟　翔	吴保安
			李英丽	李运杰	王敬科	陈　沛
			孙立新	王轩义	管作鹏	刘　晨
			李　平	王　娟		
		卫计局	武祥顺	孔庆勋	王庆柱	樊金蓉
			徐爱香	吕开德	朱红梅	董成银
			王方元	李　伟	张在钦	马昭华
			戴慧涛	渠述强	王　健	王常峰
			陈亚亮	赵喜运	赵晨琳	张　慧
			张维阳	宋　彪		
		商业公司	赵桂生	庞昌忠	王登欣	
		粮食局	于鲁寒			
		供销联社	孙　勇			
		开发区	王永铭	张　舒		
		郓州街道	李雪爱	张　悦		
		唐塔街道	许爱军	徐长现		
		南赵楼镇	王善稳	朱　圆		
		黄安镇	侯善智	管昶皓		
		张鲁集乡	曾宪允	石书国		
		唐庙镇	褚伟亚	房建玮		
		郭屯镇	杨长青	魏国强		
		水堡乡	王颖梅	房善莹		
		程屯镇	方国栋	王东方		

续表

年度	称号	受表彰人员
		丁里长镇　葛圣杰　李延印
		武安镇　温凤涛　符忠聘
		张营镇　王西阁　白凤熙
		黄集乡　王爱霞　王冬梅
		双桥镇　王体勇　梁金海
		黄泥冈镇　韩跃轩　马景灿
		潘渡镇　牛兴林　王丽娜
		陈坡乡　李慧真　张文海
		杨庄集镇　陈成运　马忠生
		玉皇庙镇　付凤臣　杨丽英
		李集镇　张宝立　苑司凤
		侯咽集镇　程华贤　侯　楠
		随官屯镇　董建兵　姚树德　袁兴旺　程士华
2017	先进工会工作者（50人）	郑红梅　中国共产党郓城县纪律检查委员会工会委员
		马圆圆　郓城县人民检察院工会委员
		张梅华　郓城县人民法院工会委员
		张　伟　郓城县人力资源和社会保障局工会委员
		刘　洪　山东省郓城县国家税务局工会委员
		于　幸　郓城县地方税务局工会委员
		侯艳丽　山东省郓城第一中学工会干事
		马永丽　郓城县公路管理局女工主任
		李　贞　郓城县商务局工会副主席
		宋春梅　郓城县畜牧兽医局女工委员
		王修果　郓城黄河河务局工会主席
		黄　琪　郓城县国土资源局工会委员
		马延骁　郓城县住房和城乡建设局工会小组长
		张新建　郓城县总工会工会干事
		魏怀光　郓城县水务局工会委员
		陈亚亮　郓城县第二人民医院工会委员
		梁红运　郓城县疾病预防控制中心工会主任
		冯　颖　山东郓城农村商业银行股份有限公司工会干事
		武祥顺　郓城县潘渡镇卫生院工会主席
		李　淼　郓城县黄泥冈镇卫生院工会主席
		徐学文　临矿集团菏泽煤电公司工会副主席

续表

年度	称号	受表彰人员
		刘晓平　　兖煤菏泽能化有限公司赵楼煤矿工会干事 陈　雷　　山东龙郓煤业有限公司机电工区工会小组长 吴纪元　　国网郓城县供电公司光明电力有限责任公司分会主席 董爱荣　　中国农业银行股份有限公司郓城县支行工会委员 杨福军　　中国邮政集团公司山东省郓城县分公司工会副主席 赵素梅　　山东新华书店集团有限公司郓城分公司工会委员 王光峰　　郓城县电影发行放映公司工会委员 魏光复　　郓城县供销合作联合社工会委员 端木凡修　郓城县随官屯镇初级中学工会主席 仲崇勋　　郓城县唐塔街道办事处主任 杨彦彦　　郓城县郓州街道总工会女工委主任 郑如杰　　郓城县随官屯镇马尹庄初级中学工会委员 孙继训　　郓城县丁里长镇初级中学工会副主席 高亚辉　　郓城县程屯镇初级中学工会委员 丁梦星　　郓城县李集镇党委副书记、工会主席 李遵仓　　郓城县黄泥冈镇党委副书记、工会主席 赵　敏　　郓城县玉皇庙镇党委副书记、工会主席 吕继钦　　郓城县双桥镇党委副书记、工会主席 徐淑华　　郓城县丁里长镇党委副书记、工会主席 王　琳　　郓城县陈坡乡党委副书记、工会主席 张　沛　　郓城县张营镇党委副书记、工会主席 王文杰　　郓城县经济开发区管理委员会工会干事 王启云　　郓城县随官屯镇人民政府工会副主席 郝清涛　　郓城县张鲁集镇人民政府工会副主席 刘传芹　　郓城县潘渡镇人民政府工会副主席 范姗姗　　郓城县武安镇人民政府工会副主席 朱传奇　　郓城县黄安镇人民政府工会委员 赵念玉　　郓城县水堡乡人民政府工会委员 殷传香　　郓城县万顺食品有限公司工会主席
2017	优秀工会会员（91人）	董洪康　　中国共产党郓城县纪律检查委员会科员 王　敏　　郓城县人民检察院科员 夏运廷　　郓城县人民法院书记员 陈金鑫　　郓城县公安局刑警大队科员 刘　燕　　山东省郓城县国家税务局纳税服务科办事员

续表

年度	称号	受表彰人员
		师永伟　山东省郓城县国家税务局科员 程晓文　郓城县地方税务局科员 徐　明　郓城县人力资源和社会保障局监察大队队长 闫国昌　郓城县财政局科员 李　伟　郓城县审计局社会保障审计科科长 张艳红　郓城县公路管理局职工 张静静　中国农业银行股份有限公司郓城县支行柜员 宋楠丁　山东省郓城第一中学教师 秦　凤　郓城县人民医院主管检验师 潘永峰　郓城县人民医院消化内科主任 周剑平　郓城县人民医院主管药师 张　静　郓城县中医医院主治医师 于　皓　郓城县住房和城乡建设局科员 王玉顺　郓城县扶贫开发领导小组办公室政策调研组组长 李潘潘　郓城县农业局农艺师 张宇轩　郓城黄河河务局科员 屈爱霞　郓城县国土资源局科员 董英姿　郓城县国土资源局科员 仝　彤　郓城县国土资源局科员 李秋兰　郓城县国土资源局科员 马　洁　郓城县交通运输局副主任 佀　婷　郓城县交通运输局科员 樊明亮　郓城县影剧院办公室主任 宋慧丽　郓城县供销合作联合社科长 于鲁寒　郓城县粮食局科员 王昌胜　郓城县畜牧兽医局科员 吕秀玮　郓城县水务局职工 赵庆帅　郓城县水务局职工 王海英　郓城县水务局职工 王　琳　中国邮政集团公司山东省郓城县分公司综合秘书 于景豪　山东新华书店集团有限公司郓城分公司科员 史长春　临矿集团菏泽煤电公司郭屯煤矿综合办公室干事 郭书雷　临矿集团菏泽煤电公司彭庄煤矿党总支书记、工会主席 高世星　兖煤菏泽能化有限公司赵楼煤矿党委组织部科员

续表

年度	称号	受表彰人员
		赵　楠　兖煤菏泽能化有限公司赵楼煤矿党群工作部干事 李兴波　山东龙郓煤业有限公司机电工区职工 马　征　山东郓城农村商业银行股份有限公司职工 李广文　国网郓城县供电公司安全监察质量部助理工程师 黄云平　国网郓城县供电公司园区供电所综合班班长 程艳丽　国网郓城县供电公司运维检修部仓储配送班职工 仪爱香　国网郓城县供电公司电力调度控制分中心职工 王保华　国网郓城县供电公司运输公司副部长 张红梅　国网郓城县供电公司党建工作部职工 季丽华　国网郓城县供电公司党委组织部职工 智一倩　国网郓城县供电公司营销部计量班助理工程师 王　娟　国网郓城县供电公司配网抢修指挥班职工 曾春英　国网郓城县供电公司职员 王彦华　郓城县金河实业有限公司总经理 黄瑞兰　中国移动通信集团山东有限公司郓城分公司综合部经理 张秀丽　郓城县唐庙镇初级中学教师 李广桥　郓城县刘口初级中学教师 王书明　郓城县黄安镇黄北小学教师 潘全军　郓城县张营镇中心学校教师 付邦璋　郓城县张鲁集镇中心学校副校长 张　刚　郓城县武安镇初级中学教师 王在斋　郓城县黄安镇初级中学副校长 白圣光　郓城县黄安镇徐垓初级中学报账员 宫庆鑫　郓城县唐塔街道办事处科员 于　静　郓城县郓州街道办事处科员 周　涛　郓城县李集镇人民政府人社所副所长 牛　犇　郓城县黄泥冈镇人民政府科员 马献诗　郓城县经济开发区管理委员会科员 牛佩佩　郓城县玉皇庙镇人民政府团委书记、妇联主任 王体勇　郓城县双桥镇人民政府科员 祁甜甜　郓城县黄安镇人民政府团委副书记 符忠聘　郓城县武安镇人民政府科员 张　迪　郓城县潘渡镇人民政府科员 王海洋　郓城县张鲁集镇人民政府职工 梁尔波　郓城县水堡乡人民政府科员

续表

年度	称号	受表彰人员
		贾凤春　郓城县万顺食品有限公司车间主任
		白红梅　山东烟郓包装科技有限公司副主任
		黎海霞　郓城县陈坡乡希望中英文学校教师
		高全华　郓城县长城塑料有限公司经理
		李海霞　郓城县百利安制衣有限公司经理
		韩月伟　郓城县第二人民医院主任
		戚元运　郓城县地方病防治办公室科员
		冯兴振　郓城县杨庄集镇中心卫生院内科主治医师
		郑茂坤　郓城县南赵楼镇卫生院副院长
		段天德　郓城县水堡乡中心学校副校长
		赵　磊　郓城县张鲁集镇初级中学教师
		张焕英　郓城县张营镇张官屯小学教师
		陈好华　郓城县黄集镇卫生院放射科主任
		杨继哲　郓城县潘渡镇卫生院副院长
		胡继忠　郓城县黄泥冈镇卫生院主管药师
		黄如海　郓城县程屯镇中心卫生院会计
		陈凤鸣　山东诚和工程咨询管理有限公司职工

第四章 生产革新与劳动模范

第一节 劳动竞赛与技术革新

中华人民共和国成立初期，郓城工人在党的教育下，逐步克服了雇佣观念并树立起主人翁的观念。认识到自身的社会地位、建设国家的职责。建立工会组织后，经过系统的工人运动史和中国革命奋斗史的教育，逐渐形成为一支蓬勃发展的阶级队伍。为支援前线打胜仗，支援农业多打粮，加紧生产建设国家，曾以不同形式，掀起爱国主义劳动竞赛。进入20世纪50年代末，各级工会通过评比、总结，摸索出许多经验，使劳动竞赛成为提高生产、为国家创造财富的有力措施。县总工会在郓城县第二次会员代表大会决议中指出：“继续开展社会主义劳动竞赛，调动职工群众的积极性、创造性，实现增产节约的要求”。随着工业的发展，在1954年工厂工作中重点解决了酒厂、油厂、棉花加工厂等提高质量问题，发动职工搞技术革新，提合理化建议，向先进学习。如油厂由于学习了烟台李川江先进榨油法，新制炒籽锅炉，提高出油率14%。再如：棉花加工厂由于注意节约降低成本3.8%。酒厂进行炉膛改造，在岳崇义的领导下试验成功，每年可节约煤47731公斤。1955年又突击抓了职工较多的商业、教育两个工会的工作。围绕着服务于生产、改进服务态度，提高教育质量等关键问题开展劳动竞赛和举行生产会议，解决群众迫切需要解决的问题。

由于林彪“江青反革命团体”的干扰破坏，郓城各条战线的社会主义劳动竞赛，停顿达12年之久。

工会组织恢复之后，特别是1980年以后，县总工会与各系统工会加强了对社会主义劳动竞赛的领导，不断拓宽竞赛领域，创新竞赛形式，丰富竞赛内容，使全县的竞赛活动开展的生动活泼，卓有成效。仅1981年不完全统计，全县各系统涌现出科研小组80多个，研究成果达190项。农业局培育的郓农29号小麦良种，荣获省三等奖；培育的郓单3号玉米良种，通过鉴定，获地区二等奖。郓城县人民医院主管检验师刘乃施和郓城县防疫站主管检验师张普文，多年进行的“人类胎儿造血组织”的研究，成果填补了国内空白，达到了国内先进水平，1984年12月获山东省优秀科技成果三等奖。

1986年7月，为改变历年第三季度生产低谷的局面，县总工会同有关部门在全县工、基、交、财系统开展了百日劳动竞赛活动。这次竞赛活动，各级党政非常重视，县委、县政府成立了由分管书记任主任，分管县长和县总工会、经委、企政办负责同志任副主任的劳动竞赛委员会，制定了开展社会主义劳动竞赛活动的意见。各系统和单位也按照县委要求，建立了专门领导班子，制定了具体竞赛方案。由于措施得力，发动广泛，全县开展百日竞赛活动的单位有 82 个，参赛人数 9600 多人，占这些单位职工总数的 95%以上。在竞赛活动中，许多系统和单位克服以往竞赛内容上的片面性，开展多层次、多形式的竞赛活动，创造了许多劳动竞赛的好形式、好方法。工业系统围绕提高产品质量、降低消耗、提高经济效益，针对企业存在的薄弱环节和突出矛盾，在各企业内部开展了多种形式的竞赛活动。有的采取车间与车间、班组与班组、人与人之间“对口赛”“对手赛”，有的采取上下工序一条龙协作赛，有的采取小指标百分赛，玻璃厂、酒厂等单位，根据各生产班组的特点，形象地把竞赛活动比喻为“爬泰山、过火焰山、八仙过海”等，并绘成图表，形式生动新颖明快直观，很受职工欢迎。商业、建委、供电、交通、粮食、物资等系统，根据自己的特点，围绕效益、速度、管理、质量、安全，开展了“三比三赛”“五比五赛”“六比六赛”、车间、班组之间的对抗赛、对口锦标赛和个人夺魁赛。许多系统和单位在开展全员竞赛活动的同时，还组织职工开展了业务技术表演赛和职业道德抢答赛。这些竞赛活动和竞赛形式，都是广大职工群众的创造，具有极强的针对性、吸引力，收到了良好的效果，使百日竞赛活动创造了可观的经济效益。开展百日竞赛后全县的工业生产明显回生，广大职工战高温、夺高产，在往年的厂低谷时期仍然保持了一个适当的增长速度，8—10 月份累计工业总产值比 1986 年同期增加 46.5%，实现利税增加 27.6%，完成销售收入增加 57%。

1987 年，党中央和全国总工会关于开展增产节约、增收节支运动的通知下达后，郓城各级工会组织及时向全体职工进行传达贯彻，并把动员职工投身双增双节运动作为工会工作的重点，积极组织开展了以双增双节为主要内容的社会主义劳动竞赛和群众性的合理化建议、技术革新、技术协作活动。为实现全年双增双节的奋斗目标，各系统各单位都建立了专门领导班子，采取了具体有力的措施，活动开展的有声有色。粮食系统结合自己的行业特点，在全系统开展了节约一粒粮、一滴油、一度电、一张纸、一根线、一两煤、一滴水和自搬、自倒、自装、自卸、自翻、自晒、自修、自运为内容的“八个一”“十个自”活动。植物油厂在开展车间、班组之间双增双节竞赛的同时，在全厂职工中还广泛开展了做一件好事、参加一项改革实践、提一条合理化建议、练好一门基本功、人均增产节约一百元的“五个一”活动，第一季度创造经济价值 35 万多元，修旧利废节支 23000 多元。搪瓷厂把双增双节运动同职工民主管理相结合，开展了为厂长“进一言、献一计”活动，全厂职工提合理化建议 223 条，先后采纳 20 多条，创经济价值 20 多万元，第一季度实现利税 45 万元，完成计划的 5‰。棉五厂以双增双节为动力，强化管理，灵活经营，第一季度实现利润 35.7 万元，占年计划的 115%。燃料公司狠抓降低能源消耗，第一季度节煤 20 余吨，节电 2 万多度，节省开支 4000 多元。

1988 年，郓城县各级工会坚持以经济建设为工作中心，认真组织开展了以“双增双节”为内容的社会主义劳动竞赛，并把劳动竞赛与实行多种形式生产经营责任制结合起来，与企业抓管理上等级结合起来，在深度和广度上都有了新的发展，形成了比学赶帮超的竞赛热潮。各级工会对涌现出的 421 个先进集体和 1501 名先进生产（工作）者进行了表彰奖励，刘乃施、李彦超同志“五一”节前还荣获了省“富民兴鲁劳动奖章”。各种形式的劳动竞赛为企业带来了显著的经济效益和社会效益。同时还广泛开展了合理化建议、技术革新、技术比武等活动，1988年共发动职工提合理化建议4851条，采纳2632条，实施的821条，节约、创造价值达102.5万元。在搞好岗位练兵的基础上，17个系统和单位还组织开展了技术比武活动，层层选拔业务技术尖子，参加技术比武的职工有775人，提高了职工素质。进入5月份，县总工会又积极参与了推行工会主席代表职工与厂长签订双保合同和实行风险金制度等工作。县总工会通过多次深入县搪瓷厂调查研究。具体指导该厂签订了双保合同，这项工作受到了县委、县政府、地区工会的高度重视。对搪瓷厂实行双保合同的做法和经验，县委、县政府专门发出了（88）25号文件予以推广。地区工会、地区体改委准备年初召开现场会在全区推广。这一形式，协调了劳动者和经营者的关系，调动了两个积极性，促进了企业承包经营责任制的进一步配套完善。

1989年，郓城县各级工会组织开展了以“双增双节”为主要内容的社会主义劳动竞赛。为把竞赛活动逐步引向深入，各级工会不断拓宽竞赛领域，创新竞赛形式，丰富竞赛内容，大大增加了竞赛的广度和深度。各系统各单位普遍加强了领导，制定了具体竞赛方案和奖励措施，结合行业特点开展了各具特色的竞赛活动。工业系统各企业第三季度开展了以战高温、高湿为主要内容的“百日劳动竞赛”，车间与车间、班组与班组、个人与个人之间进行对口赛、对手赛、擂台赛、攻关赛等，车间对每班、每人产量一日一公布，好人好事及时表扬，广大职工劳动热情逐步高涨，生产一跃再跃。商业局工会组织开展了全系统“文明经商，优质服务”竞赛，先后进行了两次检查，发放流动红旗19面，通过竞赛取得了较好的经济效益和社会效益。建委系统的创“优良工程”竞赛，粮食系统的“优质服务、文明收根”竞赛，黄河段的“八大换”优质服务竞赛，工商银行的“优质服务百日赛”、农业银行的“十佳评选”活动等也都取得了显著效果。在竞赛活动中，各级工会还广泛发动职工开展合理化建议、技术革新活动。1989年全县有5012名职工提出合理化建议5714件，先后被采纳3475件，已实施的2894件，创造（节约）价值达175万元。全年各企业还完成技术攻关40多项，创造价值20余万元。食品公司汽车队自己动手将“黄河牌”大汽车改装为大罐车，为企业节约资金6万余元。自来水公司组织技术人员和老工人制成简易吊车一台，投资仅千元，比买一台最便宜的小型吊车节省资金近万元。工会群众生产活动的深入开展，使工会在经济领域更好地发挥了应有的积极作用。为表彰劳动竞赛中涌现出来的先进模范人物，经过各级工会层层选拔推荐，1989年底由县人民政府授予田敬止等27名同志“县职工劳动模范”光荣称号，颁发了证书和奖金。李彦超、刘乃施、葛文斋三名同志被省政府授予“山东省劳动模范”，极大地鼓舞了全县职工为四化立功的劳动热情。

1990年，郓城县各级工会组织广大职工深入开展了“七赛、七比、创七杯”劳动竞赛活动，在全县范围内掀起了比、学、赶、帮、超的生产竞赛热潮。县成立了以分管工业的副县长为主任的14人的劳动竞赛委员会，各系统和企业也都建立了相应的组织机构，在全县范围内形成了上下贯通、党政工团齐抓共管的竞赛领导体系。为提高企业和职工的参赛积极性，各级工会采取多种形式进行了广泛发动，全县共有17个系统的109个企业参赛，参赛职工达13780人。各系统各企业结合各自实际，普遍制定出了切实可行的竞赛方案和具体奖励措施，有针对性地开展了一些各具特色的竞赛活动。各种竞赛形式由于紧紧抓住了企业的薄弱环节，富有针对性和吸引力，普遍收到了较好效果。在竞赛活动中，县劳动竞赛委员会通过编印竞赛简报、召开全县劳动竞赛经验交流会、组织检查评比等形式，及时推广先进经验，有力地推动了竞赛活动向纵深发展，从而极大地调动了广大职工的生产积极性和创造性，带来了显著的经济效益和社会效益。据统计，通过劳动竞赛活动，全县取得可计算的双增双节效益达 350 多万元，其中职工参加义务劳动 4123 人次，创价值 16.3 万元。全县职工提出合理化建议 5530 件，被采纳 3574 件，创造（节约）价值 175 万元。各企业完成较大技术攻关 14 项，创造价值 25 万多元，工会开展的这些群众生产活动，有力地促进了全县经济的发展。

1991 年，郓城县总工会在全县职工中普遍开展了“我怎样为‘质量、品种、效益年’做贡献”的大讨论。全县有 135 个企事业单位、15300 多名职工参加了这一活动。为使大讨论活动开展得深入扎实、富有成效，各级工会认真组织职工普遍开展了“五讲一订”活动，即讲明意义，讲明目标，讲明差距，讲明措施，讲明态度，人人制订计划。在这一活动中，职工写决心书、订计划 8000 多份。为促进大讨论活动的蓬勃开展，县总工会在县燃料公司召开了“大讨论”现场经验交流会，燃料公司的做法和经验得到地区工会领导的肯定和表扬。“大讨论”取得的成果为劳动竞赛活动的开展奠定了坚实的思想基础。与此同时，各行业、各单位进一步建立健全竞赛组织机构，认真研究制定切合本单位实际的竞赛方案和竞赛措施，狠抓工作落实，使竞赛活动在深度和广度上都实现了新的突破，取得了显著的经济效益和社会效益。在竞赛活动中，各级工会还加强了合理化建议和技术革新活动的领导，建立健全组织机构，制定具体奖励办法，组织动员职工围绕企业上质量、上品种、增效益献计出力。一年中全县职工提合理化建议 21318 条，采纳 14205 条，创经济价值 740 多万元，职工技术革新 58 项，创经济价值 60 万元。这些群众性生产活动的开展，有效地促进了全县经济建设的发展。

1992 年，郓城县总工会深入开展社会主义劳动竞赛和合理化建议活动，促进企业管理进步、科技进步是全年的一项重要工作，各级工会按照“县里抓重点、行业抓特点、企业抓难点”的要求，认真研究制订了切合本部门、本单位实际的竞赛方案和竞赛措施，建立健全了竞赛组织机构，狠抓竞赛落实，使竞赛活动在深度和广度都实现了新的突破，取得了显著的经济效益和社会效益。如邮电局工会通过开展“优质服务杯”和“优质服务明星”竞赛活动，克服了上门服务“卡、拿、要”，报刊积压“冷、顶、硬”的现象，在竞赛活动中，各级工会还加强了对合理化建议和“三技”活动的领导，制定了具体的奖励办法。潘渡信用社出纳员杨文敏苦练点钞技术，被中国金融工会评为“优质服务标兵”。一年中，全县职工围绕企业上质量、上品种、促购销、增效益等方面提合理化建议 23500 条，采纳 15000 条，创价值 830 多万元。各系统各单位开展技术比武 130 多场次，举办各种技术学习培训班 328 期，参加培训职工 5312 人，这些群众性的生产活动，有效地促进了全县经济建设的发展。

1993 年，郓城县总工会与有关部门联合，在全县企业中深入开展了以“破难关、增效益”为主要内容的社会主义劳动竞赛活动。县劳动竞赛领导小组统一制订了竞赛目标和竞赛方案。各级工会结合全区工厂、企业中开展的以爱党、爱国、爱企业、立足岗位做贡献为主要内容的“主人翁杯”竞赛活动，针对企业生产的难点、重点，不断拓宽竞赛领域，创新竞赛形式，丰富竞赛内容，大大增加了竞赛的广度和深度。各系统、各单位普遍加强了对竞赛活动的组织领导，建立健全了竞赛组织机构，从自己的特点出发，制订出了切实可行的竞赛方案和奖励措施，开展了各具特色的竞赛活动。工业系统各企业开展了以节能、降耗、挖潜为目标的“技术攻关赛”，全系统增收节支上百万元。商业系统开展了以优质服务、优质商品、优美环境、增加花色品种、提高社会效益和经济效益为内容的“三优一增两提高”活动，扭亏增盈效果明显。粮食系统开展了以代农储粮、代农加工、搞品种兑换、下伸到村队增设粮油服务点为内容的“两代一换一下伸”活动，方便了群众，增加了效益。邮电系统开展的“鸿雁杯”和“优质服务创双百”竞赛，卫生系统开展的“满意在医院、争创白求恩杯”优质服务竞赛，公路系统开展的“单位创杯、班组创先、岗位争优、个人夺佳”竞赛，工商行工会开展的“创十佳”活动等，都取得了明显的经济效益和社会效益。在竞赛活动中，各级工会还广泛发动职工开展合理化建议、技术革新活动。1993 年，全县有 3451 名职工提出合理化建议 5586 件，先后被采纳 3468 件，实施 2634 件，创造（节约）价值达 97 万元。全年各企业还完成技术攻关 42 项，创造价值 50 余万元。如县油棉五厂工会组织技术人员和工人联合攻关，先后完成了烘托机、精炼油设备、油水分离箱、散皮棉清理机四个技术改造项目，可增加盈利 15 万元。群众生产技术活动的深入开展，使工会在全县经济建设中更好地发挥了应有的积极作用。各级工会还及时宣传生产、工作中涌现出来的先进模范人物，较大规模地开展了学赶先进活动。年初县总工会召开了省以上劳模参加的迎春慰问座谈会。经过层层选拔推荐，年底全县评选出了 30 名县职工劳动模范，由县政府审批表彰。1993 年，全县有 976 名职工被系统和单位评为先进工作者，教育系统还评出了郓城县“十大教育明星”，这些先进模范人物受到了大张旗鼓的表彰，从而极大地鼓舞了全县职工为改革建设立功的劳动热情。

1994 年，郓城县总工会根据全县的经济形势，引导各系统、基层工会把帮助企业扭亏增盈当作一件大事来抓，针对企业生产经营中的难点、重点，广泛深入地开展了社会主义劳动竞赛。各企业工会从自己的特点出发，开展了各具特色的竞赛活动。如工业系统开展了“节能挖潜”攻关赛，商业系统开展了优质服务百日竞赛，公路局开展了“创优夺佳千分考试”、春季大会战等等，普遍取得了显著的经济效益和社会效益。在竞赛活动中，各级工会广泛发动职工开展合理化建议、技术革新活动，据不完全统计，一年中全县职工提合理化建议 2580 多条，可计算的创造（节约）价值达 57 万元；完成较大技术革新项目 36 项，创造经济价值 80 多万元。工会群众生产活动的深入开展，使工会在经济领域更好地发挥了应有的积极作用。为有效地提高全县职工队伍的业务技术素质，根据地区统一安排，第四季度县总工会与县经委、劳动局联合组织开展了全县性的职工技术比武活动。截至年底，全县先后有 10 个产业系统的 86 个企业中的近千名职工参加了技术比武活动，选拔出企业级技术能手 280 多个，县级技术能手 60 个，有 40 多名职工代表县参加了地区级技术比武。对层层选拔出的技术能手各级都进行了大张旗鼓的表彰，全县形成了群众性的职工练技术、钻业务的热潮和互帮互学的良好风气。

1995 年，郓城县各级工会在引导广大职工提高对开展“管理效益年”活动中的认识，在配合党政广泛发动的基础上，深入开展了以

"创优、创新、创先、创最佳效益和降成本、降消耗、降积压、降亏损"为内容的"四创四降"劳动竞赛和合理化建议、技术革新活动。各企业从自己的特点出发，健全竞赛组织机构，制定切实可行的实施方案和竞赛目标，开展了各具特色的竞赛活动。比如，产品销路好的化肥厂、搪瓷厂等企业，通过开展劳动竞赛都取得了较好地经济效益。公路局工会开展了争创"公路杯"劳动竞赛，取得了很好的效果。下半年，县总工会还与有关部门组织开展了"技能月"活动，有效地提高了职工队伍的技术素质。同时，各企业工会继续组织开展了"双增双节"活动。进一步强化了企业基础管理，有效地堵塞了跑、冒、滴、漏，降低了生产成本，节约挖潜成效显著。县总工会还及时推广了县搪瓷厂工会、供销社贸易中心工会、县医院工会开展"管理效益年"活动的经验，促进了全县这一活动的深入开展，推动了企业扭亏增盈工作。据统计，全县职工提合理化建议3100条，创造（节约）价值60万元。完成较大的技术革新，技术改造项目38项，创造经济价值90万元。

1996年，郓城县总工会重点在工业、二轻、粮食、县社等系统骨干企业开展以"四创、四降"为主要内容的劳动竞赛，在金融、商业、邮电、供电、卫生等服务行业开展以争创"文明窗口""文明服务"为主要内容的劳动竞赛。一年中职工提合理化建议7300条，采纳5100条，创造（节约）价值87万元，完成较大的技改项目41项，创造经济价值100万元。6—10月份，县总工会与劳动局、经委联合开展职工技术大比武活动，有万名职工参加。

1997年，郓城县各级工会积极主动搞好参政议政。通过职代会组织职工参与企业重大决策，落实职代会职权，保障了职工的主人翁地位，各基层工会对依靠职工群众办好企业基本形成规章制度，定期召开职代会，按时进行职代会换届，全面落实职代会职权。1997年共有21个基层单位职代会按期换届，并根据职代会选举办法选举产生了新的职代会。全年各基层单位共召开职代会186次，提交职代会审议的方案1362件，审定同意886件。1997年各级工会利用各种形式培训职工代表589人，提高了职工代表参政议政能力。与此同时，县总工会及各级工会结合全县企业改制试点工作不断探讨股份制形式下职代会与行政管理及股东会的关系，以充分发挥职代会在现代企业制度下的作用。同时，全县各级工会在引导广大职工提高民主管理意识，积极为企业发展献策献力的基础上，大力开展了"合理化建议标兵"和"技术革新能手"的活动，并积极开展了各种技术比武及竞赛，各企业从自己的特点出发，健全竞赛组织机构，制定切实可行的竞赛目标和实施方案，开展了各具特色竞赛的活动。全县共有23个单位进行了各种技术比武及竞赛，5400余名职工参加了这一活动，有170多名职工获得了"岗位能手""技术标兵"等称号。如，公路局工会大力开展了"公路养护技术比武"活动，极大地提高了一线养护工人的公路养护技术，在菏泽地区公路局举办的公路养护技术，比赛中一举夺得团体第一名和个人第一、第二名的好成绩，受到了上级的表扬。黄河河务局积极开展了"优秀机车手"竞赛活动，取得了明显的效果。在不断提高职工劳动技能的同时，全县各级工会把开展"合理化建议标兵"和"技术革新能手"作为职工民主参与的一项重要内容来抓，全县职工1997年共提合理化建议1482条，被有关单位采纳726条，创造经济效益100余万元。共进行技术革新、技术改造项目106次，创造经济效益63万余元。有20

余人被评为“合理化建议标兵”和“技术革新能手”，其中有一人被评为全区十大“合理化建议标兵”，一人被评为全区十大“技术革新能手”。

1998年，郓城县总工会在全县商、粮、供、电力、邮电、轻工等系统开展了“十大系统技术练兵”活动。据统计，全县各级工会开展各项劳动竞赛、技术比武、岗位练兵等活动23次，参加活动职工达3700多人，极大地鼓舞了全县职工群众的生产积极性。不断推动合理化建议和技术革新活动向纵深发展，全县职工在1998年共提合理化建议1418条，被采纳651条，取得了较好的经济效益。同时做好劳动安全工作，县总工会及各级工会积极参与劳动安全检查140余次，切实加强了职工劳动保护。

2009年，郓城县总工会于3月13日联合县安监局下发了《关于2009年度开展全县“安康杯”竞赛活动的通知》(郓会发〔2009〕9号文)，全县共有45个单位的22853名职工参加了竞赛，覆盖了全县各乡镇、各系统。这次“安康杯”竞赛活动，针对参赛农民工增多的实际，突出抓了农民工安全生产意识、素质和自我保护能力的提升。3月27日，县总工会联合县经贸局、县科技局下发了《郓城县职工优秀技术创新成果合理化建议评选活动实施意见》(郓会发〔2009〕8号文)，共有73个单位的15267名职工参加了活动，收到合理化建议108条，技术创新成果35个。9月份，县总工会、经贸局、人事局，劳动和社会保障局、教育局、地税局、人民银行等多家单位联合开展了包括“初中教师教学”“税收业务”“金融业务”在内的十个专业工种的技术技能大赛。6月份，郓城县代表菏泽市参加了全省开展的数控机床技能大赛，并取得了良好的成绩。

2013年，郓城县总工会在全县范围内继续开展以“安康杯”为载体的安全生产竞赛活动，全县共有112家企事业1269个班组的45367名职工参加了“安康杯”竞赛，覆盖了全县各系统、各乡镇。5月，组织2500职工参加了全国职工职业安全卫生知识答卷动。全县征集合理化建议40余条，技术创新成果20余件，在全县开展10个工种的技能大赛。6月，召开了全市职工职业技能大赛矿井维修电工总决赛调度会。9月，全市矿井维修电工技能大赛在郓城县举办。

2014年，郓城县总工会开展了“查身边隐患、保职工安全、促企业发展”活动，全县813个企业，6.7万名职工参加了活动，实现了建会企业全覆盖，职工参与率达到73.7%。全年各级工会组织开展安全生产培训102场次，涉及职工2.3万人。共查出各级隐患6120项，已整改5932项。为巩固发展“查身边隐患、保职工安全、促企业发展”活动成果，6月份，县总工会在“安全生产月”期间组织全县各级工会对“查隐患”活动中已查出的重大隐患整改情况进行了一次全面督导。督导活动与一季度开展的全县总工会“查隐患”活动紧密结合，组织动员广大职工群众对已查出的隐患进行了一次彻底治理，以进一步巩固“查隐患”活动的成果。对107名市级以上法人劳模进行了年度考核，并对全县12名市级以上在职法人劳模单位工会经费拨缴及使用情况进行了审查，提出意见和建议30余条。继续开展了以“安康杯”为载体的安全生产竞赛活动，全县共有125家企事业单位、1411个班组、5.3万名职工参加了“安康杯”竞赛，覆盖了全县各系统、各乡镇。5月份，组织4000名职工参加了全国职业病防治知识竞赛。联合县经信局、县科技局下发了《郓城县职工优秀技术创新成果评选活动实施

意见》，全年完成技术创新成果45件。与县经信局、县人社局联合下发了《2014年郓城县职工职业技能大赛的实施意见》，在全县开展了十个工种的技能大赛。10月份，评选出5个县级、推荐了一个省级和两个市级劳模（高技能人才）创新工作室。11月13日，组织了全市矿井瓦斯检查工技能大赛。

2015年，郓城县总工会继续开展了以“安康杯”为载体的安全生产竞赛活动。全县共有145家企事业单位、1569个班组、53912名职工参加了“安康杯”竞赛，覆盖了全县各系统、各乡镇。在6月份“安全生产月”宣传活动期间，组织2500名职工参加全国职工新《安全生产法》知识普及竞赛活动和全国“安康杯”竞赛安全文化宣传活动。深入开展“查身边隐患、保职工安全、促企业发展”活动，全县813个企业67232名职工参加活动，实现了建会企业全覆盖，职工参与率达到73.7%。2015年，各级工会组织开展安全生产培训225场次，涉及职工90536人，职工共查出各级隐患3356项，已整改3298项。开展了“科学超越”职工技术创新竞赛活动，制定下发了竞赛活动实施方案，建立起竞赛考核、表彰、奖励制度。并于4月2日召开了职工技术创新竞赛活动动员部署会议。按照活动竞赛目标，举办了十个工种的全县职工职业技能大赛，收集职工优秀技术创新成果105项，已推广59项，其中10项成果获得国家专利。申报市劳模（高技能人才）创新工作室1个，命名县劳模（高技能人才）创新工作室5个，指导基层工会建立劳模（高技能人才）创新工作室8个。广泛开展了合理化建议和“五小”（小革新、小发明、小节约、小建议、小品牌）竞赛活动，共征集合理化建议1000余条，创经济效益320余万元。开展了“班组结对共建”活动，按照双方自愿、双向互助、优势互补、目标共建、成果共享的原则结对，开展班组结对共建活动。全县共结对班组4个，组织开展工作经验交流会1次，结对班组共同开展课题攻关6项。

2016年，郓城县总工会开展了以“安康杯”为载体的安全生产竞赛活动。全县共有166家企事业单位，1927个班组，56802名职工参加“安康杯”竞赛，覆盖全县各系统、各乡镇。在6月份“安全生产月”宣传活动期间，组织2500名职工参加《全国职工安全卫生消防应急知识》普及竞赛活动和全国“安康杯”竞赛安全文化宣传活动。持续开展“查身边隐患、保职工安全、促企业发展”活动。全县805个企业138069名职工参加活动，实现了建会企业全覆盖，职工参与率达到95%以上。2016年，各级工会组织开展安全生产培训2758场次，涉及职工120885人，职工共查出各级隐患5396项，已整改5280项。8月3号，迎接由省国防机械电子工会调研员倪道余带队的全省工会重点工作落实情况半年督导组的检查验收。督导组深入郓城烟郓金属彩印有限公司督导“查保促”活动开展情况和赵楼煤矿的职工技术创新活动等工会工作的开展情况，对郓城县总工会的工作给予了高度评价。为巩固推进和持续深入发展“查身边隐患、保职工安全、促企业发展”活动成果，县总工会不断开展安全生产监督检查，督促企业落实安全生产的主体责任，组织企业和职工开展安全生产和事故隐患大排查。深入开展“科学超越”职工技术创新竞赛活动。制定下发竞赛活动实施方案，建立起竞赛考核、表彰、奖励制度。收集职工优秀技术创新成果87项，申报市劳模（高技能人才）创新工作室1个。

2017年，郓城县总工会继续开展以“安康杯”为载体的安全生产竞赛活动。全县共有185家企事业单位、2019个班组、60271名职工参加“安康杯”竞赛，覆盖了全县各系统、各乡镇及开发区。在6月份“安全生产月”宣传活动期间，组织2500名职工参加《全国职工安全卫生消防应急知识》普及竞赛活动和全国“安康杯”竞赛安全文化宣传活动。为巩固推进和持续深入开展“查身边隐患、保职工安全、促企业发展”活动成果（简称“查保促”），县总工会不断开展安全生产监督检查，督促企业落实安全生产的主体责任，组织企业和职工开展安全生产和事故隐患大排查。全县867个企业，91257名职工参加活动，实现了建会企业全覆盖，职工参与率达到95%以上。7月份，在全市率先成功召开全县化工行业“查保促”专项行动动员部署暨培训会议，达到了企业覆盖面更广泛、职工知晓率再提高的效果。2017年各级工会共组织开展安全生产培训659场次，涉及职工96385人，职工共排查出各级隐患1563项，已整改完成1560项。“查保促”安全隐患合理化建议筛选评比整理出30余条参加全市评选，其中17条分获一二三等奖，共计发放奖励金8500元整。收集职工优秀技术创新成果20项，其中有11项获得奖项。成功申报市级劳模（高技能人才）创新工作室1个，有1人被授予“山东省创新能手”称号。

第二节　劳动模范

先进生产者是人类经济生活向前发展的先驱，郓城县随着社会主义建设事业的发展，各条战线涌现出大批劳动模范（先进工作者），他们在生产、工作中发挥了带头骨干作用，特别是在国家遇到暂时困难的关键时刻，始终以身作则地站在维护国家权益的前列，坚定不移地为国家分担困难，并团结广大职工战胜困难，为完成党和国家布置的各项任务，做出了显著贡献。

中华人民共和国成立初期，郓城县委县政府就十分注重劳动模范的评选和推荐工作。1949年12月27日，郓城县召开第一次劳模会议。参加这次会议的代表有270人，其中生产劳动模范234名，妇女代表14名。会议期间，与会劳模交流了生产互助和农村其他工作经验，通过讨论评出劳动模范。大会对各级劳动模范的表彰与鼓励，极大地激发了与会者参加农业生产劳动的积极性，会后全县普遍掀起农业生产高潮。1950年11月18日，郓城县召开第二次劳模会议。会前，隆重举行了欢迎劳模入场仪式，县直机关全体干部列队欢迎256名劳模进入会场。大会第一阶段由县长李仲达作关于生产工作的报告。第二阶段由25名劳模向大会作典型经验介绍，与会代表分组讨论酝酿劳模候选人。第三阶段评选劳模，颁发奖品。会议评出特等劳模3名，甲等劳模16名，乙等劳模29名，丙等劳模30名。这次会议进一步调动了全县各条战线劳动生产的积极性。1951年12月，县第三次劳模大会召开。这次会议有288名模范人物参加，他们听取了政治形势报告和1951年全县生产报告，讨论1952年生产方针和计划。有十几位劳动模范大会发言，表示坚决响应上级号召，回村做好抗美援朝、组织生产互助等工作。这次会议调动了全体劳模的积极性，推动了全县农业生产的发展。1952年侯学周当选为山东省劳动模范。1953年11月29日至12月5日，郓城县在王沙湾召开农业劳模、家属劳模及互助代表大会。这次大会有457人参加。会议由宣传部部长仝宣常总结了全县生产情况，县委书记段鹏作了党在过渡时期的总路线、总任务的报告和粮食的统购统销、冬季工作安排的报告。会议评选出1名特等劳模，2名甲等劳模，1名增产劳模，16名其他劳模。1956年7月，山东省召开全省农业积极分子代表会。这次会议的主要内容是，总结全省农业生产的成绩，表彰奖励农业劳动模范。郓城县出席会议的劳动模范有：侯学周（侯集区）、季德尽（双桥乡季庄）、苏伦德（双桥乡）、鲍汝现（张集乡鲍庄）、郑汝章（城关）、樊思绪（蒋庙乡芦庄科村）、李自重（常庄乡李河崖村）、于继武（东张楼区郜集村）。这次赴省开会由菏泽地区行署专员任轮升、郓城县县长鲁成带队。1960年2月3日至7日，郓城县召开了全县农业社会主义建设先进单位代表会议，等等。

随着各级工会对劳模和先进集体管理工作的进一步加强，劳模和先进集体逐年增加，先后涌现出对国家建设有所建树的大批劳动模范。1956年鲍汝现当选为全国农业劳动模范。1957年2月，郓城县程屯镇农民崔传玉当选为全国劳动模范。1957年4月，郓城县双桥乡苏庄村农民苏伦德当选为全国农业劳动模范。1951年，卫生局严绪职出席平原省卫生劳模会议，并被推选为赴京代表，参加1951年国庆观礼活动，受到毛泽东、周恩来、刘少奇、朱德等党和国家领导人的亲切接见。1956年县人民银行魏继绍出席省劳模会议。县工业局杨金运于1957、1958、1960年出席省政府召开的群英会，1959年10月出席了全国召开的群英会。1959年，县印刷厂工人任遵物出席省先进个人代表会议。拖配厂民兵连长侯宪刚1960年4月出席全国先进民兵代表会议，受到党中央、国务院和毛主席的接见。县防疫站张从峰1960年6月出席中央召开的全国教育、文化、卫生、体育、新闻方面的社会主义建设先进单位和先进工作者代表大会。

“文革”时期，各级工会所汇总的劳模材料和劳模本人档案被销毁，有的劳模遭诬陷、打击。（导致本志书采录的前期全国、华东局、平原省、山东省劳模材料不全）

1973年，工会组织恢复之后，县总工会即对各条战线的劳模情况作了普查。1977年12月县总工会召开了全县劳模表彰大会。会上有50个先进集体，197名先进个人受到了表彰和奖励。并在会上就劳模、先进工作者和先进集体的管理提出具体要求。决定县总工会每年召开一次劳模、先进集体代表座谈会。系统工会每半年召开一次劳模座谈会，并向县总工会逐年提交有关培养、管理劳动模范和先进集体的书面报告。

进入80年代，劳动模范队伍更趋壮大，全县先后涌现出许多先进人物。如：县百货公司营业员张玉环，把三尺柜台当成为人民服务的场所，热情对待每一个顾客，兢兢业业，任劳任怨，在平凡的岗位上做出了不平凡的业绩，先后被授予省“三八红旗手”、全省最佳营业员和山东省劳动模范称号。城关镇南关小学教师仝素贞，忠诚党的教育事业，热爱学生，努力提高教学水平，还结合实际撰写了30多篇论文，发表在省、地有关刊物上，1982年5月被评为全国优秀少年科技辅导员，1983年5月被评为全国先进少儿工作者，1984年7月被评为全国优秀少先队辅导员，1982年10月授予省劳动模范。县内燃机配件厂电工仝玉林一心扑在工作上，几十年如一日，事迹突出，1982年10月被命名为山东省劳动模范。县百货公司党支部书记段作贵带领支部一班人和广大职工认真贯彻党的各项方针、政策，坚持社会主义经营方向，适应形势，大胆改革，使公司3年迈进三大步，经济效益连年在省、地同行业领先，1985年11月被商业部、全国财贸工会授予“全国商业劳动模范”。县实验中学校长刘兴国忠于职守，教书育人，公而忘私，被誉为教育战线的

“老黄牛”，1986年被授予全国教育系统劳动模范。县人民医院急症科护士王平从事医务工作十几年，时时处处想着病人，以忘我的牺牲精神和一腔热血之情，耐心周到地为病人服务，在平凡的工作岗位和日常生活中，付出了人们难以估计的代价，做出了常人难以做到的事迹，被授予全国、省、地卫生先进工作者，1986年4月被命名为山东省劳动模范。县农业银行张营营业所主任杨春生，廉洁奉公，一尘不染，做农民的贴心人，积极帮助农民脱贫致富，1985年、1986年被授予省、地、县农村金融先进工作者，1987年荣获省“富民兴鲁劳动奖章”。县总工会及时掌握他们在改革中的学习、生活、工作情况，不断加强培养，教育和管理工作，并在全县职工中组织广泛开展争当劳模和先进工作者活动，把先进人物的先进思想和事迹，变成建设四化和推动社会前进的动力，充分发挥了劳动模范在改革和建设中的骨干带头作用。

1989年12月29日，郓城县人民政府决定授予田敬止等27名同志“郓城县职工劳动模范”光荣称号。

1992年，郓城县总工会认真抓了对劳模的管理、使用和推选工作，落实了劳模的各种待遇。有两名职工分别被授予“全国五一劳动奖章”和“山东省劳动模范”称号。全国五一劳动奖章获得者，县医院优秀护士王平还被推选为中国共产党“十四大”代表，光荣地出席了党的十四大。

1994年，郓城县总工会认真开展了县级职工劳模的评选工作。经过群众推荐、班组评议、单位同意、主管部门把关，全县评选出29名县级职工劳动模范。“五一”节前夕，县政府隆重召开了职工劳模表彰大会。经过县总工会评选推荐，1994年全县还有5名职工被评为菏泽地区职工劳动模范，1名职工被授予省“富民兴鲁”劳动奖章。对劳动模范的表彰，弘扬了社会正气，极大地鼓舞了全县职工为改革建设立功的劳动热情。

1998年，根据省政府、地区行署指示精神，在县委、县政府的领导下，积极做好了年度省、地劳模的评选推荐工作。在积极搞好宣传发动的基础上，根据省地劳模评选条件，按照自下而上、组织推荐与民主评选相结合的原则，推选出了全县省、地劳模初步人选。并利用这次机会，在全县范围内大力宣传劳模评选的意义，教育广大职工群众树立无私奉献精神，充分发挥先模人物的先进引导作用，在全县职工中产生了强烈的反响。经过组织推荐和群众评选，有两名同志被省政府分别授予“先进工作者”和“劳动模范”称号，有14名同志被地区行署分别授予“先进工作者”和“劳动模范”称号。与此同时，为解决离退休劳动模范生活问题，县总工会为全县13名离退休劳模办理了政府荣誉津贴申请手续，并获得批准，在解决离退休劳模生活困难问题的同时收到极好的社会效果。

2009年，郓城县有4人被授予菏泽市五一劳动奖章，1人被授予山东省富民兴鲁劳动奖章，郓城县地方税务局被授予“山东省富民兴鲁劳动奖”，郓城县人民医院被授予“菏泽市五一劳动奖”。在春节到来之际，县总工会召开劳模座谈会、全县各级劳动模范代表共26名欢聚一堂，相互进行经验交流和学习，并为他们发放了4.8万元的春节慰问金。国庆节前夕，县总工会开展迎国庆“工会干部慰问劳模”活动，对全县的全国劳模和先进工作者、全国五一劳动奖章获得者、山东省劳动模范和先进工作者进行了走访慰问，充分体现了党和政府对劳动模范的重视和关怀，在全社会营造了学习劳模、尊重劳模、关爱劳模，争当劳模的浓厚社会氛围。4月份，利用两个月的时间，对全县市级以上劳模的有关资料进行了收集整理，为《菏泽劳模名录》的编纂做好基础工作。

2010年4月29日，郓城县委、县政府决定对23名郓城县劳动模范和23名郓城县先进工作者进行表彰。

2013年，郓城县总工会为弘扬劳模精神，在广大职工中开展了“学劳模、争先进”活动，在全社会营造了“尊重劳动、尊重人才”和“关爱劳模、学习劳模”的良好氛围。全年推荐评选省劳动模范5人，市五一劳动奖章11人，市五一劳动奖状3个、市工人先锋号5个。春节期间，走访慰问部分困难劳模并发放慰问金6万余元。五一期间召开劳模座谈会，邀请全县各条战线的劳动模范代表相互交流经验和学习，并为他们发放了2.7万元的慰问金。对全部在职劳模进行了年度考核评审，共考核全国劳模和全国五一劳动奖章获得者2人，省级劳模和富民兴鲁劳动奖章获得者13人，市级劳模48人。

2016年，郓城县充分发挥“工人先锋号”、劳动模范和优秀职工的示范引领作用，大力弘扬劳模精神，学习宣传劳模和先进工作者的先进事迹、优秀品质，推进全社会进一步尊重劳模、关心劳模、学习劳模、争当劳模。做好2016年各级劳模评选工作。五一前夕，推荐评选出省富民兴鲁奖状1名、奖章2人，市五一劳动奖章16人。并参与了菏泽电子商务示范园区、金牌网店等的评选工作。五一劳动节前夕，工会领导看望慰问了省市困难劳模。

2017年，郓城县总工会做好各级劳模评选工作，五一前夕，推荐评选出省富民兴鲁奖状1名、奖章1人，市劳动模范和先进工作者10人。4月28日上午，在县会议中心召开了庆“五一”国际劳动节暨劳动模范表彰大会，通过层层评选全县共评选出县劳动模范和先进工作者49人，“郓城工匠”10人。在五一劳动节前夕，工会领导看望慰问了省市困难劳模。

第三节 劳模名录

第一目 全国劳动模范（部分）

姓名	单位及职务	荣誉称号	表彰年度
侯学周	郓城县侯咽集镇侯集村	全国劳动模范	1957
杨金运	郓城县化肥厂	全国先进工作者	1959
李传学	郓城县邮政局	全国先进工作者	1959
杨理民	郓城县李集工商所	全国先进工作者	1995
陈　灵	山东省华灵集团有限公司	全国劳动模范	2005
刘亚宁	郓城县公安局丁里长派出所所长	全国先进工作者	2015

全国五一劳动奖章

姓名	单位及职务	荣誉称号	表彰年度
王　平（女）	郓城县人民医院护士	全国五一劳动奖章	1992
樊庆斌	郓城县宋江武校	全国五一劳动奖章	2011
张万松	郓城县人民法院院长	全国五一劳动奖章	2014

第二目　山东省劳动模范（部分）

姓名	单位及职务	荣誉称号	表彰年度
张仰慈	郓城县建设局	山东省劳动模范	1959
蔺玉兰	郓城县物资局	山东省社会主义建设积极分子	1959
肖兴存	郓城县财政局调研员	山东省劳动模范	1960
宋文合	郓城县新华书店	山东省劳动模范	1960
谭尊芝	郓城县副食品加工厂	山东省先进科技工作者	1978
仝素贞（女）	郓城县城关镇南关小学教师	山东省劳动模范	1982
王斯方	郓城县人民银行	山东省劳动模范	1982
张玉环（女）	郓城县百货公司	山东省劳动模范	1982
仝玉林	郓城县农机厂	山东省劳动模范	1982
王　平（女）	郓城县人民医院护士	山东省劳动模范	1986
朱振义	郓城县双桥乡苏庄村	山东省劳动模范	1986
张宗彦	郓城县黄堆集酒厂厂长	山东省劳动模范	1986
刘乃施	郓城县人民医院	山东省劳动模范	1989
葛文斋	郓城县人民政府办公室司机	山东省劳动模范	1989
李彦超	郓城县搪瓷厂厂长、党支部书记	山东省劳动模范	1989
张心全	郓城县程屯镇畜牧兽医站	山东省劳动模范	1990
张留林	郓城县郓城镇副镇长	山东省劳动模范	1990
童香云（女）	郓城县城关镇西关小学教师	山东省劳动模范	1992
田景秀	郓城县动物防疫站高级兽医师	山东省劳动模范	1995
赵遵银	郓城县双桥乡赵欢口村	山东省劳动模范	1995

续表

姓名	单位及职务	荣誉称号	表彰年度
王宗亭	郓城县人民检察院副检察长	山东省劳动模范	1998
赵效东	郓城县双桥镇郭庄村	山东省劳动模范	1998
陈　灵	山东省华灵集团有限公司	山东省劳动模范	2003
杨守强	郓城县政府办公室	山东省劳动模范	2003
刘树民	郓城县供电公司	山东省劳动模范	2008
张淑霞（女）	郓城县一中	山东省劳动模范	2008
桑圣钦	郓城县圣达实业集团有限公司	山东省劳动模范	2008
巩传举	郓城县郓城镇和平社区	山东省劳动模范	2008
郑从军	山东恒基集团有限公司董事长	山东省劳动模范	2013
张勤成	山东神舟食品集团有限公司	山东省劳动模范	2013
任　娟（女）	郓城县人社局	山东省劳动模范	2013
刘亚宁	郓城县公安局丁里长派出所所长	山东省劳动模范	2013
陈振修	郓城县华灵集团副总经理	山东省劳动模范	2013
王志国	郓城县供电公司副总经理	省劳动模范	2018
尹利广	郓城县农商行	省劳动模范	2018
杨现旺	金河社区党支部书记	省劳动模范	2018
董城郊	郓城街道盛平社区党支部书记	省劳动模范	2018
樊庆芳	山东省郓城县地方税务局党组书记、局长	省先进工作者	2018
樊继文	郓城县阳光谷物合作社理事长	省劳动模范	2018

享受省劳动模范待遇人员（部分）

姓名	单位及职务	荣誉称号	表彰年度	备注
王凤存	环卫处			省劳模待遇
赵家顺	郓城县黄河河务局	全国水利系统劳模	1951	省劳模待遇
蔺玉兰（女）	郓城县物资局	省劳模待遇	1956	省劳模待遇
蒋洪坤	郓城县职教中心教师	全国教育系统五讲四美优秀教师	1983	省劳模待遇

续表

姓名	单位及职务	荣誉称号	表彰年度	备注
丁葆成	郓城师范学校	全国教育系统五讲四美优秀教师	1983	省劳模待遇
刘兴田	郓城县实验中学	全国教育系统劳动模范并授予人民老师奖章	1986	部委劳模
田敬福	郓城县对外经济贸易总公司下岗职工	1986 年 6 月被陆军四十师（乙）政治部授予一等功	1986	享受省劳模待遇
任宪密	郓城县随官屯镇政府	1986 年 6 月被陆军四十师（乙）政治部授予一等功	1986	享受省劳模待遇
王发永	郓城县陈坡乡政府	1986 年 6 月被陆军四十师（乙）政治部授予一等功	1986	享受省劳模待遇
李福敞	郓城县郓城镇粮所	1986 年 6 月被陆军四十师（乙）政治部授予一等功	1986	享受省劳模待遇
颜洪春（女）	郓城县法院院长	法院模范	1999	部委劳模
刘文林	郓城县政府县长	建设先进工作者	2004	部委劳模
张维国	郓城县随官屯镇三合村	种植大户	2012	省劳模待遇
付邦冉	郓城县农业局局长	粮食先进工作者	2012	省劳模待遇

富民兴鲁劳动奖章

姓名	单位及职务	荣誉称号	授予时间
杨春生	郓城县农业银行张营营业所主任	富民兴鲁劳动奖章	1987
李彦超	郓城县搪瓷厂厂长兼党支部书记	富民兴鲁劳动奖章	1988
刘乃施	郓城县人民医院副主任	富民兴鲁劳动奖章	1988
雷　军	郓城县新华书店工人	富民兴鲁劳动奖章	1990
董承轩	郓城县搪瓷厂	富民兴鲁劳动奖章	1990
侯保振	郓城县师范学校	富民兴鲁劳动奖章	1990
王胜轩	郓城县植物油厂厂长	富民兴鲁劳动奖章	1991
聂景荣	郓城县张集乡供销社营业员	富民兴鲁劳动奖章	1991
渠继銮	郓城县第七中学副校长	富民兴鲁劳动奖章	1993
王秀丽（女）	郓城县水浒酒厂总工程师	富民兴鲁劳动奖章	1994

续表

姓名	单位及职务	荣誉称号	授予时间
张立新	郓城县黄集粮所所长	富民兴鲁劳动奖章	1996
张淑霞（女）	郓城县一中教师	富民兴鲁劳动奖章	1999
袁占金	郓城县实验中学教师	富民兴鲁劳动奖章	2000
刘贵涛	郓城县人民医院医生	富民兴鲁劳动奖章	2000
陈　灵	郓城县华灵集团有限公司总经理	富民兴鲁劳动奖章	2001
黄科杰	郓城县人民医院副主任药师	富民兴鲁劳动奖章	2002
田广东	郓城县总工会主席	富民兴鲁劳动奖章	2004
赵友鹏	郓城县地方税务局局长	富民兴鲁劳动奖章	2005
梁素云（女）	郓城县总工会副主席	富民兴鲁劳动奖章	2006
王尊亮	中共郓城县委副书记	富民兴鲁劳动奖章	2006
侯仰君	郓城县财政局	富民兴鲁劳动奖章	2007
陈敬东	郓城县新华书店经理	富民兴鲁劳动奖章	2007
曹京黎	郓城县劳动和社会保障局	富民兴鲁劳动奖章	2009
康广相	郓城县供电公司总经理	富民兴鲁劳动奖章	2009
牛红彦	郓城县公路局局长	富民兴鲁劳动奖章	2010
张留存	郓城县地方税务局局长	富民兴鲁劳动奖章	2011
王浩霆	郓城县人民医院内二科	富民兴鲁劳动奖章	2012
王　磊	郓城县供电公司总经理	富民兴鲁劳动奖章	2012
李　峰	兖煤菏泽能化公司副经理	富民兴鲁劳动奖章	2013
樊庆芳（女）	郓城县地税局党组书记、局长	富民兴鲁劳动奖章	2014
李春生	郓城县一中校长	富民兴鲁劳动奖章	2015
刘　倩（女）	郓城县人社局医保处主任	富民兴鲁劳动奖章	2015
好　强	山东郓城好汉文化产业有限公司	富民兴鲁劳动奖章	2016
张　慧（女）	郓城县国家税务局城区分局	富民兴鲁劳动奖章	2016
张　平	郓城县红十字会会长	富民兴鲁劳动奖章	2017

第三目 菏泽市（地区）劳动模范

姓名	单位及职务	荣誉称号	授予时间
武殿硕	郓城县财委	菏泽地区劳动模范	1958
张兰云（女）	郓城县城关供销社会计股长	菏泽地区劳动模范	1959
周凤桐（女）	郓城县广播局	菏泽地区劳动模范	1959
潘跃秀（女）	郓城县灯泡厂	菏泽地区劳动模范	1959
李凤连（女）	郓城县食品公司肉联厂	菏泽地区劳动模范	1963
郁治田	郓城县外贸局	菏泽地区劳动模范	1962
陈近周	郓城县饮食服务公司	菏泽地区劳动模范	1962
熊桂凤（女）	郓城县饮食服务公司	菏泽地区劳动模范	1962
吴绪祥	苏阁乡	菏泽地区劳动模范	1990
吴昌银	郓城县环保局	菏泽地区劳动模范	1990
杨春生	郓城县农行张营营业所主任	菏泽地区劳动模范	1990
张明考	郓城县农林服务站站长	菏泽地区劳动模范	1990
田敬止	郓城县一中校长	菏泽地区劳动模范	1990
王圣轩	郓城县粮食局	菏泽地区劳动模范	1990
张习平	郓城县丁长镇王集村支书	菏泽地区劳动模范	1990
王明清	郓城县油棉五厂厂长	菏泽地区劳动模范	1990
商善新	郓城县实验中学校长	菏泽地区劳动模范	1994
王秀丽（女）	郓城县水浒酒厂	菏泽地区劳动模范	1994
宋保华	中共郓城县委组织部副部长	菏泽地区劳动模范	1994
魏敬文	郓城县交通局	菏泽地区劳动模范	1994
张立新	郓城县黄集乡粮所	菏泽地区劳动模范	1994
赵效东	郓城县郭庄乡郭庄村	菏泽地区劳动模范	1996
刘贵涛	郓城县人民医院	菏泽地区劳动模范	1996
李德珠	郓城县化肥厂	菏泽地区劳动模范	1996
杨兆贤	郓城县民政局	菏泽地区劳动模范	1996

续表

姓名	单位及职务	荣誉称号	授予时间
李文霞	郓城县审计局局长	菏泽地区劳动模范	1998
滕义冉	郓城县粮食局党组书记	菏泽地区劳动模范	1998
陈新国	郓城县电信局	菏泽地区劳动模范	1998
亓巧玉（女）	郓城县大潭乡汤垓小学	菏泽地区劳动模范	1998
黄承瞻	郓城县计生局	菏泽地区劳动模范	1998
樊庆祥	郓城县双桥镇政协主席	菏泽地区劳动模范	1998
黄守东	郓城县黄集乡政府副乡长	菏泽地区劳动模范	1998
杨际保	郓城县郓城镇党委副书记	菏泽地区劳动模范	1998
杨继忠	郓城县杨庄集镇计划生育副镇长	菏泽地区劳动模范	1998
宋宗言	郓城县郓城镇计生办副主任	菏泽地区劳动模范	1998
房记爽	郓城县玉皇庙镇房村	菏泽地区劳动模范	1998
杨尊修	郓城县一中校长	菏泽地区劳动模范	1998
修建周	郓城县水浒酒厂	菏泽地区劳动模范	1998
殷清银	郓城县农行潘渡营业所主任	菏泽市劳动模范	2002
张勤成	山东神舟食品集团有限公司	菏泽市劳动模范	2002
陈继春	郓城县第一中学副校长	菏泽市劳动模范	2002
程　骧	郓城县公安局副局长	菏泽市劳动模范	2002
赵平厚	郓城县植保站站长	菏泽市劳动模范	2002
刘腾川	郓城县人民医院	菏泽市劳动模范	2005
房殿爱	郓城县总工会会计	菏泽市劳动模范	2005
杨登启	郓城县随官屯镇于官屯村	菏泽市劳动模范	2005
白瑞国	郓城县丁里长镇前营村	菏泽市劳动模范	2005
樊庆斌	郓城县宋江武校校长	菏泽市劳动模范	2006
周长勇	郓城县宋江武校武科主任	菏泽市劳动模范	2006
陈振修	山东省华灵集团有限公司	菏泽市劳动模范	2008
刁景兰（女）	郓城县人民医院心内科主任	菏泽市劳动模范	2008

续表

姓名	单位及职务	荣誉称号	授予时间
郑从军	山东恒基集团有限公司董事长	菏泽市劳动模范	2008
杨其印	郓城县明星纺织有限公司董事长	菏泽市劳动模范	2008
刘寅华	郓城县玉皇庙镇党委书记	菏泽市劳动模范	2008
窦勤伟	郓城县动物防疫监督所所长	菏泽市劳动模范	2008
崔荣国	郓城县农村信用合作社理事长	菏泽市劳动模范	2008
康广相	郓城县供电公司总经理	菏泽市劳动模范	2008
樊兆儒	郓城县环卫所工会主席	菏泽市劳动模范	2009
刘亚宁	郓城县公安局丁里长派出所所长	菏泽市劳动模范	2011
薛保军	郓城县地税局直属分局局长	菏泽市劳动模范	2011
王浩霆	郓城县人民医院	菏泽市劳动模范	2011
任　娟（女）	郓城县劳动局	菏泽市劳动模范	2011
郑洪波	郓城县恒基工程机械有限公司	菏泽市劳动模范	2011
陈明磊	山东鲁能菏泽煤电开发有限公司	菏泽市劳动模范	2011
黄修良	郓城县双桥乡后黄岗村	菏泽市劳动模范	2014
董城郊	郓城县盛平社区居委会	菏泽市劳动模范	2014
赵继涛	山东瑞丰搪瓷制品有限公司	菏泽市劳动模范	2014
孙东冉（女）	山东省郓城第一中学	菏泽市劳动模范	2014
王　霄	郓城县人民医院	菏泽市劳动模范	2014
孟凡谦	国网山东郓城县供电公司	菏泽市劳动模范	2014
孙　磊（女）	郓城县总工会	菏泽市劳动模范	2014
徐长斌	郓城县农业局种子公司	菏泽市劳动模范	2014
侯本建	郓城县龙泉油脂有限公司	菏泽市劳动模范	2014
刘　锋	兖煤菏泽能化有限公司赵楼煤矿	菏泽市劳动模范	2014
智建国	郓城县住房和城乡建设局	菏泽市劳动模范	2017
陈建民	郓城县地方税务局	菏泽市劳动模范	2017
刘咏玲（女）	郓城县人民医院	菏泽市劳动模范	2017

续表

姓名	单位及职务	荣誉称号	授予时间
张雨芹	郓城县职工服务中心	菏泽市劳动模范	2017
李　敏（女）	郓城县第一中学	菏泽市劳动模范	2017
仲长城	郓城县高级中学	菏泽市劳动模范	2017
尹利广	郓城县农商行	菏泽市劳动模范	2017
樊继文	郓城县郓州街道南城社区	菏泽市劳动模范	2017
徐　良	郓城县郓州街道徐屯社区	菏泽市劳动模范	2017
陈德民	郓城县唐塔街道乐园社区	菏泽市劳动模范	2017

菏泽市五一劳动奖章

姓名	单位及职务	荣誉称号	表彰年度
侯进军	郓城县教委	菏泽市五一劳动奖章	2001
殷清银	郓城县农业银行黄堆集营业所	菏泽市五一劳动奖章	2001
朱道军	郓城县人民医院	菏泽市五一劳动奖章	2001
赵秀然	山东水浒酒业有限公司	菏泽市五一劳动奖章	2001
魏一全	郓城县环卫处主任	菏泽市五一劳动奖章	2002
任　娟（女）	郓城县劳动和社会保障局	菏泽市五一劳动奖章	2002
李景旗	郓城县电信局支部委员	菏泽市五一劳动奖章	2002
梁星印	山东水浒酒业有限公司	菏泽市五一劳动奖章	2002
吕继祥	郓城县郓城镇乐园社区	菏泽市五一劳动奖章	2003
孙文杰	郓城县总工会	菏泽市五一劳动奖章	2003
樊庆瑞	郓城县杨庄集中心卫生院	菏泽市五一劳动奖章	2003
刘树民	郓城县供电公司	菏泽市五一劳动奖章	2004
梁邦申	郓城县通信公司	菏泽市五一劳动奖章	2004
刘腾川	郓城县人民医院	菏泽市五一劳动奖章	2004
黄庆新	郓城县国税局副科长	全市职业道德建设十佳标兵	2004
何　静（女）	郓城县第一中学教师	中学教师教学第二名	2005
张　防	郓城县政府副县长	全市职业道德建设十佳标兵	2005
杨玉增	郓城县人民医院	全市知识型职工十佳标兵	2005

续表

姓名	单位及职务	荣誉称号	表彰年度
王艳峰	中国工商银行郓城支行	菏泽市五一劳动奖章	2006
唐继常	郓城县地方税务局副局长	菏泽市五一劳动奖章	2006
侯仰君	郓城县财政局	菏泽市五一劳动奖章	2006
陈敬东	郓城县新华书店	菏泽市五一劳动奖章	2006
季明勇	郓城县总工会	菏泽市五一劳动奖章	2006
范业景	中国网通郓城县分公司	菏泽市五一劳动奖章	2006
符中太	郓城县随官屯镇党委书记	全市职业道德建设十佳标兵	2006
孙　彦（女）	农业银行郓城县支行副行长	创建劳动关系和谐企业	2006
王　宏	郓城县供电公司副经理	创建劳动关系和谐企业	2006
范春晓	建设银行郓城县支行副行长	创建劳动关系和谐企业	2006
王万里	网通公司郓城县分公司副经理	创建劳动关系和谐企业	2006
高　平	郓城县新华书店工会副主席	创建劳动关系和谐企业	2006
刘保华	郓城县供电公司党组书记	菏泽市五一劳动奖章	2006
陈　勇	郓城县潘渡镇党委书记	菏泽市五一劳动奖章	2007
张雪娥（女）	郓城县劳动和社会保障局	菏泽市五一劳动奖章	2007
宋宗彪	郓城县银天纺织有限公司	菏泽市五一劳动奖章	2007
李桂秋（女）	郓城县农村信用合作联社	菏泽市五一劳动奖章	2007
宋广运	郓城县林业局	知识型职工十佳标兵	2007
赵自生	郓城县国土资源局工会主席	职业道德建设十佳标兵	2007
胡晓舟	郓城县工商银行工会主席	创建劳动关系和谐企业	2007
杨其印	郓城县明星纺织有限公司	创建劳动关系和谐企业	2007
牛红彦	郓城县公路管理局	创建劳动关系和谐企业	2007
谢　允	郓城供电公司副经理	创建劳动关系和谐企业	2007
宋宗兵	郓城县银天纺织有限公司	创建劳动关系和谐企业	2007
赵继涛	郓城县瑞丰搪瓷制品有限公司	创建劳动关系和谐企业	2007
桑圣钦	郓城县圣达如意印染有限公司	创建劳动关系和谐企业	2007

续表

姓名	单位及职务	荣誉称号	表彰年度
王庆华	郓城县邮政局局长	创建劳动关系和谐企业	2008
高传礼	郓城镇中学教师	菏泽市五一劳动奖章	2008
张洪献	郓城县公安局城区派出所所长	菏泽市五一劳动奖章	2008
耿继敏	郓城县国家税务局局长	菏泽市五一劳动奖章	2009
陈庆江	郓城县公路管理局	菏泽市五一劳动奖章	2009
田秀荣（女）	郓城县李集中心校副校长	菏泽市五一劳动奖章	2009
孙　磊（女）	郓城县总工会	菏泽市五一劳动奖章	2009
孟凡谦	国网山东郓城县供电公司党委书记	菏泽市五一劳动奖章	2009
苗凤莲（女）	郓城县畜牧局	菏泽市五一劳动奖章	2009
樊庆欢	郓城县环卫处	菏泽市五一劳动奖章	2009
李念雨	郓城县环卫处	菏泽市五一劳动奖章	2009
李　镇	郓城县总工会	菏泽市五一劳动奖章	2010
陈明磊	鲁能煤矿矿长	菏泽市五一劳动奖章	2010
许　静（女）	郓城县人民医院儿科主任	菏泽市五一劳动奖章	2010
闫常军	郓城县国税局	菏泽市五一劳动奖章	2010
秦伯余	郓城县实验中学教师	技能一级大赛第二名	2010
李良民	郓城县人民医院神经外主任	健康卫士	2010
陈　敏（女）	郓城县中医院主治医师	菏泽市五一劳动奖章	2010
赵　勇	郓城县工商行行长	菏泽市五一劳动奖章	2010
李　敏（女）	郓城县第一中学教师	菏泽市五一劳动奖章	2010
魏登芹	郭屯镇中心卫生院院长	菏泽市五一劳动奖章	2010
宋向东	赵楼煤矿	菏泽市五一劳动奖章	2010
张　慧（女）	郓城县国税局	菏泽市五一劳动奖章	2011
陈凤华（女）	郓城县人民医院	菏泽市五一劳动奖章	2011
马永丽（女）	郓城县公路局女工委主任	菏泽市五一劳动奖章	2011
孙玉丽（女）	第一初级中学	菏泽市五一劳动奖章	2011
李大印	县医院	菏泽市五一劳动奖章	2012

续表

姓名	单位及职务	荣誉称号	表彰年度
陈建民	地税局副局长	菏泽市五一劳动奖章	2012
孟凡军	人力资源和社会保障局	菏泽市五一劳动奖章	2012
潘彩林（女）	计生服务站	菏泽市五一劳动奖章	2012
马爱玲（女）	郓城县人民医院传染科	菏泽市五一劳动奖章	2012
张雨芹	郓城县总工会	和谐企业工作先进个人	2012
刘代增	郓城县第一初级中学思想品德教师	技能大赛优胜选手	2012
李振阁	郓城县供电公司220KV变电站站长	技能一级大赛第二名	2012
陈英军	郓城县卫生局	菏泽市五一劳动奖章	2012
刁秋霞（女）	郓城县公路局	菏泽市五一劳动奖章	2012
李寿辉	赵楼煤矿	菏泽市五一劳动奖章	2012
梁洪斌	郓城县供电公司乡镇供电所管理部	菏泽市五一劳动奖章	2012
孙兰荣（女）	郓城县人民医院主治医师	菏泽市五一劳动奖章	2012
好　强	山东至唐文化发展有限公司	菏泽市五一劳动奖章	2013
侯艳丽（女）	郓城第一中学高级教师	菏泽市五一劳动奖章	2013
祝令勤	郓城县人民医院检验科	菏泽市五一劳动奖章	2013
滕义友	农行郓城支行副经理	菏泽市五一劳动奖章	2013
窦亚平	郓城县供电公司技能鉴定基地主任	菏泽市五一劳动奖章	2013
侯本建	郓城县龙泉油脂有限公司	菏泽市五一劳动奖章	2013
张德海	郓城圣达集团业务经理	菏泽市五一劳动奖章	2013
樊庆芳（女）	郓城县地方税务局局长	菏泽市五一劳动奖章	2013
李春生	郓城一中党总支书记	菏泽市五一劳动奖章	2013
孙桂芬（女）	山东郓城水浒酒业	菏泽市五一劳动奖章	2013
刘　锋	兖煤菏泽能化有限公司赵楼煤矿	菏泽市五一劳动奖章	2013
鲍占栋	山东泰嘉门业有限公司	工友创业优秀个人	2013
周　璇	赵楼煤矿	菏泽市五一劳动奖章	2013
杨少华	供电公司纪委书记兼工会主席	菏泽市五一劳动奖章	2013
徐　京	赵楼煤矿	菏泽市五一劳动奖章	2013

续表

姓名	单位及职务	荣誉称号	表彰年度
郭良兴	公路局工程处处长	菏泽市五一劳动奖章	2013
秦　越	兖煤菏泽能化赵楼煤矿高级技师	技能一级大赛第二名	2013
彭永强	国网山东郓城县供电公司高级工	二级大赛第一名	2013
沈建军	张营供电所所长	菏泽市五一劳动奖章	2013
王玉秀	郓城县公路局	菏泽市五一劳动奖章	2013
庄险峰	郓城县财政局	菏泽市五一劳动奖章	2013
杨　珞（女）	郓城县郓州街道办事处馆员	菏泽市五一劳动奖章	2013
张建彬	郓城县烟郓金属	菏泽市五一劳动奖章	2014
房秀銮（女）	郓城县玉皇庙镇孔厂小学	菏泽市五一劳动奖章	2014
鹿兰全	郓城县计生局	菏泽市五一劳动奖章	2014
吴宗辉	赵楼煤矿	技能一级大赛第二名	2014
柴龙建	赵楼煤矿	金牌班组长	2014
杜宝建	县总工会	菏泽市五一劳动奖章	2014
吴新波	亚世集团端正纺织有限公司董事长	菏泽市五一劳动奖章	2014
陈德民	山东优路通汽配有限公司	菏泽市五一劳动奖章	2014
李韶华	山东洪达化工有限公司总经理	最美社会责任担当企业家	2014
逯其彦	郓城县人民检察院检察长	菏泽市五一劳动奖章	2015
王昌谦	郓城县南赵楼镇党委书记	菏泽市五一劳动奖章	2015
董恩宪	郓城县公安局经侦大队大队长	菏泽市五一劳动奖章	2015
刘咏玲（女）	郓城县人民医院药剂室	菏泽市五一劳动奖章	2015
苑秀梅（女）	郓城县林业局花干卉站副站长	菏泽市五一劳动奖章	2015
江丽辉（女）	郓城县新华书店副经理	菏泽市五一劳动奖章	2015
童亚平（女）	郓城县计划生育协会办公室副主任	菏泽市五一劳动奖章	2015
苏红艳（女）	郓城县人民医院办事员	菏泽市五一劳动奖章	2015
许凤霞（女）	赵楼煤矿女工委员	菏泽市五一劳动奖章	2015
王国英	郓城县宏发机械总经理	2014 年度和谐企业	2015
曹　鹏	赵楼煤矿	菏泽最美职工	2015

续表

姓名	单位及职务	荣誉称号	表彰年度
冯昌军	郓城县供电公司变电检修班班长	金牌班组长	2015
马华丽（女）	郓城县民政局婚姻登记处主任	菏泽市五一劳动奖章	2015
冯慧玉（女）	郓城县水浒旅行社导游	菏泽市五一劳动奖章	2015
许国文	菏泽富海能源发展有限公司总经理	最美社会责任担当企业家	2015
刁建勋	郓城县人民医院	菏泽市五一劳动奖章	2015
樊亚琴（女）	郓城县人民医院主治医师	菏泽市五一劳动奖章	2015
黄克超	山省东郓城第一中学教师	菏泽市五一劳动奖章	2016
仲长城	郓城第二中学级部主任	菏泽市五一劳动奖章	2016
王奉来	郓城县人民医院科主任	菏泽市五一劳动奖章	2016
梁玉华（女）	郓城县中医医院内科主任	菏泽市五一劳动奖章	2016
彭咏梅（女）	国网山东省电力公司郓城县供电公司副主任	菏泽市五一劳动奖章	2016
徐　良	山东优路通汽配有限公司车间主任	菏泽市五一劳动奖章	2016
房翠兰（女）	郓城县妇幼保健计划生育服务中心主治医师	菏泽市五一劳动奖章	2016
王玲娟（女）	郓城县畜牧兽医局职工	菏泽市五一劳动奖章	2016
刘继波	郓城县教育局财务科长	菏泽市五一劳动奖章	2016
樊艳丽（女）	郓城县潘渡镇妇联主任	菏泽市五一劳动奖章	2016
赵向阳	郓城县交警大队中队长	菏泽市五一劳动奖章	2016
张晓航（女）	郓城县人民检察院科员	菏泽市五一劳动奖章	2016
许学同	郓城县人民法院民二庭庭长	菏泽市五一劳动奖章	2016
刘养振	兖煤菏泽能化有限公司赵楼煤矿区长	菏泽市五一劳动奖章	2016
尹利广	郓城农村商业银行董事长	菏泽市五一劳动奖章	2016
张运朝	郓城县民政局局长	菏泽市五一劳动奖章	2016
彭亚丽（女）	新华书店郓城分公司主任	菏泽市五一劳动奖章	2016
刘瑞建	郓城供电公司职工	菏泽市五一劳动奖章	2016
吴迎军	郓城县地方税务局	菏泽市五一劳动奖章	2016

续表

姓名	单位及职务	荣誉称号	表彰年度
宋晶晶（女）	郓城县中医医院	菏泽市五一劳动奖章	2016
赵美玲（女）	郓城县杨庄集中心卫生院	菏泽市五一劳动奖章	2016
李召峰	郓城县第一中学教师	菏泽市技能一级大赛第二名	2016
丁仰群	郓城县公路管理局高级工	菏泽市一级大赛第二名	2016
郭春燕（女）	郓城县潘溪渡医养中心护理员	菏泽市二级大赛第一名	2016
王宏磊	赵楼煤矿井下电气安装工	菏泽市二级大赛第一名	2016
邓　魁	郓城农行行长	金牌班组长	2016
李　霞（女）	郓城县总工会副主席	全市知识型职工标兵	2017
侯莉莉（女）	郓城县财政局经济师	全市知识型职工标兵	2017
金　玲（女）	郓城县中医院内科副主任医师	职工职业道德建设标兵	2017
张德强	菏泽能化赵楼煤矿生产准备工区区长	职工职业道德建设标兵	2017
刁望坦	郓城荣泰建筑工程有限公司	安全生产金牌班组长	2017
杨秀玲（女）	郓城县文化馆美术部主任	菏泽工匠	2017
孔　静（女）	郓城县国家税务局科员	菏泽市技能一级大赛第二名	2017
李子旭	郓城县卫生计生综合监督执法局科员	菏泽市技能一级大赛第二名	2017
逯若岗	郓城县公路管理局	重点工程建设立功竞赛活动先进个人	2017
杨理旺	郓城县金河社区党支部书记、居委会主任	菏泽市工友创业先进个人	2017
陈军荣（女）	郓城县总工会	女职工建功立业标兵	2017
孟凡钊	郓城县地方税务局纪检组长	市工会经费地税代收先进个人	2017
姬广增	郓城县总工会经审委主任	市五一劳动奖章	2018
谷家雷	山东省郓城第一中学 教师	市五一劳动奖章	2018
祝令杰	山东省郓城第一中学 高三年级主任	市五一劳动奖章	2018
王天鹏	郓城县人民医院神经内科主任	市五一劳动奖章	2018
李德原	郓城县人民医院儿科副主任	市五一劳动奖章	2018
丁建军	郓城诚信医院放射科主任	市五一劳动奖章	2018

续表

姓名	单位及职务	荣誉称号	表彰年度
徐　慧	郓城县总工会工人文化宫	市五一劳动奖章	2018
吴宁宁	郓城随官屯镇中心小学教师	市五一劳动奖章	2018
徐龙现	郓城县旺达纺织有限公司车间主任	市五一劳动奖章	2018
曹务端	郓城县人社局人才交流中心副主任	市五一劳动奖章	2018
苑尚英	山东省郓城县龙泉农业科技有限公司车间主任	市五一劳动奖章	2018
孙明强	郓城县公安局站前派出所所长	市五一劳动奖章	2018
董再森	菏泽安源黄河水利工程维修养护有限公司郓城分公司	市五一劳动奖章	2018
管清向	临沂矿业集团菏泽煤电有限公司党委书记、董事长	市五一劳动奖章	2018
王庆立	郓城县环能新型墙材厂董事长	市五一劳动奖章	2018
李庆利	郓城县人民医院党总支书记、理事长	市五一劳动奖章	2018
李　强	郓城县人力资源和社会保障局局长	市五一劳动奖章	2018

享受菏泽市劳动模范待遇

姓名	单位及职务	荣誉称号	表彰年度
任继玉	郓城县教育局郭屯中学	菏泽地区社会主义先进生产者	1963
孙朝才	郓城县蔬菜办公室	全市先进科普工作者	1998
乔效振	山东省郓城第一中学校长	菏泽市优秀专业技术人员	2003
梁洪涛	郓城县公安局工业园区派出所所长	人民满意的政法干警	2003
钱建华	郓城县法院	人民满意的政法干警	2004
苏衍兵	郓城县检察院副检察长	人民满意的政法干警	2004
刘　兵	郓城县公路局养护公司副经理	全市十大技术标兵	2005
孙学栋	郓城县新华职业培训学校	全市十大技术标兵	2006
佀庆涛	郓城县公安局经侦大队指导员	人民满意的政法干警	2006
姬长俊	郓城县供电公司乡镇电管部	全市十大技术标兵	2009
张万松	郓城县人民法院院长	市劳模待遇	2009

续表

姓名	单位及职务	荣誉称号	表彰年度
黄令祥	郓城县看守所所长	市人民满意政法干警	2009
杨华山	郓城县公安局巡逻特警大队大队长	市人民满意政法干警	2010
仝伯晗	郓城县人民法院办公室主任	市人民满意政法干警	2010
邓　伟	郓城县公安局城郊派出所教导员	市人民满意政法干警	2010
杨华君	郓城县烟草专卖局质检员	全市十大技术标兵	2012
周传花（女）	郓城县司法局办公室副主任	市人民满意政法干警	2012
李风格	郓城县人民法院行政审判庭庭长	市人民满意政法干警	2013
侯圣伟	兖煤菏泽能化赵楼煤矿高级技师	全市十大技术标兵	2013
赵洪彬	兖煤菏泽能化赵楼煤矿安监员	全市十大技术标兵	2015

第四目　郓城县劳动模范

姓名	单位及职务	荣誉称号	表彰年度
田敬止	郓城第一中学校长	郓城县职工劳动模范	1989
侯锡芹	郓城师范学校校长	郓城县职工劳动模范	1989
王守新	郓城县郓城镇中心校校长	郓城县职工劳动模范	1989
梁衍振	郓城第四中学校长	郓城县职工劳动模范	1989
李建国	郓城县肖皮口乡初级中学教师	郓城县职工劳动模范	1989
邵全义	郓城县人民医院院长	郓城县职工劳动模范	1989
吴德俭	郓城县中医院主治医师	郓城县职工劳动模范	1989
何建功	郓城化工机械厂厂长	郓城县职工劳动模范	1989
郭怀智	郓城县拖拉机配件厂副厂长兼工会主席	郓城县职工劳动模范	1989
李安义	山东水浒酒厂厂长	郓城县职工劳动模范	1989
赵显臣	郓城县服装厂车间主任	郓城县职工劳动模范	1989
张洪钦	郓城县百货公司经理	郓城县职工劳动模范	1989
窦淑君（女）	郓城县城关供销社生产资料门市部主任	郓城县职工劳动模范	1989
卢其法	郓城县油棉三厂厂长	郓城县职工劳动模范	1989

续表

姓名	单位及职务	荣誉称号	表彰年度
梁远航	郓城县潘渡供销合作社主任	郓城县职工劳动模范	1989
王胜轩	郓城县浸出油厂厂长	郓城县职工劳动模范	1989
王凤存	郓城县清洁卫生管理所党支部书记兼所长	郓城县职工劳动模范	1989
张纯柱	郓城县金属机电公司党支部书记兼经理	郓城县职工劳动模范	1989
李庆忍	郓城县丁里长信用社主任	郓城县职工劳动模范	1989
王建华	郓城县工商银行出纳科副科长	郓城县职工劳动模范	1989
田景秀	郓城县畜牧兽医工作站副站长	郓城县职工劳动模范	1989
王显合	郓城县公路站潘渡管理所所长	郓城县职工劳动模范	1989
刁秀峰	郓城县公安局刑警队侦察员	郓城县职工劳动模范	1989
张登瑞	郓城县邮电局丁里长支局支局长	郓城县职工劳动模范	1989
雷　军	郓城县新华书店批发部主任	郓城县职工劳动模范	1989
葛文斋	郓城县殡葬管理所	郓城县职工劳动模范	1989
吕兰起	郓城县程屯镇人民政府民政助理员	郓城县职工劳动模范	1989
侯进军	郓城县教育工会副主席	郓城县职工劳动模范	1994
商善新	郓城县实验中学校长	郓城县职工劳动模范	1994
杨遵修	郓城县第一中学校长	郓城县职工劳动模范	1994
王思章	郓城县丁里长乡教委主任	郓城县职工劳动模范	1994
仝宣言	郓城县玉皇庙镇教委主任	郓城县职工劳动模范	1994
李荫雨	郓城县食品公司经理	郓城县职工劳动模范	1994
宋保华	郓城县委组织部干部科科长	郓城县职工劳动模范	1994
曹先锋	郓城县委宣传部巡视员	郓城县职工劳动模范	1994
高道坤	郓城县丁庙乡税务所所长	郓城县职工劳动模范	1994
汪存知	郓城县财政局副局长	郓城县职工劳动模范	1994
王金亭	郓城县医药公司储运科科长	郓城县职工劳动模范	1994
郑树钦	郓城县标准件厂厂长	郓城县职工劳动模范	1994
李德珠	郓城县化肥厂机修车间主任	郓城县职工劳动模范	1994
王秀丽	郓城县水浒酒厂半成品车间主任	郓城县职工劳动模范	1994

续表

姓名	单位及职务	荣誉称号	表彰年度
姬凤莲	郓城县塑料厂厂长	郓城县职工劳动模范	1994
张立新	郓城县黄集粮所所长	郓城县职工劳动模范	1994
李玉仲	郓城县油棉二厂厂长	郓城县职工劳动模范	1994
闫成欣	郓城县张营供销社主任	郓城县职工劳动模范	1994
王继平	郓城县供销社贸易中心经理	郓城县职工劳动模范	1994
魏敬文	郓城县交通运输管理所副所长	郓城县职工劳动模范	1994
王丕广	郓城县废金属回收公司经理	郓城县职工劳动模范	1994
闫继友	郓城县大人乡畜牧兽医站站长	郓城县职工劳动模范	1994
高善云	郓城县人民检察院职工	郓城县职工劳动模范	1994
刘仙亭	郓城县中医院副院长	郓城县职工劳动模范	1994
张新斋	郓城县侯咽集医院院长	郓城县职工劳动模范	1994
朱道举	郓城县人民银行计调科科长	郓城县职工劳动模范	1994
李思良	郓城县建筑公司一队职工	郓城县职工劳动模范	1994
曹京黎	郓城县肖皮口乡党委书记	郓城县职工劳动模范	1994
魏志春	郓城县大老人乡民政助理员	郓城县职工劳动模范	1994
陈振建	郓城县华灵集团	郓城县劳动模范	2006
杨其印	黄堆集乡西杨村	郓城县劳动模范	2006
樊继文	郓城镇南城社区	郓城县劳动模范	2006
赵继涛	郓城县瑞丰搪瓷有限公司	郓城县劳动模范	2006
王海荣	唐庙乡王虎村	郓城县劳动模范	2006
张玉芝	双桥乡双桥村	郓城县劳动模范	2006
梁邦林	武安镇郓冶机械制造有限公司	郓城县劳动模范	2006
王彦军	潘渡镇潘西村	郓城县劳动模范	2006
孙俊贵	郓城县圣达印染有限公司	郓城县劳动模范	2006
范著超	郓城县诚信纺织有限公司	郓城县劳动模范	2006
李文立	郓城县利民纺织有限公司	郓城县劳动模范	2006
刘广建	郓城县黄安镇	郓城县劳动模范	2006

续表

姓名	单位及职务	荣誉称号	表彰年度
石文忠	郓城县环卫处	郓城县劳动模范	2006
马传洪	郓城县第二中学	郓城县劳动模范	2006
王　霄	郓城县人民医院	郓城县劳动模范	2006
杨玉秋	张营镇政府	郓城县劳动模范	2006
赵洪英	郭屯镇中学	郓城县劳动模范	2006
何万江	郓城县供电公司	郓城县劳动模范	2006
谭继彬	南赵楼乡政府	郓城县劳动模范	2006
黄新军	郓城县公安局城郊派出所	郓城县劳动模范	2006
范　慧	郓城县农业局植保站	郓城县劳动模范	2006
谢　允	郓城县金河热电有限责任公司	郓城县劳动模范	2006
庞广学	郓城镇庞园村党支部书记	郓城县劳动模范	2010
赵建民	郓城县南赵楼乡南赵楼村支部书记	郓城县劳动模范	2010
周圣存	郓城县双桥乡郑庄村支部书记	郓城县劳动模范	2010
李余新	李集乡高才刘村支部书记	郓城县劳动模范	2010
刘方田	郓城县侯咽集镇刘庄村田丰蔬菜种植专业合作社	郓城县劳动模范	2010
樊祥伦	郓城县玉皇庙镇孟庄村委主任	郓城县劳动模范	2010
董广斌	郓城县丁里长镇丁北村支部书记	郓城县劳动模范	2010
刘钻礼	郓城县黄堆集乡何仓村文书	郓城县劳动模范	2010
苏茂记	郓城县程屯镇苏庄村支部书记	郓城县劳动模范	2010
魏同中	郓城县张营镇魏垓凤龙鸡场	郓城县劳动模范	2010
唐伟勇	郓城县杨庄集镇唐街村支部书记	郓城县劳动模范	2010
魏西庚	郓城县陈坡乡魏庄村主任	郓城县劳动模范	2010
王衍栋	郓城县教育局工会副主席	郓城县劳动模范	2010
王庆国	郓城县实验中学教师	郓城县先进工作者	2010
周克强	郓城县信用联社信贷员	郓城县先进工作者	2010
陈英军	郓城县卫生局司机	郓城县先进工作者	2010

续表

姓名	单位及职务	荣誉称号	表彰年度
李玉春	郓城县人民医院手术室护理	郓城县先进工作者	2010
石文忠	郓城县环境卫生管理处	郓城县劳动模范	2010
彭永强	郓城县供电局职工	郓城县劳动模范	2010
刘洪明	郓城县地方税务局科员	郓城县先进工作者	2010
司洪起	郓城县国家税务局科员	郓城县先进工作者	2010
李印广	农行郓城县支行黄安分理处柜员	郓城县劳动模范	2010
刘亚宁	郓城县公安局巡警大队民警科员	郓城县先进工作者	2010
曹晓静（女）	郓城县检察院会计	郓城县先进工作者	2010
霍爱丽	山东圣达产业集团纺织有限公司	郓城县劳动模范	2010
张忠喜	郓城县人民法院研究室主任	郓城县先进工作者	2010
田庆刚	兖煤菏泽能化公司赵楼煤矿综采队队长	郓城县劳动模范	2010
郭良兴	郓城县公路管理局工程科长	郓城县劳动模范	2010
刘　露（女）	山东华灵集团有限公司职工	郓城县劳动模范	2010
张　敏（女）	郓城县烟郓金属彩印有限公司业务经理	郓城县劳动模范	2010
郑洪波	郓城县恒基工程机械有限公司总经理	郓城县劳动模范	2010
曹景习	山东瑞丰搪瓷制品有限公司	郓城县劳动模范	2010
李丰盛	山东鲁能菏泽煤电开发有限公司彭庄煤矿矿长	郓城县劳动模范	2010
曹建文	郓城县随官屯镇党委书记	郓城县先进工作者	2010
张　平	郓城县政协副主席、郓城镇党委书记	郓城县先进工作者	2010
魏建国	郓城县双桥乡党委书记	郓城县先进工作者	2010
张洪伟	郓城县李集乡党委书记	郓城县先进工作者	2010
褚景云（女）	郓城县黄堆集乡党委书记	郓城县先进工作者	2010
李文贤	郓城县玉皇庙镇党委副书记	郓城县先进工作者	2010
郭　磊	郓城县丁里长镇党委副书记	郓城县先进工作者	2010
侯仰臣	郓城县环境保护局党组书记、局长	郓城县先进工作者	2010
孙兆同	郓城县财政局局长	郓城县先进工作者	2010

续表

姓名	单位及职务	荣誉称号	表彰年度
刘运伟	郓城县林业局局长	郓城县先进工作者	2010
周传问	郓城县工业园区管委会党工委书记、管委会主任	郓城县先进工作者	2010
任　华	郓城县国土资源局局长	郓城县先进工作者	2010
智建国	县长助理郓城县发展和改革局局长	郓城县先进工作者	2010
奚文献	菏泽烟草有限公司郓城营销部局长、经理	郓城县劳动模范	2017
李仁新	山东省郓城煤矿矿长、工程师	郓城县劳动模范	2017
郭　斌	郓城诚信医院董事长	郓城县劳动模范	2017
张传锋	郓城华宝食品有限公司董事长	郓城县劳动模范	2017
甄爱华（女）	山东绅联生物科技有限公司总经理	郓城县劳动模范	2017
张兴亚	郓城永安医院院长、副主任医师	郓城县劳动模范	2017
袁焕强	郓城新亚挂车制造有限公司总经理	郓城县劳动模范	2017
王贤慧（女）	郓城仲堌堆农业科技有限公司总经理	郓城县劳动模范	2017
孙文峰	兖煤菏泽能化赵楼煤矿综掘一区区长	郓城县劳动模范	2017
戚聿更	国网山东省电力公司郓城县供电公司运维检修部班长	郓城县劳动模范	2017
黄江伟	郓城县农商行信贷管理部经理	郓城县劳动模范	2017
李海霞（女）	郓城百利安制衣有限公司	郓城县劳动模范	2017
闫成钦	张营供销合作社主任	郓城县劳动模范	2017
刘　强	郓城县百蔬园果蔬种植专业合作社总经理、工程师	郓城县劳动模范	2017
尹逊军	陈坡乡尹庄村支部书记	郓城县劳动模范	2017
孟祥记	玉皇庙镇西陈庄村支部书记	郓城县劳动模范	2017
谢从钦	唐庙镇陈南村支部书记	郓城县劳动模范	2017
张维蛟	丁里长镇张武屯村支部书记	郓城县劳动模范	2017
杜永孝	水堡乡赵垓村农民	郓城县劳动模范	2017
肖作允	郓城县作允种鸭孵化养殖专业合作社	郓城县劳动模范	2017
孙华清	郓城县大树家庭农场场长	郓城县劳动模范	2017

续表

姓名	单位及职务	荣誉称号	表彰年度
时志荣（女）	郓城县扶贫办主任、县委办公室副主任	郓城县先进工作者	2017
梁海涛	郓城县商务局党组书记、局长	郓城县先进工作者	2017
袁洪波	郓城县国家税局党组书记、局长	郓城县先进工作者	2017
段于才	郓城县总工会副主席	郓城县先进工作者	2017
黄贵鑫	郓城县广播电视台总监	郓城县先进工作者	2017
吴兴全	郓城县财政局政府和社会资本合作办公室副主任	郓城县先进工作者	2017
李诗民	郓城县人民检察院公诉科科长	郓城县先进工作者	2017
任传田	郓城县人民法院执行局书记员	郓城县先进工作者	2017
马传民	郓城县地方税务局郓城中心税务所副所长	郓城县先进工作者	2017
孙　辉（女）	郓城县经济开发区管理委员会建设科科长	郓城县先进工作者	2017
冀梅霞（女）	郓城县山东梆子剧团团长	郓城县先进工作者	2017
仝保林	郓城县环境卫生管理处高级工	郓城县先进工作者	2017
王卿军	郓城县中医医院针灸科主任、副主任医师	郓城县先进工作者	2017
沈　剑	郓城县公安局丁里长派出所指导员	郓城县先进工作者	2017
任爱红（女）	郓城县黄泥岗镇经济贸易服务中心主任	郓城县先进工作者	2017
王善稳	郓城县南赵楼镇党委秘书	郓城县先进工作者	2017
苏堪忠	郓城县程屯镇农业综合服务中心副主任	郓城县先进工作者	2017
巨爱芝（女）	郓州街道办事处财务结算服务中心所长	郓城县先进工作者	2017
石　磊	郓城唐塔街道社会保障所所长	郓城县先进工作者	2017
赵华剑	郓城县城市开发办公室副主任	郓城县先进工作者	2017
吴海船	郓城县畜牧局畜牧站副站长	郓城县先进工作者	2017
张顺亮	郓城第一中学一级教师	郓城县先进工作者	2017
周淑娟（女）	郓城县第一初级中学高级教师	郓城县先进工作者	2017
张爱花（女）	郓城县潘渡镇王井初级	郓城县先进工作者	2017
吕秀云（女）	郓城县人民医院副主任医师	郓城县先进工作者	2017
张茂军	郓城县疾病预防控制中心科长	郓城县先进工作者	2017

续表

姓名	单位及职务	荣誉称号	表彰年度
魏登芹	郓城县郭屯镇中心卫生院院长	郓城县先进工作者	2017
梁衍立	郓城县侯集镇中心卫生院院长	郓城县先进工作者	2017

郓城工匠（郓城县五一劳动奖章）

姓名	单位及职务	荣誉称号	表彰年度
杨秀玲	郓城县文化馆美术部主任	郓城工匠	2017
李明景	山东公输子木雕有限公司总经理	郓城工匠	2017
刁望合	山东郓城水浒旅游发展有限公司艺人	郓城工匠	2017
李传递	郓城县技工学校教师	郓城工匠	2017
翟元军	菏泽煤电彭庄煤矿机电工区副区长兼技术主管	郓城工匠	2017
武支超	山东恒基集团股份有限公司事业部副经理	郓城工匠	2017
刘高生	郓城县亿万汽车配件制造有限公司技术总监	郓城工匠	2017
曾海军	郓城县天源电子科技副总经理	郓城工匠	2017
于恒波	菏泽恒大石油机械配件厂高工	郓城工匠	2017
郑瑞章	郓城艺缘斋雕塑彩绘艺术有限公司总经理	郓城工匠	2017

第五章　宣传工作

第一节　思想政治工作

郓城县总工会围绕中国共产党的中心任务，总是把思想政治工作放在首位。中华人民共和国成立初期，广大工人群众在党的领导下，摆脱了阶级压迫，开始为生活保障而奋斗，但由于旧的习惯势力的影响，较多工人还残留雇佣观念，片面地认为厂长、干部管理厂矿、企业，工人则是奉命干活，对社会主义国家的性质缺少了解。据此，县总工会联合会通过各种形式由浅入深地向广大职工群众宣传工人运动史、中国革命斗争史，使广大工人树立了国家主人翁的思想观念。在抗美援朝运动中，许多家属日夜忙做军鞋支援前线，工人自愿捐款 1800400 元（旧币），恒大烟厂工人刘夫军自己捐款 3 万元（旧币），与此同时，还通过“新旧对比”“国家发展愿景”等图片展览，听农民讲村史、家史等活动，使广大工人进一步了解工农联盟的重要，从而增强了支援农业的积极性，到处传颂着动人的工农联盟的佳话。

随着工人群众觉悟的不断提高，各级工会在工人群众中进行了国际主义教育，因而对社会主义国家之间的互相支援、支援世界人民的革命斗争，都加深了认识，当时工人都以《我们工人有力量》和《国际歌》为荣，并用以作为自己行动的准则。

“三反五反”是国家历史上对广大职工最广泛、最深入、最系统的一次发动，在这一运动中，工人阶级站在最前列，受到了一次生动的阶级教育与锻炼，加强了工人阶级在伟大运动中的责任感，通过“三反五反”运动，提高了工会组织的威信，改善了工人之间的关系，密切了个人与国家的关系，树立了“五爱”观念。

1961 年，郓城县总工会及各基层工会，在各级党委的领导下，认真贯彻执行党的国民经济“调整、巩固、充实、提高”的方针，广泛地向职工进行宣传教育，组织广大职工学习“工业七十条”，协助行政领导改进企业管理，开展劳动竞赛，尤其是在学习了党的八届十中全会精神后，根据“以农业为基础、以工业为主导”的发展国民经济的总方针，工会工作逐步走上了支援农业的轨道，教育职工认识调整精简机构与支援农业的意义，提高其国家主人翁的责任感和支援农业的光荣感，所以在精简机构下放人员的工作中达到留者安心、去者满意，保证了生产调整两不误，达到了各得其所，各安其业。1962 年，根据职工群众反映出来的一些问题，县总工会遵照省工会宣传会议精神和专区办事处关于进一步开展社会主义教育的指示，对广大职工加强了思想教育，针对职工对形势和阶级斗争认识模糊的问题，县总工会和各基层工会先后组织了 10

次较大型的报告会，请党委领导作形势和政策报告，请老工人、老革命干部作阶级斗争和革命传统的报告，受教育的职工达145000人次。针对职工中所存在的个人主义、分散主义，不安心生产的思想情况，继续向广大职工进行形势和前途教育，举行报告会15次，参加人数为245000人次，各基层工会举办座谈会147次，参加职工1023人次。经过一系列的教育活动，职工提高了思想认识，因而工作效率大大提高。

1963年以后，全县各级工会组织主要以学习毛主席著作为中心，在广大职工中开展社会主义、共产主义教育运动，密切配合各个时期国际、国内形势，进行以粮为中心的增产节约和勤俭建国等一系列教育。较多的系统工会一边组织学习报刊的“三史”文章，一边开展忆苦思甜，邀请老红军和老工人做报告等活动，并通过俱乐部的业余职工演唱、图书馆的开放、业余学校的教育等8小时以外的宣传教育活动，使广大职工的思想政治觉悟有了不断提高。与此同时，县总工会还有组织地开展向先进人物、先进集体学习活动。在开展“向雷锋同志学习”的热潮中，涌现出众多的好人好事。邮电局全体职工115人购买了雷锋专辑，认真学习后写出心得体会30余篇，邮运组在学习后，将三日班改为两日班，提高了工作效率。窑厂全体职工在一天夜里冒着雨，抢护砖坯两万块，免遭900元的财产损失。商业部门的职工开展学雷锋活动后，改变服务态度，方便了群众，使顾客高兴而来，满意而去。糖业公司第一门市部王守忠等四名职工，每天上午推车在城关赶集，下午拉车走街、串巷，到机关送货上门，由于他们改变了工作方法，提高了服务质量，既方便了群众，也提高了营业额，每天的营业额由388元提高到550元；城关小学炊事员宋清运树立了牢固的专业思想，服务态度比前有很大提高，他一人承担40人的吃饭任务，在王杰《挤牙膏》日记的感染下，每天挤出时间捡煤炭改进炉灶，仅一个月就节煤850斤。宋江拖拉机站工人王龙泉，为争取做一个雷锋式的拖拉机手，严格要求自己，干劲十足。一天傍晚，他从城里用自行车拖着机器零件100余斤，往距县城30余里的程屯送，由于途中车子打泡，天黑得伸手不见五指，但他却毅然将货按时送到，没影响机车耕作。

1966年，“文化大革命”开始，林彪“四人帮”诬陷工会为“工运黑线统治”，是“福利工会”“全民工会”“生产工会”，工会组织被取消。1973年恢复工会组织后，由于“左”倾路线的干扰，工会工作未走上正轨。1978年中国工会“九大”为工会工作指明了方向，特别是党的十一届三中全会以来，经过“实践是检验真理的唯一标准”的讨论，社会主义主人翁责任感、“职工守则”的教育，党的“十二大”文件、《国营企业职工思想政治工作纲要（试行）》通知的贯彻，广大职工的思想觉悟有了显著提高，加深了对党的路线、方针、政策的认识，充分发挥了工会的共产主义学校的作用。

80年代以后，郓城县总工会组织认真贯彻中央六中全会《关于社会主义精神文明建设指导方针的决议》，发扬工会组织做群众思想工作的优良传统，把对职工的思想政治教育工作作为一项重要任务来抓，深入进行“六个方面的教育”，积极开展“三大活动”。“六个方面的教育”即爱国主义教育、形势政策教育、理想法律教育、法制教育、职业道德教育和四项基本原则教育。1984年县总工会配合县委企业政治办公室，采取脱产轮训的办法，组织广大职工学习《中国近代史》，系统地进行爱国主义教育，全县参加学习的职工数达10073人，其中35岁以下的青工5759人，激发了职工热爱党、热爱祖国、热爱社会主义的思想觉悟。针对职工的思想实际，1986年上半年又重点进行了形势政策教育和理想纪律教育。在形势政策教育中，以全国党代会文件和省总编印的《形势政策问题问答》为教材，以系统或基层工会为单位，采取分批脱产办班和分散自学与专题辅导相结合等形式，全县94%的职工参加了系统培训，大大增强了广大职工的政策观念，澄清了模糊认识，提高了贯彻执行党的路线、方针、政策的自觉性。在进行理想纪律教育时，利用典型现身说法的方法，由有理想的人讲理想，有纪律的人讲纪律，有献身精神的人讲献身精神，先后举办先模人物先进事迹报告会27场次，直接听众达34000多人次，从而把理想纪律教育不断引向深入，在全县产生了积极的影响。1986年下半年，根据司法部、全国总工会的通知精神，针对部分职工法律观念淡薄的状况，在广大职工中深入进行了法制教育和职业道德教育。县总工会配合党政和司法部门，积极主动地开展经常性的法制宣传活动，不断深化普法教育，许多单位还利用本县本单位的典型案例、事件，组织专题研讨会，专题分析会，深入进行民主与法制教育。在抓好职工法制教育的同时，各系统、单位还根据自己的业务特点，认真组织职工学习职业道德问答，推进职业道德规范服务，开展职业道德知识竞赛等。全县共举办职工法制教育职业道德教育学习班297期，参加学习职工达20672人次。大大增强了广大职工的法制观念，提高了职业道德水平。1987年，根据中央部署，县总工会把向职工进行四项基本原则教育作为一项重要任务，组织职工认真学习了中央1、2、3、6号文件和邓小平同志的一系列重要论述，并采用宣讲辅导、对话谈心、社会调查、算账对比等形式，多层次、多样化地向职工进行生动的正面教育，提高了广大职工对资产阶级自由化危害性的认识和坚持四项基本原则的自觉性。

为了不断巩固发展职工思想政治教育成果，县总工会还在全县职工中广泛地开展了“三大”活动，即定向达标活动、学先进树新风活动、职工读书自学演讲活动。1984年初，县总工会结合县委有关部门广泛开展了理想定向达标活动，职工人人定理想、订计划，使理想教育目标化、具体化，取得了显著效果。县百货公司定向达标活动起步早，措施得力，被评为全省思想政治工作先进单位，菏泽地区商业局在全区推广了他们的经验。在学先进树新风活动中，1983年以来，县总工会先后组织广大职工学习优秀共青团员张海迪、优秀护士王平、女铁人朱菊儿等先进人物和云南边防前线英模的先进事迹，深入开展了“学先进、找差距、树新风、见行动”活动，特别是县总工会推荐的优秀护士王平的事迹，在全区、全省都产生了巨大的影响。广大职工从先进人物身上吸取了精神力量，精神面貌发生了深刻变化，工作态度、服务质量明显改变，好人好事层出不穷，先进模范人物不断涌现。据不完全统计，仅学王平活动中，全县职工半年内就涌现出好人好事2016件、3454人次。与此同时，在县总工会领导下，全县振兴中华的职工读书自学活动逐步形成热潮，各级工会紧紧抓住这一职工自我教育的好形式，不断加强领导，认真做好辅导助学工作，使这项活动日趋广泛深入。1984年，郓城县有2700多名职工参加全国职工“振兴中华”读书知识竞赛。1987年，各级工会又组织发动一万多名职工积极参加全区工运基本知识竞赛，普遍取得了较好成绩，形成了群众性读书求知的热潮。截至1987年年底，全县职工组成各种自学小组254个，参加读书自学的职工增加到6433人，占职工总数的35%。1980年以后，有870名职工经过多年刻苦自学取得各类大、中专文凭。张集供销社85名职工，常年坚持自学的就有60人。教育系统参加各种高、中师函授和自学考试的教职工达1007人，其中1987年年底已领取高师函授毕业证书的347人，中师毕业的500人。县美术厂工会主席董剑原仅有初中文化程度，经过刻苦自学，先后在各级各类报刊发表稿件200多篇，被省总工会授予“山东省职工读书自学活动先进个人”称号。各级工会还利用读书演讲等有效形式不断巩固读书活动的成果。1983年以来，全县各级工会举办各种演讲会160多场，演讲员都是各单位的读书自学骨干，大家围绕“学改革理论、促观念更新、当改革主力”，谈理想、讲收获，推动了读书自学活动的深入发展。农业银行读书自学活动开展得广泛扎实，自学人数多、收效大，被地区评为读书自学活动先进单位，并有3名职工参加了省、地组织的读书演讲会，获得了一、二、三等奖。

1987年，郓城县总工会以建设“四有”职工队伍为目标。采取多种形式，积极开展坚持四项基本原则、反对资产阶级自由化教育和共同理想、道德纪律法制等方面的思想政治教育工作。各级工会层层传达学习贯彻，组织广大职工认真学习中央1、2、3、4、6号文件和邓小平同志关于坚持四项基本原则、反对资产阶级自由化的一系列重要论述，并就职工中存在的一些思想认识问题从理论和实践结合的角度进行广泛的宣讲和辅导，工业、商业、县社、粮食、文教、卫生等系统共进行宣讲16场，直接听众4000多人次。县总工会还召开各条战线劳模座谈会，全县职工发出《坚持四项基本原则、为两件大事建功立业》的倡议书，各系统和基层单位也先后召开座谈会，用典型现身说法。农行、一中、交通、药材等系统和单位还采用对话谈心、社会调查、算账对比等形式，多层次、多样化地向职工进行生动的正面教育。从而使广大职工充分认识了资产阶级自由化的危害性，开展反对资产阶级自由化斗争旳重要性和长期性，进一步提高了坚持党的四项基本原则的自觉性。郓城一中几位教师向在大专院校学习的学生写信200余封，教育他们要珍惜安定团结的形势，努力学习。有的职工还亲自到学校做子女的思想工作。在理想教育方面，引导广大职工弄清最高理想与现阶段全国人民共同理想的关系。先后在全县职工中开展了向南疆英雄徐良和本县“富民兴鲁劳动奖章”获得者杨春生学习的活动，他们无私奉献、艰苦奋斗的精神，激发了广大职工做好本职工作的热情。鼓舞了实现共同理想的斗志。在共同理想教育中，各级工会把搞好职工队伍的道德纪律建设作为共同理想教育的重点。采取多种形式和措施，使道德纪律教育取得了显著效果。为搞好道德纪律教育，县总工会首先与县委企政办联合举办《职工道德修养》师资培训班。各系统、各基层采取分批脱产轮训的方法，先后举办《职工道德修养》培训班236期，受训职工8255人。在学习培训的基础上。多数系统和单位根据自己的行业特点，全面制定职业道德规范、职业纪律以及文明公约、优质服务标准等，从而使广大职工进一步明确了职业道德基本要求和自己的行为准则。

1989年，郓城县总工会在全县职工中着重开展以“忆十年，话改革”为主题的形势教育活动。绝大多数系统和单位对这项活动也非常重视，全县成立由党政工领导组成的不同层次的形势教育领导小组253个，形成党政工齐抓共管形势教育工作的生动局面。由于认识问题解决得好，宣传发动广泛，全县参加“忆十年，话改革”活动的职工达18200人，占职工总数的92%。在这项活动中，各级工会组织理论骨干进行宣讲辅导670多场，举办“忆十年，话改革”演讲比赛270次，有894名职工登台演讲，8950多名职工参加了县总工会统一组织的“忆十年，话改革”知识竞赛活动，多数单位还开展了算账对比、座谈论辩、文艺演出、征文等群众喜闻乐见的活动，收到了较好的教育效果。县总工会采取及时推广先进单位的典型经验，组织全县演讲比赛优胜者到基层单位巡回演讲等方式，推动了这项活动逐步深入发展。“忆十年，话改革”形势教育活动。使广大职工认清了形势，消除了疑虑，增强了改革意识，坚定了改革必胜的信心。进入下半年，各级工会围绕贯彻落实党的十三届四中全会精神，集中力量组织全县职工开展以坚持四项基本原则为中心内容的“四热爱”（热爱党、热爱社会主义、热爱祖国、热爱解放军）教育，工人阶级历史使命和主人翁精神教育，艰苦奋斗教育和“学习雷锋、学习共和国卫士的双学”活动。在活动中，各级工会以《十三届四中全会文件学习问答》《雷锋共和国卫士事迹》为教材，采取举办学习班，分类自学与专人辅导相结合多种形式，组织广大联工进行认真学习。9月初县总工会又联合县委宣传部举办了学习十三届四中全会文件知识竞赛。全县半数以上的职工参加了这一活动，共收回答卷1165份。最后评出先进单位4个，30名职工分别获得一、二、三等奖。这一活动，进一步加深了广大职工对四中全会精神的理解。在此基础上。各级工会因势利导，发动全县职工广泛深入地开展了“学英雄，树新风”活动。各系统各单位利用多种宣传阵地和宣传工具，对雷锋和共和国卫士的英雄事迹进行广泛宣传。县总工会及时整理被誉为新时期“老黄牛”的工商银行职工王建华的事迹材料，引导职工把“双学”活动同学习、宣传本单位先进人物的模范事迹结合起来，用身边人、身边事教育带动职工群众。广大职工从英模人物身上吸取了精神力量，思想觉悟不断提高，好人好事接连涌现。副食品公司职工自觉组成“学雷锋，送温暖”小组，送货到工厂、学校、农村。直属粮库职工坚持每月给部分退休干部和荣誉军人送粮到户。县医院医务人员在街头进行义务咨询，方便了群众。医药公司职工利用下午班后一个小时进行义务劳动，半个月就收集加工药材价值达2万余元。外贸局畜产公司王考玉等5名职工捐款万元给局工会办托儿所，受到职工称赞。据统计，“双学”活动中，全县职工共涌现出好人好事1900多件、2650人次，充分体现了广大职工奋发向上的精神风貌。

1991年，郓城县各级工会组织以学习宣传党的十三届七中全会精神，以开展“三热爱”主题系列活动为重点，采取多种形式，努力做好职工思想政治教育工作。上半年县总工会联合有关部门举办了“学习十三届七中全会精神和工会知识”竞赛活动，在层层比赛选拔的基础上，有27个单位代表队在县总工会进行比赛，其中有6个单位代表队获得决赛一、二、三等奖。这项活动历时两个多月，职工受教育面达90%以上。下半年，县总工会又在全县职工中开展了以“三热爱”教育和反和平演变教育为主要内容的读书演讲比赛活动，先后有183个单位举办读书演讲会，有20名职工在全县职工演讲比赛中获奖。

1992年，郓城县总工会围绕建党71周年和党的十四大的召开，各级工会认真抓好群众性的爱国、爱党、爱社会主义“三热爱”教育活动。各系统各单位工会充分发挥自身优势，以职工俱乐部、职工业校为阵地广泛开展以“三热爱”为主题的读书自学、读书演讲、文艺演出、体育比赛、书画展览等一系列活动。

1993年，郓城县总工会在全县职工中广泛开展“社会主义市场经济大家谈”征文活动。各单位党政领导和工会干部带头参加。广大职工在认真学习、领会有关文件精神的基础上，紧密联系思想和工作实际，撰写了640多篇理论研讨和心得体会文章，有30篇优秀征文获得全县一、二等奖，这一活动有效地增强了职工的市场经济意识，《菏泽日报》专门进行了报道。各系统、各基层单位工会结合各自的实际，充分发挥各种宣传教育阵地和宣传工具的作用，普遍开展了形式多样、扎实有效的思想政治教育活动。据统计，各级工会组织理论骨干进行宣传辅导570多场，举办演讲比赛、知识竞赛260次，直接参加活动的职工达8200多人。不少单位还采取组织职工收听收看有关文件辅导的录音录像、开展大讨论、文艺演出、书画展览等群众喜闻乐见的形式，收到了较好的教育效果。通过这些教育活动，职工的思想道德水平有了较大提高，进一步坚定了走有中国特色社会主义道路的决心和信心。各工会还因势利导，结合纪念毛主席“向雷锋同志学习”题词发表30周年，组织职工广泛开展“学雷锋、树新风”活动，全县职工共涌现出好人好事1700多件、2460人次，充分体现了广大职工奋发向上的精神面貌。

1994年，郓城县总工会在职工中广泛开展了以主人翁与市场经济为主题的思想教育活动。县总工会与县委宣传部、县经委、职教办联合下发了文件，专门成立了郓城县主人翁与市场经济主题教育活动领导小组，各系统、各基层单位也都建立了相应的组织领导机构，形成了党政工齐抓共管的生动局面。由于宣传发动广泛，全县参加主人翁与市场经济主题教育活动的职工达18200多人，占职工总数的92%以上。各级工会充分利用工会的宣传教育阵地，通过培训骨干、宣讲辅导、演讲比赛、知识竞赛等多种教育形式，将教育落实到车间、班组，取得了较好的教育效果。据不完全统计，在这项活动中，各级工会组织理论骨干进行宣讲辅导570多场，举办主人翁与市场经济演讲比赛170次，有489名职工登台演讲。

1995年，郓城县总工会着重抓好了以弘扬社会公德为主题的职业道德教育，卫生、教育、公路等系统，结合本部门的实际，进一步修订和完善职业道德规范、规章制度、医德医风及奖惩办法等，从而杜绝了行业不正之风。为弘扬先进模范人物精神，县总工会在全县职工中广泛深入地开展向劳动模范和先进工作者学习的活动。制定了《关于向劳动模范和先进工作者学习活动的意见》，县委办公室以郓办发〔1995〕21号文转发了《意见》。同时，县总工会还配合有关部门组织开展了学习孔繁森、王廷江、韩素云“三学”活动，使职工树立了正确的人生观、价值观，以良好的精神风貌影响和推动了全社会精神文明建设的发展。

1996年，郓城县各级工会深入贯彻中宣部、经贸委《关于加强和改进企业思想政治工作的若干意见》，以科学的理论武装人，以正确的舆论引导人，以高尚的情操塑造人，以优秀的作品鼓舞人，努力为改革开放、经济建设和社会稳定提供有力的思想保证和良好的舆论环境。7月份，县总工会组织开展了全县职工职业道德知识学习与竞赛活动。8月份，县总工会会同县委宣传部联合召开全县十强企业负责人和工会主席座谈会，共同研究制订做好新时期职工思想政治工作的方法和途径。

1997年，郓城县各级工会大张旗鼓地掀起学习宣传十五大精神的热潮。据统计，十五大期间及之后，各基层工会共张贴宣传学习十五大标语1500余幅，办黑板报、宣传栏500

余期，举办各类学习班30多次，形成了人人学十五大精神，人人宣传十五大精神的社会声势。并结合十五大精神，大力宣传工会工作，努力突出工会工作的社会形象。国家恢复对香港行使主权是中国近代及现代史上的一件大事，全县各级工会组织充分发动全县职工群众，利用香港回归祖国这一重大事件，大力宣传爱国主义精神。县总工会及各基层工会举办形式多样的文艺演出20余次，演讲会30多次，共有近万人次参加各类庆祝及联欢活动。并于“七一”举办“迎港归。敬业爱岗”职工演讲比赛。同时，按照上级工会的部署，共有9180人参加省总工会举办的迎接香港回归祖国知识、学习与竞赛活动。并对竞赛活动中的优胜个人和集体进行了表彰。通过各级工会的大力宣传，极大地激发了全县职工群众的主人翁精神和爱国热情。

2015年，为响应县委“三严三实”专题教育的号召，全面推进创建村级服务型党组织建设，郓城县总工会积极开展“双联双创”活动。按照县委“双联双创”工作要求，精心组织，全力推进，一手抓单位联村，一手抓干部联户，确保活动取得实效。县总工会领导首先带队深入联系杨庄集镇康庄村，和村干部及村民代表进行面对面交流，详细了解联系村的人口数量、经济来源、致贫原因、脱贫打算、基础设施建设等情况，通过填写村情调查表和贫困户情况表，进一步详细掌握每个对接帮扶村的具体情况，为下一步精准对接和精准扶贫提供了第一手资料。为方便群众联系，工作组在联系村悬挂了公示牌，公布工作成员照片、单位、姓名及联系电话等信息，每位工作人员还将印有自己联系方式的卡片及时发放到所联系的农户手中，方便群众反映心声，让老百姓真真正正看到实效、得到实惠。2015年12月，郓城县总工会认真学习贯彻党的十八届五中全会精神。结合工会实际，就进一步做好工会工作做了安排部署，把党的十八届五中全会精神学习好、宣传好、贯彻好，深入基层到群众中去，迅速掀起学习贯彻全会精神的热潮。并结合“十三五”规划，结合工会实际工作，深入研究新常态下工会工作面临的新情况、新问题，不断开拓创新，努力建设学习型、服务型、创新型工会组织。

2016年，自“两学一做”教育实践活动启动以来，郓城县总工会高度重视，严格执行双重组织生活（即党员领导干部既要参加所在单位的党支部、党小组的组织生活会，又要参加党员领导干部单独召开的民主生活会）制度，主动参与联系支部学习讨论、查摆问题、民主评议，并根据党员的不同情况，注重分类施教、注重工学结合、注重学以致用，引导党员干部自觉把党章党规和习近平系列讲话要求转化为实际行动，通过学习教育，真正把党的思想政治建设抓在日常、严在经常，在群众中树立起党员的良好形象，保持党的先进性和纯洁性。2016年8月，县委十三届十次全会召开后，郓城县总工会认真学习并传达了会议精神，对县委书记刘文林关于《奋力赶超走在全市前列扎实苦干全面争创一流》的讲话做了全面分析解读，同时学习传达市委十二届十三次全体会议精神，并强调县总工会全体人员要以市、县委全会精神为指导，团结全县广大职工群众深入贯彻落实五大发展理念、以“奋力赶超、争创一流”为目标，以开展“双联双创”“精准扶贫”“两学一做”学习教育和转变干部作风为动力，以做好工会全年重点工作为突破口，更好地组织职工、引导职工、服务职工、维护职工合法权益，团结动员广大职工为实现“走在全市前列、全面争创一流”奋斗目标建功立业。

2017年1月，郓城县总工会认真学习贯

彻了党的十八届六中全会精神，重点学习了《关于新形势下党内政治生活的若干准则》和《党内监督条例》，深刻理解新形势下加强和规范党内政治生活的目标、重点和关键，深刻理解党内监督的任务和主要内容等基本要求，切实把思想和行动统一到习近平总书记重要讲话和党的十八届六中全会精神上来，统一到以习近平同志为核心的党中央决策部署上来。把认真学习贯彻党的十八届六中全会精神作为当前和今后一个时期的首要政治任务，切实抓好党的十八届六中全会精神的学习宣传贯彻。牢固树立“四个意识”，更加紧密地团结在以习近平同志为核心的党中央周围，更加坚定地维护以习近平同志为核心的党中央的权威，更加自觉地在思想上政治上行动上同以习近平同志为核心的党中央保持高度一致，更加扎实地把党中央的各项决策部署落到实处。既要确保每一名党员干部学深悟透，还要做到学以致用，用全会精神来指导各项工作高质量完成。认真学习市人大副主任、市总工会主席丁志刚和常务主席周继东在七届十二次全委（扩大）会议上的讲话。并结合郓城县实际，立足部门职责，进一步理清工作思路，紧紧围绕创新制定出具体的，切实可行的工作计划，深入做好困难职工帮扶和职工服务工作，切实为职工办实事、办好事，奋力打造“学习型、服务型、创新型”工会组织，努力开创全县总工会工作新局面。2017 年 10 月，全体职工观看党的十九大开幕式，把学习贯彻党的十九大精神作为当前最重要最紧迫的政治任务，深入学习、深刻领会、全面准确把握党的十九大提出的一系列新的重要思想、重要观点、重大判断、重大举措，迅速掀起学习宣传贯彻的热潮，推动党的十九大精神在基层工会落地生根。

第二节　职工教育

郓城县职工教育工作是在 1955 年职工业余学校成立后逐步走向正规的。中华人民共和国成立初期，仅郓城搬运、板车、建筑、戏院、烟厂、加工厂 6 个单位的统计，共有职工 1042 人，就有文盲 827 人，占职工总数的 78.2%；半文盲 131 人，占职工总数的 12.8%；非文盲 84 人，占职工总数的 8%。根据这一特点，县总工会职工业余学校办起了 6 个文化班（其中中学班 2 个，扫盲班 4 个），参加学习的职工合计 286 人。再加上参加农村民校学习的 365 名建筑工人，参加学习的职工人数占职工总数的 67%。当时的县总工会业余学校共有专职教师 2 人，兼职教师 9 人。学习时间是根据各基层的不同情况和特点，在不影响生产的情况下，按照季节与业务灵活性适当安排，这样既解决了生活与学习的矛盾，也保证了学习的时间，其效果是中学班能写信、作文，能看懂一般书籍，兼领会大意，能阅读通俗刊物。

1962 年，郓城县各级工会认真学习、贯彻省总工会关于对职工业余教育提出的“鼓足干劲、实事求是、巩固提高、积极发展”的指示精神，使职工教育工作取得了显著成绩。根据对全县 16 个单位的调查，其中有 11 个单位基本坚持了经常学习，占应办学单位的 68.8%，入学职工 605 人，参加学习的 455 人，占入学人数的 75.3%，出学率平均达 70%至 75%。1964 年，根据中央“结合生产、统一安排、因材施教、灵活多样”的指示精神，郓城县总工会按现实具体情况，又提出了“加强领导、政治挂帅、结合生产、统一安排、保证时间、提高质量、因材施教、灵活多样”的具体办学原则和方法，使全县职工教育工作得到更加广泛深入的发展。

十年动乱，给郓城县职工业余教育事业带来了不可弥补的损失。粉碎“四人帮”之后，县总工会对全县职工的政治、文化和工厂、企业技术人员的业务技术素质，做了认真的调查摸底工作，并配合各系统、基层工会，将全县职工的业余教育工作，转入到恢复和发展的新阶段，为四化积极办学、为四化热心教学、为四化刻苦学习，成为新的风尚。到1980年，全县先后举办职工业余文化班7个，技术班20个，电视英语讲座班4个，全日制电视大学班2个，业余电视英语班1个，共培训学员300多名。为落实上级关于“提高中华民族的科学文化素质，为四化培养更多的有用人才”的指示精神，1982年又办起文化补习班83个，参加学习的人数达2100余人，及格率在85%左右。在整个办学、教学的日程，坚持有利于职工学习、有利于生产和工作的原则，采取“普及与提高结合，以提高为主”“文化教育与技术教育结合，以提高技术教育为主”“业余与脱产半脱产结合，以业余办班为主”“自办与联办结合，以自办为主”“短学制与长学制结合，以短学制为主”等办法，取得显著成绩。业校毕（结）业的学员，大都成了本单位生产或工作的骨干。1986年10月，郓城县职工学校职工俱乐部大楼竣工投入使用，建筑面积2684平方米，总投资56万元，拥有教室、办公室15间，桌凳二百套，为职工学习文化、技术和提高素质创造了良好的条件。

1987年，郓城县各级工会都把读书自学活动作为提高职工队伍素质的有效途径和方法，采取积极措施，搞好指导管理，鼓励职工结合本职工作走自学成才的道路。据不完全统计，全县先后建立职工图书室118个，购置各类图书183866册，为职工读书自学创造了方便条件。截至年底，全县职工组成各种自学小组254个，参加读书自学的职工增加到6433人，占职工总数的35%。教育系统参加各类函授自学的有1744人，本年内取得毕业证书的就达794人。为把读书自学活动开展得更加富有成效，各级工会还组织进行了各种形式的知识竞赛活功。如商业局、邮电局、农业银行、黄河段等系统和单位，根据本系统、本行业的特点，先后举办了法律知识、业务技术知识、女工知识等方面的竞赛活动，促进了工会干部和广大职工的政治、业务学习，推动了职工读书自学活动的深入开展。在全区工运基本知识竞赛中，由于各级工会思想重视，组织得力，全县参赛职工达一万多名，普遍取得了较好的成绩。

1991年，郓城县总工会进一步促进了全县职工读书自学活动，涌现出一大批成绩突出的先进集体和优秀个人，有6个读书演讲活动先进单位和38名职工读书积极分子受到县总工会的表彰，并有一名职工在全区职工读书演讲比赛和知识竞赛中获演讲比赛第二名，县总工会获地区工会优秀组织奖。

1993年，郓城县坚持读书自学的职工增加到8600多人，占职工总数的40%以上。各基层工会普遍办起了职工业余学校，对职工经常进行政治、文化、业务等各类培训。县拖配厂工会提供资金、场地，举办了菏泽地区职工中专机械专业校外班，50名职工参加学习。各级工会还组织开展了群众性的“技术培训、技术练兵、技术比武”活动，各系统、各单位举办各种技术学习培训班380期，参加培训职工63000多人，全县有94个企业、113个工种的5790名职工参加了各级各类技术比武，全县范围内逐步形成了群众性的学技术、钻业务和互帮互学的良好风气，大大提高了职工队伍的业务素质。

1997年，郓城县各级工会大力加强职工素质教育，利用各种各样的形式努力做好职工教育工作。据不完全统计，全县总工会系统共举办各类培训班230次，培训职工14960人次，取得了很好的效果。总工会在全县范围内广泛开展争创“职业道德先进集体和标兵”、“文明职工和家庭”、“精神文明创建”活动。总工会及各基层工会积极动员，加大措施建立健全组织机构，形成了人人讲职业道德、树行业正气的社会氛围。金融工会积极开展以创“优质服务、优管员工、优良作风、优美环境”为主要内容的文明行业创建活动，全县金融系统1200余名职工参加了这一活动，促进了“四讲一服务”活动向纵深发展，端正了行业风气，促进了职业道德规范进一步完善。邮电、公路等系统大力开展“文明优质服务”“岗位能手”等职业竞赛活动，使本系统精神文明建设不断取得新的成就。

2014年，郓城县总工会依托有培训资质、教学质量好的供电公司培训中心、新华技校、劳动技校为培训基地，不断加大开展再就业技能培训力度，共举办各类培训班23期，培训职工3246人。3月份与县劳动局、妇联等五家单位联合举办了2014“春风行动”，提供了就业岗位6千余个，有近万人参加了招聘会，有4千多人达成就业意向。利用工友创业园带动就业700余人、创业人数200余人。

2015年8月18日，郓城县总工会举办全县工会数据库管理员培训班。通过这次培训学习，提高了工会数据库管理员的业务水平，更为今后基层工会组织建设信息的及时准确录入奠定了良好的基础。

2017年1月13日，郓城县总工会组织了内部冬季安全消防知识培训，邀请菏泽社安防火服务中心刘建伟主任进行了详细的讲解。2月10日，在农村淘宝大学开办第一期“下岗职工电商培训班”，对下岗职工进行电子商务基础知识培训。参加培训班的学员有50名，他们中平均年龄36岁。在为期一周的培训中，他们通过理论和实践相结合的方式，系统地学习了电子商务仓储管理、淘宝运营技巧和店铺装修等电子商务基础知识。5月20日，联合县委宣传部、县文明办、县妇联、县团委等主办郓城县第五届“弘扬中华传统文化助推中国梦”公益论坛。

第三节　宣传、文化活动

郓城县总工会组织建立后，除经常向广大职工进行爱国主义教育、社会主义和国际主义教育外，还广泛开展了多种形式的宣传活动。解放初期，主要以黑板报、墙报、广播为主宣传国内外大事、表扬先进人物。部分工会小组说唱自编了新人新事快板。根据“文化为无产阶级政治服务、为生产服务、为群众服务”的方针和业余、自愿、小型、多样的原则，除在重要节日为工人群众演出节目外，还结合多个时期党的中心任务，大量地编写剧目。进入二十世纪六十年代，在农村中小学中开展教师日活动，笛歌弹唱，尽情娱乐，或进行经验交流，内容丰富多彩，活跃了职工生活。1963年县总工会俱乐部，配合文化馆、体委围绕党的的中心任务开展文化活动，排演了雷锋、夺印等有教育意义的剧目，并到各公社巡回演出59场，观众达133000余人次。由于多数演员演技精湛，塑造的舞台敌我人物形象栩栩如生，使观众受到教育和鼓舞。除此之外，较多的基层工会还开展了工人办墙报、黑板报活动，充分显示出了郓城县工人的政治素质和文化水平的迅速提高。

“文化大革命”开始之后，县总工会所属的宣传单位和业余演出团体，均被定了封、贪、修的罪名，因此，停顿达十年之久。

1973年恢复工会组织之后，县总工会对所属各级工会的宣传工作重新做了安排和部署，并深入各单位进行指导，收效很大，据1975年不完全统计，各基层工会由工人主办的业余编写诗歌小组，就有30多个，理论学习小组180多个，仅商业、县社、粮食、教育等四个工会的工人，在5月份就写出诗歌、散文350篇之多，编载《歌颂党和毛主席》、《学理论》等板报专刊达100多篇，仅建委、电业两大系统就有板报20多块，出板报320期次。粉碎“四人帮”后，县总工会采取各种形式，积极培养骨干，运用广播、专栏、黑板报、漫画、赛诗会、文艺演唱等形式，揭批了“四人帮”的反革命阴谋。

进入二十世纪八十年代，随着形势的发展，特别是党的工作着重点由政治运动转向经济建设后，县总工会不断加强了工会宣传文化工作。除及时向职工宣传党的路线、方针、政策外，全县各级工会每年都订阅各类工人报刊3000多份，并注意做好职工群众读报、用报工作，对提高职工思想理论水平起到了明显作用，同时还着力培养工人通讯员队伍，各系统有骨干通讯员60多名，每年在各类报刊发表稿件150多篇。同时，县总工会利用《工运简报》及时刊载全县工运信息，1980年以来共出刊87期，选登信息近700条。各级工会还十分重视群众文化活动，县总工会职工俱乐部在阵地面积不足、条件较差的情况下，积极创造条件，主动与有关部门联合，坚持开展了形式多样、丰富多彩的文化活动。1980年以来，共举办各种书画作品展览11次，并成立了书画协会，首批发展会员30多人，举办了首届会员作品展览。1987年，先后两次邀请省著名书画家到郓城授艺。县总工会承办了100多人的书画函大教学班，进一步提高了职工业余书画爱好者的技艺水平。每年一次的职工业余文艺会演，演出水平也逐年有所提高。1986年，徐艳春等3名职工参加了地区组织的职工文艺巡回演出团，郓城一中的徐艳春还在全省“乌河杯”青年歌手大赛中荣获民族唱法一等奖。县总工会1986年被评为全区职工文艺会演先进集体，同时，县总工会还在春节等传统节日，结合文化部门举办了曲艺、狮子、老虎、高跷等民间文艺进城和有奖猜谜活动，活跃了职工节日文化生活。职工业余文艺创作活动在各级工会的组织指导下也日趋活跃，一批业余作者崭露头角，发表了不少质量较高的小说、诗歌、散文、戏剧等文艺作品。潘渡中学女教师杨彩云数年矢志不移，发表中、短篇小说多篇，获得了省级文学奖，被选为县政协副主席。同时，县总工会职工俱乐部还不断加强对基层职工俱乐部建设的督促指导，利用举办培训班和歌手舞星大赛等形式发现培养音乐舞蹈等方面的文艺活动骨干，促进了职工文化活动的深入开展和文艺水平的不断提高。已建起基层职工俱乐部58个，仅三年“建家”活动中就新增加和扩建文艺活动场所250多处。逐步形成了以县职工俱乐部为龙头、基点俱乐部为龙身、基层俱乐部为龙尾的“一条龙”文化阵地网络，全县职工群众性的文化活动日趋活跃。

1988年，郓城县总工会积极创造条件，配合有关部门先后组织了全县职工象棋擂台赛、民间文艺进城演出、“三八”妇女运动会、“五一”职工运动会、“五四”文艺晚会、全县歌手舞星大赛、职工书画展览等活动，承办了150人的中国书画函大教学班，举办了工会图书管理员培训班和老、中、青妇女健美操培训班。同时还加强了对基层工会俱乐部建设的帮助指导。五月份召开了全县职工俱乐部工作现场会，年底已建起拥有“四室两队”的俱乐部50个。各基层工会举办文体比赛活动101次，参赛职工2834人。全县职工文体活动日趋活跃，有力地加强了职工队伍的精神文明建设。

1989年，郓城县总工会积极创造条件，先后组织春节业余文艺演出和元宵烟火晚会，观众达上万人次。举办“五一”“十一”职工运动会、县第三届运动会职工项目比赛等五次较大型的体育比赛活动，参加活动的职工达1700多人次。并承办了100多人的书画函大教学班。在搞好全县性文体比赛活动的同时，县总工会着重抓好对基层工会职工俱乐部工作的检查指导。特别是下半年结合创建体育先进县，对基层职工俱乐部“四室两队”建设进行了全面检查验收。十二月初还在县邮电局召开了全县职工体育工作现场会，有力地推动了这项工作的开展。各基层单位普遍增加了场地、器材，重新组建了各种体育运动队。各基层工会举办120多次文体比赛活动，县百货公司、棉织厂、粮食局、郓城一中等单位相继举办较大型的职工运动会。全县职工文体活动的蓬勃开展，有力地加强了职工队伍的精神文明建设。

1990年，郓城县总工会结合有关部门，先后举办春节文艺演出、“五一”职工运动会、国庆职工书画展、气功、迪斯科比赛等10多次职工文体活动，直接参加活动的职工达2300多人次。各基层工会共举办450次文体比赛活动，参赛职工达5194人次。这些活动，有效地加强了职工队伍精神文明建设。

1991年“五一”期间，县总工会举办了一次以“三热爱”为主题的全县职工文艺会演活动，并有15名作者和8名演员分别获得了全区职工文艺调演的创作演出奖，4个节目被评为全区一等奖，县总工会获全区第三届职工文艺调演优秀组织奖。还先后举办了春节文艺演出、庆祝建党七十周年书画展、“十一”职工运动会、县直单位职工导引养生功、太极拳、迪斯科比赛等十多次职工文体活动，直接参加活动的职工达3000多人次。为推动职工文体活动的深入开展，九月份县总工会联合有关部门成立了“职工业余文艺活动委员会”，在县工人文化宫开办了“愉快的周末”活动，自活动开展以来，自愿参加职工达5000多人次。县总工会并组织了职工业余文艺演唱队，到基层单位演出。各基层工会为活跃职工的业余生活，共举办各种文体活动600余次，参赛职工6800多人次。

1992年，郓城县总工会在抓好经常性文体活动的同时，还重点抓了重大节日的比赛活动。元旦举办了新年联欢晚会，并到基层单位慰问演出10场次。同时还组织进行了导引养生功、迪斯科、太极拳比赛和中国象棋友谊赛。春节期间举办了民间艺术团体进城演出，包括有奖猜谜、交谊舞晚会和元宵节大型烟火晚会。五一期间与县体委联合举办了“五一”职工运动会，共有47个代表队400余名职工参加了3个项目的比赛，整个运动会吸引了数万名观众，在社会上产生了良好影响。县工人文化宫举办交谊舞学习班六期、健美操培训两期，唢呐学习班两期，培训学员近千名。为检验学习效果，还组织举办了由县直18个代表队参加的交谊舞、健美操比赛。县总工会在加强文化宫自身建设的同时还注重抓了基层俱乐部建设。一年中，基层俱乐部共开展各种体育比赛400次，文娱活动600次，参赛职工10000人次。6月份，县农行被省体委授予“群众体育先进单位”。

1993 年，郓城县总工会工人文化宫常年坚持开放职工舞厅、图书阅览室和职工游艺室等，并积极创造条件，组织开展全县性的文体活动。4 月份举办了全县职工卡拉 OK 歌舞大赛，“五一”期间举办了全县职工运动会，4 月份和 7 月份举办了两期交谊舞、健美操培训班，并先后举办了纪念毛主席“向雷锋同志学习”题词发表 30 周年，庆祝建国 44 周年，纪念毛泽东同志诞辰 100 周年等三次大型文艺演出活动。各基层工会对职工文体活动也非常重视，普遍增加了场地、器材，重新组建了各种体育运动队。各基层工会举办了 140 多次文体比赛活动，并有县食品厂、副食品公司、灯泡厂、供电局等单位相继召开了较大型的职工运动会。同时全县群众性的学做健美操、导引养生功等体育保健活动迅速发展，活动地点已发展到 10 多处，在基层工会的组织下，一早一晚临近单位的职工聚到一起进行活动。丰富多彩的文体活动，活跃了职工业余生活，增强了职工体质，又潜移默化地提高了职工的思想文化素质。

1994 年，郓城县总工会工人文化宫常年坚持开放职工舞厅、图书阅览室，吸引了大批参加活动的职工。工人文化宫从职工文艺爱好者中通过比赛选拔了 3 名职工参加了全区职工卡拉 OK 大赛，分别获得了一、二、三等奖，并有一名职工参加全省职工卡拉 OK 比赛，获得了“优秀歌手奖”。各基层工会对职工文体活动也都非常重视，总共举办了近百次文体比赛活动，直接参加活动的职工达 2700 多人次。同时全县职工群众性的学跳健美操、导引养生功等体育健身活动迅速发展，集中活动点已发展到 13 处。

1997 年，郓城县总工会工人文化宫常年坚持开放性经营。舞厅、图书阅览室等吸引了大批职工，全年参加活动的职工达 15000 余人次。春节期间举办了职工迎港归书画展，参展职工 500 余人“五一”期间，举办了“迎港归”职工卡拉 OK 大赛，庆“五一”交际舞比赛和“鸿雁怀”职工篮球运动会，共有 145 名选手获得奖励，七一举办了“迎港归、敬业爱岗”职工演讲比赛。各单位也组织了丰富多彩的节日文化活动。公路、供电、邮电、金融系统等结合迎回归。庆五一、七一、十一及迎接党的十五大胜利召开分别举办了演讲会，文艺演出等系列职工文体活动，参加活动职工达 13000 人次。各基层工会俱乐部建设工作也取得了长足的发展，设施进一步完善，极大地丰富和活跃了职工业余文体活动。

1998 年，郓城县总工会组织开展了丰富多彩的群众文体活动，春节期间，县直各基层工会组织烟花晚会 14 场，组织武术、狮子等民间艺术进城表演 7 次。三八妇女节期间，县总工会联合县妇联积极开展了女职工庆三八活动。3 月 8 日，组织了女职工游行庆祝活动，同时举办了庆三八巾帼书画展。五一期间，县总工会经过充分准备、精心组织，举办了大型“庆五一文艺晚会”，参演人员 100 余人，1000 多名群众观看了演出。同时，还举办了庆五一职工书画展。为迎接“全国武术之乡”复查，县总工会抽调专人积极参与准备工作。全县各基层工会也大力开展灵活多样、丰富多彩的职工业余文体活动。据不完全统计，1998 年各基层工会共举办各类运动会、职工文艺演出等职工业余文体活动 240 余场次，参与活动职工 15000 余人。全年，县总工会共举办健美操及交际舞培训班 7 次，培训基层文体活动骨干 300 余人次。在县总工会的大力支持下，由工会退休人员牵头组成了离退休职工业余剧团，编排节目 16 个，全年演出 51 场，观众达 4 万多人次。其中，以农村计划生育为题材的现代小戏《五福临门》在社会上引起了强烈的反响。为适应职工群众业余文化生活的需要，县总工会切实搞好县工人文化宫的改革工作，使其充分发挥窗口和阵地作用。县总工会图书室常年对外开放，文化宫工作秩序和工作作风得到了切实整顿和改变，为实现社会效益和经济效益同步增长打下了坚实的基础。

2009年，郓城县总工会以“职业道德建设”“创建学习型组织争做知识型员工”和“职工书屋”建设等活动为载体，围绕职工素质工程建设，把职业道德建设与和谐文化创建、和谐劳动关系企业创建活动活动等有机结合起来，并坚持开展职工职业道德建设“双十佳”评选表彰活动，培养选树了一大批爱岗敬业、无私奉献的职工职业道德建设标兵。开展职工职业培训、技术攻关、技术比武等活动，使“创争”活动实现了从典型引路到全面开花的过渡，为职工素质的全面提升打下了坚实的基础。2009年，全县共有7个先进个人和9个单位（班组）在全市开展的“创争”和“双十佳”活动中被评为先进。加强对外宣传工作，2010年，共在《山东工人报》刊发文章26篇，在《菏泽工会信息》刊发59篇。

2013年，郓城县总工会把提高职工整体素质作为服务经济发展大局的重要举措，加强高素质技能型职工队伍建设。共举办各类职工培训班25场次，培训人数3000余人，实现就业2500余人。坚持开展职工职业道德建设“双十佳”活动，对涌现出的一批职工职业道德建设“双十佳”先进集体和个人进行了表彰。充分发挥宣传活动阵地作用，开展丰富多彩、健康向上的文体娱乐活动，将思想性、知识性、趣味性融入职工喜闻乐见的活动中去，满足了职工群众日益增长的精神文化需求。积极开展“最美劳动者”微博征集和评选活动。五一期间，举办了庆五一全县职工趣味运动会。以“职业道德建设”“创建学习型组织、争做知识型员工”和“职工书屋”建设等活动为载体，围绕职工素质工程建设，把职业道德建设工作抓紧抓好，为全面提升职工素质打下了坚实基础。

2014年，郓城县总工会在全县职工中全面开展社会主义核心价值观主题教育活动。开展了劳模逐一报道宣传活动，由各级工会牵头，举办了不同层次的专题培训活动20余场次。开展了职工读书教育活动，引导职工勤读书、善读书、读好书，推进“职工书屋”建设，加强软硬件建设，注重“职工书屋”功能发挥。2014年，郓城县赵楼煤矿职工书屋通过了国家级职工书屋验收。全县已建国家级职工书屋2处，省级职工书屋5处，县级职工示范书屋33处。积极推动企业文化和职工文化建设，培育出一批企业文化建设示范点。10月份举办了“工会娘家人、暖身事、工会在身边”微博大赛。春节期间举办了职工演讲比赛。五一举办了大型全县庆五一职工运动会，运动会自4月22日开幕到5月6日闭幕历时15天，共设篮球、乒乓球、象棋、拔河、三人四足跑、双人夹球接力赛、同舟共济等七个大项12个小项，共有35个代表队、875名运动员参加。七一期间举办了全县职工书画展，其中有3个人的6幅作品参加了全市职工书画展。国庆节期间，举办了迎国庆全县职工乒乓球运动会。

2015年，郓城县总工会根据市工会“百万职工大培训”活动小组要求，为进一步提高全县职工队伍素质，为企业培育一流的职工队伍，给职工群众一个良好的学习机会，成立了领导小组，同时对各乡镇（街道、园区）总工会、各科局系统工会下发了通知及要求。确定了以供电局培训中心，劳动技校培训中心及全国（省）职工书屋为代表的五家培训地点。各培训中心自6月下旬开始对职工进行了技能培训及政治、思想教育，对各级工会反馈的学习要求制定了下一步培训计划。结合上级工会和县委县政府、县总工会、基层工会的各项重大活动，开展了劳模报道宣传活动，职工大培训，职工书屋建设，重大节日宣传教育等。全年在各级工人报刊网络发表宣传报道300余篇，投稿量完成上级要求的300%。其中山东工人报23篇，由各级工会牵头，举办了不同层次的专题培训活动70余场次，圆满地完成全市百万“职工大培训活动”要求。2015年，全县已建国家级职工书屋2处，省级职工书屋5处，县级职工示范书屋40处，比上年增加10家，完成了市总工会下达的增长任务；积极推动企业文化和职工文化建设，培育出一批企业文化建设示范点。五一举办了大型全县庆“五一”职工趣味运动会，共设六个大项七个小项，共有28个代表队、986运动员教练员参加。同时在运动会中选拔了97名运动员、教练员参加了全市第五届职工运动会。七一期间举办了全县职工书画展，其中有5人10幅优秀作品参加了全市职工书画展。国庆节期间，举办了迎国庆全县广场舞大赛，教师演讲比赛等活动。圆满完成了2016年工人报刊征订工作任务。

2016年，郓城县总工会为丰富全县职工的文化生活，推动全县职工群众体育活动和全民健身运动的开展。4月份，由郓城县总工会、文化体育局联合主办的庆“五一”职工趣味运动会在唐塔广场举行，本次运动会共设拔河、同舟共济、双人夹球跑、集体跳绳4个项目，19个代表队、700余名运动员参加。十一期间举办了全县乒乓球团体赛，同时在菏泽市博物馆举办了“大美齐鲁”山东省中青年书法精品展活动。12月举办了全县职工冬季广场舞大赛。另外，上半年选送了六幅作品参加全市职工书画大赛，选派供电公司参加了全国职工读书演讲网上活动等。结合上级工会和县委县政府、县总工会、基层工会的各项重大活动，开展了劳模报道宣传活动，职工读书活动，职工大培训，职工书屋建设，重大节日宣传教育等，推进“职工书屋”的软硬件建设，注重“职工书屋”功能发挥。2016年，全县已建国家级职工书屋2处，省级职工书屋5处，县级职工示范书屋40处，完成了市总下达的增长任务。积极推动企业文化和职工文化建设，培育出一批企业文化建设示范点。全年在全国及省市媒体发表稿件达到368篇，完成了上级任务的300%。其中省级以上的21篇，中工网多个账户在活动和发表稿件上给予正面评论。通讯报道员60余人，他们以诗歌、摄影、散文、通讯等方式反映了各级工会的重大活动及职工喜爱的文化、关心的维权、爱岗敬业、劳模精神和工作经验、学习心得等，为正面宣传工会工作起到良好的作用。4月份，对全县部分市级以上劳模进行了专访，在菏泽电视台一套进行了专题报道。

2017年4月23日上午，由郓城县总工会、郓城县文化体育局共同主办的“庆五一职工趣味运动会”在宋金河公园隆重举行。本次运动会共设拔河、集体跳绳、五人六足、旱地龙舟、四人夹球跑、脚踏实地6个项目，19个代表队、800余名运动员参加。庆祝中国共产党建党96周年之际，县总工会隆重举办了“中国梦劳动美——喜迎党的十九大”全县职工书画展，汇聚了书画爱好者们近100幅精品，内容涉及书法、人物、山水、花鸟等多种题材，笔墨淋漓，色彩斑斓，具有很强的观赏性和感染力。

第四节 职工体育

郓城县总工会联合会成立初期，便很重视职工体育活动。

1958年，为响应国家体委、全国总工会“锻炼身体，以优异的成绩迎接第一届全国运动会”的号召，县总工会、县体委共同举办了有50多名基层体育骨干参加的业余体育训练班，用一年时间系统进行了篮球、乒乓球、田径等项目的正规化训练。1964年11月，为进一步推动职工群体活动的开展，满足职工文体生活的需要，县总工会建起了灯光球场。1989年，县职工男女篮球队参加地区联赛，均取得了好名次。

“十年动乱”使郓城县方兴未艾的职工体育事业遭到践踏。党的三中全会以后，在县总工会和县体委的领导下，全县群众性的体育活动逐渐恢复并迅速地开展起来。各基层单位舍得投资，多方筹集资金，不断兴建新的体育设施，截至1987年底，全县建起篮排球场207个，综合田径场72个。同时，职工体育活动队伍也不断扩大，1987年底全县有各类球队290个，队员2147人，全县职工经常参加体育锻炼的人数已达职工总数的半数以上。县总工会充分利用各种活动阵地，发挥体育骨干分子的积极作用，使活动项目不断增加，范围更加广泛。一年一度的职工运动会规模越来越大，除了举行篮球、乒乓球、羽毛球、自行车、拔河等比赛外，还举办民间武术散打及各种棋类比赛，职工踊跃报名参加，从而活跃了职工的体育生活，增强了体质，增添了生活乐趣，陶冶了思想情操。特别是1985年4月举办的郓城县第一届青年职工运动会，项目多、范围广、规模大，是郓城县历史上空前的，有300余名运动员参赛，涌现出一大批优秀运动员。在1984年7月召开的菏泽地区第一届工人运动会上，郓城县代表团经过顽强拼搏，荣获田径第二名、乒乓球第一名、篮球第三名、武术第二名。县总工会还不断加强对基层工会职工体育活动的指导，各系统各单位工会根据本单位实际情况，每年都举办几次小型运动会和单项比赛。据不完全统计，1983年，全县各级工会共举办各种体育比赛1600多次，参赛职工18700多人次。由于对职工体育活动抓得紧、成效大，县总工会1986年被地区评为“职工体育工作先进单位”。县百货公司每年都利用业务淡季举办大型职工运动会，进行十几个项目的比赛，支部书记、经理、工会主席带头参加，全公司400多名职工，参赛运动员就达220人，推动了全公司群众性体育活动的蓬勃开展。1985年出席了省职工体育工作表彰大会，荣获了金杯奖，1987年又被省总工会、体委评为职工冬季长跑活动先进集体。全县职工的群众性体育活动，正朝着经常化、制度化和社会化方向发展。在职工业余文化体育活动方面，县总工会在职工俱乐部竣工不久，设施不健全的情况下，从实际出发，积极组织开展了丰富多彩的活动。

1987年先后举办了元旦象棋比赛、“三八”妇幼运动会，“五一”职工运动会、冬季职工运动会等4次大型体育比赛活动。结合有关部门，举办了迎春职工画展、“五四”文艺晚会和首届职工钢笔书法展览、羽毛球培训班、青工舞蹈培训班，还承办了100多人的书画函大教学班，活跃了职工的业余文体生活。同时，狠抓了对基层工会职工俱乐部工作的检查指导，各基层单位按照业余、小型、多样的原则，积极开展活动。物资、外贸、邮电、百货、供电、城关中心校、林业局等系统和单位都先后召开了不同类型的职工运动会。林业局工会举行了庆“十一”书画比赛，县教育工会举办了全县教工书法展览，搪瓷厂工会为庆祝建厂十八周年举办了两场文艺演出。据统计，1987 年各基层工会举办各种比赛活动 395 次，参赛职工 3339 人，全县经常参加体育锻炼的职工已达职工总数的半数以上。群众性的业余文体活动日趋活跃，促进了职工队伍精神文明建设。

第五节 工人俱乐部图书室

郓城县工人俱乐部建立后只有 10 平方米的图书室，由一名俱乐部人员兼管，有 180 册书籍和部分报纸，为广大职工读书看报提供方便。随着职工日益增多的需要，逐年选购新的书刊和部分科技、学术资料。文化大革命所有藏书都被毁。

1973 年 6 月，县总工会恢复活动以来，图书室工作也开始恢复，并配有 2 名专职人员。在上级工会的领导关怀下，有了较快的发展。自 1976 年藏书从零点起步，已拥有 4330 册，全国近十年的主要报纸达 200 余种。到 1982 年达 7000 余册，图书的范围广、内容丰富。每年借阅人数高达 15000 余人次，每天都有五六十人借阅。为开展好文艺宣传活动，还购买了文艺演唱教材 70 余册。同时，县总工会为了提高图书利用率，帮助基层工会办起了图书室 100 多个。

从建图书室初期的仅为职工提供阅读方便到从普及与提高职工政治水平着眼购置书籍，一直发展到“为各条战线攀登科学技术高峰提供资料乃至建立咨询制度”这一长期实践，都一一表明：图书室是职工 8 小时以外重要的受教育阵地，是广大青少年乃至离退休职工吸取精神食粮的极好所在。这一成就也在证实：图书室人员自身的思想建设，也是办好图书工作的重要前提。图书管理员杨利华，为了使自己的专业技术得到提高，1983 年在地区举办的图书管理员集训中，克服家庭中的种种困难，带病坚持学习，通过学习实践，很快具备了图书采购、采编、辅导、咨询等方面的业务能力。

1986 年，郓城县职工俱乐部暨职工学校大楼竣工，图书室的管理、设施等条件都发生了显著变化，场所进一步扩大，建立了阅览室、图书阅览室，面积达 400 平方米，拥有藏书 6504 册，各种报纸 34 种，杂志 60 多种，配备专职工作人员 3 名，方便了职工借阅。同时各种借阅、管理制度也进一步健全，并加强了对基层工会图书室的指导，举办专门培训班对各基层工会图书管理员进行了系统的专业知识培训，提高了他（她）们的素质，各基层工会先后建起图书室 118 个、购买各类图书 183866 册，还从县总工会图书室集体借阅书籍 1400 余册，为职工读书自学创造了有利条件。

2016 年，全县建有全国职工书屋示范点 2 家，省级职工书屋示范点 4 家。为有效激活基层企业职工文化阵地建设，解除基层职工的文化之“渴”，县总工会开展“送书入企”活动，职工按需下单，上半年送出图书 2000 余册，使文化的种子植根于“职工书屋”。强化职工文化俱乐部建设，开设职工文化论坛，开展俱乐部联谊活动，举办职工文化俱乐部“一展一会一演”，实现基层职工文化碰撞，相互交流提高。拓展职工艺术团服务功能，设立区职工艺术培训基地，培育职工文艺能人，挖掘企业特色项目，鼓励和引导优质文化资源流向基层，营造积极向上的企业文化氛围，推进职工文化百花齐放。

第六章　职工生活福利

第一节　劳动保险

劳动保险是职工生、老、病、死、伤、残时的一项重要福利待遇，是党和国家关心职工生活、调动职工社会主义积极性的重要措施，是社会主义优越性的具体体现，也是工会职工生活的重要组成部分。劳保“条例”在1951年2月26日正式由国务院公布，全县职工闻者兴高采烈奔走相告。县总工会根据上级指示配合劳动部门，做了大量的宣传工作。同年，全国总工会党组第一次（扩大）会议之后，在全县各部门各基层工会曾一度出现追逐职工福利的倾向，极少数基层工会，缺乏从六亿人口出发的观点，忽视农民现实生活处境和国家经济现状，因而在这些单位曾出现凡属职工福利，均应由国家统一包到底的倾向。加之各级工会对职工生活情况缺少普查，对疫病、生育补助费，又不能按条例掌握，出现许多偏差。据此，县总工会联合会组织力量对福利工作进行了认真检查，对一些违反劳保政策的同志进行了批评教育，对贫困职工、多子女职工和老弱病残职工，都根据实际情况做了相应的困难补助，使这一工作逐渐走上正轨。新中国成立，郓城县职工的生产条件简陋，生活是相当艰苦的。职工干一天活，吃的是小米黑面，并且只能养活自己，有病即赶回家，职工的生活得不到保证。自工会成立以来，根据“劳资两利”的政策及各单位的生产情况，逐步调整了工资，适当改善了劳动条件，利用劳资合同，集体合流，解决了部分职工的实际困难。如铁工厂由没有工资提高到40至60斤小麦；烟厂由60斤提高到120斤，每月工资由17元提高到27元。并解决了衣服、鞋袜、医药等福利。如酒厂实行了劳保合同后，解除了职工的生、老、病、死的顾虑。由于职工的生活提高，调动了生产积极性，创造了生产新纪录。如恒大烟厂1951年12小时生产一箱烟，提高到9小时生产一箱烟，同时废品减少了一半。县社保管科扒楼时，原计划用140个工，实际只用了66个工即完成了任务。建筑公司在建设郓城大礼堂时仅受奖的工会小组就有35个，工人65名，奖金金额为2273万元，锦旗十面，省中奖励锦旗2面，大夯两架，犁铧头66个。

教育工会于1956年、1957年先后两次组织老教师和优秀教师70余人到泰安、曲阜、济南等地旅游参观。1956年为农村教师在城内举办了教工招待室，食宿方便，被教工誉为“温暖的教师之家”。为了发挥大家互助互利的精神，解决职工的临时困难，全县各基层都建立了互助储金会1959年全县组织互助储金会的单位76个，到1987年全县227个基层工会组织全部建成了储金会组织，储金总额达26万元，借还及时，为群众所欢迎。

文革期间，正常的劳保秩序打乱了，劳动保险人员解散了，资料丢失了，制度取消了，劳动保险工作处于无人管理状态。

党的三中全会之后，虽然恢复了劳动保险工作，但是十年动乱给全县遗留的问题很多，矛盾集中，工作量大，劳动保险人员新业务生疏。针对全县劳动保险管理上的混乱状态，从1981年开始，根据国家劳动总局（80）27号、中华全国总工会、（80）51号文件精神，在省地劳动部门和上级工会的具体指导下，在县委和县政府的正确领导下，县总工会与有关部门通力合作，利用十多个月的时间，全县所属基层全面进行了劳保整顿工作。通过整顿，纠正了存在的问题，建立了机构，明确了分工、健全了各项手续制度，提高了全县劳动保险干部的业务水平，恢复和建立了劳动保险工作的正常秩序，从而保证了国家劳动保险政策、法令的正确贯彻执行，维护了职工群众的合法权益。

1996年，全县各级工会切实加强群众性的劳动保护监督检查和安全卫生工作，实行对重点行业事故隐患和职业病危害跟踪建档。县总工会联合有关部门分别于6月份和11月份进行两次劳动保护和安全卫生大检查

1998年，继续推行签订集体合同制度，建立和完善平等协商机制。在1997年的基础上，县总工会着重抓好了已签合同单位的落实工作，在不断总结经验的同时，认真检查监督已签单位的执行情况。全年共对32个已签单位的12个单位进行了检查，为在全县企业单位中全面推行平等协商，签订集体合同制度打下了良好的基础。1998年，县总工会继续加强职工互助保险工作，全县40%的企事业单位参加了全区职工互助保险，增强了职工抵御风险的能力。

2013年3月8日，郓城县县委办公室，政府办公室印发了《关于全面推进企业工资集体协商工作的意见》（郓办发〔2013〕16号），郓城县总工会督导企业完善用工合同，维护职工合法权益。联合县人社局、县经信局召开了全县企业工资集体协商暨集体合同备案工作会议。

2017年郓城县总工会多方位开展法律援企活动。“与企业同心，为企业解忧”，郓城县总工会根据企业发展需求，着眼于高效解决企业发展中所碰到的涉法涉诉、劳资纠纷等法律难题，以开发区“同心法律服务工作室”为平台，多方位开展法律援企活动。郓城县“职工法律援助中心”以强大优良的律师资源，发挥法律服务职能优势，每周三定期为企业、职工开展免费法律咨询。根据企业需要不定期举办《工会法》《劳动合同法》等法制讲座、提供法律援助、协助办理法律事务等方式，为全县企业提供多方位法律服务。在此基础上，郓城县总工会还以点带面，指导基层工会根据企业实际，成立企业工会法律服务委员会、劳动仲裁委员会，加强规范劳动合同签订、工伤损害赔偿等与企业职工息息相关的法律问题，化解劳动争议和矛盾，助推企业健康发展。多方位开展法律援企活动，进一步提高了工会法律服务工作在企业中的影响力，对促进企业规范化运行、良性发展发挥了积极作用。

第二节 职工福利

1960年，在连续遭受自然灾害的情况下，为改善职工生活，县总工会开展救灾运动，大抓粮菜种植、食品生产和办好职工食堂等工作的经验，各基层单位加强了对职工生活福利工作的领导，组织教育职工本着见缝插针的精神，种蔬菜、粮食，用自己的双手改善自己的生活。据县直19个单位的统计，全县共种菜51公顷，收菜254050斤，种粮321公顷，收粮食33742斤。从而使职工的生活得到了补充和改善。为了办好职工食堂，1961年县总工会配合有关部门对职工食堂进行了3次检查评比，召开两次炊事员和伙食管理人员的座谈会，认真贯彻省委颁发的《办好职工食堂若干问题的规定》草案。同期，县总工会根据上级指示精神，在1961年春秋两季先后召开基层工会主席会议，布置讨论救济工作。据县直21个单位统计，救济592人次，11264元，1962年48个基层单位共救济994人次，金额18196元。

随着经济的发展，广大职工群众的生活水平日益提高，工会工作的重点随即也有了变化，关心职工生活福利，不仅仅靠救济拨款解决困难，而且是向社会福利、解决贫困方面发展。县总工会采取积极措施，做了大量地扎扎实实的工作，所属基层都成立了职工生活领导小组和生活委员会，加强食堂管理，积极兴建五小设施。据1986年统计，全县已建成职工食堂614个，小浴室70个，小托儿所7个，小更衣室129个，小卫生室35个。为推动全县职工生活工作的开展，县总工会经常进行对职工生活工作检查评比。1986年评出职工生活先进单位12个，先进个人26名。棉花加工五厂职工食堂1987年被省总工会、省经委、省企业部、省卫生厅、省劳动局授予“全省职工生活后勤工作先进集体”称号。在县委、县政府的直接关怀下，全县已建退（离）休职工管理组织135个，多数单位建立了退（离）休职工接待室、活动室，对他们定期走访慰问，做好退（离）休职工的管理服务工作。

根据上级指示精神，1987年县总工会配合有关部门对借贷扶贫工作做了大量的工作，各基层工会都建立了扶贫组织，对城镇户口平均月收入低于25元的贫困户，工会给予适当救济，在同等条件下，对待业青年优先安排工作。全县有85个工会对263名生活困难的职工给予补助，金额达29000元，并帮助他们发展养殖业，有18个单位的18名职工在工会的扶助下，年内基本脱贫。

1988年，县总工会对全县的职工生活和女工工作进行了全面检查，与县劳动局、体改委联合对承包经营后职工的劳保福利待遇情况进行深入调查，及时推广了好的经验，各单位积极开展后勤达标竞赛，职工集体福利设施进一步配套成龙，年内，各基层工会对346名生活有困难的职工给予补助34970元，有114名职工在工会的扶助下年内脱贫。

1989年6月，县总工会联合有关部门开展防治职业危害工作检查，促进了劳动保护工作的落实。各基层工会认真贯彻全国总工会关于劳动保护的“三个条例”，对劳动保护工作普遍思想重视，措施落实，充分发挥了对安全生产的群众监督作用。全县已建立劳动保护监督检查委员会23个，配备工会小组劳动保护检查员425人，保证了安全生产、文明生产。1989年各基层单位还普遍建立了劳动争议调解委员会。县总工会与劳动局11月下旬举办全县劳动争议调解干部培训班，促进了这项工作的开展，从而使企业的各种劳动争议依法得到了合理解决，维护了承包企业职工群众的合法权益。1989 年以后，全县职工生活工作得到了进一步加强，各级党政和工会组织对职工生活工作的认识越来越高，把职工生活作为增强企业活力、促进生产发展的重要环节不断抓紧抓好，做到了生产生活统筹安排，同步发展。各单位食堂卫生、机械化水平等都有不同程度的提高，职工宿舍紧张的状况进一步缓解，离退休职工的管理服务越搞越好。搪资厂、县医院、棉五厂、农业银行、工商银行等单位对职工生活工作有规划、有措施，年年有建设，年年有变化。职工生活福利设施基本配套成型。8 月初县总工会组织进行了职工生活工作检查评比，评出职工生活工作先进单位 11 个，推动了会县职工生活工作的深入开展。截至年底，全县建立退（离）休职工管理服务组织 172 个，多数单位建立了退（离）休职工接待室、活动室，对他们定期走访慰问。185 个基层单位的 9053 名职工组成互助储金会 143 个，储金总额达到 31 万多元。全县有 123 个单位对 336 名生活有困难的职工给予补助 46410 元，并有 90 名职工在工会的扶助下年内相继脱贫。年底，县总工会还对全县停产、半停产企业职工的生活情况进行了调查，积极向上级领导做了反映，并发动各基层工会对困难职工进行了走访，采取发放补助、安排临时工作等不同措施。保证他们能够过好春节。

1990 年，各单位工会继续开展职工生活后勤达标活动，协助行政积极兴办了一批“五小”集体福利设施，全县已建成职工食堂 586 个，小托儿所 9 个，小浴室 60 个。县总工会 7 月底组织进行了全县职工生活检查评比，推动了职工生活工作的深入开展。据统计，全年有 133 个单位对 535 名生活有困难的职工给予补助 76500 多元。全县有 6500 多名职工组成互助储金会 117 个，储金总额达 28 万多元，解决了职工的临时困难。截至年底，全县建立起退（离）休职工管理服务组织 135 个，多数建有退离休职工接待室、活动室，对离退休职工定期进行了走访慰问。在劳动保护方面，各级工会认真贯彻全总关于劳动保护的三个条例，积极做好了对安全生产的群众监督工作，保证了职工的人身安全和健康。县总工会结合有关部门对企业安全卫生工作先后进行了 3 次检查，及时发现和排除了事故隐患。各基层单位还普遍建立了劳动争议调解委员会，切实发挥了应有作用。为了解决企业分配不公的问题，县总工会召开了全县推行企业分配公开制度工作会议，不少企业单位根据会议要求建立了经济监督组织，制定了分配公开方案，设立了分配公开园地，促进了企业内部分配的公正、合理，进一步强化工会的维护职能。

1991 年，各级工会从维护职工利益出发，集中精力抓好职工生活方面的工作，各基层工会普遍制定了搞好职工生活的规划和措施，继续开展了职工生活后勤达标活动，积极协助行政兴办了一大批“五小”集体福利设施。全县已建成职工食堂 594 个，托儿所 10 处，小浴室 69 个。7 月底，县总工会组织进行了职工生活、女工劳动保护工作检查评比，评出职工生活先进单位 13 个，进一步推动了职工生活工作的开展。全年还有 152 个单位对 720 名生活有困难的职工给予补助 86500 元，有 7500 名职工组成互助储金会 120 个，解决了职工的临时困难。在劳动保护方面，各级工会认真贯彻全总关于劳动保护的三个条例，不断搞好劳动安全生产卫生工作，全县建立劳动保护检查委员会 33 个，配备工会小组劳动保护检查员 540 人，促进了安全生产、文明生产。各基层普遍建立了劳动争议调解委员会，并切实发挥了应有的作用。

1992 年，各基层工会普遍制订了搞好职工生活的规划和措施，深入开展职工生活后勤达标活动，积极协助行政兴办了一大批“五小”集体福利设施。全县建职工食堂595个，托幼园所12处，小浴室72个。7月底，县总工会组织进行了职工生活女工劳动保护和经济分配公开工作检查评比，评选出物资局工会、县社工会、商业局工会、粮食局工会为职工生活先进系统。从检查的情况看，一是各单位党政领导对职工生活劳动保护工作非常重视，二是职工福利待遇和各种生活设施不断提高。全年有143个单位对630名生活有困难的职工给予生活补助9万多元，各级工会发动职工为10名受灾职工捐款2万余元，解决了他们的临时困难。一些单位还为职工办理保险，如建筑公司为全体职工办理了人身意外伤害保险，油棉五厂为临时工办理养老保险等。在劳动保护方面，各级工会认真贯彻全国总工会关于劳动保护的三个条例，不断搞好安全生产卫生工作，全年无重大伤亡事故发生。

1993年，各级党政领导对职工生活工作的认识越来越高。各基层单位普遍制定了搞好职工生活的规划和措施，做到生产、生活统筹安排，同步发展。各单位食堂卫生、机械化水平等都有不同程度的提高，职工宿舍紧张的状况进一步缓解，离退休职工的管理服务越搞越好。8月份，县总工会组织进行了职工生活和女职工劳动保护工作检查评比，评出了搪瓷厂、县医院、供电局、油棉五厂等17个单位为职工生活先进单位，并及时推广了他们的先进经验，促进了全县职工生活工作的深入发展。截至年底，全县已建职工食堂605个，托幼园所14处，小浴室75个，并有117个单位建立了退（离）休职工管理服务组织，多数单位建立了退（离）休职工活动室，对他们定期走访慰问。一些单位还为职工办理了财产保险和人身意外伤害保险等。1993年以来，全县经济不太景气，亏损企业和停产半停产企业增多，困难职工增加。县总工会对全县亏损企业的职工生活情况进行了调查，积极向上级领导做反映，当省总工会拨给的救济款及时发放给了特困职工。同时，县总工会发动基层工会对困难职工进行了走访，全县共有128个单位对780名生活有困难的职工给予补助56410元，体现了党和工会组织的温暖。地区工会成立全区职工互助互济储金会，各级工会发动职工群众积极参加，黄河河务局、邮电局、搪瓷厂、农行、建行、公路局、供电局、交通局、招待所、书店、师范、外贸局机关等十几个单位工会这项工作行动快，任务完成得比较好。在劳动保护方面，各级工会认真贯彻全国总工会关于劳动保护的三个条例，充分发挥工会对安全生产的群众监督作用。县总工会联合有关部门全年进行了两次安全生产检查。基层单位已建立劳动保护监督检查委员会32个，配备工会小组劳动保护检查员415人，经常开展群众性的安全监督活动，保证了安全生产、文明生产。各基层单位工会还积极参与劳动争议调解工作，从而使企业的各种劳动争议依法得到了合理解决，维护了职工群众的合法权益。

1994年，县总工会集中力量对全县亏损企业的职工生活困难情况进行了全面调查，及时把调查情况向上级工会和县委、县政府反映。县总工会联合有关部门在县直机关、企事业单位中广泛开展了“为特困企业职工募捐资金送温暖”活动，收到捐款7万多元，及时发放给了特困职工，体现了党和工会组织的温暖。1994年，各基层工会配合单位党政普遍制定了搞好职工生活的规划和措施，做到了生产、生活统筹安排，同步发展。截至年底，全县已建职工食堂507个，托、幼园所14处，小浴室75个，各单位职工宿舍紧张状况进一步缓解，并有117个单位建立了退（离）休职工管理服务组织。一些单位还为职工办理了财产保险和人身意外伤害保险等，受到职工群众的欢迎。各级工会认真贯彻全国总工会关于劳动保护的三个条例，经常开展群众性的安全监督活动。县总工会联合有关部门全年进行了两次安全生产检查，并派员参加了乡镇企业安全工作检查，有力地促进了全县企业安全卫生工作。县总工会还直接参加了全县劳动用工大检查，对企业劳动关系方面出现的新情况进行了认真的调查研究，各基层工会作为劳动争议调解委员会的工作机构，努力做好劳动争议调解工作，从而使企业的各种劳动争议依法得到了合理解决，维护了职工群众的合法权益。

1996年，全县各级工会在积极参与和推进社会保障制度建立的同时，重点抓了自身能够做到的一些补充性工作。一是大力开展“送温暖”活动。1996年春节期间，县总工会对全县79个企业进行走访调查，并将调查情况及时向县委县政府汇报，引起县领导的重视。召开了“送温暖”活动动员大会，通过企业主管部门内部调剂、财政拨款、银行贷款“三家抬”和广泛发动社会各界募捐等方式筹集资金20多万元，及时发放到困难企业和特困职工手中，稳定了职工情绪。这项工作得到县委、县政府的充分肯定。二是努力为职工再就业提供服务。县总工会职工学校根据社会需求和职工要求，增设微机课程，全年办班6期，培训下岗待业职工180人。三是做好源头参与，妥善安置破产企业职工。四是建立特困职工档案。职工自我保障机制的初步形成，为困难职工解决大量实际问题，在社会保障制度还不够健全完善的情况下，起到了很好的拾遗补阙作用。

1997年，县总工会在认真履行工会维护职能、切实保障职工合法权益方面做了大量细致的工作。县总工会集中力量对全县亏损、停产、半停产企业职工生活困难情况进行全面摸底，走访慰问，将情况及时向县委、县政府进行汇报，引起县委、县政府的高度重视。并对各企业亏损原因进行分析研究，对企业扭亏增盈工作提出工会方面的建议，为县委、县政府决策提供参考依据，为搞好送温暖工程工作奠定了良好的基础。1997年，县总工会“送温暖工程”基金组织运转良好。通过政府财政拨款、社会捐助、银行贷款等各种措施，共筹措资金78万元。共帮助困难职工5200户，帮助1400户职工脱贫。不断开展职工就业培训工作，提高下岗职工再就业能力。县总工会充分发挥自身优势，开办了微机、缝纫等技术培训班，共举办各种职业技能培训班17次，培训职工1850人。增加就业观念宣传力度，帮助下岗工人改变过去从事私营、个体不算就业的传统观念，并及时向有关部门建议，争取对下岗职工从事私营、个体经营给予优惠政策。全县有860余名下岗职工从事私营、个体经营活动，走上了脱贫之路。县食品公司工会会员张勤城下岗后联合食品公司一些下岗工人创办郓城黄河食品有限公司，通过滚动发展，已初具规模，1997年产值达180余万元，实现利税20多万元，不仅自己走上了致富之路，而且安置下岗工人30余名，成为全县下岗再就业的典型。全县各基层工会也充分发挥自身优势，大力开展本企业下岗工人再就业工作，极大地缓解了社会就业压力，为政府部门分忧解难，其而提高了工会工作的社会影响，有效地发挥了工会维护职能，为郓城经济发展做出了积极贡献。6月份，为促进职工生活、职工劳动保护工作的深入开展，县总工会联合劳动、安全办、消防等部门对全县企业劳动保护、安全生产进行了大检查，共检查单位21个，查出安全隐患7处，下达限期整改通知书7份，保障了职工人身安全，促进了全县企业安全生产工作。10月份，县总工会对一些基层单位的职工之家进行了抽查，对公路局、邮电局等职工小家建设先进典型进行了表扬，并及时推广了他们的先进经验，提高了基层单位对抓好职工生活工作重要性的认识。

1998年，全县各级工会组织，从稳定职工队伍、稳定社会的大局出发，积极关心困难职工生活。县总工会集中主要力量对亏损、停产、半停产企业职工生活情况进行了走访。并在当年6月份和12月份对全县下岗职工分流安置情况进行了全面调查摸底，澄清了全县下岗职工及困难职工的底数，为领导决策提供了依据。1997年春节，县总工会联合劳动、民政等有关部门，

通过财政拨款、企业资助、社会捐献等各种形式，募集送温暖基金78万余元，救助困难职工5000余户，同时各级工会积极搞好节日慰问工作，为特困职工、离退休干部职工送去慰问金和慰问品。并积极协助企业行政搞好职工养老保险和退休金统筹工作，督促企业将退休统筹金和职工养老保险金足额到位。全县各级工会为全县1417户困难职工建立了困难职工档案，全县进入下岗再就业中心的下岗职工已全部领到了每月120元的下岗职工生活费，全年有1979名下岗职工实现了分流再就业。7月份，县总工会对全县考上大学的下岗职工子女进行了调查，并积极为他们争取“下岗职工子女就学基金”，通过各有关部门的共同努力，为全县23名考上大学的下岗职工子女争取到了4.6万元的政府资助，缓解了下岗职工子女的就学困难。在搞好下岗职工再就业工作的同时，不断加强下岗职工培训工作，转变下岗职工思想观念，全年县总工会及各基层工会共举办各类学习班30余次，培训下岗职工1760余人次。不断拓宽就业门路，积极为下岗职工提供再就业信息，充分发挥工会为下岗职工解难，为县委、县政府分忧的社会效能。

2004年，县总工会在对全县困难职工进行全面调查的基础上，县委办公室和县政府办公室下发《关于在全县开展结对帮扶进万家活动的意见》，在全县开展结对帮扶活动。2005年，在档困难职工人数1569人。至2005年底，为县领导结对43户，为单位结对103户。通过活动的开展，帮助帮扶对象实现再就业58人，实现自主创业67人。

从2009年开始，县政府每年拨款20万元，县总工会拨付5万元用于帮扶工作。中心专门设立了困难职工帮扶资金专户，实行单独立账，独立核算，专款专用。9月份，经过广泛调查摸底，郓城县总工会帮扶中心工作人员对全县的困难职工进行调查摸底，为1092名困难职工建立健全了电子档案，实现了困难职工档案的动态管理。多方筹措资金，全年共为全县812名困难职工和农民工发放了27.6万余元的救助金，把党和政府的温暖和工会组织的关怀送到他们的心坎上。继续抓好“金秋助学”活动。县总工会全年共对23名应届贫困大中专学生发放了24000元的救助金。自2006年起，县总工会在县一中设立了助学金制度，2009年又拿出25000元为50名品学兼优，家庭生活困难的下岗职工、农民工子女发放了每人500元的助学金。积极做好促进就业和扶持就业工作。建立了县劳动技校、新华技校、县总工会微机培训中心3个职工再就业培训基地，各级工会充分利用“郓城县职工再就业培训基地”这个培训网络，举办各类创业培训班，县总工会还拨款1万元对他们进行了补助。2009年，各培训基地开办的职业技能培训班共培训下岗职工1352人次。为加快下岗失业人员再就业步伐，拓宽就业渠道，县总工会把具有一定生产规模，劳动用工规范，可吸纳下岗人员多，有发展潜力的华灵集团、圣达集团、瑞丰搪瓷、恒基机械认定为下岗职工再就业基地。2009年，各就业基地共吸纳下岗职工569人。充分发挥困难职工帮扶中心作用，建立健全帮扶工作长效机制，积极有效地为困难职工服务。截至10月底，共提供就

业岗位1466个，使809名下岗职工实现了再就业，提供信访咨询与法律援助25人次。

2013年，按照县委、县政府“两节”送温暖工作的总体部署，认真落实2013年春节送温暖活动安排，根据掌握的困难职工调查摸底情况，共发放救助金29.7万元。积极开展“春风行动”，做好困难下岗失业职工和农民工的就业再就业问题。坚持高效快捷的服务宗旨，利用“19”援助日、信访接待、法律服务、再就业援助和生活困难救助等方式做好帮扶救助工作。全年帮扶中心共接待困难职工、农民工来信、来访72人次，帮扶困难职工58人次，为职工处理维权案件8件，挽回经济损失59万多元。扎实开展“面对面、心贴心、实打实服务职工在基层”活动。积极筹措资金3.6万元，购买毛巾、绿豆、绿茶等防暑降温用品，对9家企业1800余名职工进行了慰问。举办了金秋助学活动，共为79名当年录取的大学生发放助学金8万多元。同时坚持在郓城一中设立助学金，解决好困难职工子女上学难问题。积极协助政府做好下岗失业职工和困难农民工就业再就业，对就业困难职工和农民工进行职业介绍以及实用性技能培训，帮助其实现就业再就业。做好来访职工、农民工申请的法律援助工作。

2014年，对信访接待、政策咨询、生活救助、法律援助、医疗救助等工作程序和实施帮扶工作管理系统进行了分类建档，一人一档，采取动态式管理。全年累计救助困难职工1059人，发放救助金36.5万元。在全县建立了困难职工帮扶网络，共建立帮扶站点28处。县职工服务中心（帮扶中心）共接访职工231人次，为下岗职工、农民工处理维权案例5起，挽回经济损失80余万元，咨询电话210余次。10月份，郓城县职工服务中心视频专题片《情系职工依法维权》在全市现场推进会进行了播放。积极开展“金秋助学”活动。对提出助学申请的困难家庭学子，逐户进行走访、调查，经审查合格者予以公示。2014年，共为22名考上大学家庭困难的学生发放助学金4.9万元。自2006年开始，县总工会与郓城一中结成帮扶对子，2014年发放助学金2.5万元，9年中共救助困难职工、农民工子女423人，发放救助金29.8万余元。8月份，县总工会积极筹备资金4.6万元，购买毛巾、绿豆、水杯等防暑降温物品，深入到9家企业对2000余名职工开展了“送清凉”活动，同时发放职工维权知识问答1000余份，工会会员手册、农民工维权手册2000余册。

督导企业完善用工合同，维护职工合法权益。6月，由郓城县人力资源和社会保障局、县总工会、县工商联、县经贸局4家组成的联合督导检查小组，对郓城县中小企业进行了劳动合同、集体合同、工资集体协调协议等签订情况进行了突击检查，工资集体协商合同签订率达到85%以上，同时对5家合同不健全的企业下达了限期整改令。

2015年，县困难职工帮扶中心转型升级为职工服务中心，对原有办公场所进行了更新改造。现中心拥有工作场地面积100多平方米，其中接待大厅40平方米。设立了信息网络系统，达到了《全国工会帮扶工作管理系统》使用要求，通过了省、市工会验收。中心设有困难职工帮扶、职工创业孵化、职工技能培训、职工法律维权、劳动争议调解、职工鹊桥服务等6个服务平台和领导接访、职工心理咨询两个工作室。现有在编工作人员10名，外聘律师、心理咨询师等3人。各项惠员活动稳步推进。一是“冬送温暖”活动。春节前后走访困难职工56户，完善困难职工电子档案，在此基础上开展了特困职工帮扶救助活动，发放慰问金55.6万元，救助困难职工1021人。慰问劳动模范37人，发放劳模慰问金10.1万元。二是“春风行动”活动。2月份和人社局等单位联合积极开展联系企业100余家提供就业岗位5000余个，达成就职意向2000余人。三是“夏送清凉”活动。“平安度夏送清凉”活动以高危、高温行业为重点，以五送为主要内容：即送物资、送政策、送健康、送安全、送培训等为内容，把“夏送清凉”做成工会保障职工生命安全的有效载体。筹集资金5万元，走访慰问企业12家，慰问职工2000人，为职工（农民工）提供健康体检活动350人，举办文化消暑晚会2场；开展安全培训3000人次。四是“金秋助学”活动。活动共筹集资金6.9万元，救助困难学生23人。五是“惠员工程”建设。联合邮政储蓄银行发行的工会会员“普惠卡”已得到了60多商家赞同，已有47家商家签署了普惠意向，为4856人办理了菏泽市工会会员卡。工资集体协商工作扎实有效。县总工会联合县人社局，通过与县政府联席会议，以县委办公室、县政府办公室文件的形式印发《郓城县企业职工工资集体协商制度》，成立郓城县企业职工工资集体协商领导小组。定期对郓城县中小企业进行劳动合同、集体合同、工资集体协调协议等签订情况进行检查，促进了该项工作的顺利开展。目前全县共有企业1084家，签订合同932家，签订率达到86%。

2016年，县总工会扎实开展帮贫扶贫和送温暖工作，切实解决职工困难问题是开展“春风行动”活动。2016年2月19日，县总工会联合郓城县人民政府、人社局、妇联等单位举办的“郓城县2016年‘春风行动’暨高校毕业生、企业用工洽谈会”在唐塔广场隆重举行，本次招聘会吸引了160余家企业参与，提供就业岗位近1万余个，前往求职者突破5000余人次，共有2000余人次达成了就业意向。二是开展“夏送清凉”活动。活动期间，筹集慰问资金13万元，其中工会经费投入8万元，其他5万元。走访企业和工地25家，开展监督检查活动6次，走访慰问活动25次，慰问职工（农民工）11500人次，发放防暑降温用品13万元，为职工（农民工）提供健康体检活动35人次。推动政府制定有关改善职工（农民工）生产生活条件的政策规定1件，推动企业行政制定有关改善职工（农民工）生产生活条件的防护措施5件，督促企业整改危害职工（农民工）身心健康和生命安全的事故隐患65件，涉及农民工6600人次。被省总工会评选为山东省职工维权法律服务示范单位。三是开展工资集体协商制度建设。县总工会联合人社局、经信局等有关单位督导企业签订工资集体协商协议、集体合同等。全县共有企业1091家，签订合同993家，签订率达到91%。四是积极搞好“金秋助学”活动。活动期间，县总工会积极配合县委县政府广泛动员全社会力量，积极筹措资金并搞好入户调查等工作，确保助学金真正发放到困难的学生手中。本次活动共筹集资金8.6万元，救助学生61人。五是持续推进“普惠工程”。5月31日上午，郓城县“普惠工程”推进会在县邮政公司五楼会议举行，联合邮政储蓄银行发行的工会会员“普惠卡”已有100多家商家签署了普惠意向，为8577人办理了菏泽市工会会员卡。六是建立困难职工档案。切实加强困难职工档案动态管理，截至2016年共有困难职工档案2785人，解困脱困人员2002人，为“冬送温暖”发放困难职工救助金做好了充分准备。七是积极开展困难职工救助帮扶活动。为充分发挥工会组织在加强社会建设中的作用，推动和完善社会救助体系，促进工会送温暖经常化、制度化建设，2016年度郓城县总工会积极开展了困难职工救助活动，并多方筹措资金68.6万元，为全县1161名因病致困和遭受意外伤害、灾害的困难职工家庭实施了救助和入户慰问。八是开展“帮扶送教育”活动。5月27日，在“六一”国际儿童节到来之际，为帮助家庭生活困难的职工、特别是单亲困难女职工和女农民工子女顺利完成学业，郓城县总工会“双联双创”下乡“帮扶送教育”活动在郓城县杨庄集镇张康小学举行，此次活动，县总工会积极筹集资金购买的学习用品和生活用品，为60名困难职工子女送上了一份真诚的温暖和关爱。

第三节 女工工作

中华人民共和国成立后，随着妇女社会地位的不断提高，妇女参加工作、劳动的人数逐年增多。进入20世纪50年代女工工作开始纳入工会的工作日程，但由于长期封建意识的残余影响，男女职工之间的不平等现象还较普遍存在，女工“五期”保护无人过问。党的十一届三中全会后，县总工会切实加强了对全县女工工作的领导，并于1986年在县总工会设立了“女工部”，各基层工会也都相继成立了女工委员会。截至1987年，全县各级工会先后配备专（兼）职女工干部230人，形成了一支强有力的女工干部队伍，多数单位的女工组织能够全面关心女职工的思想、工作和生活，积极组织女工学政治、学文化、学业务，在职工中广泛开展了“自强、自爱、自重、自尊”教育，充分发挥了女工在各项工作中的重要作用。各系统和各单位认真贯彻执行国家的有关规定，制定了女工“五期”保护措施，为女工建立了健康卡片。县总工会每年都联合妇联、保健站，对全县女职工进行以防癌为主的疾病检查。先后使120多名女职工的疾病得到及时发现和治疗，保护了女职工的身心健康。1987年4月，为解决大龄青年的婚姻问题，县总工会成立了“婚姻介绍所”，各基层工会也都成立了“红娘小组”。是年，为大龄青年牵线搭桥15例。

1989年，各级女工组织进一步建立健全。多数单位能够全面关心女职工的思想、工作和生活，积极组织女工学政治、学文化、学业务。在女工中广泛开展了“四自”（自尊、自信、自立、自强）教育，充分发挥了女工在各项工作中的作用。各单位认真贯彻执行国务院《女职工劳动保护规定》，制定了女职工“五期”保护措施。定期组织女工进行体检，有的还为女工建立了健康卡片。

1990年，县总工会先后组织了“三八”节妇女座谈会、县直托幼园所检查、女工健康查体、女工干部培训班、女职工劳动保护工作检查评比等活动，进一步活跃了县工会女工工作，维护了女职工的特殊利益。

1991年，各级工会女职工委员会进一步建立健全。县总工会女职工委员会在全县女职工中开展了“学先模事迹，树‘四自’精神，为‘八五’计划多做贡献”立功竞赛活动，充分发挥了女工在各项工作中的作用，并在地区女职工工作会议上做了经验介绍，受到省总工会表彰。

1992年，在加强女工组织机构建设的基础上，全县各级工会以学习宣传《妇女权益保障法》为契机，注重抓好制度建设和活动的开展。为了提高女工干部的业务素质，增强参与改革的积极性，于5月份组织举办了女工干部培训班，在宣传《妇女权益保障法》活动中，与县妇联联合上街开展宣传和咨询活动。于“三八”节期间召开了女工委一届三次全委会。“六一”节到县直托幼园所进行了慰问，12月份组织举办了女职工“五期”保护知识竞赛活动，进一步活跃了女职工工作，维护了女职工的特殊利益。

1993年，各级工会认真宣传贯彻《妇女

权益保障法》和全国总工会《工会女职工委员会条例》，根据上级工会的部署，继续开展了女职工工作目标管理竞赛和女职工“学先模事迹，树‘四自’精神，为‘八五’计划多做贡献”立功竞赛活动，80%以上的女职工参加了这一活动。8月份县总工会检查了女职工劳动保护工作，及时推广了女工保护工作先进单位的典型经验，从而较好地维护了女职工的特殊利益。

1994年，县总工会女职工委员会在全县女职工中广泛开展了“齐鲁巾帼迎‘九五’”，携手勇闯新三关（文化关、技术关、智慧关）活动，充分发挥了女职工在各项工作中的重要作用。4、5月份，各单位工会普遍组织开展了女工查体工作，70%以上的女职工参加了健康查体。与有关部门联合举办了“保险杯”全县妇女法律知识竞赛，组织女职工积极参加了全国“迪康杯”迎“九五”世界妇女大会知识大奖赛等，促进了全县女职工学政治、学文化、学法律活动的深入开展。

1995年，全县女职工组织进一步健全，部分新组建工会的乡镇企业、外资企业、股份合作企业也按规定成立了女职工委员会，配备了女工委主任，并正常开展了各项活动。“三八”节期间，县总工会组织召开了女职工座谈会、文艺演出等一系列庆祝活动。各单位工会配合行政认真贯彻落实《劳动法》和《妇女权益保障法》，普遍制定落实了女职工“五期”保护措施，维护了女职工的特殊利益。例如，公路局女工委牵头为生育女职工签订了产假合同，保障了女职工的切身利益。4、5月份，各级工会还普遍组织开展了女工查体工作，140多名患病女工得到及时发现、治疗，受到女职工欢迎。

1996年，女职工组织进一步健全，凡符合规定的单位全部建立起女职工委员会。“三八”节召开了女职工座谈会，7月份组织进行女工工作大检查，11月份组织千名女职工参加了全区“天香杯”学理论、学法规知识竞赛。

1997年，基层工会按要求全部建立起了女职工委员会。新组建工会的乡镇企业、外资企业、股份合作制企业也都按规定成立了女职工委员会，正常开展工作。“三八”妇女节期间，县总工会组织了文艺演出，共有300多名女工参加了这一活动。各基层女工委员会也同时开展了一系列活动，使全县女职工充分受到了组织的关怀。

1998年，各级工会认真落实《劳动法》和《妇女权益保障法》，认真执行女职工“五期”保护措施，维护了女职工的特殊权益。9月份，组织参加了全省女职工劳动保护知识竞赛，共发放收回试卷500份，促进了全县女职工劳动保护工作的开展。

1999—2012年，由于工会内设机构合并，女工部合并到生产部，女工工作不再单独记载。

2013年，按照“工会工作开展到哪里，女职工工作就开展到哪里”的原则，做到女职工组织与工会组建工作“三同时”，健全女职工组织网络，扩大女职工组织覆盖面。2013年，全县在签订集体合同的企业中，女职工专项集体合同签订率达98%，覆盖女职工5.8万人。积极组织女工干部参加学习培训，提高女职工的综合素质。“三八”妇女节期间，与县妇联共同开展了《女职工劳动保护特别规定》知识竞赛活动，5月份开展了女职工互助保障工作。

2014年，全县在签订集体合同的企业中，女职工专项集体合同签订率达98%，覆盖女职工5.92万人。“三八”妇女节期间，与县妇联联合开展了《女职工劳动保护特别规定》知识竞赛活动，共有12家企业500余名职工参加了竞赛。5月份开展了女职工互助保障计

划，共有8家企业400余名女职工参加了健康培训。7月，开展了女职工“关爱活动”，共走访、帮扶单亲困难女职工40余人。10月14日，代表全市迎接了省总工会女职工专项集体合同调研检查，检查组对郓城县女职工工作给予了高度评价。

2015年，全县在签订集体合同的企业中，女职工专项集体合同签订率达98%，覆盖女职工78123人。组织女工干部参加学习培训，提高女职工的综合素质。“三八”妇女节期间，组织开展了《女职工劳动保护特别规定》知识竞赛活动，共有22家企业2000余名职工参加答题。5月份开展了女职工互助保障计划，共有8家企业400余名女职工参加了健康培训。10月份开展了关爱女工行动，为16名困难女职工每人发放了1500元的救助金。

2016年，县总工会健全女职工组织网络，扩大女职工组织覆盖面。全县在签订集体合同的企业中，女职工专项集体合同签订率达98%，覆盖女职工97246人。6月份积极组织女职工参加了“安康杯”竞赛和“查保促”活动，并提出合理化建议2234条。为深入贯彻落实《女职工劳动保护特别规定》，加强女职工“四期”保护，妥善解决女职工在生理卫生、哺乳方面的困难，县总工会积极推进“爱心妈妈小屋”建设，提供规范统一的标准，统一配置了宣传海报、报架和妈妈护理箱及妈妈小屋使用公约等，统一铭牌，是年，全县共创建“爱心妈妈小屋”2个。

2017年3月4日，县总工会扎实工展女职工工作，在郓州街道四楼会议室举办了庆“三八”妇女节联欢活动，全县共有200余名女职工参加了演出。3月13日，开展了“女职工维权”行动月宣传活动。此次活动，通过悬挂条幅、发放宣传资料等形式向女职工及农民工宣传了《女职工劳动保护特别规定》、《工会法》、《妇女权益保障法》等法律法规。活动现场对100余名女职工及农民工咨询的问题给予了解答，发放宣传资料400余册，宣传页1000余张。同时开展“情系三月关爱女工”帮扶活动，对全县单亲困难女职工发放了“关爱女职工行动”资金。4月份以来积极组织全县女职工参加菏泽市第一届“书香三八”——“注重家教家风培育家国情怀”读书征文活动，活动共收集各类作品34幅。5月份举办了6期女职工健康知识讲座，来自财政局、畜牧局、供电公司、第一初级中学、南城中学和东关小学等单位共计518名女职工参加了本次讲座。“六一”前夕县总工会来到杨庄集镇洼里村小学开展了以关爱困难女职工和女农民工子女义务教育为重点的“帮扶送教育”活动。本次活动共帮扶困难职工子女138人。积极联系有关单位大力推进“爱心妈妈小屋”建设，除按要求配备了消毒柜、电冰箱、微波炉、床等，还为妈妈们配备了湿巾、乳垫等护理用品，同时还在墙上张贴母乳喂养的好处、孕期保健、产后保健、科学喂养知识等宣传画。截至到2017年全县共建成爱心妈妈小屋4家。

第七章　工会财务

第一节　概　况

工会财务工作是工会工作的物质基础，是工会密切联系群众的重要方面，是工会贯彻党和国家有关方针、政策的一个渠道，是工会工作的一个重要组成部分。工会财务工作不仅是技术工作，更重要的是群众工作、政治工作。通过财务工作，不仅能综合反映工会的全面工作，更重要的促进工会全面工作的发展，财务工作的好坏，直接关系到整个工会工作的好坏。

工会财务工作的管理体制，经费的留解比例，财务管理，规章制度以及工作方法都发生了很大变化。

1950 年 8 月至 1958 年上半年，实行行政方面向工会拨交经费和劳动保险费的制度，实行了全国工会经费的垂直管理。其管理原则是："统一管理、分级管理、专款专用、划分比例"，开创了工会独立管理经费的新纪元，这一阶段可称为开创并走上正常发展的阶段。

1958 年的下半年至 1961 年，是工会财务工作受到"左"的思想影响，放弃"统一领导、分级管理"的原则，造成严重混乱的阶段。这一阶段，全国总工会撤销了财务部，调走财务干部，省、县总工会的财务机构也相继撤销，财务干部纷纷调离工会，基层工会的财务工作处于无人领导的混乱状态。这一阶段可称之为混乱阶段。

1962 年至 1967 年夏，是工会财务工作重新进行整顿建设阶段。这一阶段全国总工会总结了经验教训，做出了《关于加强工会财务工作的决定》。全国总工会到基层恢复了财务机构，建立健全了规章制度，财务工作的形势迅速好转起来。

1967 年夏至 1972 年末，由于开展了"文化大革命"，工会组织被破坏，行政向工会拨交工会经费和劳动保险金逐渐减少，至 1969 年上半年全部停止，工会财务被取消。

1973 年至 1978 年末，中央决定恢复工会组织原来的名称，其经费由财政列入预算，按月拨款解决。但基层工会仍无经费，这一阶段称之为半恢复阶段。

1979 年至 1985 年，国家决定恢复行政方面向工会拨交工会经费（不包括劳保金），从而完全恢复了工会独立管理经费的制度，随之全县总工会、省总工会、县总工会制定了一整套财务规章制度。全县总工会于 1981 年 11 月 22 日做出了《关于加强工会财务工作若干问题的决定》，郓城县各级工会对财务工作进行了整顿和建设，这一阶段称之为恢复阶段。

1986 年以来，全国总工会根据全国政治经济改革开放的新形势，做出了关于工会财务以事业养事业，兴办经济实体，更好地为职工群众服务的措施。

1993 年，工会兴办经济事业工作继续发展。县总工会与各方面联合，办起了美术服务中心和甲鱼养殖推广中心。教育系统基层工会共举办经济实体36个，有印刷厂、服装厂、教学仪器厂、粉笔厂等，1993年年产值达210多万元，盈利60多万元。县邮电局、搪瓷厂、工商局、农行等单位工会兴办的经济实体也已初具规模。

第二节 管理体制

1950年10月22日，全国总工会召开第一次财务工作会议，决定建立工会财务制度，统一管理工会经费。

1950年12月26日，全国总工会决定会员交纳的会费10%上缴全国总工会，基层自留20%，剩余的20%和50%的工作费全部归县总工会掌握，用于工会基层组织工作的经费。县总工会本身的经费编造预算，由国全总工会拨款解决。

1956年前，县总工会的经费由全总集中统一管理，所需经费由全国总工会按预算拨给，年终结余全部上缴。

1957年1月11日，全国总工会和总行通知，自二月起会费给基层增加10%，即基层80%，省总工会、全国总工会各10%。1957年7月1日，执行新的规定：会费基层留用80%，县10%，省和全国总工会各5%；工会经费和文教费合并使用，统称工会经费，留解比例为：基层60%，县10%，省25%，全国总工会5%。

1959年下半年起，会费全部留基层，不再逐级上解。

自1963年1月起，国家机关和银行改按工资总额的百分之一拨交工会经费。

1967年夏，工会组织被砸乱，行政方面向工会拨交工会经费至1969年下半年全部停止，工会财务被取消。

1973年1月，中央决定恢复工会组织，但没有恢复行政拨款工会经费。我县总工会的经费由财政列入预算，按月拨款解决，主要解决人员工资。基层没有经费，活动经费由行政按每个职工每月三角的文体、宣传费中掌握使用。

1978年12月22日，财政部和全总联合发出通知，自1979年1月起，恢复企业、事业、机关的行政方面拨交工会经费。企事业按工资总额2%，国家机关按工资总额的1%，于每月15日前将当月工会经费交到银行，从而恢复了工会独立管理经费的制度，并就关于财务管理体制做出了规定，全国总工会实行“统一管理、分级管理”，即在全总的统一领导下，分为全国总工会、省（市）总工会、县总工会、基层工会四级管理经费。留解比例定为：基层工会定为60%，县总工会20%，省工会15%，全总5%。会费定为按会员工资收入的0.5%计收，工资尾数不足的不计，全部留基层使用。业教经费定为在2%，工会经费中的25%至37.5%之内掌握使用。为了培养实现“四化”的人才，保证县总工会职工业校的经费需要，县总工会于1986年3月10日发出通知，规定全县所有基层工会上交县总工会业教费10%。

第三节 工作情况

近70年来，在上级工会和各级党委的领导之下，经过各级工会和广大工会财务干部的努力，郓城县总工会财务工作取得了很大成绩。

一、千方百计收好经费

收好、管好、用好工会的各项经费，是工会财务工作的三项基本任务。其中收是前提，管是手段，用是目的，前者制约着后两者，后两者又促进了前者，三者却一不可。

自1979年恢复独立管理经费后的9年来，面对一切都要从头做起的困难局面，县总工会财务干部，始终把收缴经费的工作抓住不放，做了大量的工作，采取了一些有效的措施，使经费收入逐年上升，1979年县总工会拨交经费为34700元，1980年为66800元，1981年为79800元，1982年为91500元，1983年为90700元，1984年为97200元，1985年为120600元，1986年为133900元，1987年为157000元。

1998年，在全县企业不景气的情况下，共收缴经费60余万元，在完成经费上解任务的同时，保证了县总工会工作人员的工资发放和各项工作的正常开展。

郓城县总工会自2005年开展地税代收工会经费工作，在县地税局的大力支持和密切配合下，通过精心组织、明确职责，广泛宣传、优化服务，强化代收与管理等措施，不断开拓创新，实现了地税代收工会经费工作的新突破。2009年，地税代收工会经费达到212万元，与2005年相比增长5.6倍，有力地保证了全县总工会工作的深入开展。

2014年全县总工会财务工作有了较大突破，被评为全省工会财务工作先进单位，保证了工会工作的正常开展。基层工会经审委与工会委员会实行“三同时”，基层工会经审会组建率达100%，逐步形成规范的工作制度，使工会经审工作走上制度化、规范化、科学化。同时，进一步加大干部的培训力度，不断提高经审干部开展工作的能力。

2016年，按照市总工会下发的财务经审工作规范化建设标准，县总工会建立健全了机构和相关制度，按规定配备了人员，工会经审、财务等工作开展顺利。2016年5月，顺利完了市总工会对县区财务收支情况的审查。

采取的措施主要有：

1. 加强宣传教育，提高拨交经费的自觉性。始终把企业、事业和行政机关的财务人员和各级工会的专兼职干部进行宣传教育，作为收好经费的一项重要措施，教育广大财会人员把按月、按时、按数向工会拨交经费的认识水平，提高到执行不执行政府法令的高度，以提高其拨交经费的自觉性。

2. 做过细工作，利用各种形式催缴每季对欠缴单位发一次催缴单，个别单位打电话催缴或登门催缴，这些方法均无效就通过银行扣缴。

3. 各方配合，力争收齐收全。在工作中，注意和县财政统计、审计劳动、银行各主管科局等单位密切配合，争取他们的支持。县总工会和财政、统计、银行联合下发了《关于严格按（工会法）规定拨交工会经费的通知》《关于重甲按工资总额组成规定计拨工会经费的通知》等文件，解决了不同时期存在的问题。

4. 加强组织领导，营造代收工作良好氛围。2005年，县总工会提请县委、县政府印发了《关于工会经费委托地税局代收的意见》，下发了《关于收缴工会经费的通知》，详细规定了代收的范围、代收的比例、代收的程序等。同时，还通过政策文件宣传、会议宣传、征收大厅宣传、登门宣传等多种形式，向社会各界宣传《工会法》及山东省总工会、山东省财政厅、山东省审计厅联合下发的《关于进一步加强对工会经费收支管理工作的通知》等文件，加强了对企事业单位工会经费代收工作的深入宣传，进一步提高了社会各界对工会经费收缴新体制的思想认识。二是加强有效沟通，共同做好工会经费收缴工作。工会经费地税代收涉及量大面广，又是一项新工作，实施过程中难免会遇到一些阻力。对此，县总工会抽调一名副主席专门负责地税代收工作，经常带领工会财务人员到地税征收分局，及时协调解决工会经费收缴中出现的各种问题。三是调动一切积极因素，拓宽工会经费收缴渠道。为把地税代收工会经费工作做好，杜绝漏拨、漏缴情况的发生，县总工会与县地税局于 2009 年 8 月联合下发了《关于开展工会经费审计的通知》，由县地税稽查分局和县总工会经审委具体实施，对 43 家有关企业进行了为期两个月的工会经费收缴审计，共审计出漏拨漏缴工会经费 277493.99 元，为进一步做好工会经费拨缴工作打下了良好的基础。

5. 对全县在职市级以上劳动模范进行了考核。考核根据相关法规政策要求，对法人劳模采取现场查看资料、听取劳模述职报告、民主评议和征求所在单位意见的方式，对非法人劳模采取委托劳模所在单位工会采取听取劳模述职报告、民主评议的方式进行。为创新完善劳动模范管理机制，强化对劳动模范的激励和约束，增强其责任心和进取精神，根据菏泽市总工会下发的《关于对劳动模范实行动态管理的意见》要求，县总工会连续三年开展劳模考核工作，共考核劳模 180 人次。通过考核，有效地防止了劳动模范终身制带来的某些弊端，使劳动模范能够关注自身形象，时刻用劳动模范的标准来要求自己，有效增强了群众对劳动模范的监督，激励其发挥模范带头作用。通过对劳动模范的动态管理，推动了经费收缴工作。按照规定，对获得市级以上劳模称号的法人劳模实行工会经费一票否决，凡是不按时足额计提、上解工会经费，不依法依规管理使用经费的一律不得评为“优秀”等次。根据这一要求，对每一个在职的法人劳模开展年度专项审计，三年中，共审计补缴工会经费 136 万余元，有力地推动了工会经费收缴工作。

二、采取措施管好经费

1979 年恢复独立管理经费以来，一切从头开始，县总工会把管好经费作为用好经费的重要手段来抓，从建章建立制到开展财务检查，不断加强财务管理。

1. 建立规章制度，1980 年年初印发和贯彻执行全国总工会制定的《基层工会财务工作委员会暂行工作条例》《基层工会经费审查委员会暂行工作条例》《中华全国总工会关于工会财务纪律的规定》《基层工会组织预算会计科目表及其说明》《中华全国总工会关于县、市以上工会组织各项经费预决算编审工作的暂行规定》及预算会计科目。1981 年 10 月，转发了全国总工会《关于加强工会经费审查的通知》。1982 年初转发和贯彻执行了全国总工会制定的《关于工会财务体制和经费分成暂行规定》《关于县以上工会预算决算的暂行规定》《关于工会财务民主管理的暂行规定》《关于工会财产管理的暂行规定》《关于工会会计账簿、凭证、报表保管与销毁的暂行规定》《基层工会预算科目和会计科目》。

2. 召开财务会议。每年召开一次财务工作会议，总结上年的财务工作，部署本年的财务工作任务。

3. 执行预决算的编审制度。预决算编审制度是管好经费的根本制度，县总工会每年都下达关于编制预决算的通知，通知中对发现的下面模糊不清的问题重申说明，对掌握可能要发生的问题提醒注意，对如何编制上年决算和本年预算提出要求。

4. 开展财务检查。财务检查是搞好财务管理的一个重要手段，一个有效方法，根据省地工会的要求，县总工会每年第一季度检查一次上半年的财务工作。检查项目每年都以拨交经费是否足额，开支是否合理为主，财务检查的方法一般采取自查和抽查相结合，检查结束后，对成绩显著提高者进行表彰奖励。

第八章 人 物

第一节 历届主席、党组书记

曾伍德（1914～1998）

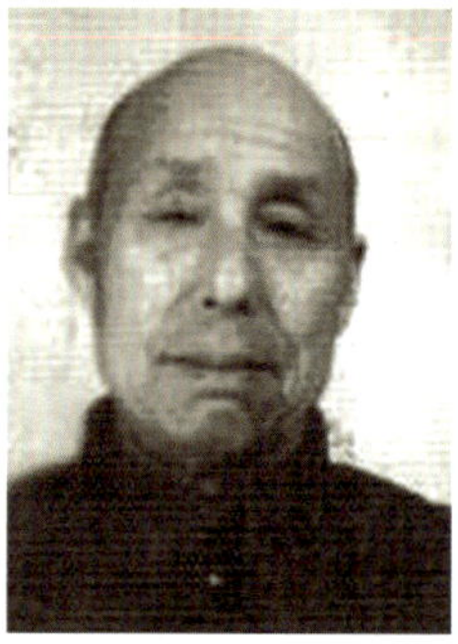

男，汉族，1914年6月出生，郓城县张鲁集镇苗庄人。初小文化，1939年入党。1940年参加工作。解放战争时期，任常庄区区长。1950年9月至1952年4月任郓城县总工会筹备委员会主席。1952年任郭官屯区区长。1954年任潘渡区区长。1956年，任河南省三门峡黄河工程局工会劳保队队长。1959年，任内蒙古自治区水利建设公司工会主席、劳资科长。1980年退休，1982年转离休，享受厅级干部待遇。

宋慕山（1905.2～1989.2）

男，汉族，1905年2月出生，山东省鄄城县引马镇前宋庄村人。1946年4月参加工作，1946年6月加入中国共产党。1946年4月到1948年12月历任鄄城三区工作员、组织委员、区长。1949年1月任郓巨县五区副区长。1949年9月任郓城一区区长。1951年10月任郓城县纪委秘书。1952年5月任郓城县总工会主席，1952年10月在平原省党校学习。1954年8月任复程县总工会主席。1956年4月任巨野县总工会主席。1959年9月任巨野县工业局局长。1960年9月退居二线。1964年退休，1978年6月改离休，享受县级干部待遇。

胡允宪（1914～1983）

男，汉族，1914出生，郓城县李集镇胡坑村人。1944年加入中国共产党。1945年8月参加革命工作，在寿张六区任宣传干事。1945年11月在地委党校学习。1946年7月，任寿张六区党委会社会委员、联合会主任。1948年4月任郓北四区党委会副书记。1949年2月任郓北六区党委会副书记。1949年10月任郓十区党委会书记。1952年11月，任郓城县总工会主席。1954年4月，任郓城二区书记。1955年6月，任陈坡区区长。1955年7月，在济南初级党校学习。1956年9月，任郓城税务局副局长。1958年6月任郓城财政局副局长。1962年5月任郓城干部疗养院党支部书记。1963年5月任郓城县煤炭公司党支部书记。1964年7月任郓城服务公司党支部书记。1975年10月，任郓城石油站党支部书记。1981年退休。

张林岳（1914~1999）

男，汉族，1914年出生，鄄城县闫什镇张志门村人。1938年加入共产党。1936至1937年任张志门村长。1937年参加八路军。新中国成立后任陈坡区第一任书记。1953年11月至1954年8月任郓城县总工会主席。1954年9月至1966年1月任郓城县工业（手工联合会）局局长。1966年1月退休。

武邦勤（1912.10~1970.7）

男，汉族，1912年10月出生，郓城县黄集乡大武人。1944年10月加入中国共产党。1944年初在郓北县老六区杨树村参加革命工作。历任郓北县八区联合会主任、副区长、九区联合会主任、菏泽地委工作组工作员。1949年1月至4月在菏泽地委干校参加学习。1949年5月在菏泽一区联合会任主任。1950年10月任郓城县老五区合作社主任。1951年12月任郓城县刘口乡组织委员。1952年8月至1954年8月，在平原省党校参加学习。1954年9月任郓城县工会主席。1962年1月任李集乡书记。1963年3月任侯集监察委员兼监察主任。1965年12月退休。

李魁先（1913.5~2004）

男，汉族，1913年5月出生，山东省梁山县洼李村人。1943年12月加入中国共产党。1944年10月加入寿张县八区抗联，任干事、农会主任。1945年12月历任郓城县一区联合会工农部长、组织委员、副区长、区长、副书记。1952年8月调任郓城县七区书记。1953年9月至1954年9月期间，在泰安省干速中进修。1954年9月任郓城县一区书记。1955年11月至1958年12月任郓城县总工会主席。1958年12月至1961年1月“文革”期间参加劳动。1961年1月至1965年5月恢复工作在潘渡公社任林业助理员。1973年9月恢复正处级退休。

王启玉（1916.7.20~1989.9.3）

男，汉族，原名李温如，1916年7月生，山东省肥城县王庄乡西焦村人，1939年9月入党，1939年10月参加工作。1939年10月至1940年1月，在太西地区转送文件。1940年1月至1941年2月，任太西交通科交通员。1941年2月至1941年11月，任鲁西区党委交通员。1941年11月至1942年3月，任冀鲁豫区党委发收员。1942年3月至1942年5月，任郓巨县工区委组织干事。1942年5月至1943年5月，任郓巨县工区委组织委员。1943年5月至1945年3月，任郓巨县联合会主任。1945年3月至1951年6月，任郓巨县二区、三区书记。1951年6月至1953年11月，任巨野县委监委书记（专职）。1953年11月至1955年7月，在省委党校学习。1955年7月至1956年6月，任郓城县委工作队组长。1956年6月至1958年3月，任郓城县委工业部部长。1958年3月至1959年7月，任郓城县赵楼公社书记。1959年7月至1962年8月，任郓城县委工业部部长。1962年6月至1963年4月，任郓城县总工会联合会主席。1963年4月至1966年12月，任郓城县武安公社党委第二书记。1966年12月至

1967年8月，任郓城县马集大队工作组长。1967年8月至1970年2月，任郓城县苏阁灌渠工作组长。1970年2月至1981年3月，任郓城县政府工办副主任。1981年4月离休。

王瑞臣（1927.8~1998.11）

男，汉族，1927年8月出生，山东省郓城县张鲁集镇王店村人，1944年11月入党，1947年9月参加工作。1947年9月至1952年9月，历任郓城县委会秘书处会计、管理员，办公室研究员、机要秘书。1952年9月，任郓城县第九区区委书记。1953年1月，任郓城县第十六区区委书记。1955年9月，任郓城县程屯区区委书记。1956年5月，任郓城县委会财贸部部长。1958年2月，任郓城县人民检察院检察长。1959年12月，任郓城县县委政治部部长。1963年3月，任郓城县总工会主席。1972年，郓城县工业局副局长。1973年2月退休，1982年改离休。

王云亭（1922.8~1991.8）

男，汉族，1922年8月出生，山东省梁山县芦里公社胡台庙村人，1939年入党，初中文化，1935年5月参加工作。1939年5月至1941年8月，寿张县四区区委会作青年工作。1941年8月至1945年4月，寿张县四区情报站任情报员。1945年4月至1945年12月，南旺县三区任区队长。1945年12月至1946年12月，郓城县三区联合会工作人员。1946年12月至1948年4月，郓城县三区区委会任宣传干事。1948年4月至1950年2月，任郓城县三区区委会宣传委员。1950年2月至1950年5月，任郓城县委党校分支书。1950年5月至1950年10月，郓城县二区区委会任宣传委员。1950年10月至1951年9月，郓城县二区区委会任副书记。1951年9月至1952年12月，任郓城县九区区委会书记。1952年12月至1954年8月，郓城县四区区委会书记。1954年8月至1956年5月，郓城县纪委会副书记。1956年5月至1957年4月，郓城县合作部副部长。1957年4月至1958年9月，任郓城县二区区委会书记。1958年9月至1965年11月，任郓城县大人公社书记。1965年11月至1971年3月，任郓城县财贸政治部主任。1971年3月至1973年3月，任郓城县商业局局长。1973年3月，任郓城县总工会主席。1981年1月离休。

戴思远

男，汉族，1935年4月生，郓城县程屯镇肖前村人。高中文化，1959年加入中国共产党。1958年参加工作，在郓城第十三中学担任语文教师。1960年3月，任郓城教研室教研员。1962年3月，任郓城七中教导副主任。1964年9月，任县委宣传部干事、理论教员。1975年6月，任张营公社党委副书记、革委主任。1976年2月，任潘渡公社党委书记。1978年9月，任郓城县卫生局局长、党组书记、县委委员。1981年5月，任郓城县总工会主席、党组书记、县委委员、县人大常委。2001年任郓城县总工会调研员。1996年8月退休。

王思义

男，汉族，1942年9月出生，郓城县五界乡人。大学学历，1970年1月加入中国共产党。1968年7月，在部队农场任班长。

1970年2月，任国营何庄林场党委副书记。1976年9月，任郓城县林业局副局长。1981年4月，任郓城县唐庙公社党委书记。1981年11月，任郓城县八里庄公社党委书记。1983年1月，任郓城县农业局副局长。1984年1月，任郓城县玉皇庙区党委副书记、政府区长。1990年6月，任郓城县总工会主席、党组副书记。1995年5月，任郓城县正科级调研员。2000年1月退休。

陈庆存

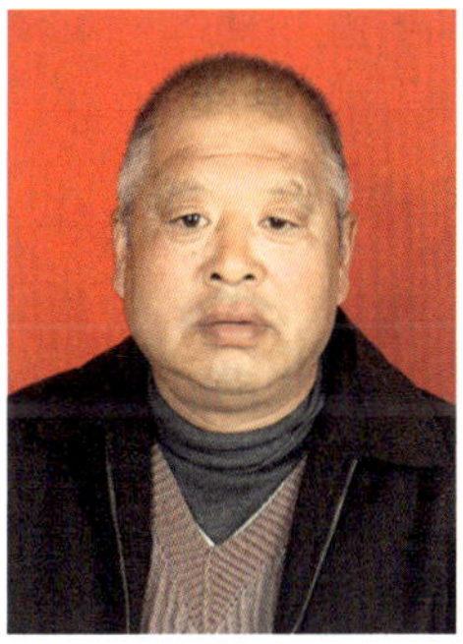

男，汉族，1944年3月出生，郓城县陈坡乡人。中专文化，1975年12月加入中国共产党。1960年10月参加工作，在双桥拖拉机站担任车长。1966年11月，任丁里长公社团委书记、农技站长、公社常委副主任。1981年3月，任丁里长公社革委主任。1983年12月，任黄安乡党委书记。1984年12月，任玉皇庙镇党委书记。1989年1月任玉皇庙区党委书记。1989年10月任郓城县外贸局局长、党组书记。1992年3月，任郓城县总工会党组书记。1998年2月，任郓城县总工会调研员。2000年1月退休。

车广启

车广启，男，汉族，1949年10月生，郓城县郭屯镇车楼村人。1970年10月加入中国共产党，大专学历，1968年1月参加工作。1968年1月，在中国人民解放军第二炮兵第52基地通信营无线电接力连任战士。1970年11月至1978年12月在该基地811团通信连任无线电接力站站长。其间，1971年1月至1973年10月在安徽省绩溪县支左任该县宣传部副部长。1978年11月转业，1979年1月至1983年12月任双桥乡办公室主任，1984年1月至1984年11月任武安区区委秘书，1984年11月至1985年1月任徐垓乡党委副书记，1985年1月至1988年10月任黄安乡乡长，1988年11月至1993年2月任黄安乡党委书记，1993年2月至1995年4月任县卫生局党组副书记、副局长，1995年5月至1998年2月任县总工会主席，1998年2月至2003年2月任县委办公室副主任、档案局局长，2003年至2011年12月任调研员，2012年12月退休。

王金仲

男，汉族，1949年12月出生，山东省随官屯乡人。函授专科学历，1975年11月加入中国共产党。1970年11月，任郓城县随官屯乡王官屯小学教师。1971年9月，任郓城县副食品公司副经理。1976年11月，任郓城百货公司副经理。1984年1月，任郓城县丁里长乡副乡长。1988年11月，任郓城县郭屯镇镇长、副书记。1992年4月，任郓城县郭屯镇党委书记。1998年2月，任郓城县总工会主席兼党组书记、中共郓城县委委员、郓城县人大常委。2011年3月，正科级公务员退休。

田广东

男，汉族，1959年8月出生，郓城县李集乡人。大学学历，1979年10月加入中国共产党。1978年3月到1986年11月，在部队服

役。1986年12月至1989年6月，在郓城县林业局工作。1989年7月，任郓城县委办公室科员、调研室股级调研员。1992年7月，任郓城县委办公室副区级秘书。1996年7月，任郓城县保密局副局长。1998年4月，任郓城县保密局局长。2002年任郓城县总工会主席，党组书记。2014年1月，任郓城县总工会主任科员。

钱建华

男，汉族，1967年12月生，郓城县程屯镇人，大专学历，1991年10月入党，1984年10月参加工作。1984年10月至1988年2月，在部队服役。1988年2月至1996年6月，任郓城县人民法院法警、法警队队长、助审员、审判员、经济庭副庭长（其间：1993年9月至1996年7月在山东省政法管理干部学院律师专业学习）。1996年6月至2004年11月，任郓城县人民法院副科级审判员（其间：1997年9月至2000年7月在山东省政法管理干部学院法律专业学习）。2004年11月至2010年7月，任郓城县人民法院副院长、党组成员、正科级审判员。2010年7月至2011年1月，任郓城县住房和城乡建设局副局长（正科）、党组副书记。2011年1月至2012年1月，任郓城县住房和城乡建设局局长、党组书记。2012年1月至2014年1月，任郓城县人大常委会副主任。2014年1月至2016年4月，任郓城县人大常委会副主任、县总工会主席。2016年4月，任菏泽市经济开发区管委会副主任。2017年5月，任菏泽市经济开发区党工委委员。

曹建文

男，汉族，1964年6月出生，郓城县陈坡乡人，省委党校大学学历，1985年12月入党，1982年7月参加工作。1980年8月至1982年7月，在菏泽农校学习。1982年7月至1986年9月，在郓城县郓城镇农技站工作。1986年9月至1988年6月，在菏泽地委党校学习。1988年6月至1991年10月，任郓城县郓城镇团委书记，党委秘书。1991年10月至1993年2月，任郓城县郓城镇党委统战委员。1993年2月至1997年2月，任郓城县郓城镇党委组织委员。1997年2月至2003年10月，任郓城县郓城镇党委副书记（其间：1997年9月至1999年12月在省委党校业余本科班经济管理专业学习）。2003年10月至2006年12月，任郓城县丁里长镇党委副书记、镇长。2006年12月至2008年12月，任郓城县随官屯镇副书记、镇长。2008年12月至2010年11月，任郓城县随官屯镇党委书记。2010年11月至2015年3月，任郓城县人大常委会副主任、党组成员，随官屯镇党委书记。2015年3月至2016年4月，任郓城县人大常委会副主任、党组副书记，随官屯镇党委书记。2016年4月至2016年12月，任郓城县人大常委会副主任、党组副书记，县总工会主席，随官屯镇党委书记。2016年12月，任郓城县人大常委会副主任、党组副书记，县总工会主席。

第二节　历届常务副主席

梁素云

女，汉族，1965年10月生，郓城县双桥镇梁垓村人。大专学历，1983年7月参加工作，1989年10月加入中国共产党。1983年7月到1985年9月，任菏泽地区实验小学教师。1985年10月至1996年12月，历任郓城县妇联干事、少儿部副部长、部长。1997年1月，任郓城县总工会副主席、党组成员。2014年1月，任郓城县总工会常务副主席、党组副书记。1988年被省妇联评为幼教先进工作者，1993年被菏泽地区妇联评为优秀妇女干部（同时命名“三八红旗手”），1997年被省妇联和省教委评为山东省家庭教育先进工作者，1998年被地区工会评为菏泽地区先进女职工工作者，1999年被山东省总工会命名为省先进工会女职工工作者，2006年获山东省总工会颁发“山东省富民兴鲁劳动奖章”，2013年被山东省总工会评为“优秀工会工作者”称号。

第三节　历届副主席、副科级领导干部

李纪堂（1920.5~1996.11）

男，汉族，1920年5月出生，郓城县黄堆集公社王官屯西村人。1939年10月入党，1942年7月参加工作，同年任郓城县沙土集小学教员。1943年7月，任郓城县王官屯小学教员。1946年1月任王官屯小学分点主任。1946年10月，在本村、本区、二分区作战勤雇员。1947年10月，任郓城县黄堆集小学校长。1952年7月，任郓城县人委文教科副科长。1952年12月，任郓城县教育工会主席。1955年8月，山东省工会干校学员。1956年3月，任郓城县教育工会主席。1959年4月，任郓城县机关干部业校校长。1960年3月，任郓城县总工会副主席。1963年12月，任郓城县人委卫生科副科长。1978年6月离休。

侯太益（1939.9~2017）

男，汉族，1939年9月出生，郓城县侯咽集镇人。中专文化，1960年5月加入中国共产党。1958年7月任郓城县三屯完小教师。1959年7月任潘渡镇公社文教干事。1960年2月任郓城县文教局教研室干事。1961年9月至1965年5月在部队服役。1966年6月任郓城县总工会干事。1968年5月在郓城县五七干校学习。1970年任郓城县陈坡公社整党工作队队长。1971年任郓城县总工会副主席。1973年任郓城县广播局副局长。1980年2月任单县人大常委会调研科副科长。1989年5月任郓城县环保办副主任。1989年12月任郓城县环保局副局长、党组成员。1993年12月任郓城县环保办调研员（副区级）。1996年任

郓城县环保局调研员。2001 年 11 月退休。

樊合新

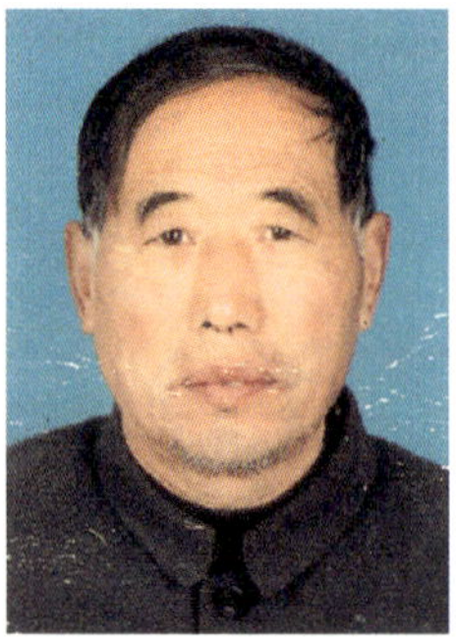

男，汉族，1946 年 8 月出生，郓城县张营镇吴楼村人。1966 年加入中国共产党。1964 年 12 月—1970 年 2 月在铁道部队服役。1970 年 7 月，任郓城县化肥厂车间党支部书记、主任。1976 年任郓城县工业局工会主任。1973 年任郓城县总工会副主席（兼）。1982 年任黄堆集粮所副所长。1990 年调至张营粮所。2006 年 12 月退休。

孔庆芝

女，汉族，1940 年 2 月出生，巨野县太平镇孔庄村人。1960 年加入中国共产党。1956 年 6 月，在郓城县工业局任秘书。1958 年 6 月任印刷厂车间主任。期间，连续多年被评选为县先进生产者。1973 年当选工业工人代表，兼任郓城县总工会副主席。1980 年，任巨野县工业局副局长，同年，调巨野县皮革厂任副书记。1981 年任巨野县建设委员会工会主席。1984 年任巨野县医院工会主席。1986 年任巨野县建设委员会工会主席。1995 年退休。

孙建都

男，汉族，1933 年 12 月生，郓城县蒋庙乡彭庄村人。中共党员。1950 年 7 月，任郓城县人民政府通讯员。1952 年 7 月，在郓城县百货公司任营业员。1954 年，任郓城县百货公司统计股股长。1955 年 10 月，任中共郓城县委财贸部组织干事。1958 年 4 月，任郓城县杨庄集乡团委干事。1958 年 4 月，在山东省共青团团校学习。1958 年 11 月，任郓城县黄安公社团委副书记、书记。1965 年 6 月，任郓城县黄安公社党委副书记。1971 年 10 月，任陈坡公社党委常委政工组组长。1980 年 12 月，任郓城县委组织部组织员。1981 年 4 月，任郓城县总工会副主席、县政协常委、县人大常委会委员、工会正区级调研员。1994 年 12 月退休。

谭秀亭（1951～2008）

女，汉族，1951 年生，郓城县侯咽集镇碱店村人。中共党员。1970 年 10 月参加工作，历任张营公社副书记、郓城县总工会副主席，省纪委正处级纪检监检察员。2008 年 3 月去世。

雷云启

男，汉族，1951 年 1 月出生，郓城县侯咽集镇雷庄村人。1976 年加入中国共产党，1971 年 4 月在郓城县印刷厂上班。1973 年 9 月至 1975 年 12 月，在菏泽师专学习。1976 年 1 月任郓城县委组织部科员。1978 年 6 月任郓城县教育局政工干事。1979 年 4 月至 1980 年 10 月期间，在山东省委党校学习。1980 年 11 月任郓城县委宣传部理论教员。1984 年 10 月任郓城县总工会副主席。1989 年 1 月至 1997 年 2 月历任菏泽地委宣传部科长、办公室主任、副部长。1997 年 3 月任菏泽地区政协副秘书长。1999 年 3 月任菏泽学院工会主席。

2011年4月退休。

刘承英

女，汉族，1938年8月出生，郓城县大人乡人。中专文化，1958年11月加入中国共产党。1963年7月，在郓城县百货公司工作。1965年5月，任郭屯公社妇联副主任。1971年8月，任郓城县医院政工股长。1975年7月，任郓城县供销社政工科副科长。1984年7月，任梁山县供销社工会主席。1987年12月，任郓城县总工会副主席、党组成员。1993年12月退休。

朱元昌

男，汉族，1950年1月生，郓城县玉皇庙镇朱湾村人。1968年8月加入中国共产党，大专学历，1968年3月参加工作。1968年3月至1972年8月，任第二炮兵五十二基地通信营无线电连副连长。1972年8月至1978年10月，任第二炮兵五十二基地司令部通信处参谋。1978年10月至1984年1月，任第二炮兵五十二基地通信营副营长。1984年1月至1985年1月，任郓城县蒋庙乡宣传委员、党委秘书。1985年1月至2011年3月，任郓城县总工会副主席。2011年3月退休

王振帮

男，汉族，1937年5月出生，郓城县汉石桥乡彭店村人。初中文化，1956年4月加入中国共产党。1956年7月，在郓城县食品采购业务局工作。1957年7月，任县供销社人事科科员。1960年1月，任黄堆集供销社人事秘书。1964年4月，任县贫协常委。

1979年6月，任郭屯公社监委。1984年12月，任汉石桥乡监委。1989年3月，任汉石桥乡人大常委会主任。1992年6月，任郓城县总工会副主席。1998年8月退休。

李爱国

女，汉族，1949年7月出生，郓城县张集后李庄人。1970年12月加入中国共产党。1966年6月，任郓城县张集供销社门市部会计。1967年12月，任郓城县张集乡后李庄小学教师。1973年8月，任郓城县第六中学教师。1975年8月，任郓城县妇联秘书、副主任。1992年4月，任郓城县总工会副主席。1995年6月，任郓城县司法局局长、党组书记。1994年被评为“山东省女工先进工作者”，997年被地区司法局授予“优秀司法局长”称号，1997年被省司法厅授予“廉政勤政先进个人”称号，1998、1999年两次荣立三等功，1999年被省司法厅授予“全省‘148’建设先进个人称号”。2006年3月退休。

房殿爱

男，汉族，1954年9月出生，郓城县刘口乡人。省委党校专科毕业，1974年加入中国共产党。1974年12月，应征入伍。历任陆军第七十七师无线电连通信员、司务长。1979年8月，任七十七师后勤部财务科助理员。1986年5月，任郓城县卫生局科员。1986年10月，历任郓城

县总工会会计、副部长、副主席。2015 年 1 月退休。

霍瑞芹

女，汉族，1951 年 9 月生，郓城县唐庙镇霍庄村人。1971 年 4 月加入中国共产党。1971 年 12 月参加工作。中专学历。1971 年 12 月任黄安镇妇联干事。1975 年 8 月任郓城县妇联干事、科员。1989 年 11 月任郓城县妇联副主任。1995 年 7 月任郓城县总工会副主席。1998 年 4 月任郓城县纪委常委会监察局副局长（正科）。2002 年 8 月退休

马廷胜（1944. 9～1997. 12）

男，汉族，1944 年 9 月生，郓城县水堡乡马楼村人。1976 年 7 月加入中国共产党。1964 年 12 月部队服役，1976 年 10 月，在郓城化肥厂担任车间主任。1978 年 6 月任张集公社武装部干事，1983 年 3 月任刘口公社武装部干事、副部长。1985 年任刘口乡党委宣传委员、组织委员。1989 年 1 月任刘口乡党委副书记、乡长。1994 年任刘口乡人大主席。1996 年任郓城县总工会副主席。

李明福

男，汉族，1948 年 3 月生，郓城县李集乡李集村人。1966 年 6 月加入中国共产党，辽宁刊授党校大专学历，1965 年 6 月参加工作。1965 年 6 月至 1971 年 7 月，在郓城县李集食品站任保管员、检疫员。1971 年 7 月至 1975 年 10 月，在黄安公社食品站任检疫员、技术员。1975 年 10 月至 1976 年 4 月，在侯集公社食品站任现金出纳。1976 年 4 月至 1978 年 5 月，任侯集公社食品站站长。1978 年 5 月至 1980 年 10 月，任侯集公社人民武装部干事。1980 年 10 月至 1983 年 12 月，任黄集公社武装部副部长。1983 年 12 月至 1990 年 3 月，任梳洗楼乡武装部部长。1990 年 3 月至 1992 年 2 月，任侯集镇武装部部长。1992 年 2 月至 1993 年 2 月，任侯集镇党委副书记。1993 年 2 月至 1998 年 12 月，任侯集镇人大主席团主席（正科级）、县人民代表大会十三届、十四届代表。1998 年 12 月调县委组织部待分配。1999 年 3 月至 2009 年 6 月，任郓城县总工会副主席兼党组成员。2009 年 6 月退休。

李　霞

女，汉族，1968 年 6 月出生，郓城县郭屯镇大屯村人。大学学历，1990 年 7 月参加工作，1992 年 10 月加入中国共产党。1990 年 7 月，任随官屯镇团委书记。1992 年 12 月任郓城县妇联办公室主任（其间：1995 年 9 月—1997 年 12 月在山东省委党校函授大专班学习）。2004 年 8 月，任郓城县妇女儿童工委办公室副主任。2005 年 6 月，任郓城县妇联副主席、党组成员。2016 年 9 月，任郓城县总工会副主席、党组成员、女职工委员会主任。

段于才

男，汉族，1966 年 8 月生。郓城县唐塔街道东代庄社区人。1987 年 7 月参加工作。中专学历，1993 年 8 月加入中国共产党。1984 年 8 月至 1987 年 7 月，在菏泽农校学习。

1987年7月至1990年9月，在郓城县农业局担任技术员。1990年9月至1992年4月，在郓城县畜牧局担任技术员、业务股科员。1992年4月至2005年6月，任郓城县科协科员、科普部部长。2005年6月至2016年10月，任郓城县科协副主席。2016年10月，任郓城县总工会副主席。

姬广增

男，汉族，1962年6月出生，郓城县黄集乡姬庄村人。大学学历，1984年11月加入中国共产党。1981年7月到1990年2日历任郓城县黄集中学教师、教导主任、伟庄乡中心校总辅导员（期间：1983年9月—1986年7月在菏泽师专物理专业学习）。1990年3月到1995年12月，先后郓城县黄集乡统计助理员、政府文书、党委秘书。1996年1月，任黄集乡副乡长。1997年2月任郓城县李集乡党委组织委员。1998年12月，任郓城县程屯镇党委组织委员（1998年9月—2000年12月在山东省委党校本科班经济管理专业学习）。2003年4月，任郓城县程屯镇党委计划生育副书记。2011年12月，任郓城县随官屯镇人大主席。2016年9月，任郓城县总工会党组成员（正科级）、经审委主任。

王明月

男，汉族，1952年1月出生，郓城县武安镇武村人。中专文化，1986年8月加入中国共产党。1980年12月，在郓城县武安农技站、唐庙农技站、三屯农技站担任技术员，黄安乡科协干事、主任，五界首乡党委秘书。1989年12月，郓城县五界首乡党委组织委员。1990年11月，郓城县黄安乡党委统战委员、党委组织委员。1997年2月，任郓城县总工会副科级干部。1999年5月，任农业局副科级干部。2012年2月退休。

钱永辇

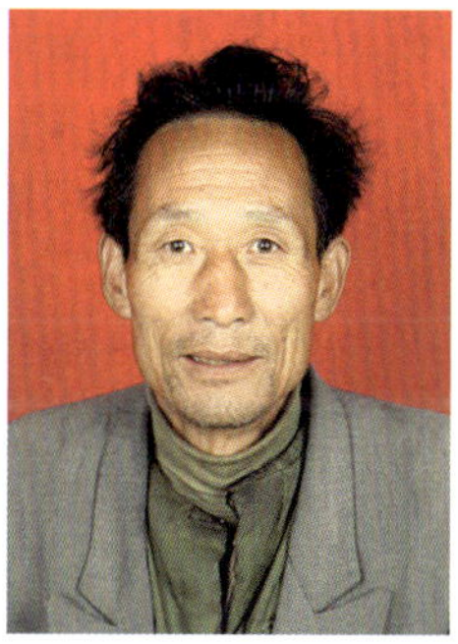

男，汉族，1949年10月出生，山东省郓城县程屯镇北钱楼村人。中专文化，1970年7月加入中国共产党。1968年参加工作，1968年8月，在钱楼小学任教师。1969年3月，参任9706部队战士。1971年5月，在9706部队二营炮连任排长。1976年3月，在济南军区陆军学院学习。1978年10月，在54731部队司令部任参谋、直政股干事、正营职股长。在部队期间，被济南军区守备师授予“三等功”一次。1986年3月，任郓城县总工会生产部部长（期间1997年1月—1999年12月挂职郓城县三屯乡副乡长，兼三屯乡胡庄大队党支部书记）。1999年10月，任郓城县总工会副主任科员。2011年10月，正科级公务员退休。

第四节　部分全国劳动模范

侯学周

男，汉族，1925年11月生，郓城县侯咽集镇侯咽集村人，中共党员。先后任侯咽集西片大队长，侯集大队大队长，党支部副书记。1939年参加儿童团，1943年参加青年团，1945年11月加入中国共产党，积极参加农会工作，任农会组长。新中国成立后，带头走互助合作的道路。1951年11月，组织五户农民办起了郓城县较早的一个互助组，并把自己家的大车、耕牛交给组里共同使用，把多余的粮食供给组员，替他们交纳爱国粮。两个哥哥在抗日战争中壮烈牺牲，1952年政府救济军烈属时，不仅不要代耕粮，救济款，还捐献钱粮支援国家建设，拿出自己家的物料给军烈属修建房屋，1952年得到县人民政府的特等奖，光荣地出席平原省农业劳动模范会议。1954年10月，组织办起了农业生产合作社，带领群众打井、修沟、整畦田，改善了生产条件，提高了粮食产量，由于领导的合作社人心齐，生产好，成绩突出，被县里树为模范社，多次被评为生产模范，军烈属模范。1955年秋，担任侯集区“七一”高级农业合作社社长。侯集是个大洼，地势低，易积水，自然灾害频繁，十年九不收。高级社成立后，进一步发动群众开展农田基本建设，打井下泵，兴建水利，创修的“沟洫畦田”受到各级领导的专家的称赞，并得到了全国各地的大批参观者，全社每年都超额完成粮食征购任务，对国家做出了较大贡献。1956~1957年，三次出席了山东省社会主义农业建设积极分子代表会议。1957年和1958年两次出席了全国劳动模范会议，曾和毛泽东主席，周恩来总理，刘少奇主席，邓子恢副总理等党和国家领导合影留念，1959年到北京参加了国庆观礼。公社化后，积极带领群众发展种植生产，同时大力发展工副业，使集体经济不断巩固和增长。1963年和1964年，两次出席了山东省农业先进集体代表会议。

杨金运

男，汉族，1926年8月出生，山东郓城人，曾在郓城县农具厂、枣庄市钢铁厂、郓城县农机厂、郓城县化肥厂工作。

杨金运1956年进郓城县农具厂当铸造工，他刻苦钻研技术，积极革新改造，1957年改造了化铁炉，提高了化铁率，使焦铁比由1∶6提高到1∶4，参加了全省铸铁表演，被授予“省先进生产者”称号。1958年调枣庄市钢铁厂工作，他改进了13立方炼钢护管道系统、除尘器、矿石破碎机和矿粉烧结工艺，提高生产率20%，节约焦炭20%，创优质高产纪录。1959年在全国“群英会”授予全国先进生产者称号。1962年调郓城县农机厂工作，1978年调郓城县化肥厂工作，1978年退休。

李传学

男，汉族，1932年11月出生，郓城县郓城镇北关村人。中共党员。曾在郓城县邮政局、广饶县邮政局工作，历任投递员、分拣员、支局长等职。1982年12月退休。

1951年到郓城县邮政局参加工作。1953年初调广饶县邮政局工作。1954年6月加入

中国共产党，1955年被评为广饶县模范党员，同年被评为淄博地区先进生产者。1951～1956年，他行程39.6万公里，超定额13.7万公里，投递平信486932件，包裹50679件，汇票挂号270600件，总投855556件，超过定额38.5万件。组织读报组326个，发展用户2856个，超过其他投递员1.5倍。在任分拣员期间，由每小时分拣2500件提高到4267件，3年完成了6年的工作量，并创造了3年分拣邮件386万件无一差错的好成绩。他还创造发明了简易铅志制造机，解决了使用铅志的困难，提高效率2—4倍，1956年、1957年连续两年被评为山东省先进生产者。1959年10月在全国群英会上被授予“全国先进生产者”称号，并受到了毛主席、周总理的亲切接见。

杨理民

男，汉族，1942年12月出生，郓城县李集乡人。中共党员，经济师。

1960年参加工作，1969年8月调郓城县工商行政管理局工作。他不畏艰险、打假清劣。1987年以来，他带领全所同志常年战斗在28公里长的黄河大堤上，把守6个渡口，查获假冒国家名酒30000余瓶，假名烟500条，假化肥、假农药30余吨，假医用药100余万元。他满腔热情促进市场经济的繁荣和发展，改建了三处农贸市场、一个专业市场，发展起近400户个体专业户，积极维护商户利益。他廉洁自律，一尘不染，树立了工商队伍的良好形象。1987年以来，他先后拒请90余次，回绝说情人员240余人次，拒收物品、现金10余万元。他曾获“全国工商系统先进工作者”称号，1995年被评为全国先进工作者。

陈　灵

男，汉族，1951年3月出生，郓城县随官屯镇人，1951年3月出生，大专学历，中共党员，现任山东华灵集团有限公司董事长、总经理。

陈灵1988年创建郓城县华灵集团有限公司，先后投资3.6亿元，建成拥有20万纱锭规模的华灵纺织工业园，奠定了华灵集团在全市纺织业中的龙头地位，带动了周边相关产业的快速发展。公司成为拥有总资产3.1亿元，开工生产纱锭10万枚的大型民营企业集团，2004年创产值1.8亿元，实现利税1800万元，上缴税金550万元。2000年以来累计上缴税金3600余万元，安置下岗职工620余人，为近2000余名农村富余劳动力提供了就业岗位。致富后，陈灵积极回报社会，2000年以后累计为当地乡亲和医院、学校及全国各地灾区捐款达600多万元。2004年，捐资帮助县总工会建立了全县困难职工帮扶中心，并坚持每年向帮扶中心捐助5万元。他努力创建和谐企业，为全市最早建立工会组织的私营企业，爱护、关心员工身心健康，先后为员工缴纳各项社会保险金700余万元，2000年以来职工福利投入达2000余万元。所领导的华灵集团先后被评为省级“重合同、守信用企业”“AAA级信用企业”“百家诚信纳税企业”　“优秀民营企业”。他先后获得“省优秀共产党员”、山东省劳动模范、“全国乡镇企业家”等荣誉称号。2005年4月被评为全国劳动模范。

刘亚宁

男，汉族，1979年11月出生，郓城县刘口乡刘南村人，大学文化，中共党员，现任郓城县公安局科员。1996年7月至2010年5月在郓城县公安局巡特警大队工作，2010年5月至今任郓城县公安局丁里长派出所所长。2002年4月被郓城县人民政府授予个人三等功一次。2007年5月被山东省公安厅授予2006年全省优秀人民警察。2007年6月被山东省公安厅授予全省公安系统业务能手荣誉称号。2008年3月被山东省公安厅记个人二等功一次。2008年12月被菏泽市公安局授予全市公安机关三基工程建设先进个人。2009年1月被授予全市十大优秀人民警察荣誉称号并记个人三等功，2009年11月被菏泽市公安局等部门评选为我最喜爱的十大优秀人民警察。2010年2月被山东省公安厅等部门评选为全省十大优秀人民警察提名。2011年4月被菏泽市人民政府授予菏泽市先进工作者荣誉称号，2011年6月被山东省公安厅记个人一等功一次。2012年3月被公安部授予全国清剿火患先进个人，2012年5月被公安部授予全国优秀人民警察，2012年6月被山东省公安厅授予全省清剿火患先进个人记个人二等功一次。2013年4月被山东省人民政府授予山东省劳动模范荣誉称号，同时评选为山东省最美劳动者，2013年10月被评选为中国好人榜敬业奉献类别的中国好人，2013年10月被菏泽市宣传部等部门联合授予菏泽市敬业奉献道德模范荣誉称号，2013年12月被菏泽市总工会授予菏泽市最美劳动者，2013年12月被菏泽市总工会授予菏泽市五一劳动奖章。2013年被山东省人民政府授予山东省劳动模范称号。2015年4月被授予全国先进工作者荣誉称号。

第五节 全国五一劳动奖章获得者

王 平

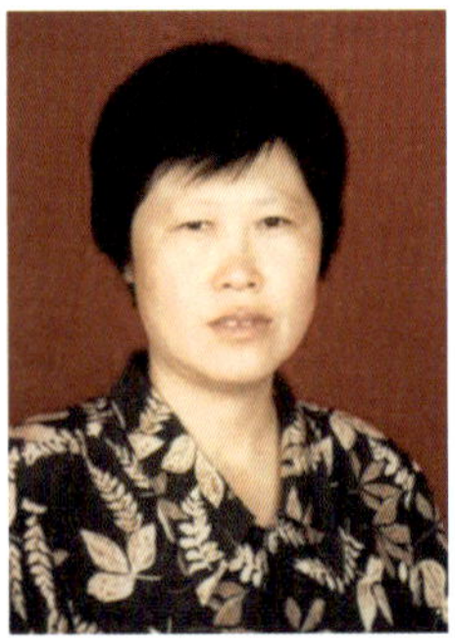

女，汉族，山东郓城人。1956年6月出生，中共党员先后任郓城县人民医院护士、护师、主管护师、护士长、党总支副书记、副书记兼副院长、郓城县卫生局副局长。

王平在从事护理工作20年中，对病人满腔热忱，急其所急，对工作高度负责，敬业进取，对技术一丝不苟，精益求精。她勤奋好学，善于阅读和思考，并坚持记录学习笔记。工作中经常设身处地地为病人排忧解难，用自己的钱帮病人解决燃眉之急，为没有陪人的病人生活护理照顾等。她精湛的小儿头皮针静脉穿刺技术得到广大病儿家属的高度评价，她助人为乐的思想品格得到社会的广泛认可，是大家公认的优秀护士。王平在平凡的工作岗位上，做出了许多不平凡的事迹。1984、1989年先后被评为“省、市新长征突击手”，1985年先后评为省“三八红旗手”、“省优秀工会积极分子”，1986年4月被评为“山东省劳动模范”，1989年被评为“全国模范护士”，1992年4月荣获“全国五一劳动奖章”、“全国优秀卫生工作者”，1991年6月、1994年6月先后两次被评为“山东省优秀共产党员”，

2001年被表彰为“菏泽市优秀党务工作者”称号等。1989年4月出席了山东省妇女第八次代表大会，并当选为第八届执委。1992年10月被推选为党的十四大代表，荣幸地出席了中国共产党第十四次代表大会。1998年被推选为全国工会十三大代表，荣幸出席了全国工会第十三次代表大会。

樊庆斌

男，1958年8月出生，郓州街道南城社区人，大学本科文化，现任郓城宋江武校校长、山东郓城水浒酒业有限公司总经理、山东水浒旅游发展有限公司董事长、郓城县政协常委、山东省政协常委。历任郓城县体委副主任，郓城县政协副主席，菏泽市工商联主席，菏泽市政协副主席，第九、十、十一、十三届全国政协委员等职。国家武术七段位，国家级武术散打裁判员，2011年荣获全国五一劳动奖章。

樊庆斌1984年和刘国庆联合创办宋江武校，从300元钱起家，经过顽强拼搏，武校不断发展壮大。目前占地面积420余亩，建筑面积9.5万平方米，固定资产6.5亿元。有来自全国20多个省市区和美、日、韩等国学生4000余人，教职工400余人。设有从小学到高中60个文科班和散打、套路、拳击、摔跤、跆拳道、柔道、影视、武术舞蹈、足球、空手道、攀岩、轮滑等70个武科班。建校以来，宋江武校培养了一大批优秀武术人才，共向国家队、省优秀专业队、武警部队和高等体育院校输送专业人才4800多名，为全国各地输送教练员4600余名，为各大企业输送高素质保安人才5000余名。在国内外重大赛事中获奖牌1700余枚，培养了一批世界和全国武术冠军。先后被评为“全国群众体育先进单位”、“全国先进武术馆校”、“全国十大武术名校”、“全国十杰武术学校”。樊庆斌积极发展旅游业，2004年和刘国庆一起兴建了水浒好汉城和宋江湖风景区。水浒好汉城规划占地400亩，总投资10.2亿元，2014年被国家旅游局评定为AAAA级旅游景区。宋江湖占地面积57.64公顷，常年有水面积1000余亩，2013年评为省级现代休闲渔业园区，2017年被评为国家AAA级旅游区，2017年12月被评为“山东省绿色生态休闲体育活动基地”。2012年，樊庆斌入主郓城县水浒酒业，郓城水浒酒业的前身是山东郓城水浒酒厂，水浒酒连续多年被评为山东省优质产品、中国历史文化名酒、山东名牌产品，目前，水浒系列酒畅销全国各地，深受消费者欢迎。

张万松

男，汉族，1963年6月出生，山东曹县人，大学文化，中共党员，1984年7月参加工作。2014年荣获全国五一劳动奖章。

张万松2006年初任郓城法院院长以来，以建设全国一流法院为目标，努力开创工作新局面。郓城法院在他的带领下一年一个新台阶，2006年被授予全省“优秀法院”，2007年被评为全省“五化法庭建设”先进单位，2008年荣立集体三等功，2009年、2011年分别荣立集体二等功，2012年被省高院记集体一等功，2013年被评为全省人民满意公务员先进集体，多年保持省级“文明单位”、省级“卫生先进单位”称号，连续多年在全市法院年度综合考核中位居前两名。他个人先后被评为“全市首届十大优秀法官”、“全省践行社会主义法治理念先进个人”、“全省政法系统先进个人”、“全省十大人民满意政法干警”，五次荣立三等功，2009年被省委、省政府记一等功。2013年被授予“山东省职工职业道德建设先进个人”荣誉称号。创一流工作业绩。始终坚持“办理一个案件，挽救一个家庭；办理一个案件，救活一个企业；办理一个案件，稳定一个地方；办理一个案件，发展一方经济的理念，狠抓执法办案第一要务，确保公平正义贯穿始终，全院共受理各类案件31089件，审结30571件，解决涉案标的额达16亿元，为当事人挽回经济损失14.6亿元。无一冤假错案。带素质过硬队伍。以规范化管理考核为主线，建立健全了100项规章制度，积极构建了审判、队伍和行政“无缝隙”管理机制。叫响“班子成员向班长一把手看齐，全院干警向班子看齐”的口号，带头公正执法，带头廉洁自律，带头遵章守纪，带出了一支敢于担当、素质过硬的法官队伍。多年未出现违法违纪事件。建全息化科技法院。先后筹资1200多万元，打造一站式立案信访服务大厅，院机关和法庭全部建成科技审判法庭，安装审判业务管理和ESOA办公系统，依托审判流程、执行信息、裁判文书三大公开平台，全面落实司法公开，实现了审判管理数字化，档案管理电子化，流程监控网络化，庭审记录全程化，常规办公无纸化，法院工作实现了科学化和全息化。一心一意为民司法。始终怀着“为官一任、造福一方”的事业心和责任感，设身处地为当事人着想，深入推出爱民、便民、利民新举措。创新实行矛盾集中化解制度，每周二亲自接访，每年接待群众来信来访近100人次。总结开展“四个一”爱民工程和“四少”为民活动，对当事人和来访群众“给一个笑脸，道一声问候，让一个座位，递一杯茶水”，让当事人“少等一分钟，少跑一趟腿，少误一点工，少费一点心”，让当事人从每起案件中、从法官干警的一言一行中切实感受到公平正义与温暖。经验做法被最高院在全国推广。

第六节　部分山东省劳动模范

张仰慈

男，汉族，山东郓城人。1937年5月出生。共产党员，先后任郓城县农机厂车间主任，鄄城味精厂副厂长。

张仰慈1955年在郓城县郭屯供销社参加工作，1956年调进县农机厂工作。1958年县农机厂设备简陋，技术差，他带领本车间20多名工人，加班、加点，经常连续几昼夜不休息，大搞技术革新。所研制的套丝机彻底改变了落后的手工套丝技术，提高了工作效率30多倍；为水利建设配套动力，上级从外地调来10多台报废汽车发动机，他革新了电器和动力输出，将7.5马力的煤气机装成10万力的柴油机，使报废机械得到充分利用。通过对磨缸机、搪缸机和油泵开发试研，解决了内燃机修理，复新最需要的专用设备等难题。1959年3月在山东省社会主义建设工业、基建、交通积极分子代表会议上被授予“山东省社会主义建设积极分子”称号。

谭尊芝

男，汉族，山东郓城人，1940年2月生，中共党员，先后任郓城县食品厂车间主任、保管股长政工股长等职。

70年代，中国食糖原料紧缺，食品厂在生产饴糖的基础上，以地瓜干为原料，面对重重困难，在一无设备，二无技术的情况下，谭尊芝大胆地对“异构糖”进行了小型试验，初见成效。期间，省、地、县以及中宣部也给予了大力关注和支持。最后，历经艰辛，终于试制成功。此糖经江苏蚌埠专家化验，糖化率达45%以上，完全符合质量标准。河北、河南、陕西、浙江、江苏等省的同行业厂家曾多次来厂参观学习、交流经验。谭尊芝为解决食糖的紧张局面，做出应有的贡献。本人被省委、省革委授予在向科学技术现代进军中做出显著成绩的荣誉称号。

王斯方

男，汉族，山东郓城人，1955年11月出生，中共党员，助理政工师。

历任定陶县土产公司副经理，定陶县供销联社股级纪检员，郓城县人民银行股级纪检员，监察室副主任、人事科科长、科级纪检监察员等职。

王斯方在工作岗位上三十多年，工作中做出了一定成绩。1986年6月，根据马世忠副省长的批示，在调查定陶县联社一经济犯罪案件时，王斯方经多方调查取证，查清了犯罪事实，惩治了犯罪分子，受到了领导的好评。在任定陶县土产公司副经理期间，注重调查研究，面对市场，灵活经营，1981、1982年连续两年分别上缴利税60多万元。由于工作突出，1981年12月被团省委授予“山东省新长征突击手”；1982年被省委省政府授予“山东省劳动模范”称号。

仝玉林

男，汉族，山东郓城人，1936年7月生，中共党员。

仝玉林在郓城县农机厂任职期间，工作踏踏实实，任劳任怨，兢兢业业，几十年来从未缺过一天勤。在自己的工作岗位上认真钻研，刻苦努力，设计并制造出各种新设备，为工厂节约开支数十万元，多次被推选为县人大代表，省人大代表，为农机厂职工献计献策，为企业做出了突出的贡献。

张玉环

女，汉族，山东郓城人，1941年3月生，中共党员。

曾任郓城县百货公司主任、党组成员，第五、六、七届县委委员，第九届人大常委会委员职务。

张玉环自1958年参加工作来，工作兢兢业业，任劳任怨。为了方便群众，她做到了仓库有货，门市有售，想群众所想，急群众所需。为了增加营业时间，她出满勤、干满点，创立了“开门盘点法”，得到了普遍推广。自担任县百货公司第一商店主任后，科学管理，大胆改革，确保优质服务，常年带领同事到厂矿企业送货，还时常到临近县销售，扩大营业额。利润每年以平均30%以上的速度递增，年年超额完成公司下达的各项指标，一直保持省、地、县先进商店荣誉称号。先后被山东省妇女联合会授予三八红旗手，被共青团山东省委、山东省总工会、山东省商业厅、山东省供销合作社评为最佳营业员。1982年10月被山东省人民政府授予山东省劳动模范称号。

仝素贞

女，汉族，山东郓城人，1959年12月生，中共党员。

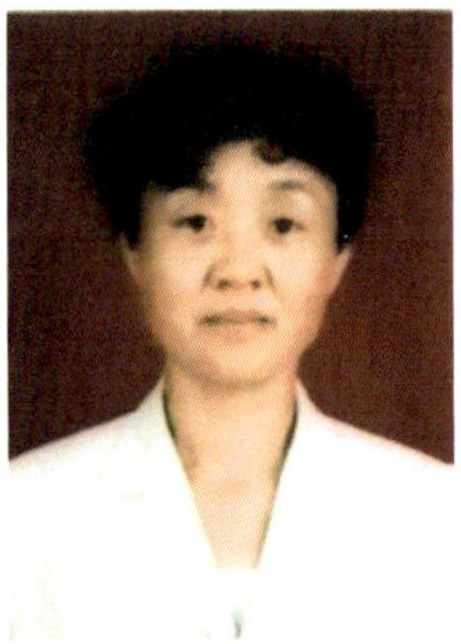

大学文化程度，学士学位，中学高级教师，现任郓城县教育局托幼办公室主任，妇委会主任等职。

仝素贞根据学生的共性、个性，耐心施教，循循善诱。为使瘫儿王贵赠入学，她四年如一日背来送走，直到他学会拄双拐走路。为了掌握儿童的共性，她设法从各方面接近他们，教室是儿童学习的地方，也是她办公的地方。她热爱妇女儿童工作，在全市率先办起了唯一的山东省高等教育学前教育专业助学班。她坚持理论联系实际，勇于探讨妇女儿童工作的新思路、新方法。先后在多家报刊发表了多篇文章。她获得过多项国家级荣誉，她的事迹先后在《人民教育》、《山东教育》、《中国教工》、《大众日报》等报刊上介绍过。先后获得全国新长征突击手、省模范班主任、全国优秀青少年科技辅导员、全国优秀教师等荣誉称号，1982年10月获“山东省劳动模范”称号。

朱振义

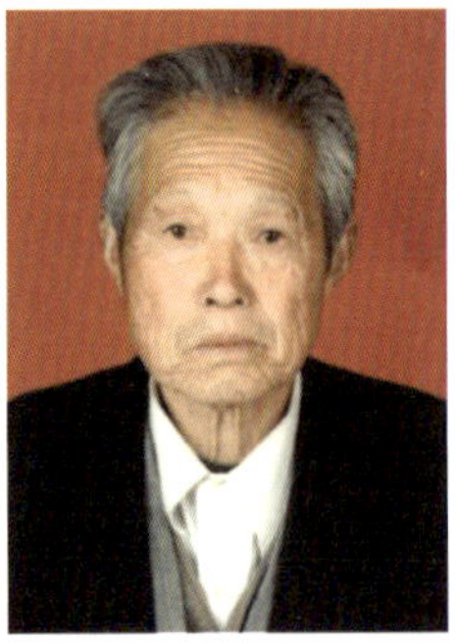

男，汉族，山东郓城人，1936年3月生，中共党员，郓城县双桥乡苏庄村党支部书记。

朱振义从1983年始，就下定了心，艰苦奋斗，刻苦研究，在两年的养殖工作中，摸索了一套成熟的经验。1984年，国家引进了一批西德长毛兔，个大一只能顶三只，每只年产兔毛2—3斤，朱振义采取多、快、好的发展方针，每年除暑天一个月外，全是毓期。养殖规模由十几只发展到250只，形势大好，兔毛畅销，仔兔供不应求，毛100元一市斤，仔兔100元一对，成年兔500元一对。实现年收入20万元，成全县农村有名的万元户。是年，党中央提出把国民经济搞上去，各级领导主抓经济。地区领导带十个县委书记在养殖场开了现场会，朱振义介绍了养殖经验和收入情况。其后，朱振义的养殖经验得到推广。该同志也积极向来访者介绍养殖经验，同时带动和帮助一些贫困户养兔脱贫。在外贸的组织下走遍十几个乡镇，介绍养殖经验。1986年10月被山东省人民政府授予山东省农业劳动模范称号。

张宗彦

男，汉族，山东郓城人，1939年4月生，中共党员。

先后任黄堆集公社联社会计、工业办公室会计、面粉厂会计、黄堆集乡酒厂厂长、副乡长职务。

张宗彦于1981年10月担任郓城县黄泥冈酒厂厂长。当时，全厂只有12名职工，固定资产不足2万元，一没有厂房，二没有资金，三没有设备。他带领全厂干部职工对所存在的困难做了认真的分析，统一了认识，下定了决心，自筹资金，经过十几年的艰苦创业，现已发展到拥有固定资产和流动资金780万元，年产值1700万元，利税230万元的企业。产品也由一种扩大到特曲、老窖、大曲等13个品种，“黄泥冈特曲”1987年荣获山东省优质产品奖。1984年以来，黄泥冈酒厂连续4年被评为县先进企业，张宗彦也连续4年被评为地县模范共产党员。

李彦超

男，汉族，山东郓城人，1940年8月生，高级工程师。

先后任郓城县搪瓷厂厂长、郓城县经委总

工程师，县政协常委等职。

李彦超，自1980年任郓城搪瓷厂厂长17年以来，始终坚持和发扬“开拓、改革、求实、进取”的企业精神，艰苦创业奋力拼搏，积极推行现代化管理和技术进步、更新产品结构，开发新产品、不断提高企业的核心竞争力，使企业的发展有了长足进步，对地方工业的发展起了突出的带头作用，树立了一面旗帜。郓城搪瓷厂1987年被评为省级先进企业。1989年荣获国家二级企业的光荣称号。1990年被评为省级文明单位。1991年被省一轻厅评为明星企业。在工业发展相对落后的菏泽地区，创出了一条路子，是山东省搪瓷行业唯一的一家国家二级企业。先后被评为山东省先进企业管理工作者、山东省富民兴鲁劳动奖章，1989年10月被山东省人民政府授予山东省劳动模范称号。

葛文斋

男，汉族，山东郓城人，1957年5月出生，中共党员，任郓城县人民政府办公室驾驶员。

葛文斋1975年入伍，在部队服役期间，表现十分出色，被团政治处树为全团学雷锋标兵，受团以下嘉奖13次，荣记三等功一次。1981年退伍到县民政局工作后，不怕苦，不怕累，不怕脏，勤勤恳恳，任劳任怨，默默奉献，为郓城县移风易俗、殡葬改革做出了突出贡献，以实际行动实践了自己的入党誓言。特别是任县政府领导专职驾驶员以来，他以服务为天职，遵循领导教诲，牢记组织重托，十几年如一日，安全行驶100多万公里，从没有出现一次事故和差错，受到领导和同志们的一致好评。1988年6月被评为山东省优秀党员，1989年10月被山东省人民政府授予山东省劳动模范称号。

刘乃施

男，汉族，山东鄄城人，1937年11月出生，主任技师。

先后任科主任、菏泽市检验学会副主任、省、市、县三级专业技术评委会成员，市专业技术拔尖人才、享受国务院津贴、县人大代表和政协常委。

刘乃施在没有资金、设备、助手等困难的条件下，利用业余时间，经过三年的艰苦努力，克服了各种困难和阻力，终于完成了自选课题“人胎儿造血组织的研究”，市科委对此课题鉴定认为：“填补了国内空白、达国内领先水平，成为基层单位科研工作的典范”。1984年获省优秀科技成果三等奖。1984年承担的省科委课题“人胎儿造血和免疫功能的研究”，同样经过三年多的刻苦努力提前完成了计划。经省科委主持鉴定意见是：“不仅填补了国内空白而且达到了国际先进水平。是对胚胎学的一大贡献，是基础研究的成功范例……”1988年获省科技进步二等奖和地区特等奖。先后被评为省卫生先进工作者、省优秀医务工作者和富民兴鲁劳动奖章。1989年10月被山东省人民政府授予山东省劳动模范称号。

张心全

男，汉族，1945年6月生，郓城县程屯镇大张庄村人。1982年1月加入中国共产党，1967年7月参加工作。先后任程屯镇科技副镇长、科委副主任，程屯兽医站站长等职。

张心全主持研究的《强化和提高小尾寒羊质量的技术开发》，1992年获得菏泽地区科技成果二等奖，此成果涉及多个乡镇，取得了5000余万元的社会效益。1993年参与的《19万只肉羊配套技术推广》获山东省农牧渔业丰收一等奖。《关于提高不孕母牛怀胎率的研究》这一课题，经过多年的研究和实践，找出了影响母牛怀胎率的六条因素。近40年来治疗牲畜50多万头，共防疫禽类500多万只，生猪50万头，共挽回经济损失6000多万元。他的事迹1993年被郓城县委办公室收编为《郓城县名人荟萃》一书，1990年3月被授予“菏泽地区农业劳动模范”称号，1990年9月被山东省人民政府授予“山东省农业劳动模范”称号。

张留林

男，汉族，山东郓城人，1955年3月生，中共党员，先后任郓城镇张兴庄村党支部书记，郓城镇副镇长等职务。

张留林克服了人们难以想象的困难，从小打小闹的绳经厂逐步发展办成了全县第一个外贸出口创汇企业——郓城县地毯厂。产品出口全世界10多个国家及地区，研制成功纯棉地毯、“葡萄牙地毯”大规格针艺地毯等新产品。填补国家空白，获“星火计划”二等奖。年均创利税350万元，为国家创汇100万美元，安排全县剩余劳动力18000多人，成为全县当时的支柱产业，带动了全县的经济发展。任郓城镇副镇长职务时，主管全镇的工副业，使全镇的经济迅速发展，走在全县的前列，被选为七届、八届全国人大代表，积极参政议政，曾受到时任国家总理李鹏的接见。

童香云

女，汉族，山东郓城县人，1945年9月生，中共党员，先后任西关小学副校长，县政协常委职务。

童香云，30多年始终倡导“只有差异，没有差生”的教育理念，全面培养每一位学生。她虚心好学，敢于创新，认真探索课堂教学方法，带动全体语文教师搞语文“主体教学”课题实验，取得了突出的成绩。撰写的教研论文、课堂教学设计多次在省级刊物上发表。在团省委，省教委联合召开的少先队工作经验交流会上，她多次作典型发言

1989年荣获全国优秀人民教师称号，1990年被评为山东省优秀少先队辅导员。1992年4月被山东省人民政府授予山东省职工劳动模范称号。

田景秀

男，汉族，山东潍坊人，1938年6月出生，中共党员，先后任畜牧站副站长、站长、支部书记、总支委员等职。

田景秀在业务能力上和学术水平也是本学科学术带头人，能指导重大科研项目的研究推广工作，创造性地解决畜牧兽医技术难题，有1项成果获省地奖励，达到了国内领先水平。在工作岗位上承担省、地科研项目四项，关于畜禽代谢类型的探讨和代谢病的诊疗研究被联合国技术信息促进系统，评为“发明创新科技之星奖”，鸡EDS76防治技术研究是省科委立项

课题，经省科委组织鉴定，达到国内领先水平，获省科技进步三等奖。学术论文 80 余篇，有 3 篇获全国论文特等奖、1 篇一等奖。先后被评为全省农牧系统先进工作者，菏泽地委行署评为优秀科技工作者，山东省优秀科技工作者等，1995 年 4 月被山东省人民政府授予山东省劳动模范称号。

赵遵银

男，汉族，山东郓城人，1945 年 7 月 1 日出生，中共党员，先后曾任村党支部书记，武安公社土屯管区副主任，双桥乡科协副主任，中共郓城县第七、八、九、十届县委候补委员。

赵遵银锐意进取，2003 年全村经济纯收入就以达到 260 余万元，人均纯收入 2400 余元，人均占有粮食 2000 余斤。自 1960 年以来的 40 多年间，全村无一人犯罪，无一起刑事案件，1997 年被省政村授予安全文明村。为振兴全村经济，首先推行联产承包责任制，其次大搞农田水利建设，先后打机井 36 眼，建大型扬水站两座，修节水渠 1000 多米，集体购买各种农机械 30 余台，全村耕地旱能浇，涝能排，为农业增产增收打下了坚实的基础。赵欢口村还是中共中央政研室、农业部于 1985 年确立的农村经济固定观察点。他认真组织村民搞好每家每户的收支记录，其准确性连续 20 年居全省第一，为中共中央制订农村政策提供了可靠依据。1990 年被地区授予地区级劳动模范，1995 年被山东省人民政府授予山东省劳动模范称号。

王宗亭

男，汉族，山东郓城人，1947 年 9 月出生，中共党员，先后任县检察院政研室副主任、主任、副检察长等职。

王宗亭身患癌症后，为争取工作时间，他说“宁愿累死绝不等死”。他带领政研室的同志拼搏争先，多年保持着在全区的先进行列，两次荣记集体三等功。同志有病，他放弃自己检查治疗主动前去帮助；群众蒙冤，他据理力争，为群众讨回公道；有人对检察机关查处泄愤叫骂，他抓住不放，直到那人受到了组织处理；黑恶势力为非作歹，他苦斗两年半，终使恶人受到法律制裁。他坚持原则，不徇私情，竭力维护检察机关的声誉和形象。他淡泊名利，不求闻达。评选先进，他不要不争；评定职级，他主动提出让给别人；物质待遇，他从不在乎。先后荣立一等功、“山东省优秀共产党员”、“全国模范检察干部”荣誉称号。1998 年 4 月被山东省人民政府授予“山东省先进工作者”荣誉称号。

赵效东

男，汉族，山东郓城人，1967 年 10 月生，中共党员。

赵效东 1988 年高考落榜回乡后，立志改变家乡“无风三尺沙，风起沙满天”的贫困落后面貌，在自己责任田里搞农业科学实验。1990～1992 年，先后到山东农业大学，山东果树研究所，郑州农科院等单位，虚心向专家教授求教。通过几年的艰苦努力，2004 年承包的土地已达 1500 余亩，优质小麦面积 700 余亩，棉花瓜菜面积 390 余亩，丰产林 370 亩。平均亩获纯收入 260 元，年获经济效益近 40 万元。自己出资为村里修建一条长1000多米的防渗渠，解决了本村浇水难的问题。先后获得“山东省新长征突击手”“全国星火带头人”“菏泽市劳动模范”等荣誉称号。1998年4月被山东省人民政府授予“山东省劳动模范”荣誉称号。

杨守强

男，汉族，山东郓城人，1963年4月出生，大学学历，中共党员。现任郓城县政府办公室驾驶员。

杨守强自参加工作以后，始终把工作放在第一位，舍小家、顾大家，起早贪黑、加班加点，31年如一日，忘我工作，无私奉献，刻苦学习驾驶技术，虚心向老同志学习，业务技术不断提高。1997年，被破格晋升为高级驾驶员。他把安全驾驶当作自己的天职，自觉遵守交通规则，驾驶期间从不饮酒，保证按时正点出车，已安全行驶180万公里，他十分爱护车辆，做到手勤、眼勤，定期保养，有故障早排除。每次出发前，提前检查车辆，既保证了正点出车，又使车辆始终保持良好状态。经常自己动手维修车辆，31年来，共为国家节约支出100余万元，6次被评为节油能手，8次被评为爱车标兵。2002年4月被评为山东省优秀驾驶员。2003年被评为山东省先进工作者。

刘树民

男，汉族，1956年6月出生，郓城县李集镇刘集村人。中共党员，曾任郓城县供电公司经理。

在任郓城县供电公司经理期间，带领供电公司广大干部职工大力弘扬“努力超越、追求卓越”的企业精神，强化措施，狠抓管理，郓城电力事业不断开创新局面。公司安全生产长期保持了“零事故”记录，截至到2009年3月底，公司实现连续安全文明生产5921天；各项主要经济技术指标连续多年保持领先；连续七年在全县“行风万人评”活动中名列前茅，公司2003年3月被山东电力集团公司评为“山东省一流管理县供电企业”、2004年12月被国家电网公司命名为“一流县供电企业”并保持至今；公司先后获得省、市、县多项奖励。2005年4月，被评为菏泽市劳动模范。2008年4月，被评为山东省劳动模范。

张淑霞

女，汉族，山东郓城人，1965年10月生，中共党员，郓城一中英语教师。

张淑霞品行兼优，德高望重，她系统地学习了几十部教学理论书籍，做了几万字的读书笔记，先后在省、市级报刊、杂志上发表论文十余篇。多次参与编写市教研室组织的《高三英语复习学案》。教学中大胆创新、锐意改革，所担任班级的联考、高考成绩次次在县、市名列前茅，多次在县、市级高中教学工作经验交流会上作经验介绍。先后获得“县优秀教师”、县首届“十佳教育明星”、“菏泽市劳动模范”、“山东省特级教师”、“山东省先进工作者”、“全国优秀人民教师”、国家级“骨干教师”称号。并获得“富民兴鲁劳动奖章”和“全国优秀教师奖章”。其事迹报刊多次报道。2008年4月，被授予“山东省先进工作者”称号。

桑圣钦

男，汉族，山东郓城人，1961年3月生，中共党员，现任山东圣达实业集团有限公司董事长兼总经理。

桑圣钦带领的圣达团队从一个名不见经传的农机销售点起步，逐步发展成为拥有七家农机销售分公司，形成了以纺织、印染为龙头，以农机、太阳能为纽带，以房地产、大酒店为重点的产业发展链。目前集团拥有纱锭10万枚，年产各类印染布4800万米，集团总资产3.5亿元，年产值5.6亿元，实现利税5400万元，出口创汇3000万美元，为周边农村提供了1200个就业岗位，安排国企下岗职工760余人，成为菏泽市最具发展活力的成长性中小企业，位居菏泽市60强重点企业前列。企业先后共获得国家级荣誉5个，省级荣誉11个，市级荣誉16个。2008年4月，被评为山东省劳动模范。

巩传举

男，汉族，1953年5月生，郓城县蒋庙人。中共党员，先后任郓城县鲁西良种鸡场场长、郓城镇蒋庙村党支部书记、郓城镇和平社区党总支书记、社区主任，兼郓城县大正纺织有限公司董事长。

几年来，巩传举认真学习党和国家的路线、方针和政策，学习科学技术，自1984年从部队退伍后办起了家庭养鸡场，采取滚球式的方式，使养殖规模逐渐扩大，1991年，养殖规模已发展到养殖、孵化、饲料加工、技术服务为一体的综合养殖场。1992年他被选为村党支部书记，从此他积极带领全村村民发展养殖业，他对困难户赊销鸡苗，无偿传授养殖技术，使全村养殖户逐渐增多，到1995年全村养鸡户占总户数的90%，蛋鸡存养量达32万只，一举成为全县乃至菏泽地区著名的养鸡专业村，人均纯收入达5600元。养鸡业的发展带动了，种植、加工、运输、服务等相关产业的发展，集体经济收入不断增加，全村投资30万元，打了深水井，家家用上了自来水。投资60万元，村里大街小巷都铺上了柏油路，建起了教学楼和村级文化大院，成为全县小康建设示范村。之后，为让更多的农民致富，他千方百计地招商引资，自己带头建起了大正纺织有限公司，之后又引进了经纬纺织、银座纺织以及搪瓷、饲料、铝制品等民营企业36家，实现利税760万元，安排就业3500人。

1996年被评为郓城县劳动模范，1995年6月被中共菏泽地委评为“五好党员”1996年被县委评为“优秀党支部书记”，1998年4月被菏泽地区行署评为劳动模范，2008年4月被评为山东省劳动模范。

郑从军

男，汉族，1958年10月出生，郓城县玉皇庙镇人，中共党员，大学学历，1978年12月参加工作，现任山东恒基集团股份有限公司党委书记、董事长。

2007年8月成立了郓城恒基工程机械有限公司，2012年8月更名为山东恒基集团有限公司，2015年11月在全国新三板挂牌上市，股改后更名为山东恒基集团股份有限公司。目前公司占地500亩，建筑面积30万平方米，员工1200余人，下设5个事业部及6个子公司，控股总资产10亿元，年产值10亿元，年上缴税金2000余万元。恒基集团已于2008年5月通过ISO9000认证。2010年被评为“山东省企业技术中心”。2013年被上级党委批准为“恒基党委”。2016年被评为“全国高新技术企业”，是“全国改革创新先进企业”、“山东省安全生产先进企业”等。郑从军自创建恒基集团以来，敬业奉献，先后荣获“菏泽市劳动模范”“菏泽市优秀共产党员”“菏泽市建功立业人大代表”等荣誉称号。2013年被山东省政府授予“山东省劳动模范”荣誉称号。

陈振修

男，汉族，1978年8月出生，郓城县随官屯镇人，中共党员，硕士研究生，2001年参加工作。菏泽市人大代表，菏泽市劳动模范，现任郓城县利华种植专业合作社理事长。

陈振修是一位以科技种植带领农民共同致富带头人。自青岛科技大学毕业后，他带着一颗报效家乡的赤子之心，一心想干出一番事业。他于2011年率先创建郓城县利华种植专业合作社。郓城县是山东省纺织产业生产基地，众多棉纺企业都面临原料紧缺的问题，他大胆地组织老百姓，在村里大量承包土地带领村民种植棉花，这样一来可以缓解了企业需求，同时又能提高村民的收入。并与当地大企业签订了购销合同。由于自己专业对口再加上科学种植，使的当年的棉花品质好、产量高，收入非常可观，每亩地比原来收入提高1000余元。有更多的老百姓要求与他合伙加大种植面积。要科技致富，首先要引进良种、引进技术，为让大家共同致富，他大力宣传，吸引周边村庄更多村民一起参与，扩大种植面积，增加收入。他还利用技术之长，经常帮助其他种植户无偿提供技术指导，并通过网络采购大批优良品种，高质增产，并对一些困难户无偿援助良种和肥料。为了使更多的农民发家致富，他带领全镇邻近几个村的农民，成立了新农村种植互助合作社，为了保护棉农利益，他重新与企业签订合同，继续扩大种植规模，并签订高于当地市场价0.5%的价格。对合作社的农民采取先提供种子，待卖了棉花后再交种子款，他这一举措，得到了大家的支持，种植规模进一步扩大。他所创建的种植专业合作社，得到当地政府大力支持，多次受到表彰并给予2万元奖励，他所组织起来产业种植基地，让老百姓得到了实惠，尝到了甜头，享受了更多无偿服务，让老百姓走向了共同富裕之路，为社会和谐新农村发展起到了带头作用。

任　娟

女，汉族，1974年7月出生，中共党员，本科学历，山东省郓城县随官屯元庙集人，1991年参加工作，任郓城县人力资源和社会保障局机关事业保险处副主任。1991年7月至1999年2月在郓城县农机局农机监理站工作，1999年2月至1999年12月在郓城县民政局农保处处工作，1999年12月至2010年5月在郓城县劳动局机关事业保险处工作，2010年5月至今在郓城县人社局机关事业保险处工作。2002年4月荣获菏泽市五一劳动奖章，2003至2004年连续两年获郓城县总工会嘉奖，2004年2月被菏泽市财政局、菏泽市劳动局评为先进个人，2004年5月被郓城县委、县政府评为郓城县老干部工作先进个人，2005年3月被山东省妇联、山东省劳动保障厅评为巾帼建功岗位明星，同年被评为菏泽市机关事业单位社会养老保险处先进个人，2008年3月被评为山东省社会保险经办系统青年岗位能手，被评为2008~2010年度山东省人力资源社会保障系统优质服务窗口先进个人，2011

年 3 月被郓城县委、县政府评为郓城县先进工作者，2011 年 4 月被菏泽市政府评为菏泽市先进工作者，2011~2012 年被山东省社会保险事业局、山东省妇联评为巾帼建功十大标兵、山东省三八红旗手，2012 年 6 月被山东省社会事业保险局共青团山东省委员会评为全省社会保险经办系统青年岗位能手，2013 年 3 月被评为山东省三八红旗手。2013 年 4 月被山东省人民政府评为山东省先进工作者。

张勤成

男，汉族，1962 年 12 月出生，郓城县黄安镇人，大专学历，1981 年 1 月份参加工作，任山东神舟食品集团有限公司董事长，山东省第十、十一届人大代表。

1995 年 8 月，创建了郓城县黄河食品有限公司。在工作中时刻严格要求自己，创造性地开展工作，于 2001 年 3 月将公司组建成郓城神舟集团公司。经过不断的开拓进取，2005 年 10 月，公司更名为山东神舟食品集团有限公司，实现了公司由弱变强的历史性跨越。公司占地面积 196667 平方米，建筑面积 8 万平方米，冷库储藏能力 10000 吨。公司先后通过了 QS 认证、ISO9001 国际质量管理体系认证和 HACCP 食品安全管理体系认证。公司先后被评为“国家扶贫龙头企业”“省级农业产业化重点龙头企业” “全国农产品加工示范企业”“山东省明星企业”“山东省文明诚信民营企业”“山东省肉类食品行业 50 强”。公司生产的神舟牌冷冻调理肉制品连续 13 年被评为山东名牌、山东省著名商标，神舟产品荣获“第三届全国食品博览会金奖”。

张勤成具有较强的大局观念和责任意识，在不断提高公司效益的同时，积极投身于社会公益事业。曾先后开展了赈灾捐助、爱心一日捐、社会捐助、慈善捐助、“百家文艺团体装备改善”和“千名贫困学子救助”捐助等活动，几年来，共向社会捐助资金近 500 万元。因工作突出，先后被评为菏泽市再就业先进个人、山东省下岗职工再就业先进个人、菏泽市劳动模范、菏泽市优秀中国特色社会主义事业建设者、菏泽市慈善捐赠先进个人、慈善之星、慈善楷模等。2013 年荣获“山东省劳动模范”荣誉称号。

董城郊

男，1962 年 1 月出生，郓城县郓州街道盛平社区人，中共党员，中专学历，现任郓城县郓州街道盛平社区党支部书记，董城郊是一位热爱“三农”、勇于探索、开拓创新、敢为人先的新农村建设带头人，他常年奔波在农业生产第一线，热忱为农民排忧解难，传授农业生产经验，大力推广优良品种和大棚种植技术，为村、社区经济发展、绿色产业推广和农民脱贫致富做了大量卓有成效的工作。

一、勇于实践，运用农业技术惠及乡村经济。董城郊自从部队复员回到家乡后，便开始投入到农业生产第一线，多年来积极推广无公害绿色产业以及助力产业扶贫，作为一名共产党员和村发展致富带头人，董城郊始终恪守入党誓言，处处发挥模范带头作用，勇于探索、开拓创新。最初利用在外地学习的新方法，董城郊第一个从外地引进“温室草莓”草莓苗及大棚种植技术，首先在自己承包 5 亩土地里建设种植“温室草莓”草莓苗种植示范大棚，引进种植温室草莓大棚后，董城郊认真钻研种植技术，注重科技创新，并虚心向有关种植专家请教，到外地草莓种植区取经、学习，经过一年的辛勤劳作，草莓种植当年喜获丰收，一年两季草莓每亩收入达 3600 元，效益比常规农产品高出三倍多，之后邻近农户看到收益后也纷纷表示出种植意愿，此后他多次深入到种植户家中，耐心讲解技术经验，在培育种植大棚过程中他不分白天黑夜，对农户需求随叫随到，在病虫害防治时期及时把所需农药送到农户手中，通过他的努力与农业技术指导，农户第二年获得了很好的收益。当时董城郊积极与村委会协调接洽，建议除村民现有种植土地外，再整合村集体土地、闲置土地、荒废土地等资源，扩大种植规模，这样既增加了村民的经济收入也增加村集体经济收益，目前在董城郊的带领和帮助下社区居民的温室草莓种植已经发展成当地休闲旅游、绿色采摘为主的绿色产业，吸引周边广大群众前来观光、采摘、娱乐，为村居发展带来了新动能。由于他种植出了名，且注重科技创新、乐于助人、诚实守信，毫无保留地将自己掌握的技术传授给农户，同时在他的带领下绿色无公害采摘农场、休闲农家乐带来的经济效益也日渐突出，董城郊被当地农民亲切地称为“董店增收致富的带头人”。

二、注重实效，深入推广成熟农业种植经验。董城郊在农业生产工作中十分注重人员业务技术培训，他结合村、社区两委班子充分利用大喇叭、公开宣称栏、社区网站、手机“为村”等平台，免费开展以大棚种植产业为主的相关技术培训，并且主动对接村里的贫困农户，为每一个贫困户都印制发放了致富信息及技术指导手册，一对一定期开展育苗栽培、除草施肥、保肥保水、病虫害防治、修剪枝条、环割、保花保果等技术指导，董城郊从自己经营了大棚农场拿出 2 万元，扶持贫困农户调整生产农作物，定期邀请菏泽、济南农技专家召开技术交流会和培训班，开展讲座 10 场次，累计培训贫困农户及当地果农 800 人次。为了更好地提高大棚种植作物的产量，并且结合生产实际，董城郊带领种植农户大力推行秋季深松整地、测土配方施肥、根茬粉碎还田等先进的农机措施，大大提高了农民农作物的产量。

三、不忘初心，时刻彰显新时代共产党员本色。董城郊扎根农村、扎根基层，在日常工作和农业生产工作中，他时时刻刻用党员的标准严格衡量、约束自己的言行，力求率先垂范，不断增强党的观念，加强党性修养，深入学习贯彻党的“十九大”精神，充分发挥一名共产党员应有的先锋模范作用。他始终把困难群众放在心上，社区居民王运社家庭贫困，父母都已年迈还有残疾，家里孩子得了急性脑炎，要去济南治病时，董城郊得知后主动从自家农场拿出五千元，交给了他，叮嘱他安心给孩子看病，有困难随时可以给他联系，感动的王运社眼泪从横。目前董城郊先后帮扶社区失业贫困户 16 人，使其安置到草莓采摘农场、绿色农家乐、农业种植合作社等工作，每人年收入达到 2 万多元，帮助他们实现了就业脱贫。社区里但还有部分老弱病残群众无法安置，董城郊始终牵挂在心上。社区居民侯某夫妻两个带着下肢残疾 20 多岁的儿子共同生活，由于老两口身体不好，又没有一技之长，全家靠一点薄田收入和平时捡破烂生活，非常困难。董城郊主动认领为结对户，了解到其残疾的儿子对电脑比较感兴趣并有一定基础后，决定帮助其开网店，资助他们一台电脑，并安装了宽带，从自家拉来桌椅板凳让他使用，为他报名到淘宝大学学习，帮助其开设了淘宝店，并为他联系绿色无公害产品销路，现在每个月都能收入 2000 多元。董城郊像这样乐于助人、无私奉献的事迹还有许多，他总是以“与人为善”的心态对待每一个人，始终恪守共产党员全心全意为人民服务宗旨，用自己的爱心让群众感受党的温暖，用自身的言行感召周围的同志，让“共产党员”这一光荣称号在自己身上闪耀发光。多年以来，始终奋战在农业生产第一线的他辛勤耕耘，在平凡的工作岗位上，用实际行动诠释了自己的情怀和梦想。

这就是董城郊，作为一名基层农村工作者，他始终坚持做好本职工作，服务农业生产，帮助群众致富，以饱满的工作热情、扎实的工作作风和优异的工作成绩，赢得全社区居民群众的一致好评，董城郊同志的工作也得到了上级部门的认可和肯定。他先后获得山东省优秀共产党员、菏泽市劳动模范、郓城县先进工作者等荣誉表彰，为带动一方农业生产和农民增收做了积极贡献。面对荣誉，他淡淡地说：“其实我只是做了我应该做的工作，既然我选择了农村，就要脚踏实地、扎根基层，心系农村、心贴农民，以满腔的热情为农民朋友服好务，为新农村建设贡献自己的一分力量。”

樊继文

男，1963 年 7 月出生，郓城县郓州街道南城社区人，现任阳光谷物合作社理事长、菏泽市劳动模范、菏泽市人大常委会农业与农村委员会委员。

他是一名普通的农民党员，惊天动地的壮举与他无缘，他只是为了大地的丰收，始终如一，严谨求实，勤奋刻苦，时时刻刻以党员的标准严格要求自己，认真学习邓小平理论、“三个代表”重要思想、科学发展观以及习近平新时代中国特色社会主义思想，以饱满的热情扎实工作，扎根大地，辛勤耕耘，踏踏实实地做好自己的工作，用自己的实际行动诠释了自己的情怀和梦想，赢得了广大群众的普遍好评和组织的肯定，他就是阳光谷物合作社理事长樊继文同志。他为了群众的增收，解放思想，开拓创新，以身士卒，全心全意带领群众走发家致富的小康之路，为郓城县的“三农”事业做出了很大的贡献。

一、带头成立农村专业合作社，积极服务三农

他于 2005 年 10 月成立了阳光谷物合作社。主要从事蔬菜种植和销售以及农业综合种植、开发、销售与加工等，并为合作社社员提供各种种植技术服务和销售信息服务。合作社自成立以来，以“不断创新、永续经营、共同发展、团队协作”为经营理念，以“安全、放心、健康、守信”为经营宗旨，以建设现代农业示范园区为出发点，采用先进的管理经验、种植技术及经营模式与当地的资源优势相结合，大力发展无公害、绿色蔬菜，积极培育地方特色优质蔬菜产业。有效地扩大了农民再就业渠道，将分散经营的农民组织起来，整体销售，减少了流通环节，加大了利润空间，社员不但获得了利润而且也激发了社员的生产积极性，促进了农业产业发展步伐，延长了农产品的产业链。

二、大胆创新推广农业先进技术，增加农业科技含量

多年来，他积极带领群众发展农业，坚持实验、示范推广的技术路线，推广运用先进成熟的农业新技术、新品种和新设施，通过生产实践，总结出一系列的种植理论体系和完善的栽培技术规程，已经被有关农业部门认可，在全县范围内可以推广使用。他大力推广新技术，示范推广新品种的引进、栽培技术、节水灌溉等技术；他还在示范基地实行机械化技术，从整地、播种、收获等机械作业，从事作业的机械有耕地机、收获机、播种机等农用机械，机械化水平有了很大的提高，得到了社员

的一致好评。新技术的推广推动了当地农业向现代农业转变的发展步伐，为农业科技的进步贡献了自己的力量。

三、吸收贫困户到自己的合作社，带动村民致富

为了帮助贫困户增加收入，他自筹资金成立了阳光谷物合作社，并且吸纳村内贫困户加入到自己的合作社，推行统一整地、统一购买种子化肥、统一播种、统一田间管理、统一收获、统一销售的“六统一”模式，既降低分散经营的成本，又提高了贫困户的收入，极大地改善了贫困户的农业生产条件，真正解决了贫困户农业生产中的实际困难。

樊继文同志还热心帮扶困难群众，在基层党组织和广大群众中引起积极反响，他带领群众真抓实干，开创了农村新型人才的新模式、新榜样，带头与困难群众进行了精准扶贫和结对帮扶，着力抓好精准扶贫，先后扶持困难群众的资金达到二十余万元，帮助群众安置就业56人，使十余户群众脱贫致富，他的目标是到2018年结对帮扶的群众全部走上致富的道路。

大力维护社会治安，保证社员安全

樊继文同志始终坚持做到政务、财务及时公开，合作社的一些事项公开透明，不对合作社社员有任何的隐瞒，对于社员反映的问题能够及时处理到位，积极化解社员间发生的一些矛盾，近年来，合作社环境卫生，以及治安方面有了很大的提高，社员能够安心种植，也大大增加了合作社的收入，人民也能安居乐业。这样不但有了大局的稳定，而且也赢得了社员的信任。

通过多年的努力，樊继文同志所在的社区被授予“小康村”、县级“示范合作社”，“文明示范村”。2009年6月至2011年10月连续三年被菏泽市委评为“优秀共产党员”。2010年6月至2012年7月，被郓城县委授予优秀共产党员，并当选为郓城县第十二届至第十七届人大代表和菏泽市第十五届至十九届人大代表，2017年4月被中共菏泽市委、菏泽市政府授予“菏泽市劳动模范”，同年10月被省党校系统党建研究会授予“最美基层榜样”的荣誉称号。

一分耕耘，一分收获，成绩和荣誉只能代表过去，更重要的是开拓未来。今后，在各级领导的支持和帮助下，我会更加刻苦努力，不断加强理论学习和技术培训，增强科技创新力度，多出成果，快出成果，为农业科技的进步和农民奔小康献自己的力量。

樊庆芳

女，1971年5月出生，中共党员，现任郓城县地税局党组书记、局长，全国“百佳”县税务局长，山东省第十二届人大代表，山东省第十一次党代会党代表，作为全市地税系统九县（区）唯一的女局长，从乡镇副职到地税局长，二十七年的执着与坚守，她用实际行动践行了共产党员的价值追求和高尚情怀，先后荣获山东省“富民兴鲁”劳动奖章、山东省三八红旗手、全省“十佳”最美税务人、菏泽十大杰出青年、菏泽巾帼十杰等荣誉称号，被省公务员局、省地税局联合授三等功一次，撰写的《税收征收管理精细化问题研究》论文荣获全国征管改革论文一等奖。

坚持旗帜鲜明讲政治，以习近平总书记新时代中国特色社会主义思想为指引，深入贯彻落实党的十九大精神和省第十一次党代会精神，热爱祖国，热爱人民，拥护党的领导和社会主义制度，始终在政治立场、政治方向、政治原则、政治道路上同以习近平总书记为核心

的党中央保持高度一致。她牢牢秉持“党建领航、文化塑魂”的工作理念，大力推进党建工作“双创”活动，广泛组织开展“党旗铭于心、党旗伴成长、党旗添光彩、党旗惠民生”系列活动，打造了独具郓城地税特色的“信义笃行、税润民兴”文化品牌和“擦亮税徽、映红党旗”党建品牌，激发了大家干事创业、争创一流的工作热情。该局各项工作由她上任前全市综合考核最末位一跃成为全市第一名，并连续五年保持全市“五连冠”！两次代表菏泽市委接受省委“两学一做”督导组检查取得优异成绩，连续两届荣获全省地税系统党建工作先进集体，成为全省廉政文化建设示范点，“擦亮税徽、映红党旗”党建品牌被评为全省地税系统优秀党建品牌，“四心”工作法被评为全省“十佳”基层党支部工作法，全市基层党建工作观摩会、全市廉政文化建设现场会在该局召开，成为全省全市党建廉政工作的典范样板，2013 年 1 月该同志被光荣推选为山东省第十二届人大代表，2017 年 3 月又被光荣推选为山东省第十一次党代会党代表。

大力推进税收征管改革，创新税源“四化”征管方式，开辟了一条符合郓城实际的税源专业化管理新路子，实现了税收征管无缝隙。2013 年，全市税收征管现场会在该局召开。2015 年，为有效解决房产税、土地使用税、耕地占用税等税种的日常监管存在“误区”和“盲区”问题，切实加强税源控管，消除执法风险，她积极带领相关科室人员深入调研，充分利用“天地图・山东”提供的“神功能”，创新建立了“网格化”电子税源监控地图，实现了对动态税源的有效监控，提升了税收管理水平。《山东地税情况》、《菏泽政务》专期刊发推介。2016 年，面对后“营改增”时代地税部门失去“以票控税”管理抓手带来的征管难题，樊庆芳同志多次带领分管局长及业务科室人员与国税部门沟通协调，在全省率先推行了“地税欠税、国税停票、风险共担”的税收联合清欠新模式，有效化解了税收执法风险，营造了公平公正的税收环境。为有效推进税务领域“放管服”改革，切实降低纳税人办税负担，樊庆芳多次向县委政府汇报，与国税部门协调沟通，率先在全市推行了“一人一机双系统”办税模式，实现了“进一家门，办两家税，到一个窗口，办所有事”，极大地方便了纳税人。省委《改革情况交流》、省政府《决策参阅》专期刊发推介该局“放管服”改革做法，省地税局张洪军局长、市政府解维俊市长多次对该局煤炭资源税分环节预警、国地税联合办税等征管工作做法批示表扬，省地税局财产行为税处专门印发文件，工作经验全省推广。为推动税务诚信体系建设，提高纳税人税法遵从度，她在全系统率先提出了“以信养信、以税融资”的工作思路，积极落实“银税互动”守信激励措施，为全县 43 户守信企业获得银行贷款 9860 万元，赢得了纳税人的广泛赞誉，纳税人自觉依法纳税蔚然成风，被评为全省地税系统法治基地，2016 年 6 月在全国诚信建设大会上作典型发言，执法公信经验全国推广。在她的带领下，三年来，该局累计完成各项税收收入 54.3 亿元，代征工会经费 1173 万元，收入总量、县级收入实现全市“双第一”，为地方经济社会发展和工会事业提供了坚实财力保障。2014 年 1 月，该局被国家人力资源社会保障部、国家税务总局联合授予“全国税务系统先进集体”，综合工作跨入全国先进行列，成为菏泽税务系统有史以来唯一获此殊荣的单位！还先后荣获全国“巾帼文明”示范岗、全国“五一”巾帼标兵岗、全国“改革创新”百佳单位、全国诚信示范单位、省级文明单位、山东省“富民兴鲁”劳动奖状、全省地税系统绩效管理“十佳”标杆单位等荣誉称号。

作为一名省人大代表、省党代表，她认真履行代表职责，时刻保持为民情怀，深入企业一线，竭力帮助纳税人解决实际困难，当得知企业因资金困难无法正常生产运转时，她多方协调，帮助该企业依法取得贷款，使企业经营走向了正轨。她关注社会公益事业，帮助郓城镇郭林村建设了村委办公楼；协调资金为黄安镇宗陈村打了6眼农灌机井。在她的倡导下，全县地税系统设立了“税缘情”地税冠名爱心基金，累计募集爱心基金14.2万元，全部用于帮助困难家庭，为他们撑起一片蓝天。2017年7月，在全省人大代表培训会上，作为全省人大代表履职先进典型进行发言，介绍经验，连续三年被评为优秀人大代表，五年来，她牵头撰写的人大代表议案、建议6件（次）被省住建厅、省财政厅采纳，进入领导决策，先后为郓城争取资金25亿元，为地方经济社会发展立下了汗马功劳。

樊庆芳用责任和担当充分发挥了一名共产党员的先锋模范作用，在群众中树立了榜样，享有较高威信，真正成为弘扬清风正气、引领良好风尚的标杆！

王志国

在县委县政府和省市公司关心和支持下，该同志认真落实上级各项决策部署，各项工作取得了新成绩。2017年，公司完成供电量28.62亿千瓦时，同比增长8.63%，全市第一位；集体企业完成各类收入18577.97万元（金河实业），同比增长8.29%，利润833.07万元，同比增长165.83%，上缴税金1155万元。光明公司收入4730.25万元，同比增长19.63%，利润108.36万元，同比增加88.51万元，上缴税金440万元。公司荣获“国网山东省电力公司先进单位”称号，集体企业荣获“国网山东省电力公司发展和集体企业管理工作先进单位”称号。

（一）抓安全保稳定，安全生产呈现新局面。该同志严格安全生产责任制的落实、监督和考核，提升科学管控水平，严格按照到岗到位标准现场监督，协调公安局挂牌成立郓城县电力治安中队，公司安全生产保持稳定局面。金河实业有限公司年初与所属各部室签订了安全责任书，加大对公司人员安全培训力度，并定期进行《安规》考试，及格率100%。该同志十分重视群众生命财产安全，组织开展了户用漏保排查、配电线路通道治理专项行动，对全县157条配电线路通道全面清障，对全县49.2万用电客户漏保入户排查。积极组织参与保电工作，圆满完成了“十九大”、全国“两会”、全国扶贫车间现场会等重大活动、重要时期的保电任务，确保了全县电力安全可靠供应，公司荣获“郓城县十九大安保维稳工作先进单位”、“山东省电力行业安全生产先进单位”称号。

（二）抓电网促发展，电网建设实现新跨越。该同志始终把建设坚强电网放在企业发展的首要位置，科学决策，超前规划。致力于“国家级小康电示范县”建设，修编了《郓城县“十三五”配电网规划》，形成了“4图2表1清册1报告”，2017年8月郓城县“小康用电示范县”获国家能源局批复，计划2018年底完成建设。2016年，争取资金3.5亿元，新建改造中低压线路2248公里，全市率先完成“机井通电”工程，解决了9000眼机井的通电问题，魏荣庄2号台区被评为省公司百佳工程，舒王庄农网改造项目作为全省7家单位之一，获“国网百佳工程”。积极配合1000千伏菏泽特高压输变电工程前期工作，超前完成山西晋北-江苏南京±800千伏特高压工程属地协调，三获省公司特高压建设部通报表扬。2017年，组织完成110千伏于楼、文庄及220千伏吕月屯变电站110（35）千伏线路配出等工程4项，线路长度102.61公里、变电容量20万千伏安。投产110千伏于楼及吕月屯220千伏变电站35千伏线路配出工程2项，新增线路长度50.65公里、变电容量10万千伏安；完成了35千伏玉皇庙、黄集站主变增容工程，净增主变容量1.37万千伏安。全力攻坚机井通电工程，新建中低压线路1668.95公里，新增配变581台，完成了通电机井5197眼，受益农田23.2万亩，惠及村庄248个，每年为农民节支1421万元。坚持不停电是最好的服务理念，2017年开展配网不停电作业877次，减少停电时户数约3.17万时户数，城区不停电作业化率、10千伏线路联络率大幅提升，各项指标均位居全市前列，有效提升了供电质量及负荷增长需要，为保障全县安全稳定用电和全县经济健康快速发展提供了坚强的支撑。

（三）抓管理促落实，依法治企得到新提升。该同志十分注重企业管理，先后提出了“深化精益管理、深化集约管理、全面创先争优，推动科学发展”的工作思路。先后以“务实奋进、创新发展”，“锐意进取、奋力赶超”，“依法从严治企、全面争先发展”及“强基固本、晋位争先”为着力点，以管理提升和指标晋位带动公司整体工作上水平。开展“七五”普法教育活动，推进“三全五依”法治企业建设。强化通用制度宣贯执行，组织集体企业制度宣贯培训班2期，立、改、废制度6项。注重创新创效，QC小组注册课题12个，申报山东省企业管理现代化创新成果、全国电力优秀管理论文等21项，公司荣获菏泽市“科技赶超”职工技术创新竞赛示范单位。按照省市公司时间节点要求，有序开展了郓城金河电力有限公司吸收合并工作，顺利完成了郓城金河电力有限公司财产清算、工商注销、税务清算等工作，提前完成了郓城金河电力有限公司吸收合并工作。

（四）抓党建促和谐，从严治党开启新征程。该同志深刻领会党中央全面从严治党要求，学习贯彻县委县政府及省、市公司党建工作会议精神，全面认识公司党建工作面临的新形势、新任务，深入思考全面加强公司党建工作的措施，创新开展党建工作。作为公司党建工作领导小组办公室主任，带头以“卓越引领，三年登高”为指引，实施“筑堡垒、壮筋骨、严履责、强引领”四项党建工程。推进“两学一做”学习教育常态化制度化，迅速贯彻学习十九大精神，开展“喜迎十九大·专题党日”活动，每月积极参加党委理论中心组学习。创新打造“及时雨”党建品牌，《“及时雨”旗帜引领，“服务队”倾情客户》实践创新成果获全省第8名。通过加强党的建设，广大党员的先锋模范作用得到充分发挥，为公司科学发展提供了坚强政治保证。

杨现旺

他是一名优秀基层党支部书记，他是一名新农村建设的先行者，他是一名优秀工友创业带头人，他是一名扎身基层服务群众的先模人物，他就是郓城县经济开发区金河社区党支部书记杨现旺，十多年来，他带领全体社区居民艰苦奋斗，奋力拼搏，使社容社貌有了极大的改善，群众的物质文化生活水平明显提高，居民幸福指数逐年攀升。金河社区多次被授予“红旗党支部”、“先进基层党组织”等

荣誉称号，2017年度被山东省文明办授予省级文明社区，同年被山东省人社厅授予首批省级“四型就业社区”。

一、坚持理论学习，坚定理想信念。作为一名基层党支部书记，他深知任务艰巨、责任重大，只有不断完善和提高自己，才能确保高质量地完成好各项工作任务，才能更好地服务群众。因此他坚持经常性的深入学习和钻研，不断提高自身的政治、理论水平，用先进的思想和理论武装头脑、指导言行，注重将理论和实践相结合，将反面案例与正面教育相结合，注重学习和工作的效果，提高自身的思想觉悟和道德水准。同时，坚持执行党的各项廉政规章制度，严格要求自己，防微杜渐，确保不出任何违法违纪问题。

二、坚持服务群众，维护社区稳定。在社区工作中，作为带头人，他始终把居民的生活放在第一位，坚持以活动吸引居民，用活动引领居民，在活动中教育居民，在活动后反思自己，通过系列活动，进一步提高了社区居民的归属感，增强了社区居民的责任感，带领社区其他干部，深入到每家每户，了解民情，遇到有困难的居民，竭尽全力帮助解决。本着“便民、高效、廉洁、规范”的原则力求做到“一个窗口受理、一条龙服务。一站式办结”的服务机制，于2006年11月底建立了金河社区民生服务中心和信访接待室，同时为方便群众办事，设立了便民服务站，免费提供报刊、杂志和茶水服务，每天办公室都有专人值班，公开了办事程序、服务内容和监督电话，规范了工作人员的行为，做到了服务细致周到，权力运行公开透明，阳光操作。民生服务中心的建立和运行，切实方便了群众办事，有效解决了群众办事难，问政难的问题，在党和政府与群众之间搭建了一条连心桥，增进了干群关系，有效地维护了社区稳定。

三、坚持服务大局、建设美丽社区。金河社区紧邻郓城县城，随着棚户区改造工作的进一步扩大，社区拆迁任务逐步增大，他带领广大党员干部逐户做思想工作，讲清政策，逐步落实，挨家挨户进行丈量，在一个月的时间内将临城路以北、金河东路以西区块基本拆迁完毕，得到了上级党委政府的一致好评。近年来积极配合上级有关部门的工作，自2008年由于城市发展加速，拆迁任务加大，先后开通了迎宾大道连接线、临城路东段及东溪路，并建成了宋金河公园，在拆迁工作中，他率先当好表率作用，并动员其亲友、邻居、党员干部率先拆迁，积极帮助拆迁群众解决生活困难，妥善安置被拆迁户，千方百计筹集资金建设回迁安置房，在社区内建成了老年活动中心，设有台球、乒乓球、棋牌、图书室等娱乐设施，还成立了秧歌队、太极拳队，常年举办各类文化宣传活动，通过这种群众喜闻乐见的形式，向群众宣传党的方针政策法律法规等，为推动社区精神文明建设做出了不懈努力。另外在社区整体改造工作中，首先想到的是群众的生活问题，积极为群众建造回迁安置房，现已建成安置楼10栋，入住群众1000余人，在改造过程中，一切工作都民主、透明、公开。在他的带领下，党员干部经过不懈努力，在拆迁区块内，先后建成了金河丽景、东城国际、锦绣苑、维也纳花园、水岸新都、金河家园等6个住宅小区，引进了大福源购物广场、郓州医院、郓城县第二实验小学等便民、惠民的项目。截至目前，以上小区入住人口已达30000人左右，周边商业项目就业人员达1000多人。将金河社区由原来的小村庄建设成了一个集休闲、娱乐、餐饮服务等多功能的新型示范社区。

四、坚持脱贫攻坚、带领工友创业。在2010年金河社区原有贫困户43户，通过努力工作，每名干部帮扶贫困户 3-5 户，该同志通过协调，让贫困户发展养殖业，优惠政策、协调资金，让某些贫困户在附近商场、工厂做一些力所能及的工作，在 2017 年底，社区贫困户已全部脱贫。为了让群众发家致富，出台了多项优惠措施，鼓励群众兴办企业、个体经营。目前社区内共有瓶盖、织布、喷涂等各项企业 18 处，超市、餐饮服务等 50 余处，从业人员达到 600 余人，社区人均收入达到 8000 元以上，使社区居民得到了看得见的提高。2010 年 10 月他被郓城县金地房地产开发有限公司东城国际项目聘请为副总经理，该同志在任职以来，积极接纳下岗失业人员再就业，累计至今已接纳 50 余名下岗失业人员，带动周边群众致富，以小区优势带动周边发展，并积极缴纳社会保险、依法纳税、热心公益事业，多次捐款救助大学生数名，并参加大型扶贫公益活动，捐款数额达 20 余万元。

多年来，杨现旺同志一直坚守着一名优秀共产党员的信念，立足本职岗位，认真履行社区工作职责，勤勉敬业，扎实工作，求真务实，严于律己，沐浴着十九大的春风，踏着新时代的征程，决心为决胜全面建成小康社会、实现人民对美好生活的向往继续奋斗！

尹利广

自担任山东郓城农村商业银行股份有限公司党委书记、董事长以来，在上级管理部门及当地政府的正确领导和大力支持下，带领全县员工紧紧围绕发展主题，解放思想、更新观念、转变作风、创新思路，实现了各项工作的持续稳健发展。至 2017 年末，全行各项存款余额 202.28 亿元，较年初上升 32.13 亿元，增幅 18.88%。各项贷款余额 101.03 亿元，实体贷款较年初增加 15.34 亿元，增幅 16.41%，贷款存量和增量市场占有率分别为 53.18%、138.4%，存贷款存量及增量均居全县各家金融机构首位，全年累计缴纳各项税收 1.05 亿元。

一、服务三农为本，回归实体本源。

（一）畅通办贷渠道。开通 96588 贷款受理热线，配备客服人员，承诺 10 秒内接听、2 小时内对接、2 个工作日内调查回复、7 个工作日内办结，实现贷款申请“零距离”；开通微信贷款申请服务，在郓城农商行微信公众号，增设贷款申请功能，时时提醒，时时关注，实现贷款申请“掌上贷”；建设网上审贷平台，对客户提交的贷款申请，及时受理、调查、反馈，实现贷款申请“e 速贷”。至目前，通过以上受理平台共受理贷款 8329 笔，金额 14.28 亿元，办结 4821 笔，金额 6.72 亿元，大大提高了办贷效率，取得了客户的一致好评。

（二）实行贷款利率优惠，让利于民。始终坚持让利于“三农”的原则，实行差别利率政策，落实好各项惠农政策。涉农贷款利率低于一般贷款，信用等级高的农户贷款利率要低于其他信用户。加大农村青年创业贷款、农村妇女创业贷款发放力度，支持农村青年、妇女创业，现已累计扶持返乡农民工 895 人，发放贷款 5012 万元；农村妇女创业 946 多户，发放贷款 4492 万元；农民工下岗再就业 110 人，发放贷款 1220 万元。

（三）积极支持现代农业发展。与保险公司深度合作，探索“政银保合作模式”，引导农业、种养业贷款客户参加政府贴息、贴补保险费用、保险公司出具保单担保的小额贷款保险担保业务，有效降低涉农贷款风险，解决专业合作社、种养大户、家庭农场担保难问题。至 2017 年末，全年发放小额农户保证保险贷款22笔，金额311.5万元，发放新型农业经营主体贷款121笔，金额2490.9万元，取得了较好的经济效益和社会效益。

二、践行经济责任，助力富民兴鲁。

（一）进一步加大企业支持力度，积极开展“进走访”活动，认真整合现有信贷资源，由总行班子成员带头，主动深入企业调查研究，积极开展对带动力强、内部运作规范的企业的评级授信；对已有合作关系的不压贷、不抽资，全力维持企业资金链安全；对暂时无需求的客户，发放联系卡，建立联络体系，为下步评级做好准备；同时对正在经营的小微企业全部建立台账，掌握行业发展方向，营造共赢。2017年末，我行共支持小微企业459家，小微企业贷款余额达到46.69亿元，剔除核销因素，小微企业贷款较年初增长4.64亿元。

（二）主动支持大项目建设。2017年，我行共新增支持郓城县棚户区改造、郓城县妇幼保健计划生育服务中心建设、郓城唐塔养老公寓有限公司建设等10余个大项目开发贷款，已发放金额46200万元，为我县棚户区改造、城中村改造、城镇化建设、开发区产业园建设等提供了资金支持，取得较好的经济效益。

三、履行社会责任，积极作为担当。

（一）积极开展精准扶贫工作。成立扶贫攻坚领导小组，积极对接县扶贫办，获取7025户建档立卡贫困户、232家新型农业主体的信息，逐户、逐村、逐企业进行走访，开展金融服务档案建设。对贫困户家庭基本情况、资产构成以及资金需求等内容实行“一户一档”。目前已初步达成贷款意向122户，其中贫困户82户、新型农业主体及种养殖大户40户。

（二）创新扶贫信贷产品。创新推出“富民农户贷”、“富民生产贷”、“扶贫小额银保贷”、“农户产权信保贷”、“鲁青基准贷”等系列扶贫信贷新产品，解决贫困户担保难问题。截至2017年12月末，我行累计发放扶贫贷款27545万元，其中“富民生产贷”12540万元，“富民农户贷”1155万元，利用自有资金和扶贫再贷款发放产业带动扶贫贷款13850万元。

（三）认真践行普惠金融。在偏远村庄设立离行式自助银行、自助银亭，大量布放“农金通”、POS机等电子机具，明显改善了农村金融服务环境。截至2017年末，我行共建立自助银行60家，开通网上银行38164个，手机银行25729个，各类POS机具1201台，农金通466台，实现基本业务不出村，综合业务不出乡镇。同时做好各类补贴的发放工作，设立补贴专柜，优先办理各类补贴支取业务，加班加点，确保粮食直补、低保金、新农村养老保险等各项补贴迅速、准确地发放到人们手中，将政府的关怀及时送达到每一户居民。

第七节　山东省富民兴鲁劳动奖章获得者

杨春生

男，汉族，山东郓城人，中专学历，中共党员。曾在郓城县农业银行张营营业所工作。多次被评为省金融系统先进工作者，1987 年 4 月被山东省总工会授予山东省优秀金融工作者称号，并授予山东省富民兴鲁劳动奖章。

雷　军

男，汉族，1958 年 7 月生，山东菏泽市郓城县侯咽集镇人。中共党员，先后任郓城县新华书店农村图书发行员、办公室主任、工会主席。

雷军自 1982 年来郓城县新华书店工作，热爱党的图书发行事业、脚踏实地、兢兢业业、任劳任怨、默默无闻。

作为一名图书发行员，为真正服务“三农”，让农民朋友在第一时间得到最新致富信息和技术，他常赶集摆摊，送书下乡。

1997 年，任办公室主任，工作积极细致，不管接待工作，还是传达经理室的工作指令，均考虑周密，及时高效。

2003 年，他被委任县店工会主席。他及时反映群众的意见和要求，加强民主监督，建立健全职工代表大会制度，积极推进企业民主管理。工会工作连续五年被市总工会评为工会工作先进单位，2006 年单位被省总工会评为“省劳动关系和谐企业”，被省总工会授予“省富民兴鲁五一劳动奖状”，2007 年 5 月县店工会又被省总工会授予省信得过基层单位暨模范职工之家。

1989 年 3 月被郓城县人民政府授予县劳动模范称号；1990 年被山东省总工会授予“优秀营业员”称号获省“富民兴鲁”五一劳动奖章。2002~2004 年被山东省出版总社授予省“文明职工”。

董承轩

男，汉族，1935 年 10 月生，菏泽市郓城县人，中共党员，先后任郓城县搪瓷厂厂长、工会主席等职。

1955 年参军后，在部队里刻苦训练，多次被评为优等兵，并光荣地加入了中国共产党，成为一名中共党员。

复员后回到家乡，事事走在最前面，响应党的号召，传输党的思想，贯彻执行党的方针政策，积极的领导群众抓生产，搞建设。

参加工作后，苦练技术，时刻以一个优秀共产党员的标准要求自己，宽以待人，严以律己，兢兢业业。

在农机厂任生产厂长期间，钻研技术。抓管理，促生产，提高产品质量，使自己的企业在同行业中一直处于领先地位，多次受到表彰。

在搪瓷厂工作期间，更是总结以前的工作经验，不断创新，使企业的效益飞速发展，在同行业的大比武中，多次获奖，并使企业被评为国家二级企业，本人多次被评为先进工会工作者和优秀企业思想政治工作者，并在 1990 年获得富民兴鲁劳动奖章。1951 年 5 月被评为优秀企业思想政治工作者，1992、1994 年被评为先进工会工作者，1990 年 4 月被授予山东省优秀工会工作者称号并被授予富民兴鲁劳动奖章。

侯保振

男，汉族，1948年11月出生，菏泽市郓城县人，中共党员，先后担任郓城师范工厂厂长，总务科副科长等职。

侯保振毕业留校后，任校办工厂厂长，在他的努力下，勤工俭学越办越好，规模越来越大，服务项目越来越多，先后办起了电机修配厂、电镀厂、教具厂、木工厂。几年中，共计修理各类型电动机378台，1500千瓦；修变压器6台，调压器11台，镀件11000公斤；自制整流器1个；打制木床600余张等，并试制成功了JYF60交流发电机，为早日实现农业机械化做出了贡献。

1986年被省教委评为全国勤工俭学先进个人。1988年受到国家教委、计委、财政部和劳动人事部的联合表彰。1990年获省“富民兴鲁”劳动奖章。

王胜轩

男，汉族，1934年12月出生，郓城县水堡乡殷庙村人，1959年9月入党，1953年1月参加工作。任粮站会计。1956年调郓城县粮食局任文印收发员。1960年至1965年在粮食局作人事工作。1965年6月调潘渡公社党委任秘书。1972年调回粮食局任秘书。1975年调油料加工厂任厂长。1983年任党委书记兼厂长。

王胜轩在粮局工作期间，年年被评为先进工作者。1959年被评为地区劳模。在油厂由于个人工作突出，连续6年被县委评为模范党员，1987年至1990年，年年被评为省粮食厅先进工作者。1990年被评为地区劳动模范。他的事迹曾先后被“工商时报”、“大众日报”、“山东工人报”等多家新闻单位报道。1990年被省工会授予省“富民兴鲁”奖。

聂景荣

男，汉族，1944年3月5日生，郓城县张集乡聂厂村人，中共党员，先后任营业员、厂长等职。

自从他参加工作以来，认真学习党的伟大精神，深入贯彻落实党的方针。在党的感召下，使他在平凡的岗位上默默奉献着无私的精神，谱写出一段曲折的凯歌。朴实无华是他的风范，而默默奉献又恰恰是他内心真切的呼唤。工作中，他用行动证明了称职，生活中，他用热情证明了诚挚，学习中，他用谦逊证明了崇高。他的信条：为人民服务，做生活的强者。也许在七十年代那个岁月里，更多的困难户在社会中无法得到足够的物资资源。他对军烈、老弱病残、孤寡老人等给予积极的帮助，下乡送货、化肥农药300多吨，耕地500多亩打麦场800多个，过多的劳动常常使他腰酸背痛，至今行动不便的腿，便源于此，劳动最光荣，在如此光景下验证了他的本质。永远难忘的是感恩。曾清晰记得那年8月17日下午，他开拖拉机载着满满的肥料，同往常一样下乡服务。由于昨天那场暴风雨，使崎岖的土路更加泥泞，路面滑，刚开到汤庄村外，突然滑动的车轮将庞大的载物车掀翻到深沟里，他面对如此硕大的推力，也被压在已翻倒的车下，身子刚始下陷，也许此时危在旦夕的他依然无悔，为人民服务光荣，情况危急，头部被划了一道大口，鲜血直流，许久的忍耐……幸亏乡亲们及时赶到才为人间挽留下一位善良无私奉献的人。事后，当时的余惊使他许久无法镇静下来，也因当时被陷淤地，脚却留下无法改变的疼痛，如今行动不便，便走了几十年岁月，他颇有感慨，尽管现在付出惨痛代价，他却依然笑着说：“为人民服务值得”。人的一生很长，长在无限的奉献上，他的精神是我们忠实的向仿，我们会永远记着曾经感动的生死交织的画面。他真诚呼吁，应更多人为人民发光发热，为社会增光添彩。走出这位老人精神的一生我们被深深震撼，现在，明天对这位社会的有用人才深深鞠躬，感恩的岁月，我们曾如此幸福。

1990、1991、1992 年被郓城县联社评为先进工作者。1991 年 4 月山东省总工会授予山东省优秀营业员称号，并授予山东省富民兴鲁劳动奖章。

渠继銮

男，汉族，1946 年 8 月生，菏泽市郓城县人，中共党员，中学高级教师，先后任肖皮口乡中学校长，郓七中校长、职教中心校长。

从事教育工作四十多年来，一贯忠诚于党的教育事业，工作中大胆改革、锐意创新，取得了显著成绩，在肖皮口乡中学任职期间治校有方，学校连年被评为郓城县初中教育教学先进单位；1988 年被评为地区教育先进单位，同年又被命名为“菏泽地区初中标准化试点学校”，1989 年被地区行署评为勤工俭学先进单位。1989 年 4 月份出席了省教学改革研讨会；1990 年出席地区召开的学校管理现场会，并在大会上做了典型发言，并于 1990 年分别当选为肖皮口乡人民代表大会代表和郓城县第八次党代表大会代表。1991 年 9 月学校被评为地区教育先进单位，本人被评为地区优秀教育工作者。1992 年 6 月肖皮口乡中学代表郓城县接受了国家教委的检查，受到了好评。1992 年 11 月他被调到郓城七中任职后，带领广大教职工锐意进取，奋力拼搏，从治理校容校貌入手，狠抓学校管理，一举把一所原来比较落后的学校变成全县名列前茅的先进单位。他在七中任职期间，连年被评为市、县教育教学先进单位。他本人也于 1993 年 4 月被山东省总工会授予“富民兴鲁”劳动奖章，1995 年 9 月被郓城县人民政府命名为“郓城县十佳校长”。1994 年 4 月他被调到郓城县职教中心，全面负责学校筹建和管理工作。在建设期间，他带领几个同志发扬吃大苦、耐大劳的精神，克服各种困难，精心抓好每项工程建设。他在继续负责学校基础设施建设的同时，又和学校领导集体共同制订了一整套学校管理制度，确立了远景发展规划，并狠抓学校管理，努力提高教育教学质量，在高标准、高起点上把学校建设成为一流质量的规范化职业学校。1997 至 2000 年连续四年被评为市、县职业教育教学先进单位，1999 年被山东省人民政府批准为“省级重点职业学校”。

在长期担任学校领导的同时，他一直兼任政治课的教学，并不断提高自己的理论水平和业务素质，1996 年 11 月所写《浅谈政治教学中差生的转化》一文，获地区论文一等奖。

1991 年 9 月被评为地区优秀教育工作者，1993 年 4 月被山东省总工会授予“富民兴鲁”劳动奖章。

王秀丽

女，汉族，1966 年 5 月出生，菏泽市郓城县人，先后任郓城水浒酒业有限公司技术科长、总工程师等职务。

1983 年 7 月，王秀丽从山东轻工业学校发酵专业毕业后，参加工作。工作中，她兢兢业业，刻苦钻研，大胆创新，在继承传统生产

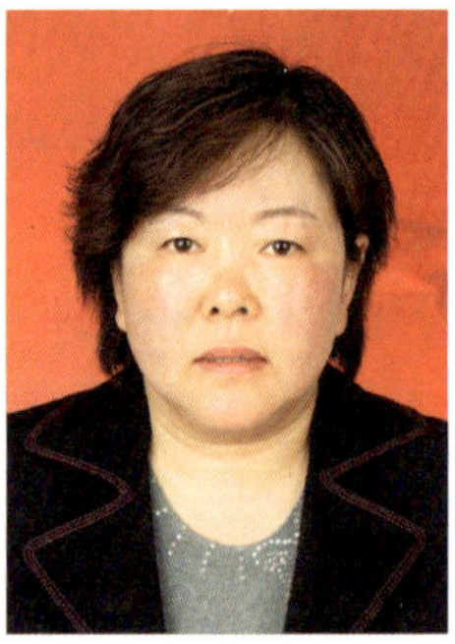

工艺的基础上，结合现代化的检测手段，微机勾调等技术，在全国白酒行业率先研制开发固液结合新型白酒，每吨酒为企业增加利润6000元，为国家节约大量的酿酒用粮，目前该技术已在全国推广。她研制的低度白酒为企业带来巨大的经济效益，1993年，王秀丽承担了开发低度白酒的任务，她不怕苦，不怕累，一次次反复试验、筛选，经过半年的辛勤努力，终于确定产品配方，产品于同年中秋节投放市场，出现供不应求的局面，受到消费者的普遍喜爱，荣获山东名牌产品称号。2000年，水浒酒业成立了“芝麻香型水浒酒研究小组”，王秀丽担任研究组组长，成功研制出芝麻香型“水浒108酒”。该产品已成为具有很大经济效益和社会效益的知名品牌，2004年获得山东省白酒行业十大知名品牌称号，2005年该产品参加全国白酒评比，其优雅的风格被中国白酒专家誉为“酒中珍品”。2007年，在芝麻香型具有稳定生产工艺的基础上，王秀丽结合浓香酒生产工艺，研制的浓香兼芝麻香型白酒，在风格上比单一的芝麻香型更完美，产品荣获山东省轻工创新产品称号，该研究成果获山东省轻工业科技进步一等奖。2000年，王秀丽以优异的考试成绩被中国食品协会、中国酿酒协会录取为国家级白酒评委。2005年9月，她参加了首届山东省白酒品评技能大赛，获得金奖，同年十月参加了首届全国白酒品评技能大赛，获得银奖。

1994年4月，王秀丽被评为菏泽市劳动模范，并荣获富民兴鲁劳动奖章，2006年2月荣获山东省首席技师称号，2008年12月荣获全国技术能手称号。

张立新

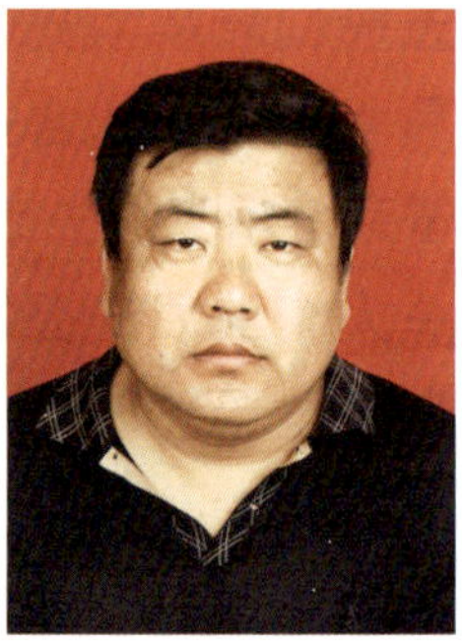

男，汉族，1965年3月生，菏泽市郓城县人。中共党员，先后任郓城县黄集粮所业务员、统计、所长等职。

张立新自1992年任粮所所长以来，带领全所人员出色地完成了上级党组织交给的各项工作任务。努力带领职工发展经济，搞活粮油流通。黄集粮所先建起、30吨面粉厂，1997年在黄集粮所姚庄粮站建起50吨浸出油厂，安排人员100多人，做到职工人人有活干，有工资、奖金，2000年前职工平均每年收入1.5万元左右，在全县粮食系统上缴利税每年都在50万元左右。多次被评为省粮食系统经济效益“排头兵”，省粮食系统先进单位，市县粮食系统先进时单位，县“文明单位”。在黄集粮所物质“文明”及“精神文明”方面做出了突出贡献。他本人每年被省、市、县粮食系统评为先进工作者，1996年4月被山东省总工会授予“富民兴鲁”劳动奖章，1994年被菏泽地区授予“地区职工劳动模范”，1996年被菏泽地区第四届“十大杰出青年”称号，1996年被县委宣传部授予“十大新闻人物”等。

袁占金

男，汉族，1968年1月生，菏泽市郓城县人，中共党员，先后任郓城县实验中学教师、班主任、教研组长、政教处副主任、年级部主任等。

由于工作需要，袁占金先后担任初三化学、高中生物、高中化学等教学工作，连续多年担任高三毕业班教学，一直从事班主任工作，他所带班在学校班级量化管理中及班内高考本科升学人数多次为全校第一名，高考本科升学率三次位居全县班级之首，所教学科单科成绩也一直名列全市前茅。2002～2004年，他同时从事级部管理、班主任、化学教学等多项工作。他服从领导，乐于奉献，刻苦钻研业务，富有创新意识，先后在《生物报》《生物学教学》《中小学教材教学》《中学课程辅导》《中国教育论坛》《现代教育导报》等国家级、省级报刊上发表教研、教改、科研论文十余篇。其中，科研论文《洋葱根浸在 $CaCl_2$ 溶液中为何呈蓝色》的编者按为：“实验中的一个难题，也是一个理论问题，多年来未有人提及，这次总算解决了”；教科研成果论文《开放性问题设计与学生创造能力培养》先后获菏泽地区教学论文一等奖、山东省教学论文一等奖，并在教育部主管、人民教育出版社课程教材研究所主办的《中小学教材教学》上发表。2001年6月，《中学化学跨学科渗透研究》获山东省第五届中小学教育科研优秀成果奖。在教学中，他大胆推行“三段式”教学法，形成了自己独特的教学风格。

他热爱自己的本职工作，一心扑在工作上，经常早起晚归，甚至无暇顾及自己的家庭。在班主任工作中，他针对每个学生的特点，抓住症结，对症下药，他给每个学生建立了思想和学习档案，学生的思想动态、个性特点、爱好特长、家庭情况他都了如指掌，他抓住一切可以利用的时间与学生谈心、交流，帮助他们理顺思想、学习与生活中的问题。他还经常接济学生，1994～2000年间，他每年资助贫困学生近千元，减少学生流失计二十余人。为此，他的事迹曾在郓城新闻、菏泽新闻、菏泽日报上报道。多次被县委、县政府颁发高中教育教学成绩优异证书，被评为县优秀班主任、县优秀人民教师等，2001年、2002年两度被推举参加山东省骨干教师和跨世纪园丁工程省级骨干教师培训并结业，2001年被推选为菏泽市第十五届人大代表。2000年4月，荣获山东省富民兴鲁劳动奖章，

1996年6月，所担班被评为县级先进班集体，

1996年9月，被评为县优秀班主任

1997年9月、1998年9月、1999年9月、2000年9月，连续4年被县委、县政府颁发高中教育教学成绩优异证书

1999年9月，被评为县优秀人民教师

黄克杰

男，汉族，1964年12月出生，菏泽市郓城县人，中共党员，现任郓城县人民医院副主任药师。

黄克杰1985年参加工作，至今一直在郓城县人民医院从事药学工作。该同志认真学习邓小平理论和“三个代表”重要思想，忠实实践科学发展观，有较高的政治素养。在工作中，认真负责，敬业进取，勤奋好学，精益求精，努力钻研业务技术。在1999年4月，该同志成功主持了郓城县人民医院制剂室“大输液生产流水线”的技术改进工作，奋战在一线，不怕苦，不怕累，为医院节省资金30余万元，受到医院领导的高度赞扬。2000年7月，该同志又对医院自制药品“培他啶注射液”的生产处方进行技术改进，克服了多项技术难题，大大降低了生产成本，提高了制剂疗效，每年为病人节省费用约15万余元。该同志在药品管理中，严把药品质量验收关，杜绝假冒伪劣药品流入医院，严防药品霉烂、变质、失效等现象的发生，确保了全县人民的用药安全有效。在近几年的全市药品集中招标采购中，该同志认真负责，公平

正义，坚持原则，得到市招标委员会领导的普遍好评。

黄克杰为郓城县人民医院药剂学科带头人，在该同志的带领下，县人民医院的药剂工作取得了很大的成绩，连续多年受到市、县药监部门的表彰。在1999年全市县级医院药品质量大检查中，县人民医院获得“药品质量检查第一名”。同年，黄克杰被评为“药学拔尖人才”。近几年来，该同志先后共发表国家级论文8篇，省级论文6篇，药学著作2篇。2001年，黄克杰的科研成果《双黄连治疗带状疱疹临床研究》，达省内先进水平，并获市科技三等奖。该成果费用低，疗效高，已在全市推广。

自1997年以来，黄克杰先后5次被评为市卫生系统“先进工作者”，多次评为全县模范党员，2002年4月，授予黄克杰山东省“富民兴鲁”劳动奖章。

田广东

男，汉族，1959年8月生，菏泽市郓城县人。中共党员，先后任郓城县委办公室秘书，郓城县保密局局长，郓城县总工会主席兼党组书记等职。

作为县总工会的一名领导田广东始终做到严格要求自己，要求别人做的，自己首先做到；禁止别人做的，自己首先不做。他始终坚持民主集中制原则，做到大事讲原则，小事讲风格，和班子成员同心协力，团结共事。为抓好县总工会机关的精神文明建设，提高机关干部的思想道德水平，他在机关中组织开展了“三管六不”公民道德实践活动，并要求把《文明公约》《道德行为规范》等打印在纸上人手一份，把《公民行为规范十不准》和《文明用语二十条》印成宣传版，挂上了墙，使机关干部时常学习，自觉遵守，自觉讲文明、讲礼貌、讲秩序。通过学习和教育，使机关干部的政治理论素养和业务能力水平有了很大提高，塑造了良好的机关形象。从事工会工作以来，他总是保持不骄不躁、谦虚谨慎的工作作风。他以执着的敬业精神，严谨的工作作风，求真务实的态度，敢于实践的创新精神，在工作岗位上，一步一个脚印，一步一个提高，取得了较好的成绩。近年来，郓城县总工会的送温暖工作、职工思想政治教育工作和精神文明建设工作都得到了县委、县政府和上级工会的充分肯定。为做好扶贫帮困和下岗职工再就业工作，他经常深入到困难职工家中，走访慰问困难职工，倾听他们的呼声和要求，为他们解决生产、生活中的实际困难。他先后走访慰问困难职工800多户，帮助75名大学生圆了大学梦，对980名困难职工实行微机档案管理，组建了困职工援助中心；建立培训中心2个，安置基地5个，免费培训下岗失业职工3547人（次），安置下岗失业人员2510人，扶持创业带头人5人，切实维护了职工的合法权益，维护了社会大局的稳定。为抓好职工思想教育工作，他组织开展各种丰富多彩的文体活动，极大丰富了职工的业余文化生活。为提高职工队伍整体素质，在企业中组织开展各种活动，进一步调动了广大职工学知识、练技能的积极性。在他的努力下，郓城县总工会连续6年在全市工会工作中获得一等奖。

2003年被省政府记三等功一次；2004年获山东省“富民兴鲁”劳动奖章。

梁素云

女，汉族，1965年10月生，菏泽市郓城县人。中共党员，先后任郓城县妇联少儿部部长，郓城县总工会副主席等职。

该同志任郓城县总工会副主席期间，在促

进下岗职工再就业、解决职工生产生活问题、维护职工合法权益和实施群众性经济技术创新工程做出了优异成绩，为全县总工会工作做出了积极贡献。她时刻把困难职工冷暖放在心上，在深入调查的基础上，她主持起草了《关于开展结对帮扶活动的意见》《郓城县下岗职工再就业实施办法》等多个政策性文件，带领工作人员先后走访职工1671户，为全县1569名特困职工建立了电子档案并实行了动态管理，积极为特困职工筹集发放救助金。为全县党政领导干部结对帮扶特困职工168名。督促落实低保政策，全县4061名特困职工均享受到了最低生活保障。积极为困难职工子女争取助学金，每年培训下岗职工千余人，被困难职工誉为贴心人。努力做好群众性经济技术创新工程工作，提高全县职工队伍素质。每年组织全县各单位开展各项技术比武30余场，参与职工20000余人次。积极组织全县女职工参加十大行业技术比武活动，举办各类文化、技术培训班，培训下岗女职工，帮助她们获得高一级等级证书。大力开展爱心帮扶活动，为单亲女职工家庭结成帮扶对子，组织女职工开展爱心捐献活动。在她的努力下，县总工会先后被省总工会授予全省保障工作先进集体、帮扶救助机制建设先进单位、全省工会法制教育工作先进单位、全省工会“五四”普法工作先进单位等称号。1997年被山东省妇联评为全省家庭教育工作先进工作者，1999年被省总工会授予全省先进女职工工作者，2006年被省总工会授予山东省富民兴鲁劳动奖章。

王尊亮

男，汉族，1964年6月生，菏泽市巨野县人。中共党员，研究生文化程度。先后任巨野县薛扶集乡团委干事、团委书记、党委组织委员、党委副书记，巨野县太平乡党委书记，巨野县委委员、太平乡党委书记，郓城县委常委、组织部长，郓城县委副书记等职。

在担任巨野县太平乡党委书记的5年间，王尊亮团结带领全乡干部群众开拓进取、励精图治，使该乡经济社会事业快速步入了全县先进乡镇行列。担任郓城县委常委、组织部长期间，他积极探索干部教育、管理和选拔的新方法、新途径，狠抓基层组织建设，协助县委较好地组织开展了“三讲”和“三个代表”学习教育活动，收到良好效果，受到中央和省、市巡视组的高度评价。任县委副书记以来，他先后分管组织、宣传、政法、老干部、统战、机关工委、群众团体、党校、党史、文化、教育、农业、城市经济、民营经济、外经外贸、招商引资、工业园区和信访稳定工作，并协助县委主要负责同志处理县委日常工作，分管工作面广、量大、头绪多，他统筹兼顾，采取有效措施充分调动各部门的积极性和创造性，所分管的各项工作连年迈上新台阶。其间郓城县先后被评为全国营造林先进县、全省民营经济先进县和第六届全省精神文明建设工作先进县。特别在分管经济建设和社会稳定工作中，他不断创新工作方式、方法，大力抓好招商引资，全方位引进资金、技术、项目和人才。亲自担任县大项目建设指挥部总指挥长，现场调度、解决项目施工中遇到的问题和困难，全力加快了大项目建设进度，2008年全县完成规模以上固定资产投资35.9亿元，同比增长16%。坚持不懈地培植壮大特色优势产业，拉长产业链条，有力推动了全县工业经济较快增长。真正把维护社会稳定作为第一责任抓紧抓好，全县出现了信访总量明显下降、越级上访明显减少、信访秩序明显好转的良好局面。王尊亮公道正派，光明磊落，密切联系群众，他讲实话、干实事、求实效，以实际行动维护了党员领导干部的良好形象，深受广大干部群众拥护。2006 年 7 月，被授予山东省富民兴鲁劳动奖章。

侯仰君

男，汉族，1955 年 10 月生，菏泽市郓城县人，中共党员，先后任郓城县财政局局长、党组书记、县长助理、县政府党组成员、郓城县政协副主席等职。

他热爱本职工作，有强烈的事业心和责任感，用执着书写着对党和人民的忠诚。他坚持用党的先进理论指导实践，增强贯彻执行党的方针政策的自觉性、增强明辨是非的能力和对党全心全意为人民服务宗旨的认识。

他多年来坚持工作之余搞好学习，累计记学习笔记数十万字，先后发表了《也谈思想政治工作》《从“三大三小产业”看我县财源建设》《全力搞好政府非税收入收支两条线工作》等多篇论文。

他锐意进取、开拓创新，在平凡的岗位上，取得了骄人的成绩。在他任县财政局长期间，培植财源，增收节支，地方财政收入从 2001 年的 1.18 亿元增加到 2007 年的 5.36 亿元，年均增长 28.7%；收支两条线、“乡财县管乡用”、政府采购、部门预算、国库集中支付等多项财政改革相继实施，地方财力不断增强，财政管理体制更加完善。作为县政协副主席，他积极参政议政，先后提出多项举措被县委、县政府采纳。

他立党为公、执政为民，在生活上勤俭节约、在廉政上两袖清风。在从事财政工作的几十年里，他异常重视“三农”工作，投入了极大精力，研究制定财政支农的新措施，为改善农业生产状况、提高农民生活质量、促进农村经济发展做出大量卓有成效的工作。作为领导干部，他时刻注意摆正自己的位置，大事讲原则，小事讲风格，他廉洁自律，在学习、工作、生活等方面起到了一个党员干部的带头示范作用，在勤政中保持了廉洁，取得了显著的成绩，为郓城社会经济的和谐快速发展书写了辉煌的一页。

他曾获得“全国经济普查先进工作者”、“山东省富民兴鲁劳动奖章”、“全省财政系统先进个人”、“全省农业税收优秀征管员”、“山东省中小学危房改造先进个人”、“全省科普村村通先进个人”、“菏泽市五一劳动奖章”、“全市精神文明建设先进工作者”、“全市思想政治工作先进个人”、“全市关心国防建设先进个人”、“全市优秀共产党员”、“郓城县人民好公仆”等荣誉称号，并荣记省级二等功二次，三等功多次。

陈敬东

男，汉族，1964 年 10 月出生，郓城县唐庙乡林陈庄人。大学本科文化程度，1979 年 12 月参加工作，1996 年 12 月加入中国共产党，高级政工师。先后任郓城县新华书店门市部主任、财务科科长等职，1993 年 10 月至 2000 年 1 月任郓城县新华书店副经理，2000 年 2 月至 2003 年 3 月任郓城县新华书店党支部书记，2003 年 4 月至今任郓城县新华书店经理、党支部书记，第十一届、第十二届郓城县政协委员，第十三届菏泽市政协委员，

兼任郓城县水浒文化研究会常务理事、《山东牡丹文学》理事会理事。

陈敬东始终坚持科学发展观，牢记党的宗旨和“二为”方针，心系群众，清正廉洁，勤奋工作，充分发挥书店在精神文明建设中的窗口作用和党的宣传阵地作用，使新华书店跻身全省乃至全国先进行列，为郓城精神文明建设做出了突出贡献。2004年至2008年书店连续5年销售收入进入全省县（市、区）新华书店二十强，销售收入连续5年位居全市第一，固定资产规模达1100万元，被省政府批准为国家中型Ⅱ级企业。2008年实现主营业务收入3200万元。五年累计发行各类图书4000万册，实现利税880万元。

他怀着对党和人民的忠诚，对图书发行事业的热爱，兢兢业业，忠于职守，忘我工作，无私奉献。他始终牢记新华书店所肩负的政治责任和历史使命，高度重视图书发行的社会效益，坚持社会效益无小事，积极服务地方大局工作，在农村发行、教材发行中取得了瞩目成绩和突出成效。郓城县是个典型的农业县，随着农业化、科学化的推进和农产品结构的调整，农民迫切需要科技致富的种植、养殖类书籍。他一方面派发行人员深入农村走访调查，搜集信息，一方面及时与省新华书店以及出版发行单位联系，亲自挑选和组织了大批农民读得懂、买得起、用得上的科技图书900余种，将书目打印成册，推荐书目信息，在城乡门市常备供应的同时，由发行人员深入种养殖专业村、专业户上门宣传推介，并利用农村集会多、人员集中的特点，组织员工常年坚持流动供应、巡回展销。近5年来共组织送书下乡200余次，销售图书10万余册，码洋近15万元。

为做好全县中小学免费教材发行工作，保证“课前到书，人手一册”，他更是冲在一线。在一次教材发放期间，店里安排了两辆车往李集乡中心学校送书，他自始至终和员工一道，一车又一车地装卸，一包又一包地扛书，近10吨的教材，连续几个小时下来，他的腿有些抖了，身体也被沉重的书包压得直打晃，员工们看到他在强撑着扛书，非常心疼，劝他歇歇再干，他说：“你们歇会儿吧，我能行”。李集乡中心校负责人孙传盛说：“多次见到陈经理和普通职工一起装卸书，真是令人敬佩，也让我们感动。”

他时时处处以一个党员干部的标准对照自己，始终认为，作为一名党员，党性原则一定不能丢。作为党员领导干部，模范带头作用一定要发挥。一身正气带来全店一片正气，在郓城县店你感受不到一丝邪气，有的只是正气。在郓城县店，全店员工的大局意识是不需要动员和说教的。多年来全店教材发放从来没有雇过一个人，省店物流中心送来的教材，都是领导员工和家属齐上阵自己装卸。干部员工就是这样相互感染着、相互支撑着在工作，亲和力、凝聚力、向心力和战斗力在这支队伍身上得到了最好的体现！单位先后被新闻出版总署评为全国双优先进单位，被山东省新华书店评为先进集体，被山东省总工会授予山东省“劳动关系和谐企业”称号、山东省“富民兴鲁”劳动奖状。

面对成绩和荣誉，他不断说他的团队，说他的班子，却很少说到他自己。他说：“成绩只能说明过去，劳模称号不仅仅是个人荣誉，更代表着一个团队、一个群体，劳模更多的也是一种责任，我会把荣誉化作更大的精神动力，把自己的工作做得更好”。

2002年、2003年、2005年、2007年、2008年被县委评为县优秀共产党员，

2005年被山东省出版集团评为先进工作者，

2005年被山东省新华书店评为先进工作者，

2005年被菏泽市委评为优秀企业思想政治工作者，

2005年被菏泽总工会评为五一劳动奖章，

2006年被山东省总工会评为富民兴鲁劳动奖章。

曹京黎

男，汉族，山东郓城人，1963年9月出生。中共党员，曾任郓城县劳动保障局局长。

曹景黎在工作中不断创新工作机制，大力促进职业培训，狠抓就业再就业政策落实，努力做大做强劳务经济，为提高劳动力技能水平，增加城乡居民收入，做出了突出成绩。他以下岗失业人员再就业为重点，认真落实就业再就业政策，大力开展“春风行动”、“消除双零”、“再就业援助月”、“培训三个一工程”、“周四招聘会”等活动，减免下岗失业人员税费230万元，小额担保贷款发放120万元，培训农民工9000余名，对2580名下岗失业人员进行了免费培训，有力地促进了城乡劳动力就业向更加充分的跨越，取得巨大的社会效益。积极实施“西输东接”工程，多次举行现场招聘会，立足为县域经济发展，突出解决农村劳动力就近就地转移。2008年度，县外劳动力转移稳定在12万人左右，仅此一项可实现人均增收800元。城镇新增就业人员16587人，其中下岗职工再就业1924人，困难群体再就业960人。2009年4月，被山东省总工会授予山东省富民兴鲁劳动奖章

牛红彦

男，汉族，山东郓城人，1968年8月出生，中共党员，现任郓城县公路局局长。

牛红彦以高度的责任感和强烈的事业心，在工作上兢兢业业、恪尽职守，出色地完成了上级组织交给的各项任务。在平时的工作中，他刻苦钻研业务知识，善于敏锐洞察新的形势，准确把握时代脉搏，自觉锤炼，不断增强做好组织工作的能力。他把党总支领导班子的建设和素质的提高作为各项工作的重中之重，开展争创“团结奋进、求实创新好班子”活动，带领党总支勤学习、树形象、立威信。因成绩突出，他被菏泽市委评为“优秀党员教育工作者”，获得“全市敬业奉献模范提名奖”，获菏泽市总工会颁发的“五一劳动奖章”，并且多次被评为全市公路系统先进工作者、郓城县优秀共产党员和优秀党务工作者。2010年，被山东省授予“富民兴鲁劳动奖章”荣誉称号。

张留存

男，汉族，1959年12月出生，山东省巨野县人，中共党员，本科学历，1989年8月参加工作。该同志勤奋好学，爱岗敬业，面对复杂的税收环境，知难而进，善于学习，勤于思考，刻苦钻研，凭着对税收事业的一腔痴情，干一行、爱一行、专一行、精一行，不辞劳苦，深入企业广泛调查研究，掌握了大量的税收工作资料，进行了认真的分析研究，创立了“依照用电量”加强税收管理办法，被市地税局、县地税局推广，新华社内参予以刊发。他长年坚持不懈、孜孜不倦地学习，由税收工作的“门外汉”成为业务骨干和技术能手。对工作高度负责，精益求精，恪尽职守，好学上进，在自己的岗位上创造出一流的工作业绩。他具有迎难而进，开拓创新的拼搏精

神。为了国家和人民利益，他奋力拼搏，不怕困难，勇于挑战，主动要求到基层第一线，始终坚持高标准严格要求自己。不计名利，廉洁自律，在执法工作中坚持原则，敢于碰硬，不徇私情，送礼不要，请吃不到，从不利用手中的权力谋取私利。他心系群众，热情服务，在严格执法的同时，积极帮助纳税人解决生产经营中的困难，做纳税人的贴心人，想纳税人所想，帮纳税人所需，不断提高服务质量，积极支持地方经济发展。

由于工作积极，成绩突出，他本人连续四年被市地税局评为组织收入工作先进个人，并给予嘉奖，被市文明委、市人事局评为全市精神文明建设先进工作者，被山东省地税局授予全省地税系统先进个人。2011 年，荣获山东省富民兴鲁劳动奖章荣誉称号。

王浩霆

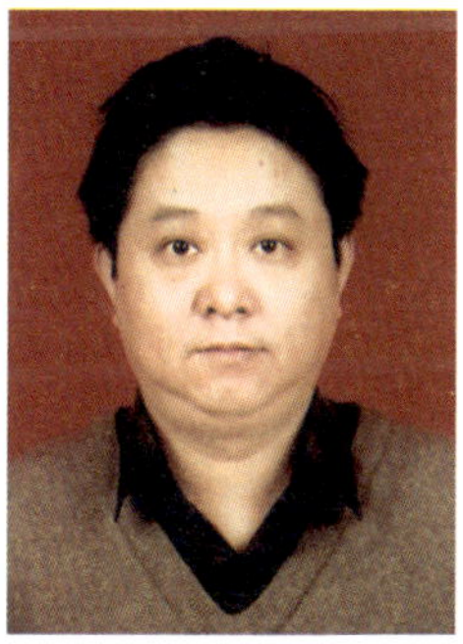

男，汉族，1974 年 4 月出生，大学本科，随官屯镇王官屯村人，1994 年 7 月参加工作，现任郓城县人民医院内分泌科主治医师。

作为一名医务工作者，学科带头人，在工作中，王浩霆坚持“高起点、严要求、高标准、促发展”的宗旨，他团结带领科室医护人员，奋发进取、求真务实、科学管理，始终坚持以病人为中心，以质量为核心，以服务为先导，以创新为支撑，积极引进新技术、新项目，以特色为优势，在不断创新中赢得可持续发展的先机，他在郓城县最早开展内分泌医学研究，创办了全县第一个内分泌科。在内分泌疾病的治疗上，具有很高的造诣。引进“胰岛素泵治疗 2 型糖尿病”、“24 小时动态血糖仪监测血糖”等多项新技术应用于临床，取得了很好的疗效。他积极培养人才，加强人才梯队建设，努力实现临床、科研、教学和效益的同步发展和提高，坚持走特色优势发展之路，精心打造品牌和特色专科，不断增强科室和专业发展的核心竞争力。王浩霆在认真完成本职工作的同时，还坚持理论联系实际，在理论上进行创新，积极进行医学科研工作。10 余年来，已在国家核心期刊上发表论文二十余篇，并领导组织了 5 项市级科研项目获得了菏泽市科技进步二等奖 1 次，三等奖 2 次。同时，发明了三项新型医疗器械，取得了国家专利，应用于临床取得了良好的效果。以王浩霆为科室和学科带头人的郓城县人民医院内分泌科，已经成为市、县级医疗卫生单位具有一定影响和特色的专业学科，该同志也先后荣获 2007 年度郓城县科技工作先进个人，2008 年度菏泽市工会工作先进工作者，2009 年度菏泽市红十字会工作先进个人，2010 年度优秀临床带教老师。2012 年，被山东省总工会授予“富民兴鲁劳动奖章”荣誉称号。

李　峰

男，汉族，1965 年 10 月出生，中共党员，山东新泰市人，研究生学历，1987 年 7 月参加工作，1985 年 12 月加入中国共产党。

曾任兖煤菏泽能化有限公司副总经理赵楼矿矿长，现任兖矿集团公司技术质量中心。

李峰矿长任职以来，团结带领全矿干部职工立足新矿井、新队伍、新环境实际，求实创新，真抓实干，扎实推进安全高效矿井建设。特别是在生产组织上，统筹生产布局，优化措施保障，圆满实现了投产三年即达产达效的奋斗目标，矿井发展后劲明显增强，区域化资源开发支柱矿井作用凸显。实施超前预控，夯实安全基础。完善管理制度，突出教育培训，严抓隐患治理，强化科技攻关，矿井自2009年试生产以来，杜绝了轻伤及以上人身事故和三级及以上非人身事故，实现连续安全生产3周年。

统筹生产布局，增强发展后劲。从指挥协调、系统保障、政策激励等方面入手，精心组织煤炭生产，2011年矿井完成煤炭产量300万吨，实现煤炭销售收入18.3亿元、利润3.2亿元。同时，坚持科技攻关，提升矿井核心竞争力。建立完善以工程技术人员为主体的创新团队和以项目负责制为主要内容的激励约束机制，扎实开展业务技术保障“六个一”活动，鼓励岗位自主创新，“高温瓦斯赋存规律研究”成果达到国际先进水平，岩巷快速掘进、深井软岩支护、热害防治等关键技术研究取得积极进展，重介质选煤厂智能化和设备故障诊断方面走在了国内前列。

转变工作作风，凝聚发展合力。在学习中提升自我、在实践中改进工作、在结果中验证方法，工作上按章办事，生活上严谨要求，用实际行动维护新时期党员领导干部良好形象。深入开展亲情教育和职业素质教育，全矿干部职工展示出境界高、干劲足、思想稳的良好精神风貌。先后荣获山东省优秀质量管理工作者、2012年度安全生产优秀矿长、2012年度全市煤炭工作先进个人，2013年荣获山东省和谐企业先进个人，并授予“山东省富民兴鲁劳动奖章”荣誉称号。

李春生

男，汉族，1964年3月出生，郓城县人，中共党员，研究生学历，1984年3月参加工作。现任郓城一中校长、郓城县政府党组成员。

作为一校之长，他不断提高政治思想觉悟，将党的方针政策切实贯彻到学校的各项工作中，进一步改变工作作风，坚决克服工作中的“庸懒散”现象，带头践行“一线工作法”，让工作置于阳光之下，置于全体师生的监督之下。在师德建设、干部思想作风、教师专业发展、读书工程、名师培养、教师量化考核、招投标等方面进一步强化制度建设，做到了依法治校、规范治校。

一年来，把打造全市领先、全省一流、全国知名的学校作为奋斗目标，以“教学质量年”、“工作落实年”为总抓手，继续推行“名牌带动战略”，实现教学质量的“三个突破”。2014年高考再创佳绩，应届文理一本上线424人，本科录取人数和录取率均在全市各高中前三名；奥赛实现了重大突破，学校被授予“2013——2014年度全国高中化学奥林匹克竞赛金牌学校”光荣称号；在2015年4月12日结束的第30届山东省青少年科技创新大赛中，学校被大赛组委会评为“优秀组织单位”。此外，作文大赛、辩论赛等均取得可喜成绩。师资队伍建设成绩显著，各项工作整体跨越，教育教学水平全市领先，连续四年被市教育局授予“高中教学工作先进单位”，成为了西北工业大学等多所全国重点大学的“优秀生源基地”。

在工作中，严格执行中央“八项规定”和反“四风”的要求，树立艰苦奋斗的思想，厉行节俭、反对浪费，完善财务管理，严把公款支出。强化廉政意识，树廉洁之心、行廉洁之事、做廉洁之人，严于律己，筑牢拒腐防变的坚固防线。合力营造“讲政治、讲大局、讲团结、讲奉献”的良好氛围，做到“务实、清廉、合作、奋进”，努力实现郓城一中的整体跨越。2013 年被菏泽市总工会授予“菏泽市五一劳动奖章”，2013 年被郓城县人大常委会授予“建功立业优秀人大代表”称号，

2013 年被中央教科所评为“国家级优秀论文一等奖”，2015 年被山东省总工会授予“富民兴鲁劳动奖章”荣誉称号。

刘　倩

女，汉族，1967 年 7 月出生，山东省安丘市人，本科学历，1985 年 7 月参加工作。现任郓城县人力资源和社会保障局社会医疗保险事业处办事员。

在郓城县医保门诊部工作时，长期从事心电图等专业工作，对急性冠脉综合症等方面特有研究。2008 年 12 月，作为郓城县第四批专业技术拔尖人才获县委、县政府表彰。2014 年，入选第四批延期管理县级专业技术拔尖人才。2011 年 2 月，以《氯伐他联合华法林治疗颈内动脉斑块的临床研究》科技成果，获菏泽市职工优秀技术创新成果三等奖；2012 年 10 月，以《头胸导联心电图与冠脉造影对急性冠脉综合症诊断价值的对比研究》科技成果，获菏泽市科学技术进步奖三等奖。并在省级以上科技创新刊物上发表著作论文数篇。

在担任郓城县新型农村合作医疗管理委员会办公室主任期间，对工作一丝不苟，始终把为人民服务作为自己义不容辞的责任，创新社会管理，完善社会保障和改善民生，促进社会公平正义。在她的带领下，新农合参合人数逐年增多，参合率已由新成立时的 85% 提高 100%。截至到 2013 年底，新农合累计基金收入 12. 21 亿，支出 11. 14 亿累计结余 1. 07 亿；受益人次 2247. 13 万人。

2014 年，新农合整体划转至县社会医疗保险事业处。在担任郓城县社会医疗保险事业处主任工作中，严格履行工作职责，不断学习新的知识，新的政策法规，特别是职工医疗保险的各项方针政策，做到懂政策、精业务。以群众路线教育工作要求为标准，始终把党和人民的利益放在心中，把为人民服务作为自己义不容辞的责任。由于工作突出，她先后荣获全市优秀科技工作者、全市新农合先进个人、全市爱国卫生工作先进个人、全市妇女维权工作先进个人等荣誉称号。2015 年，被山东省总工会授予“富民兴鲁劳动奖章”荣誉称号。

好　强

男，汉族，1981 年 6 月出生，郓城县人，本科学历，2001 年 7 月参加工作，现任山东郓城好汉文化产业有限公司技术总监。

好强师从多位陶艺名家，在他们的言传身授、悉心指点下，好强潜心研究陶瓷工艺多年，逐渐对陶瓷的材质泥料、造型创意、装饰方法、成形工艺、焙烧技术等形成了自己独到的理解和认识，秉承传统，锐意创新，集百家之长，自成一家。好强在日常使用陶土及紫砂等传统材料创作过程中，科学利用磁石、麦饭石、木鱼石等原矿研发出陶瓷新材料，经过不懈努力，反复试验上千次，好强终于成功研发出一种陶瓷新材料。这种新材料经国家陶瓷/耐火材料监督检测宜兴站检验，符合国家标准，已申报国家专利。好强用新材料制作的陶艺作品被评为 2010 年山东省产学研（工业设计）展洽会创新奖产品，荣获中共山东省委、山东省人民政府批准设立的第二届“山东省泰山文艺奖”。上级有关部门领导专门听取了好强研发《麦饭陶》、《木鱼陶》的工作汇报，他被国家知识产权局

特聘为中国知识产权文化大使。

好强陶艺作品个性强烈、风格鲜明、入古化新、独具神韵，曾多次参加国际、国家、省市级工艺美术展，荣获各类大奖50余项，硕果累累。2008年至2012年连续四届在中华民族艺术珍品文化节上被评为最高奖；在2008年第二届山东文博会上荣获金奖；2008年至2015年连续八届荣获“百花杯”中国工艺美术精品奖；2013年在第二届全国工艺美术创新设计大赛上荣获金奖；2009年至2011年连续四届在山东国际大众艺术节上荣获金奖；2009年至2015年连续七届在中国（山东）工艺美术精品博览会上荣获金奖；2015年荣获中国工艺美术“百花奖”；2015年荣获第十届中国海峡工艺品博览会银奖；2015年荣获第十三届中国工艺美术暨古典家具、收藏品博览会“中艺杯”金奖。2012年，在山东省青年科学家论坛上发表了《文化创意产业下工艺美术发展的新机遇》论文，受到了与会专家学者的一致好评。好强在自己的艺术道路上，虽然取得了一些成就，但其常怀赤子之心，贡献社会，2013年好强所在单位向第十届中国艺术节赞助了价值540万元的好强研发的陶瓷工艺美术品，被第十届中国艺术节组委会指定为贵宾专用产品，特授予“第十届中国艺术节赞助商”称号，荣获“支持第十届中国艺术节奖”。2015年，好强个人又向中国肢残人协会捐赠作品拍卖善款16万元。

因好强工作成绩突出，成为目前全国最年轻的享受国务院政府特殊津贴的高技能人才，被山东省人民政府命名为山东省首席技师，中共山东省委组织部、宣传部、山东省财政厅、山东省人力资源和社会保障厅选拔为齐鲁文化之星，并被评为山东省轻工系统有突出贡献的中青年专家、山东省农村优秀文化人才、山东省工艺美术大师、山东省传统技艺大师、山东省民间手工艺制作大师、山东十大民间工艺大师、山东省轻工行业首席技师、山东省工艺美术名人、山东省杰出青年陶瓷艺术家、菏泽市乡土文艺人才、菏泽市民间制陶艺术家、菏泽市非物质文化遗产项目代表性传承人、第二届中国菏泽艺术节先进个人、第三届中国菏泽艺术节文艺活动优秀个人、菏泽市文联系统先进个人、菏泽市五一劳动奖章。2016年荣获“山东省富民兴鲁劳动奖章”荣誉称号。

张　慧

女，汉族，1963年3月出生，郓城县人，大专学历，1979年8月参加工作。现任郓城县国家税务局城区分局科员。

该同志自参加工作以来，兢兢业业、忠于职守、学习刻苦、甘于奉献、乐于助人，30余年如一日，勤勤恳恳，无私奉献。每天上班她基本上都是提前到岗，做好打扫卫生、窗口服务的各项准备工作，下班时总要习惯地检查一遍电脑、空调、饮水机、门窗等是否关好，以杜绝安全隐患。她经常换位思考，设身处地为企业着想，特别是为一些较偏远的企业提供延时服务。一般情况下，办理一户发票票种审核和领购薄需要半个小时，有些企业在下班前到窗口，遇到这种情况，她总是推迟下班，延时服务，使企业办证人员不跑第二次。张慧作风严谨，严于律己，自觉执行各项规章制度，她始终保持廉洁的好作风，从不利用职务之便，向纳税人“吃、拿、卡、要、报”。以崇高的事业心和强烈的责任感，为国税事业默默地奉献着光和热，在平凡的工作岗位上做出了许多不平凡的业绩。2008年度被评为“全市政府系统信息工作先进个人”和县国税系统“巾帼建功岗位明星”；2009年度被评为“全县文明税务工作者”，连续多年被县总工会评为“工会工作积极分子”，先后四次在全市国税系统羽毛球比赛中获得女子单打前三名，2010年9月在全县职工运动会中荣获羽毛球比赛女子单打第一名。2011年被授予“菏泽市职业道德建设十佳标兵”和“菏泽市五一劳动奖章”。2016年被山东省总工会授予“富民兴鲁劳动奖章”荣誉称号。

张　平

男，汉族，1958年1月出生，山东郓城人，中共党员，本科学历。

1976年1月参加工作，现任郓城县红十字会会长。

自1996年9月进入红十字会工作以来，张平始终秉承“不仅要做，而且要做好”的理念和态度，从各方面严格要求自己，努力学习、提高个人素质，勇往直前。为弘扬“人道、博爱、奉献”的红十字精神，倾情红会事业，乐于奉献，把红会工作与日常工作融为一体，把特困群众纳入主要工作视角，视扶贫济困，排忧解难，嘘寒问暖为己任，深受广大同事的爱戴与社会各界的好评。

多年来，他多次参与献血，积极开展、参与各项社会公益活动。每年“5.8”世界红十字会日，组织开展奉献社会服务周暨“5.8”世界红十字日广场志愿服务活动。红十字志愿服务队、政府领导调解室、关爱留守儿童服务站等多个社会组织的积极参与。在现场开展义诊、法律咨询、关爱留守儿童等多方面的志愿帮扶活动。在日常的工作当中，他以群众的满意度和工作实效为衡量标准，不断转变思想观念、创新工作，深入农村、深入群众，进行调研，掌握第一手资料，提出合理化建议，充分发挥红十字会在救助领域的重大作用，成为政府的得力助手。在创新工作思路上，进一步解放思想，实事求是，积极创办红十字会实体，脚踏实地地为群众谋利益。郓城县红十字会在张平的带领下，加大宣传工作力度，以“关注弱势群体、构建和谐社会”为主题，以“世界红十字日”、“世界艾滋病日”等纪念日为契机，政务网开通了红十字专栏，设立组织机构、政策法规、红会事业等栏目，充分发挥网络优势，开展形式多样的宣传教育活动，努力打造红十字工作品牌，为扩大红十字会社会影响而奔走努力发展红十字基层组织，积极筹划红十字宣传工作并撰稿。通过有力的宣传，社会上越来越多的人开始理解、关心红十字工作，红十字会知晓率、支持率不断上升。为推动红十字事业的发展和构建和谐社会做出了卓越的贡献。

后　记

郓城县总工会第七届委员会成立之后，把编修《郓城县工会志》纳入了总工会工作的重要议程，要求认真编修《郓城县工会志》，记述郓城县工运史的发展历程，为后人研究借鉴提供资料。

《郓城县工会志》的编纂工作，始于2017年9月。经县总工会党组研究决定成立了由14人组成的《郓城县工会志》编纂委员会。在县总工会领导的关怀和全体人员的大力支持下，通过收集资料、整理归类、列目录、编写等大量工作，全体参与编修工作的人员以对历史高度负责的精神，实事求是，秉笔直书，三易其稿，于2018年6月底全面完成了本志书的编纂工作。

《郓城县工会志》基本资料来源于县总工会档案资料，同时参考了《郓城县志》《中国共产党山东省郓城县组织史资料》《菏泽劳模大典》等书籍，还参考了县总工会1987年编写的《郓城县工运史》（草稿），充分利用了县总工会各部室及直属单位提供的资料。

《郓城县工会志》是各方共同努力的结果，是集体智慧的结晶。在成书过程中得到县委、县政府主要领导及县总工会离退休老同志的关心和指导，得到县委组织部、县人社局、县委党史委、县档案局、县史志办公室等单位和县人大常委会相关委室的大力支持协助，在此一并表示感谢。

编修《郓城县工会志》是一项十分浩繁精细的系统工程，由于所涉时间跨度大、收录范围广、机构设置变化多、档案资料不全等原因，尽管我们在资料搜集、核实和文字整理方面做了很大努力，因客观条件制约和编者水平所限，错漏之处在所难免，恳请各位领导、专家学者、工会同仁和社会各界人士批评指正，以便在续编时予以补充和更正。

编　者

2018年6月